奥伝とその技術

除霊と浄霊 地の章 下

本木松明

〝あなたが〟

除霊と浄霊を、
理解したければ
この本を読みなさい。

除霊と浄霊を、
習いたければ
この本を読みなさい。

除霊と浄霊を、
受けたければ
この本を読みなさい。

この本はあなたの問いに
全て答えます。

除霊、浄霊は
特殊な技術ではない。

誰にでもできる
一般技術である。

いままで特定の人にしか
できないと思われていたのは

その方法が確立されて
いなかったからである。

目次

第6章　我流の浄霊——599

第1部

第1章

浄霊でこんなに人生が変わる！――症例報告

症例報告

今回紹介する症例報告では、生霊や自縛霊などの決して消えることのない恨み、先祖７代に渡るすさまじい恨みや前世からの因縁や解消すべき業が、実際どのように現実界で形作られているのかを知っていただくよい機会となりました。ここでは、それらの影響を被ることでさまざまな苦しみや悩み、不幸がもたらされている人たちが浄霊によっていかにそれらの問題を解消、克服していったのかという内容が集まっています。

通常は見えることのない霊の世界が実はこんなにも現実界と関わりあっていることをぜひ知って欲しいと思います。そして浄霊によってなされるこの素晴らしい力を感じるとともに、自分の真の人生を全うするための手助けとして、この浄霊の技術が過去２千年から多くの浄霊者から受け継がれ、ここに完成したことを明記しておきたいと思います。

症例報告①　20年前から続く原因不明の体調の悪さと相次く両親の早すぎる死の原因は先祖7代に渡る恨みの霊と疫病で死んだ一族が入っていたお墓が原因だった！

浄霊依頼内容：原因不明の体調の悪さを良くしたい。

浄霊師：O・K

K・N（32歳　女性）さんは学生時代から20年に渡り、突然始まったひどい首や肩こり、頭痛、体のだるさ、喉の腫れ、声を出すのが辛い、眼の不調、足が痛くて歩きにくいといった様々な症状を抱えていた。就職後まもなく、父親ががんで死亡。その後結婚をするが、手足に湿疹やかゆみが出始め、年に1～2回めまいが起こるようになった。めまいが起こると立っていられなくなり、症状が治まるまで1日寝て過ごすという状態だった。病院に行っても、〝疲れでしょう〟とのことではっきりした原因は分からなかった。父親が亡くなった後の7年後にその後を追いかけるように母親もがんで倒れ、闘病生活もむなしくあっという間に亡くなってしまう。その直後より、胃にもたれるような感じが始まり、食欲がなくなる。いつも胃や胸が重く気持ち悪い感じがする。頭がぼーとして日々の生活もなんとなくやる気が出ない。内科や精神科受診するも特に異常はないと言われ、余計に精神不安定になっていく。

手足の湿疹もひどくなるとジュクジュクするときもあった。K・Nさんはその時のことを、空腹感がないので食べたくはないけど食べないと死ぬので、生きるために食べる日々を過ごしてきたという。

2008年春頃、そんなK・Nさんの状態を見かねた知り合いの勧めで、AST気功を受けることになった。原因不明の不調ということで、とりあえず週に1回クリニックでの治療とそれ以外は遠隔治療を続けてみることになった。2、3か月過ぎる頃から次第に体全体の調子がいいなあと思える日や、この数十年間感じたことのなかった空腹感を感じる日が時々出るようにはなってきた。しかしそれも安定するにはまだまだ程遠い状態であった。

もともとK・Nさんは浄霊という世界に関心があった。また、自分の両親が相次いで早く亡くなったことがずっと何かしら気にはなっていた。そこで知り合いを通じてその年の夏に両親を供養する浄霊を依頼した。この両親の浄霊がきっかけとなり、彼女の長年苦しんできた体調不良の原因が判明することになる。

浄霊師O・Kから、両親の浄霊を行なったが、父親の方がいくら幽界へ上げてもすぐに落ちてくるため、何かその理由があるかもしれないとの連絡を受けたのは浄霊を依頼した1か月後のことだった。そこでK・Nさんは自分の両親ががんで早く亡くなったことや、自分が原因不明の体調の悪さから長年苦しんでいる事情を説明し、両親の死が自分の問題と関係しているなら、浄霊で解決したいと依頼した。

浄霊師O・Kは、K・Nさんの父親が幽界へ上がりきらずに落ちてくる原因に、K・Nさんの両親の死がともに早すぎることに原因があるのではないかと考えて、浄霊を開始した。すぐにその原因はK・Nさんの曾祖父から恨みを買った1人の自縛霊の男性とその奥さんが原因であることが判明した。

事情は次の通りであった。大富豪の庄屋の曾祖父が税を納めさせるためにお米を搾取したことで、小作人の男性と奥さんは餓死することになったのである。

〃あの米さえあれば死なずに済んだのに〃と自縛となった小作人の男性のすざまじい恨みは、祖父を若くして殺し、さらに息子(K・Nさんの父親)と弟までを殺してしまう。その勢いは止まることもなく、K・Nさんの母親も殺し、現在K・Nさんとその長男にまで及んでいたのである。幸いK・Nさんの長男にはまだその影響は表面化していなかったが、それ

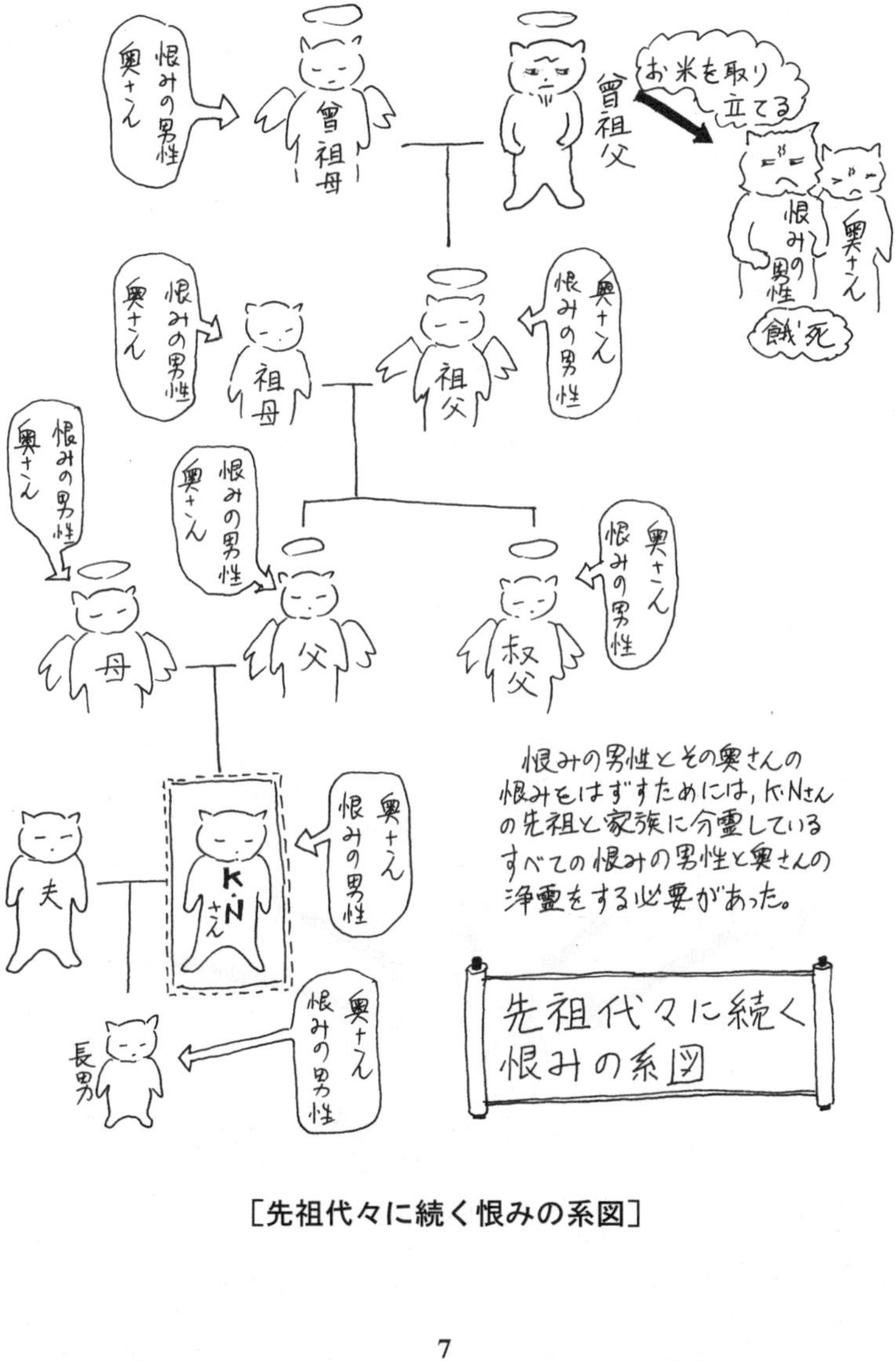

［先祖代々に続く恨みの系図］

はK・Nさん自身が両親の死後全てその影響を受けて食い止めていたからである。K・Nさんの長年の体の不調はまさに先祖7代にも渡るであろう恨みが原因であった。

早速本格的な浄霊が開始された。浄霊はまずK・Nさんの曾祖母から順番に長男に至るまで憑いていた恨みの男性とその奥さんの分霊をそれぞれ処理していくことから始まった。次にすでにその恨みで亡くなった両親や曾祖母や祖父、叔父、今なお存命中の祖母や長男本体の浄霊に進んだ。最も大変だったのは、K・Nさんに憑いていた霊処理であった。祖父、

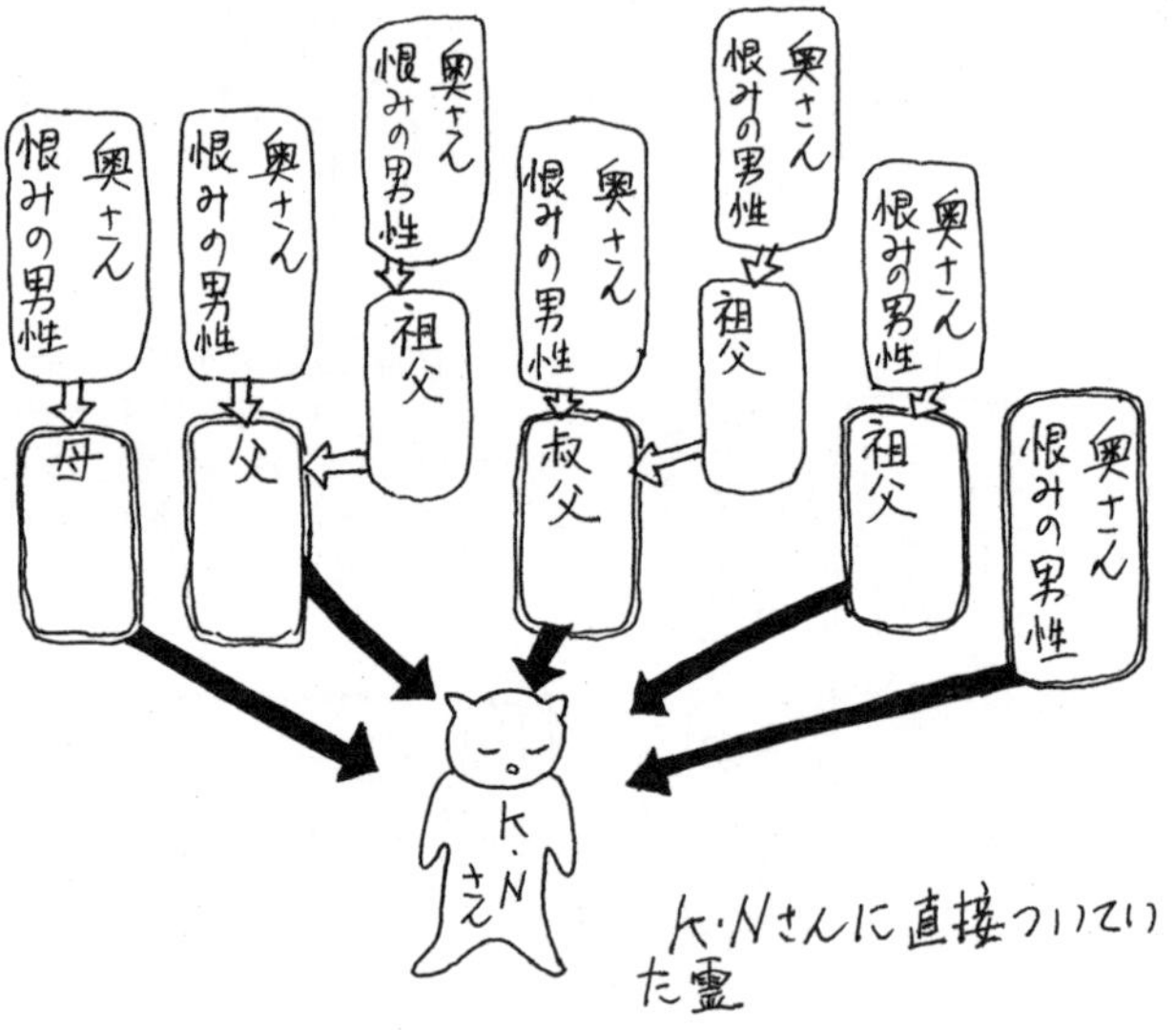

［図A］

両親と叔父がK・Nさんに憑いていたのだが、父親と叔父にはそれぞれK・Nさんの祖父が分霊して憑いていた。しかも、K・Nさんに憑いている両親たちすべてにあの恨みの男性とその奥さんがそれぞれ分霊して憑いていたのである（図A参照）。浄霊はそれらすべての霊を1体ずつ処理していかなければいけない。

浄霊中はK・Nさんは、頭が重かったり、胸が詰まるような感じがたびたび出現し、横になって過ごさなければならない日が続いた。手足のアレルギー症状から来る皮膚症状のジュクジュク感やかゆみがひどく出たりすることもあった。

先祖の恨みの浄霊が終了するにつれて、だんだん胃の調子が良い時が多くなり、お腹も空いてくるようになった。体調も次第によい日が増えてきた。そしてついに、先祖7代に渡る恨みの浄霊が終了した。これで体調もすっきりと思われたのもつかの間、再び、胃や胸が再び重く感じるようになり、気持ち悪い日が出てくるようになった。

頭がしゃんとしないので車の運転ができない。近所にも歩くのがやっとという状態が続くようになり、日常生活がちゃんと送れないような日が出てきた。その様子を聞いた浄霊師O・K師は、まだ何か今回行なった先祖の浄霊以外にも影響があるとすれば、両親と一緒に暮らした実家の自縛霊の影響もあるかもしれないと予測をつけた。実際その土地は争い事がしばしば起きてきた土地であった。

浄霊で、K・Nさんの再度現れた体調不良の症状に関与している霊を呼び出すと、当初予想した通り、実家の自縛霊ばかりだった。しかもそれらの自縛霊は昔その土地にあったお墓の中に葬られていたある一族だった。そこに住んでいた者は疫病で次々と死んでいき、結局その一族は絶えてしまった。なんとK・Nさんの家が建っていた敷地内にお墓が合計4基あり、その中に死に絶えた一族が合計24体すべてK・Nさんに憑いていたのである。それら全ての自縛霊の浄霊終了後、K・Nさんは再び空腹感を感じることが多くなり、頭、胸、胃もだんだんとすっきりしてくるようになった。手足の湿疹やかゆみが出なくなり、昼も横にならなくても終日過ごせる日が増えてくるようになった。

まだ、時々頭が変な感じがしたり食欲がなくなったりすることもあるが以前と違い、症状は軽く、気持ち悪さはなくなっていった。おかげで元気になってきたとK・Nさんは喜んでいる。

そして、〝私のような症状で苦しんでいる人たちの助けになるなら〟と今回先祖7代に渡る浄霊の報告を公表することを快諾してくれたのである。

浄霊の症例報告②　長年に渡る原因不明の胸の違和感と辛さは引越し先の家に足を踏み入れた途端に始まった！

浄霊内容：胸の違和感と辛さの改善（病気治療）
浄霊師氏名：O・K

A・T（38歳、女性）さんが今から2年前に眼がチカチカするという訴えで、AST気功を受け始めた。病院で精密検査を受けても原因は分らない。子供を保育園に送り迎えするために車の運転は欠かせないため、眼の症状の辛さは問題であった。定期的に受ける気功によって次第に眼の症状が落ち着いてくるようになると、実は本当に毎日の生活で辛いのは、突発的に起こる胸の違和感やギュウーッと締め付けられる胸の辛さであることにAさんは気がついた。さらにそれと連動して頭がボーッとしてきたり、頭だけが妙にぼんやりしたりするなどの症状が明確になりだした。確かにAST気功を受けることで少しは楽にはなるが、さりとてどんどん改善されていくという傾向は見えなかった。

Aさんはもしこの胸の違和感がなくなったら、もっと子供たちと一緒に遊んだり、積極的に仕事に打ち込んだりできるのではと感じていた。これらの症状があるためにパートも続かず、なんでも消極的になっている自分がいると考えてた。

ＡＳＴ気功を受け初めて1年半ぐらいだった頃、今の自分の悩みを担当気功師に打ち明けたところ、浄霊という手段を使えば、もう少し今の状態を積極的に改善できるかもしれないと言う。Ａさんはとにかく今の自分を変えたい、もっと楽になりたいという思いで、自分にとっては全くの未知の世界であるけれども、この浄霊というものを受けてみようと決心した。


Ａさんのこの原因不明の胸の違和感は今からおよそ7、8年前、子供たちが自然の中で元気に暮らして欲しいという思いから、都会から田舎へ移り住んだ時から始まった。引越し先の新しい家に1歩足を踏み入れた途端、急に胸の動悸が始まり、キュウーッと胸の締め付けが起こった。当初は引越しの忙しさの疲れからだろうとあまり気にも留めずにいた。が、田舎での新しい生活が落ちいた頃から今度は定期的に胸の違和感と頭の症状が始まった。また頭の症状が起こるたびに、Ａさんに一抹の不安が襲ってくるようになった。

というのは、Ａさんのご両親はＡさんが中学、高校の時に頭の病気で相次いであっという間に他界した。その間に、父方の祖父母も病死している。つまりＡさんが高校生の時にはすでに両親、祖父母の４人が亡くなり、兄との２人だけになったのであった。頭の症状が起こるたびに、そろそろ母親が死んだ年齢に近づいている自分も同じように頭の病気で子供を残して先に死ぬのではないかという恐怖と不安がAさんの心の底にはあったのである。

そこで浄霊は3つの方向で始められた。
1つ目は、引越し先に入居した途端Aさんに始まった胸の違和感を起した原因となる霊、
2つ目は、ご両親が相次いで同じ頭の病気で死んだことの原因からくる霊でAさんの胸の違和感に影響している霊、
3つ目は、Aさん自身に直接的に胸の違和感や辛さに影響している霊である。

1つ目の霊はその入居先の家の自縛の恨み

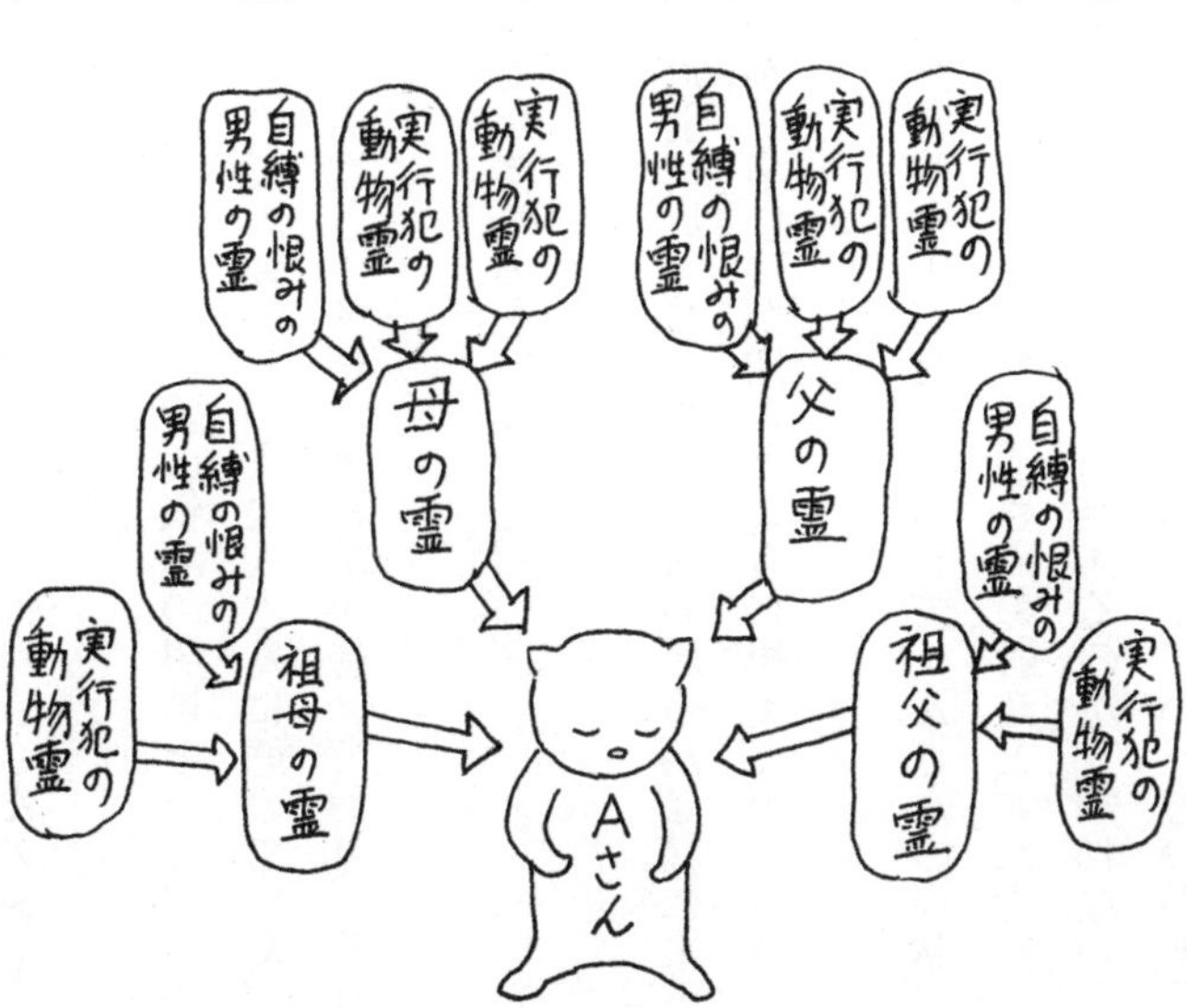

の男性と胸の違和感を促進している動物霊だった。この自縛の恨みの男性はAさんの家族全体に影響力があった。

2つ目は、両親を早期に死に追い込んだ、Aさんの実家の自縛の恨みの男性とその実行犯である2種類の動物霊が父と母に憑いており、そのご両親がそのままAさんに憑いていた。さらには父方の祖父と祖母には同じ自縛の恨みの男性と1種類の動物霊が憑いており、それらがそっくりAさんに憑いていた。（図参照）

3つ目は動物霊、先祖霊、自縛霊など合わせて16体処理を行なった。

ところが、これらの一連の処理が終わる頃、以前に比べてAさんからの連絡が頻繁に来るようになった。胸の違和感が楽な日が出てきたが、辛い日が増えたように思えるという訴えである。

一方、浄霊師O・Kにとっては、今回手がけた浄霊や手ごたえからして、Aさんの症状に対する霊的影響はかなり減ったのではないかと感じていたので、Aさんの訴えとずれを感じた。そこで、浄霊師OはAさんには何かまだすっきりできない原因があるのかも知れないと考えた。それは胸の違和感に影響しているもので、まだ未処理で見落としているものがあるのか、それとも、全く別の原因から胸の違和感が生じているのかのどちらかであると考えた。
そこでAさんにはしばらく様子を見てもらうように説明をするとともに、最近の生活について何かストレスや嫌なことなどないかなどを尋ねてみた。

現在Aさんはパートに行っている。その職場の中にAさんにとってかなり苦手な先輩が1人いた。何かにつけて嫌味や注意を受ける。その度にAさんは異常に緊張したり、ストレスを感じたりしていた。

以前なら、嫌な人がいたらすぐにパートを辞めることを考えたが、今回は逃げないで何とかその先輩と折り合いをつけようとは努力をしていると言う。だけど、どうしても気になり、辛いので、浄霊で何とか解決できないかと言う。

さっそくその先輩の言動が気にならなくなることを邪魔している動物霊と自縛霊、先輩の言動が気にならないように協力してくれる先祖霊、その先輩と一緒にいると緊張することに関与する憑依の人の霊とその先輩と一緒にいても緊張しないことに協力してくれる先祖霊を合わせて、20体処理を行なった。その中にはAさんがその先輩を避けようとするあまりに意識が過剰になり、その先輩自身の霊（いわゆる生霊）を呼び込んだ形でAさんに憑いていた。それらすべての処理が進むのに連れて、頻繁に来ていた胸の違和感の訴えが目に見えてなくなっていき、浄霊が完全に終る頃には、胸の違和感と頭の症状がほぼ解消されたという報告をAさんから受けた。

それ以上にAさんが驚いたことはあれほど嫌だった先輩の態度が180度一変し、すっかり気さくな気のよいおばさんに変身したという。その変化はその周りにいる同僚たちも目に見張るほどで、あれほど人に対してきつく当たっていたあの先輩は一体どうなったのだろうと噂されるまでになったという。

その先輩が最近Aさんに「あんたと一緒に仕事をするのが一番いいわ」とさえ言ってくれたという。

現在Aさんは元気に生き生きと仕事に打ち込み、この変化を人に言いたくてたまらないと笑顔で話してくれる。

Aさんの胸の違和感はおよそ10年来続いてきたもので、その始まりの原因は明確だった。ただその長い期間の中で、彼女の胸の違和感の症状は、両親の死因から来ていた影響や彼女自身の弱さからくる精神的なストレスなどが全て胸の違和感と頭の症状になって現れていた。浄霊としては、最後の締めは人間関係の改善の浄霊に移行したが、その人間関係の浄霊ピラミッドは、胸の違和感の浄霊ピラミッドと重なりあっていたために、人間関係の改善の浄霊を行なうことで、胸の違和感の浄霊ピラミッドがほぼ完全に崩れたのであろうと考えられる。

症例報告③　人身事故を起こし、突然加害者へ。被害者の人命を救出したい！

浄霊依頼：人身事故を負わせた被害者の命を守ることと、事故後の円満な示談の成立に向けて。

浄霊師：M・I

２００８年年末仕事中のトラック運転で、A・I（40歳　男性）氏は自転車に乗っていたFさん（85歳　男性）に接触、転倒させ、脳挫傷、外傷性くも膜下出血、左肋骨多発骨折、左外傷性血胸、左胸挫傷を負わせた。すぐにFさんはICUに緊急入院するものの、意識はなく、命が危ぶまれた。事故の緊急連絡と被害者であるFさんの状態を聞いたI氏の奥さんは、一刻の猶予がないと判断し、すぐに知り合いのAST気功師にFさんの遠隔治療を依頼した。命の危険があるような緊急を要する場合にはＡＳＴの遠隔治療が非常に効果があるということを友人から聞いて知っていたからである。事実、遠隔治療開始直後からＦさんの意識は少し戻り、体の痛みを訴えるようになった。

しかし、被害者のＦさんが高齢ということもあり、意識は戻ったにせよ、命の危険は続いていた。仮に一命を取り留めたとしても、事故で負った障害により、どこまで回復されるかと見通しは全く分からなかった。

このままではＦさんがどうなるか分からない。もし亡くなられることになったらどうなるのか？生き残られても、一生寝たきりになられるかもしれないなどというさまざまな不安がＩ氏夫妻に襲った。

Ｉ氏の奥さんは以前から浄霊を学んでいた。このような時こそ、浄霊の力を頼るしかないと決意し、夫が事故を起したというショックにもはや浸っている場合ではなかった。事故から３日後には浄霊を開始したのである。

浄霊はまず何よりもＦさんの人命救出を優先にすることであった。

処理した浄霊は以下の通りである。

①今回の人身事故で受けた脳挫傷が良くなることに関与している霊
②左肋骨骨折が良くなることに関与している霊
③左肩骨折が良くなることに関与している霊

①〜③の浄霊で12体霊処理をした。処理した霊はFさんの憑依霊が数多くいた。特に①の脳挫傷に関与していた霊の中にはいわゆる生き霊がいた。このような瀕死の状態の時に最後の息の根を止めるほど強い影響力を発揮するのが生き霊の成される業である。

それと同時に行なったのが、今回の人身事故についてのFさんとの話し合いが問題なく円満にまとまることに関与している霊処理も同時並行で進めた。

日が経つにつれ、F氏の状態も安定し、年明けてから、ICUから個室病棟へ移動。病状も回復の兆しを見せ始め、骨折も良くなっていった。

脳挫傷による高次脳機能障害の後遺症が残る可能性があると言われたため、引き続き、人身事故で受けた脳挫傷が良くなることに関与の霊19体と、事故の話し合いが問題なく円満にまとまることに関与している霊処理14体を翌年の3月末まで行なった。浄霊を進めるにつれて、Fさんの意識がはっきりし、大好きな将棋までさせるまでになった。入院中はリハビリも意欲的に受け、テレビを観て楽しんだり、新聞を読んだりするなど、スムーズな会話ができるようにまで回復したのである。

そして4月半ばにFさんは無事退院した。現在転倒を避けるために、車椅子の移動に頼っているが、毎日元気に暮らせるようになった。元来Fさんはとても活発な高齢者であり、食事を作ったり、パターンゴルフを楽しんだりする方であった。残念ながら、事後後、車椅子で移動することになったが、それを悔やんだり、I氏の責任を咎めることは一切されようとはしない。I氏夫妻がFさんを見舞いに行く度に〝会いに来てくれてありがとう〟と涙を流して喜んでくれるという。

Fさんの娘さんも当初から加害者であるI氏を咎めることをなく、〝I氏夫妻の誠意はよく伝わっている〟とまで話され、Fさんの身内や親戚にまで、I氏についての弁護を取り計らってくれたという。事故の話し合いも問題なくスムーズに進み、全てがFさんにとっても、Iさんにとっても良い方へ進んでいったのである。I氏の奥さんはあらためて浄霊の偉大な力を再認識したのである。

症例報告④　9年間待ち続けた待望の赤ちゃんが誕生！

浄霊依頼内容：不妊症の改善（病気治療）

浄霊師：S・I

N・Y（38才　女性）さんは結婚生活9年になるが、一度も妊娠することがなかった。それでもあきらめきれないN・Yさんは何としても子供が欲しいという想いでAST気功治療を受け始めた。気功治療を受けている途中に今まで様々な出来事を気功師に話し出した。

N・Yさんが今住んでいる土地に以前兄夫婦2組も住んでいたのだが、やはりどちらの兄夫婦にも子供がまったくできなかったということ。更には旦那さんの浮気による相手の女性との間に出来た子供の中絶騒ぎなどがあったという。

N・Yさん本人もなんとなく、これらのことが気がかりであった様子で、もしかして自分に子供ができない原因はこれらのことがあるのかもしれないと心配していたという。土地の障りや人の怨みなどが大きく影響しているかもしれないと予想された。そこで、N・Yさんは浄霊を依頼することを決心した。

浄霊は先ず妊娠の妨げに関与する土地の霊の処理から入った。続いて旦那さんの浮気相手の女性の生霊と中絶した子供の浄霊に及んだ。終盤は本人の不妊に関与する霊、また不妊で悩んでいた先祖霊と進めていった。

今回処理した霊は以下の通りである。
①妊娠の妨げに関与する土地の霊
∴自縛の人の霊、自縛の水子霊が多数に及ぶ。
②旦那さんの浮気問題に関与する霊
∴浮気相手の怨みの女性の生霊と水子霊は旦那さんとクライアントに別々に関与していた。またこの怨みの女性の本体の浄霊も必要となった。また他にも生霊の女性が多数あった。
③本人の不妊に関与する霊
∴憑依の動物霊、憑依の人の霊、自縛の人の霊、先祖霊
④不妊に関与する先祖霊
∴不妊で悩んでいた先祖霊、妊娠に協力する先祖霊

この浄霊は目的がはっきりしていたので結果が出るのは早いだろうという浄霊師のS・Iの予測にも関わらず、以外に結果が出ず混迷してしまうことになる。不妊治療は夫婦の毎月のタイミングを逃すと2、3ヶ月はすぐに過ぎてしまうため、少し数ヶ月様子を見てから補充の浄霊を始めた。その後また様子見をして5ヶ月後にやっとおめでたとなった。

待望の赤ちゃんができた喜びで満ち溢れたN・Yさんは次のように話してくれた。

—兄夫婦2組ともこの土地に住んでいる間は子供ができず、その土地から離れたらすぐに赤ちゃんができたので、やはりこの土地には何かがあるなとは思っておりました。それに恥ずかしい話ですが、私の主人の浮気相手の女性に対し、兄が乗り込んでその女性に中絶を強要したことがかえって強い怨みを買うことになってしまいました。それでもこの浄霊は人の怨みも解消し、その女性の水子も供養していただくことができました。しかも、私にも子供も授けて下さり本当に感謝しております。不妊の原因はほとんどが霊による障害であることを改めて知りました。他にも不妊で悩む女性には大変な朗報だとは思いますが、このような浄霊をすんなりと受け入れられる方は少ないように思います。しかし私の知り合いにだけは是非教えてあげたいと思います。

浄霊の症例報告⑤　親友から死ねばいいと受けた言葉の暴力の心の傷を乗り越える！

浄霊依頼内容：小学４年にいじめに合ったトラウマを解消したい（人間関係の改善）

浄霊師：T・S

Y・K（16才　女性）さんは小学４年の頃に突然親友から死ねばいいとか、むかつく等のいじめに遭った。中学１年になってもY・Kさんが部活や授業に積極的になれないで悩んでいる姿を見て心配した母親が浄霊を依頼した。

浄霊はまずY・Kさんが小学４年の頃いじめに遭った状況に関与した霊の処理から始めることになった。

浄霊を始めるや否やY・Kさんは呪縛から解かれたがごとく本来持っていた明るさを取り戻し、浄霊終了を待たず問題は一気に解決した。

このケースの浄霊の焦点となる霊は当時Y・Kさんをいじめた主犯の小学生の女の子の生霊であった。そこで、Y・Kさんに憑いている分霊と主犯の女の子の本体の霊の処理を真っ先に行なった。次に、主犯の女の子と一緒になってＹ・Ｋさんをいじめた他の女の子の生霊多数と、男の子の生霊多数の浄霊も進めた。さらにはいじめを促進していた自縛の動物霊なども数多く処理した。

浄霊が進むにつれて、Ｙ・Ｋさんはすっかり明るく元気な様子になり、部活にも授業にも積極性が増して見違えるまでになった。

―娘は、浄霊が始まるのと同時ぐらいからその効果が出始め、アッと言う間に小学校の時の本来の明るさを取り戻し、悩みはすっかり解消したようです。今では特に部活への入れ込みはびっくりするほどです。もちろん授業への積極性も出てきました。お蔭様で娘と私にとって平穏で楽しい毎日となりました。この浄霊の素晴らしさには本当に驚きました。感謝しております。ありがとうございました。

Ｙ・Ｋさんの母親からの喜びの一報である。

浄霊の症例報告⑥　恐怖！体が勝手にヘビのようにうねり出す

浄霊依頼内容：霊動現象の改善

浄霊師：S・I

K・H（38才　女性）は当初自分の体が僅かにうねっていることにも気づいていなかった。うねりが徐々に大きくなりヘビのようにうねりだしてやっと気づくことになり、自分で止めようとしても止まらず怖くなってしまった。これは1種の霊動現象であることを知り、本人から浄霊依頼があった。

浄霊経過

浄霊開始して、Hさんにヘビのようにうねる体のうねりは巨大な憑依のヘビの霊が関与していることが分かった。この処理でHさんの霊動現象は速やかに改善できるだろうと予測を立てたが、その巨大なヘビの処理が完了しても、体のうねりは少しは緩和したもののなかなか解消には至らなかった。そこで、更にHさんの体のうねりを起している霊の浄霊を進めていくと、さらに自縛霊（人の霊と動物霊）の数多くの関与があることが分かった。

浄霊結果／浄霊効果

浄霊終了までかなりの霊処理を行なったが、Ｈさんの霊動現象の完全な解消には至らなかった。そこで、最終浄霊が終了してからしばらく様子を見てもらうことになった。その３ヶ月後についにうねりは消失し、以後再び起こることはなかった。

Ｈさんが元気な様子で浄霊師Ｉ氏の元に訪れたのは浄霊終了から４ヵ月も過ぎた頃であった。

―初め自分の体がうねっていること自体に気がつかなかったのです。ところが、ある日自分の体がヘビのように大きくウネウネとうねっていることに気づいた時は驚きと恐怖で頭は真っ白になりました。自分ですぐに止めようとしましたが一向に止まらず、思わず泣き出してしまいました。これは何とかしなければと思い、浄霊を緊急に依頼しました。うねりが完全に消えるまではかなり時間は掛かりましたが、現在はすっかりなくなりました。終わってみればあれは何だったんだろうと今でも不思議な気持ちです。本当にありがとうございました。

症例報告⑦　子供がお風呂に入るのを怖がる理由とは?

浄霊依頼：子どもが怖いものを見えて怯えるのを何とかして欲しい
浄霊師：H・Y

浄霊師の姪であるAちゃん（3歳、女児）が、お風呂の入り口に〃頭から血を流しているお姉ちゃんがいる〃といって泣きながら戻ってくる。それ以来Aちゃんはお風呂に入れなくなった。

Aちゃんの家族は4人だが、Aちゃんだけがその〃お姉ちゃん〃が見えるのである。浄霊師H・Yに依頼があったとき、おそらくそれはその家の自縛霊関係だろうと家人に伝えるものの、家人からは、この家は社宅だし、いずれ近いうちによそに移るからこの土地の浄霊のためにお金をかけたくないという。そこでH氏が提案したのがガード作成である。

通常ならそのような霊的存在を見えることがないように人間には天然ガードというものが備わっている。このガードによって、人は霊的なマイナスの影響から間逃れているのである。ところが、何らかの原因、例えば病気がちだとか、住んでいる土地があまりにも霊的な影響がひどいところであったりした場合、本来備わっている天然ガードが弱くなり、Aちゃんのようにいわゆる霊が見えるということが現れる。たいていは霊が見えないまでも、霊的な存在を感じやすくなるという人の方が一般的である。そこで、その旨を話して、両親はそれならお願いしますという回答であったので、1万枚のガード作成を開始した。

1万枚というのは、Aちゃんの霊体を呼び出して、1万回の病気印の払いを行なうことで、Aちゃんの本来備わっている天然ガードに新たにガードが作られることになり、ガードが強化されるわけである。1万枚という数はガードを強化するときの基本枚数である。1万枚のガードが作成し終わった後連絡を入れると、

〝血を流していたお姉ちゃんがいなくなったよー。もうお風呂を入るのは怖くないよー〟とAちゃんが嬉しそうに話したそうである。両親からは〝ガードの威力もすばらしいですね〟と喜びの電話をいただいた。

第2章

払いと浄霊の世界

払いと浄霊①

払いと浄霊の技術

浄霊とは何が中心になるか。浄霊とは、霊の障りを処理する技術です。払いと浄霊の2つの技術が存在する。この2つの技術により、霊の障りを処理する。

霊の障りによる病気の代表は精神病です。心療内科系疾患、精神系疾患（躁うつ病、引きこもり、潔癖症、登校拒否、精神分裂症など）、登校拒否もかなり顕著な浄霊の対象である。通常の病気も浄霊の霊的な範疇に入るものも数多くあります。

通常の病気の代表がリュウマチ、膠原病、てんかん、過呼吸（精神病の1つ）、アトピー性皮膚炎などは霊の処理で完治する確率が非常に高い。逆にそれらの病気は通常の病院治療の薬などを使っても、治る可能性の低い病気ということになります。

通常の治療薬と浄霊のパーセントを占めるものを比較した場合、例えば、アトピー性皮膚炎の場合、90％が浄霊の領域で10％が何らかの薬を併用することが良い。膠原病、リュウマチは70～80％が浄霊領域でその残り20～30％は、通常の薬をかなり併用すべきである。精神病、引きこもり、躁うつ病、精神分裂症は完全に浄霊100％の領域である。

それでは、通常の病気は全く無関係かと言うと、そう言うことではない。どんな病気でも20～30％は霊的な影響が関与していると言われています。大きなものは50％の関与もあります。霊的関与が0％という病気は存在しないと言われています。つまりスタートに関与するか、病気に拍車をかけるか、何らかの形で霊的なものが左右するのです。ですから、払い、浄霊の2つの技術を持って、霊を完全に処理するわけです。

払いとは

払いとは何か。霊を払うことである。九字とは何か。臨《りん》、兵《ぺい》、闘《とう》、者《しゃ》、皆《かい》、陣《じん》、列《れつ》、在《さい》、前《ぜん》の、9つの文字のことを「九字」といい、これの持つ力を九字と言う。元々、9の文字から発した力を、九字と言っているのであって、文字そのもので九と言うわけではありません。九つの持つ力、この力によって切る。だから、9回切るわけではなく、1回で切るわけです。霊を九字によって、現在ある位置から別の位置へ飛ばしてしまう。これが払いということです。九字を切ることによって霊を飛ばす。霊を飛ばすということをひと言で言えば〝殴り飛ばす〟ような形で飛ばすのです。だから、霊を飛ばすのは動物霊であって、人間に行なってはいけない。人間に対して障りを行なっている霊が動物霊であれば、悪いのは動物であるから、これを飛ばしてもなんら問題はありません。

人間が悪いことをしようとして、その人間に憑いていることはほとんどありません。助けを求めてそこにいるわけです。だから、人間を飛ばしてはいけません。

浄霊者が浄霊で失敗をする。そして、自分に降りかかるとよくいいますが、これは人間を払った場合は降りかかります。動物を払っている分には降りかかりません。もっとも、動物を飛ばせなかった場合は別です。ともあれ、人間を決して払ってはいけない。必ず方角を定めて払う。つまり、払いのポイントは方角にある。何も方角を定めずに、払ってしまうと真上に上がって、また、下へポンと落ちてきてしまう。方角を定めて払うことによって、その方角へ飛んで行く。それが払いです。

払いとは、九字から始まって、突き印、刀印、カゴメ十字、カゴメ印と段々段階が上がり、払いは強くなっていくわけです。日頃よく使う返し印はどの辺になるかといいますと、最初の九字の次の段階の印になります。九字から最後のカゴメ印まで持っている力を考えた時に、どのぐらいの強さになるか。カゴメ印まで習得すれば、3倍ぐらい強くなりますが、そこまでいくには時間が掛かります。

浄霊とは

浄霊とは何か。払いと浄霊を別けていますが、厳密に言えば、浄霊の中に払いと浄霊があると解釈してもいいわけです。浄霊とは、霊を処理することを浄霊といい、払いも浄霊の中に入るわけです。ここでいう浄霊は上に上げると言う表現を使います。浄霊はやり方や流派が違うなどいろんな方法がありますが、上に上げるという表現は全く共通です。逆に、上に上げるという表現を知らない所とか、そういう技術を知らない所とかでは、まだ浄霊についての技術、知識がないと考えざるを得ない。

つまり、浄霊とは上に上げる技術と払いの技術の2つの技術を身に付けることである。ひと口で言ってしまえば、払いと上に上げる技術でもって、霊の障り全てを処理してしまう。そして、その払い、浄霊のレベルを上げていく勉強、これが浄霊の勉強なのです。

そうかと言って、一兆一石にはレベルというものは上がらない。繰り返しの訓練によってレベルは上がるものです。浄霊や払いほど繰り返しの訓練が必要になってくるものはありません。だから昔から繰り返しの訓練が修行という言葉で伝えられたわけです。

浄霊の世界で言う、〝上に上げる〟とは、どういうことか。通常は三層に分かれ、現界、幽界、霊界を言います。これは宗教的な意味合いで言っているわけではありません。現界とは現実界である。

幽界と霊界の間には幽界線というのがあり、そこまで霊を持って行くことによって霊が処理される。つまり幽界線という基準線に霊を運ぶこと、これを〝上に上げる〟ということです。

浄霊とは、幽界の線上より上に上げることで、さらに霊界線上へ向かってより上へ近づけていくということです。

幽界線とは

過去2000年から存在する技術で、基準線のことを幽界線、霊界線と名称が付けられている。つまり、霊を現界から幽界線、それから霊界線にまで上げるということです。

この幽界線とは、地球の上なのか、あるいはそれよりまだまだ上なのかというような位置を示すものではない。この場における位置、つまり幽界線上はこの目の前にある。霊界線上も目の前にあるということも言える。幽界線や霊界線とは場所を示すのではなく、その人を上に上げる為の基準（次元）である。

つまり現界から幽界に上げるということは、その人の状態を幽界線上に持って行くことです。場所へ持って行くことではなく、その人の状態を幽界線上に持って行く。皆さんが、その人の状態を幽界線上へ持って行かなかったら、上げることはできない。いかにして、その人の状態を幽界線へ持って行くかによる。場所を示すなら、地球の上から必死になって、引き上げなくてはならないということになる。そういう問題ではない。

あくまでも、その人の状態を持って行かなくてはならない。それでは、それはどんな状態なのか。

その人の状態が低ければ低いほどそれは暗い状態にあり、そこから幽界、霊界へ上がるということは明るい所へ行くという。

その暗い、明るいは何なのか。それが人間の個々の状態の色であり、その人間の個々の状態の色をより明るくすることによって、少しずつその状態が上に上がって行く。明るい状態へ上がって行く。そして、幽界線という基準線を越えた時に、その人間は浄霊される。これが浄霊の世界です。浄霊とはそういうものです。

払いは動物以外には、ここ趣味の会では使いません。浄霊は動物にも人間にも使います。これが払いと浄霊の世界です。

ステージとは

ステージとは何か。霊を処理する場合、浄霊師がどういうステージを所持しているかによって決まる。つまり、どの方向性で処理できる力を持っているかによる。

方向とは何か。イヌ、ネコで処理する場合はイヌ、ネコのステージ、先祖霊で処理する場合は、先祖霊のステージ、水子で処理する場合は、水子のステージということです。

つまり浄霊とはその状態を変えていくことです。その処理をする場合に、何を使って処理をするのか。その浄霊師の方向が必要なわけです。どういう方向の処理をするかが重大な問題になってくる。

ここで間違えてはいけないのは、人間にたった1つの動物が関与していて、それを取ったら、完全に治るという考え方は間違いです。そういう簡単なものではなく1人の人間に対して関与する霊とは100～200、1000、5000という数で関与している。たった1つ、2つの霊しか関与していないという人間などは存在しない。

浄霊師の所へ行ったことのある人は、分かると思いますが、イヌ、ネコで処理している浄霊師のところでは、障りの原因は全てイヌ、ネコになってしまいます。水子で処理している浄霊師にとって、障りは全て水子になってしまう。

水子で全て処理しているから、水子が憑いていたということではない。水子でもって霊を処理していることです。つまり、それがその浄霊師の持つステージということです。

少し言い換えれば、ステージは浄霊の為の処理する武器の1つだというふうに考えてもいいわけです。浄霊の場合、武器が多いほど、上達も早くて処理も早い。ただし、ほとんどの浄霊師はステージというものをたった1つしか持っていない。それは先祖霊であり、水子であり、イヌ、ネコである。

ステージには段階があり、水子、イヌ、ネコの場合は、やはりステージの持つ力は低い。

だから結果を出すには数多くやらなければならない。なぜなら強いものが出た場合、低いレベルのステージで処理するには非常に数多くの浄霊をやって、その力を補わなければならないからである。そのため非常に時間が掛かることになる。イヌ、ネコ、水子のレベルは低い。だから処理してもなかなか結果が出ないという場合が当然生じてくる。一方、先祖霊のステージでやっている人はレベルが高く結果もより出るようになる。

それならば、先祖霊でやればいいのではないかと言っても、習った所が水子なら水子だけの処理しか、先祖霊なら先祖霊だけの処理しかできないわけである。

1つのステージを習得するのに10年という時間が掛かる。ステージを直接渡してくれればよいが、そんな便利な所は世界に存在しない。結局、浄霊師というのは1つステージで持って勝負し、戦うのです。だから低いステージを持った場合には、数多く戦わなくてはならない。

それでは、高いステージとは何かと言えば、先祖霊や憑依霊、自縛霊であり、最も高いのは生霊ということになる。逆に生霊までいくと、一般のところでは処理が難しくなり、ステージがあればいいとか、処理ができればいいかという問題ではなくなる。ただし、ここで問違えてはならないことは、処理することと現実に憑いているものとは違うということです。だんだんやっていけばこの意味が分かるようになります。

例えば、Aという霊が憑依したとします。本来ならば、Aというステージを持っている人が、Aを取れば1回で片付く。Aならばった1回です。浄霊の世界では、今、憑依したものをAだと思ってAをやればいいわけです。ところがそうではなく、全然違うBとCを処理したかもしれない。つまり、こちらの人が処理したのがB、あちらの人が処理したものはCだったとしても、それでもその症状は治るのです。BやCの処理でこのAの影響を止めるわけです。その症状を治めることができる。これが浄霊の世界です。

持っているもので戦う。出たもので戦う。これが浄霊の世界です。段々、その辺のメカニズムを詳しく学んでいきます。

浄霊ができるには、処理できるレベル、つまり浄霊のレベルを上げることです。技術の繰り返しによってレベルが上がっていく。だから、様々なステージを持つことが最も重要なのです。ステージを持っていなければ、そのステージの霊は出て来ない。

もっと具体的に言うと、水子霊のステージだけを持つ人が必死にやっていても、その人の所にリュウは出て来ない。リュウが関与しているものをやったとしても、それは水子霊として処理する以外に方法がない。

仮に、今障りとしているものがリュウだとすると、水子でそのリュウの影響している同程度まで処理するなら、そのリュウの障りは取れる。つまりそのリュウそのものを取らなくても、リュウと同じ程度までの分を水子で処理すればその影響力は取れる。仮にイヌ、ネコでリュウと同程度までの影響を処理すれば外れるのである。

つまり、ステージを持っていない人では、自分の持っているもので勝負しなければいけない。これが浄霊の世界です。

ただし、ここは違います。ステージは全部あり、全て渡します。最も影響している本命を1つ見つけて、それを呼び出して勝負できる。だから的確なものが出て、浄霊のレベルが上がるのも早い。早いが、やはり処理する能力は能力で、繰り返しの技術と訓練によってしか上がってこない。これが払いと浄霊の世界です。

質疑応答

Q：ステージにはランクがあるのですか？

A：障りのランクはあります。ステージとは、いろんな方向性があり、いろんなランクがあり、ランクと同時に種類がある。実際、これはリュウであったり、人間霊であったり、人間であってもリュウよりもっと低いランクのところにいるのもあるし、リュウであっても水子やイヌ、ネコより低いところのランクのものもある。種類とランクは必ず存在する。

Q：ランクとは何ですか？

A：それが置かれている位置。つまりランクの低いものは簡単に処理ができ、ランクの高いものは1、2年習ったぐらいでは、処理できないことになる。ランクは修行することによって、より高いランクのものが処理することができるようになる。修行していくと、高いランクのものは1回とか2回で処理することができるということになる。つまり、霊の障りというのは、全てランクがあり、強いもの、低いもの、高いものがある。低いものは、簡単に処理でき、高いものは簡単に処理ができない。自分が高いものを処理する能力、力が無かったら、低いもので処理し、数をこなすことによって、それを処理することができる。これが浄霊です。

ただし、営業になってくると、いつまでも結果が出なくては困るから、ランクを上げる為に浄霊のレベルを上げるべく、繰り返し修行するわけです。訓練を重ねるのです。

浄霊レベルは、訓練年数に比例しています。しかし、処理する能力は1＋1、つまり、5人いたら5人の力でやることができ、2人いたら2人の力ということになります。その点では、非常に処理しやすい。だから浄霊は仲間が必要です。

最初のうちは1人で処理できない霊が来た時には、5人、10人の仲間で処理すれば、必ず処理できます。たった1人でやっていたのでは1つの霊の処理がいつまでもできません。だから、最初のうちは浄霊の仲間が必要です。レベルがかなり高くなれば、1人でどんどんできます。

通常は1つの事象が成功するまでには、50とか100とかの霊処理をするわけです。1度に同じフレーズで呼び出せる霊の数の限界は5つまでです。それを1回で50、100とやっても何の役にも立たない。そういう形でやっていくわけです。

Q：霊の良いもの、悪いものの見分け方は？

A：見分ける必要はない。守ってくれるものと障りになっているものがあり、そのバランスの中で我々は生活をしているわけです。そのバランスが崩れることで悪影響が出る。ただし、それを普通の人は越えて行なって、また次の段階に進むわけです。普通は自力で越えて行くわけです。

それでは我々は何の為に浄霊をやっているのか。越えられなくなって、放っておくと死んでしまうとか、駄目になってしまっている人は、それで諦めて終わりというわけにいかないから、そのバランスが崩れた時に、それを越えさせて、その人を成功させる為に、我々の力、つまり浄霊が存在するのである。

浄霊の世界で言えば、地獄を這いずり回って、苦しみながら終わる一生も、一生涯最高に良い生活をして、満足して、楽しい人生を送る一生もあります。どちらを選ぶのも、あなたの勝手ということになります。浄霊をやって、全てを綺麗にした場合には、その人が持つ、最高の幸せを得ることができる。

浄霊をすると、その人は最高の人生を歩むことができる。宝くじが当たった場合には、それを越えることはできない為に人生が狂う人がいるという。浄霊はやり過ぎても、最高に良くなってそれが人生を崩すことはない。その人の持つ、最高の幸せにより近づくことができる。

一方で、浄霊をやらない人はどうなるかというと、いろんな霊の障りを受けながら、人間というのは人生を生きて行く。だから、ちょっとの地獄を生きて行く人もいれば、もの凄い戦いの断崖の苦しみの中を生きて行く人もいる。逆に、全てが上手く行って、成功して、楽しい人生を送る人もいる。それなりの人生を人は皆送るのです。ただし、もし成功したいなら、お金持ちに成りたいなら、そういう方法として浄霊が存在する。

その人間の成功の手段として、最高の手段として、浄霊が存在する。通常自分の運勢を変えることはなかなかできない。自分の運勢の9割は運であり、1割が努力と言われている。だからその運を変えることによって人生を変える。つまり、浄霊で病気を乗り越えること、そして人生運、金運を乗り越えることができる。ただし、浄霊をやればの話しです。

今でも昔もそうですが、大会社や安定した会社を経営している人、数多くの人がこの浄霊という世界に通って来ました。運勢やそういう世界を信じて、浄霊以外の運勢でもそうです。AとBがあって、どちらで成功するか、あるいはどちらで失敗するか。たったそのことでも、間違った所を選んだら、それで終わりです。成功する場所を選んだら、成功するわけです。そしてそういう人たちは皆隠れて浄霊を受けている。

日本を代表する成功者の1人に御木本幸吉がいる。ミキモトパールの創始者ですね。世界で655店舗ある。彼は一度結婚して、奥さんを亡くしてしまい、その後、生涯独身でいた。ともあれ、彼は非常に真珠貝を研究した。そして成功した人です。

その彼がもう1つ完全に信じていたのが運勢の世界です。彼の運勢は予言した通りにピタリとそのまま当たる。ただし、性格が偏屈ですから、人の為に、たった1回もやらない。自分の為にしかやらない。必死になって勉強して研究する。真珠貝の真珠の研究をする以上に、彼は運勢ばかり研究していた。たった1回も、人のことに使わず、全部自分の運勢だけに使っていた。

それでよくレベルが上がるなと思ったら、毎日筮竹をいじっていた。明けても暮れても、それも人知れずこっそり、裏に隠れてやっていた。そういう性格で毎日続けていたことで、あの真珠貝が生まれたのです。

新しく店を出す時は、全てその運勢で占ってやった。本人曰く、百発百中だったそうです。

〝最初は少し失敗したろう？〟と尋ねると、3つぐらい失敗したとのことです。

彼の素晴らしいところは、駄目だと思ったらすぐ引き払ってしまう。運勢の悪い所に長居は無用である。金を掛けても、運勢の悪い所にいつまでもこだわらない。そういう性格です。つまり彼は運勢を信じた人なのです。浄霊の世界も完全に信じた。そして彼は運勢学で真珠王となった。

目に見えない世界というのは、成功者が真に大切にする世界である。そして、目に見えない世界を、その技術を学ぶのが、この趣味の会の浄霊教室なのです。

払いと浄霊②

九字印とは

払いとは何か。浄霊とは何か。基本に返ってその意義を覚えて下さい。

まず払いとは、どういうことを意味するか。

主に払いとは動物霊に使う言葉であって、人間に対して払いという言葉は存在しない。その代表的な技術は「九字」である。何で九字というかというと、九つの字と書く。その9つの字の中に、払いの意味を込めて、臨《りん》、兵《ぺい》、闘《とう》、者《しゃ》、皆《かい》、陣《じん》、列《れつ》、在《ざい》、前《ぜん》の9つの文字で持って文字印で払う。これが元々の始まりである。

つまり、九字というのは、9つの文字、その文字を印で表す。

「印」とは何か、手で組んだ手文字のことを印と言います。手文字の印、これで持って払う。9つの手文字の印で持って霊を払う。手文字を描くことによって、そこに手文字の印が宿る。印の気が宿る。つまり、払いの気が宿る。9つの払いの印の気が宿り、その力によって払う。これが九字です。だから、九字で払う時には、本来は九つの文字印を手で組んで印を結ばなくてはならない。

印は印を作るとは言わない。「印を結ぶ」と言います。だから、印が駄目な場合には、結びが駄目、印の結び方になっていないというふうに言います。印の作り方になっていないなど と、みっともない言葉は使わないようにして下さい。「印の結び方が悪い」といいます。

そして、九つの印を結ぶことによって払う。ここでは、その9つの文字を1つにした形で持って払う。

払いにはまず、九つの文字印が1つの印に合わさったもの、これが払いの基本である九字の払いです。その次に突き印、刀印、それからカゴメ十字印、カゴメ印といった印の種類があります。

九字が1番弱くて、その次が突き印、刀印、それからカゴメ十字印、カゴメ印と、その順序で払いは強くなっていきます。だから、最後のカゴメ印が最も強いわけです。ただ問題は、同じように切れるとしたらそういう順序にあるということです。

九字のポイントはどこにあるかというと、いかに切れるかにある。いかに手文字の印でもって駆使するかということにある。その手文字で切った印をいかに切るかというと、訓練の繰り返しと同時に、自分に宿った気を手に込めて、体でどれだけ切ることができるか、結ぶことができるかというところにかかる。だから、繰り返し繰り返しの世界です。何度も繰り返すことによってレベルがどんどん上がって行く。そして、大勢のいる人の所でやることによって、もっとレベルが上がって行く。レベルが高い人のいる所でやれば、どんどん早くレベルが上がる。

これはスポーツの世界と同じです。上手な人がいて、上手に指導してくれたら、どんどん上がる。印の世界も同じです。大勢人がいて、印を切る人が集まっていれば、それだけレベルが高くなります。それだけでも、レベルは上がって行く。そして、繰り返し繰り返し、繰り返すことによってレベルは上がる。最初の九字から最後のカゴメ印までで、それらを使ってどうやって切るか。自分自身の持っている気、それに対して印を結ぶ訓練を繰り返すことによって、動物霊を払うことができるようになる。

正しい動物霊の払いとは

ただ動物霊をどれくらい払うことができるようになるかと言うと、通常は大体、100km以内を目指してください。100kmまで払えれば十分です。つまり、1人前だったら100km飛ぶわけです。

ただし、払い始めてすぐに動物霊が飛ぶのかという問題です。九字を覚えてすぐに飛ぶかと言うと、まず半年以内は、飛ばした動物霊はその辺の道に転がっていると思って下さい。前の道の10m先、20m先辺りに転がっていると思った方がいい。まず半年以内はその周辺に転がっている。でも転がっていてもクライアントからは離れています。ただ、浄霊師が帰る時に、自分の周辺に飛ばずに落ちた動物霊をまた拾って憑けているかもしれませんけどね。それでも一応離れています。では払いを始めて2、3ヶ月や3、4ヶ月辺りの人間はどうかというと、自分の脇に落ちています。

仮に初心者が浄霊を学び始めて2、3ヶ月経った後、喜んでドンと切った（払った）とする。動物霊はチョンとすぐそばにいますね。馬鹿という感じでこちらを見ています。最初はそんな程度です。払った本人は分からないからね。動物が馬鹿にしていても分からない。散々馬鹿にしきった顔をしてますよ、まるで飛ばない時はね。

そういう時代を経て、だんだん飛んで行くのです。非常にいいことに、払いはある程度、訓練の回数に比例するところがあります。やはり、数を切ることです。

払い、浄霊は訓練の世界です。繰り返すことによって、レベルが上がって行く。払いの世界において、訓練の繰り返し、切ることの繰り返しが、力にもなり、レベルにもなる。

ただし、1回、1回がちゃんと飛ばさないと駄目です。そして、動物霊を100m以上飛ばせるようになったら、それで何とか使いものになりますね。100m先に完全に飛んだら、払った本人の帰りがけに、本人の周辺に転がっていた動物霊がまた憑くということはありません。

払いの失敗について

さあここで1つ、払いについて知っておかないといけないことがある。浄霊の失敗は結果が出ないだけです。

では払いの失敗はどうなるか。動物を払って失敗した場合、依頼者の所へ行かないで、払った人の所に失敗は帰ってくる。これが怖いのです。飛ばせなかった場合、浄霊者に帰ります。

趣味の会では殆ど飛んでしまうから大丈夫ですが。何でこれを話すかと言うと、練習すればだんだんと飛ばせるようになるのに、ちょっとふざけてやったりした場合に、それをポンと移動させてしまう場合がかなりあるからです。それがやはり怖いということです。

真似事のようにやるような場合が出てきたりすると怖い。

印というのは冗談で使ったり、ふざけて使ったりすると、とんでもないこと事を招くことがあります。特に見えない世界だけに気をつけなければいけない。ともあれ、これが払いと浄霊の世界です。

絶対守らなければいけない払いのルール

人間は決して払ってはいけない。払うのは動物だけです。ただし、人間を払ってはいけないというのは、私の教える浄霊の世界だけです。他の世界は人間を払います。それを禁じているのはどうしてかといったら、人間を払ったら、その恨みは払った人の所へ向かうからです。だから、私の教える浄霊では人間を払いません。また、人間を払う訓練はしません。

そこで、皆さん大勢の人が心配していることが1つあります。万が一、動物霊と間違って人間を払ってしまったら、私が恨まれるかも知れないと思っている人がいるかもしれません。覚えておいて下さい。動物霊を完全に飛ばすには、期間が半年から1年掛かります。ですから1回失敗して人間をポンと払ったところで人間は飛びません。空振りしてるだけです。人間がどこか100km先へ飛んでしまったかもしれないと思わなくていいのです。人間を払う訓練を繰り返さなければ人間は飛びません。もちろん人間を払う訓練をしたら飛びますよ。ここでは九字を正式に教わっているのですから。

払う訓練もしないで、単に動物霊と間違って払ってしまったくらいでは、人間はそう簡単には飛びません。九字なんてそんな簡単に力がつくものではありません。動物霊と間違えて人間を飛ばしてしまって、大失敗してしまったんじゃないかと初心者は考えますが、そんなに心配しなくていいのです。人間なんてそんな簡単に飛びませんから、安心して動物を飛ばして下さい。むしろ問題は、残した霊の方が問題ですね。眷族が5匹いるのに、3匹で終わって残り2匹残ったままだと、その2匹は依頼者に憑いてまわります。

次元を上げるとは

次に浄霊です。浄霊とは何か。次元を上げること、つまり、住みやすい世界にその人を持って行く。人の霊を、あるいは、動物の霊を人間に影響のない次元に持って行くことを浄霊といいます。

だから、上に上げると言いますけど、これは高さを上に上げるのではない。高さで表現していますが、実際は次元を上げているのです。

では次元とはどういうことか、3次元、4次元、5次元といった次元の問題ではない。心の世界の次元を表します。より明るい世界。つまり、明るい世界へ持って行くこと、これが次元です。

もっと具体的に言うと、苦しい世界は次元が低い。仮に苦しい世界に10の苦しさがあるとする。それを10、8、5、4、3、2、1と苦しみの段階を10の段階に分ける。これを10の次元と解釈します。そこから例えば幸せな段階がまた10段階あったとしたら、1、2、3、4と上げて行く。その人を8くらいの素晴らしい段階に上げて行く。いわゆる、心豊かな次元に上げて行く。その人の心の状態を持って行くこと、これが次元を上げるということです。

浄霊とは何か。その人の次元を上げることです。心の次元を上げること、心の状態をより幸せな状態に持って行く。楽しい状態に持って行く。これが次元を上げることです。その為の努力を皆さんはするわけです。

浄霊というのは、どんな人でも次元を上げる努力をなくして、浄霊は成立しない。だから、線香1本上げても浄霊にはなりません。

では、どうしたら次元が上がるのか。それは、やはり情けを掛けること。もっと具体的にいうならば、皆さんのやっている方法、つまり、霊を前に1つ出します。動物霊、あるいは人間霊に気を送る。そうすると、心の世界ですから、送られた気で最高に爽やかな気分になります。霊は心豊かになり、楽しくなり、次元が上がって行くことができる。それは自分に対して気が送られたという、1つの感動に近いものがあります。それに対して、感謝をし、また嬉しく思うのです。つまり、皆さん方が気を送っているということは、より明るい次元に霊を持っていくということ。そういう次元に行ける状態にするということです。そして、より豊かな次元に持って行くわけです。心豊かな次元です。お金が入る豊かさではないですよ。心の豊かな状態、楽しい世界に持って行く。

では、どれだけの霊が苦しんでいるのか。通常地獄入りとか言いますけど、霊の殆どが、上に上がっていないと思って下さい。上がっている人は数少ないと思って下さい。死ぬとそのままスッと上に上がる人など殆どいない。それは、皆汚れていてどうしようもないからではない。地上生活を送り、様々な苦労を乗り越えて、いろんな経験をして死んだ時に、やはりいろんな苦労もあり、いろんな状態が身に付いているからです。それらを綺麗にして、あるいはそれをそのまま業にして、再び輪廻転生がそこに起きたりするわけです。つまり、それはそれで1つの形態でもある。

では、何の為に浄霊するのかということになると、死んだ人間が現世に生きてる人間に影響してる為、災いを呼んでいる為に、次元を上げて、災いのない形にする。これが浄霊の目的です。でも彼ら、彼女らは災いをしようと思って憑いているわけではない。むしろ、今の苦しい状態からより明るい状態へ行きたいと思って助けを求めて憑いている。この方が正解です。ただ霊は憑いていること自体が、地上世界の人間にとって災いとなる。つまり、暗い世界がそのまま憑いているのですから、人間にとって良いわけがない。ろくなことを呼ばないということになるわけです。つまり、浄霊とはそういう世界なのです。

動物でも人間でも、気を送って情けを掛けてやれば、上の世界へ上がるわけです。ただ、1回上げただけでは人間は再び落ちてきますが、動物は上がったままです。

ここでの基本のやり方は、1つの事象に対して、何かに関与している動物霊、先祖霊、そして自縛霊と順に呼び出して浄霊をやって行きます。その3つを1ずつ出しながらドンドン浄霊して行きます。3～5体浄霊をします。

ただし、1度に同じフレーズで5体以上越えて霊を呼び出してはいけません。なぜならそれは呼び込みになってしまうからです。そして、結果を出すわけです。これが浄霊の世界です。

質疑応答

―次元を上げるということは、現世とは違う次元ですよね？

心の色が変わるということです。

―心の色だけが変わって、同じ現世にいると思っていいわけですか？

その世界に、例えば、あなたが今死んだとします。そうすると、生きていた時のあなたには体があるから心の色が分からない。死んで体が無くなったら、心だけの世界に行きます。それが死ぬということです。そうすると、大体心の色が綺麗な人はいなくて、黒いわけです。

それを明るい所へ持っていくのが次元を上げるということです。だんだん分かっていきます。最初は話をいくら聞いても、何かおよその程度ぐらいしか理解できないでしょう。本当はだいたいの理解ではよくない。それが全くおよその理解でなくなった時、それはもう浄霊を理解した時です。これも、どちらかといえば体で覚えるところがあります。

―死んだ時のその心の状態で死んだ人の位置は決まるのですか？

決まります。

―凄く悪いことをして来た人でも、死ぬ間際に綺麗な状態になれば、上がれるかもしれないのですか？

そういうことです。だから、極悪人がそのまま上へ登って行く例もあります。

浄霊とは何か

霊とは全ての運勢に左右し、左右されている

浄霊とは、1つの霊を影響のない状態に処理することをいう。影響している霊を影響のない状態に持って行くことです。

具体的にはどのような形でやるのか。主に対象は人間です。人間にはどういう霊が影響しているのかというと、先祖霊、自縛霊、それが1番主体となるわけです。あと、物に憑いている物霊もあります。それらが人間に悪影響を及ぼしていることなのです。つまり、人間は浄霊を行なうことによって、目的を達成することができる。

そして、それは1つの型があるわけです。何でもかんでも目的を達成することができたら、人間、努力が要らないということになる。勉強も要らないということになってしまう。できれば、浄霊というものは自分も努力しながら、その目的を達成するということが望ましい。

しかし、努力しようにも努力しようがない場合もある。そういうのは、浄霊だけでその目的を達する以外にない。

それは具体的にどういうものかというと、金運、商売運、人生運、結婚運、男性運、女性運などというものになるわけです。こういうものは努力すると言っても、どこで、どう努力すればいいのかというところもあるわけです。こういうものは浄霊をすると、その目的を達成することができるのです。

つまり、自分の運勢、自分の人生に関わっているもので、プラスがありマイナスがある。自然の状態で、そのマイナスを超えている時に成功し、マイナスが超えられない時に、そのマイナスの運命に左右される。

具体的に言うならば、金運が上昇気運にある時、あとは自分の努力によりさらに金運を上げることができる。あるいはマイナスを超えている時はプラスになって、多くを叶えることができる。しかし邪魔する者に負けている時は、いつまで経っても、お金を呼ぶことができない。あるいはドンドン金運が下がって行くという運命になる。

こういう形で霊とは人間が生きて行く上で全ての運勢を左右し、その結果、人間は左右されている。つまり、自分の運勢全てに霊というのは関わっているのです。

ただし、ここで誤解していけないのは、全ての自分の運勢に霊が関わっていても、全ての運勢が霊によって左右されているということではない。あくまでも主体性は自分自身にあって、霊は2次性のものであることを忘れてはいけない。しかし、いくら2次性のものであっても、それが占めるパーセントは大きいわけです。つまり、6割は自分に主体性があっても、残りの4割を霊が司さどったり、3割を司さどったりするわけです。逆に2、3割が自分に主体性があって、7割を霊に支配されて、病気になる場合もあるわけです。その辺のパーセントが人によって異なり、あるいは運勢の種類によって異なるわけです。このように浄霊とは、あらゆる場面において、人生に響いてきます。

浄霊とは何か。つまり、それは霊を影響のない状態に持って行く。あらゆる運勢に関わっているマイナスの霊を影響のない状態に持って行くことです。そして、何千年と続く浄霊の歴史の中で、日本でも世界でもどこにいても、どういうことになろうとも一貫して変わらないのは、一定線上に霊を上げるということです。これは上げるということそのものが浄霊だからです。それはその歴史が何千年続いていこうと、国が変わろうと全て同じです。しかし、一般の人は上げることが浄霊だということさえ知らない。

だから、霊を綺麗にする、霊を影響のない状態にするということは、上に上がらない限り不可能だということです。どんなにお経を唱えようとも、どんなに祝詞を唱えようとも、お酒を上げようとも、果物を上げようとも相手（霊）はそれで喜びますが、いくら喜んでも上げない限り影響は止まらない。霊は処理して初めて影響のない状態になる。祝詞やお経、果物、供え物、線香などをどんなに供えても、霊というのは処理をしない限り浄霊は成功しません。影響がない状態にはできません。

この処理する技術とは、訓練をしない限り存在しないということです。自然に身に付くような技術ではなく、そんな単純な技術でもない。また非常に深い技術でもある。だから付加価値は高い。ステップ・バイ・ステップ1歩ずつ上がっていく技術です。つまり浄霊とは一定線上に霊を上げるということです。

現界、幽界、霊界とは

上げるということは、上げている線を3界、3つの世界に分けます。現界、幽界、霊界の3つの線に基準を分けます。あくまでもこれは基準線であって、現界から幽界、霊界へ行くといった問題ではない。基準線を現界、幽界、霊界と定めるわけです。

霊を幽界線より上に上げて行った時に初めて浄霊は成功する。霊が霊界線に近づくにつれて、浄霊は完璧なものになる。もっと具体的に言えば、霊は幽界線と霊界線の間の半分以上上に上がったら、それは決して現界へ落ちることはない。

浄霊とは、現界、幽界、霊界の3つの世界に右往左往しているものを我々が上げること、これが浄霊です。だから、名前は変わっても、やり方が変わっても、現界、幽界、霊界で勝負していることは、過去何千年の歴史も、他の国も全て同じです。処理する技術は必ずその辺を習うわけです。

では現界、幽界、霊界とは何か。現界とは、現実界そのものの状態を言います。幽界とは、上の世界の幽界ではない。基準線といいました。つまり、その人間の次元の世界になる。この辺の理解が霊の領域に入るので難しい。その人間の状態が上がれば、それは幽界へ近づくことができる。つまり、死んだ後、影響しているものは全て霊の存在です。心だけの世界です。人間は生きている時には人体があります。人体があるがゆえ、それに遮られて、心の世界がかなり疎くなっている。死んでしまったら、身体がなくなります。そして、心だけの世界になります。

浄霊とは苦しくて真っ暗な心の状態を明るくすること

そうすると、その心の色が明確に出てきます。苦しい時の色は苦しいまま、困った時の色は困ったまま、苦しんで死んだ時の色はその時の状態がそのままある。つまり、その時の心の状態はその次元にいるということです。これが次元の世界です。苦しんだ状態は、苦しい次元にいる。困った状態は困った次元にいる。恨んでいる状態は恨んだ次元にいるということです。

心の状態をその次元から外して、平穏な世界に、つまり平穏な次元に持って行く。これが幽界線、いわゆる次元の壁を越えるということ。これが浄霊です。身体を治すわけではない。心を治すのであるから、心の世界を１つの次元の世界に入れていく。すなわち平穏な世界へ持って行くことです。

人間というのは、病気で苦しんで、借金で苦しんで、男女間で苦しんで死んで行く。しかし、死んでしまったらもはや肉体のある世界の苦しみは存在しないはずなのです。ところが、死んでも苦しんでいるその心だけが存在しているのです。また、死んでも恨んでいるその心だけが存在している。だからこの恨みの心を消し、苦しんだ心を消してあげて、平穏な状態に持って行く。これが上に上げるということなのです。いいですね。この辺を間違ってはいけない。

苦しんでいる状態、恨んでいる状態、男女の想いなどのそういう低い次元から、平穏な明るい楽しい次元へ持って行く。これが浄霊ということです。これが浄霊の原理です。この辺の原理が分からなくては浄霊者としては失格です。

心を平穏な明るい世界へ持って行く。そして、心が平穏になった時、いわゆる、生きている時の苦しみ、恨み、男女間の想いなどを全て忘れ去って平穏になった時、その人間の心の次元が上がる。心が浄化されて、浄霊が成功したということです。

ただし、ここで問題は人間の心です。いくら上に上がっても、平穏になっても、それが安定していなければ、また、思い出してしまう。思い出したら再び、恨み、苦しみ、悲しみ、男女の想いが出てきてしまう。これが落ちるという現象です。苦しみを思い出して落ちるのです。思い出して再び現界の低い次元へと落ちる。だけど、１度上に上がっていれば以前ほど酷い恨みの状態ではないので、そこまで次元の低い状態には落ちない。そこで、３回繰り返し霊を上げることによって、ほとんどの霊は影響のない状態まで持って行くことができる。これが浄霊の世界なのです。

幽界線といっても幽界の上に上げるとか、霊界の上に上げるとか、そういう宗教的な問題ではない。浄霊は宗教とは全く関係ない。それを間違ってはいけない。心の状態を上げるのが浄霊であって、そういう世界を言うのではない。心の状態を定める基準がないために、現界、幽界、霊界という仮の言葉が作られているに過ぎない。

それは、過去何千年もある歴史がそういう言葉を作ったものと思います。本当は別の言葉に言い替えられればいいのです。しかし、やはり現実に生きていた時は現界になりますから、さらにその上に行ったとしたら、幽界とか霊界という言葉が妥当じゃないかと思うのですね。その為に、幽界、霊界という言葉があるわけです。

何もここへ来て、その言葉をひっくり返したり、変えたりする必要もないだろうから、そのまま使っているわけです。過去何千年の歴史を変えることもないでしょう。これが浄霊ということです。

ここまで話した浄霊そのものの意味合いが分かっていないと、浄霊を幽界の世界へ上げるとか、霊界の世界へ上げる、という形だけにこだわり過ぎてしまう。逆に、今言った言葉を良く考え、理解したら、浄霊がよりやり易くなるはずです。

例えば、自分の運勢に大きく協力している霊がいたとします。それを再び現界へ落ちてこないように3回浄霊を繰り返すことで、その霊はとてもいい状態になる。ただし、もっともっと協力してほしい場合には、4回、5回、6回と浄霊を繰り返すと協力する人間霊というのは、どんどん高い次元へ上がって行く。無限に上がるわけではないですが、その霊を最高にいい状態に持って行って、自分に協力してもらうというのも1つの浄霊の方法です。この方法を行なうのは、金運なり、恋愛運なり、商売運なりを最も左右している霊とか、1番大物の霊をする場合に最も妥当なわけです。そうすると、金運も上がり、人生運も上がり、商売運も上がり、会社の運勢、そして、男女の運も上がるということになる。

これが浄霊です。だから心の世界、全て心の世界ということです。

質疑応答

Q：イエスの言った、「悪霊よ！　出て行け」とかというのは、浄霊と同じ仕組みなのですか？

A：バイブルというのは、過去に260の種類があるのですが、キリスト自体一片も書いていない。つまり、後の弟子達、あるいは、その関係の人達が作ったものです。その結果、260ものバイブルができた。

　キリストが実際に行なったのがどういうものであったかは明確ではない。ただ、その時に「悪霊よ！　出て行け」と言ったのは、霊が見える人間がそれを処理していることに対して、使った言葉だと思います。キリストくらい見えるようになれば、おそらく霊を追いかけて処理することが可能だと思います。

　「出て行け」と言って追い出して、また戻って来ることも確認することはできただろうということです。だから、キリストは完璧に霊視のレベルが高かったから、その人間に憑いているのを追い出して、また来るかどうかを見ていることは可能です。キリストが「悪霊よ！　出て行け」と言ったのは、その辺の技術を使った可能性はある。

　それでは、キリストは霊的な訓練をしていたかというと、彼は十二分にしています。その記録はあらゆる所に残っています。ただこれは、表のバイブルだけの世界に記されたものだけではない。他の歴史書物の中に、キリストの修行の歴史というのはあります。つまり、キリストはその技術を訓練した人であるということです。

Q：ここの趣味の会で教えているような浄霊方法は、つまり、幽界、霊界に上げる、落ちて来ない世界へ3回上げるとかといった技術は、世界で同じように行なわれているようなところがあるのでしょうか？

A：世界で行なわれている浄霊は全て上げることです。上げること以外に浄霊の世界は存在しない。日本も世界もそうです。ただ、他のところで見られるように人間霊を1回上げて終わりという方法は、はっきり言って中途半端な浄霊です。ところが、その中途半端で行なっているところがあまりにも多い。つまり人間霊は1回上げただけでは必ず現界へ落ちつきます。ただし、浄霊をする前ほどの影響はない。しかし、1回で終わるところがあまりにも多い。1回浄霊して上げて終わりというところは、大体8割ぐらいあるでしょう。あとの1割、2割は3回繰り返して上げ直してやっているところです。

Q：他の国でも？

A：日本はありますが、他の国ではあまり聞かないですね。ただ、外国人を浄霊した時に3回繰り返し必要かというと、これはちょっと違いますね。私がやった例では、外国人は1、2回で済んで、3回繰り返してやる必要がない場合もある。これは変な話ですが、私の見る限りではそうであった。あるいは、まだそれ以上必要なケースがあるのかもしれない。ただ、外国人の方が再び現界へ落ちる確率が低いことは確かです。私の行なった浄霊の中では日本人の方がはるかに落ちる率は高い。

—日本人の方が執念深いのですかね？

そういうことになる。これは変な話ですけど、実際そうなのです。ただ、外国人の症例数が少ないから、そういう結論を出すにはまだ早いですね。同じように3回かもしれない。1回で終わったのでは必ず落ちます。ただし、それでも目的はその半分ぐらい達成できるでしょう。

1回で霊の影響は約半分減ると思って下さい。2回目でその半分の75に減ると思って下さい。そして、3回目でゼロになると思った方がいいですね。ただ、1回目で霊の影響が半分なくなったらもう最高じゃないですか。半分の影響を外せたところで終わっているのが、日本、あるいは世界のほとんどの浄霊の世界です。だが、それでは完璧とは言えない。やはり完璧なのは3回です。

　では、4回、5回繰り返して上げるというのはあるのかというと当然あります。3回でほとんど影響はなくなりますが、どうしても4回、5回やらなければならない場合は存在します。だから、仕事でやっている場合、3回でいいかもしれないけど、自分の身内を4回、5回やって完全に影響をゼロにする方がもっといいでしょうね。

　特に仕事運とか、人生運、金運、結婚運とか慎重なものは、何回もやる方がいいかもしれない。つまり、主体となる霊については回数を多くした方がいいでしょう。

Q：自分の心の色は、お伺いで聞けるのですか？

A：現界での心の色は、現界か、幽界か、あるいは霊界かと聞いても、現界に生きているのだから、心の色は現界の色ですよ。

Q：現界の心の色は暗いのですか？

Ａ：明るい人も暗い人もいますね。明るい人は死んでから苦労しないし、暗い人は死んでから苦労するでしょうね。

Ｑ：お払いとか除霊という言葉があるのですけど、浄霊はそれらとはまるっきり区別するものですか？

Ａ：浄霊は、お払い、除霊とは全然違いますね。浄霊はあくまで上の世界へ上げることだけであって、払いとか除霊はあくまでもその場から霊を取り去るだけですから、浄霊とは言いません。霊を離すことが除霊と払いですね。だから、浄霊の意味合いはあくまでも浄化することです。

Ｑ：離したものが一時的に離れても、また戻る可能性や他の人へ行く可能性というのはありますか？

Ａ：ありますね。だから、払いと浄霊が完璧にできていない、遠くへ飛ばすことができない人は、近くの人へ憑きます。自分勝手にやっている、我流で１人でやっている所とか、ろくろく修行もしないでやっている所では、離した霊が近くの人に移ります。

皆さんは見たこともあると思いますが、テレビで以前やっていました。除霊をやって、飛ばしたものが隣の人や部屋に居る人へ移動するケースが最もレベルの低い除霊です。部屋に居る人にしか飛ばせないのですから。

だから趣味の会の皆さん方はなぜ湖やダムへ飛ばしているかその理由がお分かりだと思います。だから遠くへ飛ばす訓練をしているのですよ。隣へ飛ばしてもしょうがないでしょう。ここでドンと飛ばして後ろに座っている人の所へ飛んで憑いたなんていうような危険な除霊をやっていても仕方がないでしょう。それで、少しでも遠くへ飛ばす為に、ダムまで払っているのです。

徐霊、つまり払いとは影響のない所まで飛ばさなくてはいけないのです。飛ばすのは動物ですが、影響のない所まで飛ばせるようにならなきゃいけない。だから、日夜、毎日、毎回毎回、飛ばす訓練をしているわけです。そして、少しずつ、少しずつ遠くへ完璧に飛ばすことができるようになるのです。間違っても部屋の隣とか、部屋の端に居る人へ移ったなんていう危険な除霊にならないようにして下さい。

Q：間違った浄霊や間違った除霊をした場合、最も身近な家族の具合が悪くなることが多いということですか？

A：そういうことです。中途半端な浄霊や除霊は家族に行きます。最も行き易いのが家族です。だって一番身近に居るのですからね。飛ばなかったら自分の家族に行きますね。正規に訓練を重ねずに行なう人は、その影響が全部家族に行きます。

　もっと明確に言うなら、趣味の会ではいつも指定した場所、例えば○○ダムに向かって払いますが、どれだけの動物がそこへ飛ばされているかという問題がありますよ。10匹の内5匹飛んでいるか、6匹飛んでいるかという問題があります。間違っても全部飛んでいるとは思わない方がいい。

　しかし、皆さんのレベルは、決して部屋の中までしか飛ばないということはありません。どらえもん（払う練習用のぬいぐるみ）が20、30ｍ向こうへ飛びますから、少なくても皆さんのレベルは、部屋の中の3、4ｍしか飛ばないレベルではないということです。少なくとも部屋の中に居る誰かにポンと行かないだけのレベルはクリアしていると、自信を持っていいわけです。3軒隣、4軒隣までは確実に飛んでいるわけです。ただ、それ以上は知りませんよ。確認したのはそこまでです。今まであっち、こっちでやりましたが、皆さん方はそこまでは飛んでいます。これが浄霊の世界です。

こうやって話しを聞くと、浄霊の世界が段々分かってくるでしょう。つまり、そういうことになる。それを知らないでやっていると家族が大変な目に遭う。だから除霊、浄霊というのは、中途半端な人間が手を出す世界ではない。家族とかそういう人達を巻き込んで、死へ追いやってしまう世界だということは、最初から言っている通りです。

その代わり正規にちゃんとやった場合、何の弊害もない。むしろ、自分はどんどん人生の成功者へと導いて行く。また、営業でやっている人は、そこで財を築くこともできるわけです。

Q：このクラスは5回目ぐらいですから、まだ新しい人もたくさんいますが、自分自身で、せめて自分のことや家族のことの浄霊ができるようになるまで、月1回でどれぐらいででできるようになるのですか？

A：まず今の状態だと、3軒隣か4軒隣くらい先にまで払えることができるようになるのは半年で行くと思います。ここはレベル高いですから、まず影響のない、いわゆる、200m、

300mは半年で行くと思います。ただそれ以上は、まだ確認していないですからね。大体見ていて6ヶ月で300mとか500mぐらい先に飛ぶかなという感じです。最初のうちは1ヶ月100mぐらい飛ぶかなと思いました。実際はそうでもないね。最初の3ヶ月はあまり飛ばないから、それでも、6ヶ月ぐらい経つと200、300m以上飛んでます。

もっとも半年では、まだ、限定をしっかり切って霊を呼ぶことはできないので、1人でやる人はいないと思うんですけど、せめて1年間ぐらいは1人で自宅で浄霊をやるというのは避けた方がいいですね。

自宅でやっていてもいいんですけど、その辺を考慮してやってほしいですね。だから、自宅で霊を呼んでやるというのは、問題がありますから1年間は避けた方がいいですね。

—皆で一緒にやるんだったら?

それは全然問題ないですね。

自宅で、たった1人で何も分からない状態で霊を呼ぶということは駄目です。それは、まず難しいことです。霊の影響が家族にみんないってしまいます。

―1年経過したぐらいに、皆さんとボチボチやり始めるのはどうですか?

その辺だったら間違いないですね。

とにかく除霊、浄霊はそんなに甘い世界ではないのです。ステップ・バイ・ステップの世界です。それだけ難しいから、付加価値があって財を築くことが可能なのです。

●•● 浄霊ドーム

浄霊ドームを通って高い次元に上がる

趣味の会で霊を上げるときに用いる重要な技術の１つに浄霊ドームというものがあります。この浄霊ドームとは、１つのドームという空間を作る、気で柱を作るということです。つまり１つの空間を創造する。その中は別世界になるということです。人間が入れるだけの柱、直径30～50cmの円形の柱が、浄霊者の目の前1.5から２m先のところに真っ直ぐ上に立った気の空間なのです。そこは周りとは明らかに違い、住み心地が良いのです。気で作った空間、気で作った宇宙、気で作った世界がそこに柱として、ドームとして存在しているわけです。

そこへ人間が入る、あるいは動物が入るということは、動物の今いる位置、人間の今いる位置から、はるかに素晴らしい世界の中に身体を移す。いわゆる世界を変える。中へ入ってしまうということは移すということである。だからその中から上へ上げるということはそのまま浄霊が可能となるわけです。

　言い換えれば、その中へ入っても上へ上げられる状態にまでいってなければ、そのドームの中へ入ることはできない。ドームの中へ入ることができないというより、ドームに入っても上に上がらない結果がそこに生じてくる。一定のレベルを超えた場合に、気で作った空間、つまり、周りよりはるかに良くなった次元の中に身体を入れることができ、それによって霊は上がるという現象を引き起こすことができる。これが浄霊という現象です。

　つまり、上がるという現象は、すなわち浄霊という現象をここに引き起こすことができるわけです。この浄霊の原理をよく覚えてください。気で作ったドームという空間の中が、

処理の空間だということです。つまり、次元を上げることができる空間が必要なわけです。ただし、その空間は浄霊者自身で作ったものですから、あくまでもその人のレベルになるわけです。

ドームという空間の中は気で作られた別世界である。その別世界がそこにあるからこそ、その中に霊を入れることによって我々がその処理という動作を行なうことができる。もし、気で作った空間をなしに霊を上げるとしたら、その処理は非常に難しく、それをいくら上へ上げようとしたところで、道も創らなければならないし、その処理は非常に時間が掛かるのです。

ドームという気で創った空間は、全く外とは違う素晴らしい居心地のよい空間であって、それ自体のレベルが高いわけです。周囲と違って高い空間があるから、そこへ入るとそのまま上へ行くのです。

上へ行くとは、次元を超えて行くということです。我々は距離で合わせているから上に合わせているのです。つまり次元を超えて向こうへ持って行く。この作業を皆さんがするわけです。それを形態化して手で上へ上げるという動作で持って行くのです。上へ上げるのも、横へ持って行く、すなわち移動も同じわけなのです。

浄霊という現象は、より高い次元へ持って行くことで、霊そのものは体が楽になり、再び苦しい状態には戻らなくなるということです。

また、浄霊ドームというのは、その中で我々が行なうことができる空間（自分の土俵）に入れて勝負する。自分の土俵の中で処理する。それが浄霊ドームであるとも言えるのです。自分で作った気の空間の中で、次元を上げるのははるかに易しく、物、動物、人であっても次元の空間の中に入ることができ、そして、どんなものでも次元を高くすることができるのです。いわゆる、それがきれいにするということなのです。

空間の中の次元というのは、そのレベルをより高く持って行くところにある。つまり、より高く持って行けるのは自分自身のレベルがどの辺まで行っているかということでもあるのです。だから、人、動物、物であろうと、今、ここに置かれているものは、そのままの次元なのです。それを皆さんが創ったドームに入れて上げて行けば、その物体はどんどん上がるわけです。これが浄霊の処理、すなわち次元を上げることが浄霊なのです。

次元とは、もっときれいなところへ行く、違う別空間に行く、という形だと思えばいいのです。そして、どんどんその状態を上げて行く。

―最終的に行き着くところは神が存在する所である―とアインシュタインは言っている。それがアインシュタインの空間理論です。アインシュタインの空間理論に通ずるところが浄霊にあるわけです。ドームという次元の空間の中で霊を処理することによって、次元を上げて、霊からの影響、差し障り、霊障というものを、全てなくすことができる。これが浄霊ドームの意味なのです。つまり、これが霊処理ということです。

ステージとは何か

ステージとは何か。浄霊の勝負をする土俵の種類だと言えます。勝負をするための土俵にも、幾つもの種類があるということです。つまり、土俵がなければ勝負ができない。相撲を取ろうにも土俵がなかったら相撲が取れない。相撲の土俵、これがステージだと思って下さい。そしていろんなステージ（土俵）があるのです。

物霊、イヌ、ネコ、ヘビ、リュウ、先祖霊、憑依霊、自縛霊といったステージが色々あります。だから、通常巷では、先祖霊を処理する所は先祖霊ばかりで、水子霊を処理する所は水子霊ばかりで浄霊を行なう。つまり、そこは水子霊のステージだけ、すなわち水子霊の土俵しか持っていない。先祖霊ばかりやっている所は先祖霊のステージだけ、つまり先祖霊の土俵しかないわけです。だから、先祖霊、あるいは水子霊の土俵で勝負するしかない。動物は動物で勝負するしかない。ステージがあっても2つぐらいなのです。土俵が幾つあるか、どんな土俵があるかどうかという問題が浄霊にとって非常に大きいわけです。

ではそれはなぜか。

ステージがなければ、土俵がなければ霊は出て来ない。出て来なかったらそこで相撲を取ろうにも、相手がいなくては相撲が取れません。そういう現象が起きてしまう。ステージというのは相手（障りとなっている霊）を出すためのもので、相手を出す土俵です。ステージを持っていなかったら、真実のものは出て来ない。

浄霊という相撲を取るには、相手を土俵の上に出さなくてはいけない。相手を土俵の上に出すためのものがステージです。その土俵を持っていなくて、他の土俵で違う相手を出そうとしても、それは出て来ない。つまり、それぞれにあった土俵があるということです。水子霊のステージ（土俵）、先祖霊のステージ（土俵）ということです。先祖霊の土俵があって、初めて先祖霊が出てくる。水子霊の土俵があって初めて水子霊が出てくる。

もっと極端に言えば、いくら必死になってやっても、持っていないステージのものは全く出て来ない。逆に１つの土俵を持っていれば、その土俵のレベルの霊だけは非常に高く上がりますが、やはり不利です。

例えば、水子霊のステージしか持っていない人が、先祖霊の影響で出てきているものを水子で処理しようとしても無理です。もちろん、処理をすることはできます。ただし、水子霊の処理をもの凄くたくさんやり、水子霊でも非常にレベルの高いものを処理すればの話です。

持っているその土俵で処理することは可能です。先祖霊の土俵を持っている人が、先祖霊を処理するのは簡単です。ところが先祖霊のステージを持っていない人が、水子霊の土俵で先祖霊を処理しようと勝負したら非常に難しい。だからステージ（土俵）は数多く持つ方がいい。出やすいし処理しやすい。つまりそれがステージなのです。そして、全てのステージのレベルを上げる方が良いですね。

ステージはどのようにして身に付けるのか

ステージはどのようにして培うか。昔から滝に打たれたり、山ごもりしたりの修行をします。それから水子と思って必死に5、10年水子を相手に浄霊の修行をすれば、自然にその水子のステージは付きます。つまり5年ないし10年掛かって、１つのステージが身に付いていきます。１つのステージを身に付けるには5年から10年掛かるのです、それで一生行くわけです。

ここの趣味の会で教えているのは「身に付いたステージをそのまま渡そうじゃないか」という考えです。これが伝授という形です。気功と同じで伝授したらステージをそのまま渡せるのです。それだったらステージをたくさん持つ方が勝負しやすい。

今回の話をよく理解して下さい。ステージとは何か。浄霊ドームとは何か。理由が分かってやるのと、分らずにやるのとは全然違います。ですから、そのポイントはステージです。ここで習って2年から3年経つと、曲がりなりにも浄霊ができるようになります。

普通、浄霊というのはそんな世界ではなく、5年、10年掛かってやっと何とかできるようになる世界です。それがここ趣味の会では何分の1かに期間が短縮されるということです。なぜなら、ここの会ではステージとドームという2つの大きな武器があるからです。浄霊ドームと限定印とは同じ理論になります。

限定印について

限定印とは、自分の目の前に空間を作る、その世界に自分の気の建物を作るから、他のものは入ることはできない。自分で作った建物の中に許可なくしては誰も入ることはできない。つまり招霊して呼んだ人間しかその中には入れない。それが限定印なのです。

限定印を素早く切っては、よい空間はできないわけです。限定印は建物です。皆さんの自分の小さな家を作るということです。だから、その中に入れるものを指定するのです。それを招霊印で呼んで「○○さん、誰かこの家に入って下さい」という形で呼びます。それが限定印です。

だから、綺麗な家を作れば作るほど余分なものが入り難い。穴だらけのぼろ家では誰でも蹴飛ばして入れるような感じがしますけど、すごく綺麗な素晴らしい御殿のような家には、無断で入ることはできない。それがレベルというものです。

綺麗な家を作れば作るほど、関係のない霊は入り難い。呼んだ霊以外は入り難くなります。浄霊ドームもそれと同じです。気の柱、気のドームを作ってその中で勝負するわけです。そこに出るものは持っているステージによって決まります。ステージとは土俵です。だから数多くの土俵を持つことが重要なのです。

質疑応答

Q：「払いと浄霊の技術の伝授の回数は、3回1セットで受けているAST気功と同じなのですか?

A：気功の場合はあらゆる病気があるから、ある程度、伝授内容を平均化する必要があります。

浄霊の場合は、何が1番重要かという順番があります。平均化するよりはむしろ何が1番重要か、まず、1通りの種類を多く必要なのはステージですね。さもなければ第1に相手（霊）が出れません。

そして何度も受ける必要があるのは、限定印と自己浄霊の2つです。これは他のものより3倍も5倍も数多く受ける必要がある。幽界や霊界へ上がるようになるまでは、何度か受けなくてはいけない。また、ある程度、浄霊師が満足した速度で上がるようになるまでは必要です。浄霊ドームで楽に上がるようになってしまえば、伝授は何ヶ月に1回で大丈夫です。それよりも、1番レベルを上げなくてはいけないのは、限定印であり自己浄霊です。これはそれぞれレベルがありますから、限定印で綺麗な家を作れば作るほど、余分なものが入り難いですから、浄霊の能率が上がります。

後はレベルを上げなくてはいけないのが返し印ですね。払いでは返し印です。

眷族を払う場合、ます返し印で払えるかどうかを尋ねます。払えないなら、その次に力ゴメ印で払えるか、払えないかを聞いたらいいですよ。カゴメ印の方がレベルが高いから、必死になって上げるよりカゴメ印で払った方が楽です。

通常は昔から返し印で払えない場合は、カゴメ印でやるのがセオリーになっています。払えるものは払って、払えないものは浄霊するというのが最大原則です。２０００年の歴史はあまり変えない方がいいですよ。払えるものは払って、払えないものは上げる。これは鉄則です。やはり先人の言葉がそこにあるのです。気功と違って浄霊は考えて受けて下さい。

極端にいうと、ステージを持っていなかったら霊は出てきません。だから最低限、１通り全てのステージを持つことが必要です。レベルがある程度高くて、いくつかステージを持っていれば、多少霊も出てくる可能性がありますが、やはり難しい。１通りのステージを全部持っていたら勝負しやすい。曲がりなりにも何とか出して数多くやれば、浄霊ができるような状態になったと思っても過言ではない。

Q：浄霊ドームは30㎝の円柱とおっしゃっていましたが、よく聞かれるのが直径30㎝のドーム中に身体の大きい人が入れるのかということです。リュウとか入りきれないのではと思うのですが。例えばリュウなら顔だけしか入っていないのですけど、それでも上がるのですか？

A：浄霊ドームに入るときは50㎝ぐらいになり、入るとドームは大きくなる。顔だけでも入れて上げてしまえばよい。次元の中に身体が入らなければならないのです。

Q：ドームに入れたものを上げる時に、人それぞれの速度がありますけれども、本当は一緒じゃなくてもよいのですか？

A：自分自身の速度でいいのですが、一定のボーダーラインはありますね。非常に遅いというのはよくありません。ある程度の速さがあるけど、微妙なところはそれぞれ違っても構わないです。だいたい微妙な差があっても同じようなものです。むしろ、逆に手が速く上がりすぎてもおかしいですね。だいたい一定のものはありますよ。霊もズーッと上へと上がって行くのですから、あまりにも速く上がるというわけにはいかないですね。もっとも皆さんは見えていないので、この辺が皆さんとずれが生じてくるわけです。

Q：人間霊は数日空けて、計3回上げればそれでいいのですか？

Ａ：ここで間違ってはいけないのは、３回上げたら絶対落ちてこないということではないのです。３回上がってもまた落ちてくる。ただほとんど３回上がったらその障りはなくなるということです。だから、ひどいのは４回目でも５回目でも障りある場合があります。中にものすごくひどい場合には、その辺は、皆さんで加減しなくてはならないですね。ひどいものでも通常のように３回で終わってしまっていいということではありません。あまりひどい状態の霊の場合は４回目、５回目とやる必要性があります。

―その場合、奇数の方がいいのですか？

別に奇数でなく、４回でもいいですよ。やはり３回上げれば、ほとんど９割は大丈夫ですね。１割とかもっと少ない確率で４回目、５回目と上げる必要のある場合があります。

仕事を依頼されたクライアントの場合、その障りがどれだけ影響するかというと４回目、５回目まで来たというのはほとんどないですね。４回目やっても、同じような症状がまた起きたということはまずないです。ただ、まずないというのはまるでないということではないです。やはり、100例に１回とか、200例に１回はあります。でも重症の人ばかりやっている人はもっと多くあるでしょう。

Q：動物は2回上げてもいいのですか?

A：大体、1回で動物は落ちて来ないでしょう。2回目上げようというのは、上がっていないからです。線の上まで上がっていたら落ちてきません。最初の頃は上がっていなかったですね。やはり浄霊で1番難しいものは怨みと自殺の霊です。動物霊の1番強いのは、封じ込めになった動物です。大体、セオリーは決まっております。そんなに幾種類もあるものではありません。

Q：私がこの会に参加させて頂いたのは私自身の霊障を治そうと思ったからです。どうすればいいのですか?

A：自分十字をたくさん切ることですね。自分十字は内側に十字を引いて払うと、気は内側に向かって切れて、外へ出る。外へ出た時にオーラの境で気は一旦わずかに止まる。そのわずかな止まりがガードを作る。つまり、自分十字は自分自身を霊から守るガードを作るのです。

　霊の影響を受けて、どうしようもなくて、何とかならないかと思ってこの会に入る人はあなただけではない。ここにいる人たちもそうなのです。ある男性は3万回自分十字をやってなんとか受けなくなった。通常は1万回で大丈夫です。ただ、彼は自分の払いがあまりまともじゃないから、3倍やれば大丈夫だと思って3万回やったらしい。自分十字だけではないですよ。普通の払いも1回に数えます。払いを1万回超えた時に、影響を受けなくなります。回数ですよ。ただ、いい加減な払いではだめですよ。だから彼みたいに1回を3つこなして1回分という考え方です。やりさえすれば、誰でも影響を受けなくなります。もうちょっと横着な人間からすると、ガード作りを人に頼んでいるような人もいます。人にガードを作ってもらって強くしてもらう。そういう横着なことを考えてはいけません。自分で努力しなくてはいけません。

Q：昔、こっくりさんで、ひどい目にあったことがあります。あれもいわゆるステージなのですか？

A：ステージとは関係ありません。あれはキツネを呼ぶ時の形で、それによってきつねが来ます。ただまともなものは来ません。

いわゆる真言という1つの言葉があります。この言葉を言ったら必ずその神様が来る。あるいは、その動物が来るのです。

こっくりさんというのは、あれをやったら、そのキツネが必ず来るという1つのキーワードなのです。あれをやれば必ずキツネは来ます。あれで来るキツネは程度の低いキツネで、近くにいる人であれば誰にでも寄っていいということでその辺にいる野キツネが来ます。

「お帰りなさい」といっても、せっかく呼ばれたのに帰るもんかという感じで帰らなくて周りにいますよ。やらない方がいいですよ。大体、霊を呼べるもので一般的になっているものは動物霊以外には来ません。神様とか人を呼ぶための言葉は、それを許された人間以外が使った場合には、その真言への冒涜《ぼうとく》になるから絶対駄目です。例えば、真言が許された人間以外の人間が、その真言を使ったらその真言は効かなくなるといいます。

Q：真言とは、どんなものなのですか？

A：真言密教の真言は、1つ1千万円とか3千万円とかすると言われています。使えないと馬鹿みたいですけどね。外国のは自分のレベルが上がらなくては使えない。日本の真言はどれも言葉だけ知っていれば、誰がやっても効果があります。不思議な世界です。日本のものと外国のものとは違いますね。

Q：マントラにはどんなものがあるのですか？

A：瞑想のマントラ、治療のマントラ、トランスのマントラ、交信のマントラとか色々あります。

マントラは自己満足の世界ですよ。自分の家で1人でやれます。そしてその言葉を使えば確実に呼ばれた相手は来ます。だから、マントラはその呼ぶ人によって、神様によってすべて違う。人によってマントラはいくつもあって、誰々のマントラとそれぞれある。

マントラとはいわゆる真言のことです。マントラを持っていると、特に外国で精神世界にいる人に「私、マントラ持っているのですよ」と言えばちょっと格好がつくから、やたら憧れる人がいるのです。だけど、4行や5行のマントラならいいけど、10行ぐらいになると覚えるだけでひと苦労です。外国のマントラはほとんどサンスクリット語です。英語のマントラは1つある。後は全部サンスクリット語だね。サンスクリット語は古い言葉です。永遠と受け継がれている言葉です。外国のは色々規則がいっぱいあります。日本もそうですが、マントラには1つの掟がある。マントラはマントラの世界があり、そのことを知らない人間がマントラを持っていてもしょうがない。壊してしまうから。

Q：海外で浄霊をやる時にはマントラが要るのですか？

A：全然その必要ない。マントラがなくても浄霊はできますよ。それとは全然関係ない。マントラの世界は自己満足の世界です。日本語のマントラはそんなに数はないです。真言宗のマントラとか、そういう特別なものです。神道でもあります。幻のマントラと言われているのがあります。

Q：幻のマントラとは、どんなマントラですか？

A：少名彦名之神の交信のマントラは幻と言われています。それは、必ず少名彦名之神が来るというマントラで、持っている人は現在存在しないと言われているから心配しなくていいよ。マントラの少名彦名之神は、治療のため来られる少名彦名之神と形、格好と人が違う。少名彦名之神を呼んだ場合は、本体の少名彦名之神が来る。皆さんが呼んでも少名彦名之神は来ない。そう欲張らなくてもいいよ。あれは自己満足の世界です。特に瞑想でトランスのマントラをやるとトランス状態にスーッと入って最高にいい気分になるのですよ。それが忘れられなくて病気のごとく始めてしまう人が大勢いるのです。そういう別世界があるのです。

Q：瞑想とトランスのマントラは違うのですか？

A：瞑想のマントラとトランスのマントラとは違う。瞑想のマントラは、瞑想がやり易くなるマントラです。瞑想ができるようになったら、憧れはトランスでしょう。

トランスは別世界ですよ。気分は最高にいい状態になりますから、別世界で完全に次元の違うところにボンと入ってしまいます。そして、そのままズーッといた場合、それが忘れられなくて瞑想家というのは何回でもやるのです。1ヶ月に1回か、2ヶ月に1回しかトランスに入らないけど、その1回があまりにも素晴らしく、精神的に充実しているから、世界中に瞑想家がいるのですよ。

1番瞑想家が少ないのは日本だけでしょう。世界は瞑想ブームですよ。精神世界の人間は瞑想をしますね。そのために、瞑想のマントラとかトランスのマントラがあるのですよ。下手にやったところでできない。自分の瞑想のマントラを貰い、繰り返すのです。それで自分のマントラになるのです。これが瞑想の世界。マントラの世界。あなたに渡したマントラは、あなた自身だけのマントラになる。もし、あなたが間違えて隣りの人にマントラを喋ったら、あなたはそれで全てを失う。あなただけの世界で、あなただけの言葉、あなただけのマントラを作り上げなくてはいけない。壊してしまったら、はいそれまで。そう、それがマントラの世界です。だから自己満足の世界と言ったでしょう。

瞑想は素晴らしいから瞑想のマントラからまず入って成功したら、いつでも雑念が湧かない状態になる。いつでも1回やったら、1週間のうち半分以上は、雑念が湧いて来ないだけの瞑想状態にいったということになったら、次はトランスのマントラに入る。そうするとトランスのマントラを持った途端、最初サーッと沈むような感じになる。その感覚が受け取れなかったら、トランスのマントラを受ける資格はない。そしてトランス状態により深く入ることができる。これがトランスのマントラ。瞑想のマントラを貰っている人は過去から4、5人いますよ。トランスはまだいない。3回貰ったら後は自分自身の世界で頑張るだけですよ。

●●● 霊の処理①

幽界線という1つの基準

霊の処理というのは、処理できたか、できないかということです。それを判断するには幽界線、霊界線という1つの基準線がある。そこに幽界、霊界があるということではない。

では何で、幽界線、霊界線なのか。昔からそういう名前で呼ばれているので、そんなことを問題にしてもしょうがない。そこを越えると、浄霊されたとか、きれいになったとか、影響がなくなるとかという線がある。これを霊界線と言うのである。

だから、そこに霊界の線があるから、そこを越えたという意味ではない。この基準線が問題なのです。

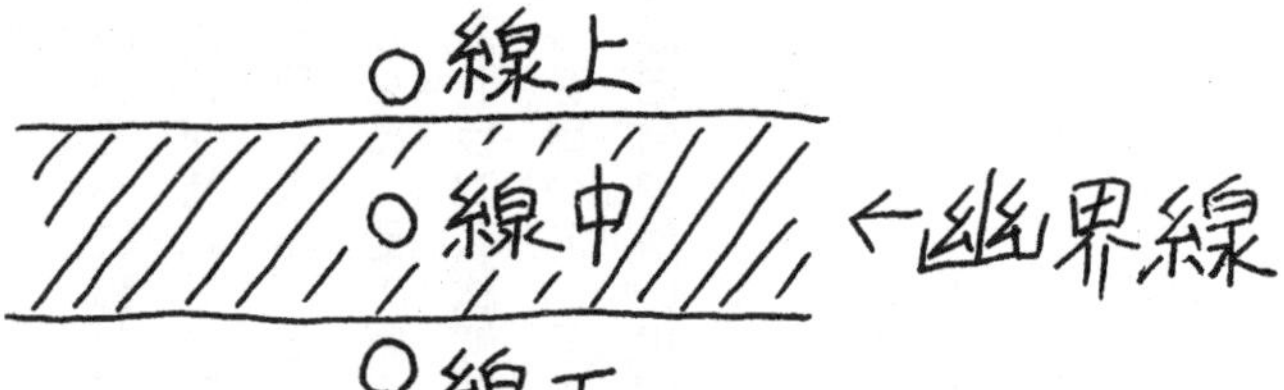

幽界線の上に霊界線というのがあります。浄霊して上げた霊がこの幽界線に上がったか、すなわち、幽界線の下か、線中か、線上かという所がどうも皆さんの1番問題となるところらしい。

つまり、皆さんの浄霊を見てると、まず第1に線の下まで上がっているのか、線中までか、線上かという問題がある。ここに非常にややこしい問題が出てくる。

それはどうしてかというと、上がらなくても、幽界線のすぐ下でも、そして線中でも、線上でもすべて手が上がってしまうということです。つまり、霊が上がった状態は、幽界線の下でも、線中でも、線上でも同じです。だから、慣れないうちは、手が上がればすべて成功したと考えてしまう。だからと言って浄霊が成功したわけではありません。霊が線上までいった時、初めて成功したということになる。

では霊界、幽界の上に上がったのはいい。線中と線下ではどうなるかということになりますね。線中と線下ではすぐに霊は落ちてしまう。それは上がった状態ではない。手は上がっているが、実際には霊は処理されていないことになる。この辺をどうも勘違いしやすい。

霊を上げていく時、まず手がズーッと上がっていきますね。ずっと上がっていって次第に速度がゆっくりになります、ゆっくりなって、それ以上進まなかったところが線下です。手がサーッと上がっていって、終わってしまったらこれも線下です。

　手がサーッと上がっていって、途中少し止まるがごとくにゆっくりいって、それで終わったらこれは線中です。

　それでは、完全に幽界線を越えて上まで行く場合はどうなるかというと、スーッと手が上がって一旦止まる。しばらくそのままでいて、またそのままスーッと再び動き始めた時、これを上がったといいます。そういう変化が出た時、それは上がったと言えます。その辺を勘違いしないようにして下さい。

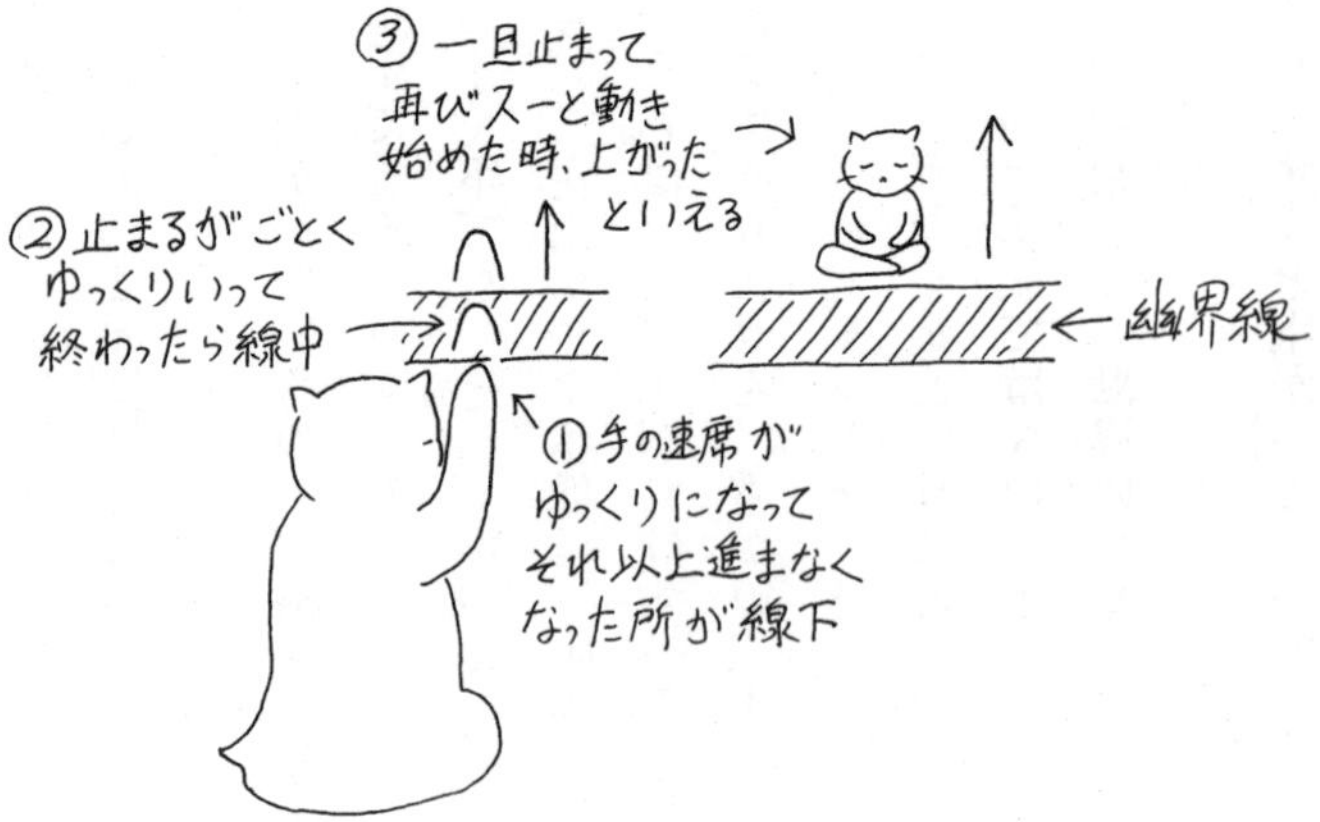
③ 一旦止まって
再びスーと動き
始めた時、上がった
といえる
② 止まるがごとく
ゆっくりいって
終わったら線中
幽界線
① 手の速度が
ゆっくりになって
それ以上進まなく
なった所が線下

霊の種類を指定して呼び出す

それから、もう1つ気をつけてほしいことですが、例えば、霊を呼び出す時に、初心者は「この人の金運に関与している霊」とか、「人生運に関与している霊」として呼び出す霊の種類を指定しないやり方は避けて下さい。自分達で確実にやれるような形にしてやって下さい。

金運に関与している動物霊、自縛霊、先祖霊というように呼び出す霊を指定して行なうのです。そうすると、自信のない人でも自分達で全部できるはずです。例えば、「○子さんに関与している霊」とか、「○子さんの人生運に関与している霊」ではなくて、「○子さんの人生運に関与している自縛霊」とか「…に関与している先祖霊」とかのように、自縛霊、動物霊、先祖霊と、呼び出す霊を指定して出していってやって下さい。その方が結果が良く出ます。それをすべて処理していきます。その方が結果が良く出ます。

上がったか上がらないかの判断は、分からなかったらお伺いで聞いてもいい。もう1つのやり方は1度完全に処理した後にもう1回その霊を呼んで下さい。再び呼び出したときサッと軽く手が上がったら、それはすでに完全に上がっている。軽く上がらなくて、まだ時間が掛かるようだったら、それは上がっていなかったということです。これは動物霊に関わらず、先祖霊でも人間の霊でも皆同じです。そうすれば全部判断できます。

生霊の浄霊

たまに生霊（現在では生霊と指定すると呼び込みになるので、憑依の霊として呼び出す。）もやります。1ヶ月に1回ぐらい生霊をやります。そしてその時、生霊があまりにも出てくるようだったら、生霊を何回かやって入れるという形にします。通常は動物霊、自縛霊、先祖霊の3つでやります。

「○子の人生運に関与している霊」として特に霊の種類を指定せずに呼び出すと、何が出てくるか分からないし、そのまま続けていっても、なかなか前に進みません。だから、動物霊、自縛霊、そして先祖霊の3つの霊を指定したフレーズで行ないます。さらにそれを続けてやりたい時は、1つのフレーズで1度に5つまで呼び出すのは大丈夫です。それ以上は、呼び込むから絶対いけません。

普通は動物霊で1つ、それから先祖霊で1つ、そして自縛霊で1つを合わせて3つ行ないます。ところが、重症患者の症状などを浄霊する場合にはそれらを5つずつ処理していきます。

1週間に1回、それらをやっていくと、結果はよく出ます。あるいは、明日をも知れぬ状態であるという場合には、1週間も置かないで、3日後にやる。あるいは、あくる日にやる。いいですね。やり方を覚えて下さい。状態に応じて、あるいは、病気の症状がひどい場合には、1ヶ月間、あるいは2週間くらい毎日やる。それからあとは1週間に1回にする。適宜にやる状態を変えます。分かりますか。

―急いでいる時は次の浄霊までに4時間空けるということを聞いたようなことがあるのですけど?

その通りですが、やはり1日空けたほうがいいですね。

というのは、1度に5体まで呼びだすことができますからね。5体ずつやっていったら1日掛かりますよ。なんだかんだいっても、結構浄霊の時間は掛かります。1つのフレーズで、例えば、「○子の人生運に関与している先祖霊」で効果的なのが出なくなったら、フレーズを変えます。例えば、「人生運の中で、すてきな彼氏ができるために協力する先祖霊」という形でやっていきます。

浄霊期間を決めて行なう

「……を邪魔する動物霊」として呼び出しますが、「関与する動物霊」でも邪魔するものは出ますね。そういう形でやっていきます。そして、1週間に1回を3ヶ月間続けて勝負します。そして、結果を出します。でも1ヶ月、あるいは1ヵ月半経って、何の効果も出ないということだったら、やり方を考えないといけません。だから、エンディングを決めて、3ヶ月なら3ヶ月で区切りを決めて、その中で勝負する形でやります。必ずその中で結果を出さなくてはいけない。

それには今までのような不安定な形で、「……に関与する霊」として、呼び出す霊を指定せずにやっていると、何が関与しているのか、はっきりしないということもあるし、お伺いも皆さんのを見てるとまだ確かでない。

上がったかという確認は、お伺いとその後もう1度呼び出して上がったかどうかを実際に上げてみて確認すればいいわけです。1度上げた後にすぐにまた呼び出して上げるまでに気を送る時間が長く掛かるなら、それは上がっていなかったということです。やってみてすぐ上がるようだったら、それはもう上に上がっているということです。1度上げた霊をもう1度呼び出して上げてみるのです。

―例えば、次回やる時が1週間後とか1ヵ月後とかではだいぶ違いますよね?

そうです。例えば、「6月1日に出た○子の人生運に関する動物霊」といって6月7日にやるわけです。1回目の処理から1週間後に呼び出してみるわけです。そうすれば、6月1日にやったとき、上に上がっていれば、それは上に上がった霊がここに来ます。その場合にはもう気をそれほど送らなくても、そのうちパッと上がってしまいます。それでも多少気は送らなければ駄目ですよ。それで上がらないということは、まだ完全に上がっていないということです。

―それが例えば、1週間後に2回目ができずに1ヶ月後にやったとしますよね、そうすると、1週間後と1ヶ月後では、気を送る量が違うのではないですか? それとも上がっていれば同じですか?

完全に上がっていれば、1ヶ月後でも1年後でも同じです。

動物霊は完全に上がっていればそれほど気を送らなくても上がります。完全に上に上がったものはです。動物霊は1度上がれば落ちませんから。しかし人間霊は違います。1度上がっていても落ちる可能性は十分あります。何回でも落ちます。だから、これはもう、１週間後あるいは１ヶ月後にはやらないといけないわけです。

―動物霊も上がったと思っても、やはりもう1回出してちょっと気を送って上げることを繰り返した方がいいのですかね？

繰り返す必要はありません。上がってしまったら、これは2度とやる必要はありません。

―ただ、上がってるかどうか確認するためには、もう1度呼ばなくてはいけないわけですか？

呼んでやれば間違いない、ということです。

―それは、お伺いで尋ねるというのは無理ですか？

お伺いで尋ねてもいいですよ。自信がない人はもう１度出して確かめる方が間違いないですからね。他の人を見てると、自信がないからお伺いで聞いて、その上に１週間後新たに霊を呼び出す前に、１週間前に上げたのは上がったかどうかをもう１度呼び出して確認する方が確かで、それをやってる人が多いということです。ただ、１週間後にもう１度呼び出してみて確認したら、あまりにも自分の上げた霊が上がってないことに気がついてびっくりした人が多いことも伝えておきます。

―人の霊は上がっていても来るのですか?

上がっていても必ず来ます。動物霊であろうと人間霊であろうと、上がっていても、指名されて来ないという霊は存在しない。必ず来ます。

幽界線の上、線中、そして幽界線の下とは

―幽界線の上に完全に上がらなければ結果は出ないということですか?

そんなことはないですよ。

それでも結果は出ます。だから浄霊はややこしいのです。幽界線の下でも、中でも、ある程度結果は出ます。

ただ結果は出ますが、それは成功とは言えない。再びまた起きたりする。再び同じ状態が起きる可能性があります。幽界の上にいってなければね。だから、幽界線の上に上げることは重要です。ただ結果が出ているからといっても、すべて幽界線の下にしか上がっていなかった場合には、再び、その人にまた同じ症状が起こる可能性がある。

―幽界線の下と線中と上についてですが、幽界線というのは、立体的に幅があるということですか？

その通りです。幅があります。

―今までは、線１本と思っていたのにそうではないということですか？

そうじゃないですね。ただ、単に幅があるだけとは一概には言い切れない。パッと手が上に上がり、あるところで止まって、そのままスーッと上に上がった場合は、もうそれは全然どうこうはない。幽界線の上に行ったということです。スッと手が伸びて、そのままズーッといってスッと上がるのと、一旦ス

ッと上がってそのままスッといくのとあります。それが、パッと止まってサッと行ってしまった場合には、それはもう幽界線をすぐに越えたということにもなります。それは、やっていけばだんだん分かるようになります。

これからは、今までの習慣のように、「○子の人生運に関与している霊」とは言わないで、「人生運に関与している動物霊」、「人生運に関与している先祖霊」、「人生運に関与している自縛霊」というこの3種類のフレーズに分けて行ないます。それをどんどん処理していきます。

しかし、5体以上をやった場合には、それは呼び込みになりますから、1つのフレーズに対して5体までが限界です。でも通常は1つずつ出して、処理していきます。それで大体結果は出ます。最初の日に1つのフレーズで5体ずつやる。また1週間後にやる。あるいは3日後にやる。それで結果が出ないとしたら数多くやらなくてはいけない。

でも3種類やると、これで結構結果は出ますよ、でも結果が出るよりも、上がってないことのショックの方が大きいかったみたいですけどね。ただ、何が重要か。結果が出ても上がってないということが現れます。

問題は、霊が動いたか、動いてないかという問題です。最初の初期微動が起これば、つまり、霊がわずかでも動いていればもう処理できる。少しも動いてなかったら、まだ処理に結びつかない。結果に結びつかないということです。だから最も重要なのは、霊は動いたか動いてないかというそれだけですね。動いてくれたら、途中まででも上がってくれれば結果は出るし、あとは気を送れば確実に上がってくれます。いいですか、ところが霊が全く動いてくれなかったら全然駄目です。少しでも動けば十分です。

―動物霊だったら、「動物霊1ファミリー出なさい」と呼んだ方が効果的ですか？　以前一度に複数の動物霊のファミリーが出てきたことがありました。

それは限定印が弱い場合ですね。限定印が正確に切れていれば、キツネならキツネ、リュウならリュウしか出てきません。だから、限定印を強くすることですね。そして何で勝負するかという問題があります。ここ趣味の会は1番レベルの高いリュウとヘビが中心になっています。水子なんかで勝負してたら、レベルが低いから、かなりの数をやらないといつまで経っても結果が出ないということになる。だから、皆さんのやってる浄霊は非常に結果は出やすいのです。そういう形で皆さんは勝負していけば大丈夫です。

出た霊の状態や処理数から浄霊回数を決める

―浄霊をやる回数ですが、症状とかがある場合、病気ならその症状が良くなっていくとか、軽くなっていくとかという過程が見えて、チェックしながら3日に1回とか、1週間に1回でやっていくという判断がつきますが、例えば、試験の合格する目的の浄霊の場合はどうなのですか?

人生運とか金銭運というのは結果が出るまで分からないですね。処理霊によって、〝あぁ、これだけ大きいのをやったな〟という手応えは感じると思います。だけど、やはり当たりが出たという感触までは、はっきり言って容易にはいかないと思います。自分では判断できかねると思う。

だから、そういう場合には1週間に1回、あるいは3日に1回やります。そして、その時に強いものがどれだけ出るか、あるいはどれだけ処理したか。その数によって、あるいはその処理したものを全部やっていくことによって、自分の感触でその結果をだんだん判断できるようになります。

ともあれそういう場合には自分自身で、十二分な数を処理すれば大体大丈夫です。

―自分自身で納得するまでですか?

そう、納得するまでね。そういう人達は、金銭運とか頼まれたら、どうしているかというと、〃このクライアントの問題解決は難しいなぁ〃と感じるようになる。

例えば、結婚運というところで、何のチャンスも機会も何にもない人の結婚運をやらされた場合どうするかというと、自分が納得のいくまで3日に1回くらいズーッと浄霊をやっていくと、出て来る霊がスッと弱くなるのですね。納得がいくというのは、どこにあるかというと、いつまでも強い霊が出て来たら絶対納得いかないわけですよ。まだまだ出るという予想が立つからです。そうじゃなくて、出て来る霊がだんだん総体的に弱くなってきたというところで、〃あー、ある程度出たな〃という判断になるわけです。

いいですか。いつまでやっても強いものがズーッと出て来て、いつまでも処理できないものが次から次へと出ていたら、これはまだ納得がいかない。それだったら、もう回数増やさないといけないということです。1回に1つ出すのではなくて5つずつ出していきます。そうして処理していきます。だから、その辺が判断の基準となります。その判断の基準を覚えて下さい。

出るものが次第に軽くなっていく。軽くなったか、簡単に上がるようになったかという状態が早く来ないと結果は出ません。

例えば、「〇子の結婚運」をやるとする。最初はいっぱい邪魔する霊が次から次へと出てきた。最初の大変さがズーッと続いていたら、これは、まだまだ邪魔の霊があるということです。いいですか。30も40も数をこなした。そして〃出てくる霊は、そんなに時間が掛からなくて済むようになってきたな〃というところに来た時、1つの山を過ぎたと思ってください。それだったらまだいい。

ところが20も30もやっても、まだ最初の状態とズーッと変わらないとしたら、これは数多く関与している霊がいると判断しないといけない。あるいは、強いものがあるか、数多くあるかの何れかと判断すべきです。

そういう場合どうするかというと、週1回やってたのを、3日に1回に変える。あるいは、10日間だけ毎日やるというふうに、やり方を変えていきます。ともかく、処理するためには10日間はちょっと集中して、一辺に処理してみる。それから結果を見る。そうしてみたら、少し出て来る霊が弱くなったところで、〃じゃ、ある程度いったから、今度は週1回に切り替えよう〟という形でやる。

結婚の浄霊ではどうなるかといったら、浄霊開始から3ヶ月が経つ頃には結婚運にマイナスの影響を与える強い霊はもう殆ど出て来ないという状態になっていたら、この浄霊は、形としては結果はまだ出ていなかったとしても、霊的な状態では一定基準までやっているということになるわけです。分かりますね。そこで、〝あなたが結婚するための用意はできましたから、後はアクションを起こしてください〟という。結婚の浄霊ばっかりやったところで、女性と1人も会わなかったら、これは結婚できない。それでは付き合うまでには至らない。〝何らかの行動を取ってください〟と言えば、もう出会うべき人が来てますから繋がります。そういうことです。

—病状の浄霊で、出てくる動物霊が弱くなっていき、最後は出なくなるということはあるのですか?

出ないということはありません。弱いのも必ず出ます。

もちろん、病状では弱いものが出るようになれば結果は出ますね。

―症状が軽くはなってるけど完全に取れない、という時は、その人のレベルに関係しているのですか？ それとももう出ないものがあるのですか？

いや、浄霊師のレベルで呼び出せないと解釈するよりは、浄霊ピラミッドを壊す、つまり、1つのキャパシティを崩すのだから、自分のレベルでいくらでも崩せるわけです。そこまでいってないようなレベルだったらまだ駄目ですけども。恐らく今の状態だと、数多くやって崩すことができると思います。

そういう場合には、フレーズが違うか、あるいはAST気功の両方をやるとかします。でも大体フレーズを変えた方がいいですね。

だから、「○子の結婚に関するもの」をやって、浄霊はスムーズに終えた。でも、何かいまいち納得できない、という場合には、フレーズを変えて男運を上げるのです。「○子の男運」をやっていくと、だんだんいっぱい強い霊が出て来るのではないかという形になるわけです。

―結婚運と男運は違うのですか？

やはり違いますね。

―フレーズを作るのがすごく問題なのですね

そうです。フレーズが命です。だから、皆さんのやり方次第です。

―もし、病状なんかだったら、症状をそのままフレーズに載せるのですか?

症状そのままでいいです。

―簡単なフレーズにした方がいいですか?

簡単でも、別に複雑でも何だって構わないですよ。でも、あんまり長いのは感心しないけどね。関連するものがいっぱい出てしまうから。なるべく簡単な方がいいでしょう。焦点が合う方が重要です。

―フレーズですが、心不全で咳が出るのと、咳が出るので心不全になるというのとでは、やはり両方同時にやっていかないといけないのですね?片方だけでは駄目でしょうか?

そういうことですよ。ただ、病気の場合には、あの咳とか、梗塞を起こしてるものとか、熱を出すものとかいろいろな形で出るのですよ。そういう場合は、フレーズを3つぐらいに分けておくと、結果が出やすいですね。病気の場合は息が苦しくなるとか、熱が出るとか、そういうふうにフレーズをいくつも持っていくとやり易い。どれも皆軽くなったらそれで終わり。絶対結果は出ます。

症状の方が簡単に出ますけどね。むしろ結婚とか、そういう無定形のものが難しい。本人の意思にもよる。本人の要素が色々噛み合いますから。

霊の処理②

霊の世界を甘く見すぎる風潮

霊の処理について一般の認識というのはどうなっているかということです。

通常、霊能者あるいは、何らかの主催者がこれが処理できると言ったら、処理できるという形で安易に考えている場合が殆んどです。通常、霊の処理というのを知らない人というのは、非常に安易に考えているところがある。その大変さというのを全く理解していない。霊の処理というのは大変なものです。

今この風潮の何が1番原因かというと、やはり、メディアの発達ではないかと思う。つまり、テレビの放送とか、あるいは作成された本、その辺が問題になる。霊の処理というのはそんな簡単なものじゃないのですね。やはり、訓練から訓練を重ねて初めてできるものである。

テレビで線香を上げれば終わる。これでもう霊の処理ができたとか、お経を上げたら終わりとか、祝詞を上げたら終わりとか、そういうふうに言ってるところから、霊処理を簡単なものだと解釈してしまう。もっと悪いのは、突然霊が見えるようになった霊能者たちです。これが殆ど同じことをやっている。9割9分、皆そういうことをやっている。

面倒なことに、霊が見えるようになった人達というのは、霊の処理の世界はどういうものかというのを全く知らない。見えたらそれは処理できるものと自分で誤解しているところがある。見えることと処理というのは、全く別問題なのですね。

霊の処理というのは技術であって、見えれば処理できるということじゃない。だが、それを合わせてしまって、霊が見えるから、ある程度感じるからといって、開業していい加減なことで浄霊を始める。そして、何年か経つと、そのうち霊の障りを受けて死んでしまうのです。あるいは、死なないまでも、自らが霊から被って身の回りは未処理の霊で一杯になってしまい、そのうちに病気になってしまう。これが殆どの9割以上の人が辿る道なのです。

我流で行なうほど恐ろしいものはない

これから先、私が教える浄霊を学ぶ人達の中に、今の述べたような世界にいる人たちは一切入れません。そういう形でやる。というのも、浄霊の世界、あるいは、それをかじった人達が入ってきて学んでも、あまりいい結果が出ない。殆どがあまりいい結果になっていない。どういうことかと言うと、こういうのを習い始めて1年位やって、あぁ、こんな面倒くさいの止めて、従来の自分のやり方の簡単なのをやろうという選択をしてしまう場合があるからです。

現にそういう人がいました。彼が去ってから後に再びその人に会った時、非常にショックを受けました。彼は歩くのがやっという状態でした。もうフラフラしていました。彼の周りはもう憑依霊でいっぱいなのですね。正規に習うのが面倒くさくなって、自分なりのやり方で勝手に始めた。いい加減な簡単な方法でやってるから、自分の思った方法でやればいいやというところで我流が始まる。自分の思った方向でやればいいと思う。しかし、浄霊の世界はそんないい加減なものじゃありません。

その結果、体は痩せ細ってギスギスになって、フラフラして歩いている。そういう結果を呼んでしまうのですね。皆さんは正規にやってるから、なんの問題もなく、なんてことなくやってますけども、浄霊はいい加減にやると、とんでもない世界になるのです。だから、昔から言っている通り、正規に学ばない限り絶対に手を出してはならない世界です。ちょっとやそっと見えるからといって、手を出す世界じゃない。

見えた人達は、何をやっているかと言ったら、移動をやっているに他ならない。見えた人の最大のできる事と言えば移動です。霊の場所をちょっと移すだけです。だから、それはそれでいい。結果が出ればいいんだというところで始めてしまう。ところが、移動したものが自分に返らないという保証はありません。移動した人の所に霊が帰る可能性はかなり高い。それは、10体に1つかもしれない。しかし、1割としたら、1割の積み重ねは膨大な数になります。

そういうこともありますから、今度はそういう人達は一切入れない形でやります。もうあまり悲劇は見たくないですから。

また、簡単にできるというふうに解釈した場合、簡単な道を選ぶのは人間です。安易な道を選ぶのは人間。ただし、浄霊の世界ではそれは決してやってはならないことなのですね。

線香1本上げたところで、祝詞を上げたところで、お経を上げたところで、霊というのは浄霊されるものではない。

ことです。心だけの反応は強い。そこを使って行なうのが浄霊の世界です。

浄霊の世界は心の世界、情けの世界

では、浄霊のポイントは何か。相手は心だけの世界にいる。これが浄霊のポイントです。体はないのです。心だけの世界にいる。だから、反応が人体より強いということです。心だけの反応は強い。そこを使って行なうのが浄霊の世界です。

つまり、どういうことか。心だけの世界だったら、情けを掛けたらやはり嬉しいですね。だから、そこにポイントを置いている。皆さんが浄霊の気を送ったら、もの凄く霊は気持ちがいいのです。あなた方もきれいな空気をどんどん受けていたら気分がいいでしょう。山へ行っても気分がいい。海に向かっても気分がいい。あれと同じ形が、皆さんの送っている気です。そう思ってください。山の頂上に行ったらすばらしい空気が押し寄せる。海に行ったらすばらしい空気が押し寄せる。これをしているのが皆さん方なのです。それが手から出た浄霊の気なのですね。自己浄霊の気がそういう空気を送っているわけです。

そうすると心だけの世界にいるから、ここにいるこの場においてもその気を受けて心というのは浄化されていく。つまり、それが山に行って浄化される。海に行って浄化される。それと全く同じ原理がこの場で起きている。これが浄霊の基なのですね。心だけの世界にいるから、受けた気は何十倍も強い形で受けられる。広々とした海原に浮んでいる状態、山のすばらしい新緑の中で澄んだ空気を一心に受ける。こういう状態が皆さんの送っている気なのです。

そして気分が良くなっていく。死んだ後は心だけの世界です。そのレベルは明るくなっていくか、暗くなっていくか、その精神状態がどこまで上がるかによって決定する。つまり、その人間が明るくなればいいわけです。

人間のレベルは関係ありません。それは人間の心の量によって変わります。レベルの高い人間もいれば低い人間もいる。それぞれのポジションで持って精一杯生きているわけです。その人間の持つ最高の綺麗な状態にいけば、人間はそれでいいのです。山の空気、海の空気を皆さんの手から送られることによって、その人にとって最高に気分のよい状態に持っていくことができる。それがその人を明るくすることなのですね。

そして、一気に明るい層へと上げていく。これが上の世界へ行くということです。だから立体です。上に上がるというのは高さがあるわけじゃない。次元を上げていくわけです。今、暗いところから明るい世界へ一気に持っていくわけです。その手の高さでやっているに過ぎない。つまり、そういう状態で霊というのは気を受けて上がるわけです。

そういうステップを踏む以外に行く道はない。だから、方法は違っても必ずそのステップを辿らなければ霊は浄化されない。移動しただけでは浄化されない。ところが移動するだけでしたら、また元に戻ってくる。逆に移動しただけでは元にいた次元から下がる場合もあるということです。逆にもっと下がる場合が生ずる。

いたこの限界と欠点

昔から〝いたこ〟と呼ばれる人がいます。いたこによって霊が呼ばれると、霊の次元が下がる場合が多い。もっと悪くなると言われている。これは気をつけてください。いいですか。だから、霊を呼び出してそのまま何もしないで元に返した場合には、霊が今までのいた次元と同じならまだしも、それよりさらに下がる場合が多いということです。

しかし、何らかの形で浄霊の訓練を重ねた人間が行なえば、これはまた別です。上に上がりますけどもね。皆さんの行なっているのは、その最高の空気、例えば山の空気とか海の空気といったその最高の状態の気を霊に送っているわけです。最高に気分がいいわけです。

では巷で浄霊と呼ばれるものの中には、他にどういう方法があるか。

〃いたこ〃を使った浄霊があります。これはどういう浄霊のやり方をするかというと、霊に喋らせるのです。その人（霊）を霊媒師に乗り移らせて、尋ねます。あなた（霊）は苦しいのかとか、どういう状態なのかなど心の内を全部吐き出させます。そうすると霊は気分的に楽になります。ただその時、霊に喋らせるだけ喋らせて終わってしまうだけでは、果たしてそれで霊が上がるかどうかというのはこれは疑問です。ただ、霊は胸に秘めたものを吐き出すことだけはできます。

だからもし皆さんが、〃いたこ〃の霊媒師を使う浄霊を手掛けるとしたら、即座にできます。つまり、霊に喋らせて、その後上げるという動作をしなくてはいけない。皆さんと同じ上げる動作をします。そうしたらそのまま上がります。この趣味の会の技術を持っていたら、そのまま上げることができます。上げずに呼んで喋らせるだけでの場合には霊がいた元の次元からさらに下がる場合もあるということです。

そこでそのような浄霊をしているところではどういう動作をするか。やれるところは全員で気を送る場合もあります。そして上げる。だから、やることは同じです。気を送って上げる。ただその気を持っていないから、気の訓練をしていないから、なかなか上がらない。

近年、気の訓練をしていなくても、多少みんないい気持ちがする。情けを掛けるということによって喜ぶ。駄目ながらも誰でも自分で持っている僅かな気があるわけです。ただ皆さんのようなすばらしい訓練を重ねた気を送るわけじゃない。だから、殆んど気のパ

気を送って上げる。
ただ、気の訓練を
していないと、
なかなか上がらない。

ワーはないが、ないよりましという感じですね。そして、それから上がっていく。ただ、それだけではやはり霊を上げる次元に追いつかない。

そこで、もう1つの動作が加わる。それは何かというと、そこで〃いたこ〃に、いわゆる霊媒師に物を食べさせたりする。つまり、霊媒師に乗り移った霊に物を食べさせる。あるいはお酒を飲ませるわけです。そうすると、人間は食欲が満たされて気分が良くなります。明るくなります。酒を飲ませるのです。御飯を食べさせるのです。竹の子でも饅頭でも食べさせるのです。

サンドイッチなんて言わないですけどね。死んで100年以上も前ですから、サンドイッチなんて言う人はありません。まず、おにぎりとか、お寿司とか、竹の子御飯とか、煮物とか、そういう物を食べさせるわけです。だから、ほとんど昔の人の食べ物です。そういう人はお腹が空いてますから、殆んどその人たちは餓鬼に落ちてます。しばらく食べてませんから、お腹が空いているのです。その霊媒師が食べると、それはもうその人が食べたと同じになります。

これは不思議なことに、お酒を1滴も飲めない人間、ちょっとでも飲んだらすぐにもう伸びてしまうような人間が霊媒師になった場合にお酒を飲めるのかというと、コップ2杯でも3杯でもお酒を飲めます。この場合、本人が飲んでいるのではなくて、霊が飲んでいるから飲めるのです。では、酔っ払ってどうかなるかというと何にもなりません。平気なのです。では、その霊媒師が飲んだお酒はどうなるんだろうと私はいつも思いますね。

もっと面白いのはその霊媒師はカレーが大嫌い、もう匂いを嗅ぐのも嫌だとする。一方、霊媒師に入った霊はカレーが大好きだとする。面白いですよ。その霊媒師はもう狂ったようにカレーを食べますね。〝おいしい〟と言って食べます。ちょっといたずらして、途中でポンと醒ましてやる。すると霊媒師に入っていた霊はギャーと騒ぎ出して、霊媒師から離れて飛んでいきますね。カレーだ、カレーだって言って、もの凄いダッシュで飛んできます。霊が離れるまでは、その人はもう完全にその霊になりきっているわけです。

霊媒師を使った正規の浄霊

食べれない物を食べているのに、それはどうなるんだと思いますけどね。だから裏を返せば、そういう現象を起こしているような霊媒師だったら、まともにやってる霊媒師ですよね。今言った例が起きてない、そのような現象が起きてないような霊媒師を使って浄霊をやっているところは、インチキということになる。その辺でも判断できます。

1滴もお酒も飲めないのに、飲まして飲めなかったら、それは本当に霊が乗り移っていない。あれは本当に不思議です。その霊に乗り移ってしゃべりますから、その苦しい状況でも何でもみんな話してくれます。そうすると皆さんのやってることがよく分かる。そして、そのまま上へ上げます。そういう人達は次にどうなるか。みんなで上げます。上へ上がっていきます。幽界線までいきます。その時、何と言うと思いますか。私は以前そういう指導をしばらくしたことがあります。

まず「お花畑が見えましたか?」と尋ねます。上がりましたかと尋ねるわけではないのです。

そうすると霊媒師は「その霊はお花畑が見えます」と

いうわけです。それが現実の霊媒師のやる浄霊です。

例えば、私がその時の幽界で咲いている花を指して、次のように尋ねるとします。

―あの赤い四角い花が見えますか？

「あぁ、見えてきました。見えてきました」

―はい、そこへ着きましたね。

「はい、目の前にあります」。

―はい、それで終わります。

「はい、幽界のお花畑まで行きました」。

つまり、〝幽界線にあるお花畑まで行きました〟ということです。

―それは、上げるという意識のみで上げるのですか。それとも私たちのようにちゃんとドームを作って上げるということですか？

もし見える人なら、霊が上がっていくその世界が見えるのです。そこまでいくのです。

―上げる側の人達は霊を上げる時に手を挙げたりなんかするのですか？

いや、挙げません。気を送っているだけです。

――それでは勝手に上がって行くわけですか？

「上げますよー」と言って上げるのです。

――声を掛けるのですね。

そうです。そうすると、霊は一生懸命上がっていくわけね。「さぁ、もっと頑張って上がりましょう」とか、「さぁ、頑張って、頑張って」と励ましながら、ちょっとずつ霊は上がっていきます。

――それはただ限られたそういう中を上がっていくのではなくて、どこでも好きなところへ上がっていくのですか？

いや、たいがい道を見せてありますね。

――道はちゃんと作ってくれるわけですか？

その通りです。そして、お花畑が見えたところで、普通は終わります。時々私はそれを「もうちょっと上へ行かせてあげましょう」と言って、上へ行かせますけどね。それからどうするか。それから先は、普通の人ではちょっとできません。

「東側に森があって、そこに道がありますね、そこを歩いて行きなさい」というようようにやります。

今度は道案内をしてあげる。そうすると、そこをどんどん、どんどん歩いて行って、「今、何々が見えますね。それよりまだずっと先のそちらを見て、そちらの方へ歩いて行きなさい」と言って歩かせたりする。まぁ、これは、そのもう一歩上をいった浄霊ですね。

―それは上がる霊によって、その景色は違うのですか?

全部違う。1人1人みんな違います。

花もみんな違います。上がった位置によって咲いてる花はみんな違います。ただ、その花は全部この地上にある花ではありません。地上にある花に非常に似ています。似ているけど地上にはない。チューリップでもちょっと花が大きいチューリップで葉っぱがちょっと違ったりしています。でも良く見るとチューリップに似ているなという感じですね。そういうのがいろいろあります。あと、とても大きな花もありますね。いろんな花があります。そういうところの世界に上げる方法もあります。それができるのは本当の浄霊の形、浄霊のできる人です。今、それができる人はどのぐらいいるのか分かりません。

正規な形でやるところはまずテレビに出ている人はいません。

ただ、霊媒による浄霊の問題は、本当のことはお客さんには言わないですが、あれは、3体に1体は違うものが入ってます。むしろ、2体に1体と思った方がいい。それは絶対言わない。言ったら仕事になりませんからね。全然関係ないのを上げたなんて言ったら大変です。だから、霊媒をしている人たちの1番の悩みは、まともな目的の霊を上げたい。その霊を入れたいと思うわけです。ただこれは、我々にしかお互いに言わない。やってる人同士しか相談しません。ただお客さんとか門下の人達は知らない。違うものが上がっていることをです。元々それを何とかならないだろうかって呼ばれたのが私ですから。そこではもちろん限定印は存在しない。

だから、彼らは僕のところに〝限定印をください〟と来たのです。

―お伺いがなければ正しい霊が呼び出されたという判断はどういうところでやるのですか？

その人が治ったか治っていないかで判断するのですね。病気とか改善されたかどうかということです。だから、１つやっても駄目なのです。５つとか10体処理するのです。そうすると結果が出る。つまり、５つやれば2体くらい当たっているわけです。普通１体、２体と表現します。10体やれば2、３体は当たっているわけです。そうやって結果が出る。これが現実です。ただ本当の現実を言うわけにはいかない。やったものは皆成功したと思っている。

―やはり、その霊媒による浄霊なら1つ霊処理するのにかなり時間が掛かるでしょうね。

やはり、20、30分掛かりますね。

30分くらい掛かります。人によって違いますけどね。その人（霊）が苦しんでいたら時間は長く掛かります。ただ、霊媒師が倒れたら駄目です。霊が入った瞬間倒れます。そうしたら起こすのにひと苦労ですからね。霊媒師が倒れる所はレベルがまだ低い。

霊が入った霊媒師が倒れて暴れるなら、もうその人はレベルが低い。暴れさせたら駄目です。そのままの姿勢でできなくてはいけません。

1番最低なのは、霊媒師が倒れてバタバタと暴れるところです。もうこれは絶対真似をしてはいけません。倒れて暴れるだけだったら乗り移ればいいのだから誰でもすぐにできるようになります。霊が入った時、自然な形にいて最低限入った瞬間、後ろでちょっと支えてやるくらいだったらまだいい。それで支えて、そのまま普通になってすぐしゃべり始める。これが、修行している人の当たり前の動作です。入った瞬間倒れるようなのは、修行ができてないレベルの人ですから駄目ですね。

―その人は霊から被ったりしないのですか?

もちろんしますね。それともう1つ欠点を教えておきましょう。霊媒師に霊の影響が必ず残ります。残らないというのはない。必ず害が残ります。それを言ったら、やる人なくなりますけどね。これは嘘ではない。私が全部暴露しちゃうのですけどね。私みたいに、実際にそれやって見て監督した人が、こういうふうに本当のこと言わなければいけないと私は思っている。絶対お客さんにはそんなことは言わない。なぜなら霊媒師が被っているなんて言ったら、やる人なんかいないです。だけど、実際は霊の影響が残らない人はいません。

—でも霊媒師は自分で体験するわけですよね。

そうですよ。それでも〝時間が経つと健康になるんだよ〟なんて言われるとやりますね。そのうちに、だんだん嫌になって止めていきます。だから、新しい霊媒師を探して、そのうちにまた、次の霊媒師を捜すという形になります。でも必ず影響は残る。

—霊が残るということですか？　その霊を上げればそのまま外れるのですか？

霊は外れてはいますよ。だけど、体に何らかの害が残るのですよ、あれは本人に見えないからいいですけどね。僅かずつ残る。無害ではない。それが霊媒師の仕事なのです。

でも、巷の着実な方法で、我々の方法以外で確かに上げているのは、おそらく今述べた霊媒の浄霊方法でしょう。それとは別に移動をしてるところはいっぱいありますよ。霊が見える人はすべて移動してますから。別にあれは浄霊じゃありませんから、単なる移動です。

ともかく、霊媒を使って上げるわけです。そして、１ヶ月も経ったら人の霊は落ちますから、だいたい3回上げて終わる。それは我々と同じですね。それでも私なんかを呼んで、確かに上がったかどうかとか、その状況の説明を求めたりするところがある。もちろんそれは向上心のあるところはですよね。私も昔はそういうことをやっていたわけです。

「今のお花畑、白い花だよー。これはこういう花だよ」と説明したりしました。

「おー、頑張ってるね」なんて、状況説明をする。いわゆる私はガイドですよ。こうやって、今こういう状態で「もうちょっとだよー」なんてやりました。

今述べたのが巷における浄霊の世界ですよ。巷の浄霊で霊媒師を使ってやる。上に上げることができる。その辺が最高です。あと、テレビでやっているようなのは全然駄目です。あれは、上に上がるなんてのとはほど遠いです。

霊媒をする人たちはもの凄い修行しますよ。毎月だいたい3回くらい集まってズーッとやってます。最低3回集ります。あとの日もしょっちゅう集まってます。その繰り返しですね。そういう人たちの行は、何かといったら、だいたい水を被ったり、断食したり、それの繰り返しで自分の行を磨く。それが普通のやり方ですね。もう修験道なんかもみんなそうですよ。

ただし、そういう関係の人はこの趣味の会には一切入れません。自分の技術に頼りすぎるからです。我々の浄霊は大変だからそういう方法はやらないです。実際、すでに浄霊の世界をかじっていた人がこの趣味の会に入って、結局大変だから自己流で始めて、最後は悲惨な状態になった人がいました。だから、そういう関係の人は趣味の会には入れません。まともに習って、まともにちゃんとやって、ズーッとやっていく人だけが対象となります。今の述べたのが巷の浄霊の世界です。

テレビにも出ていた人で、ある日突然私のところを訪ねて来ました。今まで浄霊の世界には全く無縁だった人です。だが今度は食いっぱぐれちゃった。ただ、霊の話がもの凄い好きで「もう、私はそういう仕事がしたい」と言うので、「あぁ、和歌山に行くとね、1晩で霊能者になれるところがあるよ。のたうちまわるのはできるようになる、2、3ヶ月修行すりゃ、すぐできるようになる。そんな変なところがありますよ」と言ったわけです。そうしたら彼は本当に行ったのです。食いっぱぐれちゃったから。

ある日突然チラシが回ってきて、その本人が浄霊をするという。そして日本全国を回り始めた。結構有名人になってしまった。

私のところに来た時、「和歌山に行けば、浄霊の類のことはできるようになるけど、最後にすぐ自分が死んじゃうからね。そんな馬鹿なことをしちゃ駄目ですよ」と言っておいたはずだったのにです。それなのに、もう1年経ったら日本全国回ってそればかりをやり始めた。

〝エーッ〟と思って私はびっくりしたのです。

とにかく彼は日本全国ズーッとぐるぐる回って、テレビにも出たり、もの凄く手広くやった。

彼は結局3年で死んでしまったわけです。だから「死んじゃうよ」と忠告したのにだめでした。彼はボロ儲けして死んでしまいました。わずか3年です。それでその息子があんまり儲かるからってまた始めた。ただ息子は親父がすぐ死んじゃったのを見ていたので、かなり気をつけてやってるらしいという噂がある。それで彼はまだやっていますが、ただ、結果はたった1回も出たことがないそうです。

―何で、それでも次々にお客さんが来るのですか？

だから、日本全国回るのです。

そういういい加減な仕事もあります。そういう人が渦巻いているのが今の世界です。だから、そんな馬鹿なことはやってはいけないし、1つの所へ定着してやるのだったら、そんな馬鹿なことはできないはずです。

正規にちゃんとやるというのは、皆さんのように、地道な苦労を積み重ねていって始めて出来上がる世界なのです。いい加減な人はそんな馬鹿なことをやるのです。その代わり、皆さんのように地道に積み重ねていったら何の問題も起きません。トラブルも起きません。結果もちゃんと出ます。2、3ヶ月で覚えて営業しようとなるとそういうことになってしまうのです。

技術の世界としては、どの技術も同じです。この世界もそういう技術です。2年、3年、4年、5年と積み重ねていってできる世界です。この浄霊の世界は正規に修行しなかったら、もう絶対駄目な世界です。

皆さんははっきり言ってぬるま湯に浸かっているのです。こんなトラブルのない世界で、そんな修行をやっている人なんていません。巷ではもっともっと大変です。もっと苦労して必死になりながら、修行をしている人たちもいるのです。

質疑応答

―霊媒師はお酒を飲んでもアルコールは吸収しないのですか?

だから、それが不思議なのですよね。吸収しているはずなのです。アルコールが回ってるはずなのです。なのに回っていないのです。これは霊媒師の7不思議の1つです。7不思議は他にもいっぱいあるわけです。霊が移って入って飲んだものは、別腹なのですね。これも不思議なのです。そういう世界なのです。霊が食べるのです。霊媒師が食べるのじゃない。

―でも胃袋に入ってちゃんと消化して、腸に入ってちゃんと下がっていくのでしょう。吸収されないのですか?

そうなのです。実際におかしいのですよね。だって考えれば、肝臓の代謝能力にしても体の他の機能にしても霊媒師の体でやるはずなのに、お酒の代謝能力だって必要です。他の人が代謝してるわけじゃないのに、何でと思いますね。でも、実際その通りなのです。医療が分かる人間にとってそんな不思議なことはない。でも現実なのです。

―霊媒師以外の人がそういうふうになっても同じことですか？　例えば、痴呆の人が、今食べたのを忘れてすぐにどんどん食べますよね？

あれもそうです。その人たちも胃腸は悪くならないでしょ。あれも同じ現象ですね。でも医学的に考えると、どれもおかしな話なのですよ。やっぱり1番おかしいのはお酒ですよね。1滴も飲めなくて、盃1杯飲んで倒れる人が、どんどん飲めるわけです。

―自分が普段アレルギーとか起こして食べれない。下痢してしまうような物も、そうじゃない霊が入ればちゃんと消化されるようになるのですか？

そういうことです。

心の色

心の色は4段階

霊というのはまず浄霊の対象になる存在です。霊は明らかに暗いところにいるからです。そうすると暗いところにいる時の心の色は黒なのですね。心の暗さの程度に従って、黒、灰色、そして白という形があると思って下さい。黒、灰色、白、透明の順で、透明は最高だとすると、今の状態をどう明るくしていくかということです。心の色を黒、灰色（あるいはグレー）、白、透明の4段階にするとします。

1番いいのは透明です。その次が白、その次はグレー、最後は黒です。黒が1番悪い状態です。浄霊の対象になっている人間霊の心の色は全て黒と思ってください。

ただ、動物は色の分類にはならない。しかし、もし分類するのだったら、それは殆ど黒であるというふうに考えてください。

さて、これを浄霊したらどうなるかという問題です。

例えば、人間霊を浄霊してだんだん上に上げていくと、その人間霊の心の色はまず灰色になり、その次に白になって透明になっていく。こういう段階を、いわゆる浄霊されるものが踏んでいくということを忘れないでいただきたいということです。

つまり、どういうことかというと、ここに黒い心がある。それは真っ黒い。その心の色は、まず1回目の浄霊で完全に上がらなくても、半分か半分より上に上がった場合には、それはグレーくらいになるでしょう。それが1回完全に上がったら、白くなるというふうに考えて欲しい。これが最後に終わった時点においては透明になっている。こういう段階を経て心の色が透明までいったら何の影響もないという状態になる。こういうふうな4段階を考えるのがよいでしょう。

心の色（４段階）

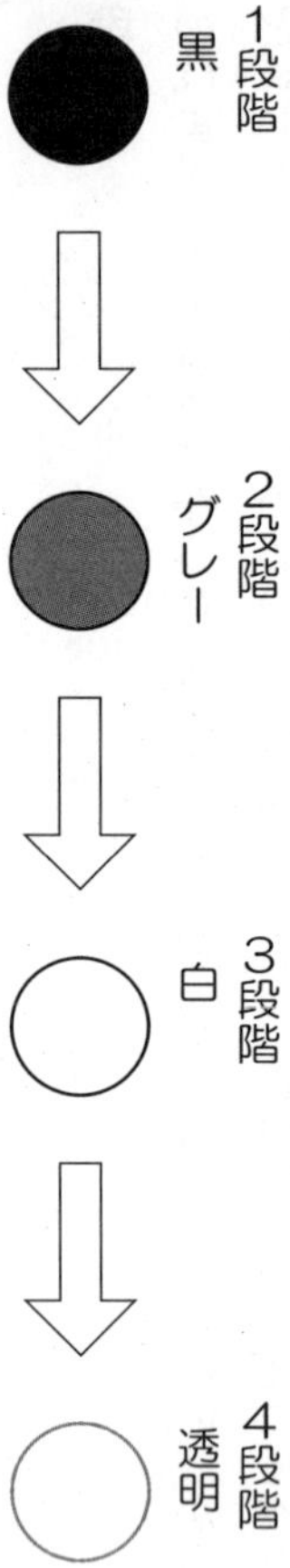

もともと4という数字は完全を表します。物事が成就する時の段階を表します。それが4です。だから4というのは、そういう考え方からいうと縁起はいい数字になる。

しかし、皆さんの浄霊で上げていく時に、何でこの4段階が必要かというと、考え方でこの4段階を知っておく必要がある。つまり黒の状態から、例えば上がれなくて苦労して、すでに何回か上げている。そうすると上がらなくても、すなわちこの第2段階、グレーの辺りまでを繰り返し上げていくということになる。

皆さんの行なっている浄霊で、心の色が真っ黒な状態から、上がらなくても繰り返し繰り返し行なっていると、灰色になっていく。

ここで浄霊の最も重要なのは情けです。情けというのが、最も浄霊ではキーポイントになる。浄霊を、もし1つ言葉で言い表すことができるとしたら、いかに情けを掛けるかということに、浄霊は極まってしまう。つまり気を送るということは、情けを送っていることです。だからその情けをどのようにいかなる手段で用いるのか。それによって浄霊の結果は変わるわけです。


物を食べさせるところもある。喋らせるところもある。一般には、喋らせるところが1番多いわけです。他にもいろんなところがあります。ここ趣味の会の手段というのは気を送ることです。気を送るという情けによって心の色が黒からグレー、グレーから白になっていくわけですが、ただ、グレーの状態を繰り返しても無駄ではないのです。グレーの状態を繰り返すと、情けだけは蓄積されます。非常に多く気を送っていますから、なかなか上がらなくても、情けの蓄積だけは行なわれている。だから、黒からグレーになって、白まで持っていかなくても、繰り返し何度もやっていけば、相手は満足して、自分から白、透明と段階を上げる状態に至ることも数多いということです。

特に人間の場合はそうです。というよりも、それが1番顕著に現れるのは人間です。

死んだら分かる心の色

このように浄霊の場合は、色で表されるということを知っておかないといけない。この黒、グレーというのは例えではないのです。いいですか。心の色です。

心には色があるのです。浄霊の世界では、呼び出されて来た時の心の色は真っ黒です。それを皆さんの気で持ってグレーに変えていく。そして、だんだん綺麗にしていって、心の色が明るくなった時に初めてそれは浄霊されるわけです。

つまり、心の色とは、言い換えれば暗さの程度です。心の色が真っ黒というのは真っ暗な世界にいるということです。

だから、浄霊の世界では、暗い世界というのが昔から言い伝えられている。暗い世界、灰色の世界、白い世界、透明の世界へと変わるわけです。真っ暗な世界にいる人（霊）とは自殺者とか、あるいは死んで何処にもいけない人、悪いことの限りを尽くした人たちです。その黒くて、暗い程度は人（霊）によって全く違うのです。

それは生きている時では分からない。つまり生きている時は体があるがために、その心の暗い程度が分からない。それよりも体が楽しむ。食欲が楽しむ。あらゆる楽しみは体が享受するからです。さぁ、食欲とかそういうものが全部なくなって、心だけの世界にいった時に、それはその人の明るさの程度、色が支配することになる。

もっと具体的に言えば、例えばここに、石川五右衛門がいるとする。彼はもの凄い悪いことの限りを尽くした。そうすると、彼の心の色は真っ黒です。ところが、悪行で得たお金、泥棒したお金を、石川五右衛門なら好きなように使うことができるのです。自分の思い通りに使って楽しむことができるわけです。それは体があるからです。ただし、心の色は真っ暗です。そこで生きている時にその比重はどう反映されるか。彼は肉体があるが故に楽しむのです。遊ぶのです。それが快感なわけです。お金を得ることの快感、食べることの快感、あらゆる楽しむことの快感がある。そうすると、肉体があるが故に楽しんでいるから、心の色は全く見ることができない。

ところが死んでしまったら、さぁ、今度は楽しむどころか、体がないので楽しむことができなくなる。つまり、心だけの世界に変わる。死ぬということはそういうことです。心だけの世界に行くということです。

そうすると、石川五右衛門はどうなるか。彼が居る真っ暗な世界がそのまま、その表面に映し出される。つまり、これが黒い色です。

例えば、その隣の人は、悪いことをしているが、せいぜいお金を騙し取ったくらいだとする。するとその人の心の色は灰色です。またその隣の人は、悪いことをしたけど、ただ若い時に、ちょっと男の人を騙して遊んだ程度だとする。この人の心の色は薄い灰色になる。

次の人は、〝別に悪いことも何もしてないわ〟、と思い、普通に生きて普通に死んでいったとする。そうすると、心の色が白になるわけです。分かりますか。

心の色は何で決まるのか？

今言ったのは、人生の中で悪いことをして色が付いたという例えです。

ただし、生き様によって心はもの凄く暗い生活を送っていることもある。

例えば、苦しみながら生活をしている人がいる。その人間は特別人に悪いことをしたわけじゃない。こんな人生じゃなくて、本来はもっと自分に合った仕事ができるはずだと、その人間は心の中で思っている。しかし現実は自分に合った仕事さえ見つけられず、次から次へと職を変わって、苦しみ三昧で仕事をしている。そのうちにその人間の心は真っ黒になってしまっている。時々見るからに暗い感じでどん底にいるような顔をしている人がいますね。そういう人の心の色はやはり黒いのですよ。石川五右衛門のような悪人に拘わらず真っ黒なのです。

一方で、その隣の人は何も悪いことはしてない。ところがほどほどに営業なんかしたり、旦那さんにちょっと苦労させられたりしながら、〝まぁ、いい人生とは言えないなぁ〟と思う。特に悪いことをしてはいないが、〝人生、おもしろくないなあ〟とも感じている。

おもしろくないやという生活、〝自分にはもっといいのがあったんじゃないか〟と思う一方で、その人は〝まぁ、人生はこんなもんよ〟と納得している。〝変な宿六みたいな亭主だけどこれでいいや。満足はしてないけど、まぁこの辺だわ〟。

そうすると、その人のその満足の程度が心の色を決めるのです。その人の人生に対する態度、人生に対する姿勢や生きざまが、真っ黒、灰色、まぁまぁの白い色を決める。先の隣の人は、〝人間こんなもんよ。この人のため、2人で努力していくんだわ。2人で生きていくんだわ〟と変に悟って何もない。〝私は普通のお百姓さんでいいわ〟というところです。だから、昔からお百姓さんていうのは綺麗なのです。つまり、それが心の色なのです。悪いことによっても、生活姿勢によっても、満足した度合いによっても、心の色は変わる。つまり、心の色を何が着色するかは、それによって決定するのです。

だから、成功者がよいところへいく。あるいは、クリスチャンが天国へいくとか、あるいは成功者が地獄に行くとかという基準ではないのです。地獄へ行くとか、よいところへ行くとか、何処へ行くとかというのはその人の心の色が決定する。いいですか、心の色が決定するのです。

問題は死後行く場所です。その人は真っ黒な心で逝った。そうしたらその色を皆さんは気を送りながら綺麗にする。非常に大変なわけです。
別の人の場合はそんな真っ黒でもない。この人の心の色はほぼ白の状態。それならその人を浄霊しなくてもよい。死んだらそのまま自分で上へいくことができるからです。そういうふうになるのです。それが浄霊の世界です。それを皆さんがやるわけです。気を送っていくことによって、浄霊で上へ上げていく。

では世の中の人というのは、不満不平ばっかりだから、心の色が透明の人なんか殆どいないんじゃないかという結論に達するでしょう。事実、その通りなのです。

心の色を明るくするのが浄霊

心の色が透明でそのまま行く人なんか殆どいません。白、灰色、真っ黒のいずれかです。殆どそうです。そう思ってください。だから、浄霊したら、殆どどちらかに入っております。ただ、悪いことの度合いがひどいから真っ黒というのとは違う。それは本人の心の持ち方です。この心の持ち方が真っ暗さを決める。だから、石川五右衛門の心の色は真っ黒かもしれない。

しかし、何にも悪いことしなくたって、心の色が真っ黒になる人はいくらでもいます。早い話が、もう人生こんなのいやだというところで、自殺するような人。もう追い詰められて、もうどうしようもなくなった人の心の色が白いわけないですよ。灰色のわけがない。真っ黒ですよ。自殺する人なんて。だから、それが心の色です。

私が今言いたいことは、「心の色を理解しなさい」ということです。いいですか。心の色、それが悪の程度の心の色なら、それは1番明快です。それは自分自身が決めることなのです。だから、自分自身が楽しく明るく生きていたら、その心の色は透明までいかなくても白色ぐらいです。

普通死後だいたい150年から200年で輪廻転生します。当面何もないような、心の色が暗くないような人はそのうちパッと輪廻転生してしまいます。ただ、輪廻転生は綺麗になって転生するとは限らない。

例えば心の色が真っ黒な人はどうなるか。それでも150年から200年で輪廻転生します。つまり、それがその人間にまつわる業というものです。どの状態でも輪廻転生はあり得る。そして、その業を解消しながら、新たな進歩をするのが人生なのですね。

それでその業を綺麗に解消したら、その時の心の色は何か。今度はこの人は真っ黒じゃなくて真っ白かもしれない。透明まではきっといかないでしょうけども、白ぐらいまでいくかもしれない。いや、灰色かもしれないというふうになるわけです。

では真っ黒な生活でなくて、むしろその方向性が、例えば、悪の限りを尽くしたような人はどうなるのか。

天に「独罪《どくざい》」という言葉がある。意味は自分の罪を償うということです。悪の限りを尽した人が今度はそういうふうな人生を全うしたら、その黒はいっぺんに綺麗になってしまう。そういうように心の色はなっているということです。

そしてもっとも重要なのは、ここで皆さんの浄霊が登場するわけです。透明の人は、浄霊をやる必要がない。放っておけばいいのです。そんな人は浄霊しても出て来るわけはないのですよ。そういう人はめったに当たらない、と言っても過言じゃないですね。

そこで、黒、灰色、白の3種類の心の色を持ついずれかの人を浄霊するわけです。つまり、本人が自ら独罪をやって業を解消しなくとも、本人は苦労せずに皆さんの手に掛かって綺麗になって上がるということはできるのです。

そうすると、それは不公平じゃないかと思いますね。みんな1人で独罪を解消しているのに、皆さん方のような浄霊師に会ったら、その人だけが得をする。それでいいのです。つまり、皆さんに会うことができるということは、その人にそれだけの運命があるということなのです。

ただ、その人たちは救われる運命にある。しかし、あなた方はその人達だけを救っているのではないのです。そういうのをやった場合には、そこで善を尽くすから自分も救われる。それと同時に、浄霊をやったら、必ず自分の家族とか自分の先祖とかそういうのをやることになる。だから、ひいては自分のためでもある。必ず自分のためになる。だって、自分の方もやらなかったら、浄霊技術は上がらないでしょう。つまり、自分を良くして、相手も良くする。他人も良くする。だから理に適ってる。やはり、自分だけ良くしていたら、やはり周りから見てもそんなにあんまりいい事ばっかりやっているとは思いません。

浄霊の世界というのは、自分もやって、仕事で受けた相手もやる。それでいいのです。それで、プラスマイナスが通るのです。だから、浄霊の世界で、人のことばっかりやっているというのもいいかもしれませんけど、やはり、自分のことをやって相手もやる。これは自分の先祖とかも考えるのが必要ですね。そんなことを言わなくてもみんなやってますけどね。人生運、金運、人生運、金運をやってますからね。だから、私はそれはそれで理に適ってるということを言いたいのです。

—浄霊で自分のことをするのは金運が多いですね。

それがいいのです。人生運や金運は大いにやりなさいと私は最初から言っています。それはそれでいいんです。ひいては人生運やって金運やれば、先祖も出てくるし、動物も出て来ます。それで自分も綺麗にする。先祖も綺麗にする。自分の周りを綺麗にするわけです。そうすると、自分だけじゃなくて、例えば、この先祖霊が出て来たことによってこの先祖から、子孫そのものまで響くのです。浄霊とはこういうものなのです。そうすると、その一族は、ある1人が浄霊という世界に踏み込んだために、それは感謝されます。この世界においては、正規な浄霊の人が1人出たら、その子孫から先祖に至るまで素晴らしい干渉をします。だから、そういうことをやると素晴らしい。

なぜならその時点で変わるのです。みんな1人だけの道具ではなくして、その人の色を変えていくということです。そういう素晴らしい境遇にあるわけです。だから、僅かながらもそういうところに存在した人は幸運です。しかし、これからは浄霊が多く世界に広まれば、今まで自分だけしか進歩させることができなかった心の色を、浄霊が加わることでより早くもっと綺麗にすることが可能となるわけです。そういうことです。

だから、浄霊の世界は、自分とか家族、ひいては、その周りの世の中の人のため、世のため、自分のためになるのです。自分のためだけでもなく、世のためだけでもない。両方のため、これが浄霊の世界です。そして、両方余儀なくされるのが浄霊の世界です。ただ、どちらか1つだけしかしないからといって問題はありません。自分のためだけにやっても全然どこも恨まれることもありません。いいですか。世の中のことだけやっても、仕事を受けたものだけやっても、どうこうないのです。

自分のをやらなくてもいいし、世の中のをやってもいいし、世の中だけをやって自分のやらなくてもいいですよ。

両方やれば尚いい。片一方だけだっていい。そういう世界が浄霊です。でも、浄霊師がこうやってやると、だいたいどっちもやるのが普通です。両方やることになって、世のためにも自分のためにもやっていく、これが正規の浄霊の世界です。だから、それでいいのです。そして、中には自分のだけをやる人もこれからは出てくるでしょう。生活のためにとか、あるいは人のためにだけやる人も出てくるでしょう。どちらでも問題ない。それをこだわることもない。きっと浄霊を始めてしばらくしたら、よく尋ねてくる人がいます。

「そのまま死んでしまった人間（霊）が苦労しないで我々が助けてもいいのか」と。それは愚問ですね。浄霊は素晴らしいことです。その人にはチャンスが与えられたのです。だから、そういうのは臆することなくやるべきですね。これが浄霊の心の色と浄霊のあり方ということです。

人はなぜ上がりにくいか？

死後上がることができる基準はその人間の生き様による

何故人は死んだら上がらないかという話です。そしてどういう人が上がりやすいか。上がりやすい、上がりにくいの基準はどこにあるかということです。

しかし、これは浄霊によってではなくて、自然に普通に人が亡くなられた時、死んだ時に何故上がりやすい人、上がりにくい人ができるかという問題です。

まず、1番上がりやすい人は昔から言われているのがお百姓さんです。そして1番上がりにくいのはお坊さんとか政治家。ちょっと社会から矛盾してますけどね。これが現実ですね。いわゆる、何故お百姓さんが何故上がりやすいかというと、自然と土に馴れ親しんで、より純粋になってきれいになっているから上がりやすいと言われてる。

ではなぜ政治家とお坊さん汚れてるのかということになってしまいます。汚れてるから確かに上がりにくいんですけれども、やはり上がりやすい、上がりにくいというのはその人間の生きざまだけじゃないのですね。いわゆる、90年生きて亡くなられた時、その時それまでにどれだけのものを背負っているか、どれだけのことを出しているかというその辺が１つの基準となる。

しかし、その基準は地上の基準ではないということです。いわゆる死んだ後の世の基準から見て、進路が決まるというふうに考えた方がいいと思いますね。

ではその上に上がる基準、地獄に落ちる基準はどこにあるかというと、まず第１に生き様です。第２にやはり地上に降りてきた宿命。例えば、前世でもの凄くいろんな業を背負った場合は、現世でそれをどう消化しているか。綺麗に成し切っているかどうかというのは左右します。

その人間は使命を果たしているか果たしていないかということがよく話題になりますが、これを果たしているか果たしていないかはその人の生き様による。

その使命を果たしたか果たさないか、それはその人がより自然に近くて、自分の人生を全うした生き方をしているなら殆どその使命を果たした生き様になっているから、使命ということに関してその人の地上に降りた状態を討議する必要はない。

自分の使命を全うする生き方

むしろ、その人が精一杯生きていたら、それはその人の使命の通り生きたとも言える。ではその使命の通りの生き方とはどういうことかと言うと、やはり自分がこれと思って興味がある方向、自分を壊さずに生きた方向は1つの使命に繋がる。誰もこれが私の使命だなんて思って一所懸命生きている人なんて殆どいない。むしろ、だいたい使命とかそういうものは、地上に降りた年月日、年齢、性格、生活環境、その他全てはその使命を果たすべくできている。だから自然な形で生きて興味ある方向、あるいは自分の善しとする方向を選んでいけば、それは使命としての生き方、生き様に通ずるのである。

使命を外れた場合の方が問題です。なぜ外れたかというと、それはやはり生き様が全うではないからです。もっと極端な例を言うならば、犯罪を犯すような生き様はやはり、当然使命から外れる。犯罪や道楽、趣味などだけで生きるというのはまともでない。

例えば、全てを博打に狂ってしまう。あるいは、タリバンのようなテロのような思想に走ってしまった。これは極端な例ですが、そういう自分の意図した方向性、自分が判断してこれは良くないと思いながらも走ってしまうような方向性。自分が善しとしない方向性は外れます。

ちょうど霊の世界では〝善《よ》し〟という言葉がよく使われます。〝善し〟とは何か。つまり、この生きざまは善し、この生きざまは悪いという場合、だいたい、その〝善し〟という言葉で表現するのですね。だから、霊世界は交霊師によって〝善し〟という言葉を何回聞くか分からない。その〝善し〟いう言葉が示す通り、〝善し〟という生活環境で、そういう形で生きていると上に上がれるということになる。

だけど、例えばそれが結婚云々が善し悪しという問題ではない。結婚というのはそれぞれだからです。いわゆるその結婚が間違っているとか、間違ってないとか、上に上がる条件の1つということは殆ど存在しない。あるいは、結局、巡り合わない場合もあるし、巡り合っても失敗する場合もあるし、違う人と結婚する場合もあり、いろいろです。一応、地上に降りる時はどなたかと一緒になろうということで降りてくるらしいですけどもね。その通りにいくかどうか分からない。逆に一生1人でいく運命もあるやも知れない。

ともあれ、そういうこと全ての事情が相まって上に行けるかどうかが決まる。つまり、地上の基準とは違うのです。その人の基準で上がれるかどうかが決定すると考えてください。その人に基準がある。だから、悪いことをしたとか、善いことをしたというのは地上のものの考え方です。そういう形では上には行けない。ところが、確かに、政治家とかそういう人たちは自分がこれは悪いことだと意識して悪いことをしてるから、それは確かに上に上がれるわけはないのですね。政治家にも、もちろん善い人も悪い人もいます。政治家がみんながみんな悪いわけじゃありません。ただ、確かにどうしようもない政治家が何人もいることは確かです。私も会って知っていますが。

前世からの業を解消するための人生—独罪《どくざい》

—本当にどうしようもない人間という者はいます。

確かにちょっとひどいなという人間は世の中にいますね。ともあれ、自分の意に沿わない状態、社会の意に沿わない状態、そういうのが1つの基準でもある。だけど、犯罪とか業とかというものはそういう基準のものじゃない。やはり、その人を基準にする基準があるということです。上に上がる、上がれないかは、その人間の基準であって一般的全てに通用するものはない。1人、1人に皆あるということです。

もっと極端な例を言えば、例えば、石川五右衛門が生まれ変わってこの地上に出てきたとする。前は散々悪いことをしたから、その次に出てきたら、今度はその罪の償いをする人生を与えられたとする。実際にたいがいそれが与えられます。罪の償いだけで生きる人生、これは独罪《どくざい》と言いますね。これは地上にはない言葉で、上だけの世界の言葉ですが、「独罪《どくざい》の人生」と言います。独罪の人生を与えられた人間というのがいるわけですよ。

その独罪の人生というのはどういうものかというと、まず第1に教育機関であるとか、ボランティアであるとか、人のために何かしたいと思う人生がだいたい独罪です。だから、それはその人の前の人生の解消になります。

ところが、その人が、独罪の人生で現れたにもかかわらず、前世は石川五右衛門ですから、散々悪いことをしてきたので、生まれ変わってもまた悪いことをしたら簡単にすぐうまくいく。だいたい7割位は前世の性質を持って生まれてきていますから、前世が石川五右衛門ならたいていの悪事は上手にできる。だから再びまた罪を重ねた人生を送ってしまうこともできるわけです。

社会的には悪事に対してはベテランになってますから、誰にも分からずに、自分だけ得をして財を貯めて好き勝手なことをし、大金持ちになって散々するだけのことをして死んでいったとすると、確かに彼は誰にも迷惑をかけてない。しかし、独罪の人生を送るために出てきた石川五右衛門が何の独罪もしないで上に上がったらどうなるか。また振り出しです。もう1回独罪の人生をやらないといけない。つまり、また待ってる道は地獄しかないということです。だから1人、1人違うのですね。

仮にここで経験のある浄霊師が必死になって石川五右衛門を上げようとしても悲劇です。いくらレベルがある浄霊師が1年間毎日気を送り上げようとしたところで、相手が石川五右衛門では、彼の最初から最後まで本体そのものも何もかもすべてひどいですから、もうどうしようもない。手に負えないような形になっています。それが上がる人間か、上がらない人間かの違いです。つまり、その人は何も悪いことしてないのに、何もないのにいくらやっても上がらない。やっぱり前世の業が凄いからですね。そういうような基準になる。だからこの場合は上がらない人間になる。

このように石川五右衛門がそんな凄いことをしたために上に上がれないとします。あとは独罪の人生とします。

一方、ユダヤ人が過去に、いわゆるベニスの商人のように悪徳商人として現れて、死んでいった歴史がある。それではその時のベニスの商人が生まれ変わって出て来たら、その人間の人生は独罪の人生かということになりますね。

ところが彼は褒め称えられて、むしろ素晴らしい栄光の座にいるかもしれない。なぜならそれはベニスの商人として出てきた人間でも、自分が社会のために最悪のどうしようもない悪行をすることが神から与えられた使命だと思っているからである。こういう人間に独罪人生はあり得ない。だから自分のためにやっている。例えば、ベニスの商人あたりでもそうですが、自分のためにやっても、これは神から与えられた使命だと思ってやると、そこには罪は生じない場合も数多いということです。


—それは生きていくための自覚が神から与えられたということですか？

自覚というより、その人はそれが使命だと思ったら、それは実際使命であったらそれは罪ではない。

だから、私が今言いたいのは、この世に基準はないということです。基準はこの世にあるわけではない。だから、上がる、上がらないというのはこの世の基準ではないということです。分かりましたか。だから、実際に自分のためだけに悪いことをして罪になる人間は、その次の世は終生独罪の人生を歩むことになる。教育機関に行くとかボランティアをやるとかです。よく「ボランティアをやると、やってるだけで気分が晴れやかになって満足するのです」という人がいますね。

あれが独罪な人生を歩むために出て来た人たちです。

―世間を震撼とさせた事件を起したA氏はどうですか？

あれは単なる悪人です。彼は前世でもその前でもいろんなことやってるから、その引き続きというところです。ここで独罪すれば、また良かったかもしれないですけど。しかし独罪の人生を取る方法はボランティア、教育、それから医者とかです。

もちろん、治療師や、医者等の中には独罪な人もいますが、そうでない人もいっぱいいます。

つまり、独罪を償う方法として、ボランティア、医者があるということですね。教育とかそういうものがある。それでは、教師をしている人間がすべて独罪かというと、それは無関係ですね。医者全部独罪だったら大変になる。罪人だらけで、医者は全部罪人だらけになってしまいますから。先生方みんなが罪人だらけだったら大変ですよ。教育がどうかなってしまいます。だから、その中のうち100人に1人とか2人は、もう独罪でそれしかない人生を送っている人もいるということです。半分とか3分の1とかそんな数はいません。

ともあれ、そういう形で一生終わったら、それで業が消えて、来世はきれいな体でまた新たな再出発となります。

もっとも、常にその人生が終わってから次の再出発になるとは限らないですよ。生きている間に、その人生の途中で再出発になっているかもしれないですよ。独罪が消えたら、そこからもう再出発みたいなものではないですか。独罪がどこで消えたかですね。

例えば、ある人が独罪を歩んでいたとします。ズーッといって、今頃丁度ゼロになったかもしれないし、死ぬまで続けて初めてゼロになるかもしれないし、あるいはそれを始めて5年位で消えたとかいろいろあるのです。

では、普通の人が善いことをしたらどうなるかと言ったら、これを別に上の言葉では、「天に預金をする」とか言いますね。

天に預金する

その場合は「天に預金をする」という言葉を使います。つまり、人を助けた。つまり、治療するような人に生まれてきて、自分のためにその善いことを費やしたのではなくて、例えば、ここの隣の人を救ったとする。自分の後ろの人をまた救ったとする。1人の人を助けた分1ついくらとか、はっきりとそれ1ついくらというわけではないですが、要求をするわけです。1つ要求、2つ要求という形になると言われておりますね。

だから、治療をして多くの人を治していくというのは天に預金をする。浄霊で人を救っても治療で救っても、預金高を上げるという表現がなされていますね。

独罪の人は自分のためにその預金を使うし、そうでない人は自分の預金するということになる。自分と、いわゆる自分自身の預金になるということですね。それで、例えばこの人がズーッと独罪のために今まで使ってて、5年ぐらい経って払い終わったら、今度は自分の預金に変わるというふうな現象もあり得るわけです。

―では悪いことをしたら預金が減るのですか？　善いことした後で悪いことしたら？

そうです。きっとそうですよ。だから、その意味で、預金プラス・マイナスで差し引き計算がされるのでしょうね。そういうふうに考えた方が確かでしょうね。

―いくら治療しても、お金は貯まらないですよ。

その辺の基準は、自分自身で分からないものです。

―牧師とか神父さんとかいますよね。ああいう方なんかもやはり何人かはこういう独罪の人生を歩むための人がいるということですか？

やはりいるでしょうね。私の知っている35、36から40歳くらいの人で、いわゆるヤクザさんが突然悔い改めて牧師になった。しかもその後も必死になって頑張って大学の先生になった。つまり、元ヤクザ、牧師、そしてクリスチャン大学の先生です。牧師の資格を持って牧師をやりながらキリスト教を教えている。そういう変り種が1人いるのです。だからもの凄い転身ですね。ヤクザから牧師になって、牧師から最後は教師です。

―そういう人は突然人生の業を感じたのですか？

どうなんですかね。もう、それこそ前科あるような凄い人ですよ。それを採用するような大学が凄いと思いますね。よくそんな冒険を大学側はやるなと思いますね。実際何処の大学の教師とは表立っては言えませんが。当然世に知られてる大学ですよ。そういう人もいるのです。

—顔の表情は変わるでしょうね

顔は変わっても名残はありますね、やはり名残はありますね、そう言われてみるとやっぱりねという感じです。しかもテキヤですから、本当のバリバリのヤクザでした。何々一家というようなテキヤです。

だから、あの人もそういうふうにしてて途中で切り替わった。だから罪をズーッと積み重ねていたけれども、業をあの世まで持っていかないで、そこから今のこの同じ人生の中で業を解消するという人もいるわけです。

そこでそういう人たちがいざ死んだ時、プラス・マイナスはどうなるか。つまり、その人を基準にして清算がなされるということです。だから、あのぐらい善いことをしたから、あのぐらい、あれだけのことをしたからといっても、なんら基準は周りにはない。その人だけの問題になる。そして最初に述べた課題のように、上がる、上がらないとか、上がりにくい、上がりやすいというのは、その辺に基準がある。

―お百姓さんが土に慣れ親しんで浄化していくというのは、その土の浄化能力というふうに考えられるのですか？

いや、むしろ自分自身がより自然に近いピュアな心でいた、という方がいいかもしれない。ピュアな心だから上がりやすいというふうに考えますね。

―お坊さんや、政治家が上がりにくいというのはやはり恨みを買うとか、人の念を受けたりするからですか？

やはり恨みとか念を買ったら、もうそれは大きいマイナスですね。

―だからやっぱり成仏できない？

できないですね。やはり、恨みというのは大きいですね。

―それは自分で分からないところで恨まれることもありますか？

そうですね。その辺はありますね。

—しかし浄霊してる間に生霊なんか出てきてそれを処理してしまえば、そういう恨みなどは解消されますか？

処理したら終わりです。そういう面では浄霊は恵まれてますよね。

だから、以前にも言った通り、私の親戚で看護士をやっている子が、突然肩が痛くなって動かなくなった。

その時だって、本人は毎日自分を見ている男性がいることを全く知らなかったわけですからね。肩の痛みの原因にその男性の生霊が来ていたわけです。それでこちらから指摘してみると、〝あっ、そう言えば、そんな感じの変な男の人がいるわ〟という感じでした。その生霊を処理したら、肩はいっぺんによく治ったからね。

超える理論

とにかく1つ救えばそこで善きになるけれども、そのままいくと業になったり、憑いてるものをそのままくっつけて死ぬと悪になる。人のそういう運命を変えることがあなた方の仕事なのですね。

例えば、ある人がその辺にいる女の人を騙して、そのままズーッといって、解消しないで越えないでいったとする。そこまで善行を行なえるかどうかですけどね。仮に越えられなかったとしたら、そのままです。しかし、ここにいる隣の人がそれに気付いて処理してあげると、それはなくなってしまうのです。なくなるのと同時に、ただなくなるわけではありません。

いいですか。皆さん、これは覚えておいてください。浄霊で自分のマイナスが取れただけじゃない。取れたということは、その人もそれで越えたということである。それは1つも越えずしてなくなることはない。それはどういうことかというと、その人に憑いてるものは、マイナスに憑いた状態でその人は成り立っているのです。

ある人に大きいマイナスのものが憑いているとする。仮にそのマイナスを超えたら、Aという形になるとする。これは自分で越えたら、それを越えたAという形になる。それは自分で越えても、取ってあげてもこのAという形になる。これが本来の浄霊の原理だと言うことです。

その人の憑いてるものを取ったとします。取って、その人が完全にきれいになったら、その憑いているマイナスを越えられるのです。越えているわけです。

ところが、その人に憑いているマイナスを何で取るかといったら、それに最も関与しているもの、例えば、金運でも人生運でもそれに関与しているもので取る。

それを取ったらどれだけ越えるかといったら、それは自分の持っているマイナスの人生運、自分の病気、そういうのを越えるわけです。ところが完全に越え切れない場合は、その1つを取ってもまだ取りきれないマイナスの部分があるということで、その部分をもうちょっとやらなきゃいけないということです。この辺が浄霊の基本です。

しかし、それを取った分だけその人は越えていることは確かです。仮に、取った分が人生運では大きく関与しているものでも、まだ越えられない場合もある。

例えば、金運に関与している中ではマイナスにあまり関与していないものを取っても、金運のまだ残りのマイナスの部分を外さないと金運は完全に良くならないということです。だから、１つ取っても駄目だよ。つまり、皆さんがいくつも浄霊をやってるということは、越えるためにやる。そうすると完全になる。だから、１つ大きいものを取ると２つか３つ取れる。そして完全になるためにいくつもやる。つまり取るだけにやるのじゃない。越えるためにやるのです。

浄霊はマイナス因子を取るためではなくて、超えるためのもの

―越えられないからやるのですか？

そういうことです。そして成功する。つまり浄霊というのはそういうものです。取っただけで終わらない。取って人格が変わりますね。変わる人がいっぱいいますね。大きなものを取れば大きなものを取るだけ、その脇にいるものは少ない。だから、大きなものを取っても、脇にあるものはいつのまにか超えてしまう。大きいもの１つだけボンと取るだけの場合もあるわけです。

では脇にあるのはどのぐらいあるか。それが大きくてその１つだけでみんなもう越えられたら、それは素晴らしいですね。

そういう大きなものをやれるようになったら、皆さんの力も素晴らしくなってきます。だから、浄霊は人格も変えます。それはその人の持つ素晴らしい人格、その人の持つ本来の人格に戻っていく。本来の人格で生きていく。そういうことになる。

だから、むしろそのように考えれば、1つの方向からやっても、別な方向からやってもいい。何で別な方向からやってもいいかというと、マイナスが壊れればいいからです。何も焦点1つだけをすることはないのです。いくつもやってそのマイナスが壊れたら、それはもはや関係なくなるからね。それでいくつもやるのですよ。

例えば、病気の原因はこの先祖だというのに、どうしてその先祖の処理をしなくても別なものの処理でいいのかという疑問を持っている人が大勢いましたが、それが越えるということなのです。要は越えればいいのです。

つまり、病気の原因を取るには、その先祖1つを取るやり方とその状態を越えるやり方とある。越えるやり方をやれば、その先祖の影響力は自然に外れてしまいます。それで十分ということです。

越えるという理論に関してはそれと同じなのです。どちらを処理しても同じです。だから、大きなものをやるのは大変で、10人、あるいは20人いないと呼び出せないような強い霊を処理する代わりに、その脇にいる小さな霊を3つ、4つ、5つ、6つと処理していったら、その大きなものを越えてしまうでしょう。越えてしまったら、もはやその大きなのを処理しなくてもいいのです。もう越えているのです。越えるために周りをやれば同じです。この辺を理解してやってください、浄霊はただ必死になってでっかい霊を狙って、1発勝負なんて馬鹿なことやらなくてもいいわけです。とにかく越えればいいという理論を理解してください。

子供の浄霊について

—子供に関して言えば、自分で越えさせた方がいいというのは本当ですか?

小さい子はなるべく自分の力で越えさせた方がいいですね。

ただ、前世の業なんていって、元々リウマチを背負ってるような子とかそういう事情がある場合には浄霊をした方がいいですね。3歳とか7歳前に出るような子。だいたい人間は3歳までにその人の生き様が出ます。その3歳までに病気な状態が出るとしたら、それは業ですからやる必要がありますね。

前世の業は自分の使命を全うさせるために存在することもある

―前世の生き様とは？

何で五体不満足に生まれて業を越えることができるか。これを考えてください。例えば、片手が無くて何で業を越えられるか。片手がないことによってその人間はもの凄く苦労します。負荷が掛かります。そして人間的に練れます。人間的に練れて負荷が掛かるということは、それだけ超える力を身に付けるということです。

生まれた時に片手がないとか、人体の器官がないとか、脳に異常があるとか、目に異常があるとかというように、体のどこかに異常があれば、それらの異常の部分とズーッと一生涯向き合うことになります。それは、一生涯掛けてその異常な部分を持つことで表現されている業を取ろうとしているわけです。分かりますか。これを理解しないといけない。

何で五体不満足に生まれたかというと、業を越えるために不満足に生まれているということです。それは越えるためなのです。仮に30ないし40歳になってそれを越えた時、その人はその不満足に対して何ら支障ない人生を送ることができる。あるいは、一生掛かってそのまま償う。それを越えた時に人生を終わるかもしれない。

ともあれ、前世で解消できなかった業を解消するために不満足で生まれてそれを越える。途中で越えてしまった人もいれば、死ぬまで掛かって越える人もいる。

それでは前世の業を解消したらその人はどこまで上がるかといったら、そのまま真っ直ぐ上へ上がってしまいます。何の問題もなく上がってしまいます。

前世の業とは、こういう形として現われることなのです。あるいは逆に、自分自身を完成させるために、もっと越えた精神性やそういうものを作るために、自分の命令で付けている場合がある。つまり、片目が見えなかったら、それを越える精神力で持ってそれを越えることによって始めて自分の使命を達成することができる。

例えば、ある人間が地上に降りてきた時に九星に合わせて五黄の年に生まれてきた。五黄土星といったら、気の強い性格を持っている。そして地《ち》に着いた生活をする。また、上に立つような性格、そういうものも元々持ってその年に出てきます。それでもまだその人の生きていく人生を全うするためには、あるいは成功させるには何か足りない。もっと強い人生を生きるためには別のものが付いてきて、それを常に越えさせることによって自分の人生を全うできる場合もある。

何も自分だけの業とは限らない。あの独眼龍正宗は片目が無かったら、あれだけの人生を送っていなかったかもしれない。あれは果たして業だろうか、というところですね。だから、何も五体不満足が全てそういう人とは限らない。

自分自身の誠心誠意や自分の仕事を全うするために、あるいは自分の人格をそこまで築くために、何の前世からの業もあらずして付いている場合もあるということです。これを知らなくてはいけない。

業の解消のための、人格を築くために五体不満足な人もいるということです。分かりましたか。そういう人も浄霊の時、人格を作るために、あるいは仕事を成すために業が付いている人は浄霊の時はスッと上がってしまいます。

最も五体不満足に出てきて、最後まで苦しんで死んで、結局解消しなかったら、また上がらないから同じですよね。そういうことになる。これが生まれつき五体不満足に出た人間の業というものです。何で不満足で出て解消されるかというところを理解してください。つまり、今述べた理由によるから解消されるのです。

質疑応答

―五体不満足で生まれてきて、小っちゃいうちに業を背負ったまま亡くなってしまう子ども達もいますね。解消しないで亡くなってしまう子どもはどうなのですか？

また出てきます。

今度また違った形で出てきます。それで失敗したら、また違った形で出てきますね。

―そういう時は亡くなった後に浄霊してあげればいいのですか？

浄霊すれば当然片付きます。その人が亡くなった後浄霊をしたら、その人は片付くし、その子孫はどれだけ助かるか分からない。むしろ、そういう時に亡くなったら、発見の機会だと思った方がいいですね。ただ、その時、そういう問題を抱えた方が、例えばあなたたちのような浄霊者に出会ったとしたら、その人は解決の糸口をあなたに発見したことになるから、それは素晴らしいことです。

とは言え、殆ど99%より99・99%の人はそんな機会は与えられていないわけです。むしろ、そういう出会いがあった人たちは、家族の努力、その子孫なり、先祖の努力に感謝しなきゃならないですね。そこで解決されるのですから。だから、あなた方に出会うということは素晴らしいことなのです。

大きな業を背負ったまま解消せずに死んだ人は、またおそらくその子孫に出ますから。浄霊していれば、そのような子孫は出ずに済むのです。そういうことです。

―浄霊するとしたら、その子供の病気に関与する霊ということでいいのですか？

そういうことで出てきます。だから、越える前に死んだのですね。越えられなくて。

―本人の命令で憑いている霊というのは上がりにくいとか、浄霊しやすい、しにくいというのはあるのですか？

命令で憑いてるのは浄霊しても駄目ですね。それが人格形成のために必要なものならば。

だけどあまり数はない。

―それではそういうケースに当たるということは滅多にないと考えてもいいですか？

そうですね。ただ、中間なんてのもありますからね。業もある。人格のためにもあるとかというのもありますから。そこら辺りになるとややこしい問題もあります。

封じ込めとは何か

封じ込めの全盛期

今から、100年くらい以前というのは、日本全国〝封じ込め〟と言うのを知らない人はいなかった。つまり、それほどまでに封じ込めはポピュラーに行なわれていた。病気治療、流行病には封じ込め以外に方法はなかった。つまり、西洋医学の現代医学と封じ込めが日本の社会の実情でした。

封じ込めとはどんなにポピュラーかと言うと、例えば、人口1、2万の小さな町でも封じ込めができる人間が何人かいたので、どれぐらいの数字になるか分からないほど日本全国で封じ込めはたくさん行なわれていた。なぜ、それほどまでに封じ込めが使われなければならなかったかと言うと、病気や流行病を治したり、さまざまな願望を遂げる手段としては封じ込め以外になかったからである。

それともう1つ、修行年数が払い、浄霊は5年、10年と年月を要するのに対し、封じ込めは早ければ1、2年で可能であり、技術も難しくなかったからである。

日本の歴史が２０００年と言われる中で、封じ込めの歴史は長く、１９００年間は封じ込めの歴史と言っても過言ではない。

日本の現代医学の歴史は約100年ですが、それより更に100年も前にはオランダ医学がすでに入っていたので、200年間が現代の西洋医学の歴史ということになります。

封じ込めの技術は100年前まで、巷に数多くありました。現在では１９００年間の歴史の幕を閉じてしまい、封じ込めができる人間は極わずかなはずです。

封じ込めは力がなくとも、病気を治すことができる技術です。ただし、弊害もあります。その弊害が何処に来るかと言うと、封じ込めた人間のところに来ます。

封じ込めとは、簡単にできるが、危険で自らの身を滅ぼしてしまう技術なのです。多くの人を救うことができるが、自分自身をも没してしまう。だから、ここでは封じ込めは教えません。自分達が駄目になるような技術は教えません。

確かに封じ込めは強い。払い、浄霊よりも簡単にできて強い。おそらく3年、5年、10年と払い、浄霊を修行した人よりも、倍くらいの力を持って押さえることができる。確かに凄いものがある。何を使って封じ込めをやるかにもよりますが、皆さんが封じ込めをやるとしたら、素晴らしい封じ込めができるようになります。ただし、1歩間違ったら危険です。だから私はそういうことを教えないわけです。

私がやっているのを、見たことがある人が何人かいると思いますが、私はやるけど皆さんには教えない。封じ込めを覚えてしまうと全部封じ込めでやりたくなります。楽だから、そうなってしまうと危険なのです。分別ができて、封じ込めを使わなくてはいけない。封じ込めが最大の力となってしまうと、やはり封じ込めを使ってしまいます。私は時たましか使わなくて、安全だなんて言っていますが、それ以上に強い力が私の場合はあるから封じ込めを使わなくて済むのです。もし、封じ込めが最大であったら、使っていたかもしれませんね。もし、皆さんに封じ込めの技術を教えたら、おそらく駄目だと言われても使ってしまうでしょう。そして、その人の人生はだめになってしまいます。封じ込めは、今は建前として教えません。

だが封じ込めの歴史は知っておいて下さい。これから先、払い、浄霊をやっていく時に必ず障害として出てきます。つまり、封じ込めた痕がそこら中にある。

例えば、福島市内に何百どころか何千という数が封じ込められている筈です。もっと極端に言えば、20、30個、あるいは30、40個は払い、浄霊の依頼を受けたら、必ず封じ込めの壺や溝にぶつかります。

壷封じ、谷封じ、水封じ

封じ込めとは、どういうものなのか。基本は瓶（壷）です。これが1番レギュラーです。土瓶だと思って下さい。瓶の大きさは色々あります。中に影響のある霊を、2つか、3つ入れて、上を石の蓋で封じるのです。これがやり方です。プラスチックの蓋では駄目です。自然物で塞ぐのです。

このように壷の中に悪霊を封じ込めるところから〝封じ込め〟という言葉ができたわけです。その他に、谷の中へ封じ込める谷封じ。水の下へ封じ込める水封じ。溝封じとは、細い溝の中に、端から封じていくわけです。

結論的に言えば霊を容器の中に閉じ込めるわけです。そのほとんどが動物霊です。だから、封じ込めにあったヘビとかは、紙のように織り込まれた形で出てくるので封じ込めだとすぐ分かります。これは見える人の話ですが、見えなければ分からない。

封じ込めの恐怖

問題は、土の中に埋まっている封じ込めの壺の上に家を建てて住んでいた場合、影響はないかということです。もちろんそれは影響があります。だから、もし万が一、封じ込めの壺があるとしたら、それを処理しなければならない。封じ込めの影響を受ける家は非常に数多いのです。

研修生の中にも何人もいました。だから封じ込めはそれをやって壺を埋めても、問題がある。また封じ込めをやった人間にどう問題があるかと言うと、封じ込めをどういう技術で封じ込めたかによる。

大体、ほとんどが動物霊を使って、動物霊を封じ込めた場合のことで、具体的にはヘビ、リュウ、タヌキ、キツネの霊を使って、他の動物霊を封じ込めるという場合が多い。そうすると、しばらくしてから術者は使った動物霊から災いを受けて、苦しめられる。あるいは封じ込めた動物達からも障りを受けることになる。綺麗に封じ込めればいいのですが、封じ込めに失敗したり、その場に残したりしていることを繰り返して最後は自分が没してしまう。

このように封じ込めは素晴らしい技術ですが、危険な技術でもあるのです。また、力のある技術で、2倍とか5倍と素晴らしい力を出します。皆さんが封じ込めをやったら凄いです。普通の払い、浄霊をやっていられないくらいに簡単に収まります。

しかし、それを5回、10回、20回と繰り返したら、残した霊は、おそらく皆さんに全部憑いていいます。そう考えたら封じ込めは危険です。

ただ、これから浄霊をやって行く時、絶対と言っていいほど封じ込めの壁にぶつかります。そこで、どう判断するかが最も重要です。つまり家、土地の浄霊には当然つきものなのです。土地を浄霊した時に、5体、10体と動物を処理してもドンドン、ドンドン動物が限りなく出てくるなと思ったら、まず、封じ込めを疑って下さい。

そこで、具体的に封じ込めをやる場合には、どうやって処理するのか。やはり壺の場合は1つの壺から動物1つずつ処理していくしかありません。溝封じの場合は溝1つから動物1

つずつ処理していく以外に仕方がない。壺は1つあるか2つあるか分かりませんから、ともあれ、出て来る霊を次から次へと処理していく以外にない。
ただ幸いなことに、あんまり非常に強いのはいないですね。封じ込められておとなしくしているのだから、そんなに強いのはいないかもしれないが、数が多いのに閉口します。

何の霊を封じ込めるのか

どのようなものが多いかというと、そのほとんどがヘビですね。昔はヘビ、リュウの時代だったと思いますね。たまにキツネ、タヌキが入っています。面白いですね。水子を処理している所にも、やはり、キツネ、タヌキが出たりしています。あれはキャパシティーの理論と同じことですね、何かで処理すればいいわけです。

1つの土地を綺麗にするとき、封じ込めはどのくらいの数があるかと言うと、少なくとも50や100と考えなければいけない。3つや4つの封じ込めなんてことはまずないですね。いくつもあって、瓶が10個、20個あったら1つの中にいくつ霊が入っているかというと、20、30体は入っているから、ドンドン片付けていくしかない。残したら、また災いします。上へ住んでいる人にも災いします。

　結構、研修生でもその瓶の上に住んでいる人もいます。ここにいる3、4人の人がまだ処理していないようですね。私かもしれないなって思った人は頑張って下さい。そのぐらいポピュラーにあるのですね。壺封じはレギュラーな形ですね。何で分かるかというとそこから出ているからすぐに分かります。これと思ったら、家でやってみて下さい。


―封じ込めのある上に、家を建てても、壺が壊れなければ大丈夫ですか？

　壺は壊れても、壊れなくても同じです。封じ込めの壺があったとします。今、影も形もありません。つまり、封じ込めの壺を埋めて土を入れます。1ヶ月、5ヶ月、何年も経ったら風化して影も形もなくなります。だけど壺を埋めたという状態が1ページでもあったとしたら、それは霊体としてそのまま残っている。それは封じ込めを解かない限り、そのまま100年でも200年でも永久に残存します。これが怖いところなのです。その上に家を建てた人は悲劇です。

　それを処理できるのは、皆さん方のような人で、その処理ができる人と出会えた人は幸運です。極ひと握りにもいかない人達が皆さんの手によって処理されていくわけです。そうすると家、土地の災いがかなり防げます。運が悪い人間も良くなります。そういうのが大きく運に響いたり、災いに響いたりするわけです。

人生とは今日は運が悪かった。明日も運が悪かった。でもそれを越えようとして、人間は頑張るのです。だから、封じ込めの壺を置いて、その上に生きて行く人生、災いを受けながら行く人生も、これもまた人生なのです。地獄を歩いて行くのも人生、天国を歩くのも人生、極楽を歩くのも、みんな、それぞれの人生なのです。それを自分で越えていくのです。

ただ、私は、地獄が嫌だから楽な方を歩きます。でも、みんながみんなそうとは限らないし、人間の運勢が地獄だったら、それは地獄を歩いて行くしかないし、地獄を歩くのもまた楽しいかもしれない。

封じ込めとは、100年、200年、300年と影響を与え続けるものなので、皆さんが封じ込めを技術として使うことを賛成しません。その場で、封じ込めによって病気が治って収まったとしても、封じ込めた瓶はどうなるかというと、その瓶を埋めてしまったら、ずっとその上に来た人へ影響するのです。

私から言わせればそんなものは技術でなく、邪道である。何の影響もなく収めることが技術である。邪道は教えるつもりはありません。ただ邪道で使わなければいいのかも知れませんが。

偶像崇拝の落とし穴

昔は、災いの動物をダンボールに封じ込め、ガムテープで止め、川へ流しました。その後、どこかへ必ず流れ着きますから、そこでやはりその動物は影響を与えますね。

海岸へ流れ着いた仏像やいろんな物を持って帰って、災難が始まったということをよく聞きます。中には幸運が始まったというのもありますが、海岸から拾った物で幸運が始まったなどというのは、マイナスの影響を与えるものの手口です。ほとんど悪い霊とか影響するものが最初から悪い影響を出すなんてことはあるわけありません。

最初は、自分を拾ってもらった相手に素晴らしい目に合わせてくれますよ。自分を大切にしてもらいたいのだから。ところが見える世界で生きている人間は愚かなもので、それを拾ってから幸運が3回も4回も続いたら、とんでもなく素晴らしい物を授かったと言って、お菓子を上げたり、ご飯を上げたり、それを大切に扱って崇めるのです。そして、ずっと幸運が続くものと思うのです。

その後不運や地獄が始まっても、その拾ったものを拝み続けるのです。これが人間なのです。だいたい半年も1年もいいことが続いてしまったら、拾ったものを神様だと思って一生愛し続けるのです。人間は愚かなものです。拾った物とか、そういうものとかは最初は全て拾った相手につきを持たらしますよ。その物霊に憑いているキツネでもタヌキでも何でもそうです。それを飾って、崇めて、拝んだら、絶らず最初の半年から1年、長くて2、3年はその相手によい目に合わせます。問題はそれから後です。その後どうしようもない時代が始まるのです。だいたい最初から自分を拾ってくれた相手に悪い目に合わせるとすぐに捨てられてしまうではないですか。そんな簡単なことが何で分からないのかと思いますけど、実際、拾った嬉しさからそんな簡単なことが分からなくなっている。そういう例というのを今まで嫌と言うほど

見てきました。

拾った物だけではなく、買って来た仏像とか、お稲荷さんとかを最初手に入れてから、素晴らしい、素晴らしいと拝むと運勢が良くなった。そのようなケースは最初はすべていいのです。特に魂が入ったような物は別にいい魂ではなく、イヌの魂かネコの魂かは知りませんが、大切にしたら最初はまず素晴らしい目に合う。最高に素晴らしいことが続く。時には、何百万円が懐に転がり込むことがある。彼らもよくやりますよねぇ。そのほとんどは動物霊の仕業ですけど、彼らは頑張りますよ。自分を拾ってくれた人間の仕事も運も上手く運んだり、お金もドンドン入れたり、そんなことをドンドンやるのです。だって見えない世界では、運勢さえ変えれば、それができるのですから。彼らはやはり力はありますよ。必死になってやります。最初にドンドンいい運勢が来るからそれで人間は誤魔化されてしまうのです。

―それに気が付いて、そういう物を捨てたら、それで終わりでいいのですか?

捨てたらそれで終わります。ただし、それを半年間置いたら、あるいは1年置いたら、その1ページはあるのです。だからその物を捨てても、その家にある霊体として残っているものを浄霊しなければ終わりになりません。この物霊処理を覚えておいて下さい。これは捨てないといけないと思った時、それを捨てます。しかし、捨てただけでは駄目です。そこに、元あった所の霊体も処理をしないと、処理をしたことにはならない。これが正規の処理方法です。だから、中途半端な人は「それを捨てなさい」というだけで終わってしまいます。この2つを処理しない限り処理をしたことにはならない。いつまでも、そこに生き続けていきます。それが霊の世界です。

だから、これから、皆さん処理する時「それを捨てなさい」と言って処理しても、それだけでは半分です。確かに影響は半分になります。そこから、良くなったと言います。しかし霊体を処理すればもっと良くなるのです。もう倍良くなるはずです。つまり、物体を陽としたら、霊体は陰なのです。半分処理しても残りの半分は残っていますから、良くなるのは半分だけです。陽、陰の5割と5割です。残った陰の5割は、そのまま影響し続けるのです。だからそれを綺麗にしなくてはいけない。

ない。

浄霊の世界ほど中途半端や我流でするものではない

壺の封じ込めの処理は、壺の中から出てくるものを全て処理した後は、最後に壺をやらなければ駄目です。水封じは水、溝封じは溝、岩封じは岩、谷封じは谷を浄霊しなければならない。

最後に物霊を処理しなくては最後の処理までいかない。そういう処理がセオリーです。だから、中途半端に浄霊とか払いがブームになっているようですが、中途半端にやるものではない。いい加減に手を出すものでもない。正規にやらない限り、払い、浄霊の世界に首を突っ込むものではない。正規でやらない限り、こういう霊の世界では常識的なことがさっぱり分からない。

つまり、処理しきれずに残った半分を全て自分に憑けたり、霊の怨みを買ったり、そういうことが起こるのです。それでは、それを何処で判断するかというと、浄霊をやっている所があまりにも暗かったら、それは影響を受けていると思って下さい。ドキッとする人もいるでしょうけど、それは霊の影響が何らかの形で出てきていると思って下さい。

それが１つの判断基準になります。全部処理できていたら、その場の雰囲気は暗くなりません。

ここの会場は暗くないでしょう。日本全国あちこちで教えていますが、ただの1箇所として、私の教える、払い、浄霊の教室で暗い場所はありません。処理した霊を残していないからです。暗い場所は霊を残しているからです。おどろおどろした世界、そこは霊が残っているからです。だからその辺も1つの基準になります。

それと最も怖いのは浄霊者が天狗になってしまうことです。自分はできるのだという世界になってはいけない。成長しません。技術が伸びません。1人前に成るまでは大変です。半年、1年、2年でできる世界ではありません。

だからこそ、大きい金額、財産を築くことができるのです。確かにそういう意味では夢があります。ただし、巨額なお金が動く限り、それだけの大きい技術であることは間違いないのです。つまり、その付加価値が大きいのですから、それなりの難しさがある。

中途半端にやって、真っ暗い雰囲気の中で行なって、その影響がドンドン日増しに増えて、暗くなって行ったら、それは日増しに霊からの影響を受けているということです。あっちこっち歩いている人間は解かると思います。浄霊をやっている所はみな暗い。そして最後にその主が死んでいく、それがほとんど浄霊の世界のセオリーです。だから10年、20年やって、その人間の姿がどうなっているかで1つの判断ができます。

浄霊とはそういう世界です。中途半端に、いい加減にやっては決していけない世界です。

テレビでいい加減なことをやっていますが、あんないい加減な世界ではありません。訓練に訓練を重ねて、技術として1人前になる世界です。1年経ち、2年経ち、3年経ち、4年経って、年月を重ねると段々結果が出て、自信もつき、やがて、2つやったら1つ、3つやったら2つ、5つやったら4つ、結果が出るというレベルに達して行く。決して飛躍はしない。徐々に上がっていく世界です。そして仲間を作りなさい。

浄霊の世界は1プラス1は2の世界です。20人いたら20のレベルを合わせた世界です。そういう世界では仲間は非常に重要な存在です。そして、段々大勢の力を借りなくとも、1人でできる世界になってきます。

つまり、自分1人で結果が出るようになった時に、1人で処理ができるようになります。どんなに頑張っても、自分1人でやっても出て来ないものは、どうしようもない。

「もう、影響してるものはありません」で終わってしまう。つまり、その人のレベルでは、できるものは終わったということです。もっとレベルの上の人でしたら、いくらでも出ます。

これから先、家、土地の払いや浄霊を頼まれると思います。その時必ず封じ込めにぶつかります。封じ込めで、中に入っているもの全てを処理するのと同時に封じているそのものの物霊1や物霊2というところで物霊を処理していけば大丈夫です。

必ず物霊の浄霊を忘れないで下さい。いいですね。物霊の浄霊を忘れたら、まだ影響します。霊を入れた物は影響し続けます。壺封じなら壺、谷封じなら谷、水封じなら水を処理します。ともかく封じ込めで最後に処理するのは物霊であるということです。ただ、非常にいいことに、封じ込めの壺の中に人間霊は絶対に入っていません。全て動物です。

質疑応答

Q：動物を払った先が、いっぱいになることはありますか？

A：霊というのは、針の1点にも1億でも集まることができる。そして、地球の大きさになることもできるのが霊です。だから、○○ダムに飛ばした場合にはいくらでも飛ばせます。

ただし、許容範囲というものがあり、ボスがどれだけ新入りが入ることを許すかという問題になってくる。つまり、そこに住んでいる動物霊達の心理的な、精神的な、社会的な行政の問題が大きく左右する。霊そのものは、何億でも何10億でも入れます。ただ、そこにいるボスが許すか、許さないかが問題で、新入りが入るか入らないかが問題ではない。

Q：払われた動物は水の中に封じられているのですか？

A：あれは水封じではない。住家にしかならない。水封じというのは上を水で封じて下に入れなくてはなりません。

Q：飛ばして、住まわしているだけなのですね？

A：川のように流れていたら住めない。湖で止っているから住める。

Q：動物霊を払うダムに行って、私が払ったのが来たらどうしようなどと思ったら、宣言を解くことになるので憑くことはありますか。

A：ありますね。近くに行って、湖を見ながら「この間、払ったのはこの辺にいるだろうか」なんか言ったら「は～い、お呼びですか」という感じですよね。

Q：ではそのダムに結界を張って行けば大丈夫ですか？

A：結界を張って行けば大丈夫です。ただし、あまり露骨に「結界張っているから、いらっ〜しゃ〜い」なんて言ったら、張ってある上に払われた動物霊は乗ってますね。それを何度か見たことがありますよ。

Q：自分が払ったものはあっちは覚えていますか？

A：向こうが覚えています。こっちは忘れてますが。ただ、忘れるということは人間だけの社会だけですから、霊の世界に忘れるということは存在しない。人間と同じく忘れているなんてことは存在しない。

Q：あまり、近寄らない方がいいですよね。

A：だから皆さんがまず行く予定のない所に払うのです。

Q：あるところで憑いてきた場合は、憑いて来たもので出して返せばいいわけですか？

A：みんな戻ります。その日に憑いたものは、簡単に返し印で戻ってしまいます。返し印の技術が使える人間がポンとやったら終わりです。

Q：封じ込めについて、例えば、過去に住んでいた所に、封じ込めの壺があった場合は、そのままそのページになるわけだから、影響してますよね？

A：している場合と、していない場合があります。長期に住んでいる場合は、おそらく影響するでしょうね。

Q：一次的に憑いた霊を返す場合は、返し印ですか？

A：動物の場合は返し印です。人の場合は帰り印です。

Q：動物を返す時は、オス、メス、眷属の順ですか？

A：そうです。

Q：過去に飛ばしたものが憑いてきた場合は、払えないですよね？

A：上げた方がいいでしょうね。自分が払ったものではなく、何か分からないものが憑いて来たものは払えばいいです。

Q：2回目は払えますか？

A：2回目の払い直しはできません。

第3章

霊の存在

●●● この世に存在する霊

この地上にはどういう霊が存在するということについてである。地上における霊について、厳密に言えば、霊というのは、どういう形でこの地球上、いわゆる3次元界に存在しているかということをある程度知っておく必要がある。

というのは、このままでいくと、通常の霊能者から聞くような話とか、昔から伝わるようなこととか、いわゆる幽霊だとか、物の怪が憑いたとか、キツネに騙されたとか、そういう内容が全て中途半端な知識のままでこの現世の中でまかり通ってしまうことになる。いわゆる見て、聞いて、ちょっとかじった程度のままで済まされていってしまう。おそらく、このままでいくと、真実も何も分からぬままになってしまうのではないかと思うのです。そういうのも困りますので、この世に存在する霊について正しく知っておいた方がいいでしょう。

霊の世界の真実は誰が見ても同じ

霊の世界とは、まず霊能者とか、いわゆる世の見える人たちが考える世界とは全く違うということだけは知っておいてください。むしろ霊の世界を見える世界、あるいは宗教界の中にあるというような次元では考えないことです。

私は、宗教というものに何の関連もしていない。宗教から得た知識で霊の世界について言っているところは何もない。私の述べていることは、現に見て、聞いて、知った現実にある状態のものだけである。宗教とか、そういう世界から得たものではないのです。ただ、こういう真実の世界というのは、私がここで今述べている内容は全て、私とは全然無関係な人で真実を見える人がいた時、私の話す内容と全部一致するのです。

「今、霊の世界はこうなっている。その霊はそこにいて……」と仮に私がある場面を見て、そのように言ったとする。それは、私のそばでその場面を見た、全然私と何の関連のない人が話す内容とすべて一致する。そういう人が、昔はいっぱいいました。今はだいぶ少なくなってしまいましたが。

真実を話す人は誰も宗教に入っていない。だから宗教の中に、霊の世界の本当の真実はないと言ってもいいかもしれない。ただ、少しずつ入っていますね。だから１部分を見ているというふうに解釈していいかもしれない。

かといって、宗教を否定するわけじゃない。宗教にはそれなりに宗教が果たす役割がそこにあるからです。そしてこの役割も非常に大きいものと私は思っている。

特にキリスト教の役割というのは膨大なものがあります。世界の宗教の約9割が、今キリスト教だからです。そのぐらい宗教というのは密接になっている。宗教を持つ意味は、人間形成にとって非常に大きな意味をなしている。アメリカ、ヨーロッパは、教会へ行くという精神の柱がなかったら、人間性はまったく変わっていただろうといわれている。いわゆるその辺で、宗教は人格形成の大きな一助となっていることは間違いない。

人間に関わる霊

というところで、人間の周りにいる霊、いわゆる、よく幽霊が出るとかいろいろ言いますね。あくまでもそれは人間に関わる霊なのですね。例えば、ホテルへ行ったら霊が見えたとか聞きます。確かに、ある場所で死んだ霊、つまり、自殺したり、突然で事故にあったりすると、死んだ人はそこから離れない場合が数多い。だからトンネルとか、自殺した霊は、その場、その場にいるわけです。そして、それが見える。それが通常の霊能者が見える霊なのです。そういう形で現れる。

しかし地上における霊というのは大きく大別すると、人間にまつわる霊と、人間に全く関係のない霊とに分かれます。これは大まかな分け方です。しかし人間に関わる霊だけを見て、霊の世界はそれしか存在しないというふうに考えるものではない。霊の世界はそんな簡単なものではないということです。

では、人間に関わる霊はどういうものかということです。それにはまず死んだ人の霊、先祖霊、そしてその人間に憑く動物霊がいる。

この動物霊にはどんな種類があるかと言えば、浄霊ですでに扱っているように、だいたい1番多いのはヘビ、リュウ、キツネ、タヌキ、イヌの辺りです。その辺が人間にほとんど憑いている動物霊ですね。それに対して、その他の動物霊もやはり憑きます。外国の動物であるとか、いわゆる、いろんな動物も憑いている。しかしその9割は、今述べただいたい7、8種類の動物である。

次にそれがどういう形で憑くかというところです。可愛いがっていたイヌがそのまま憑く。あるいは男女間の争いから恨みで憑く。金銭的な恨み、男女間の恨み、こういうのが生霊となって憑く。これは別に死んでいる霊とは限らない。生きている霊でも、そのまま憑くのは憑きます。この辺がいわゆる生きている人間に憑く霊です。

ところがこれで錯覚してはいけないのは、霊の世界はこれがすべてだと思っているような人があまりにも多い。というより、それ以外の存在を考えもしないといいますか。

真実の霊の世界を知らない人たちには、霊の世界には単に人間にまつわる霊が存在するだけという理解です。つまり人間に憑く霊というのは、だいたいその辺りの霊です。だから、それを処理すればいい。しかし、それら処理を中途半端な我流でやっては決していけないということは、もう何度も言った通りです。

例えば、ヘビをやるにしても、ヘビ1匹をやって、追い出した。「はい、これで大丈夫。もうあなたには、これで憑いている霊はいませんよ」というのがあまり

にも多いですね。

これはマスコミにも責任がある。テレビとか、そういう関係の影響である。それと、自分自身で勝手に思いついてやり始めた人は、みんなそんなふうな形をやる。

実際には、ヘビが1匹いたら、オス、メス、眷属とファミリーを形成しています。非常に数多くいるということです。それをやらなければ完全に処理はできないし、その憑いたものを未処理のままに残しておくと、そのままクライアントにいるか、あるいはそれを処理した人間に憑くかのいずれかになります。だから、この道を中途半端にやった人間は、ほとんど死に至るというところは、その辺にあるわけです。

基準は簡単です。まともにやっているか、まともにやっていないか。我流でやっている人はみんな暗いです。どんどん、どんどん、暗くなっていきます。そして顔色も悪くなっていきます。特に血液関係に出ます。だから浄霊をやるところはみんな暗いですね。それは遺り残しの霊が残っているからです。それに比べてここの趣味の会は明るいでしょう。誰1人、暗い人間はいない。いわゆる、その辺でもう基準になるのです。面白いことに、浄霊をやるところで、明るいところはないと思っている人も結構多い。

浄霊のことを知っている人間は、浄霊の世界ほど怖いものはないということを言います。それは中途半端で残すと、命を失うからです。あまりにも中途半端な人たちが多いために浄霊をある程度知っている人間、ちゃんとした、いわゆる正規な形の、間違いのない形をこの地上に残さなければならないという形で、私もこの趣味の会を始めたわけです。

ともあれ、人間に憑いて病気になったり、悩んだりさせるのはその辺の霊の仕業です。

人間に関わらない霊の存在

では人間に関わらないその他の霊はどうなっているかということです。これはまずその地域にいます。いくつもの区域、地域に分かれています。山にもいます。どういうものがいるかと言えば、やはり東京辺りへ行くと、動物霊のサルとかが非常に多いです。ちょっと山になっていたところは、だいたいサルだらけです。

例えば、東京の麻布山なんていったらめちゃくちゃサルが多くてびっくりしました。サルがいて、あといるのはツチノコですね。これは多いですね。

以前ツチノコ探しとかいうようなことを言った人間がいました。ヘビのような形のツチノコなんていないですよ。ツチノコはだいたい船のマストみたいな形をしています。サル、ツチノコ辺りが1番多いですね。ツチノコがいるところは、必ずヌエがいるのですね。ヌエがツチノコの親分になっているのですね。

このツチノコとかヌエは、どういう存在かというと、地域のどこにもいっぱいいます。ツチノコがたくさんいて寄り集まっていると、人心が落ち込むのですね。暗くなる。そういう時に働きかける。だからツチノコは人心と無関係ではありません。あとは、いろんな霊がいますが、そういうのはだいたいその地域ごとのどこにでもいますね。あとは妖怪の類《たぐい》がものすごく数多くいます。見たこともないような妖怪だらけです。

あのツチノコというのは面白いのです。私なんかが仕方がないから始末する。処理を始めると、

そのうち水になってしまうのです。水になって、それからまたどんどんみんなで集まって、それをまた退治したりしていくと、今度は消えるのですね。１度に消えないのですよね。変な動物です。

人間に関わらない霊は人間を介在にして、政治や社会とかというものに作用して邪魔をしています。その他のほとんどは怪物的な存在だということです。そして、今までのは単なる存在だけです。

悪事に対して働きかける根源の存在

しかし、最も大きな力を持つ霊はそんなところには存在しない。

例えば、女好きでどうしようもない人間がいる。もう明けても暮れても、女のことばかりを考えている。そういう場合、女好きにさせている霊をコントロールしているその大将がいるのですね。女好きというものに対して働きかける。悪事に対して、それぞれの働きかける力がある。これが霊の世界なのです。主流と言ってもいいものなのです。

それらはほとんどが悪ですね。むしろ世の中の悪と見なされるものは、すべて霊に繋がっている。いわゆる、それらに繋がっている動物がいるということです。人体にもすべているということです。これが霊の1番大きなものです。例えば、ある策略を使って女の子を騙す。そうしたら、この策略に対して繋がっている霊がいる。

つまり、その策略を協力するのです。だからAさんが若い時はどうしようもない無類の女好きで、もう上手に、あっちこっち騙して、騙しのテクニックを磨いたとしたら、この騙しのテクニックに協力するのがいる。あるいはBさんは実業家としてやっていた。人をいろいろどんどん騙していって、のし上がったとする。この騙しのテクニックもそれを支配しているものがいる。もちろん騙し方にもいろいろある。

人間の悪には、すべて霊が繋がっていると思ってください。そして、その霊の親分がいるということです。

―それはいろんな欲に対してもですか?

当然欲もそうです。ただし、欲に関しては、いわゆる食欲とか、物質欲とか、性欲とか、そういうものは自分の魄《はく》なのですね。だから魂魄《こんぱく》の整理統合というのがありますが、魂魄は人間の正常なものです。ただ、それを超えるもの。それが全部悪に繋がる。だから悪事を数えたら、それはもう100あるか、200あるか分かりません。私もそれらを今まで何千と見てきました。それに繋がっている霊を全部ズーッと見続けてきたのです。

―例えば、ある人間は女好きという素地を持っていたり、例えば、ちょっと欲に駆られるような、そういう性格を持っていたりしますよね。その悪と繋がっているというものは、人間が元々持っている性格に拍車を掛けるような、そういうのとはまた違うのですか？

そういうことになりますけどね。もともと、例えば、本来女好きの人間だとしたら、当然その男性は女性を好きである。今度はそれを助長していわゆるその次元を超える。つまり自分自身の正常な欲求を超えた時に、その女好きがどんどん、どんどん伸びるわけです。悪に関することは全て異常へと影響してきているということです。

―例えば女好きにしてもその親分というのは1つなのですか？

例えば悪意に関して、騙しでも、経営でも、なんにでも悪というのはある。あるいは人体に関することにも記憶とかにもある。

昨日、ちょっとゴタゴタしたことがありました。私が話を聞いても、パッと忘れるから〝おかしいな〟と思った。〝この話は、忘れる次元じゃないぞ〟と思っても、思い出せないから、変だなと思って元を辿っていったらその親分がいたのです。

ここに1人の人間がいるとしたら、その人間に対して、早い話が、霊は何100、何千と関わるわけです。そういう形で、霊というのは結びついている。だから弁舌を使って説得するのもそうだし、人間生活のほとんどが悪と結びついていると思って対処した方がいい。マイナスになるようなこと、すべてに対してです。欲望だけじゃない。なんでもかんでもそうです。体の器官もすべてそうです。人体もすべて悪と結びついているわけです。

―善と悪の境目というのは?

悪の世界といってもちょっと言っていることが初めての人は分かりにくいかもしれないですが、例えば普通に生活している中で、本当はすべての事象が起こる必要はないと言えば、起こる必要はないのである。

必要悪の存在

人間というのは、成長して、生きて、生涯を終わるまで、悪があるからこそ人間は成長する。だから人間というのは、生まれて死ぬまでにいろんないいことも悪いこともする。もし善だけで、悪を何もかもなくしてしまったら、人間なんかほとんど成長しない。そのために、すべての形が悪の存在の霊と繋がる。その元には、親分の存在があって、そこから発露してどんどん悪いことを考えていくと、その人間はどんどん悪いことをするようになる。

悪いことといっても、悪いことでないようなことがいっぱいあるわけです。例えば、記憶を失うこと自体は悪いことじゃなくて、その人間にとって悪いことなのですね。

あるいはやたら怒る。例えば気が短くて怒る。これは当然、そこには霊が繋がっていますね。もう怒ることに関しては、当然いっぱいいるわけです。だからそういうような、人間に起こるすべの事象に対しては、そういう繋がりがあるわけです。

しかしそれは、霊能者とか、普通の人間が扱う領域ではないのですね。だから、そういう霊の存在について私が話すことがなかったら、もうおそらくこの地上で永遠にこの関係の話は出てこないと思います。

日常生活のあらゆる方向から関わり合ってくる霊

―では実際に、われわれが浄霊で相手にしている霊というのは、人間に関わり合う霊だけということですか?。

通常皆さんが対象とする浄霊は人間に関与する霊だけです。今述べた悪の源の存在辺りは上の世界の政治関係に属するものである。こういうのは、その関係の仕事をする人間に任せておけばいいです。それが終わった時点で、もうその存在は全てなくなっていますから、この3次元の世界とは何の関係もない世界と言えばそうです。

例えば、記憶でも、人間というのは、そういうのと何百、何千と繋がっています。これを全部断ち切ったらどうなるか。そうしたら、どんどん、どんどん純粋ないい世界に近づいていきます。

ただし、ここで間違えてはいけないのは、それまで培ったものは、そのまま残っていきます。繋がらないということだけです。だから裏を返せば、人間と霊との関係というのは、例えばある人が何か新しいことを構えてやろうとしたら、いいことも、悪いことも、次から次へと起こってくる。その時はいろんな霊がそれらに繋がっていくわけです。みんな繋がっていって、それを助けたり、悪いことを助けたりする。いいことも助けるけど、悪いことも助ける。だから1人の人間がここにいるとしたら、悪いことがあったら悪い霊が来るし、ちょっといいことをやったら、いいことの霊が来る。そういう形で、人間生活というのはすべてが結びついている。

霊能者が中途半端に見えるのは、単に憑依している霊、災いしている霊のそれだけを捉えているに過ぎない。そういうふうに繋がっているのである。すべての人間生活や思っていることや行動していることなどに結びついている霊というのは、すべてが災いしているわけじゃないからそこに繋がって行かない。その辺はどうなるのかな。向上するかどうか、分かりませんけどね。それを記録したのが1冊の本になっているのです。それだけでも膨大な数です。

―では人間の動きというのは、いわゆる日々の行動は、現在の話の中では、すべてが他からの指令によって、動かされているということですか?

動かされているのではない。主体性はすべて自分なのです。それに対して、いろんな働きかけをするだけなのです。それを超えるのが人間の役目なのです。ほとんどは超えているのです。しかし、そういうふうな形で、自分自身で超えた状態で生きていく中に、それに対していろんな霊が作用する。それによって、どんどん人間は成長していく。そういうことなのです。あくまでも主体性は自分なのです。

―その関係は、支配ということなのですか？

支配じゃないのですね。主体性は自分なのですね。

例えば、女性関係でも、それらでも、だいたいそれ1つのことに対しても、だいたい20ぐらいあるのですね。

それを進める霊、それを助ける霊、それを助けて、我が物とする霊とかね。それは名前なのです。そういう名前がずっと繋がるのです。その策略によって人を貶める霊、貶めることによって我が意を得んとする霊、貶めることによって他を助けようとする霊、あるいは貶めることによって我が意を通さんとする霊がある。そのような霊の名前1つでドーッといる。その1つだけでも20ぐらい続きます。

ただ、通常の人間には関係ないのですね。

だからそのような霊は、その役目のある人が処理すればいいのです。通常の人間以外は関係ない。その役目を負う人間は、この次元の人に知らせる必要はないのです。私だって今、もしこういう機会がなかったらこれを知らせない。

つまりこれについては、この3次元では必要ないからです。それはもう、それをする必要な人がやって、それで終わればいい話だからです。

そういうことなのです。でも霊の世界は人にまつわるだけの霊しかいないというような単純な解釈をして、浄霊に臨まれても困るから、私も話すわけです。霊の世界というのは、人間に憑いているだけのそんな単純なものじゃないんだよということです。すべての世界が、そういうふうになっているんだということです。

例えば、害を及ぼすことを楽しみとする霊とか、害を及ぼすことを生き甲斐とする霊とかというのは皆さん方にそういう影響を直接には及ぼさない。そういう霊の存在も最後にはだんだんなくなっていきます。

そして後は自分自身の力次第ということになってくる。つまり自分が持っているものだけを超えればいいということです。ただ、そうなると成長は遅いですね。

ただ、霊の存在として、そういうのは1杯あって、むしろ霊の主流はそちらにあるということを知っておいて下さい。霊というのは、その辺の活動が主流である。政治活動としては、例えばここにいたとしたら、1番下はツチノコもいればサルもいる。ウロウロ歩き回っている。それらはほとんど霊能者の目には、全く誰1人、映っていない。でもツチノコという言葉が出たということは、多少はチラチラ見えている人間がいるんだなと思います。

あのツチノコは、自分で「ツチノコ」、ヌエは「ヌエ～」って言いながら、いつでも現れるから、あれは分かります。そのうち、どこかで誰かがその声を聞くのではと思いますね。20年ぐらい前には、ヌエとツチノコがそんなバカなことをやっているのを知らなかった。どうも様子がおかしいなと思っていたら、そのうち〝ヌエ～〟って聞こえるから、〝なんだ、ヌエだとよ〟とか言ってね。

〝なんか風呂敷を逆さまにしたようなのがいるぞ〟ということで、見れば口があってなんか言っている。その後に政治とか、1番下の方の地域に関与するのは、ヌエとかツチノコというのが影響しているのが分かった。それで、ツチノコたるや、もう出て来るときは、20も30も50も、一遍にゴロゴロ、ゴロゴロと出てきてね。いや、あれにはびっくりしましたね。

ツチノコを芸術作品にした芸術家

ところが、ツチノコだけ見える人間というのが世の中にはいるのですね。というのは、ある1人の芸術家がいました。もう今は亡くなっています。

以前、箱根の美術館をひょこっと見に行ったら、いろんなツチノコが全部ガラス陶器になって飾ってあった。しかもいっぱいあるのです。それらはすべてその芸術家の作品でした。その当時には彼は有名な芸術家だったそうである。有名といっても、一流まではいかない。二流とか三流ぐらいです。それでも結構生活に困らないくらいかなり稼いでいたそうです。その作品を見たら、全部ツチノコがモデルなのです。これは何だ?と思って、その人を呼んで、〃これ、何?〃と尋ねたわけです。

「私が作りました」という。

〃あんた、ツチノコ見えたの?〃と尋ねたら、

「はい。誰にもツチノコは見えないのに、私にはいろんなツチノコが見えたから、それならこれを芸術にしようと思って始めました」という。

〃でも、ヌエは見えなかったのか?〃と聞いたが、それは見えなかったらしいですね。彼

はツチノコしか興味がないから、ツチノコしか見えなかったそうである。しかし、それを支配しているその上の親分にヌエがいるのだから、ヌエも見えそうなものだと思いますが。風呂敷を被せたようなやつが引っ張っていたら、それはヌエです。逆さ富士山のような形のものです。

—霊能力者でも、普通の霊能力者というのは、そういう類の霊はまず見えないと言われますが、それが見える人と何が違うのですか。霊能力が低いという意味じゃないのですよね？

だいたい人間の霊能力、見える人間というのは、自分のガードがなくなって見えるようになった人がほとんどです。あるいは動物が憑いて見えるようになったから、人間の周りの存在しか見えないわけです。

見える人のほとんどの人は、全部人間の周りの存在だけなのです。そういう関係以外のものが見える人間というのは、まず政治とか、霊の世界が見えたり、雲の上とか、あるいはこの地域にいるものとか、そういうものは見えるわけです。ただ、そういう人間というのは、私だけじゃなくて、昔はいっぱいいたのです。だから話し合っていて、例えば「あそこの神様、なんかどこかへ行って、なんかどうかしたね」と尋ねても、「ああ、なんか、このあいだ何か言っていたようですね」と一致するのです。だから、こっち側の人とあっち側の人で言うことはすべて同じなのです。

そのような人すべてに共通しているのは、誰1人、それで食べている人はいない。つまり、そういう事情は誰もしゃべらない。また、しゃべってはいけないと思っている。それと、中途半端に幽霊だ、なんだかんだと言っている人の話は、バカバカしくて、しゃべる気がしない。それが本音です。でも浄霊では、こういう形になるから、多少はその辺を知っておかなければいけないでしょう。

悪の根源となる霊の作用とは

人間には直接関わらない霊、いわゆる悪の主流となる存在というのは、いわゆる妖怪の類みたいなものです。要は妖怪ですけども、形はたいがい皆さんが見たことがないような形をしていますね。

それがだいたい何千とあって、それが人間社会を支配している。しかしそれを超えて、我々が存在する。だけど、それを全部記録しておかないといけないから、一応記録はずっとしてあるのですね。

―人間に直接関わらない、悪の主流となるような存在はどのように人間に作用しているのですか？

例えばあなたが、この人を「駄目じゃないか。女遊びばっかりして駄目じゃないか」というところで、ポコッと殴りたくなるでしょう。殴りたくなったら、「殴りたい」というのは、あなたの正常な考え方なのですよね。正義の鉄拳というところで、殴りたくなる。

ところが、それに対して、異常な憤慨を覚えてきて、その性格そのものに憤慨を覚えてくるというふうになってくると、今度はその憤慨を感情から、さらにそれを超える状態のところにいったら、そこにはやはりそういうものが作用している。そういう形で、あらゆるものに悪く作用するのがそういう霊の存在なのですね。鉄拳でサッと終わって、〝はい、これで終わり〟なら、それで終わりになります。

ところが、今度はそれに対して、ものすごく気になって、いろいろな悪いことを考えたり、いろいろしたり、今度は嫉みとか妬みが出てくる。

「あいつだけ女遊びして、いい思いをしている」。そんな嫉みとか妬みになってきたら、今度は霊は喜ぶわけですよ。そこで、嫉みがワッと繋がる。この嫉みだけで20ぐらいの霊が繋がるのです。だから殴ったところで終わればいいけども、人間はそうもいかないで、内心、「うまいことやったな」と思うと、今度はそこで繋がる。そういう形で繋がるということなのです。そして、どんどん伸びていく。そういうふうな形で人間性を害する。

―ということは、悪が伸びるとか、悪と繋がるというのは、すごいことなのですね。悪く伸びる人はそうですね。だから、そういうことを繰り返していって、いろいろなるのですね。

―その大将みたいなその繋がりの霊が、もし消えてなくなれば、そういう思いはなくなるのですか?

だから、思いがなくなるんじゃなくて、元がなくなるということです。

―繋がりはなくなるのですか?

今では、その元はなくなったのですよ。大きいのがなくなったから、底力がなくなりますね。だから昔のような、いわゆるそういう力は、どうしようもなくなるほどまではいかない可能性は高くなる。だから、元のところではどんどんなくなっていますね。それはもう上の政治の関係だから、地上には関係がありません。

—それは結局、最終的には自分が乗り越えなきゃいけないものですよね。

そうです。

—ということは、それは誰かから例えば与えられたものなのですか?

そうですよ。与えられたものなのです。

だから、あなたの場合与えられたもので、それを超えて当たり前で、今度は底力となります。それはあなたに生まれた。今度は子ども、あるいは孫あたりになるとそういうのは存在のない形で生まれます。

だから実際に変わるのは、その次元です。だから、霊の世界というのを、今あなた方が考えているこの次元として考えてはいない。この次元を超えるべきは人間である。というより、超えるべきだけの素質を持って地上に出てきているから、それはそれでいいわけです。そういう形でなっています。だから、こんなことを言う人もないし、知っていても、誰もこれを話す人はいない。というのは、これはお金儲けとか、そういうのに使っちゃいけないことだからです。今まで、この地上に霊の世界の真実を話す人はいなかった。知っている人は話さないのです。

ただ、このままでいったのでは今の世界から浄霊が消える。だから、正規の浄霊の形を作っておく必要があるのです。それからあとは、その形でいけば大丈夫でしょう。もし、浄霊をやっていなかったら、私はおそらくひと言も話さない。またそれを知っている人は大勢いても、誰も話す人はいない。第一、死んだらすべての人が、一目瞭然で分かる世界のことです。話してどうするんだというのが私の考えです。死んだ瞬間に、全てが分かることです。

ただ、浄霊というのは、死んだ世界、人間に影響する世界をやるために、「じゃあ、ちょっとは話しておこう」というところで、ちょっと話すだけの話です。

―リュウとかヘビは、人間のチリ・アカからできたというお話がありましたが、全部そうなのですか?

そうですよ。

全部そうですね。1番最初のスタートは、人間のチリ・アカからできていますね。霊はどうなってできたかというと、もともとは人間のチリ・アカというより、霊性のチリ・アカですね。悪いことを思って、それが本体をなしていって、それを魂体《たましいたい》として、チリ・アカというのはできていく。そういう形でできているのです。

―それが、リュウになったり、ヘビになったりしたのですか?

その通りです。

キツネとかタヌキも全ての動物霊はそうですね。もともとは、チリ・アカからできていった。それらはもともと最初から地上に作られた霊ではありません。だからウシは違いますよ。あれは作ったものです。いわゆる蛇神《じゃしん》も違いますね。あの辺は作った人がいます。今回私が話した内容は、霊の世界のほんの1部ですよ。浄霊をするのに、知っておいた方がいい部分だけを話したのです。

●●●動物霊と人の霊の違い

現実界では動物霊はマイナスの存在でしかない

動物霊と人間霊の根本的な違いというのは何があるのかということです。人間に対してプラスの存在になる動物霊は殆どいない。もし、プラスがあるとしたら、自分のプラスのために、あるいは悪いことをするためのプラス。自分の居場所を得んがためのプラス。そういう悪いことに協力する動物霊はいる。

例えば、最も巧みにその技を使うのはキツネです。いわゆる稲荷ですね。昔、キツネというのは稲荷大明神というのがいて、これは神様だった。その時代は素晴らしかった。やはり神様は神様なりの仕事をした。リュウもそうだった。リュウ神と言われた。リュウは神様と化した。そして神様もリュウ化した。

昔はリュウは神様だった。動物が神様だった時代があった。現在の世界はどんどん、どんどん目まぐるしく変わって、人類もどんどん進化して変化している。それと同時に霊の世界もどんどん変わっていく。

ここで人間がおかしなことを考えている。リュウとか神様の観念を考える時に、進歩・進化という考えが人間の頭にない。これはちょっとおかしい。いつまでもリュウ神の時代の続くわけがない。今はリュウ神という時代は存在しない。リュウが神様という、その時代は終わった。というより、たった1つも存在していない。今、存在しているのは動物のリュウだけ。動物のキツネだけ。神様がリュウ化した時代、そういう時代は完全に終焉して、リュウが神であるのはたったの1匹も存在しない。

今から40年から50年ぐらい前には、リュウは神様として存在した。そして人間のために役立ち、人間のために尽くした。そういう素晴らしい時代もあった。そして、神様の名前もリュウ化した名前がついていた。その代表が八大龍王の大神と呼ばれる神様です。八大龍王、リュウの王ですね。そういう名前がついていた。今、八大龍王の大神というのは存在しない。そんな神様はいないのです。今は名前が変わりました。八大龍王の大神は退いた。つまり、リュウ化した時代は全て終わったのです。そして、今度は残ったリュウ達は、つまり動物としての存在のリュウしかいなくなった。また動物としての稲荷、すなわちキツネしかいなくなった。そして、動物としてのヘビしかいなくなった。

しかし、この地上にあらゆる動物がいます。人類がいます。それは何百種類、何万種類とあります。

では、霊の世界はどうなのか。霊の世界はこの世の写世《うつしよ》という言葉が上の世界にあります。その通り、まったく同じ種類、同じぐらいの数の、あるいはそれ以上の数の霊の動物もいれば、いろいろ存在するのです。だから、リュウの数だけで何万匹といる。何万匹、何十万匹いるか分からない。あるいは何億かもしれない。そのぐらいの数がいる。そしてそれらは、動物としてのリュウの存在でしかない。人として、あるいは神様として、そういう存在のリュウは存在しないから、全ては思考回路も何もかもそれは動物なのです。ただ、霊としての動物だから、やはり形は違います。つまり人間に対して、動物はプラスになる場合もマイナスになる場合もありますが、根本的には自分の立場を保持するためだけのプラスでしかあり得ない。あとは全てマイナスと解釈していただきたい。

ただし、殆ど悪の生活を送っていた人間、また、未来永劫まともな道を歩きたくない人間、そういう人にとってはいいかもしれない。例えば、私の稼業は泥棒稼業です。そういう人間に正しい神様が憑くわけがない。その人間に動物が憑いたら、それは一心同体というべきもの。ただ泥棒に限らない。たとえ政治家であっても、社会で活動する企業家であっても、実業家であっても人生そのものがまともに歩くことを知らない。悪の道で生きている人間、地下組織、世界でいう地下組織であるとかヤクザとか、そういう人たちにとっては、動物霊はやはりプラスなのです。だから彼らも活躍の場があるのです。また、そういう人たちにはそういう動物霊が加担していると解釈してもいいかもしれない。

―動物霊は生まれた時から憑いているのですか?

動物霊は両方あります。生まれた時から憑いている場合もあります。土地で憑く場合もあります。成長過程で憑く場合もあります。前世で憑いている場合もあります。だから、動物霊というのは、あらゆる場合に遭遇しています。ただ、言えるのは生まれつき凄い動物霊が憑くというのは少ない。そんなに数はない。それよりは、むしろ、生まれて何らかのトラブルがある場合は前世の因縁を考えた方がいいわけです。その場合は3歳までです。前世の因縁のような災難や病気に対しては浄霊は考えられない力を発揮します。いいですか。生まれてから3歳ぐらいまでに発症したとんでもない難病も助けることもできる。例えば10歳に、あるいは、20歳にリウマチになる宿命を背負った子供が、3歳までに浄霊したらリウマチは起こらないで済む。

リウマチは遺伝です。膠原病も遺伝です。父も母もリウマチである。あるいはおじいちゃんにもある。おばあちゃんにもある。その場合子供や孫にリウマチが出る率は非常に高い。もし、これを病気を起こさずにやる方法があるとしたら、浄霊以外に存在しない。その場合は3歳までにやる。起きてしまってからやっても、リウマチは難しい。3歳までなら可能です。そして現にこれを行なった人間もいます。

自分の子供に生まれてすぐリウマチらしいものが見つかった。そこですぐに浄霊を開始した。そしてその子供が15、16歳になった時にはリウマチの気が出なかった。そういう成功もやはり3歳までです。

―発症しないわけですか？

発症しません。リウマチの親で、生まれた時の状態で、その子がリウマチになるのは、たいがい親だったら想像がつきます。〃あ、この子はリウマチになるな〃と思うわけです。色が白いし、関節の状態など、あらゆるところから見て分かります。それが避けられるのです。それが浄霊の力なのですね。

だから皆さんもリウマチ家系、母親や父親がリウマチ家系の場合、当然リウマチが出る可能性はあります。その時、3歳までに浄霊を施せば起こらずに済みます。3歳までが最も早い。もちろん、3歳過ぎてもまだ発症してない間には発病を避けられる可能性があるが、3歳までに治すほど簡単にはいかない。3歳まではまだ憑いているものの数が少ないので処理しやすい。ところが10歳、20歳、30歳となると、親の関係、土地の関係、あらゆるものが付随していく。そういうところから、どんどん浄霊も数が増えて、また困難になっていく。

だから生まれつきの先天性のものを治す場合には3歳までです。3歳のままでやった場合には、先天性のものも治ります。先天性の難病も治すのも可能です。そして、そんなに難しくなく治ります。それは3歳までの話です。

動物霊はどんなになっても、今はマイナスだけです。そして神様の魂が入ったリュウ神とか、そういうものはいない。動物の動物霊以外は存在しない。だから、今、リュウを祀っているところは殆ど例外なくさびれている。その原因はそういうところにある。リュウを祀る所にはリュウの動物しか存在しないからです。ただ、悪いことをして常にやっていたら、栄える可能性はありますね。悪いもの同士、一心同体でやれるかもしれない。まともに生きていたら、それはマイナスでしかない。つまり、動物というのはそういうものなのです。

ただ、動物もやはり性格はあります。やっていくうち、だんだんいろいろ分かります。風邪をこじらせたり、引いたりする場合はやはりヘビが介する。その媒体にはだいたいリュウがいる。殆どお決まりのパターンがだんだんと分かってきます。

切れる性格

性格には、すぐに切れる性格がありますね。今は、日本全国の若者に切れる人がすごく多い。やたらと切れる。それにはほとんどリュウが存在する。切れる性格というのは、リュウが専売特許のところがあります。だから、まず、切れる人のリュウを外したら結果が出るのが少し早いかもしれない。

このようにだんだん霊の関与についても解明されてきた。ただし、今言っているのは人間に関与するものです。だから、皆さんが扱う浄霊は人間に関与するものだからです。

動物霊の生産地

しかし、これで間違っていけないのは、霊の世界は人間の関与するものだけではないということです。人の世と同じなのです。もっといろんなものもあります。その地方そのものに関与する霊もあれば、政治に関与する霊もある。私も、リュウだけでももう何千種類と見ていますけど、それ以外の動物もいっぱいいます。また、そういうものが生まれる、生まれ故郷も当然ある、と同時に生まれる生産地もある。そういうものも全て存在します。動物霊というものはそういうものなのです。

ちなみに猪苗代湖は動物霊の故郷です。


―今でもですか?

最初に誕生した場所です。まさに生まれ故郷です。

日本国内では猪苗代湖とそれから北海道では阿寒湖とかそういうのはあります。最後まで動物霊を生産し続けていたところは四国です。ただ、今はもう壊されて存在しないですけれども、四国はほんの数年前までは生産地として存在していました。

—そういうところには行かない方がいいですか？

もう何も存在しないね。猪苗代湖はもう今はきれいですよ。

—その湖によってそこに棲む動物霊は特徴的があるのですか？

やはりありますね。猪苗代湖はリュウが主体ですね。

—動物霊の誕生地ではその辺に住んでいる人の生活に動物霊の影響は関わっているのですか？

会津からその辺一帯は方言が強くなったのは、その霊の影響だと言われている。

猪苗代湖が動物霊の生産地で五色沼も棲息でしたね。だけどあの当時どうだったかな。猪苗代は確かに昔から生産地でしたよ。リュウの生産地として猪苗代は知られていた。五色沼は何かの生産地としていました。

四国の1番大きい生産地は普通の土地です。そこは湖とか何にも関係ありません。

るのです。

――土地から出てくるのですか?

そうですよ。いや、壷みたいのがあるのです。大きい壷があってそこから生産されていました。壷みたいな生産元があって、閉じておくのです。それが開きながらサァーッと出てくるのです。

――イソギンチャクみたいですか?

そうですね。開きながらズーッとあんな感じで出てきます。だから、生産といっても、そういう形で出てくる場合が多かったですね。だから、五色沼辺りはその辺にあったのかもしれないし、五色沼になったから、また再び始まったのかもしれない。

ツチノコとヌエ

ツチノコは人身に入り込みますね。ツチノコというのはキノコみたいなものですよ。ヘビなんかじゃないですよ。なんかやたらヘビなんて形で表現して、ツチノコを発見したら懸賞が付きましたけどね。実際に出てきたの見るとみんなヘビですけどね。

―ツチノコは別名バチヘビと言うのですよね。

ただ、本来の言葉を知っているということは、やはり誰か聞いているのですよね。ヌエという言葉だって、出てくる時に〝ヌエー〟と出てくるからあれはその声を聞く人がいたのかもしれない。出てくる時に〝ヌエー〟と出てくるのはあれはだいたい叫び声みたいなものですね。風呂敷を逆さまにした、富士山みたいの形で、下に口が付いているのです。

三角の形で、下はヒラヒラしている。いろいろなのがいます。口が付いて目がある。まるでオバケですね。目がないのもあった。ヌエの手下がツチノコなのですよ。だからツチノコがいると必ずヌエがいるのですね。それを知らなくて、ツチノコを片付けると水になるのね。水が消えたらそれで終わりかと思ったら、それが違う。ヌエが残っている。ただ、ツチノコをヘビなんて言っているのは、もう霊能者ではないですね。ツチノコなんかもうキノコみたいなもので、いくらでもいますね。

以前、箱根の美術館に行ったのですね。今はもう亡き芸術家の作品で、灯りを点けるスタンドの芸術品がそこにありました。全部ガラスでできてました。そしてその芸術品を見て驚いた。全部その作品はツチノコがモデルだったのです。

これはツチノコじゃないかと思って見ていたら「ツチノコです」なんて誰かが言う。誰だと思ったらその作者だった。その芸術家にはツチノコが見えていたのです。

〝あぁ、あなた、ツチノコ見えたのですねぇ〟と言ったら、

「はい、私はツチノコが見えたので、これを芸術品にしたら、私は誰にも分からない世界でトップになれると思ったのです」。

その言葉通り、彼はツチノコで成功した。そして最後までツチノコと誰からにも知られないままだった。当然彼本人は誰にも言わなかった。

その芸術家はツチノコが見える霊能者だったのです。ツチノコばかりジーッと見ていれば、いろんなツチノコが見えるようになりますからね。そっちの方が研ぎ澄まされますからね。彼は必死になって、いろんなツチノコを見て作りながら、これで私も成功するぞとなって、

必死になってやったのですよ。

〝あ、あなた、ツチノコで成功したのね〟と言ったら、

「はい、ツチノコを見て成功しました」という返事だった。

でき上がったガラス製品はすべてツチノコの形をしたスタンドでした。そして灯りを灯すのです。とにかくあれにはびっくりしましたね。あのツチノコの形をしたスタンドのオンパレードには本当にびっくりしました。

だから、こういう形の成功をする人もいるのです。ただ、あれでよかったのは、動物でもツチノコは人身に入り込んでもリュウとかヘビのように死に至るまでのことをしないから彼は助かったわけです。

—その人はツチノコで亡くなったわけではなくて、ただ見えたから作っていただけですか？

それがツチノコじゃなくて、リュウが見えて作っていたら、その人はリュウにやられてますか？

リュウにやられる可能性あるけど、ツチノコというのは人身に入って性格を暗くするので

す。暗くして落ち込ませる。

〝どうせ私なんか駄目だわ〟とかです。うつ病というより、落ち込みになる。自分は蚊帳の外のような存在で、どうせ私なんかという落ち込みです。

最初はツチノコのせいで落ち込むということを知らなくて、何か落ち込む気分のものがやたら漂っているなと思っていたら、原因はツチノコだと分かった。これが雰囲気を作るのです。それはツチノコを片付けていって分かったのですね。もう何年も前の話ですけど、最初のうちはヌエが親分ということを知らなかった。、ヌエとツチノコが一体で作用するなんて当時まるで知らなかったから、ヘェーと思いました。いや、あれには苦労しましたね。東京、関東周辺には非常にヌエとツチノコの数が多くいました。

東京の麻布はサルとツチノコが一杯いるのですよ。

それらは人間を相手にせず、政治の世界に関与しているものですが、これらの霊処理は大変でした。

あと「武蔵野は俺の土地だぁ」なんて変なことを言う霊がいました。霊の世界で「武蔵野を制するものは日本を制する」というのは何か霊の世界の名言らしいのです。そういう変なことを言うものがいましたが、今はいなくなった。

フレーズの意思が向かう方向が浄霊の方向

人間に関与しているのは、今皆さんがやっている霊処理が最も強い。ただ、ヘビをリュウと間違えても構わないのです。タヌキをキツネと間違えても構わないのです。問題は意思がそこに向かっているかどうかです。

霊の処理で最も重要なのは意思です。例えば、あなたがここにいる動物霊を、実際はタヌキだったにも関わらずずっと最後までリュウと思ってやってしまったら、このタヌキはどうなるか。それでもそのタヌキは処理されるのです。分かりますね。問題はそこです。

世の浄霊者はしょっちゅう間違えたりしているのです。問題はフレーズを間違えないこと。フレーズの意思を間違えないことです。

フレーズの意思の向かう方向、それが処理の方向です。だから、フレーズを大切にしてください。いいですか。浄霊で最も大切なのはフレーズです。その意思の向かう方向です。それを処理するのです。その先端がタヌキであろうとキツネであろうと、多少間違えても処理してしまえばいいのです。最も重要なのは、意思の方向性がどこに向かうか。その痛みを取るのが主役の方向性だったら、どんどん深く、意思の方向を完全に釘付けにするのです。そしたら、それは治ります。釘付けが足りなかったら駄目です。

霊を呼び出すために重要なのはフレーズです。それがキツネであろうとタヌキであろうと構わない。それよりも意思の方向付けが最も重要です。皆さんはまだまだ動物霊が何の種類かにこだわりすぎる。まずは処理することが優先です。その点、人間の方が楽です。この人は男か女か。先祖霊か自縛霊か憑依霊かのいずれかですからね。とにかく人間霊だったらその判別はまだ楽です。ただ、動物霊は確かにそれが何の種類かを判別するには、答えが人によってさまざまです。それよりもやっぱり問題のピラミッドをどう崩すかによります。問題は結果の出るレベル以上まで自分の浄霊の力を持っていくことです。

いいですか。浄霊のレベルをどんどん上げていくのです。すると1回で浄霊の結果が出ることも可能です。１回で結果が出るかもしれない。それより、もう少し低いレベルだと結果を出すためには数回浄霊が必要かもしれない。

問題は、数回、１回というレベルではない。結果の出るレベル。浄霊にはこれが必要です。いいですか。結果の出るレベル以上に自分を持っていくことです。下のレベルは容易に結果が出ない。どうにかして結果の出るレベルへいっていただきたい。

ではこの結果の出るレベルにいくにはどうしたらよいか。浄霊は繰り返しです。もう繰り返し、繰り返しすることによって出てきます。

だいたい５年、浄霊の勉強をしたのなら、だいたい結果の出るレベルに突入したと思ってください。

今、自分は結果の出るレベルまでいったなと思っている人はそのレベルにいってます。

問題はそのレベルに自分を持っていくこと。それにはもう繰り返しの訓練しかない。そうすると、〝あ、これは結果が出る〟という感触に到達する。〝あ、これはもういいな〟とか、

〃この辺でもう出るな〃という感触が分かるようになります。ここまでいくと、これから先がおもしろいのですよ。やり方次第で結構どうにでもなる世界です。

ただ、やはり最後まで苦労するのはフレーズ作りです。時間を短くするのもやはりフレーズです。しかし、数をこなして結果を出して、繰り返し強いものを少なく処理して結果を出す。あらゆる方法を使いこなすということも重要です。だからまず、最初にそこまでいってください。そうすると、仕事で引き受けても自由自在になります。

生霊について①

浄霊とはマイナスエネルギーの消化

例えば今、膝が痛いとする。この痛みを、何らかの形で処理しようとする。以前にも言いましたが、浄霊とはエネルギーを処理する1つの手段である。浄霊はエネルギーからなるピラミッドの処理であると考えた方がいいということを言いました。

ではその時に、何で勝負するかということになる。通常の巷で行なっている浄霊師だったら、それを犬のステージで勝負する。あるいは、水子でしかできないといったら水子で追っていく。

そういうふうに考えると、この膝の痛みを生霊で追おうじゃないかということも可能なわけです。つまりは浄霊はエネルギーの消費だからです。そうやって考えると、その人の膝の痛みに関与している生霊を追っていって出したらどうなるかというと、まだ18歳、19歳のうら若き頃の初恋の男性が出てきたりするような現象も起こるわけです。

それを知らずにやっていたとすると、生霊が出てきたら〝あー恨まれてるんだぁ〟。〝私を恨んでいる人がいるんだ〟ということになる。

何のことはない。出てきたのは、その当時憧れていた、ただの初恋の男性だったりする。つまり、恨みとかそういうのに関係なく、関わっていた男性がそこに出てくる。つまり、その初恋の男性は、強くなくてもそれだけのエネルギーを持っているということです。ただし、それが100％その痛みを治すかというとそれは難しい。やはり、影響しているエネルギーをピラミッドとしたら、その1角を崩すに過ぎない。

例えば、今、あなたが膝が痛いという。そこで膝の痛みのピラミッドをどう崩すか。これが浄霊でもあるわけです。

さぁ、この痛みを何で崩していったら1番いいかという問題になります。その時に生霊の占める位置はどうだということです。

例えば、たった1つの霊で、あるいは1つか2つで持って、その痛みをドンと崩してしまうエネルギーの1体が見つかればいいけれども、それを見つけるのはなかなか至難の業である。そこで、必死になってその膝の痛みに関する生霊で追って浄霊をして、一応数をこなしたとする。それだけするとその膝の痛みを崩すことができるはずである。ところが痛みは残る。やはり生霊の処理は膝の痛みを取る方向と少し違うとなると、膝の痛みのピラミッドの1部分しか崩すことができません。結局それ以外は残るという形が生霊の処理である。私が言いたいのはこの理論体系を覚えなさいということです。

つまり、今、私が言わんとするのは、結果がどういう形で現れるかということを知りなさいということです。というのは、依頼者が表に見えるのは結果だけだからです。仮に生霊で追っていって浄霊をしても、痛みはまだ取れないとなると問題は何か。病気治療、特に外傷系は大方のマイナスのエネルギーを消費しないと、意外と結果が出ない場合がある。

心理系はそうじゃない。心理系的なもの、例えば金運とか女性運とかというものは、ある程度生霊の処理でそれなりの結果が出る。

ところが膝とか頭とかの外傷系というものは、生霊で追っていってもそれなりの結果が出ない。

いわゆる肩関節の炎症であるとか、骨折であるとかは治りにくいということです。ただし、これを例えば骨折など、特に外傷系のピラミッドを崩すのに強い霊を全部処理したとしたら、とんでもなく早く治るということになる。これがいわゆる浄霊のセオリーだということです。

浄霊目的に対して攻めやすい種類の霊がある

そこで元に返って、それでは生霊の占める位置は、どういうものを占めるかということです。生霊を外傷系で処理していくのはマイナスのエネルギーが残りますよということです。つまり、これは生霊で外傷系を追う方法は追う意味がないというより、はっきり言って生霊で追っていくのは利口じゃない。

膝の外傷系は何が1番ベストかと言ったら、やはり、外傷系は先祖と自縛ですね。自縛霊、憑依霊、先祖霊。その中でやっぱりトップに挙げられるのはまず憑依霊である。外傷系は憑依霊。その次自縛霊。その次先祖霊。大概この順序ですね。

これは人も動物も処理します。人も動物もいますけど、やはり、痛みが激しいのはやはり動物系に多い。こういう追い方のセオリー、1つの形というものを自分の中で考えてください。この辺のセオリー、この辺の流れを知っておいてください。

だから生霊を追う場合は、どこで生霊を登場させるべきかということを知る必要がある。ただ皆さんは漠然と生霊、生霊という考え方を持っていて、出たらやるという考え方ではよくない。まだ、皆さんを見てると、出たらやるという考え方がある。やはり、この場合には生霊をちょっと追うべきではないかとか、感覚的にこれは今日は生霊だという感覚を身に付けてください。

生霊はどのように関与してくるのか

例えば、この膝の痛みの浄霊をやっている。ズーッとやっていって、うまくいかないなと思っても生霊にはぶち当たらない。そういうことです。外傷系は生霊は少ないからです。ただし、憑依はやった。先祖やった。それから自縛もやった。みんなきれいに1通りやったのに、まだ痛みが引かない。そういう場合に生霊に当たりなさいよということです。分かりますか。最後には生霊にいきなさい。生霊は最後のセオリーとして、つまり、最後の位置づけとして持っていくということです。これは外傷系についてはです。

好きという想いが強すぎても憑く生霊

では生霊は何が得意か。うちの親戚に看護士がいる。それがある時、肩が痛くて動かなくなった。看護士で、彼女は総合病院にいたから、整形からあっちこっちあらゆる診療科を回って調べてもらった。心臓も何か変だから心臓を見てもらいにも行った。ところがどこも何ともない。全部正常と言われる。そのうち、あげくの果てに肩が動かなくなった。もう全然使えなくなってしまった。レントゲンの所見は異常なし。そしてその時、私のところに話があった。

「突然痛くなって動かなくなったの」。

〝あ、そう。それで？〟

「X線所見は何ともない。まったく動けない状態になっちゃった」。

これが生霊の関与です。どこを検査しても何の問題もない。異常なし。しかしなんでこんなにひどくなるのか。これです。いいですか。何でこんなにひどくなるの？、どこにも異常がないのにという場合は、生霊がよくやる仕業です。覚えておいてください。X線は何の異常もない。血液検査をしても何を検査しても何の異常もない。

突然何で私は動けなくなったのか?よくありますね。突然痛んだ人。突然動けなくなった人。突然倒れてしまった人。突然理由もないのにおかしくなってしまった人。ある日突然やって来る。こういった場合も、生霊が原因であるということをまず疑ってください。

もちろん、必ずそういう時は生霊というばかりではないですが、その対象の1つとして、生霊は大きくクローズアップされるべきものであるということです。さて、その看護士の肩が痛くてどうしようもなくなったのはどうなったのか。私もそれを聞いて、あぁ浄霊だなと思ったわけです。

それで浄霊をしたのですが、その時、生霊の男性が憑いていました。その看護士を好きで好きでしょうがない1人の男性が出てきたのです。ただし、彼女を好きで好きでしょうがない男性というのは、彼女の顔をちょっと見たことぐらいしかない。好きで好きでしょうがなくて、彼女の通るところをズーッと見ていた。ズーッと彼女が通るのを陰から見てた。ちょっと陰気くさいね。今どき何でそんなバカなことすると思いますよね。声の1つも掛けるかして、そして振られて終わればいいものをね。

今どきそういう男性がいたんです。私の親戚の看護士が通う病院の道の途中に、歩いていくその姿をじっと眺めて、満足している変な男性がいたのです。私から言わせたら一種のストーカーじゃないかと思いますが。

そうかといって声も掛けられない。ただジーッと見るだけで終わる。そういう男がいたのです。

それが出てきた。それで私の従妹に尋ねたら、「そう言えば時々変なのがチラチラ見ている男がいた。そんな感じの男性だった」と答えるわけです。いやぁ、びっくりしましたね。それはそういう生霊が起こすのです。それでその後、動かなくなった片腕がどうなったか。その生霊1体処理して、あくる日に今までの痛みも何の痛みもなく、あくる日には正常に戻りました。全く普通に正常に戻って生活している。

やはり、生霊1つでも、それだけのマイナスのキャパシティを持っているわけです。だからそれだけのキャパシティを持つ霊1体ですべてを崩すなんて思うと、なかなかその発見も大変だし、自分のエネルギーも大変です。そういう場合はそのキャパシティを分割してやっていけばいいのです。

ただ生霊たるものの考え方は結果を出すために必要です。生霊のものの考え方を覚えておいてください。そういう形でもって生霊を検討するということを知る必要があるんです。突然ちょっとひどいな、と思ったら生霊をちょっと考えなさい。あるいは、もうちょっとしつこいなと思ったら考える必要がある。

―それでその憑かれた女性はなぜ肩に影響が出たのですか？

その因果関係は、何で肩にきたのかは分からなかったですね。

―看護士さんは肩にきたら、すごい仕事がしにくくなるのですが。

まぁ、そういうところで仕事できなくなっちゃったんでしょうね。だから、その辺で結びついたのかもしれませんね。だけど、突然の痛み、何の病気もない痛みが起こるというような現象は世の中に多いということを知っておかないといけない。突然痛くなった、突然動かなくなったという現象は、特に最近は多い。非常に多い。今どきストーカーがとよく言いますけど、ストーカーのような存在、いわゆる、それは完全にストーカーのようにズーッと見ているわけですけども、そのようにストーカーに近い存在もかなり現実には多いということです。また最近では男だけが女をストーカーするのではなく、その反対のケースも起きています。

ストーカー

ある男性から相談を受けました。ある日突然、彼の視野が真っ暗くなったと言うのですね。〝真っ暗くなるって何なんだ？〟と聞くと、「何だか何日頃を境にして、頭も真っ暗くボーッとする」と言うのです。〝それ、何ですか。ボーッとするというのは？〟と聞くと、「何か知らないけどボーッとしちゃって、気乗りがしない。もう力も抜けてしまって、私はどうなるのでしょう」というわけです。

そこで〝最近、女性問題で何かありましたか？〟と聞いたら、「実はストーカーでまいっているのです」という。

それがそんなに格好いいとは思われない男性でしたけれどね。その女性から1日に5回電話があり、帰るところで必ず待っているそうです。もう判で押したようなストーカーです。

この場合は女性がストーカーですよ。昔は男性がストーカーだった。今は女性のストーカーが多いということです。それを知っておいてください。

私の知るところの比率は、男も女もだいたいほぼ同じ比率です。昔はそうじゃありません。男性の方が多かった。今はだいたい男性と女性のストーカーの比率はだいたい同じと解釈してください。変な時代ですけど。ただし、これは東京の場合です。田舎もそうじゃないかと思うのですが、ただ福島の方になると封建的なところがあるから、ちょっとそこで比率が異なるのかなという気もするのですが。男対女では3対1ぐらいになるかもしれないと思う。

東京ではだいたい男女比は半々くらいですね。今のストーカーの話も東京の人です。

―ストーカーをする側の、そういう霊の関与みたいなのがありそうな気がしますが。

やはり、霊的な人間がなる可能性がありますね。男性でも女性でもちょっとそういう傾向がある。傾向的には霊媒か、そういう人間になる場合も結構多いですね。

―そういう場合はストーカーをしている相手だけでなく、本人からも浄霊をするのですか？

そうですね。相手より本人の方がやったほうが二度は遭わない。おもしろいことに、ある1人のストーカーにあっている人からいろいろ聞いたことがある。

「実は私、ストーカーに遭うのはこれで4人目なのです」という。

だから、絶対本人にも問題があるのです。偶発的な出来事が4人続く。通常なら4回続くわけがない。だから4人目ということは、やはり本人にも問題があるわけです

今、東京ではストーカーが多いのです。昔では、こんなストーカーの話は普通はそう問題はなかったのですが、最近は多い。だから変な時代になったなと思います。

―動物が憑いてストーカーになるのですか?

むしろ私が見てると、動物が憑いてる。ストーカーをする相手には動物が憑いてますね。むしろされる方は霊媒的な人が多いということですね。

いいですか。今はストーカーする方もされる方も両者どちらも生霊の存在があります。すべて生霊処理です。この生霊処理の感覚、生霊で処理すべき状態を覚えておいてください。これが生霊の世界であるということです。

結婚、離婚の場合

結婚とか離婚とかという場合に、大恋愛をしたような人は、やはり生霊が憑いてる可能性は強いですね。

例えば、男性がほんとに好きになったのにふられちゃった場合は憑いてる場合が多い。離婚をしたくてもうまくことが進まないという場合は、それは本人だけでなく、相手方も両方生霊を処理する必要があります。やはり憑いていれば執着します。

結婚する場合でも忘れられなくてというのがあります。

以前私の知り合いから相談を受けたことがあります。40歳近くなってまだ結婚しないのがいて、ある時彼は「実は僕には好きで好きでしょうがなかった女性が20代の頃にいた」という。「今でもその女性が忘れられない。女性と会う度にその昔好きだった女性がオーバーラップしてしまう」。

—そういう場合はどっちの生霊が憑いているのですか。男性の側に女性の生霊が憑いているのですか?

男性が女性の方を忘れられないから、結婚できない。だからこの場合は両方やらないといけない。

つまり、相手の女性も浄霊するということです。

―好きになると相手の女性に男性が憑いて影響するのでは？

もちろん向こうの女性の方が影響されますね。向こうの方が影響されますけど、男性の方にも常に頭の中にその女性がいると、男性の方にも憑依霊としてその女性が憑いています。だから男性が忘れられないのは、その女性が男性に憑いてるからです。本当に好きになったらの場合です。

生霊を引っ張り込むみたいになっているわけです。だから、そういう場合はどうしても結婚できない。踏み切れないのです。

―忘れられないと言っているけど、実は引っ張り込んでいる場合があるということですね？

その影響もあって結婚できない。彼はそれで20年ぐらいは結婚できなかった。

―この場合、その憑いている女性を処理すれば忘れてしまうのですか？

生霊の女性を処理してから半年後に彼は結婚しました。

生霊を処理すれば、案外忘れてしまうことができる。本人は何で忘れたのかなと思うのです。あまりにもあっさりと忘れてしまうからです。

でも本人は自然にそのようになってしまうから理由が分からないのです。私もその時彼に尋ねたのです。

〝最近、あの女性を思い出すのかい？〟と聞くと、「それがいつの間にか思い出さない。仕事が忙しかったからかなぁ」と言う。仕事が忙しかったのなら、20年間いくらでも仕事が忙しい時はあったはずですね。

―でも、そういうときは何故忘れてしまったのかとか思わないのですか？

思わない。そして、やはり時間が経ったのかなということになる。20数年忘れられなかった女性を浄霊によって、突然いつの間にか思い出さなくなって、その半年後に〝どうなったか？〟と聞くと、

「忘れちゃったよ。いつの間にか忘れちゃったな。やっぱり時間が経てばパッと消えちゃうんだなぁ。やっぱり昔の女性は」。

普通はそんなものです。だから本人は浄霊の自覚なんかゼロです。

―この場合は両方の生霊をやるのですか？あちらの女性については自分も処理し、自分についても処理する？

自分が必死になっている時は、向こうなんかもう忘れ去ってますから、もう存在さえ知りませんから、こっちだけの分をやればいいですよ。

―自分に憑いてる彼女を取ればいいということですか？

そう。それだけでいいです。

―生霊の本人はやらなくていいわけですね？

いや、やらなくていいですね、そういう場合はね。

―離婚では相手方に奥さんも憑いてる可能性がありますね？

それは両方ありますね。離婚は両方ありますね。

だから離婚の場合には両方やらないと円滑に進まないですね。

生霊と本人の両方を浄霊する。話をスムーズに進ませるためには必要です。

また、離婚とか裁判とかいうのは、争いが起きた場合には必ずリュウが存在します。

―争いが起きる前で、まだ話し合いで進めてるうちはまだ関与するリュウは存在しないですか？

存在しないです。争いになったり、喧嘩になった時には大概リュウが存在します。

生霊について②

高度な浄霊レベルが必要な生霊の処理

生霊の浄霊ということに関して、ちょっと言っておきます。生霊の浄霊というのは、やはりレベルが当然高くなります。死んだ者、いわゆる体を持った者が死んだ人間の霊とか先祖霊とかから来る先祖霊の障りとか、そういう関係の浄霊に比べて、生霊はやはり生きているだけに処理しにくいという面も相まっている。それと生霊だけに扱いにくいところもある。これをどういう形で処理すべきかというところに、問題があるのであって、その浄霊の仕方次第によっては、生霊であるがために、浄霊の方法が取れないという場合も存在します。

幸い、ここの浄霊というのは、生霊、死霊、あるいは死んだ人間、あるいは先祖霊でも関係なく行なう浄霊だから、生霊であろうとあまり関係はありません。通常は、生霊が処理できるということ自体、ハイレベルな浄霊をする場所であるというような考え方が、浄霊者の間ではやはりちょっとした常識のような形になっている。ここでは、ほとんどどんな強いものでも処理しているわけですが、通常は処理できる霊の種類、レベルに限界があるわけです。例えば、ここまで強いものは、自分のところではできないとかといった、そういうような限界があるわけです。

皆さんの場合は、その限界で断ったり止めるということが、ここの浄霊の場では存在しない。どんなに大変なものでも、最後まで浄霊をやり切るという形の浄霊がここの浄霊です。簡単なものは処理時間が早くて済む。大変強いもの、簡単に処理できないものに関しては、時間が単に長く掛かるということに他ならない。それにはあらゆる方面から、あらゆる方向性から、その霊を崩していくという形で浄霊を行なうからです。

生霊はどういう形で憑くのか

そこで、生霊というのはどういう形で憑くのかと非常に気になっている人もいるでしょうから、生霊の憑き方について述べてみたい。

生霊がどういう状態で憑くのかということです。やはり男女が付き合っている現在進行形の時が問題である。

まず現在付き合っているだけで相手の生霊は憑くのかという問題ですが、例えばAさんが、Bさんと付き合っていたとする。Aさんは、Bさんが好きで、好きで、しょうがなくても、Bさんは「あんな人、知らないよ。女癖が悪くて、私なんか、相手にするわけないじゃない」と言うなら、BさんはAさんを憑けて歩かないわけです。ところがAさんは、Bさんが好きで、好きで、しょうがないから、必死になってBさんを追っていくと、AさんがBさんに憑くという現象が起きるわけです。要はAさんのその思いの量が一定量を超えない限り、相手に行かないということです。

もっと端的に言えば、ある女性がある男性と付き合っているけれど、「今、たまたま付き合う男がいなくて、寂しいから、仕方がなくあなたと付き合ってあげているだけよ」というような付き合い方だと、この女性も相手に憑いていかないし、その相手の男性も、「まあ次の女ができるまでの足しよ。間に合わせ」なんて言っていたら、これは両方とも憑かない。分かります？　この状態では、生霊としては両方憑かない。普通の付き合いでは憑かない。

ところが、まるで相手にしないような人でも、例えばこの人が霊媒体質であったとする。普通は生霊として、こんな意にも介さないような人が憑くことはないけども、本人が霊媒体質であったら、相手の人がその霊媒体質の人に憑くということもあり得る。つまり、その霊媒体質の人に生霊が憑くだけの1つのレベルがあるということです。

通常の意識レベルを超えた時

親しさの程度というよりも、どれだけ自分の意識の中に相手が存在するかが影響する。意識のレベルを超えた対象にならないと憑かない。

では、意識のレベルはどの辺かというと、1日中相手のことを考えているのだったら、意識レベルはかなり高いわけです。付き合っていても、1日中、1回も思い出さないような人だったら、これは意識レベルは0《ゼロ》ぐらいですね。もうそうなると、よほどじゃないと相手は憑かないわけです。ところがそれでも「1日に4、5回は思い出すわ」という程度だったら、その人の意識レベルは、憑くか憑かないかという境目かもしれない。

ところが、この人は霊媒体質である。1日1回ぐらいしか思い出さないような低い意識レベルでも、1回思い出すたびに、その人に意識が行く。それを毎日繰り返すことによって、生霊としての存在をこの人に植えつける。これが1つの生霊の憑く形なわけです。この意識レベル、存在に対する意識レベル、これを知る必要がある。

ある男性が「あっ、この女性、いいな」と思った。この女性は、その男性の顔を見ても、「ああ、なんかどっか、あんな人いたわね」ぐらいにしか思っていないとしますね。しかしこの男性は、その女性のことが好きで、好きで、しょうがない。1日5回以上、10回も、20回も、30回も、その女性のことを思い浮かべる。そうすると、その男性の意識レベルは、付き合っていないにも関わらず超えるわけです。そうすると、この男性にとっては、名前も何も知らない。毎朝、通りがけに、朝、顔を合わせる。それだけの女性なのに、彼は一生懸命です。そうしたら、これは意識レベルを超えるから、本当の片思いですね。それでも生霊としては憑きます。

今から10年くらい前に、次のような事件がありました。私の知人の女性が、ある日、突然肩が痛くなった。左肩が痛くて、どうしようもなくなった。ところが彼女は看護士だった。整形外科へ行って検査をしたけど、何の異常もなかった。それから、知っている医者に言ったら、「左肩が痛むなら、心臓の可能性もある」ということで、心臓の検査をした。それも異常がなかった。結局左肩の痛みは、医学的に全く異常がないと診断された。しかし、本人は痛くてどうしようもなかった。それが何日間も続いた。

彼女は病院へ通う看護士です。それを見ている1人の男性がいたんですね。彼女を好きで、好きで、しょうがなかった男性がいた。全くの片思いです。彼女からしてみたらその男性の顔は知っている程度。でもその男性は、好きで、好きで、しょうがなかった。毎日、必死の思いだったらしい。私から言わせたら彼女はそんな美人じゃなかったけどね。その話を聞いた時に、〝十人並みだけどなぁ〟なんて思ったのですが。美人の基準はいろいろあるし、尺度もいろいろですから。

そのうち、彼女は肩の痛みでどうしようもないということになって、その女性の親から、「治るものでしょうか。どうしたらいい?」と私に相談があった。そこでその憑いている男、その1人を処理した。明くる日から、彼女は嘘のように元気になった。

たった1人の男性のために肩の痛みが起きたわけです。これは、浄霊としては非常に簡単です。現象が現れていますから。肩が痛い原因はそれに憑いているものが男性ですからね。その男性の必死な思いでなったのなら、それを処理したら終わりです。皆さんのように、20体、30体やって、やっと片づくなんていう事情のものじゃなくて、1体で片づくという非常に簡単な浄霊なわけです。

だから生霊はそういう形で簡単に片づく場合もある。例えば幽霊みたいに、その人の後ろに、誰かがフーッと出てきたとする。たまたまその人はその幽霊を見たと言う。その浄霊は簡単ですよ。そのとき出てきた人で呼び出して浄霊をすればいいのですから、1体で片づくことになる。こんな簡単なことはない。生霊というのはそういう憑き方をします。

―生霊の処理をしても、その男の人の思いは、まだ残っているわけですよね。

そうです。

―その男性はどうするのですか？

その男性も除霊をしなければいけないですね。

―両方やると、そのあとずっと好かれていても大丈夫ですか？繋がらなくなりますか？

そうですね。あとは大丈夫ですね。だけどその後、女性も相手にしないとなるとね、今度はだんだんと思いが薄らいできます。

―その男性の生霊を処理したことによって、思いが薄らぐということはないですか？

生霊を処理された人は、思いが薄らぎますね。

ではそこで、アイドルはどうなるか。おそらく数多くのファンの生霊が行っていると思いますね。だけど、それは行くかもしれないけれど、アイドルの場合は個人に執着するのとちょっと違うのですね。アイドルに執着ですから、同じように生霊がどれだけ行くか分からない。つまり〝個人のもの〟という考え方より、やはりアイドルという存在になる。それは意識レベルとして考えると、いわゆる浄霊に至るまでの意識レベルとしては、アイドルだったらやはりちょっと低いですね。むしろそれよりはタレント自身の問題の方が多いのではないですかね。

恨みの1ページを解消する

―例えば、生霊がポンと憑いたりしたら、どういうところに1番影響を及ぼしやすいですか？

やはり生霊が憑いて派手になった場合には、通常の霊の関与より影響が激しいと思った方がいいですね。

―それは何に対してもですか？　例えば病気なら、持病でなくても、結構辛い病気になるのですか？

いわゆる先の例の肩の強い痛みであるとか、あるいは病気になるというよりは、その作用が大きいと思った方がいいですね。

だから、これから話ますが、付き合った女は、きれいに別れないといけない。恨みを残すと、そのまま相手の生霊が憑いていく。つまり、例えばある女性が、ある男性に熱烈な恋愛をしたとする。ところが、相手の男はどうしようもない男で、ある日違う女に「あっ、こっちの方が、かわいいわ。おまえ、今日で終わりだよ」と、ポイッて捨てられてしまうと、ものすごくその女性は恨みますね。

浄霊というのは、１枚のフィルムと思わないといけません。いいですか。１枚のフィルムです。

その男性が、実は本当によんどころない用事で、「俺、明日からアフリカへ行くんだよ、ごめんな。ちょっとね、まあ1年ぐらいしたら帰ってくるよ」と言ったら、「あっ、行っちゃうんだ。仕方がないわね」というところで、恨みは残らないでしょう。

ところが、「おまえなんか、もう今日で終わりよ。もっとかわいい子ができたからね、バイバーイ」と言ったら、もう腹立ちますよね。その女性は恨みます。そうしたら、恨みの1ページができるわけです。分かりますか？フィルムができるわけです。それが浄霊の世界です。フィルムの1ページです。

—それを抜くのが浄霊するという意味ですか？

そういうことです。人間は誰でもそういうページをどうしても何枚も作ります。

しかし恨みの1ページを作らないこと。作らなければ浄霊の対象になりません。反対にひどい別れ方をした人は、恨みとして、この霊に憑くということになる。つまり、1つのページを作ることになります。

恨みの1ページ

―付き合っている中で、例えば、ある男性がひどいことを何回も繰り返しながら、結局は別れたとしたら、そのひどいことをしたときのページが、何枚もできるわけですよね。

そういうことです。

―ということは、例えば1回浄霊をしても、また違うページの生霊が憑いている場合もあるのですか？

いや、そういうことじゃないですけどね。

通常は、その本体を完全に上げれば大丈夫ですが、そのページがいくつもあったら、恨みのレベルが上がっているということになる。そういう場合は、その霊は上がりにくいので、何回も上げ直さなければならない。だから「別れ際をきれいに」というのは、その辺にあるわけです。ただ、浄霊はその対象がはっきりしているから楽です。

某有名な人が、私のところに来たときに、「私は昔、この女と、この女と、この女と付き合っていて、その5人ぐらいの女性はすべて私をものすごく恨んでいますから、この5人の恨みから私は逃れたい。だから、この5人をきれいにしてください」と頼んできた人がいる。

だから自分で浄霊ができる人は、過去を振り返って、1人ずつやっていけば、自分で自分の過去の清算ができるわけです。

生霊が力を発揮するときとは

生霊というものはそれが憑いた人間が1番重要な場面で病気になったり、倒れたりするように働きかける。生霊はそれだけの力があるのです。ギリギリのところで足元をすくうということが、生霊にはある。その点、先祖霊とか動物霊は、突然の大きな足元をすくうようなことまではなかなかやらない。そこまで起すだけのエネルギーを溜めるのが大変だからです。

―例えばそういう男女間の恋愛以外で、生霊が憑くというのは、やはり例えばお金の恨みだとかという関係ですか?

やはりお金の恨みですね。お金の恨みや物を取られた恨みです。だから意識レベルがその相手に対して、それぞれすべて生霊として憑くためのレベルがあるわけです。そのレベルを超えたか否かによって決定する。

―では人に憎まれないように生きないと駄目ですね。

その通りです。ただ、生霊が憑くまでのその人の意識レベルはどのくらいかということです。あなたの意識レベルの程度によって、生霊の憑くレベルがあるわけです。それを超えたら、必ずそれは憑くことことになる。

でも、付き合った女を冷たくポンと捨てて別の女性に移ったら、たいがいレベルを超えると思ったほうがいい。それが、3人、5人と増えて、そこにさらにより強い恨みの生霊が来たら、「以前の恨みの霊は打ち消した」なんて、バカなことを言わないほうがいいですよ。前のは前であって、その次、もっとひどい恨みの霊が来ても、またそれが積み重なっていくだけですからね。5人は5人で、そのままいるということになります。

―生霊といわゆる死霊の差、違いというのは、どのようにして分かるのですか?

それは見るからに生（なま）なのですよ。霊の波動が全然違います。来る波動が全然違います。霊体そのものの存在がもう薄いのです。薄いと言ったらおかしいですが、やはり地上の存在であって、生きているのはやはり生霊で波動が違う。

憑いていても超えていれば影響を受けない

—企業の役職変えをするとか、リストラとか、ああいうものの恨みというのは、どうですか？

あれはあれでやっぱり存在します。

—相手が恨みを忘れてしまったら、その人から離れていくのですか？

いや、忘れても1ページは残ります。

—影響はするというわけですね。

ただ、要はそれを超えればいいわけです。例えばある男性が付き合っていた女性を冷たく捨てたとする。そうすると、この男性を当然その女性は恨みますね。その時が女性の恨みが1番ひどいわけですよ。この男性にその女性が生霊としてそのままずっと憑いていると、その男性にだって自浄作用はあるわけです。つまり、自己免疫ができるわけです。その女性がそのままずっと長らく憑いていても、その影響を男性が超えたらもはや影響はしません。

もちろん、それは男性がその女性の影響を超えることができたらの話です。超えることができなかったら、病気という形で出たり、災難になったり、事故になったり、いろんな形で出てくる可能性があるわけです。

さらにその男性にまた別な女性が憑いたとする。そうなると、全部の恨みの霊が男性にいくことになります。この男性はどうなるかというと、恨みの生霊の集約した力が男性にいきます。しかし男性はそれを全てを超えればいいわけです。ただし、人間の力でどこまで頑張れるかというと、その辺が問題です。

常にそういう恨みを買うことをやっていると、常にそういうものが出ているから、やはりそういうのは人相などに響きます。見るからに、そういうことをしているような顔に、だんだんやっぱりなってくるということも言えるわけです。

―例えば恨みを買うとか、そうやって相手にひどいことをしたら、憑くというのはなんとなく分かるのですが、例えば家族同士、親が子を思うとか、夫婦間でもそうだし、お互いに好きで付き合っていて、片方がものすごく好きとか、そういう場合でも憑くことはあるのですか？

確かに憑くことはあります。

―そういうお互いに思いがあって憑いた場合に、やはりそれは悪い影響を受けるのですか？

それは、悪い影響になるかどうかは一概には言えない。恨みだったら、悪い波動が行きますから、悪い影響を受けます。本当に好きで一緒になったとしたら、それが悪い波動であるかどうかは分からない。それは、そんなに悪い影響は及ぼさない。だから、次から次へと女が替わってみたりすると、憑いている生霊が「あっ、また別な女だ」と、こう思うわけですよ。

ともあれ、生霊の場合、もし自分に覚えがあればやり易い。その1体をやればいい。ちょうど幽霊を見つけて、その幽霊を処理するのと同じで、これは簡単です。

ある東京都の有名なホテルが完成してすぐに、「5階に幽霊が出る」という噂話が出た。ものすごい大騒ぎになって、〝これは大変なことだ〟と思いました。何かの雑誌社でスクープされたら、ホテルの運営がやれなくなる。幽霊の出るホテルなんてお客が来なくなるということで、大騒ぎになる。

そこの常務が私と知り合いだった。「いやぁ、先生、とんでもないことが起きた」ということで相談に来たのです。しかも従業員の女の子がかなり大勢見てしまった。何人も見ていて、もう限界に近い状態になっていた。それは女の幽霊です。みんな同じ人を見るのです。このホテルはどうなってしまうのかという瀬戸際のところです。その女の幽霊は夜中の３時頃に出るという。〝あっ、そう〟という１つ返事で浄霊をしました。

そういう時の処理は簡単です。その女の人を１人やればいい。生霊だってそうです。対象が分かっていたら、それを１人やればいい。その女の幽霊１人だけ処理したわけです。それでその女の幽霊は出なくなった。

―生霊を呼ぶときに、フレーズに「生霊」と入れるのですか？

入れる必要はありません。

―ではどういうふうに呼べばいいんでしょう。

名前が分かっていれば、名前で出てきますね。

●●● 動物霊のその後

動物霊はどこまで上げたらよいのか

動物霊のその後はどうなるのか。いわゆる浄霊をした後、その動物霊はどうなるかという問題ですね。これを、いわゆる1つの追跡調査ということで考えてみます。

動物霊は、ここ趣味の会ではオス、メスは原則として幽界線上に上げる。上げてしまったところで、動物霊は解放されるわけです。1度、上に完全に上がれば、それで影響はなくなります。ただ、幽界線と霊界線の真ん中より上に上げるという、1つの条件がつきまとう。この真ん中より上に上げたらいいが、幽界線より下辺り、あるいは幽界の真ん中へ上がる途中までだとどうなるかという問題です。

その段階なら、やはり動物霊は完全に上がりきらない状態である。上がりきらないということは、その動物霊に対して浄霊しきっていないという結論を招く。だからその浄霊効果が出る限界、その範囲内というのは、幽界線と霊界線の真ん中辺りまでということです。これ

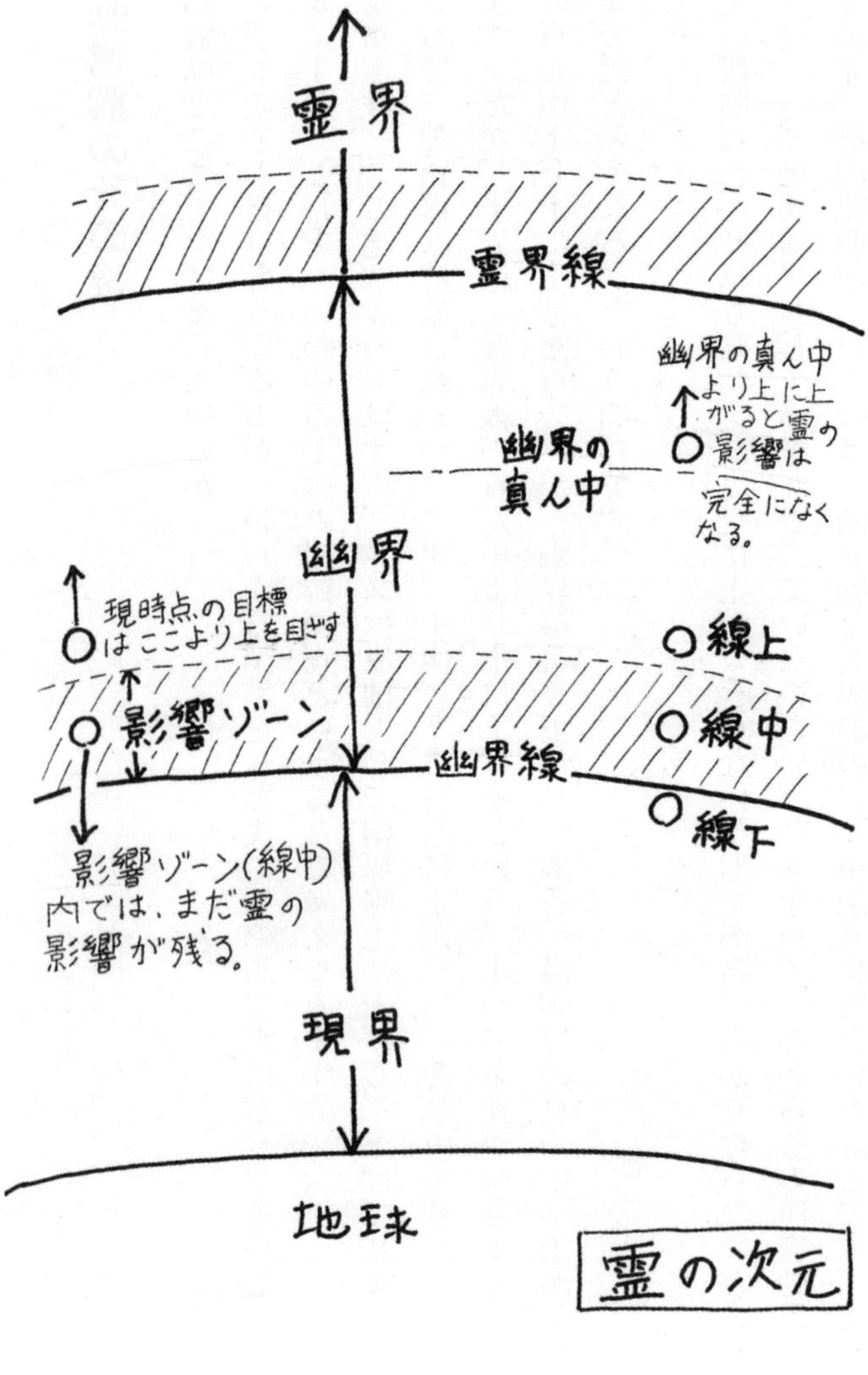

霊界
霊界線
幽界の真ん中より上に上がると霊の影響は完全になくなる。
幽界の真ん中
幽界
現時点の目標はここより上を目ざす
線上
影響ゾーン
線中
幽界線
線下
影響ゾーン(線中)内では、まだ霊の影響が残る。
現界
地球
霊の次元

より下では浄霊効果が人間に影響しないところまでいききっていないという解釈をします。では、どのぐらいいきいきっていないかというと、やはり上へ行けば行くほど、途中で上げるのを止めた時の人体への影響よりは少ない。しかし全く霊からの影響が人体になくなるのは、やはり幽界線と霊界線の真ん中より上という解釈になります。つまり真ん中より上に行けば、人体への影響はなくなる。しかも1度行けばいい。ただし、幽界線と霊界線の真ん中より上まで上げられるのは私1人でしょう。皆さん方は20年、30年後にはここまで上げられるように、それを目標として頑張って下さい。

人間霊が、幽界の範囲内に1回入る。しかし1回入っただけで浄霊を止めるのは駄目である。3回上げ直さなくてはいけないという条件がある。この3回というのは、まず最初に1度霊を完全に上げてから3日か1週間後に2回目を上げる。この方がより効率的である。その次の3回目は、それからだいたい1カ月後に行なう。そういう形がだいたい基本型である。もし最初1回目で成功しても、2回目が1カ月後、3回目が2カ月後だと、また最初と同じぐらい苦労する場合もあり得るわけです。そういうふうに考えますと、人間霊の場合は1回目を上げたら、2回目はできれば1週間以内にやった方が楽である。ということが自然の摂理として、定義として出てくる。

そしてそのとき、人間を上げた時に、人間は3回なのに、なんで動物霊は1回でいいのかということです。水子霊もなんで1回でいいのかということです。動物霊は真ん中より上に上げていった場合に、次元の明るいところへ上がってしまう。そして、そこで一種の解放状態になります。要はその次元において解放された状態になります。だから、そこから再び元の人間に戻るという現象は起きない。新たな天地と言ったらおかしいですけども、別な場所へと移動していく。こういう現象が、いわゆる浄霊で上げた動物霊には起こる。

動物霊を払い損ねると、また再び憑くということがあります。だから、あまり飛ばない払い、切れない払いは危険です。しかし、完全に浄霊で上がったとき、すなわち幽界線と霊界線の真ん中より上へ上がったとき、これは動物霊が戻ろうとしても、いや、戻ろうとしてというより、戻ろうとする意志が動物霊にはなくなると思ってください。

動物霊は完全に上がれば再び戻ってこない

―人は、上がっても戻ることがあるということですか？

人は3回戻ります。それは因縁がつながっているからです。何の関係もないところや、無関係のところに人間は戻るということはありません。必ず何らかの因縁というか、繋がるものがあって、その人間に憑いています。だから戻ります。では、3回戻ったら、人間はもうその後は戻らないかといったら、4回でも5回でも戻ります。ただし、その人間に悪影響を及ぼすという状態ではなくなって戻るために、何の害も及ぼさない。それどころか、逆に協力する体制になって戻ってくる。これが人間の霊です。

動物霊は戻ってこない。外したら終わりです。だいたい動物霊というのは、もともと人間とは違う。人間は人間、動物は動物です。新しい次元のところへ送られたら、その次元で生きていきます。しょせん動物です。そこで生きていきます。だから、動物霊のその後を考える必要はない。もっと極端に言うならば、例えば、ここから新しくできたダムへ動物霊を払います。ドーンと送って、ボンと落としたら、ダムの中へシャボンと落ちた。今度はダムというーつの生活の場を与えられるわけです。動物霊はそれを捨ててまた戻ってくるということはありません。だいたいその場にいます。

―では、上げても、払っても、落ち着いてしまえば、あんまり変わらないということですね。

そういうことです。動物霊は払ってダムに落ちる。あるいは、そこで浄霊しても、どっちにいっても、その次元にいるのが動物霊です。その場所にいるのが動物霊です。だからむしろ問題は、ダムや池や山に向かって払う時に、向こうが入れてくれるかどうかの方が問題です。

ダムに親分がいるところに、ドーンと払われてポンと来た新入りの動物霊に、「おまえなんか、入れないよ」と親分が言うものなら、戻ってきます。

いいですか。これを覚えておいてください。あるダムに払って、そのダムにいる親分が入れてくれなかったら、他に行くところがないでしょう。また元の人のところに憑く以外ないですよ。だからこれは戻ります。元の人のところへ戻ります。だからほとんど親分がいない、誰もいないような場所を見つけておいて払わなければいけない。

動物霊を払う場所について

―だから動物霊の眷族を払う場所は新しいダムを選ぶのですね。

そうです。だから新しいダムや新しく住めるような場所、池、山を選びます。霊山なんか駄目ですよ。親分がいますからね。新しくできた山とか、ほとんどなんにもいそうもない山とかです。だから昔は、悪い人は、「この人、気にくわない。あの人のところに、みんな飛ばしてやる」なんて、そんなバカなことをやった人も中にはいたわけです。でも、あれは結構危険なのですよ。ボンと飛ばして、その人のところに飛ばしてやると言うでしょう。その人の守護霊でもなんでも、周りに憑いているものがいっぱいいて、それが強かったら、逆に戻されてしまいますからね。

だから送られたものが、その人間より強いもので、「おまえら、どけ」と言って、中に入ればいいですよ。中に入れなかったら、あるいは送られた先にもっと強いものがいて、逆に追い返されたら、どこかに行くといっても、もう行くところがないから、払った人のところに戻る以外にないですよ。

〝あんたに責任取ってもらいましょう〟と、払った人のところに戻る。あるいは元の人、憑いていたところに戻る。その確率は、どっちも半々ぐらいです。だから憑いていた人のところに戻るか、払った人のところに戻る以外ない。

だから人間のところへポンと送るというのは、強い人間のところへ送ったらバカですよ。弱い人間のところへ送るのはいいですが。なぜならいくらでもくっつけてくれるから。あるいは、霊媒体質の人に送ったら、それは簡単ですよ。ボンと霊媒体質の人のところへ送ったら、ポンとまたくっつけてくれます。

だから、人間的に強い人間のところへ送っても駄目です。

―ものすごく強烈な、例えばリュウか何かが憑いている人間のところへ、ポーンと送ったらどうですか？

それは帰ってきてしまいますよ。リュウの力で、跳ね返されてしまいます。

今、人間に霊を送ると、人間なら誰でもその霊は憑くという考えを持っている人はかなり大勢います。

一方で、それが「怖いな」と思っている人も数多くいます。人間が人間のところへ霊を送ったところで、それがそのままくっついているという霊は、送られた相手が霊媒体質なら十二分にあり得ます。それは1つの原則に基づかないといけない。すなわち、送り込む霊は、必ずその人間より強い霊を送らなければいけないという大原則があります。ともあれ、そういうバカなことをやるととんでもないことになるわけです。

昔、僕のところへ送ってきた愚かな人間がいました。

僕のところへそういう霊が送り込まれると、その送られた霊に巨大なタヌキがくっついて、元の送り主のところへ戻るというシステムができているのですね。

―送った人が強くて、相手の人の方が弱くて、憑いたとするじゃないですか。でも日頃から自分十字を切っていたら、それは防げるのですか。

まずガードが強かったらくっつかないということと、その人間の周りにいる人が、つまり、守護霊とかそういういわゆるガードする人（霊）たちが強かったら憑かない。だから、人間に送ったとしてもそんな簡単に憑かないですよ。

―では送られた時点で、私の方が弱いけれども、一生懸命自分十字を切ったら、その人はいなくなるのではないですか？

そうすれば、それがいなくなる可能性は高くなります。自分十字を切り続けたら、そのうちに離れますね。繋がる因縁がないから、だんだんと次第に離れていきます。

―それは因縁の関係ですか。

はい。しょせん関係のないところへ払われたものは繋がる因縁がないから、そのうちに離れていきます。

だから昔、変な人がいました。次から次へと霊を送って、相手を陥れるという目的です。霊を送ったとしても次第に離れてしまうから、毎日のように送り続けないといけないのですよ。だから大変ですよ。取っても、取っても、いくらでも来るような形で送り続けます。

―それは、どういうことをするのですか？

毎日のように送り続けなきゃいけない。なぜなら因縁がないのだから、赤の他人が因縁なく憑けていたら、そのうちに取れてしまいます。だから1回だけ送っても駄目だから、毎日のように送り続けるわけです。そうすると、そのうちに、いろんなものがくっついたり、離れたり、くっついたり、離れたりしていると、いつでもそういうのがいるようになって、そのうちに交通事故でも起こして、ポックリ逝ってしまうということになるわけです。

ともあれ、人のところに霊をやたら送っても意味はない。

結局、処理した後の動物霊というのは、どこに住んでもいいのです。しょせん動物霊は野にあるものです。もともとは、動物霊は人間のチリ・アカからできたのです。

—リュウとかもですか？

そうです。人間のチリやアカから作られたものです。だから、しょせん最後はチリ・アカです。だから、動物霊はどこに住んでも構わない。

しかし、人間はそうはいかない。やはり住む世界が決められています。そして魂は永遠です。いったん生誕したら死ぬことはない。何世紀に渡っても、輪廻転生しても、必ず生き続ける。消えるという現象は起きない。

魂は決して消えない。人間は命がなくなって、魂が全くなくなるという現象は、古今東西起きていません。

第４章

浄霊の方法論

霊の特定について

処理する霊をフレーズで特定する

我々が浄霊を行なう時に、また霊を処理する時に、霊の特定というのは非常に重要な役割になります。ただここで知っておいて欲しいのは、霊能者と霊の処理、すなわち浄霊とは、無関係といったらおかしいですが、見えるからといってその処理とは無関係です。

霊能者=《イコール》霊の処理ができる人、という巷の考え方は完全に間違いです。霊の処理というのは、処理する訓練をした人でなければならない。

ただ、霊がかなり見える人は、霊を移動することまでは可能となります。その辺で霊能者=《イコール》処理と思う人が出てくるわけです。

しかし、その移動はかなり見える人、霊視のレベルが高い人でなければできない。ここに10人の霊能者がいるとしたら、霊の移動まで、その最大限できる人は、おそらく10人に1人しかいない。だから霊能者=《イコール》霊の処理ができる人という考え方は完全に捨てた方がいい。移動した所で、それは霊の処理をしたということにはならない。霊の処理は霊の処理の訓練をしなくてはいけない。

そこで問題となるのは、霊が見えるか見えないかです。見える人間は「あなただよ」ということができる。ところが、現実にいくら霊が見えても、「はい、そこにいる霊、ここに出なさい」ということをやれる霊能者は、ほとんど日本には実在しない。


なぜならそれほどクリアに霊を完全に見える人があまりいないからです。

そこで、霊の特定というのは非常に大きな意味をなす。では霊をどうやって特定するのか。ここでフレーズが必要となる。

絶対知らないといけないことは、霊はフレーズを越えることはできないということです。つまり、決められたフレーズの範囲内でしか霊は出ることが許されない。人間世界のように嘘とか偽りとか、そういうのが通用する世界ではない。霊の世界で嘘というのは存在しない。嘘が存在するのは人間の世界だけです。

それは、何故か。意思=《イコール》言葉というのは霊の世界です。だから、あなた方がどこかの神社に詣で、話すことは、それは言葉として通用してるわけです。声に出そうが、心で言おうが、それはそのまま通用しております。つまり、心の中で言ったことは、そのまま霊の世界で通じる。言葉だけではなく、意思も通じるということを覚えておいて下さい。

霊の世界は意思の世界

言葉は理解できると思いますが、では、意思とは何でしょうか。

例えば、今ここにいる男性は悪い男性で、隣の人を「いじめてやろう」ということを考えている。霊の世界ではどういじめてやろうかとか、そのままいじめてやろうかという意思が相手に伝わるのです。これが意思です。意思とは疎通です。意思が疎通してしまう。つまり、「いじめてやろう」という意思は、その男性がいじめることを考えている段階において、相手に通じている。

これが霊の世界。人間の世界では分からない。

「この人間、面白くね〜なぁ。こいつは」と思って何か機会があったらいじめてやろうといくら思っていても、人間の世界では、いじめてやろうと思われている相手にはそれを理解することができない。これが人間の世界です。言葉に出さなければ、表情に表さなければ、その意思は通じない。これが人間の世界です。

ところが、霊の世界は「いじめてやろう」と思う。それだけで通じるのです。霊の世界は嘘、偽りは通用しない世界です。これが意思です。言葉と意思が霊の世界では通じるのです。逆に最も通じやすいのは恋心ですね。「あっ、俺はこいつと付き合おうかな」と思ったらこれも通じる。これが霊の世界。逆に、隣にいる人が「あ~俺、嫌いだなぁ」と思ったら、嫌いだという意思も通じる。つまり、その意思がそのまま繋がる世界です。もっと裏を返せば、その意思の疎通だけで、会話と同じくらいの世界がそこには存在する。しかし、それはいくら言ったところで、意思の疎通の会話は、意思の疎通を理解できない人間にとって、言うだけ無駄じゃないかと思うから、私も言わない。いくら言っても、おそらく理解できないと思う。もし、それを理解したいと思うのだったら、意思の疎通、意思の会話を十分に考えれば、霊の世界の意思の疎通の会話を理解できるかもしれない。

このように霊の世界というのは、言葉と意思の疎通という2つの会話がある。もっと突き詰めて言えば会話はいらない。意思だけで、会話は成立する。それが霊の世界。だから、会話は必要なく、それで済ませようと思えば十二分に可能である。これが霊の世界です。

霊能者でもほとんどいませんが、かなり卓越したレベルの人で霊のレベルが上か下か分かるような人は、霊が来た時のその状態だけで、その人間霊の意志とかが分かってしまう。そこまで行くことができるのです。ただし、そこまでの霊能者というのは存在しません。

最初の話に戻りますが、霊の特定というのは、人間世界と霊の世界のその2つをまたぐもの。すなわち、これが霊の特定なのです。

どうして霊を特定するのか。霊の世界は言葉と意思だけで疎通している世界。人間世界は言葉だけの世界です。だから、この2つの世界のギャップを埋めるために特定する。

そしてもう1つ、人間には霊が見えないということです。霊が見えないとすると、違ったものが前に出た時に、それが違っているのをどこで判断するのか。逆に違わないものを出すにはどうすればいいか。そのためにあるのが霊の特定です。違わないもの、自分の出さんとする、目的のものを出す手段が霊の特定なのです。

フレーズに沿わない霊は出られない

そこでフレーズが存在する。どういう形でフレーズを決定すべきか。そのフレーズに違った状態のものは出ることはできない。霊はフレーズを作って呼び出した時に、そのフレーズと異なる霊はそこに出ることはできない。

それは、どういう形でそれが出ることができないかと言えば、例えば今、1人の人間霊がお酒を飲みたいとする。そして、あの辺にお酒がある。お酒を見つけたから、これを飲もうかということになる。ところが霊の世界ではそれができない。泥棒になってしまいます。やろうとして、やれないことはありませんよ。しかしそれは、1つの犯罪と同じような行為となる。地上のあちらこちらに置かれてあるお酒が見えても、それを勝手に行って飲んでしまったら秩序も何もなくなります。つまり、そういうことは霊の世界では許されない。

では、どういう時にお酒を飲めるかというと、与えられたものしか飲めない。「あなたの為にお酒を1本用意しました。どうぞ、飲んで下さい」と言われた時に初めてその霊は飲める。死んだ人間、例えば家族、お爺さん、お婆ちゃんが死んだ後、家で好き勝手にいろいろしてたから、好きな物を食べて飲んでいるだろうと思ったら大間違いです。お位牌の前にご飯を持って行って、果物を持って行って、供え物を持って行った時に、初めて彼らは食べることができる。勝手に家の中にある物を食べることはできない。それが霊の世界です。だから、いくらこの人がお酒を飲みたいと思っても、この人はお酒を飲むことはできない。「飲みたいなぁ～」と思って見てて、生唾飲んで終わりということになる。

その人（霊）に「どうぞ」と言わなければこの人（霊）は飲めない。これが霊の特定です。お酒1升瓶を持って来てこの人（霊）に「飲んで下さいよ」と渡した時に初めて飲める。それ以外お酒を飲むことはできない。それと霊の特定は同じことなのです。

フレーズは霊に出る権利を与える

霊はフレーズ通りにしか出ることができない。つまり、フレーズ＝《イコール》権利だと思って下さい。1つのフレーズを言った時、初めて霊に出る権利が与えられる。

例えば、ある女性がここにいる男性を恨んでいるとする。そこでフレーズを「その男性を恨んでいる人」としたら、その女性に出る権利ができるわけです。ところが、ここにいる男性を恨んでいる人が10人いたら、今の女性は10人の中の1人になります。

仮に「Aという人を恨んでいる人は、前に出なさい」というフレーズを使った時には、出られるのは10人いるかもしれないし、20人いるかもしれないです。

しかし、例えば、「1月19日に、このクラスにいて私を恨んだ人」となると、その人は1人に絞られる。「あの日、あの時に私を恨んだ人」というフレーズなら、20人いる中の、たった1人の人に限定される。分かりますか。これが霊の特定なのです。

―名前を使ったらだめですか？

名前が分かっていればいいですよ。その人と名前が分かっていればいいわけです。だから、霊の特定で名前を言う場合もあります。日時を指定する場合もあります。

つまり、特定というのはそういうものです。この人を１人として定める何かを捕まえなければいけない。これが霊の特定です。名前を言って、「○○さん」と言ったら、日付は関係なくて、その人が出る。あるいは、何月何日に私は恨まれたのではないかと考えたら、「何月何日に私を恨んだ人」とすれば、その人が出る。

ただし、その人がこの日に3人ぐらいの人に恨まれたら、３人出る権利を与えられることになります。

霊の特定というのはそういう意味がある。見えない世界、誰に権利が与えられるか。これがフレーズであり、霊の特定である。だから、出る権利が誰に絞られるか。10人に絞られるか、5人に絞られるか、１人に絞られるかということです。そして最も関与する１人としたいわけです。

例えば、10人に恨まれていたら、自分に最も関与している、最も強く恨んでいる人を、１

人とやりたいわけです。それならどうするか。最も自分を恨んでいる人というフレーズではこれほどアバウトなものはない。

例えば、後ろにいる人が、その前にいる男性を恨んでいたとする。隣の人もその男性を恨んでいたとする。本人達にとっては、自分が最も恨んでいる1人です。つまり、恨んでいる2人を比較して、どっちが恨みの程度が激しいかなんて、本人達にも分からないわけです。最も恨んでいるとなると、〝じゃ私だろう〟ということになる。つまり、最も恨んでいる人というフレーズは10人いたら10人に与えられるフレーズです。だから、最も恨んでいる人の1人はどういう人の1人が出るかと言ったら、最も出やすい人が出る。いいですね。これが霊の特定の難しいところです。

焦点となる霊を呼び出すフレーズを作る

そこで、皆さん方は、浄霊に際しては如何なるフレーズで、自分が最も目的とする霊を出演させるのか。そのためにそのフレーズを考えなくてはいけない。最も重要な1人を出さなくてはいけない。その為に、そのフレーズを十二分に考えた上で、誰に権利を与えるか、という問題を十分に熟慮しなくてはいけない。

例えば、今ここで恨んでいる人間が2人いて、フレーズでその2人の中で恨んでいる男性と特定したら、男性だけが呼び出されることになる。反対に恨んでいるのが女性としたら、その女性に出る権利が与えられる。分かりますね。つまり、どうして1人を特定するか、誰に権利を与えるかということです。この人に出る権利を与えるのか、あの人に与えるのか。それはその権利を与えるのがあなた方だからです。

つまり、権利を受ける人は、あなた方がどういう霊を特定するフレーズを作るかで決定する。だから、フレーズというのは、十分に考えた熟慮したものでなくてはいけない。

誰でも出ることのできるフレーズでは、いつまで経っても最も呼び出したいものが出てこない。10人いたら10体やって初めて全部終るということになる。浄霊は能率よくやらなくてはいけない。できる限り少ない数でやらないといけない。

「私を恨んでいる人」と言って10人出して、それが50人もいたらどうなりますか？ 50体やらなきゃいけないですね。そんなことやっていたらきりがない。そうなってくると、皆さんの浄霊の命運を握っているのは、霊の特定だけに関わらず、むしろ、フレーズとも言えるわけです。

ともあれ、フレーズを作るには相手の立場になって考えないといけないのです。例えば、後ろにいる人をあの人もその人も恨んでいるとする。その中で最も恨んでいる人というのは、あなた側の考え方なのですね。霊側の考え方になって考えていない。恨んでいる人から考えてみたら、〝最も恨んでいる人はこの私だ〟と、誰だって思うじゃないですか。そしたら、最も恨んでいる人と言ったら、自分が出るじゃないですか。つまり、自分中心で考えてはいけないのです。

霊の特定とは、あくまでも相手の立場になって考えて初めて成立する。自分の側に立って、最も関与する人なんてやっていたら駄目です。だから、相手の立場になって、出る側の立場になって、必ずその特定をしなくてはいけない。

ところが、いつの間にか、自分の側だけに立って、自分の考えで持って、自分の考えたことで、自分に1番という形を作ってしまう。

そうすると、相手が出るフレーズではなくて、自分にとって最も強い人とか、今この痛みに1番強く関与している人を出しなさいということになる。

仮に痛みに関与してる人が10人いたら10人出ます。ちょっとでも関与していたら、〝あ〜俺のこと〃、あるいは〃私のことを言っているんだわ〃と思い、10人いたら、10人前に出るのです。

ともあれ、最も関与する人が1人出るのはいいですが、常に相手（霊）の立場になって相手が出やすいフレーズを考えて下さい。

もちろん何時でもそういうことができると限りません。今日という日に、2人の人間が恨んだとすると、今日のこの日が特定できればいい。

特定できないとしたら、それはもう仕方ない。

「私を恨んでいる人」というフレーズで恨んでいる2人のうちの1人を処理をして、次に残りの1人に出てもらう。

ところが、そういう時にあちらのとんでもない所で、あの変なピンクの服を着た人が自分を恨んでいるかもしれない。そういう人もパッと出るわけですよ。分かりますね。そういう時は、もう全部やる以外にない。だから、できるだけアバウトにしないこととできる限り5つとか10で終るようにする。

1つに絞れない時は最小限に絞る。これがやり方です。

１つに絞られる場合なんかほとんどありませんから、５つとか10以内に絞られるフレーズを考えるということです。だからフレーズが命なのです。

●●● フレーズについて

浄霊において、フレーズというのは最も重要でもあり、いかなるフレーズを使うかというのが1つの大きなキーポイントでもある。

またフレーズによって出る霊がすべて変わるわけです。フレーズに反するものは絶対出てこない。いわゆるフレーズ通りのものが出る。これは当たり前のことながら、当たり前ではない。フレーズというのは、絶大なる権利がそこにあるからです。

そこで、どのようにフレーズを作るかという問題になる。やはり最初の導入するフレーズは、大きく包含した形で作ることです。まず大きい包含の形でフレーズを作ることが基本となります。

まずフレーズは大きな包含した形でくくる

つまり、大きな包含とはどういうことか。例えば、リュウマチという病気で考えれば、まずはリュウマチに関与している霊でくくりますね。これが1番大きく包含した形のフレーズになるわけです。

しかし、これではちょっと大まかすぎるという傾向がある。リュウマチに関与している霊というのだったら、その人に関しては、あらゆるすべての霊に権利がそこに存在している。つまり、フレーズで霊を呼ぶということは、出る霊に権利を与えるというふうに解釈していただきたい。権利を与える。そのフレーズに関わっている霊なら、すべてに出る権利がある。

だから、リュウマチに関与するものという大きく包含したフレーズでやるとどうなるかといったら、右手の痛みに関与する霊も、左手の痛みに関与する霊も、あるいは過去に関与した先祖霊も自縛霊も今いる動物霊も、何もかもそこに出ることができる。つまり、わずかでも関与していれば、そのフレーズから異ならない。何らかの形で芥子粒ほどの関与でも、それは関与になる。つまり、大きく包含したフレーズでは、かなり多くの関与する霊が非常に数多くいるということを忘れてはいけない。それではアバウトで大きく包含したフレーズは必要ないかというと、これは違うのですね。

例えば、ここにリウマチの患者の女性が1人いる。彼女をリュウマチの病気に引っ張っていった最大の原因は、その後ろにいるAさんだとする。仮に、その女性を取り囲む人たちの中で、彼女をリウマチにさせた原因は誰かという具体的な話になった場合に、まず浮かび上がってるのはAさんとすると、このAさんというのは、その女性の周りにいる人の中でとんでもなく悪い人であったわけです。その女性をリウマチにさせた関与がもの凄く大きく占めていた場合には、当然、Aさんがまず出てくるわけです。

つまり、リュウマチというものに関与して、その女性に最大の悪い影響を及ぼしたAさんというのはここに浮かび上がるわけです。

非常に悪い影響を与えているものや、明らかに大きく関与しているものなどは大きいフレーズで出てくるということを忘れてはいけない。そういう目的で大きいフレーズを使いなさい。大きく関与しているのはそこにいるかもしれないのです。いないならこれは使わなくていい。大きく関与しているのがいるかもしれないから、やはり大きいフレーズのくくりものはどうしても必要なのです。

そこでAさんがリウマチに最も影響を与えている原因だと思って、それを片付けた。Aさんの恨みはなくなった。

さぁ、そこで大きいフレーズの浄霊が終ったと思って、次の新たなフレーズに進めるかというと、もう1回同じフレーズでやってみる必要があります。すると、またもう1人、Bという人間も大きく関与していることが分かった。つまり、リウマチに1番大きく関与しているのが2人いたわけです。ですからやはり大きいフレーズでやるべきです。

このように、1番大きく関与しているものをまず取り除きなさい。これが浄霊の順序としての1つのセオリーです。

そこで、その2つを処理した場合どうなるか。

リウマチ患者の女性は体が軽くなります。まず軽くなるという現象が出てくるでしょう。効果があった場合には、やはり、なんか体が軽くなった。浄霊をすると体が軽くなったという表現をしますけど、現実に精神的な状態が軽くなっているのです。精神的な抑圧が取れた状態、それが精神的にも肉体的にも軽くさせるのです。だから、体が軽くなった、心が軽くなったというのは霊による精神的な抑圧が取れている状態をいうのです。

さて、AさんとBさんの2人のとんでもないような悪い人間が取れたら、今度はどうするか。もしかしてまだ悪い人間が残っているかもしれない。

そこで、全然方向を変えてみると、後ろの方でボーッとしているCいう変なのも関与していることが分かった。ボーッとしていながらも、あんな後ろの方で関与している。これも非常に悪い人間かと思って浄霊をしてみたら、現実には殆ど変化なかった。つまり、関与する程度は低かったということになる。ここでAとBの2つの浄霊の後、大きいフレーズで出てきた対象Cは関与度が低かったことから、この辺で次のフレーズに移るべきであるという判断ができるわけです。

そこで今はもうフレーズを変える時です。

精神的に苦痛を与える霊を呼び出す

ではどうフレーズを変えるのか。

この人は、何が1番苦しいのか。右の腕の痛みはもの凄い苦しい。右腕の関節や手関節が非常に痛い。もうこの苦しみは大変なものがある。明けても暮れても、痛みの為に夜も眠れない。この辺がポイントです。いいですか。

それと同時に、その人の精神的な抑圧はもの凄い。

人はそのような苦しみの真っ只中にいる場合、痛みだけとか苦しみだけという解釈は、一般の人に任せておいて下さい。あなた方はそれを聞いた時に、苦しみだけ、痛みだけという解釈を決してしてはいけない。現実の痛み、現実の苦しみや現実に起こった現象以外に必ず並行して、精神的に追い込んでいるものがあるということを忘れてはいけない。

つまり、先のリウマチの女性は手関節が痛くてしょうがない。リュウマチで痛くてしょうがない。右の手がもの凄く痛い。このような時に現実に痛めているものともう1つのフレーズが絶対必要なのです。痛いという苦しみを与えているものがあるのです。

浄霊者が知らなければいけないのは、患者さんが痛い、痛い、痛いと思って苦しんでいる。その痛みという苦しみに対して、本当に肉体の痛みからくるのは半分より低い、3分の1くらいです。つまり、残りの3分の2の痛みは何かといったら、その痛みに対して、精神的に追い込んでる霊の存在なのです。

本当の痛みと実際に置かれている状態の痛みとは比例しない。絶対比例しない。痛んでいる、苦しんでいるという状態は肉体的な痛みだけではないのですね。

痛みをそういう状態に起こさせている霊の存在がそこに必ずあるのです。霊の存在なくして、現実に本当に痛いだけの痛みはない。そこには約3倍の痛みが来ていると思って下さい。

中にはこの比率がゼロの場合もある。現実には痛くなかった。霊の存在だけで痛みがあった。これは非常に数多いということです。

では、この痛みは嘘だったのか。嘘だったのです。これが霊の世界です。いいですか。もっと極端に言いますと、先の女性が右手が痛い、痛い、痛い、痛いと苦しんでいる。そして左手も痛くならなければいいかなと不安でいる。突然あくる日から、左手が猛烈に痛み出した。痛むかな、痛むかなと思っていると、どんどん痛み出します。これは100％現実ではないと判断して下さい。

そこでその痛みを取る浄霊をします。すると何で痛みがあったんだろうと不思議に思うほど痛みがすっかり治ってしまった。こういう現象が現れるわけです。これが霊の性質です。いいですか。

そこで登場するのが皆さん方。浄霊によってそれを処理した時に、この人の左手の痛みがなくなるのです。現実に先の女性の左手の痛みは存在しなかった。存在しなくてもそこに痛みとその存在を作ることができる。これが霊の存在です。霊というのはそういう存在です。全くない病気を作り上げることができる。そして、その人が招いたなら、それは歓迎して簡単に作ることができる。

つまり、招くというのはどういうことか。今右手の手関節が痛い。だから左手の手関節も痛くなったらどうしようかと不安に思うところに、左手の痛みを招くことになる。つまり、病気はそこに存在しないのに、左手が痛むという現象の病気を起こさせてしまう。これは霊の世界では非常に数多くあることなのです。

だから裏を返すと、霊媒体質の人の病気は起こる病気すべてが霊の影響で起こる場合も数多いということを皆さんは忘れてはいけない。霊媒体質と病気、痛みはそういう関係であるということです。だからそれを浄霊したら、それで終わりなのです。

霊による病気の招来

もうちょっと話を進めましょう。もっと怖い話です。また別のリウマチの女性は左手が痛い、痛いと苦しんでいた。彼女は我々のような浄霊する人間に出会わなかった。通常ほとんどの人は浄霊には出会いません。

リユウマチというのは、必ず左右対称に起こるから、〝あー、右手も同じように痛んできたわ〟と思っているうちに1年が過ぎた。その時には、すでに右手も同じ病気となっています。

つまり、これが霊による病気の招来です。いいですか。こういうことが起きるのです。それは、左手に痛みが来て、1年、2年経った場合、それは本物の病気として招来してしまう。これが霊の影響の恐ろしいところです。

病気というのは、現実にあった痛みが病気に移行していく場合と、霊的にその痛みがきて、いわゆる霊的な痛みから、現実の病気に入る場合がある。つまり、体から霊に入り、霊から体に入る場合である。このようにどちらも存在するということです。病気というのはそういうものです。

だから、この人が、左手が痛い、左手が痛いという状態を1年も2年も経ってしまったら、それはもうすでに病気の領域。心から、あるいは霊からの影響で病気になってしまっている。このようにして、我々人間生活の中に、霊と現実の病気という存在は、混在しながら進行している。それが常に混在しながら、病気というのは進行しているのです。

ただ、時期はまちまちです。この人のリュウマチの右手は痛くないのに痛くなってきた。さぁそれが半年後に、現実の病気に発展するか、1年後に発展するかというのは病気によっても違う。その人の精神力によっても変わります。形態的なものを持たない場合には、進行のしようがない。

例えば、Dという変な人間がここにいて、いつもお酒を飲んで頭が痛くなる。ちょっと飲むと頭が痛くなる。お酒を飲むと頭が痛くなると思ってる。そうするとそのうちに、たいして飲まなくても頭が痛くなる。

〝あー、これで俺は頭痛持ちになるんだ〟と思うと、そのうちに、もうどんどんと進行していき、ちょっと飲んで頭が痛くなる状態から、飲まなくてもしょっちゅう頭痛がするようになる。

ところが、これで半年、1年、2年を経過しても、頭痛が大きな疾患に結びつくにはなかなか大変で、単なる頭痛持ちで終わる場合も多い。

先のリュウマチの例では、リュウマチという要因を持っていて、リウマチになった場合には、これは簡単に病気に移行できる。リュウマチの要因をその人が持っていて、すでに左手にその症状があるのですから、右手に移行するのはたやすいわけである。

一方、彼は頭が痛い。酒を飲んで頭が痛い。でもこの場合には、何の病気になるんだということになる。

つまり、病的な進行、病気の方向があまり定まっていない。行きにくい方向にある。こういう場合には1年経っても2年経っても、なかなか1つの病気として現れない。そして、1年ないし2年後に、それは浄霊でパッと取れる場合もある。つまり、こういう性格を霊は持っているということです。

意外と何年も痛んでいても、結局それが形態をなさない。形として、病気の1つの形を作らない場合も、数多いということを知らなくてはいけない。3年も5年もやたらと痛み続けても、そういう症状を出していても、病気に至っていない場合も浄霊の世界は数多いということです。

大局的なフレーズの次は細部に入り込むフレーズ

フレーズというのはその辺に焦点を当てる。最初、アバウトの大きいフレーズで作っていった。その次今度は小さいフレーズにいく。局部のフレーズにいくのです。そして、リュウマチだったら1つ1つ取っていく。症状に関与していくものを取っていく。あるいは、もっと具体化していく。

普通の浄霊では大金持ちになりたいという時には金持ちになるというフレーズをやります。

いわゆる金運ですね。金運を邪魔している大きなものがいっぱいいたとする。

ここで、Aさんが金運の浄霊をして成功したいと思う。すると、その後ろにいるBさんが、〃私は貧乏人で苦労してるんだから、そんなことさせないわ〃と頑張っている。〃私だけ苦労して何よ。先祖はそれで苦労して、努力しながら成功したのよ〃と思っている。〃楽にお金持ちにはさせないわ〃というところで、BさんはAさんに大きくマイナスに関与しているかもしれない。それでBさんの影響を取った。

ところが、悪いことだけじゃない。Aさんの隣にいるCさんがもの凄く大きく関与していたとする。ところが、このCさんは、自分はもの凄い財産を築いたから、これをAさんに与えたくて与えたくてしょうがない。つまり、Cさんはプラスとしてはもの凄い大きい存在だ。だけど、Aさんは自分の方（Cさん）に何にも焦点を当ててくれない。だけど、そのような存在はいつ出てくるか分からない。そのうちにやっと、〃私の出番が来たわ〃というところで、待ってましたとばかりにCさんは出てくる。だから、プラスとしてもそういうのが存在する。そして、それが成功してうまくいった。

今度はもうちょっと細部に金運で入り込むにはどうしたらいいかといったら、当然、次は商売です。その場合のフレーズは、自分のやっている仕事に関与しているものにいく。やはり、仕事運を上げるのもまずは大きなフレーズなのです。人を寄せなくては仕事が成り立たない。人を寄せるために浄霊を使わないといけない。ではどういうふうにしたらいいか。

浄霊は陰から成果を落とす

人を寄せるのに協力する霊というフレーズを使います。つまり、人を寄せるのは、弁が立って人を大勢寄せてきた実績のある人がいい。そこへいくと、例えばEさんが生前生きていた時に大勢人を寄せたという実績があるとする。大勢人を寄せたという実績があるということは、現実に人を寄せたわけです。いいですか。この辺が重要なのです。現実に人を寄せた。声を掛けて人を寄せた。

これには、表、裏、つまり、陽、陰が必ず存在する。陽は現実。陰は霊的なもの。つまり、物事にはすべて陽、陰が存在する。例えばこの人が大勢人を引っ張ってくるとすると、現実に集まったのは陽。それに協力したのは陰。精神的な状態でそれを集めることができたのは陰。陽陰そろって初めて人は集まる。寄って来る。

さぁ、Aさんが金持ちになるために人を寄せるにはどうするか。Eさんは、どういうところで協力できるか。陽陰の陰に協力できるわけです。しかも完全にです。それでAさんは陽だけやればいいということになる。そして、自分の持ってる陰も使える。そういう形でEさんは協力できる。

つまり、人を集めるのに、陽陰のうちの陰の占める％は50です。持ってる量は、つまり、人を集める陰の方の50％をEさんは協力できる。現実に集めて人が来るという所の50％をAさん自身でやるわけです。そういう形で霊というのは協力できるわけです。

だから、Aさんがお金持ちになるという大きいフレーズで浄霊をすると、ザクザクとお金を集める50％働きは陰のCさんが協力する。お金を持っている人をAさんは陽から集める行動に出る。だから、Aさんがちょっと人を集めれば、Cさんの方でワーッと陰の方からお金を溜まりやすくするわけです。分かりますか。

さらに、人集めをもっと具体的にする所では、Eさんが陰として50％働いて、人を集めるということになる。つまり、そういう形で霊は選ばれ、浄霊としてそれらの霊が登場することになる。

ところが、Aさんが物を売っているとしたら、いいものを仕入れないといけない。人を送ることに協力する霊でやったとする。そうすると、隣のFさんは、その当時、生きてた時は目利きが凄くて、もの凄く物を見る目が良かった。物を見る目で成功した。信用だけで成功した。そういう人が協力すると、Aさんは間違いなくいいものを得ることができる。つまり、Aさんが物を売って成功するにはいい物を得るというところで50%、現実で動くというところで50%の協力が必要となる。その中のいい物を得るというところでFさんはAさんに50%協力できるわけです。つまり、そういう形でそれぞれの霊の存在があるということです。

―その場合、マイナスはマイナスでまた別にあるのですか?

その通りです。マイナスはマイナスで同じように妨げる。
例えば、ここで、ある人が物を見る目がなくて大失敗して、とんでもない物を大量に仕入れて、そのおかげで倒産して、追い込まれてしまった。家も潰してしまった。つまり、その人には同じように物を見る目で失敗して倒産してしまったとする。その霊はまだ苦しいところにいるから、〝私も何とかして欲しいわ〟というところで、もうマイナスにしか作用しない。それには、逆にその憑いている人を綺麗にしてやれば、そういう陰の念波を放たない。

つまり、ある人は人生に成功した。その人が憑くと陰からプラスのすばらしいいい念波を受ける。

隣りの人は人生に失敗した。今度は、失敗した人からマイナスの念波が陰から送られてくるわけです。失敗した経験の念波、その50％のうち、失敗した経験ばかり送ってくる。この失敗から来るマイナスの念波の50％はいらないものである。成功したプラスの影響があればいいわけです。ところが失敗したマイナスの経験が常に襲ってきたらどうなるか。当然失敗する方向ばかりに行ってしまうことになる。こんな物使わなきゃいいのに、買わなきゃいいのに、仕入れなきゃよかったのにという失敗の念波が、その人にマイナスの影響を与えるわけです。その結果、〝なんで、私はこんなの買っちゃったんだろう〟という現象が起きるわけです。分かりますか。

つまり、霊というのはそういう形で作用する。だから、フレーズをもっと具体的にしていく時に、プラスの存在やマイナスの存在というのがそういう状態で作用するということを考える必要がある。人間の金運でも病気でもすべてそうです。大きいアバウトのものをやったら、その次は具体化したフレーズで迫りなさい。

例えば、金運だったら、清水焼のお茶碗をAさんは持っていたとする。いろんなお茶碗を持っているけど、これを売ったら成功するのではないか。そこで清水焼のお茶碗を売るのに最大限協力する霊と売ることを阻害する邪魔の霊をやります。Aさんに憑いてる霊の中で、〝私は壷は上手だけど、清水焼の茶碗は売ったことがないわ〟という霊がいる。ところが、その中の1人が、〝あー私、清水焼の茶碗だったら経験があるわ。こういうふうに売ったら簡単に売れるわ〟と清水焼を売るノウハウを持っている霊が出てくる。

〝清水焼だけは私の得意よ〟というのがどこかあの辺にいるとする。つまり、そういうふうに目的を具体化すれば、具体化した状態で必ず霊は存在するのです。

先祖は何百人もいますから、その中で最も得意な人間はどこかにいる。ところが、人によってはあんまりいない場合もあるかもしれない。300人ぐらい浄霊しても、清水焼を売ったことがあるような人が1人もいない。それに類するものもいない。そうしたら、違う方向で考えるわけです。だから、1つだけでは駄目。いるとは限らないということも考えなくてはいけない。いないということもあるのです。

―その目的に得意とする霊がいない場合、限定を切っても呼んでも出ないということですか？

呼べば必ず出ます。しかしその場合影響があんまりない。いい結果が出ない。それで、逆に、今度は清水焼ではなくて、信楽焼きにした。ところがパッと出た。売れたということもある。

私が言いたいのは、フレーズを局部の範囲に絞り込んでいく時にはやはり細かいフレーズにする。しかしフレーズが細かくなれば1つの処理では駄目です。フレーズが大まかなら大まかでいくやり方がある。フレーズが細かくなっていく場合はフレーズはいくつも必要とします。フレーズはもっとその状況を具体化したのを詰めなくてはいけないということです。

成功させるために詰めるのです。具体化したら、ある程度数をこなさなくては成功に至らない場合も多いということです。だから、具体化して、細分化したら、細分化した分だけある程度処理する数を増やさなくては成功しないと言いたいわけです。つまり、清水焼を売った人がいなくて、信楽焼きを売った人がいるかもしれない。そういうことなのです。

—フレーズをアバウトでくくりますと、当然、そのフレーズに含まれる動物霊や人の霊すべてに（たとえそれらの霊がほんの少ししか関与していなくても）出る権利ができるわけですね。そして、その時に、必ずその1番影響を与えている人は先に出るとは限らないわけですね。

その通りです。だからその辺が問題なのです。その霊がもの凄く強い場合には先に出ます。だけど、それよりも先に、最も邪魔しているものが出るかもしれないし、あるいは、もの凄く影響しているけれども気が弱かったり、パッと限定印に出て来れないものもいる。

それ以前に怖いような人が後ろにいる。逆にその人を先に片付けてくれたら、〝あー、私気楽に出れるのになぁ〟という場合もあるわけです。


本当に成功するには、それに関与していて、大局的に関与しているものをやりながら、局部的に影響しているものもやっていく。常にそれら2つを並行してやるのが最もいい。いつ限定印に出るか分からないという性格を持つ霊も、浄霊の世界では通常の現実界と同じなのです。

だから、時々大局的に大きいものも浄霊するのが必要だっていうのはその辺にある。逆に局部的な範囲から出る細かいものをやることで、次に大きなくくりのフレーズで大きく影響しているが、気は小さくて出ることができなかった人間が出てくる可能性はある。浄霊というのはいつ呼び出されて出るか分からないところがある。

ただ先祖というのは、やはり自分達の子孫はかわいい。子孫はかわいいから、原則的には大きく関与して、できる人間が助けることには協力する。中に協力しないのもありますが、方向性としては子孫に協力するのは先祖であるということです。

しかし、あまのじゃくな人間もいっぱいいる。今の世の中と同じです。親子仲がいいといっても、仲良くない親子もいっぱいいますし、色々です。ともかく、先祖は原則的に子孫には協力するけれども、自分だけ良くなりたいとか、先に出て良くなりたいなんていうのも、当然出てくるのは当たり前です。そういう世界です。

—現実が50%というふうにおっしゃいましたけど、これは自分で行動する、アクションを起こすということですか?

起こすというより、現実にそのままやってる場合には、そのままでいいわけです。

—そのままというのは?

自分でアクションを起こしてもそれは出てきますよ。何にもない場合はアクションを起こさなくてはいけない。だから、営業活動してる場合には、そのままでいいじゃないですか。

―マイナスの霊においてもやはり現実的なところ50%ということですか?

当然そうです。みんな同じです。マイナスもプラスもそうです。

―マイナスの現実的というのは、例えば、事業に失敗した人と付き合うとかということですか?

そういうことですね。

だから、転がる人間については、人間いくらでも転がるというのがやはり真実なのです。

だから、霊の存在、つまり、中国に言われる陽陰説というのは、やはりどこにも当てはまることなのです。

●•● 霊の理解できるフレーズ

霊には時間のある世界が分からない

―浄霊師が言ったことが、そのまま通じるような、霊側に働きかけるのに成功させるようなフレーズは何かないでしょうか？

霊とか、いわゆる神様も、先祖もみんなそうですけども、霊そのものからこちら（人間界に対して）最も働きかけにくいという状態がある。そのズレは何にあるかというと、1番大きいのは時間なのです。フレーズをいろいろ考えていますが、時間とか、距離とか、そういうものがない世界に霊はいるのに、それらが加わっているようなフレーズ、それが関与するようなフレーズでは、やはり出にくい。霊の世界ではいわゆる時間と距離とか、そういうものはないわけです。だから、その辺のズレがある。例えば「より勉学ができるように」というフレーズの場合、彼らにとって勉学というのはない。

―それは時間のない世界だからですか？

時間のない世界に勉強はない。そういうズレがあるということです。例えば、霊が来ます。日本にイエス・キリストが来たら、日本語で話します。イエス・キリストは、ドイツに行ったら、ドイツ語で話します。ギリシャへ行ったら、ギリシャ語で、イエス・キリストは話しています。つまりどういうことかといったら、時間のない世界に霊は置かれているから、ほんの一瞬の間に、霊は何語でも、すべての言語を話すことができる。

一方、この現実界の時間のある世界では、例えばギリシャ語を学ぶにしても、中国語を学ぶにしても、時間があれば、誰でも学べるわけです。分かりますか。霊は時間は関係ない世界にいるのだから、そういうことを考慮しないようなフレーズが出てくると、その辺とずれが生じるということですね。

だから勉強をやる気になるとか、あるいは、いろいろな形で次に進めていくというようなな場合、「時間を掛けて、こうやっていけば、こう言えばよいではないか」というようなフレーズを考えたとすると、その中の中心となる時間に対しては霊は最も苦手であるということですね。苦手であるというより、分からないということなのです。

霊の世界では時間は1ページの集まりである

距離を縮めたいとか、近くにしたいとかというような、時間や距離に関することがフレーズの中に結構多々含まれている。霊の世界には時間や距離がないということを考えてフレーズを作らないと、それらがちょっとでも入ると、霊は力を貸すことが不可能になる。

つまり霊にとって学習したこともないのに、学習を勧めても、それは理解できないというより、全然違う世界の物事である。

あくまでも1枚のページである。時間は1枚のページである。1枚1枚のページを張り合わせたのが、この現世であるということを忘れてはいけない。だから、その辺もずれると、フレーズでいくら頑張って霊を呼びだしても、霊は協力のしようがない。この失敗が1番大きい。そういうことを踏まえた上で、向こう（霊）がどのよう

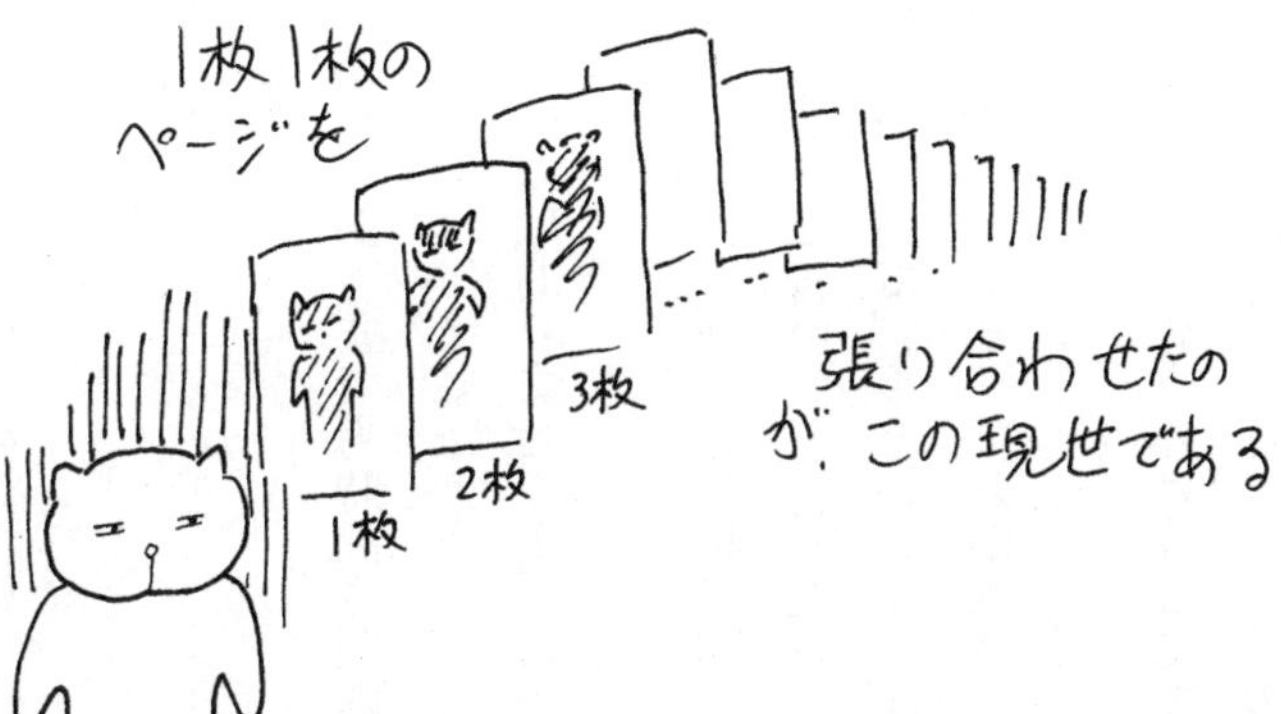

1枚1枚のページを
張り合わせたのが、この現世である
1枚
2枚
3枚

に協力してくれたらこれが叶うかということを考えながら、フレーズを作るのがよい。

いったんフレーズで宣言したことは全人類すべての霊が聞いている

―つまり、霊が協力しやすいフレーズを作るということですか?

協力しやすいフレーズを作ってくれれば、もっといい。しかし、あくまでも時間や距離というものから考えてはいけない。それともう1つ重大なことで忘れていることがある。1つのフレーズで、1つのことを呼びかけている場合に、対象は1つではありませんよ。自分の周りにいっぱいいる存在を忘れている場合が多い。

もっと具体的に言うと、例えば、今、私がここで「青い」と言います。これを誰が聞いているかということです。いや、誰が聞こえるかという問題です。今、「青い」と言ったら、時間のない世界、距離のない世界においては、全人類すべての霊が聞いているということなのです。聞いていない霊は存在しないということです。この辺を皆さんは知っておかなければならない。

ということは、裏を返せば、フレーズをここでどんどん言った場合、皆さんは今ここでそのフレーズが聞こえる人は今自分の身の周りにいる人だけであり、例えば、遠くアメリカにいる人には聞こえないから、関係ないわと思っているでしょう。でもこれは違う。アメリカにいる人もここにいる人も、半径5メートル以内にいる人も、霊の世界では同じだということです。その辺が現実界とではずれているということです。

だから、「この周りにいる何々の人」とアバウトに広範囲でフレーズをくくった場合には、アフリカの端の方から霊が来ることだってあり得ますよ。現にアフリカ最南端かどこかから飛んできて、遊んで帰ったバカな人（霊）もいた。そういう現象もあり得るということです。その辺のずれを理解してください。つまり浄霊をしている時に、「この間処理したのはこういう霊だから、まだ同じようなのが自分の周りにいるだろうから、それをやる」という考えは排除したほうがいい。

霊の世界に「自分の近くにいるからやる」という考え方は存在しない。「近く」というのはない。いいですか。距離がないのだから。その辺をよく考えてやると、「このフレーズは、おかしいのではないか」というのが、あっちこっちに出てきます。

つまり結論から言うと、霊の世界を理解したフレーズを作ると協力しやすい。特に時間と距離のおかしいのが目立つ。だから「この間、こういうふうにやったから、今度は、このぐらいでいいじゃないか」というのもおかしいことになる。

「時間が経っているから、いいじゃないか」というのは現実界のことであり、霊の世界では、時間が経っていても関係ない。その後でやっても同じなのですね。ところが、人間霊の2回目を上げ直すには4時間を置かないといけない。それは現世での処理だということです。その辺をよく理解しないといけないということです。

浄霊もまた自在、限定、統一で進む

―1つのフレーズで、例えば金運なら金運に関して一杯処理したとします。そこで浄霊師が、「あれだけたくさんしたからもういいだろう。今度は違う方向で行こう」と思っても、もしかしたら、同じフレーズで、まだどんどん追求した方がいいケースもあるのですか。そっちは一杯したから、もうその断片を含むフレーズとは別の考え方をするというのとはまた違うのですか。

それとはまた違いますね。今の質問はやり方の問題です。だから、まず最初にベースを作りますよね。ベースを作ってやる。それでその次に、もうちょっと今度入り込んだ形でピラミッドを作る。それで、その次に、またもうちょっと奥に入り込んでいく。こういうふうに、だんだん、だんだん積み重ねていくことは同じですね。ただその時に、自分の意志が入っていて、気づかずに当初の目的だけではなくて、もっと広い状態を知らずのうちに作っている場合がかなり見受けられるということですね。本当は、もっと少なくてもいいのにです。だからその部分は余分であるということなのです。この余分なのをやる分だけ、労力が余計掛かっているということになる。

いわゆる物事というのは、全部、自在・限定・統一で成り立っています。これを必ず通るわけです。自在・限定・統一という過程を必ず新しいことをやる場合には通るわけです。だから、浄霊で1つを成功させる場合にも、やはり自在・限定・統一を必ず通るということです。だから自在・限定・統一という形を、ある程度頭に入れた方がいいかもしれない。

金庫にお金を一杯にする方法

―例えば、さっきの時間的なずれに関してですけど、1つの例を挙げると、毎月、ある一定の期間の収入が安定して得られるように考えると、これはむしろ毎月の時間の流れを考えて、むしろそれが安定していく浄霊というのはどうですか?

それはすごくやりにくいかもしれないね。また、それでは結果が分かりにくいでしょうね。

―それでは箱を与えて、「これをいっぱいにしてください」と言った方がいい？

それだって霊はやりにくい。協力しにくいわけだよ。例えば「預金通帳がいっぱいになるように」と言っても、それでは協力のしようがない。ところがこの金庫にお札がすでにいくらか詰まっているとする。〝これを一杯にしてくれ〟という。これなら早い。早い話がこれなのです。

「預金通帳を増やせ」と言ったところで、訳が分からないし、「いつまで?」と言ったところで、時間のない世界から距離を見なきゃいけない。そうすると、自分のところにない世界から時間を考えないといけないので難しいわけです。

―例えば実際にクリニックを経営していて、1か月の収入がないと、やはり苦しいじゃないですか。そういうときはどういう方法で浄霊をすればいいですか？

そうですね。

それは金庫というか、あるいは数字でもいいですよね。「何月何日までに、いや、来月末までに」という数字を用いる。毎月というと、今度は区切りが難しいかもしれない。「8月」と言ったら、それはそれでできる。

上の世界には、区切りがない。時間のない世界だから。なぜなら時間はこちらで勝手に作っている世界なのです。

だから時間が器になってしまう。「毎月お願いします」と頼まれても、「毎月、どこを区切るのだろう?」と考えなければいけないわけです。まず霊側はそこから始まってしまう。すると、協力するよりもまず区切りから始まってしまうことになる。

—例えば商売をやるのだったら、必ず金庫がいるということですね。

だから、向こうが分かりやすければ、協力できるでしょう。分かる以前に理解しないといけないとなると、ちょっとやりにくい。そういうずれが結構見受けられる。

だから「毎月いくら」じゃなくて、「9月にいくら」、「10月にいくら」と言った方が、それは霊はパッと分かるよね。

—それは先ほど話に出た限定になるのですか。

限定になりますね。

―では自在はどうなるのですか？

自在は金運でしょうね。金運そのもの全部ではないけれども。

―統一は？

それで安定したら、統一でしょうね。

―では毎月とか、そういうのがひと言でもフレーズの中にあると、さっきおっしゃったみたいに、フレーズ自体がマイナスになるのですか？

今度、それを考えるということは、２段階で霊は協力しなければいけないということになる。それが得意な霊はいいけど、みんな得意とは限らないからね。協力するのが得意な人がそっちも得意にすぐできて、パッと理解してやるとは限らない。だから、やはり地上は地上という流れがあるのですよね。

素敵な男性や女性に出会うには

―例えば、女性運だとか男性運という場合は、やはりある程度特定した「この女性と」というものがいるわけですね。

それは、その方がやり易いですね。だから、成功させる場合には、「この女性と」というフレーズの方が、やり易いですよ。その代わり、何かいろんな悪いものが憑いていたら、背負う場合もありますけどね。これは男女間に関して言えることです。

―例えば、誰かとどうしても知り合いたい場合、仮に「この8月中に新しい女性と出会う」とかというフレーズはいいのですか。

そうじゃないね。もしそれをやるなら「こういうタイプで、こういう女性と私は知り合いたい」という具体的な形をポンと作ると、それはやり易いですよね。

自分の理想とするタイプをフレーズに載せる。例えば、顔は長丸くて、体はスラッとしてとか入れるなどです。

―美人とかつけるのは？

美人だと、ちょっと難しいね。美人の規格というのはいっぱいありますからね。美人というのが1番困る。だから「自分はこういうタイプが好きだ」と具体的にする。丸顔の、ちょっと太めとか、細面とかと具体的にフレーズの中に入れるわけです。

―具体的に「松嶋奈々子に似ている」とかというのは、どうですか。

それだっていいですよ。具体化していて、はっきり分かりやすい。

―「私のタイプの」とかは?

「私のタイプの」というのは難しい。「じゃあ、あんたのタイプは何なのさ?」と、こうなるわけね。だからフレーズは勉強しないといけない。

縁切りは浄霊で成功しやすい?

―では知り合ったら、例えば「この女性と永遠に結婚して幸せに」というようなフレーズになるわけですね。

そういうことです。だから、浄霊では結びつけるよりも、別れさせる方がうまくいく確率が高いのです。それはどうしてかというと、はっきり誰と誰を別れさせるという対象があるからです。

ところが結婚相手を探すといっても、フレーズがボワーッとしていると協力する方も協力しようがない。だから早い話が皆さんに問題があるということになる。

ただ縁切りでも、うまくいってもいろんな問題が伴いますよ。今、離縁をやっている人がいる。両方冷めてしまった。そこでこれは成功したことになる。ではその次はどうなるか。ここが問題なのです。両方冷めても相手がいないから、両方ともまだ付き合っている。これが現実なのです。

でもこれはいつでもあることです。ここまではうまくいくのですよ。2人とも分かれたいならさっさと別れる。ところが、結局、相手がいなかったら、そのままで分かれないでいく。そこで新しい相手ができたら、そっちのほうに目が向くから、もう、はい、ボーンと壊れる。だから次の段階へ行かせるのですよ。今度は別れたい人に新しい相手を探してやる。どこかへ行かせる。そうすると、もう2人とも冷めているから、別の女性に目がいった、別の男性に目がいって、はい、それで終わり。だから、この辺が重要なのですよ。

だいたい、縁きりの確率は非常に高いです。離縁とか、別れるということはうまくいきやすい。それが失敗する原因はどこかというと、両方が冷めて成功しているのに、相手がいないから元のままでいるのです。両方が冷めて、もはや付き合う気がなかったら、浄霊としては成功しているのです。ところが相手がいないから、そのまま付き合っているとなると、これはもう浄霊の領域というより、むしろ新しい相手を登場させないといけない。こういう現実が来るのですよ。

例えば、付き合っている2人がもはや全然その気がなくなって冷めてしまっていたら、もう2人の関係は終わっているでしょう。でも人間というのはすでに終わっていても、そのまま付き合っていることができるのですよね。やはり、付き合う男も女もいなかったら侘しいですから。

人間はそういうものなのですよ。1人より2人の方がいいですから。新しい相手ができたら、またその気になりますけど、だいたい惰性でみんな付き合う。その辺をクリアしないといけないとかという問題はあります。ただ性格によっては、「なんか冷めちゃったよ。もうあんな女は、どうでもいいや」となって、ポーンといってしまうような人も中にはいますね。

でもそういう女性も、男性も少ない。男性も女性もほとんどが惰性でそのままいます。

今、浄霊中の縁切りの男女とも、お互いすでにその気がないのですよ。にも関わらず、別れることなく、どうでもいいやという惰性で付き合っていますね。そのまま繋がっているのですよ。それで今一生懸命、男の方の新しい彼女を探しています。でも本当に1番いいのは両方を探さないと駄目なのですね。

それから今度はどうするかというと、男の方にも女の方にも新しい出会いをやるのです。両方の出会い。それが本当のやり方なのです。別れる方ばかり、必死になってやっても駄目なのです。新しい出会いをやらないといけない。両方新しい相手が出会って、初めて成功する。だから、こういう現実にうまく治める場合にはどうやるかというのを予期しないといけない。

―基本的には、今のお話で、霊が1番アプローチしやすいというのは、気持ちをリンクさせるほうが、1番やり易いということですか?

そうですね。感情をリンクさせることが、1番霊としては協力しやすい形なのですね。

―クリニックに患者さんが来るようにするにはどういうフレーズがいいのですか？

アトランダムに、大勢のお客さんを呼ぶという場合には、確かに難しい。だから、そこをどう判断するかが自分の考えるフレーズなのですね。その辺で研究がある。

例えば「何々地方」とかね。「こっちの地方の患者さん、こっちの地方の患者さん」とか、ずっとやっていくとかね。

地域という考え方でもいいですね。

―海とかは？

海なんか、やりません。「南側の人たち」で、南側が海だったりしたら意味がありません。「北側の人」といっても「北は山で、なんにも家なんかないよ」なんてことになる。

―例えば、そこに団地があったら、その団地からという浄霊でもいいですか？

そういう浄霊でもいいですよ。それはすでに舞台ができているからいいですね。今、結論が出なくても、ロングランに出る可能性はある。そういうことです。

—例えば「インターネットを見た人」とか。

それはいいですが、ただインターネットを見る人は、いっぱいいるからね。インターネットだったら、その範囲が大きいです。そこで、インターネットを見た○○地域の人とか○○市の方の人とかといったいろいろな限定の仕方があるわけです。

●●●出にくい霊の出し方

呼び出したい霊をどのように呼び出すのか

皆さんの霊の出し方の想定がどこにあるか？どうしたら焦点の合った霊を出していくかということに対して全体のアウトラインの掴み方がいまいち足りない。というよりは、いわゆる霊を出すのに、想像の領域で霊を出している。

そこで霊を出す時に、どういう形を想定していったらいいかという問題です。

呼び出す時にまず100人を想定してください。霊を出す時に、まず100人の浄霊を行なうとして仮定する。では、その前に、その100人をアトランダムに出すのではなくして、まず浄霊者が最前列に位置していて、浄霊者と対面して出席者が、いわゆる出る霊100人すべてが並んでいることを想定しています。これはどういうことかというと、あなたの前に100人出席者が並んでいることを想定の下に浄霊を行なってください。

ここにテーマAが与えられたとする。そこで自分の目の前に並んでいるこの100人の中からピックアップしてやっていくのです。

ではどのようにして、この100人を全部出すかと考えながら浄霊を行ないます。

例えば、ただボーッとして、こっちの方からは、「これがいい。これがいい」と呼び出す。それだと霊を呼び出すのにちょっと掴みどころがない。つまり100人の人がここにいる。さあ、この中から浄霊者は、この100人をどうやって引っ張り出すか。

そのときに、まず1番として出たがり屋はいい。これは間違いなく出てきます。だから出たがり屋はもう放っておいてもいいでしょう。

2番目に、やはり考えられるのは、そのテーマに対してダイレクトであるもの、すなわち直接関係するものは出やすいでしょう。

3番目は、近くにあるものです。

つまり、近くにある存在というのは何かというと、そのテーマによって、容易に考えることのできるような存在をいう。

まずこの3つが出て来ることになる。まずは出たがり屋、次に直接関係するもの、3つ目は近くにいる存在である。皆さんの呼び出している霊の9割がこの3つに尽きるわけです。しかし、これだけで出るのは70%と思ってください。この3つで出るのは目の前に並んでいる100人中の7割だと思ってください。

問題は、あとの3割をどうやって出すかである。というより、この3割を出すのに、どういう思考回路でやっていくかという問題にある。どうやったら呼び出すことができるか。

そこで100人いたと考えてください。100人いると考えて、先に述べた出たがり屋、直接関係する存在、近くにいる存在があった。これらが全て出し終わった。

すると、残り3割をどこから追い詰めるかということになる。その残り3割を人間に例えたとしたら、どういう形で例えられるのか。こういうことを想定の下に3割と考えていてください。

この3割に含まれる人間のそのdifference、すなわち差異は何かというと性格ですね。まず第1に考えられるのは性格の違いである。


―霊でも、性格がそれぞれ違うということですか?

その通りです。霊にもそれぞれ100人100様の性格を持っている。性格を指定するというのも1つの方法でもある。あるいは状況で指定するのも方法でもある。

―状況とは？

現在、おかれている状況のことです。あるいは、過去の現場、いわゆる過去に起きた現場で追及する。特に過去の現場というのは、「その事象を実行した人（霊）」のことである。例えば事故を起こした犯人（霊）、前に倒れてケガをさせた霊。自分をぶつけたときに関与した人（霊）、あらゆる現場で起こった事象を命令した主犯者（霊）などを追及していくのです。

過去のその現場を想定して追及する。これも1つの大きな方法です。その現場で大きな事象が起きたとき、それに何らかの形で大きく関与しているものがいるかどうか。大きな事象が起きたとき、目の前にいる100人の人たちは、何の役割を果たしたか。これを追及するのも1つの手です。このように追及という形で霊を突き止めるという方法は今までなされたことはありませんでした。

霊の呼び出し―事故現場からの追求の方法

では、ここで交通事故を1つ挙げましょう。交通事故というのは、車と車がぶつかることを想定します。車と車がぶつかった。当然考えられるのは、この事故を起こした霊ですね。

これを考えないといけない。そして、事故を起こしたものと事故を起こすように拍車をかけた霊も考えます。なぜなら事故を起こすには膨大なエネルギーが必要です。そこまで持っていくのに、1つの力で起こすことは不可能だからです。

さて、そのエネルギーの動力源としては、まず事故を起こした者、それ以外にも、事故を起こすように協力した霊があるはずです。

さらにその時ケガをしたなら、例えば、その人がムチウチになったとすると、ムチウチに関与する霊があるはずです。事故を起こしてムチウチを負わせたものです。これは時間がない世界ですから、その事故の計画に参与した霊もいるはずです。

また、ぶつかった瞬間にはものすごいエネルギーが必要です。その瞬間は誰がやったのか。その瞬間です。事故を起こすまで、ずっと進めていったとしても、そこにはかなりエネルギーがいる。その最後のダメ押しで、事故を起こしたものがいる。それに関与したのもいるはずです。そういう形で追ってください。

そこまで追ったら、あとはこの事故の関連者、関与した者をすべて追ってください。あるいは近くで見学している霊なども出してもいいでしょう。近くで見学していられる霊がいるだけでマイナスです。いいですか。近くで見学していた霊という形で追及すれば、それぞれ、みんな1つずつ出るはずなのです。これが現場からの抽出です。そして、その現場に100人がいるわけです。分かりますね。

ともあれ、1つのテーマに対してこういう形で、エネルギーというものは存在するわけです。これが現場から追う1つの形です。

霊の呼び出し―性格からの割り出し

次に性格から追うのは、100人100様の性格を想定して割り出してください。性格から割り出すとは具体的にどういう指定をするか。なかなか追い詰められない時、うまくいかない時、性格を指定して外へ出すわけです。

例えば、気兼ねして、弱くて出られなかった人、無関心で出ない人、ボーッとしている人というように、あらゆる性格を想定して、その100人の性格に当てはめてください。

―無関心というのは前に出ることに無関心ということですか？

そういうことですね。事故に対しても、何に関しても無関心。しかし、これを知っておかなければいけないのは、無関心な人が関与していないというのは無関係です。無関心であろうと、関与するのは存在するだけで関与する。これが霊の存在です。無関心であろうと、何であろうと、無関心でいた人はも当然呼び出す対象となります。つまり霊を呼び出す場合に、この100人を想定して、性格を指摘してください。

100人いた場合、100人の性格を持っています。性格から指摘するのです。これは究極の手段とも言えます。

もっと具体的になれば、いろいろあるでしょう。別に性格でなくて見かけで追ってもいい。太っている人も1つの例でしょう。やせている人も1つの例でしょう。出す手段を考えてください。100人並んでいる人をどうやって出すか。こなしていけばいいのです。

「太っている人、出てください」。

「やせている人、出てください」。

さあ、ここでどの霊を残すかという問題です。そういうふうな考え方を、この浄霊で持ってください。

1つのテーマに対して目の前にいる100人は、どういう特徴があるか。その100人をなんとかして外に出すには、体格から追ってもいい。形を追ってもいい。でも1番追いやすいのは、やはり最後は性格でしょう。

性格は、おしゃべりな人でもいいでしょう、無口な人でもいいでしょう。やたら目をギラギラ輝かせて見ている人も1つの方法かもしれません。でも、目をギラギラ光らせて見ている人は、見える人はすぐ分かりますけど、見えない人は、訳が分からないから、これはなかなか難しいかもしれない。

しかし、どういう性格の人の指定があるか。これは1つの面白いテーマとも言えます。例えば、その有り様を見

て楽しんでいるような人。これはもっての他です。浄霊者の不幸を楽しんでいるような人（霊）はもう最初からどんどん出さなければいけません。面白がっているような人も中にはいるのです。どういう性格があるか。100人がどういう性格を持っているか。この100人をどう出すか。これも考慮に入れて出してください。

今の皆さん方がやっているやり方は、ただ出すというやり方を持っています。この100人並んでいる人たちをどういうふうにしたら、全員に該当できるかというふうに考えれば、1つの浄霊のテーマをこなすことができます。いいですね。そういうふうに考えてください。そうすると、1つの浄霊を成就させるのがよりやり易くなります。

だから、1つのテーマの前に100人の人がいる。100通りの浄霊、あるいはこれを30の浄霊で出すにはどう出すか。こういう形を考えて1つの形態を作れば、100人全て呼び出すことができるでしょう。

浄霊テーマに沿った性格の割り出し

でも、意外なところに落とし穴があります。いくらやっても、まだ出ないという形に必ず遭遇します。そのときは、テーマに付随するような性格から持っていくという考えを忘れないでいてください。テーマに沿った人間の性格の出し方。この辺を心がけてやれば、それに関連したものは出やすくなります。

どうしても前面に出るのは、そのテーマに沿った性格を持っている人たちです。大きいものを出すのもいいし、小さいものを数多くこなしてやっていくのもいいでしょう。

これから先に1つのテーマをこなすときに、100人の人間を想定して、その人間を出すにはどうするかということを心に入れて浄霊を行なえばいいのです。

霊を生きている人間と想定してください。その人間が、「ああ、私のことを言っているんだわ」という内容を皆さんは提示してください。それによって、その100人の人たち全員を引き出すことができます。

ただ、全員を引き出さなければ駄目ということではありません。60人でも、70人でも、引き出したら、浄霊は終わりです。つまりそこまでいったら、クライアントは超えられるからです。

よいことに関してはどんどん浄霊をして、悪いことに関しては控えめな浄霊で超えていく

また、その100人並ぶその1つのテーマの浄霊は10年経ったら、1人もやらなくたって、その人は超えているかもしれないのです。それが普通の人の人生です。でも10年も経つ前に、今これを超えたら、それがプラスとなり、自分の人生を送ることができるのです。だから浄霊者に会った人は幸せです。だけど、すべてを行なうのではなく、やはり超えるべきものを残しておく。これがやはり浄霊として、頭に考えの中の一端として置いておくことが必要です。

もっと具体的に言えば、やっていたところで結果を聞いて、「もう超えられる」と思ったら、過剰な浄霊は決してしないことです。過剰な浄霊は控え、超えるべきですよ。特に事故とか、病気とか、そういうものは過剰な浄霊は控えるべきです。しかし過剰な浄霊をしても構わないものはあります。人生運、金運、結婚運などは十分に過剰に過剰を重ねて浄霊を行なっても構いません。

悪いことは超えないといけない。どうしてかといえば、悪いことに対して超えることが人間を大きく進歩させるからです。いいことを100超えるのは、悪いことで1超えることに等しいと思います。つまり悪いことの100分の1で、その人間はいいことを100行なったくらいの飛躍があるのです。

だから悪いことは、極力超える状態を浄霊においても作ることが重要です。人間の成長や進歩のためには悪いことが早く飛躍させるということを常に頭に入れておかなければいけません。これは会社においても何においてもそうです。

悪いことが起きた場合には、人間は大きく進歩します。ましてや人間の成長において、悪いことを超えること、これは大きくその人間を進歩させます。

―実際にやっていく場合、先に述べた、出たがりの霊や直接関係する霊、近くに存在の霊など合わせた7割の霊と、その残り3割の霊はどのような割合で処理していくのですか？やはり呼び出す霊は結果を対象にして追うべきですね。その比率がどれだけあるかというのは、それはテーマによってみんな違いますね。

初めのとっかかりでずっとやっていったら7割はいく。主なものをやったら、だいたい7割は成功ですよ。そこで超えますよという考え方を持っていていいと思います。しかし、残り3割にポイントがある場合もかなり多いということです。

—例えば、基本的に従来やっていたようなセット浄霊を3セットぐらいやって、結果の出具合を見て、そこで結果が出れば、もうそれはそれでOKということですか？

そういうことですね。それでなおかつ結果が出なければ、残りの3割の存在を考えて、フレーズを考える。いわゆる100人を想定して、こういうことを基に考えていけば、そのテーマをこなせるような考え方の方向性が掴めるでしょう。

皆さん方の浄霊は考える方向性がまだ掴めていないということです。

—1つのフレーズに対して100人という考え方でいいのですか？

そういうことです。

—例えば、車で事故を起こすには、早とちりするとか、横柄だとか、そういう性格も関係します？

そうですね。そこで、車の事故を起こすことに関与している霊で、早とちりとか喧嘩早いという性格に関与している人（霊）という形で出すこともできます。だから、それをいかに結びつけたフレーズを考え出すことができるかということになります。

―先ほど説明のあった100人というのは、対象は全員人間霊ですか?

あれは人間ですね。動物霊はまた別になります。

動物霊も対象として、人間霊と同じような形で考えればいいということでしょうね。

―それでは人間霊が100、動物霊が100ということですか?

人間霊と同じような形で動物を100というふうに考えればいいわけですが、ただ、200体するということではありません。

ただし、動物の場合は、どこに関与しているのかが、第1優先になりますね。どういうふうに携わったかとかです。動物霊は性格で追うことはできませんから。しかし、考え方としては、動物が100体あるというふうな考え方をして出すということです。

―では別に、100、200というのは、きちっと数にこだわる必要はないわけですね。

数にこだわる必要はないわけです。

そういう考え方をもって対処してくださいということです。

―先ほど述べられたように、核としたものが出てこない。本当の犯人がなかなか出てこなかった。そういう時に、目の前にいる100人の中から、「ここにこういう人がいるかもしれないな」という性格で追うのも手ですよということですね。

そういうことですね。

100人いる中には、いろんな性格の人がいるから、いろんなことを想定することが必要だということです。その考えを持たないと、中途半端になって行き詰まってしまう。この行き詰まってしまった浄霊はよくない。そのときに、これを考えなさいということですね。

例えば、この影響にはどうしても動物の関与を外せないと思うなら、ここで動物を想定して引っ張り出すという考え方を持ってもいいでしょう。つまりリュウ、ヘビ、イヌ、ネコ、そして最後に「その他の動物霊」の順に動物を想定して呼び出していく。

大きな力を持っているものに、「その他の動物霊」がいます。そこで、「これに大きく関与しているその他の動物があったら出なさい」という形で、その他の動物霊を呼び出してしまうのも、１つの手です。

処理する霊をどのような方向性から引き出すかがポイント

―初めからその他の動物霊を限定するわけですか？

それは１通りの浄霊が終わってからです。

そして１通り終わっても、まだおかしいと思った時です。例えば、何も変化がないのは、おかしいじゃないかと思う。そこで、それにはもっと大きく関与している、ものすごい力を持った、その他の動物霊がいるんじゃないかというところで、その他の動物を引っ張り出すのです。ただし、動物の場合は、人間と違って、引っ張り出し方がちょっとまた異なる。動物霊100匹いるという考え方から、いろんな考え方を持っていってください。考え方の方向性をここに定めるということです。

しかし今のように、皆さん方はただあのフレーズ、このフレーズと、決まったフレーズからしか追っていません。そうじゃなくて、100匹を前にする、あるいは100人を前にするという形から、どうしてこれを引っ張りだすかというところの方向性を持っていた場合に、そのテーマを成就することができるわけです。

特に動物霊の場合は、一応皆さんのステージでは、リュウ、ヘビの１番最高のところで勝負します。ところが巷の基準はイヌ、ネコ、水子とかその辺にあります。非常にレベルが低いですね。だから、1番上までいっていると、その他の動物霊まで処分できます。イヌ、ネコとかその辺だと、その他の動物までの処分の浄霊というのは非常に難しいものがあります。

生霊としての動物霊の祟り

今皆さんがやっている動物霊の処理の方向に1つの欠点がある。生霊としての動物霊という考え方がない。中には飼っていた動物が大きく作用している場合がたまにあるということは知っておいてください。生霊としての動物という考え方がある。

ただし、これは生きている人間が死んだ時、あるいは特別な何かの場合、生霊としての動物という考え方も持ってくださいということですね。

―例えば飼い主に関与するということですか?

いや、例えば、猟師が殺したタヌキがその家を代々祟っているとかという時です。猟師の家、あるいはそういうのを食べていたりした家です。

だからこの場合は殺された動物が生霊になるわけですね。だから体を持ったことのある動物霊。つまり生霊といったら考え方はおかしいけど、体を持ったことのある動物霊のことです。

この考え方は多少持っている方がよい。普通に憑依で憑く形よりも、強い場合も結構多いということです。思いがけないところで、体を持ったことのある動物霊がいる場合がある。これはちょっと見落としているところがある。それと昔は猟師だったという家が、先祖にはかなり数多くあるということを知っておいてください。

―動物の祟りというものがあるわけですか？

そうですね。結構続いている場合も中にはあります。あまり強いものはない場合がほとんどですけど、たまにはあるということです。

フレーズの詰め方について

1つの浄霊に対して、フレーズはどう詰めて行くかという問題です。1つの浄霊を行なう時に当然1つのフレーズを用いる。

例えば、ここにいる女性が風邪を引いたとする。そこで風邪というフレーズについて行ないます。熱というフレーズについてもします。また、咳というフレーズでも可能です。症状を2つに分解してできるからです。お腹が痛くなったとしたら、お腹が痛いことに対して行ないます。さあこれらは症状に関するフレーズです。このように風邪の浄霊ならまず風邪全体に対して行ないます。そして、それぞれの各症状を行ないます。

しかし、ここで絶対覚えておかなければならない重要なことがあります。病気を起してどうかなって苦しんでいる時、病気そのものだけに焦点を置いてはいけないということです。例えば、風邪を引いて、もの凄い苦しい状態にいるとする。その苦しい状態を苦しい状態にさせているものをやらないといけない。つまり、精神的に追い込んでるものをやらなければならない。これが最も重要です。
病気の浄霊を行なう時に、精神的に病気に関与しているもの、この浄霊が最も重要で最も喜ばれる。そして、そちら側から追って行くことを忘れてはならない。つまり、この人が風邪を引いて苦しんでいる。その苦しみから精神的に追い込んでいるものをやることです。

膠原病でもそうです。リュウマチでもそうです。ではこの精神的に追い込まれている時、何をやるか、ただ精神的に追い込んでいるものでいいのか。
風邪だったら、風邪を引いた時に自分の気分が滅入ったような精神状態になる。その精神的に追い込んでいる状態を分析して下さい。風邪の場合は、ただ咳によって苦しんでいる。咳によって精神的に追い込まれているのか、あるいは、喉が痛くて追い込められているのか、あるいは肺が痛くて追い込められているのか。必ずその背景にある精神的な追い込めをやらなくては楽にはならない。

そこで、1つ知っておかないといけないのが、追い込んでいる浄霊を行なったら単に楽になるだけじゃない。楽になると同時に精神的なハードルを越えることができる場合が多い。

つまり、風邪という病気になった時、それを越えていなかったから、その状態を越えていなかったから、風邪になったのです。だから、Aさんは風邪を引いた。Bさんは風邪を引かなかった。２人は何処が違うのか。

Bさんは風邪のような状態の精神的な抑圧があっても彼は越えていた。Aさんはか弱いから越えられなかったということです。

いいですか、ここが重要なのです。何が越えられなかったかということです。精神的に越えていれば、Aさんは病気にならなった。Bさんは超えていたので病気にならない。単に精神的にその状態を越えていただけなのです。

もっと具体的に言いますと、喉が痛くて風邪を引いた。あるいは風邪を引いて喉が痛くなった。私の風邪の主な症状は喉である。そこで喉の症状に関する浄霊をやった。風邪の浄霊をやった。熱の浄霊をやった。お腹もやった。今の１番の症状は喉である。喉の症状から精神的に追いつめられたとする。それなら、喉の症状から精神的に追いつめているものをやりなさい。するとどうなるか。その風邪は治ります。つまり、喉の症状が精神的に越えるのを邪魔していたわけです。

私は喉から崩されたということになる。これは全ての病気に言えることです。病気を治すメカニズムのポイントはここにある。何が越えさせたのか。何が越えることができなくて病気になったかという、その見極めが必要です。

ここで膠原病になったとする。もし、もの凄い手の痛みから、あるいはもの凄い頭痛から膠原病の症状が始まったとする。そして膠原病と診断された。その時に、精神的にその病気を越えられなかったのがそこにあったとする。とすると、浄霊で持ってその頭痛から来て越えることのできなかった原因の霊を処理すれば、そこに奇跡は生ずる。これが浄霊による奇跡です。

いいですか。これは、バーンアウトの状態と同じである。つまり、1人の人間が精神的な境界を越えられなかった時病気になるし、越えた時にはその病気は治る。

これはどの状態でも同じです。金運であろうが人生運であろうが、越えたら叶う。負けたら病気になる。越えたら病気にはならない。だからもっと明確に言うならば、越えるポイントの浄霊を掴んだら、その病気は奇跡が起きて治るかもしれないということです。

ただ、そのポイントを掴むのは非常に難しい。繰り返しそのポイントの浄霊を行なうと病気を治していく可能性が十二分にある。もし、ポイントの練習をやるなら風邪が最もふさわしい。喉が痛いとしたら、その喉の浄霊をやって治るか。肺に炎症が進んだならその肺の浄霊をして治るか。その最も簡単な例が風邪でしょう。

例えば、喉から来て風邪を引いたとする。喉が越えられなかったとする。大体これは動物霊です。風邪全体はヘビが憑いてなっている場合が多い。ただ喉から来てそうなる場合には、殆どはリュウが憑いている場合が多い。だから、リュウ系統を処理すると風邪は結構その場で治ってしまう可能性が高い。風邪なんかその場で治っても、そんなのは奇跡とも何とも言いませんから、練習台にはいいかもしれない。

喉が痛いとリュウ、風邪全体はヘビといったところを突きつめて行くと、簡単に越えることができるかも知れない。逆に言うと、そういう原理を知らないと成功するのはなかなか難しいことです。ともあれ、それを越えればいいのです。

病気と運命、宿命

そうなるともの凄く浄霊のできる人は、全て病気にならずに済むことになってしまう。世の中そう簡単には行きません。浄霊で全ての病気にならなかったら、こんな簡単なものではない。やはり、そこには運命とか宿命とか大きな絡み合いがあります。だから、全てがそのように行くとは限りませんが、そういう状態で何か呈して、必ず病気になっていることを知らなくてはいけない。だから、その人が病気になることが１つの宿命だとすると、それは浄霊が及ばない場合もある。浄霊は万能という訳にはいかない。やはり、運命と宿命ということを常に考えなくてはいけない。ただし、浄霊の力で何とかなる場合が非常に多いということは覚えておいて下さい。

フレーズの意義

フレーズは最も重要です。作ったフレーズが果たして問題を越えることのできるフレーズであったかどうか。自分自身で越えられない問題のフレーズを繰り返し浄霊をしていき、問題を越えるというのが最もポピュラーなやり方です。そして、できる限りレベルを上げて１つのフレーズへと近づいて行って下さい。１つのフレーズでそれを越えることができれば最高です。

ただ、何がそこを越える所にあるか。病気であったら最も出ている症状の所に越えるべきフレーズが存在する可能性が強いということです。

その人が最も苦しみとするもの、そこにキーポイントとなるフレーズは存在する。だから、何処に長年苦しんでいるか。現在何処に苦しんでいるか。最も多く苦しんでいる所に、フレーズのキーポイントは存在する。そのフレーズのキーポイントを探して治して行かなくては、病気の要に迫ることはできない。越えるフレーズ、これを見つけ出すことが最も重要なことです。

もっと端的に言うなれば、病気だけではなく金運も商売運も、1つの要となるフレーズが必ず存在する。それを越えた時に成功するかもしれない。

ただし、病気と同じく宿命・運命の線がある。その人が今の収入の倍の金運を目指した浄霊はいいでしょう。ところが、月収50万の人が月収1億円なんてやったところで叶わない。なぜならそのフレーズは違っているからです。可能な範囲というものがそこに存在する。

可能な領域が出てからこそ初めて周りの全て（協力する霊たち）が力を貸すことができる。月収50万の人が1億円なんて言ったら、周りがすぐ手を引いてしまいます。こんな馬鹿馬鹿しいやつに付き合ってやれるかということになってしまいますから。月収50万を100万円に、月収100万円を200万円の目標だったら、それでは協力してやろうじゃないかってことになるじゃないですか。そういうものです。可能な範囲のフレーズ、周りが気分が悪くならないフレーズを見つけることです。

例えば、Aさんが金運の浄霊をする。すると後ろにいるBさんまでそれを手伝おうと思う。Aさんの収入は毎月30万だとする。30万稼いでいて目標60万なら、Bさんは頑張ろうという気になるでしょう。その辺だったら何とかできるかもと思うわけですよ。ところが、Aさんが目標1、000万なんて言ったら、Bさんは馬鹿馬鹿しくてやる気も起こらないですね。この辺の感情を知るべきです。憑いてる霊だって協力する立場は生きている人間とみな同じです。だから、たとえ力を貸せることができたとしても、それを勘違いしてもらったら困るわけです。

仮に、Ａさんが毎月30万稼いでいるとする。このＡさんには本来は毎月１、０００万の力があるとする。それではこのＡさんに対して月収１、０００万の力をすぐに出すかというと、周りのものは絶対出しません。

今の月収が30万としたらやはり初めは月収60万とか100万とかその辺しか出さない。なぜなら月収１、０００万出したら、Ａさんの人格が壊れることが分かりきった話だからです。霊の世界では、過去・現在・未来は１点にして見えるのです。Ａさんの人格が壊れるようなそんな危険なことはしない。

このように浄霊はクライアントの可能な領域までの成功しかいかないわけです。いくらキーポイントの浄霊を見つけたとしても、可能な範囲内の制限が付きまとうということです。これが浄霊の世界です。だから、フレーズはクライアントの可能なところで、かつ、霊が協力できるフレーズであるということが必要です。ともあれ、越えるポイントを少しでも早く見つけるということです。具体化へ迫る。大きなくくりでの浄霊をする。次に具体的な浄霊をして、さらに精神的なものも行なうのです。

金運の浄霊をする。確かに金運が上がることや、月収○○万円以上になるという具体的な金額を載せたフレーズもいい。しかしたまには、その状態を使いこなす自分自身というフレーズの浄霊をした方がいいですよ。お金を使いこなせない人に、なかなかお金は降りて来ないでしょう。お金を使いこなす自分自身になるような形をやるというのも1つの手です。

質疑応答

―それは具体的にはどういうフレーズですか？

精神的にお金を使いこなす状態に関与する霊という形でもいいですね。

「精神的に使いこなすことに関与する霊」というフレーズです。

例えば、この人が、今30万稼いでいるとして、浄霊で月収100万になったとしたら、おそらくそのお金を使いこなせない。その人の人格が壊れてしまう。だとしたらその100万を使いこなすだけの人間性を回復した方がいい。作った方がいいと言うことです。そしたら、それを使いこなすだけの自分自身になる。つまり、今100万円が手に入ったとしても身に付かないということです。身に付くだけの自分を作っていくことです。身に付かないうちは、宝くじに当たったのと同じです。

―預金したら駄目ですか？

それは1番いいね。

それが1番いい。仮に金を使いこなせない人間にお金がたくさん入ったとしても、預金を全部するわけはないのです。すぐに何か買おうと、何かにやろうということになってしまいます。

―精神的に使いこなすと言ったのは、具体的に数字とか何か入れた方がいいのですか？

もちろん入れた方がいいです。

私が言いたいのは、例えば風邪の浄霊をするなら、まずアバウトに全部をやって、次に症状をやる。そして、精神的に受けるものをやる。この3拍子でやりなさいと、私は言ったのです。

金運なら、金運が上がるという全体的なもの、そして、具体的にいくらという詳細に関するもの、最後には精神的にそれをこなせる状態の自分自身になるといった、この3拍子でいつでも迫りなさいということを私は言っているのです。この3点を忘れてはいけない。全体、部分、そして、精神的な状態の3つを常に浄霊は行なわなくてはいけない。フレーズを詰める時、必ずこの3点を考えなさい。3点を忘れ、2点だけで追っていたのでは、いつまで経っても成功しません。

皆さんを見ていると、いつまで経っても2点で追っている。その気持ちは分かる。気持ちは分かるが、2点で追ったのでは非常に長く掛かる。3点で追いなさい。私が言っているのはこの3点のフレーズを常に考えなくてはいけないってことを言っているのです。そして、必ず1つのものを成就するには、その3つを必ずやらないと駄目です。これは皆さん方が今やっている浄霊の最大の欠点です。

—浄霊をする順序はこの順序でいいのですか?

アバウトに行なうのが1番最初ですね。その次に詳細、そして精神的なものの順がよいでしょう。精神的なものが欠けたら成就しないですよ。後は自然に自分がなるのを待つか、気長なのもいいですが。

―詳細と精神的な浄霊が多すぎて、アバウトの浄霊が少なくてもあんまりよくないですか？

そうですね。それでも駄目ですね。でも、精神的なものが上回っても問題はない。全く問題はない。

ただ、30万を使う状態が精神的なものをすることですぐに1、000万まで飛躍することはまずない。有り得ない。30万が100万、200万までは行くだろうけど、もの凄く大きな飛躍というものは存在しない。常に3点を追う場合には、1点、2点と順次行なう。精神的なものは、やはりそんなには大きい飛躍は無理です。ステップを踏んで行かないといけないと言うことです。

ともあれ、3点のフレーズは忘れてはいけません。そうではなくては成功しない。2点ばっかり追ってはいけないということです。

●●● 霊の呼び込みについて

見込みの霊の呼び込み

霊の呼び込みというのは浄霊をしていると日常的によく見られることです。

例えば、今ここに霊障を起こしている、その最も中心となる霊が1ついる。本来なら、この浄霊はその中心となる霊そのものを上げれば済むわけです。ところがその霊を直接呼び出せない場合、代わりにいろんな霊を呼び出して処理をすることになる。そして、霊障の中心となる霊と同等のキャパシティーが消化された時に、その中心となる霊の影響がなくなる。これは以前にも話した通り1つの霊の呼び込みの形です。

呼び込みにはそういう状態で呼び込む場合と、普段でも単に呼び込む場合との2種類があります。

この後者の単に何の意味もない呼び込みとは、例えば、今ここにいる人が頭が痛いとする。これをAという動物の関与とする。なのにB、C、D、E、Fと別の霊をやって、その頭が痛いAというのに関連しているものは、その中でいくつあったかというと、まるでゼロだったということがある。これが呼び込みの1つです。

実際に関与がゼロのものをやるのも非常に多い。まるで何の影響もない、無駄な浄霊をどうして行なうことになるかというと、1つのフレーズで行なっていて、自分の意志が別な方面に向いている時、見込みの呼び込みになることがある。この霊じゃないかと予想した霊を呼び込みする。そうすると、フレーズよりもそちらの方が優先されてしまうわけです。

例えば、この人間に頭痛がするので、「今私の頭痛に関与している霊」というフレーズでやればいいものを、〝私の頭痛にちょっとシマウマでも出てくれないかな〟と思いながら呼び出すと、シマウマが出てくる。

〝ちょっと変わったもの〟、〝ちょっと高度なものが出てほしいな〟、〝いつもヘビばっかりじゃつまんないな、今日はタヌキが出てほしいな〟というように1つの見込みをして霊を呼び出してしまうわけです。

間違い易いのは、こういう場合はこれが出るんじゃないかと思いながら、そのフレーズをやる。つまり、1つの形を自分で想定して行なう。これは確実に呼び込みになってしまう。

だからフレーズをやる時は、フレーズ以外から外れてはいけない。自分がこうあって欲しいなと思いながらフレーズを述べてはいけない。そう思うと、霊はそのまま出てくるわけです。フレーズの言葉より意思の方が強いということは忘れてはいけない。ただ口で言っても、言葉より意思の方が優先します。何故なら、霊の世界は意思の疎通だけの世界ですから。これは、普段必ず何度か失敗するパターンです。

霊の世界は言葉より意思が優先する

つまり、自分の中にこうありたいという浄霊のパターンが段々できていってしまう。しかし、また、それで成功するのですね。この浄霊という世界はこういうのをああいう形で処理したいと思うとそうなるのです。

例えば、飛ばないのに返し印で飛ばす。

〃私はレベルが上がったんだから飛ばせるんだわ〃と思い、払う。そして飛んだ、飛んだと喜ぶ。ところが実際は飛んでいないのに、お伺いをすると飛んだという答えが出る。これはよくある現象です。このように霊の世界で最も困るのは、意思が最優先してしまうということです。

〝今払った動物霊は飛んだんだ〟と思いながら、一生懸命お伺いで聞くと、当然飛んだという反応が戻ってくることになります。お伺いする時は、自分の意思を絶対に入れてはいけない。意思を入れてお伺いしたら、何の役にもたたない。

〝こりゃ、もう飛んだんだよ〟と思いながらお伺いすると、もちろん飛んだことになる。

〝飛んだんだ〟と強く思ってやったら、絶対イエスとなります。

だから、聞く時は必ず飛んだか飛んでないかをお伺いで尋ねるわけです。この辺を間違えてはいけない。皆さんのお伺いの間違いは、意思の優先を忘れてしまうところにある。聞く時は必ず自分の意思をなくして、どちらかを確認する形で聞かなくてはいけない。自分の意思を入れてやっていると、いつまで経っても自分のお伺いがはっきりしないことになります。

だから、身内のお伺いは難しくなる。〝がんはない〟と尋ねると、〝がんはない〟ということになってしまいます。どちらにしても自分にとって良い方向になるようにお伺いでも何でもやりたがる。

身内とか親しい人の失敗は意思優先という弊害がこの世界の法則にある。家族だったら当然良い方に考えたいは当り前ですね。ところが、良い方に考えていたのでは、お伺いの役が成さない。あくまでも公平であって、イエスかノーかを確認できる状態でなくてはいけない。今こうやって、〃あ、なるほどな〃と分かっていても、きっと身内に何かあると、自分の意思が優先してしまい、〃あ～良くなった。良くなったんだ〃と実際は良くなっていなくても良くなったんだと、イエスの方に反応してしまう。お伺いはそういう世界なのです。

もっと強い霊を呼び出したいという思いは呼び込みにつながる

それと、もっとも呼び込みに気を付けなくてはいけないことは、〃もっと強いもの〃、〃もっと強いもの〃と思って、呼び込む方法である。

〃いつも弱い霊ばかりやっているから、なかなか解決しないんではないか。だからより強いものを呼ばなくてはいけない〃と思うと、より強いものが出てくるのです。

しかし、それがそういう形でより強いものと思って呼び込みをした時、果たして、それが本当にその霊障と関係あるものが呼び出されて来るかというと、まるで無関係なものが来たりする。だから、呼び込みをいくら数多く処理しても、霊障の解決にはならない。これを忘れてはいけない。いつまで経っても結果が出ない。その大きな原因の１つに呼び込みがあるということです。

だから、呼び込む側に問題がある。いわゆる、フレーズの時に自分の意思が入っていたかどうか、その辺に問題がある。

〝もっと強いのをやらないと解決しない。だから、〝もっと強いもの〟、〝もっと強いものを呼び出そう〟とする。そうなると実際に影響している霊はどこかへ行ってしまって、強いものを、強いものをと呼び出していく。やたらと強いものを出したところで、霊障に関係のない強いものを出したところで、何の役にもたたない。

そんなのは、いくらでも周りにいるのです。自分の周りには何千、何万、何千万、何億という霊がいるのです。何十億の霊だって呼び方1つで皆来るのです。だから、より強いものと言ったら、〝私いくわ〟とお呼びじゃない霊まで来ることになる。何の関係もない強い霊が来るわけです。こんな強いものを処理したんだから、もうこの霊障は取り除かれただろうと、勝手に思うわけです。何の関係のないものを必死にやったところでご苦労様です。何の意味を成さない。そういう現象は多々あり、皆さんがこの失敗を数多くやっている。

だから、霊の呼び込みというのは、意思が完全に優先するということを絶対忘れてはいけない。フレーズよりも意思が優先してしまう。フレーズと意思を比較した時、意思の方が優先する。これが最も大きな呼び込みの間違いとなる。解決したいが為に、必死になってフレーズを考えていますが、その前に自分の意思があったら、フレーズに従うのではなく、意思に従ってしまう。そうすると、いくらやっても結果が出ないということになる。いろんな形で呼べる皆さんの場合は、その辺がちょっと問題になる場合が多い。

呼び込みは浄霊者自身の問題

水子だけのステージでやっている人や、あるいは、先祖霊だけのステージでやっている人にも、やはり同じことが言えます。より高いレベルのものを処理しようとして、色々やるわけです。だから、霊というのは絶対に呼び込んではいけない。

例えば、主となる霊障がAとしたら、それに関してA、B、C、D……といろんなものがあります。50あっても100あっても関連するものがいる。フレーズを言えば、絶対大丈夫だという解釈はしない方がいい。フレーズにこだわるのはいい。だけど、その前に意思を持ってはいけない。

メインとなる霊を処理する時に、主なものが処理できないと分かっていたら、段々とそのキャパシティーをこなす為に、幾つかの霊をやっていく。ところがその時にそのキャパシティーをこなそうとして、より強いものをやろうと呼び込みをやってしまう。

呼び込みをやったら、何処の霊が来るかというと、やっているその場の周りのものが来ます。もちろん、フレーズに関連のあるのはいくらやっても、それだけのキャパシティーをこなすわけだからそれはそれでいいですが。呼び込みをやるということは、浄霊者自身に問題があるということです。あくまでもそこを間違えてはいけない。自分が呼んだんだということです。

１つの霊を呼んで処理するのは、あくまで5回までです。１度に数多く50とか100とかやるというのは、全て呼び込みということになります。今皆さんは１つのフレーズで３体から５体ぐらいで終わっていますね、５体以上はやらないでしょ。だいたい2、３体ですね。その辺が１番妥当ですね。よっぽどすごい場合なら5体です。それ以上超したら、呼び込みと思った方がいい。関係があるものが出て来るのはやはり3体〜5体の間でそれ以上増えれば増えるほど無関係のものが出て来ます。１つの霊障に対して行なうのは３体〜５体が限界だと思って下さい。５体以上は決して超えないで下さい。効率が悪い。
もし5体以上やる必要があったら、あくる日か別な日にやって下さい。急ぐ場合は、朝やって夜やるとか時間をずらして下さい。決して続けて10も20体もやらないことです。100体もやるなんて完全にナンセンスです。100体やる人は95体は何の意味も成さない。だから、浄霊というのは数を多くやればいいと言う問題ではない。呼び込みをいくら数やったところで何の役にもたたない。その辺をよく理解して行なわなくてはいけないということです。

質疑応答

Q：浄霊する間隔、つまり空ける時間とかはないのですか？　４時間とかそういうことですか？

A：やはり１日空けた、そのあくる日が１番いいですね。
あくる日というのは24時間じゃなく、１晩眠った、その翌日ということです。つまり、どういうことかというと、夜やっても１晩寝て、起きたら朝でもいいということです。これが浄霊の解釈。日を変えたら大丈夫です。

Q：例えば、今日中にしなければいけない浄霊が時々あるのですね。そういう場合はどうですか？

A：朝やったら晩にするとか、最低でも４時間以上空けますね。

Q：ちょっとでもフレーズを変えれば１度に５体以上浄霊をしても構わないのですか？

A：例えばこの人が、パーキンソン病だとする。パーキンソン病に関与している霊とか、手が痺れていることに関与している霊とかという違うフレーズなら同じ時間にやっても大丈夫です。小脳に関与している霊とか、そういうふうにやった場合は、幾つでも大丈夫です。頭が最近おかしくなってきたら、頭がおかしくなって来たことに関与している霊などです。そういうふうにやっていけば大丈夫ですね。

Q：目的はパーキンソン病の浄霊だけど、呼び方とか方向を変えてやればいいわけですね？

A：変えれば、もちろん大丈夫です。

Q：何人かで浄霊をやる時に、自分の霊体を呼んでお伺いをやってみると、例えば〝自分は人である〃とか、〃自分はリュウである〃とか、〃自分はヘビである〃というように違う反応を示す時があるのですが、1人が限定を切って出したものに対して各自が違う反応が出てしまった場合、これは呼び込みとは違うわけですか?

A:そこには自分の意思がおそらく入っていると思いますね。

Q:その時に限定印の中に入っていない外にいるものに聞いている場合もありますよね?

A:そういう場合もありますすね。限定の外にいるものが答えている場合がありますね。ということはその人の限定が弱いということになる。そういう場合は、他の人が限定印を切り直した方がいいですね。そうすると限定が強くなります。お伺いはなかなか難しい問題があります。ただし、間違えても、そのままやってもいいわけです。

Q:お伺いで答えるのは本体の自分が答えるのですよね?

A:そうですね。自分の霊です。

そうすると、自分に聞いていても、その周りが答えてしまうわけなのです。つまり、限定印の範囲内でやっているはずなのが、限定の枠の外から答える形になっている。つまり、それは自分の限定印が弱いということになる。

Q：この人の本体が答えていても、本人には聞き取れないということなのですか？

A：横にいる方が強いということになるわけですね。また動物の方が強い。だから、お伺いないのズレというのはどうしても生じますね。それは限定印が強くならない限りどうしようもない問題です。だから、限定印が強くなるということは、非常に重要なことなのですね。でも、一兆一石には限定印は強くならないですからね。

限定印は自分の霊で作った建物を作るのですから、そんなに簡単に他人が入れないですよ。いい建物を作らなければいけない。関係ない霊の誰も入られない建物を作るわけです。限定印というのは、他人が入ることのできない建物を作って、その中に呼び出したい霊を入れる。限定印とはその建物の中だけで応答するという意味ですからね。薄いビニールを張ったような、ポンッと突けば壊れるような建物では、建物なのか何なのか訳が分からないですからね。その辺に問題があるわけなのです。

Q：霊にとって日付が変わるというのはどういう意味があるのですか？

A：日数が変わるから、また別な日の浄霊になります。そういうことで大丈夫ですね。

Q：例えば、夜の11時に第1回目を終了して、2時間後ぐらいしたらもう一度上げ直してもよいのですか？

A：寝て起きないと駄目だね。

Q：夜中の12時に掛かるような時間に浄霊していた場合には、前の日の日付でノートに書いていいのですか？

A：もちろん、構いません。

寝て起きて、あくる日に動くという問題にある。それは、夜において霊が休むということに関係する。夜という期間を過ぎたらいいということになる。

呼び込みのフレーズ

呼び込みを防ぐ限定印

呼び込みのフレーズについてです。浄霊をやっていると呼び込みというのは、頻繁に起こる現象です。

今まで、どれだけ呼び込みが起こってきたかというと、通常の浄霊、いわゆる特に査神を使って移すというやり方の呼び込みだと、だいたい3霊に1霊は違う霊が入るといわれる。多い場合には2霊に1霊です。ベテランで3霊に1霊違うのが入る。

これが、10年、20年経つと、3霊に1霊ではなくしてもっと精度が上がるかというとそうでもない。ベテランで最高にいって3霊に1霊くらい。3分の2が正確に入ったらそれで最高だと言われる。

つまり、3割は常に呼び込みをしている。非常に呼び込みの確率が高いわけです。この確率はあくまでも人間を呼び込んだ場合です。人間の呼び込みが3霊に1霊です。いくら名前を言って、いくら確かな形で呼んでも、３霊に１霊は違うのが入っているということになる。その理由はあくまでも限定印という枠を使わないからです。ここで呼び込みをしない、違うものが入れない限定印というものを正確に知っておく必要がある。

では趣味の会で用いる限定印は何で別の霊が入れないかということです。基本的にいうと限定印の枠は、四角い枠を作ります。オーラからズーッと自分の前方に引っ張っていって、四角い枠を作る。つまり、館を作るわけです。何でこの館を作るのか。最も大きい理由は呼び込みを防ぐためです。

限定印とはそれは自分の建造物、自分の作った家ということです。自分の家を作るわけです。だから作った家の中に勝手に入れない。作った建造物の中に勝手に霊は入れない。そのために、あれは限定印というより、むしろ、限定された自分だけの家を作るというふうに思ってください。自分だけの家を作るから、そこへ勝手に霊は入ることはできない。いわゆる、そういう自由に出入りすることのできない家を、あなた方は限定印で作っているわけです。

そうすると、例えば、その限定印を持った人が、限定印を使わないでやると、正確な霊を呼び出すのは3分の1の確率です。つまり、あなた方が限定印を使わないでやった場合には、3つのうち1つは外れます。つまり、どんなにベテランが何10年やっても、3つに1つは呼び込みが入るといわれています。

ただし、これは表に出してはいけないこと。つまり、クライアントは知ってはいけない事実です。浄霊を手掛けている人は、実際、やってる人はこの事実を知らない人はいません。もう、すでに知っていてやっています。または、知っていても目をつぶってやっている。

ではそのやり方はどうなってるかというと、3つに2つが正確なら、あと3つやれば完全にその外れた1つはクリアできる。つまり、数でクリアするというやり方を取らざるを得ない。だいたい浄霊は、ある程度数をこなすというところで成功に導くというところがあります。3霊に1霊外れでもいいのです。

通常巻では、2霊に1霊外れると思った方がいい。ベテランになって3霊に1霊ということは、2霊に1霊違うのが入る。だから倍やればいいわけです。3倍やればいいわけです。そうすると、目的とするものが入る可能性はある。でも、2霊に1霊で50%で、その次やって今度は100%になるかというと、そうではないですね。3回ぐらいやって100%になる場合が多いです。

そこで、巷ではどういうやり方をするかといえば、1番最初のは片付けて結果が出ない。〃あ、違ったな〃というところでまた2回目やる、そして3回目をやるという形を繰り返す。あるいは違った形で攻める。この攻め方です。

ある人が金運の浄霊をやった。違ったのが出た。そこで今度は50万の目標にしたフレーズで浄霊をする。その結果、50万確実に入った。次に、ただ金運上昇とか50万目標とかといったフレーズではなく、患者から確実に50万入るための金運をやる。いわゆる、やっていることは同じでもフレーズの方向性を変える。方向を変えることによって2分の1の確率がより高くなる。というより、出やすい方向に持っていくというのが巷のやり方です。

しかし、これは我々でも同じなのですね。同じことを使えます。さらにもう1つ限定印を加えるということでよりその確率を高くする。

おそらく、皆さんの限定印は、違うのが入る確率は、10霊に1霊いかないでしょう。20霊か30霊で外れるのは1回だと思います。

これは大変な数字です。浄霊者から言わせたら、20か30霊に1回なんて、これは殆んど入らないも同じなのです。いわゆる、呼び込みのないようなのをやってるようなものです。ただ、それはこの素晴らしい限定印というものがあるからこそです。しかしその確率に溺れてはいけないですね。仮にこの限定印を使わずに霊を呼び出すなら、呼び込みは3分の1に起こります。おそらく、3体に1体は外れたのが入ってます。

フレーズの欠点から起こる呼び込み

では限定印を切っても呼び出す霊が外れたなら、その次に考えられる問題は呼び込みです。つまり、その原因はそのフレーズに枠がありすぎるからなのです。これでは駄目です。大きい範囲のフレーズでやってもいい。それで出るのはいい。しかし、やはりフレーズは決め事である。その枠の範囲内で霊は動くことができる。このフレーズでやりました。しかし、その枠があんまり広いとしたら、呼び込む存在も可能になる。つまり、その枠の範囲内においての呼び込み現象がそこに起きるわけです。

ではそれを十分に防ぐには、完全に防ぐにはどうしたらいいか。正確な霊を出すための十分なフレーズというのは、なかなか決定しにくい。ましてや、新しいことに関してフレーズを間違うことはしょっちゅうある。しかし、そう頻繁に間違っていたのでは仕事にも差し支える。そこでどういうフレーズを使って正確な霊を呼び出すのかが重要となってくるわけです。そして呼び込みをしている時には、やはり誤った方法のお伺いをしながら聞いているのである。

お伺いは誤った方法で尋ねると失敗する

まずお伺いの原則はやはり、YESとNOだということということを忘れてはいけない。お伺いの原則は「はい」と「いいえ」で確認することである。

では、お伺いの原則の何が「はい」で何が「いいえ」なのか。

例えば上に上がりましたか、上がりませんかとか、これは白ですか、黒ですかとかいう問いに対する回答がYESとNOです。だから、白か黒かの回答はYESとNOでいい。

しかし、これをどんどん発展させて未知のものまで求めるというのは、かなり気を付けないといけない。

特に未来を判断するのは危険である。例えば、「この霊はあと10分気を送れば出ますか?・」

とか、「5分で出ますか?」という問いかけの場合、その10分が誰がやる10分なのか。自分がやる10分なのか。そういう想定のもとでは答えることができない。また、いい加減な答えになってしまう。あくまでも明確な質疑応答の形で行なう。事情が整った上で、YESとNOで判断しなければならない。これを忘れてはいけない。「はい」と「いいえ」の事情が整わない状態で聞いてはならないということです。

つまり、あやふやな状態やあいまいな状態が多い場合では、聞いてはならないということです。10分やったら上がるでしょうか。10分で送ったら出るでしょうかでは、自分の霊体とて判断しずらい。

神様を拝むということはそうですね。神様の言葉をYESとNOでやってはいけない。例えば、「今年1年健康でありますよう」にと誰しも元旦に初日の出を拝みます。

「今年1年、私は健康でしょうか。健康でないでしょうか」。これでは神様は答えようがありません。これが誤りのお伺いの代表例です。

「一生で、私は事故に遭うでしょうか。遭わないでしょうか」。

「この1年事故に遭うでしょうか。遭わないでしょうか」。

こういう種類のお伺いは存在しないということです。分かりますか。これを繰り返していると、お伺いがいい加減になってしまいます。だから、この類のお伺いというのは決してしてはならないお伺いです。してはならないお伺いか、これはお伺いで確認しなければならないものかというのを確実に掴まないといけない。まだ皆さん方はどうも区別がはっきりしていないところがある。

事故や災難を呼び込むフレーズ

「1年間健康でいる」とか、「1年間事故に遭わない」といったフレーズや、「今年1年間に私が事故を起こすことに関与するもの」というフレーズはよくないですね。もし今年1年間で事故に関与するものというフレーズで浄霊をすると何が喜ぶと思いますか。

本来今年1年に事故はなかった。だけど、そういうフレーズで浄霊をすると、「それでは、私の存在を認めていただこう」という状態で霊が出てきます。そしたら、その次はどうなるか。事故が起きます。つまり、事故を呼ぶのですね。いいですか。つまり、これが事故の1種の呼び込みでもある。

一方で、事故を起こしたらチャンスです。事故を起こしたらその事故を起こしたものがいる。１年間事故を起こさないための浄霊をやったら、起こす霊は喜びます。

ここで知らないといけないのは、事故を起こす霊の力が、その処理した霊の力より強かったら、つまり、十分処理できていなかったら、今度は事故を起こすことになるでしょう。１年間事故に関与する霊、起きてないのに関与する霊をやったら、事故を起こすための霊がそこに現れます。しかし、完全に処理できれば事故は起きないでしょう。中途半端に処理した場合には起きます。わざわざ自分で事故を呼んでいることになります。これはあらゆることに言えます。健康に関しても言えます。

—災難の浄霊もそうですか？

災難もやってはいけないですね。わざわざ、これから1年間起きないという目的で、起こすことに関与する霊でやってはいけない。わざわざ呼んではいけない。

実際に事故が起きた後なら浄霊をしてもいいです。その時はチャンスです。

事故が起きたらそこに関与する霊がいるからです。だから、その関与した霊を特定できて攻めることができる。起きていなかったら、不特定多数の人達への呼びかけになると思ってください。

―では、ある災難をきっかけに出せばいいのですね？

災難が起きていたら、当然それに関与しているものはみんな引っ張り出せます。災難が起きていない限り、引っ張り出してはいけない。不特定多数の人に呼びかけになります。そうしたら霊は喜びます。そうしたらその人はどんどん、どんどん暗くなっていきます。だから、浄霊をやる人はみんな暗くなるのです。呼び込みをしょっちゅうやるからです。

昔から浄霊者というのは、みんな暗い黒い顔をしているのです。やはり余分な呼び込みがあまりにも凄いから、暗くなるのです。もっと正確に限定印をしっかり切ってフレーズを間違えないでやったら、あんなに暗くはならない。

―暗いというのは、顔の色が黒いということですか？

その人がいる場も暗ければ人間も暗いわけです。

―前に火事の災難で習ったように、火事を見ている人も火事に合った人も同じ災難の相を持っているという話がありました。例えば、自分が火事を見たとしますよね、「火事を見たことに関与する霊」で呼び出せばいいのですか？

火事を見たらそれは当然そうです。ただし、避けられたら自分自身の意思で避けないといけない。例えば、左側が火事でボーッと燃えている。左へ行けば火事の現場ですよね。しかし右へ行くと現場には通らないですよね。左側に通ったら、あなた方を呼ぶのですよ。この原理を分かってください。

―仮に気が付かずに通ってしまったら？

気が付かずに通ったら、それはもうそこまであなたを引っ張っていった霊がいるわけです。

―左へ通させたことに関与している霊をフレーズにして呼び出すわけですか？

そのように呼び出せます。ただし、右の道もあるのにわざわざ左側へ行くのはよくない。そういう時は必ず避けた道を行くのが原則です。

―火事の現場の野次馬というのはどうですか？

それが1番愚かしいことです。自分で呼んでいることになるから。

―野次馬というのは結構近所にいますよね。吸い込まれるように目の色変えて行きますよね？

そういう事故現場や災難とか犯罪現場を見た人は何回も見るのですよ。そういう霊が憑いてるから野次馬になるわけです。しかし、それを呼んで収めてしまえばそれで終わりです。だから、その犯罪現場を見るとか、事故現場を見る人は、最後は自分が災難に遭うのですね。

―ではやはり事故や火事を見た時は浄霊すべきですか？

その通りです。浄霊をやらないといけない。何度も見ていると最後には自分に来ます。これは博打と同じです。博打というのは宝くじでも何でもそうです。当たりに近くなると何度も近い番号が現われるのです。スレスレまでいって当たるのです。こんなことは博打打ちでは常識です。だから、何度も何度も買ってるうちにポコンと当たるのです。事故も同じです。何度も何度も事故を見ていたら、最後に自分の所にドンとくる。

いつも災難が付きまとう人には災難の相を持っている

いいですか。これが人間の運勢というものです。そして、これは真理であり鉄則です。何度も見るとしたら、もう自分の人生を気を付けないといけない。

ある時、ある結婚話を聞いたことがあります。もの凄い綺麗で美人な女性が私と結婚したいんだと言われた男性からの話です。ところがその女性は、小さい時からやたら災難に遭う。

「最近災難に遭いましたか」と尋ねると、〃わっ、かわいいな〃と思った犬に近寄ったらガブッと咬まれたという。他の誰も咬まないのに、その女性だけは咬まれた。周りに人がいるのにですよ。普通なら、その犬は〃かわいい犬だな〃と思った人間に尾っぽを振る。なのにその犬はガブッと咬んだ。その女性だから、犬には通じるのです。

だから、私はその時その男性に言ったのです。

「いつ事故に遭うか分からない女性だから、なるべくだったら止めた方がいいけど、本当に好きだったら結婚するのもいいでしょう」と。「ただし、常に災難がつきまとう女性でしょうね」。

それからしばらくして、もの凄い残酷な現場にその女性は目の前で遭遇したそうです。滅多に遭うことがない事故とか災難とか、そういうようなことが何度もその女性に起きるのです。

浄霊をする人間はこういうようなケースには確実に知らないとならないことがあります。事象を起こす人間には起こすだけのものがある。それを断ち切ることができるのは皆さんだけです。皆さんの手に合わなかったら、浄霊者の手に合わなかったら、その人の悪運の運勢を変えることはできない。

自分の力で超えるなら、その運勢を変えられます。もちろん完全に超えたらの話です。それは非常に至難の業です。普通はそれができない人が殆んどです。できる人も中にはいますよ。100例に1例とか、そのぐらいの確率にあります。

やはり、これも浄霊と同じです。その災難の関わっている霊の事情のレベルを全部超えてしまったら、その人はもう事故も災難にも遭いません。自分で超えなくてはならない。それが災難とかという事情です。分かりますか。そういう事情にあるということです。だから、災難は気を付けないといけない。

そして、もし皆さんが災難を次から次へと遭う人には今述べたような話をして災難を食い止めないといけません。それは、今、あなたが止めないとならない。

浄霊をやれば、あなたはもうこれから先災難がないのです。災難にばかり遭うような人は最後には大変な災難に遭います。その時は、あなたの仕事として頑張らなきゃならない。それは浄霊者の皆さんの仕事であって、やはり、それはその人の幸せのためにやるべきことです。

そういう災難の相を持った人は暗いです。それがだんだん明るくなってきたら、もうその人の災難相はだんだん抜け出てきたと判断しても、間違いありません。

ピラミッドの再編成

浄霊ピラミッドはどのように崩れるか

今回は浄霊ピラミッドの再編成についてです。

ピラミッドのトップを外せばそのピラミッドは崩れます。二度とその同じピラミッドが再編成するということはない。

しかしなかなかトップを処理すること自体無理な話だから、通常皆さんが行なう浄霊ではピラミッドの中間辺りにいる霊とか、ピラミッドの底辺にいる霊から外していくことになる。それらの霊をどんどん外していけば、ピラミッドの形が崩れていく。崩れれば崩れるほどピラミッドに残る霊の影響はなくなっていく。

ところが、中にはまだピラミッドに残っている霊達が年月を掛けて再編成する場合もある。

―ピラミッドの中の下の方で、１つ外すと全部上からストンなんて落っこちる方法はないのですか？

ありません。ただし、数多く処理すれば、ピラミッドは崩れます。

——1つ1つしか外してはいけないのですか？

考え方によっては、一遍に大きい霊を1個取る方法もある。

しかし、なにもピラミッドの上にいる霊でなくても、大きいのが1つ取れる可能性だってある。そうすると、それ1つだけでも大きく影響が外れる。それで勘違いするのは、ピラミッドの1番上を取ったと思って喜んでしまう。下にいるものでも同じように結果は出るわけです。

要するに、なぜこうなるかということを、もう少し理解しているといいですね。これとそれとは違うんだという考え方が今の考え方。この地上に生きている考え方なのですよ。

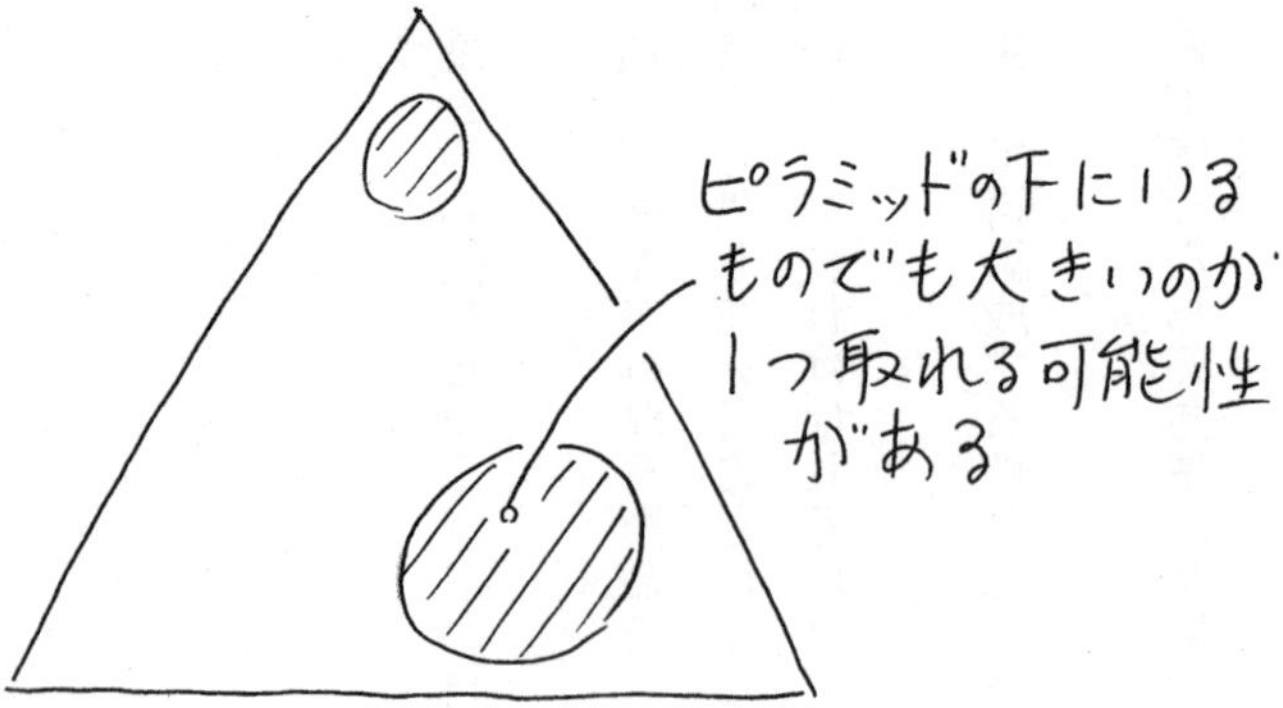
ピラミッドの下にいる
ものでも大きいのが
1つ取れる可能性
がある

一方、霊の世界ではこれとそれはみんな同じで、それでなおかつ違うというのは霊の世界。だからピラミッドにある下のものを取っても、ピラミッドの上の方にあるものは崩れてなくなる。

つまり、大きい霊は下にもある。下にいる大きい霊が上にある成分と同じぐらいあったら、下のものは上にあるものかもしれないでしょう。

現実界の善悪は必ずしも霊の世界の善・悪ではない

これを善と悪ということから考えてみます。地上に生きているから悪人は悪人だとなる。例えば、この男性はもの凄い悪い人で、2人の女性を騙し続けバイバイする。そして女性から騙し取ったお金で、その男性は大金持ちになっていく。

しかし、彼はその後もの凄い善行をしたとします。つまり、騙されたその2人の女性はその踏み石になった。端から見たら、騙した男性はもの凄く悪い奴だと思う。こいつは女を騙してそのお金で成功したぞ。しかし彼女2人がその男性を恨んでるかと。恨んでなかったとする。端から見たらものすごい悪人。ところが彼女らは恨んでない。そして彼は成功した。するとその男性は端から見たら悪人であっても、果してどこまで悪人かという問題がある。

―社会的に悪いと言われていることもですか?

言われていてもです。しかし、社会にそれだけのことを、それ以上のものを還元していたら、どこまでが悪で、どこまでが善かというのは非常に難しいところがある。

1歩離れてこの地上をそのように見ていくと、その人が歩いてきた事実は、1つの善が悪なのか、悪が善なのか、その辺が見えてないところがある。つまりその考え方がここにある。先のピラミッドの上と下の部分を崩してどうなるかという考え方は、この善悪が理解できた時に理解できる。分かりますか。言っている事はちょっと難しい。

どうしてかというと、善悪の理解の考え方というのは、地上に生きてる考え方とちょっと異なるからです。

例えば、先の男性は女を騙したお金で成功したということになって、社会の誰が見てもだまして悪い奴だというレッテルを貼られた。しかし、彼に騙された女性の2人は、その為に社会勉強して大成功した。すばらしい人生をその後歩いたとしたら、彼はまた女性の踏み石になっているのですね。騙されたのではなくて、彼という踏み石があった為、その2人の女性は成功したのですよ。騙された為に成功したとする。そうすると、彼は騙したことは悪いかもしれない。が果たして、本当に彼は彼女らに悪いことをしたのか。彼の存在なかったら、彼女たちは成功があり得なかったとする。そうすると、この存在というのは悪ではなくて（表面上は悪かもしれないが）、彼女たちにとってその男性は最高にすばらしいプラスの存在であったわけです。分かりますか。

悪は彼女たちにとっては最高の善であり、すばらしいものであった。だけどその時のその一時的なあの状態を見たとき、彼は大罪悪人である。どうしようもない人間だとなっている。時間が経って、彼を踏み石として彼に騙された女性２人が大成功した。彼があったゆえに、すばらしい人生をそこで歩むことができたとしたら、さぁ、これで果して彼は悪人なのか善人なのか。それを結論づけられますか。要はこの考え方です。浄霊の理論も焦点もそこにある。

善悪というのは、この地上の考え方において、何が善で何が悪かと決定するのは非常に難しい所がある。つまり、善悪の規定がないといったらおかしいけれども、日蓮が言うように、善は善。悪すなわち善である。

地球上のすべては善であって悪は存在しない。悪、それはすなわち、悪役における善であるということを言っているのは日蓮。その辺は最もなことなのです。

もし、この世の中に悪が存在しなくて、善だけだったとしたら、皆さんの人間的な成長というのは、恐らく限りなく遅いであろうと予想されます。悪があるからこそ、人間的な成長、進歩あるいは進化と言えるべきものかもしれませんが、そういうものがもの凄い速度で進んでいく。すばらしく進歩するわけです。つまり、善と悪は定め難いものがある。

善悪の概念と時間で浄霊ピラミッドを崩す

つまり、ここにあるピラミッドを崩そうとする。例えば、１つの物を駄目にする為に、この事象を何とかする為に、あるものを外したとする。これをやったら、このピラミッドは崩れて何とかなる。でも別なのをやってもピラミッドは壊れる。

例えば人間霊を浄霊した。ヘビをした。何でここで、人間霊をやっても、ヘビをやっても、ピラミッドの下の方にいる霊をやってもそのピラミッドは崩れるのかという理由は、善すなわち悪の考え方に当てはまるからです。だから、この理論が成立するのである。

―善と悪の話とピラミッドの処理の仕方の繋がりがあんまりよく分からないのですが？

これ対これに時間を加えるのです。ところが、この霊の世界には時間がない。だから、善すなわち悪、それプラス時間を加えると、ここを崩してもそこを崩しても同じという理論が成り立つ。こうやって言うと非常に難しい。この地上で理解しようとするから難しい。この次元を崩すというのは、これに見合う1種の状態、すなわちこの次元を超えるような状態をここに作れば、それでいいと言うことになる。

―時間を加えるという意味は？

つまり、時間を加えなければ、ここを崩しても、同じということにはならない。とすると、最初の質問に戻るわけです。

ある部分を崩しても、残りの力でピラミッドをまた再編成するのかという問題になる。ピラミッドを壊して残った部分の力で、そのピラミッドをもう一度再編成させるだけの、つまり、その事象を作るだけの力があればもう1回再編成する。その力がなければ再編成できなくて、これは壊れて終わるということになる。

ピラミッドの親玉がそれだけの力があればいいわけです。だから、次元の考え方、そして時間、善悪の概念、いわゆるそういうものが重なると、これが理解できるようになります。分かるような分からないような話になりましたが。

次元を越えるということはそういうことを意味している。もっと端的に言えば、1つのものを処理する時にその事象に関わるものをやるならば、何を処理してもいいということになる。だから、それがピラミッドの底辺でもあるし、側面でもあるということになる。だから、その事象に関わるものを数多くやって、つまり、フレーズを使って、数多く浄霊をして、ピラミッドのどこかのすみずみを、端でも真ん中でも崩していけばいいことになる。だけど、あくまでもそれは、壊したところがそれぞれ繋がらないと何にもならないですね。関係ない所をやったところで何の役にも立たない。

さまざまなフレーズを用いることでピラミッドのあらゆる方向を壊す

そこでフレーズが登場するわけです。ピラミッドのどこを壊すかはフレーズによる。1つの事象のピラミッドの中心部分を壊すフレーズはβ（ベータ）かもしれない。ピラミッドの右端を壊すフレーズはγ（ガンマ）かもしれない。逆に、このフレーズでピラミッドの大きい範囲α（アルファ）を壊すかもしれない。αをやるのもβをやるのもいいわけです。そして、どのぐらい壊すかという大きさを決める。これはフレーズに負うところが非常に大きいということです。だから、フレーズの研究というのは非常に重要です。

だけど集合の理論になるから、フレーズは今述べたような状態になっている。フレーズはそういう状態に複雑に必ず絡み合ってるはずです。

ただし、それは三次元ではありません。

霊の世界は四次元ですから、この次元のものを崩したら、それはその次元のものを崩したに過ぎない。仮にその次元と違うものを崩したとすると、それは別の次元を崩したにすぎない。重なっているだけであって、これを壊したからといって、そっちを壊したことにはならない。

これが現実界の三次元とこの霊の世界の違いである。これを壊したからといって、それと重なっている部分も壊れているかと言えば、仮に壊れていれば三次元

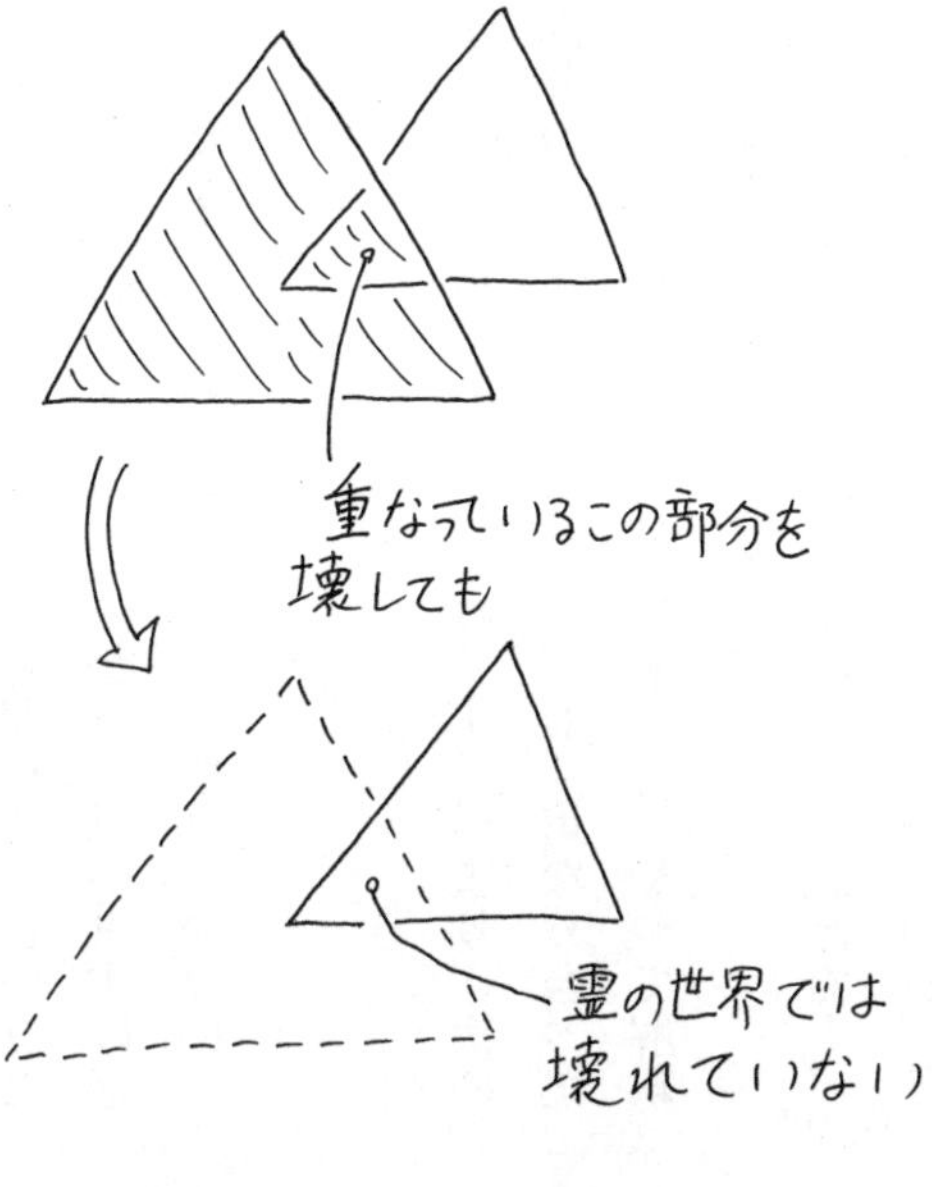
重なっているこの部分を
壊しても
霊の世界では
壊れていない

ですね。霊の世界では壊れていない。そのまま現存する。重なっていても現存するということの違い。これは自縛霊の理論を知っているはずですから、この辺は分かると思いますけどね。霊の世界というのはそういう世界なのです。だから、重なっていても、壊れていない。

霊の方向性からみたピラミッドの処理

そこで、霊には方向性があるという重要性がここで登場してくるわけです。つまり、次の図のAとBは集合理論で重なり合って、Aの部分の方向性だけが片付いても、重なり合ったBの部分の方向は片付いていないということになる。これが霊の方向です。そうやって解釈すると、このピラミッドの形の処理というのは理論的に分かってくる。

もう一度言うと、Aの方向性は片付いて、Bの方向性は片付いていないということです。Cの方向も片付いてない。だけどピラミッドから見たら、Aのあの部分は片付いている。だから、崩壊したことには変わらないということです。だから、ピラミッドのAという部分は崩壊はしてます。

—では片付いてなくても崩壊すればよいのですか？

そういうことです。崩壊すればいい。だけどどんどん崩壊するためには、AもBもCもやっていかないとならない。その為にフレーズの重要性は大きいということなのです。

―そのAだったらAに関しては、1セットを処理すると思えばよいのですか？

1セットでもあり2セットでもある。完全に壊すのは3セットも4セットやっていかないといけないが、そこまで完全に壊す必要がないということです。主なものみんな壊したらAは壊れる。でも、Bも主なものをある程度壊していけばよいのです。

仮にAならA、BならBだけを徹底的にやったらAあるいはBは完全に壊れる。しかし、いくら完全に徹底的にやってもAはAだってことです。いくら完全にやってもBはBだっていうことです。それを知らないといけないという

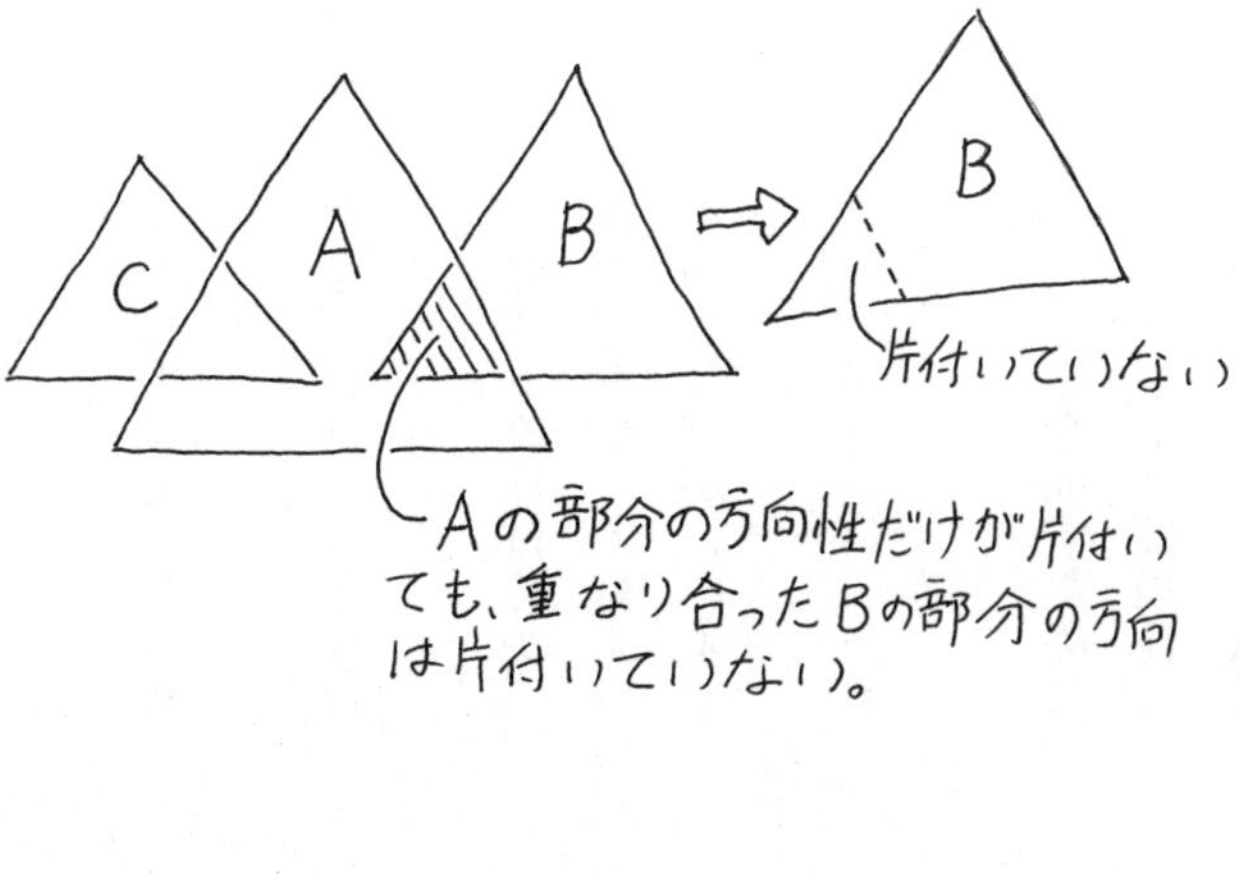
C
A
B
B
片付いていない
Aの部分の方向性だけが片付いても、重なり合ったBの部分の方向は片付いていない。

ことです。

―先生に伺わないでも、皆で呼び出しても、ピラミッドのポイント近くのものが出るということはあるのですか？

皆さん方がいくらやってもなかなか上がらない。そしてやっと上げたぞというような場合は、ポイント近い霊だったりすることはあります。

ただし、仮にBのフレーズでやったら、Bが2セットで片付くか、1セットで片付くか、あるいは4セットで片付くか分かりません。ただし、Bのフレーズを10セットやってもずっと霊は出てくるけど、4セット片付けたら、むしろ今度は別のところを崩した方がいいよ、ということになるわけです。その時はフレーズを変える。

―フレーズが方向を決めるのですか？

そういうことです。フレーズはその方向性を決めるわけです。だから、ここを崩すためにはフレーズを変えて、次から次へとやっていく。ただし、必ずそれぞれのフレーズは集合で重なり合っている。重なり合ってるから、じゃ、ここは壊れたということではなくて、Aは

Aの方向性に過ぎない。Bは Bの方向性に過ぎないということです。分かりますか。

ピラミッドに霊を残したままにするとピラミッドの再編成が起こるのか？

―例えば、1つのピラミッドの中で、Aという方向性でAを崩して、それである赤い事象が崩れて、治ったとしますよね。このピラミッドはそれで赤い方の災難とか病状の1部のようなマイナスのものが処理されたと思う。でもそのピラミッドが完全に壊されたわけでなく残っている。仮にそのピラミッドをそのままにしておくと、その何年後かに、またそのピラミッドの影響が出てくるのではないのですか？

ここが1番の問題となるところです。このピラミッドでいくつまで処理をしたらよいのかという問題になる。

例えばフレーズA、B、CからFまでやって、クライアントの問題が消えたとする。それでこの後ピラミッドは再編成しないかという問題になってくる。しかし、手がけた方向のところをある程度多めに処理して、別のところもある程度多めに処理していたら、1度壊れたところを再編成するというのは非常に難しい。

仮にかなり大きい霊を1つボコッと外して、簡単にパッと結果が出たとする。そうすると大体、1年後、2年後に再編成が起こる。すぐには起こらない。しかし、この場合の再編成は割とやさしい。だから、数多くやるという利点もここにはある。

1つ、2つで結果を出すという利点は確かにすぐに結果は出るけれども、再び起こるという可能性があるのです。分かりますか。大きいのをやって、すぐに結果は出て評判は良くなりますが、また起こる可能性もあります。ただ、ピラミッドの本当のトップを処理したら二度と起こりません。だからそんな簡単なものじゃないです。

仮にピラミッドの上の方にいる霊でも小さいものが1つだけしかいないなら、それを外した穴を埋めるのは簡単なわけです。どこからか霊を連れてきてそこに埋めたら、再びピラミッドが再編する可能性はあります。

それは1年後、あるいは2年後に再編する。大体3ケ月は必要です。1つの霊を外して壊したものを再編成するのは、3ヶ月のサイクルは大体必要と思ってください。何で3ケ月なのか。分かりません。今まで様子を見ていてそんな感じですね。大体3ヶ月掛かる。これは今までの経験上の数字です。これがフレーズの重要性と処理したことの形の作り方です。

—突然、問題が起こったりするというのは、その何処かが抜けているピラミッドが自分にあって、それが埋まってそういう現象が起きてくるということに繋がったりするのですか？

一概にそうとも言えないですけどもね。ピラミッドそのものがそこらじゅうにたくさんあるのだから、そちらが起こしたという現象もあり得る。

ただ問題は、クライアントが何をどういう現象を治して欲しいのか。何を望むかを的確に掴むべきです。それが大事です。うちの息子は仕方がないから何とか浄霊してください。それでは駄目です。うちの息子の何が仕方がないのか。最も治したいところを1つないし3つ位挙げて、それに対して徹底的にやるべきです。そして、こういう形で持って崩していく。それが信頼を得る最もいい方法です。

—そのピラミッドを構成しているものを、全て処理した方がいいかどうかというのは、そのクライアントが何を求めているかによって違います。ケースバイケースということですか？

そういうことですね。しかし、全部崩すなんてことはまずありません。

霊を超えるとピラミッドの再編成は起こらない

―霊を超えるという話がありますよね。崩れるまではいってないけども、超えたらピラミッドはどうなるのですか?

そこなのです。崩れるまでいってない時点でその人が超えたら二度と問題は起こりません。二度と起こらない。もう再編成も何もない。

―その時はまだピラミッドは残っているのですか?ピラミッドの関与がなくても?

残っていても、それを超えてしまう人間性をその人が持っていたら、これはないに等しい。その人はそのピラミッドの影響力を超えているのだから、このピラミッドはその人の人間形成の礎になっているだけであって、もはや何の害にもならない。それを知っておかないといけない。

人間に憑く霊はいろんな種類があります。しかしそれを超えてしまったらそれは何の害も持たない。害の持たない霊を浄霊する必要はない。むしろ、それを超えてしまったら、これはもう礎になって、その人の形成の1つになってる。超えてるからこそ、その人格を持てるのです。分かりますか。

本来人間というのは浄霊をやらないで、全て超えながら人生を形造っていくのです。いいですか。１つ超え、２つ超え、このピラミッドを超え、また別のピラミッドを超え、こちらのピラミッドを超え、人間が完成されていくのです。それが人生なのです。ただし、このピラミッドを超える段階になった時に、崩れて病気になって死んでしまったら、これは元も子もない。そこで皆さんの登場なのです。

それを超えやすくしてあげる。病気を治す。あるいは、人生の諸問題を解決する。浄霊をしてより超えやすくしてあげて、そこでまた超えたら、その人間はもっと進歩するじゃないですか。人間がオギャーと産まれて、成人して大きくなっていくまで、どこまで進歩するか、成長するか、それは人それぞれの個人に関わっています。

だけど、それは自分自身の力だけと思ってはいけないですね。指導霊、守護霊、そういう霊の協力がいっぱいあります。そして、周りのどうしようもない動物霊達や、先祖霊や、自縛霊やら、そういうものをどんどん精神的に超えることによって人間は成長し、１つの人格を形造っていく。つまり、目に見えない世界の人格形成の方がはるかに高いということ、多いということです。ただ、それは人間は気づかないだけです。だから、皆さんは常に超えているわけです。わずかずつ超えながら人格を形成している。そういう中に置かれているということが気づかないだけなのです。

—自縛も、そういう先祖の病気の霊もそれも全部プラスになるということですか？

そういうことになる。

超えられればプラス。負けてしまえばそれで終わりということです。

—超えさせるために、そういう指導霊とかがいる？

そういうものもあります。

—前世とか、そういうのを全部やったほうがいいということですか？

そういうことですね。ただし、そこで、人間の寿命というのは何かということになる。最早ここまでという寿命、つまりもう動かすことのできない宿命的な寿命が来た時は、やはりそれはそこで終わりますね。これは動かしがたいものがあります。

ただ、それが20歳で死ぬのが寿命か、果して、45歳か、70歳か、80歳か、あるいは90歳か100歳なのか。これはそれぞれ個人に依存します。

そこは何で判断するか。20歳になったばかりの男性に対して皆で必死になっても、どんなに協力しても彼は超えられない。彼を助けることができない。彼を生かすことがもう不可能だったら、やはり、それはその人の寿命と解釈したほうがいい。分かりますか。寿命の来てる人間に対しては、どんな医療もこういう浄霊もあらゆる全てのものをやっても寿命には勝てない。

浄霊とは今置かれている最高の状況までの成功を導くことである

しかし、最大限努力した時、むしろあなたがたの手に委ねられた時、それは何とかなる場合が多い。駄目な場合もあるけど、何とかなる場合が多いということです。だから、最大限努力するべきです。駄目な場合も多いわけです。寿命が来ている場合も多い。だから、そこを勘違いしてはいけない。浄霊で全てが成功するわけではないということです。

そして、皆さんが浄霊をするということは、その事象における全てを超えることはできても、クライアントを必ず満足させるかというとそうではない。病気だったら治せるかもしれない。治せないかもしれない。寿命だったら死んでしまうこともあるということです。

会社だったら、最高に繁盛をさせることができても倒産する運命にある場合もあるのです。そういうことを知っておいてください。

ただし、今、置かれた最高のベストにまでは持っていくことはできます。最高の状態で浄霊して、これ以上ないという状態にまではいきます。それで駄目だとしたら、もう仕方がないですね。その辺を間違えてはいけない。全て成功するのではなくて、今、置かれている状況の中で最高の状態にまで持っていけるのが浄霊だということです。


つまり、今、20%の力で会社を運営しているとしたら100%まで出すことができます。20%で倒産している会社が100%力を出したら、倒産を免れて繁盛するかもしれない。また、20%しか力を出していないところに100%出しても、倒産する会社もあるということも知らなくてはいけない。これが浄霊の世界です。

でも、実際にはその確率はどうなるかというと、9割は大体何とかなる場合が多い。あるいは現状維持、あるいは伸びる。どんなになっても駄目というのはせいぜい1割くらいです。ほとんど9割は大丈夫だと思ってください。ただ1割という大きな数字は、10件に1件はどんなに100％の努力をしても駄目なところもあるということですね。つまり、病気もどんなに治っても、中には限界がきて死ぬ人もいるということです。シビアな現実を見てください。

―その災難という現象を超えることを助けてくれるとか、超えることにマイナスに関与しているというフレーズは有効なのですか？

それはちょっとおかしいね。超えさせるのは自分自身たちでやることだから、フレーズに使う言葉ではありません。

浄霊の限界

今回は日本全国で行なわれている「浄霊の限界」ということについてです。

浄霊の限界が今どうして考える必要があるかというと、浄霊依頼を受けた時にどういう受け方をしなければならないかという、実際の営業問題上に繋がるからです。そして、一般認識と皆さんの認識との間にギャップが生じているということも分かりました。

どういうギャップが生じているか。皆さんの場合は浄霊の中に入りすぎているから、クライアント、依頼者が、どういう心情で来ているかというのが、いまいち理解しがたい、あるいはしていない。つまり、クライアントはどういうつもりで来るかということです。

クライアントの限界を超えてまでの希望は必ずしも実現しない—金運の場合

それはまず2つに分けて、通常の仕事運や金運的な問題と、病気の問題に分けられると思います。

例えば、依頼者は会社の繁栄について、皆さんに浄霊を頼んで繁栄して成功させたいと思っている。今より繁盛させて成功させたい。売上げ1千万の商店だったら1億に上げたい。1億の会社だったら2億に上げたい、10億に上げたいと思って来るわけです。

では、浄霊の力というのは、限界がなく無限に伸びるものかということです。浄霊の力というのは無限ではないということです。必ず有限だということです。そして、会社を繁栄させたい時、、有限の限界はどれだけかということです。

言うなれば、クライアントの可能な限界まで成功する。これが回答です。可能な限りの限界において成功する。そこまでです。つまり、特別でっかい飛躍はしないということです。

例えば、1千万の運営している会社が1億を仕入れることは殆んど不可能です。また、実際にそのようになった時に運営できない。

ただし、今まで5千万の収益を上げていたとする。それが上から5千万の運が落ちてきたとする。その人が5千万仕切るだけのものがあったら、それはうまくいくかもしれない。あるいは、そこに5千万のものが存在していたら、実現するかもしれない。

もっと具体的に言うと、人がいないところに売上げは上がらない。そういう問題もあります。人を向けるようにしなければならない。人がいないところに人を向ける。そして、収益を上げる。ただし、人もお金も入る限界があります。それは、やはりそこの会社の限界。人を向ける限界というものがある。そしてそこまでは浄霊は可能であるということです。これを間違えてはいけない。無限に伸びるということではない。人が来る限界まではいく。可能な限りの限界まではいく。

もっと具体的に言えば、1つの商店、例えば呉服屋さんがあったとする。この呉服屋さんが一生懸命頑張っても、顧客の数の限界が1千万までなら、1千万までは伸びるかもしれない。しかし、可能な限界までは伸びるけれども、それ以上はいかない。つまり、人がいないところに、浄霊をいくらやったところで、それはやはり限界までしかいかない。その人のその店の可能な限界までは伸ばせるけれども、それ以上伸ばすことは絶対できないということです。

だから、仕事を受ける時に、クライアントの可能な限りの限界までは引き出すことはできますが、それを超えることはできないのです。これが浄霊の世界です。金運、お金もクライアントの限界まで引き出すことができるかもしれない。商売も繁盛させることができるかもしれないということです。だから、段階を追う場合もかなり多いということです。

今、可能な限界が1千万とする。1年経ったら、その人の可能な限界は、それを基盤に1千万を基盤にどんどん伸びていった。そうしたらそれが可能な限界が2千万に伸びるかもしれない。従業員50人の会社が1年経って100人になった。可能な限界は、すなわち、まだ伸びる可能性は十分あるわけです。大きい飛躍はしないまでも、やはり可能な限界までいくわけです。絶対に可能な限界を超えることはできない。依頼者にはその可能の限界が見えてないということです。そして可能の限界は皆さんにも分からないということです。

例えば、扇風機の羽根を作る会社があったとする。昔は手工程で作っていた。扇風機の羽根を作っている会社が、このオートメーション化された現在、どれだけ生き残れるかという問題になってくる。だんだんと生き延びていくことが難しくなる。手工業からオートメーション化の時代になっていったとしたら、手工業だけで食べていく会社、これは必然的につぶれる運命にある。それでもなんとかこの会社を繁栄させて欲しいと依頼されても、その扇風機の羽根だけで成功させることは不可能です。そういう必然的なものだってあるのです。

果して、浄霊でその扇風機の羽根の会社はどこまで成功するのか。その可能な限界はというとその需要があるまでですね。なんとか生き残ることはできても、やはりそこまでしか伸びないという限界が浄霊にはある。

運勢を落とす—女性運・男性運

女性に関しても恋愛に関しても同じですが、この場合は先の金運とはちょっと様子が違います。〝運勢を落とす〟という表現が使われます。

運勢を落とす。つまり、どういうことか。ある人が女性運をいっぱい上げた。そして、その人にとって十二分に浄霊は済んだ。女性運に関して全て協力するものができた時、その運をどこで落とすか。重要なのは〝落とす機会を狙っている〟ということです。

しかし、その男性は会社と自分の家の往復で、その間、たった1人の女性にも会わない。せいぜい電車の中で会うくらいのものだとする。つまり、呼応してないということです。ではどうしたらその運勢は、浄霊をやっただけの運勢が活かせるか。落とせる状態になるかといったら、その人はそれなりの場を作る必要がある。分かりますか。つまり、見合いを探すのも1つの手でしょう。人が大勢いる場所に行くのも手でしょう。あるいは、この人が飲屋の方が得意なら、飲屋の場合もある。いろいろあるわけです。その人独特のやり方があるわけです。

ともあれ、〝運勢を落とす場〟をこの男性は作らなくてはいけない。この場というものが非常に重要なことになる。

もちろん会社でもそうです。繁盛させようと思ってずっと同じような形でやっていては駄目です。アクションを起こさなくてはいけない。何らかのアクションを起こさなくてはいけない。だから女性と出会う場が必要です。アクションが必要なのです。そこで、初めて運勢を落とす場所ができてくる。

アクションを起こした時初めて、運勢を落とす場ができるのです。だから、この人は飲屋に行かないといけないし、見合いも考えないといけないし、友達に「おい誰か紹介しろ」という声も掛けないといけない。そういうアクションを起こした時に、どういうわけか女が寄ってくるというわけです。

運勢を落とす人は、上から一生懸命運を落とそうと頑張るのです。必死になってそのクライアントを導くわけです。ズーッといって、あ、この辺で適当な女性、あるいは、この辺の女性がいいなというところで、今度はその女性を引っ張ってきて、こっちを向かせてグーッとくっつき合わせるわけですよ。いや、そういう場が必要なのです。

つまり、浄霊で成功する裏にはアクションと場という重要な要素が必要となります。会社をやる場合でもその会社の持っているキャパシティの限界までは可能です。だから、その人の持つ限界までを出せるのが浄霊です。

人との出会いは、浄霊によっていくらでもたくさん会えることができるようになると思うのですよ。ただ、それが続いて結婚に至るまでというのはまた別問題になりますね。

―例えば、それをまた浄霊でやればいいのですか?

そうすると今度はその方面で実現可能にはなります。

浄霊の限界を浄霊で広げていく

―結婚を求めて永遠に浄霊するということですか?

だから、どこで協力させるかという問題になるのですよ。全ての浄霊をやるということではない。

例えば、ある男性が3人も5人も女性と出会った。それから先は自分でその女性たちと付き合って決めればいいわけである。でもどうしてもどの女性がよいか分からないという場合には、その5人の中の女性のうち、自分によい女性と結婚できる運勢を落とすように浄霊をやってもらうということになる。そういうふうにやればいくらでもあるわけです。いいですか。この理屈が分からないといけない。

出会いの浄霊ばかりをすると出会いが可能なわけです。あとはアクションを起こして場を持っていくのです。そうすると出会うことの浄霊でやってるから、そこまでの結果は出ます。それから先、結婚へと成就させるのは自分の力になるわけです。ところが、そこをまた浄霊でやろうとすればそこまで可能となるわけです。だから、このように結構無限に浄霊というのはいろんな活躍の場がある。

ただ、浄霊はいいことばかりしか成功しないものだと思ってはいけない。

1人の男性が、〝そうか。俺は独身だから、これから女を騙しまくるぞ〟。〝常に女性を5人から10人脇に置いとくぞ。その5人の女性はかち合わないように上手にやるぞ〟と心に誓って浄霊をする。するとこの浄霊もまた成功するのです。これも浄霊の力なのです。浄霊をすれば5人の女性がかち合わないように上手に全員の女性と付き合うことができるのです。

浄霊では悪いことも成功する

だから、絶対に浄霊の力を宗教と勘違いしてはいけない。物事を成就させるのは浄霊であって、良いものと悪いものが宗教性のように存在しているものでない。良心とか道徳までが存在しているものではないのです。これを勘違いしてはいけない。良心と道徳と浄霊とは無関係です。宗教とも無関係です。だから、５人の女性がかち合わないで、それぞれを月火水木金に割り当てて、５人の女性全員と上手に付き合える浄霊をすれば、成功するのですよ。

分かりますか。浄霊世界の何たるものや。何が成功するかを掴まなくてはならない。浄霊の限界は把握できない。そういうものなのです。良心とかそういうもので、浄霊をやたら結びつけたがる傾向はある。ところが泥棒が成功させようとして浄霊したら、大成功します。浄霊をして泥棒をやってたくさん稼ぐ。絶対警察には見つからない。家人がいない家に押し入り、すべて上手くいく。

浄霊というのは、良心とか宗教とかといった概念の中で判断する世界ではない。物事を成就させる世界です。成就させて成功させる世界であって、それがたとえ何であれ成功させることができる。そこで良心と結びつけるのはそれは宗教というものです。浄霊は宗教と全く関係ない。だから泥棒稼業の成功も多いのです。

—それは善と悪の話に繋がるのですか？

そういうのとは違いますね。全く関係ないです。いわゆる、どんな事業でも浄霊をやれば成功するということです。だから、勘違いしてはいけない。あくまでも、いわゆるこれは技術的な問題と思って下さい。浄霊は技術的な問題として考えないといけない。技術で成功する世界である。ただ、浄霊は何が成功してどこまでが限界で、依頼者は何を望んでいるか。皆さん方はこれはまだ把握していない。それをよく把握しないといけない。

もっと具体的に言いますと、過去に浄霊を頼んだ人は善人が多かったか、悪人が多かったか、どちらだと思いますか？

会社とか商売繁盛を頼んできた人は、善人よりもおそらく悪人の方が多かったと思う。悪いことをやって会社を成功する。こういう人はかなり多かったのです。

—では悪い方が成功しやすいのですか？

どっちもどっちでしょう。ただ、悪い方が、具体性が高いから成功する確率がはっきりいって高いと思う。

―手段を選ばないからですか？

その通りです、むしろ単純な場合が多いから成功率が高い。だから、私は今まで浄霊をいろいろ見てきましたが、ハァーと疑問視することが何度かありました。そういう場面が結構多かったのです。だから、泥棒が浄霊をする所に訪れることなんてあるのですよ。

自分の稼業繁栄のために。

―霊性は倫理観とは関係ないのでしょうか？　明らかに悪事らしきことを浄霊師として荷担した時に霊性は下がるでしょう？

それは、もう本人自身の判断ですよね。やりたくないと言ったら、それはもう仕方がないし、これも商売だともう割り切って受ければそれまでの話しです。でも明らかに、法に触れるようなことを受ける依頼は考えますね。

占いなんかによく来るのですね。私は警察に捕まるだろうかという相談を持って泥棒さんが占い師のところに来るそうです。私も占いのところに行って、それを聞いたことがありましたがおもしろかったです。あの泥棒が行ったのかということです。結構、悪いことをしてる人の方が運勢とかそういうものを担ぐのですね。

まともに一生懸命生きて、まじめそのものに生きている人というのは、自分の力で一生懸命頑張るのですよ。悪いことをしてる人間は、少しでも楽に稼ごうとして運勢に頼るのですよ。

—楽してお金が入るというフレーズは有効なのですか？

これは技術の１つとして有効なのです。

—しかし楽してお金を稼ぐにはお金が落ちる場を作らなくてはならないのですね。

そこが必要なのですよ。そういう運を作らないとならない。だから、成功するかどうかはそういう運を落とす場をあなた方は作らないといけない。それが上手くできるかということです。だから、本人の努力も、ある程度ないと浄霊は成功しないのです。

浄霊の１番成功する人は、〝自分は一生懸命やっているのに何で上手くいかないんだ〟と思うような人が浄霊をすると1番成功する。

〝自分は一生懸命やってるのに何で大儲けしないんだ〟。〝俺はこれだけやっているのだから、運をもっとその場に落としてくれ〟。こういう人は浄霊すれば最高に成功する人です。覚えておいてください。

その人間の人格を壊さないところまでは実現する

—それでもその人その人なりの浄霊の限界はあるのですか？

やはりありますね。その人の限界はある。例えば、お金だったら、その人が使いこなせないほどの金額や、その人が身を滅ぼすほどの金額は入らない。社長で成功しても身を滅ぼすほどは超えない。自分の限界を超えるような仕事にはならない。これが浄霊のすばらしいところです。

—そうしたら、その人の限界、キャパシティを広げるという浄霊をすればいいのですか？

そういうことも当然できます。広げたら、広げた分までが限界になります。だから、キャパシティを大きくしていけば、順を追って大きくしていけば、その限界までどんどんお金も伸びる。出世もする。どんどん伸びていきます。

―そういう意味では、一時的な限界はありますけど、それも広げることができるということは、何でも限界を広げて、どんどん限界はなくなっていくということですよね。

その通りです。グローバルに行けたら、いくらでもグローバルになる。ただし、その人の持つグローバルの限界までです。

―グローバルな限界は宿命ということですか？

宿命ではないです。例えば、今、この辺までグローバルとする。これでは満足しない。もっとここまでいきたいと思うならそこまでいく。もっと先に行きたい人はもっと行ける。例えば、東京都の葛飾区でドンと店を構えて成功した。次に葛飾区だけではなく、今度は港区か中央区まで広げた。でもそれだけでは不満だ。東京都内で成功したい。そして成功した。でもまだ物足りない。日本全国まで俺は商売を広げて成功したい。それで日本全国で成功する。にもかかわらずまだ不満足。次は世界だと思う。そういう形で限界を超えていくわけである。

では、その人が葛飾区に店を構えたばかりの時に、突然日本全国までを目標にすると、浄霊でそこまでいくかということです。そこまでは浄霊では受けつけない。つまり、その人は葛飾区から東京都までは超えることができても、つまり、経営が成功してもまだ都外にいくほどの力量を持っていない。その人の今の限界は東京都内までだからです。だから、浄霊で東京都内の限界までいくということです。そしてそこまでいったら、今度は次の目標に向けて今の限界をまた大きく伸ばすことができるわけです。だから、女性の場合でもそうです。

―それは何%ぐらいまで伸ばすことができますか?

金額で言うなら、例えば、倍とか5倍まではいいですが、それをいっきに10倍、20倍の目標にするのは無理です。1千万ある人は5千万までは可能です。5千万の人は5億はいかない。だから、常識的な金額の限界があるのです。

例えば、小さな商店を営んでいるお店で全商品が1千万しかないのに、1億入るわけはないでしょう。そういうことです。分かりますか。

つまり、1千万の商品があったら、売れてもその半分の5百万が最高でしょう。商品を全部入れて5千万だったら、2千5百万ぐらいまでの売上げが限界でしょう。そういうことを言ってるわけです。

一方、5千万の商品があるお店ではそれを完売できるようになった。もう大成功した。5千万の商品が全てなくなった。そうしたら、そのお店は思いきって5億ぐらいドッと商品を揃えるかもしれない。そうしたら、2億ぐらいいくでしょう。これを言ってるのです。つまり、浄霊とはそういうものです。そうやって伸ばしていけるのです。

―女性運にも同じように考えられるのですか？

浄霊は女性運にも強いです。いくらでも遊んでいるにも関わらず、〝俺はこの女で満足していいんだろうか〟。〝いや、俺はもっとすばらしい女性に会いたい。しかも4人ではなくて、8人必要だ〟。

そんな男性が浄霊によって、1週間に1人余るが毎日女性を取り替えて遊ぶ。そういうことも可能なわけです。だから、いわゆるメカニズムですね。浄霊はこうなるんだというのを皆さんはよく知らないといけない。

ところが、俺は女は人数じゃない。1日置きに会うくらいがいい。だから3人くらいでいい。ただし、この3人は最高の女性がいいというのも夢じゃないわけです。

あるいは、〃俺は1人だけでいい。その代わり最高の女性が欲しい〃。次から次へと女性を取り替えて遊ぶのを止めて、1人のすばらしい女性に出会うための浄霊に切り換えることも可能なのです。悪いことも可能なのです。良いことも可能なのです。

—悪いことの方が叶うのですか?

そういう傾向はある。悪い方が単純で内容がクリアですから、意外と成功率は高い。だから、昔から悪いことをやってるような人が、結構浄霊を頼む人が多い。要するに浄霊とは何か。それを知らないといけない。それでないと、依頼者が来た時に答えられない。だから、浄霊とは場であり運であり、その人を最高の可能性のある限界にまで持っていくことができるのです。これを忘れてはいけない。

病気治療の可能な限界とは

—病気の場合にはどうですか?

病気だってやはり同じで、可能な限界までは行きます。やはり、可能な限界は病気も同じです。その人の持つ可能な限界まではいく。だから、症状が取れやすいというのは、浄霊的に見れば通ずるところがあるのです。症状は取れやすい。病気も可能な限界まで治る、というふうに解釈してください。

ただし、病気は何が作用するかというところに大きく関わります。

ここで、病気の１つの関わり方がある。種類です。

例えば、リュウマチのような病気がある。形態的に、もう器質学的に手が変わってしまった。これを治そうと思ってもこれは無理です。いわゆる限界があるわけです。

精神病で気がふれてしまった。ただし、これが霊の関与で全てそうなった時には、その霊を取り除いたら奇跡的に治ることも可能です。むしろ、病気の方が可能な限界は高い。だけど、必ず限界があるということを知らなくてはいけない。できる限界がある。だから、浄霊でやった場合、必ず治る限界があります。

では、浄霊で何が１番大きく作用するか。当然、苦しみですね。これは必ず拍車をかけて来る霊がいる。精神的な苦しみと痛いことは別です。これを間違えてはいけない。これは浄霊学的な解釈です。

病気では痛い、痛い、痛いとか、もの凄く苦しみますね。

〃この痛みはあんたには分かるものか〃というくらいに思います。本人自身も分かっていません。痛い、痛い、痛いと言ってます。

その場合、苦しみを取った方が早い。そうすると本当の痛みだけになる。苦しむことによって痛みは倍にも3倍にもなる。

皆さんによく言っていますが、病気治療の浄霊をやる場合に、まず、拍車かけているものを取りなさい。苦しめているものを取りなさいというのはその辺にある。だから、本人は肉体の本当の痛みだけしか感じなくなったら、もの凄く楽になります。そういうところに浄霊の違いがある。

奇跡が起きると信じて来る人も多い。ただ、その人が霊媒体質であったりしたら、がんなども治る可能性が高いし、早い。そういう場合もある。なぜなら、霊的な関与が大きいからです。

―同じく病気が進んでいても、霊媒体質の人の方が治る可能性が高いということですか？

霊媒体質の人の方が治る可能性が高い場合が多い。これは全体的な傾向ですよ。

―その場合、やはりＡＳＴ気功治療より、浄霊の方が治りやすいのですか？

それはどっちにも言えますね。ＡＳＴ気功の場合でも浄霊の場合でも、今の話はほとんど通じる。ただ、気功をやっている人間というのは、同じ気功で治りやすい傾向がある。だから、慢性病になっている人は、ＡＳＴ気功の研修会に出ていると、やはり何といっても得ですよ。苦しみの程度はその人はもう絶対に違う。常に気功をやってもらったら、天地の差がありますよ。やはり気が入りやすくなっているから通りやすいし、取れやすい。病気の場合でも治る場合も治らない場合もある。だから、その人の限界まで治るというのは同じです。

浄霊のレベルについて

浄霊レベルがなければ強い霊は呼び出せない

ＡＳＴ気功治療に関してもレベルによる差は結果の出方に左右しますが、浄霊は殆どレベルで決まると言っても過言ではない。レベルを上げるということは、レベルによって結果の違いが現われるということなのです。

目の前に現れる霊とは、それはその人のレベルのものしか出ない。自分で出した場合、自分のレベルのものしか出ない。つまり、自分で呼び出した場合、その霊は自分で処理できるレベルしか出ないのです。

ただし、私が「こういうのがいますよ」と言った場合は出てくる。しかし、そのキャパシティーが高い場合には、自分のレベルがその最低限にまでいっていなければ、その霊を呼び出すことができない。

例えば、その霊がちょっと強いような場合には、５人で3回、あるいは4回霊を呼び出し続けて、やっとその本命が出てくる場合もある。１人で出す場合には、7回、8回と霊を出し続けないとその本命は出てこない。

レベルの高い人が指定した霊を出す場合には、大体、浄霊を5回とか6回行なうことになる。つまり、指定された霊を呼び出すまでには浄霊が5回目、6回目でなければ本命の霊は出て来ない。それは、浄霊レベルが高くなればなるほど、低いもので処理しなくなる。高いもので処理してしまうからです。

言うなれば、レベルが高くなると本命1つで終ってしまうこともできる。ただし、霊1つで終るまでのレベルというのは、容易に到達しない。また処理する霊が1つで終る人は永久に1つなのかと言うと、そういうわけでもない。

私の場合で1年間のうち4、5件は2つか3つやります。だから、必ずしも殆ど1つで行くことは、いくらレベルが上がってもなかなか行かない。

皆さんがやる場合、5人でやればプラス5です。だから、大勢でやればそれだけプラスアルファーの力が加わりますから可能です。ただ、キャパシティーをこなせば、ともあれ浄霊はできるわけです。

1つのキャパシティを消化するのは1つでなくても分割すればよい

例えば、あそこにいる人の金運のキャパシティ、つまり成功するためのキャパシティを1つの塊と考える。それを1つの霊処理で成功する場合もあるわけですね。もちろんそれは最高のものが出た場合であって、通常1個で済ませる人なんてほとんどいるものではありません。

浄霊のキャパシティを消化するにはこの方法でなくて、その金運をどうしたら成功させることができるかというとそのキャパシティを分割するわけですよね。このキャパシティをこなせば、いくらか成功できるわけです。

それにはどうするのか。たった1つじゃなくて、5でも10でも20でも浄霊を行なって、全てのキャパシティをゼロにする。こうする方が処理した分だけキャパシティは消化する。ところが問題は成功したなと思っても、少しの部分が残る。こういう場合が多々ある。なかなかそのキャパシティを全て消化しきれない。こういう形で、浄霊のキャパシティを見ることができるのです。

結果が出ない理由―ポイントとなる霊が残っている

では、その人間の今の金運のキャパシティはどれぐらい消化できたかというと、1/3しかないとする。金運のキャパシティの中の2/3は未処理で残っている。それだといくら頑張っても金運はまだまだ上がって来ない。こういうことは多々ある。

また残っているキャパシティの中に、主なポイントの霊がいた場合には、あるいは、その浄霊の性格がそのキャパシティ全部消化できなければ金運が上がらない場合、3/4だけでもやったら、3/4だけ金運が上がるかというと、そういう理論でもない。その浄霊の主となるポイントの霊以外は、わずかな小さい霊がそのキャパシティの残り3/4占める可能性だってある。だから、金運の浄霊というのは、やり難いところなのです。

一生懸命していても、あまり金運の影響のないものばっかりやっている場合もある。どうでもいいのばかりやっていて、主となるポイントの霊はまだ手付かずに全部残っている。そのままにしていたら、いつまで経っても金運は上がらないということになる。それだとやってもやらなくても同じである。金運でも何でも、何の処理をする場合でも、成功する場合でも、こういう状態になることもあるわけです。

浄霊の傾向としては、まず軽いのが先に出る。そしてだんだんやっていくと、1番主なのが残る傾向がある。非常に残念なことにそういうことがある。

だから、1人でやって努力するのもいいが、結果を出すにはまだ残っている主なものまでやらないといけない。

では逆に大きいのを先にパーッとやるような方法はないものかとすると、例えば、非常にレベルの高い人が「これをやりなさいよ」と浄霊すべき霊を指定する。そうすると、その指定された霊を処理すればいつまで経っても変化が出ないということは起こらない。そして先に大きいのが片付いていくことになる。

ただし、指定された大きい霊を呼び出すには、小さい霊を6体から7体やらないといけない。そしてやっとその指定した霊を呼び出すことができる。その浄霊が成功すると、その結果、金運が上がるという場合もある。

ただし、6体から7体やってその霊が出ない場合は、10体くらいやっても出ない場合もある。

それはどうなっているのか。それは、その霊自体がもはや1つのキャパシティなのです。

だから、その時その指定した霊が出なくても、その霊が出るまでやっていけば、そのキャパシティ全部消化することになります。

浄霊の世界というのはこういう世界です。しかし、結局その霊を呼び出せずに最後まで残ってしまったら、しかもそれは1番強いのだったら、元の木阿弥です。皆駄目になる。こういう場合もある。

上がったと思っていても、実際は上がっていない場合もある

ときどき皆さんがどんな状態でやっているのかを観察していると、上がってもいないのに、手だけ上げている人とか、「上がった、上がった」と喜んではいるけれども、幽界の線の下を1番上だと誤解して上がったと思っている人とかいろいろいます。

もっと酷い人は、線の下どころか半分か1/3ぐらいの辺りでもう上がったと思い込んでいる人もいる。中にはまるで上がっていなくて、手だけ上げている人がいます。

あの辺まで思い込んでいると、なかなか修正が難しいものがある。結構半分とか1/3ぐらい上がっているとそのうち段々上へ上がるようになってくるから、これはいいですね。時間が経てば解決できるようにはなります。まるで上がってなくて、上がる癖がつくと、これはなかなか難しいものがあります。
とは言え、今の皆さん方はまるで上がってなくて上がる癖をつけている人は殆どいません。ただ1番最初のほんのほんの少し上がった程度で、手が動く人は一杯います。実際には、ほんの5㎝か10㎝ぐらい上がるだけで手が上がる。それでも、その5㎝が伸びていく。それからその5㎝が段々段々10㎝、20㎝へと更に上まで手が上がるようになる。その5㎝が10人集まれば50㎝になりますから、プラスアルファーにはなる。5㎝でも加わったら力になる。ただ、本人は上まで上がったといっても、10人でやれば実際5㎝しか上がっていない。そういう差はある。10人いれば10人の力になるわけです。そしてやっと上まで上がるようになってから、その上がる力が、弱い、強いなどいろいろあるのです。

初心者では5㎝、10㎝、20㎝上に上がったという人が多いですよ。初めはちょっとしか上がりません。だから、私は果物で練習しなさいと言ったのは、上まで上がるからです。それが人間霊なら初めは5㎝、10㎝しか上がらない。だから最初の頃は果物でやりなさい。林檎でやりなさいということです。そうすると、上がった間隔のズレというのは、人間を上げた時、あるいは動物を上げた時のズレとして分かってくる。上がるという感覚が分かってくるのです。だから、林檎とか果物を上げる練習は重要です。

生物は逆らわない。反抗もしないしね。逆らわないものを上げる方がそれは楽です。だって、林檎は逆らわないでしょ。素直に上がってくれますよ。だから、自分達が上がる感覚だけが分かるのです。ただ林檎になにか憑いていたらそれは駄目ですよ。林檎に動物が憑いていたらこれは上がらないですからね。

ともあれ、浄霊レベルというのはこういう形で左右してくる。だから、私が、「上がった。上がった。全員上がってるよ」と言ってもこれは分からない。ただ、キャパシティをこなしていればそれでOKだということです。

今ここにいる人は、それでもだいぶん上がっていますね。ただ、習い始めはなかなかそうはいかない。途中で引っかかったり、いろいろしています。だけど、浄霊というのはそういうものなのです。

ではここでもっとちょっとレベルが上がったら、どうなるか、当然処理する数はドンドン、ドンドン少なくなってきます。最後に1つになる。1つ上げれば1件落着になる。

今はそれは夢のような話ですけどね。そういうレベルに到達する時が何時かあるかも知れないですね。だいいち、1霊で片付いてはお金も取り難いからね、やっぱり、5霊とか6霊やっている方がいいのですよ。ただ皆さんの場合は、そういうふうに霊のことを大体教わって、やっているから安心です。だから成功したら必ず結果が出るはずなのです。

世間の巷で、やっているのは、タヌキと言えばタヌキ1匹を処理して、「はい、終わりです」とか、「キツネ1匹やって終わりです」とか、「ヘビ1匹やって終わりです」で済ませてしまう。ところがその後には、オス、メス、眷族が一杯残ってるのです。巷では1匹やって終わりという浄霊をやっているところが一杯あります。そういうところは本当に苦労してますよ。何回やっても、なかなか結果が出ないからです。皆さんの場合は、そういう人達の苦労は存在しない。見よう見真似で、やっている世界は全然駄目ですね。本当に大変です。

ともあれ、浄霊というのは、そういうシステムでレベルが上がって行くということです。こういうことを考えながら、やって行った方がいいでしょう。レベルを上げるということは、段々段々に処理する数が少なくなるということです。

ただ気を付けなければいけないことが、手が10㎝でも20㎝でも上がった時に、そのまま上がってしまう場合があるということです。これは通常途中の幽界の境界線で止まらないといけないのに、そのまま手が上がってしまうという人が結構いるわけです。つまり、手が上がるというのは、本当は20㎝辺りに上がったらそこで止まらないといけないのに、止まらないでそのまま行ってしまう。

これがいけない。その差を段々気付くようにならないといけない。

しかし、それでは駄目なのかと言うと、そうでもない。何回でも繰り返して上げ直しなさいと私が言う理由がここにあるわけです。20㎝しか上げられなくても、3回繰り返したら20㎝が60㎝になります。だから、繰り返しやりなさいと言うのは、その辺にある。同じ霊を繰り返して上げ直す。そしたら、段々段々上げられるようになるし、5人いたら、20㎝の力も5人寄ると、20×5＝1ｍにもなります。100㎝になる。これが浄霊の世界です。

ただ浄霊は易しくない。訓練と訓練の繰り返しです。繰り返し繰り返し訓練することによって、レベルが上がっていく。だから、付加価値が高い。

大体1件100万、200万そういう世界ですから、そんな簡単に技術は身に付きません。その代わり、一定ラインにいってしまって、もう何時でも結果を出せるようになった時は強いです。もう次から次へと仕事がこなせるようになります。そこへいくまでが容易ではない。だから、大勢で協力しながら、1つのクライアントの件を片付けて行く以外にない。練習には、まず自分の金運を上げることが1番いいですね。

浄霊の世界は大勢の力を合わせてやると大きな力となる

1人だけでやっていると1番処理する必要があるのが後に残る。でも皆で力を合わせてやったら、大きいのは先に出る。だから、大勢でやりなさいというのはその辺にある。1人でやると1番主なものは後に追いやられる確率がかなり高くなる。

通常浄霊のキャパシティが60、70%残っているところで大勢で呼び出すと、浄霊は集合のレベルですから、最初から大きいものが出て来る。

逆にもう影響のないものが最後に残る。残ってもどうこうないものが残る。だから、大勢でやるということはその辺で重要になる。1人で必死になってやってると難しい。だから、時々大勢で自分の金運をやるということはその辺にある。

浄霊は1人だけでやる世界ではない。また隠れるという現象も霊にはある。つまり、天邪鬼で出たくない霊もいる訳です。だから、気分に関わらず全部そういう形になる。

質疑応答

―金運の浄霊で、金運に最も強く関与している霊を、ずっとやり続けてついに本命が出て来る場合もありますが、レベルが低いと出てこない場合もありますね？

そういう場合はフレーズをいろいろ替えるのも手ですね。フレーズを替えて違うところから、「金運に強く関与しているあなた」と呼びかけるわけです。

例えば、黒い服を着ている人とかと言ったら、この中で黒い服を着ているのはその方しかいなかったら、それじゃ私かなと思うでしょう。これが浄霊の世界です。その中でカメラを回している人と指定されたら、その中にいる皆がカメラを回している人のところに向かうでしょう。これをやればいい訳ですね。

例えばお金を貯めることを邪魔しているのに自縛の女性が関与していたとすると、そのようなフレーズで呼びかけるとその女性が出てくることになる。

そういうふうにフレーズを考えると、そういう関係で霊が出やすくなる。このようにフレーズが分かればいいのです。たとえ分からないにしろ、いろんなフレーズを考えてやれば、それに関与している霊が〝あっ自分かな〟と思って出てくるはずです。

ー人の霊に動物霊が憑いている場合、通常動物霊を処理してからでないと、人の霊は上がりませんが、イベントなどでは動物霊の処理をせずにそのまま人の霊が上がることもありもあります。その場合、後でその人の霊をもう1度を上げ直す場合、処理していないその動物はやはりまだ憑いているということですか？

その動物霊が憑いている場合はあります。また人の霊が上がることで、そのまま離れてしまうこともあるかもしれません。動物が憑いている場合は早く落ちやすい。憑いていない場合は人の霊が落ちる期間が少し長くなります。それでも強い影響がある動物が憑いている場合は早く落ちるし、あんまり弱い影響のものだと、そんなに早く落ちて来なくて、通常動物霊が憑いていないのと同じような形で現実界へ落ちて来ますね。

人の霊が動物と一緒にいて上へ上がったら、その動物がすべて浄化してしまって、綺麗になってしまうという解釈はしない方がいい。人間は人間、動物は動物です。ただ人の霊が上に行って落ちて来なくなっても、動物が憑いている場合もあります。それはその人間がその動物を越えただけに過ぎない。そのようなケースは日常生活でたくさん見られます。

例えば、1人の人間に動物が数多く関与している場合がある。しかし越えてしまえば、処理する必要は何もない。そんなものをやる必要もない。しかし越えていない動物を処理するという必要がある。だから、その人間が上へ上がって越えたら、そんなのをやる必要がないということです。その人間にとって動物以上の存在に自分がいるということだからです。越えられないものを処理するところに真の浄霊の意味がある。

普通に生きていても、動物をいっぱい憑けている人はいるのですよ。問題はその人間は憑いているものをどれだけ越えているかということです。憑いていて越えられないものがいっぱいいる訳ですよ。頭の上にヘビを乗せて、ボーとしている人もいますからね。そういうのは越えていないわけです。顔の上に被さっていても分からないのです。そしてヘビは笑っているのです。こういうのでも越えてしまえば、ヘビに馬鹿な遊びをされない。そういうものです。だから、越えればどうこうない。

―助けてくれる霊を呼んだ時に動物がたまに憑いているのがあったりするのですけど、それは外さなくてもいいのですか？

影響していたら外した方がいいですね。

大体あなた方が、お伺いで、「動物霊が憑いてますか」と言った時は殆どもう影響しているものしか反応しない。影響していないようなものが反応するということはまずあり得ない。

―病気を克服して影響されていたものを越えるとしますよね。しかし、その後また弱った時にそういうものの影響を受けるということはありますか？

ありますね。だけど、以前影響していた状態を越えていたら再び影響はないですね。その代わりに他のものが出てきますね。弱った時にはいろんなものが関与し始めます。だから、死に間際になったり、殆ど弱った時には、その周りにいるのが出て来る。

例えば、頭に憑いているヘビを外さずにそのままにして置くでしょ。時間が経ちヘビが憑いている人が風邪でも引いて寝込んだら、バーッとヘビの勢いが増しますね、そういうのは、そういう現象を動物が起すから困るわけです。

―風邪の引き金になる訳ですね？

そうですね。引き金というより勢いを強くするのです。もともと、いろいろあるけれども、越えているものはいいわけです。ところがちょっと離れたものや、現在越えていても、その時になってもう自分の力がなくなってその状態が越えられない。あるいはその人が通常なら越えられる状態より、弱くなったら、越えたものもまた影響しますね。

―越えたものでも？

そうですね。だから、仮に頭の上に憑いているヘビがいて、それを越えていないままいると、その人が弱くなったら、もっと勢力を増すのです。倍にも3倍にもなって首の辺りを絞めます。ヘビの得意技は首を絞めることです。ほっておくと喉へきたり、喉が苦しくなったりします。

今の話は1人の個人の話の例えですが、これが看板を上げてやる企業、会社についても同じものがあります。

皆さんも同じような現象がいつでも起きているということを忘れてはいけない。会社でも同じことが起きます。個人でも霊の世界では同じことが起きます。会社で言うなら、ヘビがビルを巻くことはしょっちゅうあります。ビルそのものをグルグル巻きます。

同じ現象があります。グルグル巻いて絞め付けるのです。だから、先の霊で言うと、頭にいるヘビを放っておけば首を絞めつける。そうすると、どうなるかというと、喉が痛くなったり、声が出なくなったりそういう現象が起きてきます。

浄霊のシステム化

上がったかどうかということをこだわりすぎない

浄霊のシステム化ということです。

浄霊をシステム化してやるという考え方、つまり、それはあまり上がったかどうかをこだわらないということですね。

いわゆる数をこなしながらやっていく。どんどんこなしてやってく時に、特に、〃上がったな〃という感覚で、それにこだわっていると、今度はシステム化して結果を出す時に、差し支えが生じてくる。特に、営業ラインに乗っているような人には響く。そのラインに乗っているというか、結果をどんどん出してこなさなければいけない状況に置かれている人。そういう形を望む人は、むしろ浄霊をシステム化していくことを考えた方がいい。

上がっただろうか、上がってないだろうかという懸念、これが最もシステム化にブレーキの掛かるものです。

システム化する場合に、上がっているのかいないのかという感覚をクリアするには、どう持っていったらいいかという問題ですが、自分の手が上がって、ある程度上がった基準を越えたというボーダーラインを作ったら、それで良しとして、次から次とこなしていく。そしてその後、もう1度上がったかどうかを確認するなら確認すればいい。しかし、あまりそれを神経質に振り返って何度もやるより、むしろ新たなものをやった方が効率がいい。

焦点となる霊は丁寧に上げる

その場合に問題となるのは、焦点となる、中心となる霊までをシステム化してしまってはいけないということです。

中心となる霊は、システム化のラインから外してポイントとしてやっていく。分かり易く言えば、10例に1例、5例に1例に、自分でどの辺で切り上げるか、すなわち、この霊にはどのくらい気を送って上げるのかという見極めをしながら浄霊すると、より結果が出やすい霊に当たる。

浄霊する霊に合わせて、システム化というのを考えなさい。その霊に合わせてしっかり気を送らなければいけない浄霊というのは、10例に1例か、5例に1例程度あります。

あとボーダーラインを越えたところで、越えたと思ったらどんどん進んでいく。これはしっかり気を送らなくてはいけないと思ったものは、もう一度気を送る。そういった形で、いわゆる1つのシステム化した形で浄霊をやっていっても結果が出るレベルに大勢の人がきているということです。

あまり慎重になりすぎて、むしろ慎重になりすぎたゆえに結果が滞っているという人がいる。むしろシステム化してこなしていけば、結果はそれに準じて出てくる。

浄霊というのは、目先の結果だけがすべてではない

まだ、皆さんに認識が足りないのは、目先だけ見ている傾向がある。浄霊というのは、長い時間を通して結果が出るものも多いし、目先に留まらず結果が出るものも多い。

例えば、登校拒否の子供がいます。目下の目標は、登校拒否が治ればいいわけです。そこで登校拒否に関与している浄霊をやった時に、5例、10例やって結果が出ない。30例処理した時に出た。30例目が大きなキーポイントになった。あるいはそれまでの積み重ねがあって、そこで結果が出た。しかし、登校拒否が治った時に、そこが効果の最大ポイントではないということを知っておかなければならない。登校拒否が治まった時点が最大ではなくて、その

30例の結果は永遠について廻るということです。その人の一生のうちに影響する霊が100霊あったとしたら30の霊は、もうすでに越えてしまっているという現実を知らなくてはいけない。最早その人の一生は30の霊から逃れて過ごすことができるということで、それはその人の一生に響いていく。これを知らなくてはいけない。

目前のこと、目先のことに依頼者は当然目がいく。登校拒否を治したい、ということだけでも100あるうちの30を越えたらその人の一生は素晴らしいものになります。そういう結果もそこに現れていることを知ってほしい。もし70だったら、70の災いを取り除いたらどうなるか。

また、災いだけではない。30の災いを取り除き、30の協力をつけたとしたら。浄霊というのは、協力も取りつけるということです。災いを取り除くことだけが浄霊のように言われていますが、そうじゃない。

30の霊を取り除いたら30の協力をつけるということです。そしてそれは一時的なものではなく、一生の間続くもの。しかも、そのことが事あるごとに出てくる可能性がかなり高い。

長い時間を経て実現する結果もある

30の災いを取り、30の協力があるというのは、例えばその人が営業で外回りをしている時に、何らかの形で影響するかもしれない。あるいは、会社で係長から課長、部長に昇進する時に候補者が3人、5人いた時、そこで働く場を与えられるのです。特にサラリーマンでは働く場がないように見えますが、協力の霊は働く場が多いのです。昇進がかかってくるような場面にきた時、浄霊を頑張ってやってきた人は、そこで焦点を絞って頑張ります。

中には、1年後に昇進という時、本人もそのことをまだ分かってないような時期、霊はそのことを1年前、2年前から分かっています。

そして2年前から、彼らは昇進のために努力をします。そういう力を発揮するのも浄霊であるということです。細かいことを言うなら、営業で1人、1人コンタクトを取って成功させるのも確かに浄霊であるかもしれない。しかし、昇進のようなそのような時には大きく協力します。しかし協力するだけじゃない。

処理してない人、浄霊してない人は、2年前から用意して足を引っぱります。そういう形で働く。プラスがあってマイナスがある。

浄霊を受けてない人は、足を引っ張るマイナスの霊と自分に協力する霊の作用の中で努力をしながら1つの状況を超える、超えないという状況の中を生きる。越えれば出世し、越えられなければ失敗する。それが普通の人の状態です。

浄霊を受ける人は浄霊によるプラスと自分のマイナスとがあって、そこに自分の力という3者の力が融合するわけです。昇進のときにこの3つの力が重なり合う。係長から課長になれるか、課長から部長になれるか、その一瞬に掛かっていく。

さあ、その力がマイナスが50%、プラスが50%、そして自分の力がそこに加わった時（自分の力は変わりませんが）、どうなるか。

プラスの力がマイナスに勝っていれば問題ありません。が、現実問題すれすれのことが多い。ぎりぎりのところでは、3者の均衡が取れているということです。このぎりぎりのラインの均衡が崩れた時にプラスであれ、マイナスであれ、次から次へと現実に形が現われてくるということです。

これは昇進に関わらず病気になった時にも働きます。どんな時でも人間には、マイナスの力とプラスの力、さらに自分の力の3者の力が働いているわけです。

ちょっとがっかりさせるようなことをいうと、1つの事象を成功させようと努力している時、いろいろな形があります。プラスの力がある。マイナスの力がある。そして自分の努力がある。

部長昇進の時に、プラスの力、マイナスの力、そして自分の力が合わさり働きかける。この時全体から焦点がずれている浄霊をしても、昇進するかどうかのぎりぎりのラインを越えてしまう場合がある。昇進のために部長に関係のない焦点がずれているところを一生懸命浄霊をやっていて、成功してしまうということです。

言わんとしていることが分かりますか。

多少ずれてもいいから、数をどんどんやっていけということです。こういう考え方、これを知っていってください。

浄霊はこだわることなく、これっと思ったものに対して数をこなせばいい。数をこなしていけばいい。上がったと思ったらそれでいいのです。落ちたと思ったら、さらにやりなさい。上がったと思ったら上がっている。そういう形でシステム化してやりなさい。

数を多くこなしていく時は、たとえ失敗していても、その人がどうなったかということを知っておいてください。数をこなしていくと力の均衡は、プラスの力がその人の人生に働く。あなた方の浄霊によってその人にプラスの多い人生を与えてやることができる。自分の力で超えていく人もありますが、さらに素晴らしい人生を送れるような力が働く。さらに新しい人生がそこから始まるのだということを知ってください。

浄霊によってこれだけの人生が送れる。本来なら自分の力で超えないといけなかったものです。それをチョンボだとは思わない。その人に与えられた飛躍の時だと思います。浄霊に恵まれた人だけが飛躍できるのです。素晴らしいことです。それを認識して1歩早く、前進して越えていけるのは素晴らしいことです。

—浄霊の焦点が合ってなくてもいいのですか？

はい、多少ずれていてもいいのです。逆に焦点をやったつもりでいても合っていなかったという場合もあるのです。

—自助努力があると浄霊も進みやすいということがありますか？

はい、あります。プラスとマイナスと自助努力、この3つの関係を知っておいてください。

―つまり、ポイントになる霊をきちっとあげる。数をこなしていくと分かっていくということですね。

そうです。10霊に1霊、5霊に1霊とか焦点を当ててやったほうがいい。先祖の霊なんかも協力的なのがいるからそういうのを5回も6回も上げ直してやるのです。その方がより結果が出やすい。メリハリをつけてやるのです。だらだらやっていてもだめ。多少ずれてもいいから5霊に1霊は焦点を当ててみなさい。その方が結果が早い。やっていくうちに焦点が合っていくということもありますから。そういう感覚が研ぎ澄まされていく。5霊に1霊は完全に上げなさいということ。それが焦点を当てるということです。また数を多くやるということでもある。数をこなしている人は10霊に1霊は完全に上げるまで頑張ってみて下さい。

数を多くやっていると、これはと思うものが出て来る。あるいはこれは上がりにくいものというのがある。そういう感覚を自分で身に付けていく。

総合判断です。メリハリをつける。そうするとより皆さんの感性が養われる。

システム化とメリハリをつけるということがポイントです。これが今のあなた方に最も重要なことです。

メリハリをつけると正確になって結果が出やすいでしょう。

これまでの浄霊に抜けている問題

なかなか結果が出ない場合は浄霊の相談者を疑いなさい

これまでに抜けている問題が1つあります。それは浄霊にとっては非常に重要な問題です。浄霊依頼される問題の当事者本人より、一緒にいる人に問題がある場合があるということです。いわゆるクライアントを連れてきた人に問題がある。息子のことで相談に来た親や、兄弟のことで相談に来た家族がいます。問題はその相談者たちにある。こういう命題です。

どういうことかというと、息子について相談したい、兄弟のことで相談したいと言ってきた親・兄弟の場合、まずその相談者を浄霊する必要があると考えてください。

それを見落としてしまっているといつまでも結果が出ないということがある。あるいは、浄霊していてもなかなか結果が出ない時に親・兄弟を疑え、親・兄弟からかかれということです。

親が連れてきたら、まず親の問題、兄弟が連れてきたら、兄弟の問題。その浄霊が必要になるということを知っておいてください。ただ、本人をやっていれば、本人に関与している親・兄弟が出る場合も多い。でも最近のように、なかなか焦点となる霊が出ない場合があったり、追い詰めるのが難しい場合が出てくる。そういう時は、まず親を、あるいは兄弟に焦点を当てなさい。親を浄霊しなさい。兄弟を浄霊しなさい。この辺の原則を知っておいてください。親兄弟に問題があるのです。

親が超えていると、その影響が弱い子供にいく

どういうことかというと、本来は父親に問題があったり、母親に問題があったりするにも関わらず、起こしている当人は強い場合がある。強い人間は、その影響をすでに越えていますから何も起こらない。越えている人間には何も起こらない。これは浄霊の鉄則です。当たり前の常識です。

しかし、越えなかったらどこに行くか。子供にいく。弱いものにいく。これも浄霊の鉄則です。だったら、親が持ってきた問題、兄弟が持ってきた問題を本人たちは強いから分からないかも知れないが、弱い子供を連れてきて「子供に問題があるのですが」ということになる。

つまり、親に問題があって越えているから、問題が子にいっている。親の問題、兄弟の問題が弱い子にいっているにすぎない。これを見落としている。本人に問題があるのではないのです。親、兄弟の問題が弱いものにいっている。こういうことがあるということを忘れてはいけない。本人ばかりをやっていては、いつまで経っても解決しないことが生じてくる。単に親の被害を被っているだけ。兄弟の被害を被っているだけ。これが非常に数が多い。

どのくらいあるかというと、親や兄弟が依頼してきた3分の1とか、4分の1くらいに数が多い。だから、持ってきた本人の方の3分の1くらいは、持ってきた本人に問題がある。

この問題は、決して忘れてはいけない。家庭の中で、強い人間は越えられる。お父さんをいくら攻めても強い。そうすると、霊はどうなりますか。子供を攻める以外にないですよね。霊としたら子供に訴える以外にない。奥さんに訴える以外にないわけです。こういった場合には、本人ばかりやっても答えが見つからないということになるわけです。

そういうことがあるということを忘れてはいけないということですね。どんな事情においてもです。浄霊依頼を持って来た人間に問題があって、当事者が被害者になっていることがあることを十分に考慮してください。特に精神病関係、躁うつ病、登校拒否などは、そういう関係があります。むしろ精神病関係は、先にそちらの方を疑ったほうがいいかもしれない。

そのくらい非常に多いのです。

やたらに切れる子供たち

それ以外には、精神的な問題、怒りとかイライラとかというような問題。躁うつ病までは、いかないがやたらイライラして仕方がないという性格。やたら切れる。何でもかんでも切れるような性格がよく見られますね。今の子供たちはやたら切れます。これは浄霊をやればほとんど治ります。

今から2年くらい前に、両親から非行化した女性の相談を受けました。その娘さんは1日50回以上くらい切れる。どういう状態になったら1日にそんなに切れるかと聞いて見たら、つまらないことで切れるのですね。もうこれほど切れることがあるのだろうかというくらい切れる。何に対しても切れる対象にするわけですね。だから会話はすべて切れている。

高校生や大学生にそういう切れやすい人が今とても多い。会話が切れている。だから、会話ができない。最近マスコミでも会話のできない子供たちというのを騒いでいます。切れて会話ができないのは最も始末が悪いし、親としても困ります。

では切れて会話ができない人たちは浄霊ではどうなのか。2年前、私は、7つか8つそのような浄霊をやりましたね。それから、1ヶ月、2ヶ月、半年、1年と間隔を空けて〝娘さんの様子はどうですか?〟と聞いてみた。そのたびにその娘の親は、「最近は、子供が切れたことを見たことがない」と言っていました。1日50~100回切れていた子供が全く切れなくなった。つまり今の切れる子供は浄霊で治まるのです。ただし、その時どこに問題があったか。

8つ処理したうちの半分は親に関係していました。

ちょっと結果の出が悪いと感じる時、あるいは、結果が出ることは出るけど、今一歩という感じがした時それは何が足りないのか。その時はやはり今言った状態が足りないのです。その辺をやってないのですね。精神病関係や親兄弟などに1度目を向ける必要があるということです。

―こういう時に気がついてなくて、思いついた時は「親に関与しているもの」として呼んでいいのですか?

その時は親に関与しているものとして呼んでいいわけです。

―切れる、切れないというのは、親に関与しているもので子供に憑いているものは出ないのですか?

出ます。出ますが、親に焦点を当てた方が早い。子供にばかり焦点を当てていると、親から来たものというのは出にくいですね。親から来たということを入れていいわけです。あるいは親の浄霊をしてしまう。だからやり方は2つあるわけです。具体的にどうするか。

親の影響を受けている。兄の影響を受けている。これを起こしているものとか関与しているもの。これが1つですね。影響を起こしているもの。親の影響を受けて子供に関与しているもの。それは、あくまで子供が中心ですね。

もう1つは、子供に影響を与えている親の浄霊をやることです。親の関与しているものをやるわけです。つまり、切れる子供に関与しているもの、あるいは切れる子供の兄に関与しているもの、そういうところに関与しているものに目を向けなさいということです。

どういうことかというと、ここにどうしようもない切れる子供がいる。そしてその親がいる。兄がいる。では、浄霊はどうするのか。

親の影響から来るこの子供に関与している霊、兄の影響から来る子供に関与している霊。そして、子供が切れることに影響している親に関与している霊。子供が切れることに影響している兄に関与している霊。こういう相関図を考えなさいということです。これをやらなくては、今ひとつ良い結果が望めないということです。

―子供の問題の解決のために、親に関与している霊処理をするということは、親が例えば憑依などを付けてきて、それが子供に分霊したということですか？

そういうことです。霊は移動するのです。両方に憑くわけです。

親が買った恨みが子供にいく例―極悪人と弁護士

例えばここに極悪人がいるとする。ここにいる3人を騙し続けて、暴利をむさぼり1億円を貢いだ後、いなくなった。3人で捜しても極悪人はどこにもいない。そうするとここにいる3人は、あの男に貸した1億円はどうなったのだと、その男を当然恨むわけです。

一方、極悪人はどこかへ逃げて行き、商売をして成功している。

その男はまたどこかに人の良さそうで、騙せそうなのがいないかと探している。ここにいる新たな別の2人をまた騙せそうだと意気盛んに燃えている。そして2人を騙すのに成功する。

そうすると、その男には勢いがあるわけです。その勢いがあると、先に騙した3人の恨みなんか吹き飛ばしてしまうことができる。

いくら先の3人の恨みが攻撃したところで、そんなのはどこかに吹き飛ばしてしまい、〝おお、今度の新たな2人も人が良くて騙し易いぞ〟と燃えている。そんなに燃えていたら、先に騙された3人の恨みなんてもうどうしようにも歯が立たないわけですよ。

さて、この極悪人には子供がいるとする。すると極悪人に向かうはずの3人の恨みが相手にされないとなるとその恨みがその後どこにいくかというと、その極悪人の子供にいくわけです。どーんと子供にいく。しかし、本人は何ともない。

―勢いというのは、三次元でのものですか?

そう、三次元です。そして今度はもっと騙してやれ。1人1億円で、2人合わせて2億円取ってやれなんて考える。そうして燃えるわけですよ。そうすると近寄れないわけです。そういう勢いを持っていたら、騙された3人の恨みは行き場がない。そうすると3人は、その男性の子供に向かう以外にない。強いものを避けて弱いものに向かう。その結果、子供は精神病になったりどうしようもなくなる。

―子供を知らなくてもその3人の恨みの念は行ってしまうのですか？

そういうことになります。そういう現象が起こる、霊の世界では起こるということを知っておいてください。今の話を聞いて思い当たる人がいっぱいいると思いますが、こういう現象は沢山起こります。これはよく起こることです。でもこれは浄霊経験をある程度積んでからやったほうがいい。結構、強いものが多いからです。だから悪徳商人の子供は、精神異常が出たりするのです。

弁護士の子供とかもそうです。なぜ、親は弁護士なのに子供は精神異常なのだ。いくら合法的にやったといっても被害者の恨みというのはなくならないでしょう。その思いは弁護士の子供へ行くわけです。

先の極悪人が騙した3人の恨みなんて、勢いのある当人には、どこ吹く風で足で蹴られておしまいです。仕方がないのでこの3人は、息子の頭に、ボーンといったり、精神病に持っていったり、どうしようもない所へ持っていく。そういうところへ、持っていく以外に仕方がない。だから、精神病の浄霊の場合はある程度そのことを頭に入れてやらないといけない。

―弁護士の子供に行く霊は分霊ということですか？

分霊と言えば分霊です。

だから両方やらないとだめです。でも本人（弁護士）は越えているのです。霊を取っても、取らなくても本人は変化ない。しかし、子供の分霊を取っても又元のところへ（親の弁護士のところへ）いくことを考えたら、また憑く可能性があるので、本人の分（親の弁護士）もやらなければならない。そういうことです。だから原理は自縛と同じです。

精神病関係は恨みの霊が殆ど関係しています。そういうことも考慮に入れてください。

浄霊は子供だけでなく親の両方をする

この場合も、関与している霊で当事者とその依頼人（この場合、両親）の両方します。今の例は、恨みの霊をやったのです。ただ、恨みでなくても、助けてくれといって憑いた霊があっても、憑いた人がそれを越えてたらそんな霊は相手にしないでしょう。

例えば、お酒を飲みすぎて倒れて死んでしまった霊が救いを求める。そこに通り掛かった、ある商売熱心な人に憑いたけれども、その商売人は、〝あそこに行ってあれを売ろう〟とか、〝これを売ろう〟とかで忙しく、まるで相手にしない。

その人には勢いがありますから、そんな霊なんて相手にしない。すると、その商売人にかわいい娘がいたとすると、それは憑依としてその子供に憑くことになるわけです。

本来は、商売人へ行くべきものだったのが子供へ行くわけです。

その浄霊は、どうするかといったら、この商売人に関与している霊となる。だから、恨みだけとは限らない。これは自縛の元霊とは違いますね。その場合は、親が持っていることになります。子供はコピーで、親が元霊となります。


当事者に影響を与えるのは親以外に親しい関係の人間の場合もある

例えば、ある子供が躁鬱症でどうしようもなくなり、そして登校拒否になってしまった。精神病はよくなったけれど、登校拒否が今ひとつ治りにくいという時に、「その子供の登校拒否に関与している親の霊」という形で呼び出します。これがフレーズです。

ところが、親はどこかへ行っていない。後ろにいるのが兄で、昔から面倒を見ていた。あるいは、仲がよかった。そして、兄は昔から勢いが良かった。そうすると、登校拒否に関与している兄の霊ということになります。連れてきた人に問題があるというのは、その子供が何かあった時に心配しているのは兄貴ということ。兄貴が連れてくるから、兄に問題があることが多いということになる。これがひとつの浄霊の世界です。

皆さんが知っておかなければいけないのは、浄霊の世界でひとつの常識のようになっていて、昔から言われてきたことがあります。

連れてきた人に問題がある。

これがひとつのフレーズです。これを知っておいてください。連れてきた人に問題があると言い切ってもいいくらいです。ひとつのフレーズ化したものだと思ってください。そのくらい通用する言葉です。又、これを知らないでいては、浄霊者としてはダメです。ただし、いい加減に連れてきた人の浄霊にすぐに入ることは危険です。ある程度、浄霊歴がある人がやった方がいいでしょう。さらに1歩進めて成功させるには、このフレーズを使うのです。

―疑うものの特長として、問題を持ってきた人が元気な人とか、元気のない人とかが関係ありますか?

いいえ、なかなか結果の出ない人の親、兄弟があまりに元気のいい人だということや意気盛んな人には、霊ははっきりいって憑かないですよ。連れてきた人は、誰も分かってないですよ。自分の霊が関与しているなんてことを。でも、我々は連れてきた人をまず疑う。その考え方を持ってください。

—ちょうどこの間、切れる子の浄霊をしたのです。しばらく経ってから、また切れる子に戻ったという電話があったのですが。

切れるのはほとんどリュウですね。切れリュウです。あれはリュウの得意技でもある。そちらをやれば大丈夫ですね。あまりに結果が安定しないなら、依頼者の浄霊をする方向性を考えてみてください。これをもうそろそろやってもいいだろうという時にやってください。ただ、最初から依頼者の浄霊に入るとややこしい問題になります。良い結果が出たなと思っても親の方からの影響が来るから再発するのです。それでも一時的にはよくなります。それでもまた再発するというのは、よくなってもまた来るのです。コピーになるわけです。症状が再び戻るというのはそういう傾向があるのです。だからそれをやらなくてはいけない。

精神病関係は自縛で、本人だけでなく親兄弟の分霊が生じるわけです。問題を持ってきた人（患者さんを連れてきた人）をまずやった方がいいでしょう。

連れてきた人をやるということは、ややこしい問題があって、複雑になりすぎるのです。そうすると、ごちゃごちゃになりやすいから、まず浄霊歴が5年位経たないと問題は解決できない。自縛霊で元霊だと思ってやる、それを今度連れてきた人の霊だと思ってやると、もう混乱して手に負えなくなる。全部把握した上で、連れて来るものの浄霊に入らないとまずいです。そういう関係もあって、私は最初から言わなかったのです。

―家族からそういう話を持って来られた時に、家族の中からその人を探すのですか？

大体同じ家人です。家人以外はまずそういう人は出ません。ただ、例外的に弟が東京に住んでいて兄が面倒を見にしばしば通っているというのは、同じ家の中の者と見なします。だから、1番親しい人間でいいわけです。必ず親しい人間です。そういうところに焦点を向けてください。

―孫がかわいくてと、おじいちゃんやおばあちゃんが相談に来るというのもありますか？

そうです。子供に関与しているおじちゃん、おばあちゃんをやらないとならない。

―父親や母親は？

1番親しい人だけでいいと思います。もし、どうしても駄目な時は、父親も母親もやるということです。

―私の相談者は祖父母が持ってきて、母親とのトラブルが多いからただただ心配で相談に来たということなのですが？

そういう場合は、両方やってみないと分からないですね。どちらかに出る場合があります。これから新たに親や兄弟の問題について始めるわけです。精神に関連するもの、つまり、結婚とか、病気でも親から関連するものも、さっきの話に繋がります。遺伝的なもの、又遺伝に関係しなくても親も子供もそうだという場合や母親から娘に精神病が繋がったりするのは典型的なものです。膠原病やリュウマチは当然子供に繋がります。特にリュウマチなんかは隔世遺伝ですから。

―うちの子も不登校になっていて、でも私は希望があるから今は何もやってないんです。妻の妹の子供も引きこもりになっているんですが。妻はそっちの方を心配しています。

それは典型的ですね。あっちにもこっちにも出ているとしたら、それはどこかに繋がる線があるのですよね。あなたがばら撒いているかもしれないし、奥さんがばら撒いているかもしれない。もしかしたら、とんでもないところで繋がっている兄弟がいるかもしれない。その可能性もあるわけですよ。

あなたが超えているとしたら、原因はあなたではないです。おそらく、あなたはこの趣味の会へ来ているからその状況を越えたのでしょう。

弱い霊が3人に関与していることもあります。いつも強い霊だから影響しているとは限らない。

皆さんの浄霊を見ていると、もっといい結果が出るはずだとジレンマを抱えている人が多い。その様子を見ていると、7割の人は解決できる力があります。でも、残りの3割の人はまだ力が足りません。残りの3割の人はまだまだ勉強が足りないということです。ですから、6~7割の人たちは今の状態をもっと研究したら、結果が出ます。

この辺で結果の出る浄霊が皆さんにできるはずです。

ただ、今回の「連れてきた人に問題があるというテーマ」は、気をつけないと問題が複雑化します。より強い霊を出してしまうから、整理してかかっていかないといけない。大変です。ただ、ここに問題があるというのは、浄霊の歴史上長く言われてきたことです。これから、結果の出るいい浄霊が望めます。これが浄霊の区切りになるでしょう。

—精神病、膠原病やリュウマチの人の浄霊もその原因を親を見たり、元気のいい人を捜すということですか?

対象は、精神病、親からの関連病、親兄弟、それからちょっと違うものに、成功を賭けた願い事、結婚とかそういうものも関連するでしょう。不妊も関連しますね。5〜6割のものに関連すると思ってください。

第5章

時間短縮の方法論

三宝を上げる

早く上げるにはどうしたらよいか

どういうわけか〝宝物シリーズ〟という名前が付いています。いわゆる浄霊をやっている時に、いかに早く上げるかということが1つの問題です。

では、早く上げるにはどうしたらいいか。霊に対して、いわゆる亡くなった人に対しては何が早く上に上がりやすい状態にさせるかといったら、やはり最大の効果は、すでに1000年、2000年の歴史が示しているように、情けを掛けること。これが最高の手段であることは昔も今も変わらないわけです。霊に対して情けを掛ける。これが最も霊を上に上げやすいという状態なのです。

情けを掛ける―食べ物を上げる

昔からこの情けを掛ける方法として、いろんな方法が取られてきました。この1000年、

2000年の歴史で、どういう情けを掛けてきたかというと、まず1番よく使われていた方法は、物を上げる、食べさせるということである。つまり故人を、いわゆる亡くなられた方のことを、通常、仏《ほとけ》と言います。浄霊の世界では仏と言いますが、この仏が生前、好きだったものを霊の前に持っていく。これが最も上がりやすい状態にさせる。そして、それを食べさせる。これが最も大きな情けの掛け方です。

具体的に何を食べさせるかというと、当然男の人では、お酒とかおはぎとか煮物とか魚とかです。チョコレートなんか駄目ですよ。昔はチョコレートのようなものはなかったから、「これは何だ?」と言われます。だから、お饅頭とかそういう昔からあるようなもの、そういうようなものを霊の前に供える。とりわけおはぎとか饅頭、酒というのは、だいたい1種の3点セットのようなものでした。これに煮物がくっついたりして、白いご飯なんか持ってきたら、「ああ、白いご飯だ。食べたかったなぁ」とかということになる。

だいたい昔の人は、白いご飯なんかを食べたことがないですよ。粟《あわ》とか稗《ひえ》ばっかりでした。だから浄霊をやっていると、歴史の勉強になりまして、いろんな時代の食べ物がよく分かります。出てきた人間が、みんな、粟・稗、粟ばっかりとか、稗ばっかりとか食べていて、白いご飯を食べている人はほとんどいない。白いご飯を見て、「白いご飯だけ食べたい」なんていうことを言い出すぐらい。

そういう浄霊の歴史、食べさせるという浄霊の歴史がある。これはすなわち情けに働きかける。これが霊を上げる速度を5倍にも、10倍にも、20倍にもする。

しかし、物を食べさせるという方法は最大の欠点がある。霊媒師が霊媒する霊を1人か2人をこなしたら、もう食べられません。そういう問題がある。10人も20人も霊媒する度に、食べ続けるわけにはいかない。だから終日浄霊を行なうとか、数多くの浄霊を行なうという場合に、やはり限界があります。

でもこれは不思議な現象です。1滴もお酒が飲めない霊媒師に入った霊が、〃じゃあ、お酒を飲みたい〃と言ったらどうなるか。

霊媒師に霊を入れると、その霊媒師はお酒を飲めるのですね。いくらでも飲めるのです。しかもその後霊媒師は全く酔っぱらっていない。つまり霊が飲んだということになる。そういう現象が起きるわけです。

この方法の最大の欠点は霊媒師がいないと成立しない。また査神がいなければいけない。

そして導師もですね。導師がいなくてはいけない。あとはその周りの取り巻きがいる。それを助ける取り巻きもやはり何人かはいなくてはならない。いわゆる１人や２人でできるものではないという浄霊の世界である。

ともあれ、食べるというのは非常に限界が見えたやり方なわけです。このように食べさせるというのは昔からありますけども、あまり感心した方法ではない。

情けを掛ける—宝物シリーズ

そこで新しい方法がここに登場したわけです。いわゆる、この趣味の会で行なわれているのは、いわゆる〝宝物シリーズ〟と呼ばれるものです。宝物、つまり大切にしていたもの、これを使って情けに働きかける。宝物で持って、情けに働きかけるという方法が取られている。ただ、今までのような食べ物のやり方でも悪いということではない。完璧なまでに、食べ物というやり方でも浄霊はできている。

例えば、おからやミカンで代用することができる。そして、そんなに数をたくさん食べなくても、ある程度はうまく行けるので、確かに食べ物という世界もなかなか悪いことはないのです。しかし、いちいちそれを用意したり、人間に食べさせるという物理的な行為は、人間的に難しいところが非常に見受けられる。そして、限界もあります。

一方、この宝物シリーズのやり方は限界がない。何回でも、何体でもできる。何体でもできるというのが素晴らしい。

やはり営業でやるとしたら、これは何体でも何時間でもできなくては意味がありませんね。

その点、この宝物シリーズというのはいいわけです。この宝物は食べ物に代わる、その人が持っていた大切なもの、いわゆる食べるという情けが、今度はその人間が生きていたときの〝大切なもの〟というところの情けに働きかける。いわゆる情けに働きかけることと全く同じです。ただ、方法が違うわけです。「大切なもの」というところに働きかける。そしてその大切なものを自分で3つまで選ばせる。


ではなぜ宝物は3つまでにしないといけないか。本当は1つでもいいのです。2つでもいいのです。宝物は最大3つまでということです。

それでどうしようもない場合は4つまで可能です。しかし、通常は三宝までです。宝物シリーズは三宝です。3つの宝なのです。

決してやってはいけないのは5つ以上の宝を霊に選ばせてはいけない。霊はバカにされた気分になります。

〝大切なものを5つ出せ〟と言われても、〝そんなにたくさんあるか！〟ということになってしまう。ところが人間というのは生きていると、大切なものが3つくらいは何か出てくるものです。4つ、5つというと、これはなかなか大変になる。

宝物が出てこない場合には想念になってしまう。想念と宝物の最も違いは、想念は情けが絡まない。情けが絡まなかったら、それは速い速度で上がるということにはならない。やはり、霊を早く上げるには、情けに絡ませなければ意味がない。十二分に情けを掛ける。気を送るのも情けです。そして本人の持っているものを、あるいは宝物を出させるのも、これも最も大きな情けです。

宝物シリーズの具体的なやり方

まず、宝物を最初から「3個考えてください」と言って初めてもいいですが、「最も大切なものを1つ考えてください」とやっていってもいい。

「最も大切なものを1つ考えて、前に出してください」とその人間霊に言います。1個目の最も大切なものはすぐに前に出ます。それに気を送って上げます。人間霊の場合はそれでいいのです。

では、動物霊の場合はどうか。やはり動物霊でも大切なものは同じようにあります。自分の巣の中とか、スズメの羽とか、そんなものもあるのですよ。いろんなものがあります。そして大切なものの1つ目を浄霊して、〝まだ本体は上がらないな〟と思ったら、2つ目の宝を前に呼び出して浄霊してください。とは言え、最初から3つの宝を浄霊するのも手です。まず2つ目をやる。

しかし、あくまでも3つが基準です。「4つやれば楽だから、4つやろう」と思わない方がいい。出た霊に、4つを選ばして前に出さすのは霊に負荷がかかります。覚えておいてください。4つは大変です。3つまでなら人間霊はすぐに出します。動物霊でもすぐに出します。

4つは大変です。大切にしているものを〝4つ出せ〟と言われても、ちょっと無理がある。そのうちに、分からないまま宝が想念になってしまったら、これは情けに働きかけないから、これはどうしようもない。

まず3つの宝を目標にします。2つ目の宝を上げても本体が上がりにくいなら、3つ目の宝を出します。そうして上げると、まず3分の1は浄霊時間が短くなると思ってください。

うまくいくと、5分の1くらいまでいきます。

さあ、ここでこの宝物シリーズの素晴らしいところは、情けに働きかけるということだけではない。この宝は物体だということです。物だということです。だから、これを上げる場合には、他の種類の霊に比べてやはり上がり易い。物体はやはり限界があります。上がりにくいといっても、どんな難しいものでもやはり上がり易い。

また人間の場合、常に日数に追われなくてはいけない。1週間以内、2週間以内、3週間以内で再び上げ直すように追われている。そういうことが物体の場合はない。上げたら、上げた状態でそのままいる。もちろん宝もやはり一定の幽界線以上に上げることが重要です。逆に言い換えると、幽界線よりはるかに上にまで上げることも可能です。

つまり物体で持って本体を引っ張るということも可能となります。物体で持って本体を引っ張る。物体をはるかに上の方の次元に上げれば、すなわち幽界から霊界の方へ上げてしまえば、やはり本体は上がり易くなります。

そして3個の宝を上げても、まだ本体が上がりにくい場合には、もう1回、その3個を呼び出して、よりもっと上へ上げるという手段も取れます。より高い次元に、その3個を持っていきます。常に、そのバランスを持って引っ張ることが可能となります。

宝を呼び出すフレーズ

次にフレーズです。まず先祖霊や自縛霊を上げる時、「あなたの最も大切なものを、1つ前に出してください」と言う。

2つ目を上げるときのフレーズは、「あなたの最も大切にしているものを、もう1つ出してください」となる。

最も大変な霊を上げる場合は、最初から3つを指定します。「あなたの最も大切なものを、3つ考えてください」として、最初から霊に最も大切なものを3つ考えさせます。

これは浄霊するのが相当大変な自殺した霊とか、恨みの霊などに対して使います。自殺とか恨みに関しては、最初からもう3つ持ってくる方が早いですね。そうして、その3つを上げる。幽界線まで上がった。しかし、もっと上げたい。そういう場合には、もう一度、その3つの宝物を上げ直してください。

宝物をより高いところへ持っていってください。そして、本体を引っ張り上げます。

3つの大切なものは引っ張る力があります。なぜならそれらは自分が愛好していた物ですから。そうして本体を引っ張っていきます。情けというものを仲立ちにして、別な角度から本体を引き上げていきます。

できたらこれで浄霊時間を3分の1ではなくして、5分の1くらい短くなるようにいくようにしてください。特に動物の場合でも、なかなか上がらない場合、〝もう大変だな〟と思う場合は、最初から3つ出しても構いません。

宝物はあくまでも霊を引き上げる1つの力です。

――三宝が霊を釣り上げるとして、ある程度の力が必要だと思うのですが、逆に、三宝が完全に幽界に上がっていなかったら、本体は上げにくくなるのですか？

そこはまた違います。1つの力だと思ってください。つまり幽界線以上に上げたら強い。幽界線より下だったら、引っ張る力が弱いと思ってください。上に上がるほど引っ張る力が強いと思ってください。だから、その基準として幽界を置くということです。早い話が、物体は幽界より下でも構わないのです。物を上げているのではありません。

宝物が上がっていなかったら本体を引っ張る力が弱いということです。だから幽界線上より、もっと上に上げて、より高くして、その物体で持って、本体を引くというふうに解釈してください。一度上げた宝が落ちるということはほとんどありません。上がったら、その次元に留まっています。物体ですから、また落ちてしまって、また上げないといけないという種類のものではないということです。

動物霊の場合は

―動物霊の場合は、宝は、1つのファミリー全体で「1つ、2つ、3つ」と出すのか、それともオスについて1つ、2つ、3つ、メスについて1つ、2つ、3つとそれぞれに出すのですか?

動物霊はオスに宝3つ、メスに宝3つ、眷属1匹に対してそれぞれ宝3つずつです。

1ファミリーに3つということではないです。だからオス、メスそれぞれ別です。1匹、1匹、宝はそれぞれ違いますから。ただし、絶対に数多く出してはならない。必ず想念に変わってしまう。それと同時に、霊はバカにされた気分になります。宝を多く要求すると逆にもう相手にされなくなるという、重大な欠点もあるということを忘れてはいけません。

―動物霊の場合、例えば、眷属は払ってしまって、オスとメスの宝を3つずつ出します。そうすると、オスについて3つ、メスについて3つの宝をそれぞれ上げて、最後にオス、メスを上げるということになると、すべて合わせて8回上げることになりますよね。

そうなると、そのクライアントについては、8回以上というか、それだけの数のガードを作っておかないとまずいという解釈ですね。

それはそうです。というのは、ガードは上げた数と同じですから。浄霊をした後に払いのガードを強化しておかないと霊媒に近づいてきますから。

—キャパシティから考えたとき、宝物シリーズを使うと本体のキャパシティも代わるのですか?

この方法は崩す方向が違うだけですから、キャパシティは同じで変わりません。

ただ情けを掛けるということに対しては、この宝物シリーズによってより強く情けを掛ける方法を見出したということなのです。

だから、例えば100のキャパシティがあるとしたら、これをだんだん、だんだんと崩していくわけです。それで全部なくなるのですけど、この100のキャパシティを崩すのに、例えば10時間掛かったとする。ところが、この宝物シリーズを使った場合には、その本体のキャパシティを崩すのは全く同じだけど、情けを強く掛けるために浄霊に掛かる時間が短くなるということです。ただし、同じキャパシティを崩すということには違いはない。

—この方法を使うと本体丸ごとを上げる場合に比べて、浄霊者のレベルの上がり方はどうなのですか？　上がっていくのですか？

やはり浄霊暦の浅い人が、これを使うとレベルの上がり方は弱くなります。だから本当は、だいたい2年以上ぐらいしてからじゃないと使うのはよくありません。やはり多少苦労しないと、浄霊レベルの上がり方が遅くなります。だから何時間か気を送って上げるのはいいわけです。最初から三宝を使うと、レベルの上がり方はちょっと遅いでしょうね。

—つまり、地道に苦労をして、レベルを積み重ねていって、かなりのキャパシティのものを出せるような状態の人間が、この方法を用いることができるというふうに解釈してもよろしいでしょうか？

そうでないと無理でしょうね。ある程度のレベルにいっていないとね。だから、この宝物を使えるのは、２年以上浄霊をやらないと使えないでしょうね。

宝物については詮索しない

それと絶対に「出した宝物は何だろう？」と考える必要はありません。これは人間でも、動物でもそうですけど、周りの人に、その大切なものの中身は分からない方がいい。そのほうが霊の方にしても安心して出せます。

—知らない方がいいというのは、お伺いで詮索しない方がいいという意味ですか？

そういうことです。

「どういう種類のものですか？」なんていうのをやったりしない方がいいですね。

浄霊のリズムを感じる

浄霊とは苦しみながらするのではなく川の流れのごとくに行なう

浄霊には流れというものがある。それは川の流れのごとく、1つの流れがある。つまり1つの事象を引き受けて、つっかえ、つっかえやるのではなく、1つを目指して、あるいは1つを目標として、川の流れるごとく浄霊を流していく。そうすると、いろいろとやれます。

確かに浄霊にはいろんな問題がある。しかし「難しい、難しい」と思ってやるのではなく、むしろ楽な形で流していく。だから音楽で流すがごとく流していくと苦しまずにできる。浄霊は苦しんではいけません。

修行時代は苦しみがあるかもしれないけれども、それが過ぎたら、川が流れるごとく流れることを目指してやっていく。修行時代には、苦しんでもいい。だんだんと苦しみがなくなって、川の流れるごとくこなしていく。音調に合わせてこなしていくがごとく、こなしていく。それは音楽に合わせるごとくにこなしていく。この方向性を持ってやる。そうすると、気楽にもっと浄霊をやれます。皆さんの様子を見ていると気楽でない。
浄霊とは音楽に似たリズムで行なうくらいに考えてください。

必死になって考えるのはいい。ただもう少し気楽に浄霊を考えてください。あまり強かったら、低いものから処理していく。低いものは、機械的にリズム的に処理していく。浄霊という考えにもう何年も経過したなら、浄霊にリズムを取り入れる。これを考えてください。もうちょっと気楽にやれる。そして、もっと楽しんでやれる。浄霊というのは、本来もう少し楽しみのリズムがあるはずなのです。

ともあれ、浄霊の目指すところはやはり心に浄霊のリズムを考えて行なった時、もっと楽しく、気楽にできる形、それをどういう形でやっていくかということです。1つの命題が与えられた時、その命題のリズムもある。1つ1つのリズムがあるという形でこなしていく。それを目指していただきたい。

皆さんのを見ていると、1つ1つを苦しんでこなしていくという状態が合っている人の方込みを避ける。

が非常に多い。1つ1つの命題を取り組みながら、リズミカルにこなしていく。それと思い

言うなれば、思い込みというのはリズム感から外れて、必死になって入り込み過ぎて路線が違わせる。そういうことを避けるために、多少軽い乗りくらいのリズミカルにこなしていく。苦しみながらいくところにいいものは生まれないということです。

悲壮感を漂わせてはいけない。もっとリズミカルに考える。そういうことを目指していくと、もっと気楽な状態で浄霊ができる。だけど今の皆さんは悲壮感が漂っています。

三宝を早く上げるには物霊のレベルを上げる

三宝は、三宝なりのレベルがあります。ということは、物霊を上げるレベルが皆さんはまだ低いことになります。

物霊のレベルをもうちょっと上げると、倍以上はもっと早く上げることができます。

だから物霊のレベルが上がれば、倍から3倍ぐらい早くなります。

―物霊のレベルを上げるには、どうすることが1番大事なのでしょうか。

やはりステージもそうだし、やはり総合的にレベルを上げていくしかないわけだね。

―例えば、三宝を使ってガンガン浄霊をするのも、物霊を上げることになるのですか。そういったことでも、かなりレベルは上がっていくものですか？

そうですね。その繰り返しです。だから今までだいたい物霊の浄霊がなさ過ぎたとも言える。

三宝の意味をもう1度考える―宝物に情けを掛けるとはどういうことか

だけど、三宝シリーズの方法は「物霊、物霊」という考えよりも、「情けを掛ける」という考えの方が原点であることを忘れてはいけない。物霊を処理するというより、むしろこれは浄霊のレベルを上げる。情けを掛けることによって上がっていくのだからね。物霊（ここでは三宝のことですが、）をまず上げるというのは、浄霊のレベル、つまり、情けを掛けるレベルが上がらないといけない。

これは確かに物《もの》ばっかりに捉われてしまう方法ですが、あまり物に捉われるよりも、やはり情けを掛けるレベルを上げるという観念を忘れてはいけない。

―情けを掛けるには、どうするのですか。

だから、「最も大切なものを出してください」と言うでしょう。だから物《もの》は、その人にとって大切なものを差し上げるという観念を、自分にある程度持たないといけません。大切なものというのは、そういうところに出るわけです。

―なんとか大切なものを上げて、浄霊をしようと考えるのは？

そういうふうにやってしまうと、もう情けなんかほとんどゼロくらいになってしまうわけです。その辺を気を付ける必要があるのです。

「大切なもの」を上げているという観念をある程度持った方がいいでしょう。いわゆる、心の世界のことだから、情けというものがそこに移らないといけない。「物《もの》、物《もの》、物《もの》」なんて言うと、「じゃあ何のために、ここで情けを掛けて、早く上げるんだ?・」ということが問題になる。

だから、「大切なものを上げる」という形でないといけないわけです。

だから物霊という形じゃなくて、「大切なものを上げる」というその心が失われると、やはりまずい。

古来からある浄霊というのは、物を食べさせて、お酒を飲ませて、「おいしいものが食べられるんだ」というところで、再びその情けが蘇るわけだよ。その蘇る情けを今度は物霊で上げるわけです。大切なものを、今度はこっちが預かることになるのです。だから、それを粗末に扱ったら、情けを掛けてもらったのかどうか訳が分からなくなる。

だから、一応、ある程度は気を付けないといけません。皆さんのやっている様子を見ていると、確かに、「宝」を「物霊《ぶつれい》！」という感じでやっています。

―確かにそういう感覚しかないですね。

だから、その「物霊」という感覚がよくないわけです。

「大切なものを上げる」という感覚を失ってはいけないのです。

心を上げる意識

―そのように扱うと、大切な物の上がる時間も短縮されるかもしれないということですね。

その可能性があるわけです。心の世界だから。

―もっと、より高く上げることもできるかもしれない、ということですね。

そういうことです。だから物霊は物霊で、確かにレベルを上げるのはいいですが、そのときに、やはり心を上げるのです。物（もの）を上げるというより、「心を上げる」というつもりでやらないといけない。

これが情けを掛けることになる。だから物霊と出してきたその心を上に上げるというつもりでやればいいのです。

相手が大切にしているものの心を上げるのです。だから物霊を上げるのでなくて、むしろこちらにさし出された心を上げる、というふうに思ったほうがいいわけです。

「大切にしていた心を上に上げる」というふうに思った方がいいですね。

だから「物霊、物霊」なんて言うと、向こうとしては面白くないわけです。

「物《もの》、物《もの》、物《もの》」という考え方はやはりカチンときているようです。

ややもすると、「大切なもの」と霊には言っておいて、浄霊するときには「この物霊」とか言って、処理している人もいますからね。

その辺がどうも時間が掛かるところの原因の1つにある様子です。その辺で霊がカチンときたら、仕方がないものね。

だから「大切なものの心を上げる」というつもりでやらないといけない。


その辺のところがしっかり把握していないといけません。

というのは、他の要素はすべて技術です。この宝の物霊というのはちょっと違う。

そこだけは心なのです。つまりその部分だけは情けなのです。

その部分だけは情けだから、心を外して、「物霊、物《もの》、物《もの》、物《もの》、物《もの》を出せ」なんて言ったら、大切にして持っている物を出そうというものがなんか一歩躊躇するよね。それでも「言っているから、仕方がない。出すか」と思って、霊は出すわけだよ。

それよりも大切なものを「上に上げましょう」と言うのだったら、喜んで霊は出せるじゃない。今の状態は仕方なく出しているのです。

だから、三宝が上がりにくいわけです。

この三宝は技術と打って変わって、心を出すべきです。だから、この辺を気を付けてやらないといけない。

心を上げないといけない。だから物《もの》を上げるとか、物霊を上げると言うのは、もうだいたいその辺からしてまずいのかもしれない。

動物霊でも思いは同じ

―動物霊でも同じですか？

動物霊もその気持ちは全く同じです。むしろ動物霊の方がカチンとくる。そういうことに関しては、動物霊の方が起きやすい。

霊にしても、自分が大切にしているものを出したら、大切にしてもらいたいわけよ。扱い方にしても、気を送るにしてもなんでもね。ところが、皆さんは前に出された物に対して、大切にしている気配はないと、こう言っているのです。

―出されたものにただ気を送って、心の中で「物霊で上げてしまおう、早く上がらないかな」なんて思っていたらだめだということですね。でも人の霊だったら、お互い人間同士だから、大切なものというイメージを作りやすいし、分かりやすいけど、動物霊の大切なものというと考えにくいのですが。

「動物の大切なもの」というと、はっきり言って私は見えているから言えますが、ちょっと考えられないようなものです。人間にとって大切なものじゃない。ちょっと考えられないようなタオルみたいなものとか、下に敷いていた雑巾みたいなのもある。

それでも、それが自分を暖かく包んでいたら、動物霊はそれに限りなく愛着が湧いているのです。それを皆さんの前に出したところで、「あっ、雑巾だ」と思ってしまう。ところが本人だって、人間の前にこれを出すということ自体、それを躊躇しているわけです。人間だったら、人間が大切にしているものを出した時には、やはり相通ずるものがある。

動物霊から人間に宝を出した場合、相通じるものはそこにない。おそらく出されたものというのは、今まで私が見た中ではそれは全然皆さんが想像しているものとは違うものです。想像とはとんでもなく違うようなものはしょっちゅうある。とすると、余計、上がりにくくなるわけです。

だから皆さん方の三宝に対する認識がない時に、動物霊の方は出すものを考えないといけないようなことを、ちょっと言っていたんだよね。理由はそこなのです。だから、どんなものであろうと、動物霊の出すようなもの、それこそ1匹のミミズであろうと、それは大切なのです。ミミズの巣を見つけた。その中にミミズがたくさんあった。そういうものでも、動物霊にするとそれは大切なもの。それはそれで人間霊と同じように心を上げるという意識が必要なのです。

心を届かせる浄霊

動物霊の宝ものというのはだいたいそういう類《たぐい》のものです。だから、それに対して人間が情けを掛けてくれるかどうかという疑問も動物霊にしたらいっぱいあるわけです。人間対人間だったら、情けを掛けるし、大切な理由、その訳《わけ》や心が理解できる。

人間が出したものだったら、「ああ、これはなるほどな」というところで、その心を理解できる。動物に対しては理解ができない。そして、向こうもそれを知っているわけです。だから、動物霊は宝を出しにくいし、上がりにくいし、うまくいかない。うまくいきにくいわけです。

ですから、人間の宝と同様に「大切なもの」として扱ってあげれば、それでいいのです。

皆さん方は動物霊が出した宝を知らないほうがいいということです。

その辺が解決しない限り、いつまで経っても成功しない。だいたい、その物霊を上げるという、物を上げるというところの心が分かっていないということです。

この辺をちゃんと理解をすれば、物霊はもっとうまく上がる。いわゆる相手に心が届くようになったら、上がります。そういう領域なのです。だから宝物を上げるということは、単に物霊を上げることと全然考え方が違うわけです。心が届けば大丈夫。だから、皆さんのは、まだ心が、いや、「まだ」どころか、全然心が届いていない。

だから情けを掛けるというのは、いわゆる心を届かせること。三宝は物霊（いわゆる物霊ステージ）として上げられますが、だいだい宝を「物霊」とか、「物《もの》」と言っているところが、もしかしたら問題なのかもしれない。

―それでは「大切な宝」とか言った方がいいですか？

まだ「宝」と呼ぶ方がよいかもしれない。そう言えば、動物霊は私に最初宝物を出すとき、

「物」と言わなかったんだよね。「宝物」と言っていたんだよね。

だから「宝物」と言う方がいいかもしれないね。あるいは「大切なもの」とかです。

「物、物、物」でなければいいのです。

ともかく、宝では「心を上げなきゃいけない」というところがどこかへ行ってしまっている。だいたい霊が収まるのは、情けを霊に対してどのぐらい掛けるかによって収まる。この三宝シリーズは「気を送る」という情けの掛け方と、宝物を上げるという情けの2つが登場しているのです。

だから、2つの方向からやるので、普通の浄霊よりも、はるかに上がり易いはずです。やはり、呼び方としては「大切な宝物」とかがいいでしょうね。

―先ほどの浄霊のリズムというのは、すごく抽象的で分かりにくいのですが、自分で考えるときに具体的に何かあるのでしょうか。

そのリズムが分かるのは、まだもうちょっと先だと思う。むしろ「あまり苦しむな」というところが、今の段階じゃないですか。

要するにあまり切羽詰まってやらないで、苦しまないで楽しくやれということです。

三宝を使った浄霊をマスターすれば浄霊時間は1時間にまで短縮できる

皆さんの浄霊の時間は、三宝を使えば1時間となります。

―それできちんと上げられるようになるのですか？

ちゃんと、この三宝が使いこなせることができるようになったら1時間です。

―それは動物霊とか、そういう霊でも、60分で処理できるということですか？

そういうことです。

1時間を基準に、簡単なものだったらその辺の時間でやって、大変なものだったら、三宝を1つ10分で上げて、だいたい1時間のバランスで持っていくことができる。

―だから、三宝を30分間で上げて、あとはガーッと攻めていけば、本体を上げるのは楽になるということですか？

その辺でバランス調整をしながらいくと、1つの処理時間は1時間で行けます。そうすれば、リズム感も生まれるというものです。

3つの宝物を初めに指定して行なう

―三宝の1番初めの講義で、生霊とか、動物だとか、強い霊は、初めから3つの宝を上げるとおっしゃったんですけれど、その時でも1つ目の宝物をまず上げて、それで上がらなかったら2つ目を上げるというように順次上げていくのか。それとも初めから3つを特定してしまった方がいいのですか。

今、我々がやっているのは、とりあえず3つ考えていただいて、その中で、例えば1つの宝物を15分ずつぐらい気を送って、1番上がり易いものをとにかくグッと上げて、それに引っ張ってもらうようなやり方をしているんですが。

その方法が1番いいと思いますよ。

―だから初めから3つを出してもらうのか、それとも1つずつ宝物を上げながら様子を見ていくのかどちらがよいのですか？

だから霊の状態によって、宝を1つ、2つの場合もあるし、もう「大変だな」と思う場合は、人数が多くいたら、3つを工夫して上げるという形を使う。だから、短い時間で上げられるなら、最初から3つ出しても構わないですよ。とにかく3つやれば、早く終わる。だから初めから3つでやってもいいですよ。

—三宝に掛ける時間は、何分ぐらいですか？

本体に掛ける時間と三宝に掛ける時間がそれぞれありますよね。どんな形が理想になっていくのでしょうか？

全部の処理時間を1時間とすると、三宝に30分掛けたら、残りが本体に掛ける時間。あるいは本体に40分掛けたら、残り20分は三宝に掛ける。そういう関係にある。

そこまでバランスを持っていかないといけないという関係です。

—要するに処理する時間の全体量は、もう一定という感じで見ればいいのですね。

その通りです。だからそれを三宝に時間を掛ける方が、あとは本体に時間が掛からない。

つまり、三宝に時間を掛ければ、本体に掛ける時間が少なくて済むわけです。反対に三宝に掛ける時間が少なかったり、あんまり上へ上がらなかったら、本体を上げるのに時間が掛かる。そういうことです。

―ということは三宝で頑張った方がいいということですか？
その通りです。

●●● 現世と霊の時間―ワンエッチ（1時間）浄霊の導入

全ての霊は現在、過去、未来が一瞬に見える

霊界に時間はありません。霊の世界に時間と距離はないという世界。時間と距離がないということは現実界とはずれが生じるわけです。時間と距離がないことから、様々ことが生まれる。つまり、霊の世界では現在、過去、現在、未来というのは1点で見ることができる。しかしこれをちょっと誤解して解釈することがある。

それはどうしてかというと、よく何でも神様に頼み事をする。お稲荷さんでもどこでも頼み事をして、その後にいいことがあったら、あるいは未来を教えてくれたら、〝そのご利益は神様だ。神様だ〟というところで、みんな神様が自分を助けてくれたと思ってしまう。

ところが未来のことが分かるのは、霊だったらキツネだろうとタヌキだろうと、犬だろうと誰でも分かる。死んで霊になったら、過去、現在、未来は1点で見れる。だからこの人はそうしたら未来はよくなるとか、これが1番ベストな方向だというのは霊だったら誰でも分

かる。問題はそこで教えるか教えないか。あるいは教える手段を持っているか否かの方に関わる。

つまり伝える手段を持っている人の霊が、あるいは動物霊がえらいということになる。だから祭られたものは未来が分かるから、神様という人間的な理解というのはここには存在しない。それが分かるからえらいのではない。祭られたものが、キツネかタヌキかイヌかサルか何かは知りませんが、このイヌかネコがそれを伝える手段を持っていたということになる。分かりますか?

だから何かお願いする。願いが叶うのだったらこれはまた別です。お願いして叶うとすると、祭られたものはそれなりの努力をするということになる。

そういうところでも確かに努力は伝えるだけではなくて、そういうふうに考えると時間と距離がないということは様々なものを生む。

その代表が言語である。

例えば、10年間インド語を習えば話せるようになります。中国語を10年間習えば喋れるようになります。

ところが霊の世界は時間がないのです。その10年間は一瞬ということです。つまりどういうことかと言えば、どんな霊でもイヌでもキツネでもタヌキだろうが、すべての言葉を話すことができるのです。時間がないということは、すべての言葉、言葉の壁は存在しないということになる。これが霊の世界です。

霊の世界では一瞬にしてどの国の言葉でも理解して話すことができる。だからマホメットが、あるいは釈迦が話す言葉を日本人が聴いたら一瞬にして理解する。あるいは、イエス・キリストが日本語を聞いたらすぐに日本語で話すでしょう。ユダヤ語で聞いたらユダヤ語で話します。これが霊の世界というものです。問題は時間のない世界ということは様々なものを生むということなのです。

時間のない世界

しかし前にも言ったとおり、時間がない世界が正常であって、時間のあるこの世界が異常というふうに解釈したほうがいい。ということはつまり時間のあるこの世界は今一瞬一瞬を繋ぎ合わせたフィルムなのですね。今こうしているだけこの瞬間の1枚が流れて、またその次毎回毎回1枚1枚積み重ねられて時間が作られていくのです。いいですか。この辺を間違えないでください。

時間というのは1枚1枚積み重ねられて作られているのです。だから1枚1枚はそのまま記録に残っていることになる。勉強している人も1枚、遊んでいる人も1枚、女遊びでどうしようもなくなっているその瞬間も1枚です。どんな時間、どんな状態であれ、1枚1枚がフィルムになる。この時間という概念で3次元界が作られた。時間のある世界とはそういう3次元の次元そのものが作られた世界なのです。

それは1枚1枚のフィルムが作られて回って回転していく世界、それが3次元、すなわち、この現実界です。だから縦、横、高さがあると昔は言いましたが実際にその通りなのです。それは時間や空間がある世界を表した言葉なのです。それが完全に理解できたらいいかもしれない。

1時間で制限する浄霊とは

さて浄霊に話を進めますと、皆さんは時間を掛けてやっています。1時間、あるいは5時間、6時間と掛けています。

しかし、問題はここで対応する自分たちと時間のない対応の自分たちがあるわけです。霊の世界があるわけです。時間のある世界から時間のない世界を処理しているわけです。ある世界からない世界を処理する。そうすると、我々にとってはある世界にいる。向こうにとってはない世界。

もっと極端に言うならば、10分気を受けた量は一瞬であるかもしれないし、100時間であるかもしれない。分かりますか。10分気を送ったとしたら、地上のこの時間は、3次元界では10分間であっても、彼らにとって10分間ではない。一瞬かもしれない。

ということはそこで操作が起こったとして、その10分間の間に彼らが100時間気を受けるというのは時間のない世界では可能なわけです。つまり、1時間という制限を加えた時にその1時間以内で、彼らはそのパターンに入った形で浄霊を終えるべく、強制操作ということになるわけです。

関与率

つまり、1時間という形を形作る。その形作った中で処理がされるということになる。しかしその中で絶対的な普遍なものがある。

それは何かというと関与率です。関与率とは、そこに呼び出したい霊が出るという出やすさでやはりそれは波動の同調であるとか、霊が出てくるところにある事情や霊の状態、あるいはそこに置かれた事情などです。すなわち、それを出そうとしている人間の波動、条件、そういうものがそこに存在する。

時間制限における宣言

宣言とは何か。最も重要なのは宣言である。どういう宣言で持って浄霊を始めたか。そこで1時間という制限を加えて始めた時に、そのパターンを読み取りながら、これから先霊はその時間内で動くことになる。

しかし勝手に縮小していると解釈しているのは我々3次元界のものであって、向こうにとっては時間制限は存在しない。時間制限が存在しないということは、我々が時間制限を作ったところで、彼らにはなす術があるはずなのです。

言うなればあなた方がその時間制限の枠を作れば、それに合わせて出てくる。しかし、その時間制限の枠を外れても変らないのは、出やすさ、同調、宣言などというものがそこには影響するからである。

浄霊時間が1時間以内という宣言はどういうものであるのか。

クライアントが何を希望しているかによって、あるいは浄霊師との共鳴、一緒に霊を呼び出した人との共鳴、その波動、霊を呼び出した人の性別など、そういうものから総合的に見てみると、1時間という制限の中で、どれだけ関与するものが出てくるかという問題になる。

関与度が高いものか、強い霊か

今までだと強いものだけを出すというところから、強いものさえ出ていればいいという考えだった。これはもう非常に楽な考えです。関与とは関係なかったからです。

ところが今度は時間制限という形が地上界にできてきた。3次元界で浄霊の枠の中に出てきたということは、そこから出てくるものは決して強いものだけという簡単な領域ではなくなった。今度はそこに強いものという領域が外れて、1時間以内という領域になってきたわけである。

つまり、強いものではなくて時間枠が出てきた。それは霊界にない時間枠で、それはこちらで作ったのです。するとその中で受けるということになる。そうするとそれなりの体制を整えなければならない。すると強い霊が出るという権利がなくなった。つまり、そこで出る権利が与えられるのは関与が強いもの、関与が大きいものという権利になる。

こちらの体制が変わったから、向こうの体制もそれに合わせなければならない。そして形ができてしまって、皆さん方が整えたら、今度は霊の方でその時間のないという世界から、そのパターンに合う形の形態化していくという事象、あるいは現象がこれから先に出てくる。つまりこれがこの時間のある世界からない世界への時間操作ということなのです。

今回のこのやり方は時間操作を加えたということです。時間操作はそれなりの理由があってやらなければいけない、滅茶苦茶に時間操作するわけにはいかない。それが今回の時間操作になるわけです。

―時間操作しても、今まで何時間も掛けてやってきた強い霊というのは1時間の枠に納まらないのではないですか？

確かに納まらないですね。だからこのピラミッドを崩すためには2回とか3回浄霊の数をこなさないといけない。

今までの強いレベルのものは、やはり関与率40%の中にいたものです。あくまでも関与率が高いものはその残りの60%に存在している。

つまり、関与率の高い霊というのは、レベルの高いものの中には40%あって、残りはレベルの高くない方に60%いる。

1時間という時間操作する浄霊では関与率は高いけれども、レベルの高くない方の60%に向かうことになる。

ただし、40%存在するその強い霊をどう操作するかということになってくる。そうすると1つの浄霊では駄目ということになる。今度は時間で操作したら時間で追わなくてはいけない。

時間で追わないといけないというのはどういうことかというと、ピラミッドの崩し方を変え

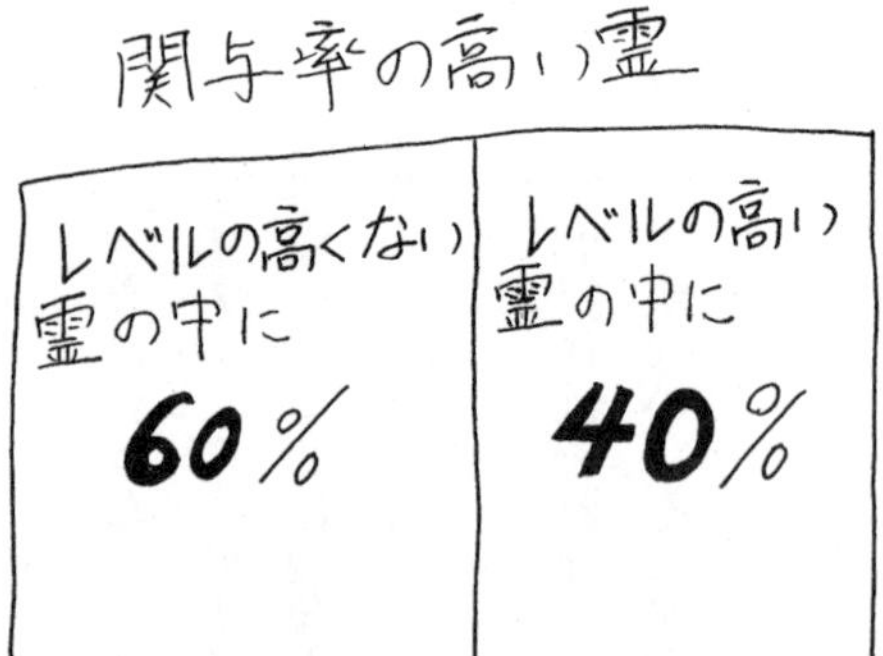

関与率の高い霊はレベルの高くないものの中に60%、レベルの高いものの中に40%ある。

ることになる。1時間でできるものを2体、3体浄霊をして3時間で終わるということになる。だからワンエッチ（1時間）浄霊は1回1発的中のような形でやる形ではないということなのです。

1つのピラミッドの中からワンエッチという時間制限を加えた宣言の中から霊を呼び出すことになる。すると今度はレベルの高い霊よりも関与の高い霊が出てくるということです。時間制限を加わることから、従来のようなレベルの高いものを処理する場合には1回では済まなくなる。

これからは関与率という方向に向わないといけないということです。

強いものという規定がないと、今度は関与の最も高いものというのがまず前面に出てくることになる。とすると最も関与が高いものを出すとしたら、人数が多いほど関与が強いものは出やすい。だから少しでも人数の多い方がよりよいものが出る。関与の高いものが出る。数の力が必要となるわけです。

—強いものが実際に残った場合に、影響力の強いものがいつかの段階で出てくるということはないのですか？

いや、そういうことはあり得ない。強いものがあったとしても下のレベルのものを処理することによって、それはもう越えてしまう。強いものは越えてしまう。それが今度の方法なのです。

超えるという概念

40％にいる霊は強くても、60％の霊の処理でそれを超えてしまうことができる。だから、仮に40％の中の1つ上のレベルの存在が影響していても、下のレベルのものを3つも処理することによって上のレベルのものを完全に越えることができるわけです。

つまり同じものを処理しようと考えるから理解がずれてしまうわけです。霊の世界では、実際に影響している霊そのものを処理しないといけないという世界ではない。いいですか。越える世界なのです。

つまり、あなたがたはここに影響しているものを処理しないといけないと考えるから間違ってる。処理するという考えは駄目です。

霊の世界ではこれを越えるという考え方に持っていかないから考え方がおかしくなるので

す。

越えてしまったら、これは処理したことになる。つまり、ここで下のレベルのものを3つ処理して越えたら、実際に影響している霊はもう処理されたのと同じということです。

これが分からないと浄霊はできない。いいですか。だからここで越えればいいわけです。何も上のレベルのところで越えなくたって、下のレベルのところで2つの処理で越えたとする。あるいはもう少し上のレベルで1体の処理で越えたとする。そこで越えられなかったらもう1体やらないといけないでしょう。だからといって、高いレベルものが出たらどうするか。残ったらどうするかというのは、それは越える観念から外れた考え方です。

高いものはそれを越えたら、これは高いものではなくなる。むしろ、高いものは1番下のランクへ行ったことになるわけです。つまりこれが霊の考え方なのです。この辺が理解できないと浄霊そのもの、処理の方法というのは理解できなくなる。ちょっと難しいですけれどね。越えるという形で理解してください。

—では実際の話として、病気の浄霊で結果が出れば越えたというのが分かりますよね。

そういうことです。結果としてむしろ今度は追いやすくなった。結果から追うことになる。

だからこれから先はどういうことになるかというと、例えばここで2つやった。1つのグレードに対して2つやった。これで結果が出なかったらもう1個、それで結果が出なければもう1個というところで、どんどん処理数を気楽に増やすことがこれから先はできる。結果が出るまでこっちで追える。浄霊時間は1時間だからです。

以前の方法では、1つ霊を出して長時間掛けて浄霊をして、その結果は当たるも八卦、当たらぬも八卦という人が一杯いたわけです。

その代わり、今度のワンエッチ浄霊では、結果を見て、次の成功を追うという追い方に変わったのです。

そこで問題になってくるのが運命に関わるものや先々のものをフレーズでどのように追うかということである。

例えば、ある男性がずっと女遊びができるように浄霊をしたとする。その男性は女運の浄霊を完全に済ませているとする。その結果、今最高にいい女性と付き合っている。さらに、こっちにもあっちにも次から次へと新しい女性が現われてくる。彼は楽しく生きているなあと思っている。

そのうちこの男性が本命は今付き合っているこの女性だけに絞ろうとすると、あっちやこっちで遊んでいた女はいつの間にか脱落しているか、いい加減になっていくか、そういう自然現象が現れて、何の弊害も起こらなくてスムーズに他の女性たちは離れていくという現象が現れる。あるいは、仮に女性関係で都合が悪くなるような事が起きた場合でも、とんでもない事態にはならないという現実を持てる。こういうのはやはり浄霊のなす技である。

一方、お金を儲けるためにずっと金運ばかりをやった。そしてずっと金運が上がっていった。

上がったのはいいけれど、あるところまでいったらそこから先はいつまで経っても上がらない。浄霊が利いてないのではと一瞬思いますね。それからしばらくするとまた上がり始めたとする。

それはなぜか。つまりここでもし金運が上がったら、その人格が崩れてしまうからである。我慢してないから、その人間が駄目になってしまう。人格が崩れてしまう。人生も変わってしまう。それでその先落ちていくのは奈落の底。こういう人生が待ち構えていた時に、いくら浄霊をしてもその人間の金運はそこからさらには上がらないのです。平行線を辿る。これが浄霊の金運の上がり方なのです。

その代わり、その人間に使うだけの姿勢、体制ができたら、使いこなせるだけの器、十分に人格が壊れない人間性になっていったら、どんどんまた永遠に金運は上がる。つまり、その浄霊ができていてそれが上がらないということは、自分に問題があるということになる。いわゆるそういう現象が起こるわけです。

ただし、こういう先々のものを見た時に、女運の浄霊とは違い、金運に関するのをいろいろ数多くやってきても、今度は個々の事象をフレーズに乗せて追っていく以外にないわけです。そういう形で追うことになる。


—それが判断になってくるわけですね。

これが1つの判断になる。


—ではその平行線の時には、違うフレーズを用いた方がいいですね。

そういうことになる。だから追い方がちょっと変わります。

―その場合にどの位の量の処理を考えたらいいのですか？

やはり今までは1セットだったのが、大体2セットか3セットですよね。2倍から3倍やった方がいい。ただし、時間は短いと思いますね。後は結果を見ながら、さらに進めるかを考えるわけです。

初めは処理する数が従来よりも多くても、だんだん同じ数になりますから。

―レベルが上がっていくということですか？

レベルが上がっていくのではなくて、霊の方が覚えますね。霊の方が1時間以内に合わせて出るようになりますから。

だから関与率が40％の中にいるレベルの高い霊も出てくる可能性はあり得るということです。

ただそれは1時間以内に処理できる形で出る可能性がこれから先はある。それは今の状態の皆さんではない。これから何ヶ月か何年かしてこのやり方に慣れたらそれが出る可能性はある。

―では、恨みがものすごくて俺は絶対こういうところには出てこないぞという霊があったら、それを出す為には大人数で力を合わせて出すと出てくるのですか？

そういうことです。大人数の方がそういうのは出やすくなるということです。だからそういう側面からの手段ができてきたということですね。

―ワンエッチ浄霊は最初のうちはそれでもやはり1時間以上掛かるのですね？

1時間で一応やりますけれど、やはり1時間10分、1時間15分とか伸びたりしますし、あるいは少し短くなったりとかという少しのずれはあります。宝は1つ5分から10分です。

―今までは長い時間を掛けて上げてきたので、宝1つを5分から10分で上げていくという感覚が分かりにくいのですが？

今までと同じように感覚は同じのはずです。もちろん上がる感覚が分かった方がいいですし、手の感覚で上げていけばいいでしょう。ただやはり最初は1時間内の枠を作った方がいいですね。

●●● 三宝を使ったワンエッチ（1時間）浄霊についての質疑応答

「1時間以内に収まることができる、最も大きく関与している自縛霊」というふうにして、フレーズの中に「1時間以内に収まることのできる」というフレーズを織り込んだ形の浄霊についてです。

この1時間以内というのは、浄霊時間が三宝を使って1時間以内ということです。動物霊の場合の眷属の払いは、1人で払う場合は当然最も強い払いでやります。すなわちカゴメ印でやるということになります。個人のレベルの最も高いギリギリの線のものが出ているということです。

それで一応1時間以内で処理することができるということになります。それで上がるかどうか不安な人は、あと5分か10分間延ばせばいいのです。

そうすれば、別にお伺いで聞いても、聞かなくても構わない。1時間気を送れば霊は幽界へ上がることになります。だから、聞く手間が省けますよ。その代わり、処理する霊は今までぐらいの結果を出そうとしたら、倍の数はやったほうがいい。1時間フレーズで出てくる霊は弱いからです。ただ、出ている霊で、最も関与している霊は、四分六だということを忘れないでください。

最も影響力がある霊は、強い霊の中に40%、弱い霊の中に60%あるということです。そして動物も人も全部、すべて1時間以内に処理する。

でもこの1時間フレーズで出てくるのは、本当の限界ですからね。眷属の払いは必ずカゴメ印で行ないます。処理の時間は1時間、あるいはどんなに長くても1時間5分か10分ぐらいで収まるようにします。そして上げれば、大概それは上がっているものとみなして間違いありません。

ただし、結果は1回で出るとは限らない。2回、あるいは3回と同じフレーズでやる。つまり前と同じ結果を出すには、少なくとも前の倍の処理をする。同じフレーズで2回はやらなくてはいけないということを忘れないでください。それでもうまくいかなかったら、3つ、4つ、5つと増えていくことにもなります。

―それは同じフレーズで構わないのですか？

同じフレーズで構いません。つまり同じフレーズで、つまりそのフレーズのピラミッドを崩すのに、今までのように同じ数で崩れるということはありません。同じフレーズで、2つ、3つの処理が必要だということです。

―今まで、人の霊だったら3回、そのあと必ずそれも含めて、3回上げ直しますよね。今回のも当然それを含めてということですね。

そうです。その場合のケアは、1時間以内に上げたとしたら、2回目に掛ける時間はもう30分以内に上げてください。3回目は15分で大丈夫です。それで、もし上がらなかったり、上がりが悪いような場合でしたら、2回目に掛ける時間が30分から40分になったり、あるいは3回目に掛ける時間が15分から20分、30分になる可能性もあります。それは処理した具合です。

「上がっていないな」と思ったら、そこで様子を見てください。

―「上がっていないな」という様子を見るということですが、はっきりと分からない時が多いのではないでしょうか。

そういう人は大勢いるでしょうから、それも相まって、だいたい1時間から1時間10分気を送れば、大概9割は上がっていると思ってください。

―時間で決めてよいのですか？

その時間で上がっています。だいたい、今回のポイントはその辺にありますね。1時間10分から15分です。

だから「物騒だな」という人は、1時間10分か15分やれば、それでだいたい大丈夫ということです。そういうケアがこの時間内には今度はなされています。だから、逆に出る方を制限させたという方が正解かもしれない。その代わり、いわゆる上がっているわけです。

―出る方が制限されたということは、何体も処理するということですか？

そういうことです。だから、1体の処理だけでなくあと2～3体霊処理をやってくださいということです。その代わり、時間的には、1時間で処理されますから、3つやっても3時間です。今までのように、1つで5時間、6時間掛かるのと比べてずっと楽です。その代わりレベルが上がるのはちょっと遅れます。強い霊が関わるのとは違いますから。だから本当は浄霊暦5年からの人の方がよかったのですけど、そんなことを言っていると、皆さんが疲れてしまいますから、浄霊暦2年以上になったのです。

―実際に2年目の人が、「これを使いたいな。でもレベルが上がりにくい」ということを講義で聞くので、「どうしようかな」とすごく揺れ動いている人たちがやはり中にはいるのですけど、それをどういうふうに考えればよいですか?

だから、この方法を使うのはあと2年半ぐらい延ばしてもいいですよ。

―それは本人に選択してもらうということでしょうか。

本人が決めていいですね。三宝の方法を使ってもただちょっと遅いだけで、レベルはそれでも上がっていきますよ。

―三宝を使う方法とそのまま直接本体に気を送る方法の両方を使うやり方でも構わないですか?

別に使い分けても構いません。

ともかく、2年以上から1時間フレーズで三宝を使うことが可能となります。

ただし、1時間もので呼び出した動物霊の眷属を1人で払うためには払いの伝授が21回以上必要となります。

この21回の払いとは、特にカゴメ印は3回以上必要で、それ以外の払い、九字、返し印、カゴメ十字や刀印や突き印などを合わせた数です。

三宝のやり方は3つの宝をまず霊に考えてもらいます。

呼び出した霊に「大切なものを3つ考えてください」と言って、それから「大切なもの、1個目」を呼び出してやります。宝1個を5分から10くらい浄霊して上げます。そして2個目、3個目でやっていくのです。

―霊に宝物を出してもらう時は呼び印で出すのですよね。

呼び印で出します。

—霊に宝物を考えてもらう時は、「考えてください」と言うことが必要ですか？

ちょっと間を置いて、「まず1つ目」と呼び出します。霊に考えてもらう時間はほんの20秒とか、30秒くらいでいいですよ。

本来、霊の世界には時間はないのですから。だから20秒とか、30秒、ちょっと考えてもらっても、もうすぐに言うという形です。

—この1時間フレーズのものでは、全員の限定印で呼び出した場合、あとで1人で呼び出すことができるのですね？

その通りです。

—すると、三宝は、例えば家で1人で呼び出した後に始めて構わないということですね。

構いませんね。

ただ逆に、霊に対して「1時間以内で処理できる霊」と限定して呼び出す霊を絞っていきますから、むしろ今度は、より霊の方で制限が加わることになります。

だから、浄霊の数が必要となります。今までの皆さんがやったのを見ていて思うことは、1体で症状が治まる場合はないです。1つのフレーズで結果が出るのに、2体から3体はやる必要がありますよ。

ただし、呼び出し人数が多くいればいるほど、より当たりの霊が出る確率が高い方の力になっていく。それに対して、あらゆる霊が協力するという形になる。だから人数が多ければ多いほど、1時間以内のフレーズの場合は核心の突いた、焦点の近いものを呼び出すことになっていく。

1人でやると、アトランダムに出る可能性もある。つまり、1人で処理できるものだけが出てしまうという可能性はある。もちろん、無関係なものは出ないからいいですけどね。

●●● 浄霊のプロになる①

浄霊のプロになるために

まず浄霊を学ぶということは、どういうステップで進んでいくかということです。

まずこの趣味の会での5年間というのは、いわゆる1つの霊の処理に、2時間、3時間、あるいは4時間掛けて、自己浄霊の気を送り、霊を上げるという形で勉強していきます。これは、やはりレベルを上げるという形を作るためにこういう方法を取るわけです。

一昔前は修行が当たり前

以前は、どういう方法を取っていたかというと、いわゆる水行であるとか、あるいは荒行であり、そして瞑想であった。何年間も続く修行というものを通して、浄霊という技術に入っていく。それはあまり楽なものではない。つまり浄霊の世界というのはかなり厳しいものがあるわけです。

現代はどうなったかというと、荒行をやるという状態、そのような形式を取るというものは非常に難しい状況になっています。これは社会情勢というか、いわゆるこの文明的な社会において、旧態依然の浄霊を学ぶための修行、つまり水をかぶる、滝行、瞑想をするということはそぐわない。

瞑想はまだしもいけますが、それにしても朝から晩まで瞑想とか、朝から晩まで滝行、荒行に連日費やす。あるいは山籠もりをするといったことなどをこの現代社会でしても食べていけません。

あらゆる意味において、これからの近代化した社会で、荒行などによって浄霊の技術を身に付けるということはなかなか難しくなってきたわけです。

趣味の会ではどのようなことをするのか

では、この現代社会においてどういう形で、最も効率よく浄霊の技術を身に付けるかということになるわけです。

そこで始まったのが、いわゆるここで採用しているのが1つの霊の処理を学びながら、自分の霊の処理をして、自分の運気を上げていく。浄霊をして、自分をきれいにして、病気を治して、そして仕事の成功、自分の成功、家族の成功をテーマに、それらを成就させることによって、それを修行の代わりとする。これがこの趣味の会で取られている方法です。自分、あるいは親族、家族、兄弟姉妹の成功を目指し、これを約5年ぐらいの歳月を掛けて成功させる。そして、それをやることによって自分のレベルを上げる。

私は正直に言うと、皆さん方が浄霊を学んで2～3年ぐらいで営業ラインにいくかなと甘い計算をしていた。現実にやってみて、営業ラインとして通用するレベルまで、2～3年というのは甘くて、だいたい5年で営業ラインにいくということが分かったわけです。

浄霊の世界は厳しいです。

この特殊技術というのは普通の技術ではありません。いわゆる特殊技術です。しかし特殊技術であっても、それは霊能者だけのものではないし、超能力ではない。

一定レベルにいくには誰でもできます。ピアノと同じです。しかし、ここでどこまでいったら営業できるラインに突入するか。それにはやはり苦しいだけの修行を今の現代人にさせようとしても無理です。

1年間、山籠もりしようという人はあの鞍馬山の修行を行なった竹内の巨麿さん。あの人が最後だったそうです。もうそれ以外山に入る人はいないそうです。それともっと問題は、山籠もりというのは一度入ったら、山から下りてこない人も多い。出てこないということはもうどこかで死んでいるということです。

営業ラインにいくまでは少なくとも5年間の学びが必要

現代において、今そういうことをしたら、昔のような形態を持っていないから、山に入って食べるものを知らなかったら、これは悲劇的なものになる。かといって、山籠もりを教える先輩がいるかというと、その先輩すらあまり見当たらない。山に入っても、食べるものの見分けがつかない。解毒も知らない。これはもう死ぬ以外ない。旧態依然の山籠もりから、浄霊の技術を身に付ける。そういう時代はもう終わったのです。今残されているのはせいぜい瞑想くらい。ただし、瞑想なんかいくらやったところで浄霊に結びつくまでにはいかない。そこで、ここ趣味の会で取られている方法を5年間学べば、だいたいプロとして通用するレベルまでいくというものです。

ではなぜ浄霊技術をやる人間が心の悪い人間が多かったのか。そこの問題です。

例えば、浄霊技術をやる人間、霊を信じて成功する人間には、やはり商売人とか、あるいは遊び人なんかが結構多かった。浄霊はいいことで成就するより、悪いことの方の成功率は高い。

ともあれ浄霊の性格は、社会を見てもそうですが、悪いことの方が成就しやすい。

例えば、ある泥棒が私に成功するかということを尋ねてきたことがある。自分の稼業の繁栄というのは、浄霊をやった場合、悪いことの方が成功するのが早いし、高い。どうしてかというと、いいことをするのはなかなか大変です。この社会を見ても、もう真っ正直だけで通して、営業を成功させるというのはなかなか困難がある。それは霊の世界に行っても、同じことが言える。

成功するのは良いことで成功してすべて真っさらにいって成功するよりは、泥棒稼業であるとか、社長さんの2号探しであるとかという方が、当然早く結果が出ます。

つまり、あまりよからぬことや、悪いことということの方が成功は早い。

ともあれ悪いことの方を叶えるのは、いいことを叶えるより倍以上、楽なのですね。そういうところから、やはり浄霊をやる人は、あまり心のよろしからぬ人が集まるという傾向がある。

　そこで私はこの趣味の会を新しく始める時に、「もともと浄霊をやっている人は、1人も来なくていい」というところで始めた。そもそもそれが始まりなのです。

　一般で、そのような世界にいたことのない普通の人で浄霊をやりたい人を教えようと思ったのです。また、まともなところを目指さないといけないし、悪いことに対して、はっきり言って、私は力を貸すつもりありません。だから、まともな形で、努力しながら成功させる。そういう浄霊を樹立させようじゃないかと思って始めたのがこの趣味の会です。

　それで、だいたい分かったことは営業ラインにまでレベルが通用するには、約5年学べば、なんとかやることができることが分かったわけです。

見るだけで法外な金額を取るところもある

　浄霊依頼1件の代金というのは通常200万とか、300万が相場です。ところが、私の読み違いは、こういう皆さんのような、まともな人というのは、金額を多く取るほどに、その金額が妥当なことを充分にクライアントに説明できるほど上手でない。むしろ低めに設定した方が楽だという、変な人ばっかりだ。これだと営業ラインにはまず駄目だということですね。だから、この辺は、ちょっと読み違いでした。

巷では、見るだけで200万、300万円を取っているところもあります。浄霊の処理しないで、見るだけで200万取っています。ある人は、相手を見て金額を変えて取っている人がいました。

だけど、やることと言えば、見て終わりなのです。あとは線香を捧げるとかです。でもどういうわけか、その人たちが見たものと、私の見たものと違うし、見た方向も違っているのです。

霊能者と呼ばれる人の中に、いつでも見ることができる能力のある人はほとんどいない。見たい時に見れなくて、見たくない時に、関係のない時に見えるのが霊能者なのです。もう9割9分が、そういう人たちなのです。

「いつでも見える」なんてことを考えたら、大間違いなのです。だから事前に見えたりすると、それでいけるのですよ。だから間違ってはいない場合も多いわけです。

「ああ、今、こういうのが現れています」。

以前その霊を見ているから、それが現れているだろうと思い、本人はそう言うわけですよ。これが現実ですよね。だから実際、その霊を見ていたとしても、私から言わしたら〝合ってはいるけど、今はこっちにいるぞ〟という感じもあるのですね。

おそらく見えるだけなら、それでも多少命は長らえるけど、いろいろ見ているだけも、霊処理を知らなかったら、6〜7年か、7〜8年経ったら死んでしまうだろうなと思っていた霊能者がいました。そうしたら、やはり計算通り、その人は死んでしまいましたね。

私はこれまで何人かの人に、「そういうことをしていたら、5年以内に死にますよ」と何人にも忠告しました。言った人は、ことごとく1人残らず、その通りに命を落としていきましたね。寂しい話だなと思いますね。

—それを聞いて止めた方は1人もいないのですか。

1人もいないのですよ。もう引けないっていうのが本当でしょうね。それこそ何人もの人がそうでした。

だから霊の世界は、決して聞きかじりで手を出す世界ではないのです。そんな甘い世界ではない。

5年間で営業ラインに立つ道のり

それで考えたのが今の方法なのです。5年間、自分の運勢を上げて、兄弟、姉妹、家族の問題、そういうものをやっていけばやり甲斐がある。そして成功させて、最後にレベルが上がって、いわゆる営業レベルに上がったところで、営業路線に入る。最初は少しずつで、1件、2件取ればいいのです。

そのためには1時間でできる処理形態を取るわけです。そして、そういう形でしかやれなくなったら、出てくる霊もそれに合わせるようにだんだんなっていきます。

駄目な場合は、数多くやるしかないということになってきます。1時間で処理するという営業形態を取っていかないと、あまり時間を掛け過ぎてもどうしようもないですから。だから、規定時間内に収められる霊というところから呼び出していって、そういった形でやっていきます。

だいたい1カ月、21体の処理をだいたい50万ぐらいで、やっていけばいいですよ（ただし、金額については、浄霊師により個人差があります）。でも他のところに比べたら、はっきり言って嘘みたいな値段です。普通、それくらいの数の処理なら200万円取ります。でも皆さんのは4分の1です。皆さんの性格にピッタリだから、それでいいと思います。

営業ラインでするために1時間フレーズの浄霊に入ると、今度は影響する霊がだんだんそれに合わすようになってくる。

ただし、5年間、そのレベルにいっていない人間が、それをやったところで、処理できないものは駄目ですから。力がなかったら駄目です。

5年間というのは、毎月5年間趣味の会に参加してということですが、3年間でも、月に3回5カ所以上出ているような人は可能だと思いますね。

ただ、知らないといけないのは、浄霊はレベルです。はっきり言ってレベルです。もうレベル以外の何物でもないと考えてもいいくらい。もうレベルを上げることが最も先決です。同じフレーズで、同じことをしても、この人に結果が出て、あの人は出ない。それはもうレベル以外の何物でもないでしょう。だけど、それがこの浄霊の世界なのです。

私は5年くらい経った人たちが、つまり営業で成り立つだけの技術を身に付けた人たちがそれを活用していないなんてことを想像もしなかった。そこまできたからには放っておいても、それぞれ皆さんが、営業ラインに乗って、浄霊で成功していくだろうと思っていたのです。

まさか、これだけ高度の浄霊の技術を身に付けて、浄霊で成功して、裕福にならないなんて人はいないだろうと思っていたわけです。

はっきり言いますが、今まで浄霊の技術を身に付けた人間は日本全国どこでも、みんな成功して裕福になった。だからそれが浄霊師としては当たり前と私は思っていて、疑りもしなかった。それが本音です。

まさか浄霊の技術を持って、レベルが上がっても裕福にならない人間がいるなんて、信じられなかった。

ところが巷ではまともな浄霊ができなくても、ヘビ1匹追い出しただけで、200万、300万得ている人間がいるのですよ。

それもすべて移動だけですよ。正規の浄霊ではないのです。それでも確かに一時的にはよくなりますよ。はっきり言って、今の巷の技術というのは、もう8割、9割は移動だけです。これだとまたクライアントに霊が戻ってきて元の木阿弥です。でもなんか戻らないのもいますからね。影響しているものが離れて、戻らなかったら、そのまま永久に治るでしょう。しかし再び戻ったら、また元の木阿弥で、また別に病気になったりします。ただ、一時期に離れるから、「ああ、浄霊で治った」ということになるわけです。

私はそれはやらないし、嫌いなのです。確実に処理しないといけない。いい加減なことはやりたくない。これは私の信条です。

もともと浄霊をする人間というのは、ひと癖もふた癖もあって、悪いことを平気でやるような人間、悪い心を平気で持っているような人間ばかりの集まりでした。私から言わせたらです。また、浄霊をやっている人間は、お互いそれを知らない人間はいないのです。みんな知っているのです。浄霊をやっている人間同士が集まると、「心のよくない人間はあんまりよくない」と言う。みんながそう言うのです。いや、これが浄霊の世界なのです。

日本全国見渡してもここ趣味の会にこれほどまともな人間だけが集まってやっているとこ

ろもない。そして真面目人間の集まりは浄霊をしてもそれに見合うだけの収入を得ていないということも発見したのです。

浄霊は特殊技術で、人のためになる貢献度はすばらしいものがある

浄霊というのは特殊技術で、5年間の訓練を経て初めて身に付く技術です。それで付加価値というのは膨大なものがある。人のためになる貢献度というのは素晴らしいものがある。だから浄霊の付加価値というのは高いのですよ。

だけど、その話を皆さんはクライアントにできないのです。だから、それで到達した結論は1カ月21体辺りが50万円くらいが妥当だろうと判断したわけです。

その辺あたりでやっていって、結果を出すように努力する。そして、この21体とは別に底上げ浄霊をもう7体するわけです。そうすると合計28体になります。

仕事を受けるための具体的な浄霊の進め方

—底上げは、最初のフレーズだけですか。

そういうことですね。例えば、がんだったらがん全体の底上げを7体、それから痛みだっ

たら痛みに関するもの21体、その辺あたりを焦点にして浄霊数を絞ってやっていけば、おそらくうまくいくと思います。そういう形で、初めは50万円ぐらいで受けます。まず1カ月やってみて、様子を見て、それで駄目だったら、また1カ月という形で進めていきます。

そういうふうにしてやっていけば、結果を1カ月ごとに追うことができます。本来3カ月間掛けてずっと行なうというのが従来の浄霊の形態です。

その形態は皆さんには無理だから、まず1カ月で50万円ぐらいで受けて、21体プラス底上げ浄霊を7体合わせた28体の処理をして、それを書いた浄霊報告書を作って、クライアントに渡す。

すると今度はそれに合う状態が、つまり結果がだんだん出てくると思います。その後は、それに合わせてどんどん、どんどんやるようにしていけばいいでしょう。

いつまでも1体に3時間、4時間も掛けてやっているとそろそろ疲れがきますから、5年間の修行時代を過ぎて一定レベルにいっていれば、その辺で1時間シリーズを始めればいいでしょう。

だから、ものすごく回数を出ていれば、3年ぐらいでも、そのレベルにいくでしょう。でもそうとう回数を出ていても最低3年は必要ですね。次第にレベルの差は出てきますから、レベルを上げることを常に思った方がいいですね。浄霊ほど、レベルの差が影響するものはありません。レベルの差が歴然として出る世界です。ともあれ、一定レベルに行けばそういう営業ラインに乗せるということですね。

霊は人間を苦しませるためにいるのではない

霊というのは人間を、例えば、苦しめるために俺は存在するという先祖霊なんかいないのです。自分の苦しさを、自分の症状を訴えるために出ているのです。自分のことを伝えたいがために出ている。霊はそのために出てくるのですから、それが1時間以内の処理のところでしか浄霊をやっていないとしたら、自分（霊の方）でもそれに合わせようと努力すると思うのです。だから、浄霊師がそういう形を、そういうシステムでやるとしたら、そのシステムに何らかの形で、霊はだんだん合わせることになると思います。これを知っておいてください。

1時間で処理する形態

―つまり、この1時間シリーズは霊が1時間でも納得するような、そういうやり方になるのですか。

そうです。そこで当然三宝も使いますよ。

あるいは、その人（霊）だって1時間で合わすのが難しいとなったら、子どもを出すこともあり得る。自分の子供です。気になっている子どもがいて、その子どもを上げてくれれば、そこで収まる場合もある。

―それは三宝の中の形なのですか？

三宝ではなくて、最初に、本人が出ているような感じで、別の人間が出ている。例えば、女性が出ているとします。実は女性じゃなくて、子どもが出ている。その次、またもう1回浄霊を行なった時に、本人が出る。そういう形で出る場合も中にありますね。

―それは、我々には分からないのですよね。

でもそれはすでに多々やっています。

―差し替えみたいになるのですか？

いいえ、最初は「あっ、女性が出てきた」ということで浄霊をするでしょう。次に新たな新規の霊を呼びだすと、「また女性が出てきた」ということになる。すると何のことはない。両方が親子だったという形になります。

―それは１回目上がったなと思って、同じ霊を２回目をやったら、またえらい時間が掛かって、というふうな現象のときのことですか？

いいえ、それは違う。例えば、先祖の女性を１人浄霊をします。次に同じフレーズでまた新たな霊を呼び出すとか、２つ目のフレーズを呼び出すと、また先祖の女性だった。実は、その２人は親子だったということです。

例えばAさんとBさんが親子だとする。Aさんはたいして影響はしていない。だけど、Bさんはものすごく悪い人で影響していたとする。Bさんだけ浄霊するとなるとものすごく大変でしょう。ところが先にAさんが出てきて、上がったとすると、Bさんは当然楽になるでしょう。自然にそういうサイクルができてくる可能性もある。

―それは意図的にやることではなくて、偶然に流れができるのですか？

霊の世界で流れができるわけです。そういうこともあり得ます。

これは普通にフレーズで呼んでやっているから、Ａさんが先に出るし、その次の2回目で、Ｂさんが出てきたに過ぎない。

―それは動物霊でも言えることなのですか。

それは動物霊にも同じことが言えます。

―そうしたら、1時間システムをやり始めたら、あんまり崩さない方がいいですか。

自分のことはそのまま普通にやっても構わないですよ。

とりあえず時間を掛けて行なう。

―だけど、そのフレーズで出したものは、そのシステムを崩さない方がいいでしょう？

１時間フレーズで出したものは、１時間で処理をする。そのフレーズで出したものは、絶対に変えちゃいけない。

―具体的なやり方として、営業ベースでやるときには１時間で組んでやって、自分の方でやるときには、時間を掛ける？

それでいいわけですね。だいたい自分のことだけは何回もやりたいでしょう。自分のことには時間を掛ける。営業ベースに時間を掛けたら続けていけない。疲れてしまいます。

―だから、１つのキャパシティを崩す時に、１時間の間に処理ができるように、霊の方も工夫して出てくるということですか。

出てくるようになってきます。向こう（霊）もそういうふうになってきます。

―１時間以上、気を送ってもらえないというようになっていくのでしょうか？

そういうことです。そういう形にだんだんなってきますから、そんなに心配はいらないということです。そういう形で営業ラインは考えてください。ともあれ、この形でやることだね。

浄霊は処理した分だけ結果が出る世界

私が、昔、浄霊をした人間に、夜になるといつでも頭痛がするという人がいました。昼間は頭がボーッとしている。だから浄霊の世界に来たのです。だから、何か仕事をしていても、いつでもボーッとした気分が取れない。夜は頭痛がする。ボーッとするのと頭痛とは、全然関係ないと思います。

それで、ボーッとすることに関与するものを浄霊して、3、4回ですぐに取れた。それで2カ月後にその人が来て、〝さあ、この次は頭痛でしたね〟と言ったら、本人は、「あっ、頭痛は最近ない」と言うのです。つまり私が行なったボーッとしていることに関与している3～4回の浄霊には頭痛に関与していたものも含まれていたのです。

―つまり処理した霊はボーッとしているのと頭痛の両方に関与していたわけですね。

両方に関与していて、それで、頭痛の方は先に取れているの。本人は病人心理で、もうそのまま滅入っちゃっているから、もう治ったことも忘れていた。

だいたいこういう現象は病人にはよくあることですけどもね。

〝さあ、この次、頭痛ですね〟と言われた時に、初めて気づいた。

「あっ、最近頭痛は起きてない」。その時に気づいた。だから、浄霊は何らかの形で、やった分だけよく変化しているのです。これを知らないといけない。絶対にいい状態に変化していく。何に変化するか、それはやってみないと分からないですが。

だから裏を返せば、すべてみんなやってきれいにしたら、その人間はどれだけいい状態になるか分からない。やりきれればの話ですよ。その辺の感覚を忘れないでほしい。目的とするものを治した。しかし結果がその時出なかった。でも浄霊はそれだけじゃないですから。必ずその人をよく治しているのです。その辺をよく知っておいてください。

意外と病気を治したら、どうしようもない女癖が治ったりとかある。実際、これはよくあることなのです。

ある人が、「胃が痛い、胃が痛い」と言っているので浄霊をすると、飲んべえの方が治ったりする。そしてそれは本人にはほとんど分からないです。いいですか。絶対に知っておいてほしいことは女癖を治そうとして、飲んべえが治ってもいい。その人は何にも感じないし、分からないですから。感謝もされなければ、自覚もないですから。頼んだ女癖が治らない限り認められないです。

ところが浄霊というのは、やったら、やった分だけ、絶対その分は治っているのです。ところが関係のない飲んべえをやったところで、感謝されないし、自分がやってくれたなんて思わない。これが浄霊の世界。だから皆さん、やった分だけ治っているから、堂々とお金をもらっていいわけです。

こういう特殊技術を何年間も掛かって、やっと学んで自分のものにした。この技術というのは、大変なものがあります。だから、それなりにいいわけです。これはどこにもない技術です。だから、堂々とお金をもらってください。

どこで治っているか。何が治っているか。それは分からない。でも浄霊をすると、何かは必ず治っている。これを忘れてはいけない。

やった分だけ、何かが治っている。何かがよくなっている。そういうことを絶対忘れてはいけない。だから、例えば、ボーッとすることに関して浄霊をしたのに、夜の痛みは治った。そして、その次にもう1度浄霊すると、ボーッとすることが治った。そういうふうにどんどんやっていけば、1カ月目に駄目でも、2カ月目に当たりの霊にぶつかる、あるいは3カ月目に当たりの霊にぶつかり症状が治るということはあるわけです。そして、浄霊をすればするほど、その人はよくなっていくのです。

浄霊のプロになる②ーワンエッチ（1時間）浄霊

自分の浄霊を行ないながらレベルを上げる

今、皆さん方は山ごもり、水行、そういうような従来からあるやり方を強行し、修行から修行を重ねて浄霊を身に付けていくという時代ではなくなった。今の文化では、昔の文化をそのまま修行形態として扱うことはできない。そこで登場したのが私の今行なっているやり方なのです。

それはどういうことかというと、昔の文化というのは、１人前になるまでに、何もできない。これではやっていて面白くないし、昔の封じ込めの脱落者と同じようになってしまう。

そこで皆さんに提供したのは、５年間くらい、自分自身の浄霊をしなさいという方法を提供した。つまり自分の病気もいいでしょう、金運もいいでしょう。人生運もいいでしょう。結婚運もいいでしょう。ともあれ、自分の人生運をすべて上げなさい、家族の人生運をすべて上げなさい。兄弟の人生運を上げなさい。これを修行とする。これが私の考えた修行形態です。

自分の金運を十分上げてください、人生運すべて上げてください。やり尽くすほどやってください。そして、まず自分が幸せになる。それでもって、これを修行と変える。これが私のやり方です。研修会に参加した年数、5年で一定レベルにいきます。

ただし、回数が多ければ3年でも可能となります。一定レベルにいけないといけません。絶対的に言えるのは、昔も今も、浄霊はレベルです。修行です。浄霊の世界とは、修行をして、レベルが上がって、初めて成立する社会です。レベルさえ上がっていれば、どうにでもなります。

どうして5年間かというと、今回、皆さんのレベルから、〝だいたい浄霊師としてやっていけるのは5年だぞ〟と見たからです。最低でも3年の歳月がいる。

そこで、どうして3年から5年という数字が出るかというと、3年間でも、数多く出ていて、数多く浄霊をやっていれば、3年でも成立する。研修会に出ていて、普通にやっていたら5年であるということです。そういうふうに、3年から5年を解釈しています。3年前にできるのかといったら、まず不可能ですね。最低3年の歳月はいる。

レベルは何で決まるのか

―その3年というのは、5年と比較した場合に何がその差ですか？

やはり研修会の回数を多く出ていること。

充分に研修会も出て、自分でも充分に浄霊をしていることですよね。それをやっていれば、だいたい3年以上でなんとかなるでしょう。

―自分でやるというのは、ある程度レベルの高いものを処理した経験によりますか。

いや、数です。

処理した数と経験です。私が持っていったのは経験です。経験で、そこへ持ってきています。そして、一定レベルまでいく。

―それは1人でやるのと、グループでやるのとでは？

同じですね。1人でやろうと、みんなでやろうと、要は経験です。数です。

―月1回、研修会に参加すれば、5年で研修会参加を60回でよいのですか？

それが最低数ですね。

3年だったら、もう70とかね、80いかないと、無理だと思いますね。

要は経験です。経験が修行です。だから私は、昔の修行形態を経験に替えたのです。だから数多くこなしていなくてはいけない。

―内容ではなくて、数なのですか？

処理した数ですね。そうすると、さまざまな経験をします。そこが必要となります。

―失敗したのも経験ということですか。

失敗したのも経験ですね。浄霊は失敗が当然です。結果が出ないのも当然、出るのも当然です。結果が出るのも出ないのも、失敗も成功も経験です。それを繰り返す。これが修行です。ここで何度でも失敗して、何度でも成功していただきたい。これが自分のレベルを上げていくことになる。

―失敗というのは、何ですか。

いくらやっても結果が出ない。自分自身で失敗と認めるもの。ただ、それはもう修行になっています。レベルを上げるしかない。そこで必死にならないといけないのですね。そういうことを繰り返してレベルを上げていくのです。それで5年経った時に、1つの処理を10時間、20時間やるところから解放して、1時間以内に絞っていいと思います。

1時間という時間の制限を加えた浄霊：ワンエッチ（1時間）浄霊

これからは1時間以内のものでピラミッドを崩すという形になっていくわけです。だから、ピラミッドを崩しながらレベルを上げる。それと、大きいものを出して自分のレベルも上げるというふうになっていくわけです。

ともあれ、自分のレベルを上げないといけない。より大きいキャパシティのものを出すためには多人数で力を合わせて出すのも重要です。グループでもやって、また自分でもやって、レベルを上げていく。

さて、「1時間以内に収めることのできる霊」というフレーズの浄霊についてです。この浄霊をワンエッチ浄霊と言う。

具体的には「自分の人生運を上げる1時間以内に収めることのできる最も大きく関与する霊」という形のフレーズでいけばいい。5年たって一定レベルにいった時、「1時間以内に収めることのできる霊」というところで始まります。ただ、そのレベルまでいっていない人間が、それをやっていると、弱いものばっかり出てきて、いつまで経っても結果は出ないということになりますから、やはり3年ないし5年経たないと無理ですね。

ワンエッチ（1時間）浄霊では処理する数が増える

――1時間以内に上げきれる霊と30人とかで出した霊では、違うのですか。30人ぐらいで出した霊は、やはり1時間では上がらないですか？

1時間以内に収まると宣言しなければ、1時間以内では当然上げきれない。ただし、1時間以内に収まる霊と宣言するなら、30人くらいで呼び出しても、1時間以内で上げることができます。

呼び出す人数が多くなれば、よりいいのが出ると思います。ただ、今度はそのピラミッドのキャパシティの問題だけではなくなってきます。つまり、1時間以内のフレーズに変えると、出てくる霊の方向性が変わってくるのです。

だから最初は、以前処理した数よりも数多くやらないと以前と同じように結果は出ないかもしれません。なぜなら、1時間以内と制限を加えることで、処理できるキャパシティが少なくなるからです。

ただし、1時間以内で処理できますから、ちょっと数多くやっていって、どんどん出すようにすればよい。そうすると今度は霊の方向から出る形が変わってきます。

つまり、浄霊師の方が1時間という形に制限を加えたから、今度は出る霊の方がその形に合わせるという形になる。これから皆さん方は霊が合わせる形を作っていかなくてはいけない。仮に大きいキャパシティのものが出ても、本人（霊）は1時間以内に上がらないといけないわけです。だから、1時間以内に上がることのできないものはおそらく出ないでしょう。

強い霊が必ずしも結果に結びつく霊とは限らない

―例えば、研修会のイベントの時に、この「1時間で収まるフレーズ」ものを全員で呼び出すとそれなりの強いものが出てくるということですか？

結果のいいものがだんだん出てくると思います。

―要するに、そこで出てくる霊というのは決してキャパシティの大きいものではなくて、影響力の強いものということですね。

そういうことです。5年も浄霊をやった人の欠点は、ただ強いもの、強いものを追い求めてそれを出そうとする欠点がある。ところが、強いものが直接効果のあるところ、つまり結果に結びつくところに出てくる確率は40%である。結果に結びつくところに出てくるあとの残りの60%は、最高に強いものがいる位置よりちょっとその下に位置しており、それは弱いものの方が多いわけです。

もちろんすべてがそうとは限らない。最も上のトップだけ出していればいいというわけではないですが、ただ強いものをやるのは、やはり40%ですから、強いものでキャパシテイを壊すには効率はよいとも言える。

ともかく、1時間フレーズでは霊が出る形態の方向性がまるで変わるというふうに思ったほうがいい。

ワンエッチ（1時間）浄霊では多人数で出せば出すほど、より影響力の強いものが出てくる

―もう一度確認ですが、イベントの中で、「1時間以内に収まることのできる霊」というフレーズで20人で呼び出した場合は、1時間の中で収まる、20人なりの強いものが出るということですね。

そうです。

―1時間以内で収めるというのをイベントで使うことのもう1つのメリットとして、今までの方法だと20人ぐらいで霊を呼び出したら、1人では出ませんでしたよね。でも今度はこの1時間フレーズでは、1人で出るのですか？

出ますね。ただ、今度の場合は、20人で呼び出してとしても1時間という制限をつけたからにはその霊は強いものという形にはならないですね。それはより影響の強い方でいくということになります。

ただし、これが使えるのは5年以上経験した人です。その代わり、昔のように、あまり影響していないのにやたら強いだけというのは登場しない可能性もある。皆さんのやっていた今までの浄霊の1番の欠点は、やたら使いものだけが出ていた。つまり、強くてもそのフレーズに影響力のない霊もいたわけです。だけど、それも勉強としてはいいわけです。勉強としては、強いものばっかり必死になって処理していた方がレベルは上がりますから。

―もしかしたら、すごく影響を受ける霊なのに弱い霊を見過ごしていた場合があるということですか？

そういう可能性もあります。だから、非常に弱い水子の霊が影響を受けたりするのです。だから水子の影響がある場合もあるわけです。我々だったら、水子の影響を外すというのは簡単です。ここでは水子の処理はもうあっという間に終わりますが、それでも大きく影響している場合も中にはあるわけですね。うちで飼っていたイヌやネコが影響している場合も中にはあるわけです。もちろん、この1時間フレーズでは三宝を使いますよ。当然、三宝は使った方がいい。

―もう1回整理させていただくと、この「1時間以内に」というフレーズが使えるのは、基本的には5年以上で、60回以上の研修参加があって、三宝を使うということですね。

そういうことです。

―それともう1つ、動物霊なんかの場合は、このフレーズを使った場合には、眷属が1人でも払えますか？

眷属は、おそらく1人で払えるでしょう。

ただし、やはり、その時に出てくる霊はその人の限界ですから、カゴメ印で払うことが必要ですね。払いはこれからカゴメ印になるでしょうね。その方が確実ですね。

だから、眷属1つ1つ、慎重に払わないといけません。ちょっと失敗したら、残りますよ。向こうはこちらの限界を読んで出ているのだから、自分が限界を出さなかったら残る。これからは、そういう問題が生じてきます。

―例えば、その1時間以内で収める霊を20人で呼び出しますよね。それを後で1人で家で呼び出しができるということですよね。

その通りです。そして眷属を払うのはカゴメ印で可能です。

1人で出る霊と多人数で出る霊の違いは

―ということは、最初から自分1人で出る霊が出てくるのですか？

全然違います。20人で呼び出した方が、やはりよりレベルのいい霊が出てくる。関与の大きいものが出るというところに方向性が変わると思います。それも、ピラミッドの中の最も焦点の合う霊のギリギリ近くにまで近づいて呼び出すことができるようになります。

1人だと焦点の合う霊が出る場合と出ない場合があります。むしろドンピシャリでいくのは、1人ではまず無理でしょう。効果のあるものを呼び出すにはこの1時間フレーズで、例えば5人なり、7人とかで多人数で呼び出し、あとで1人で処理するわけです。

人数が増えるほど、よりいい霊が出ていると解釈した方がいい。1人でやった場合には、1人の力が及ばないというだけではなくて、波動的に、1人の波動だけで追うから、5人ないし10人で追っていった方が最も効果のある霊のギリギリ近くにいる霊が出てきます。

ただし、自分1人で呼び出す場合には、そのピラミッドの下の方のものが出てくるという可能性があります。つまり、どういうことかというと、出てくる霊に選択権を与えるという形になる。そのように学習させた形になります。霊というのはそういう世界です。

寝転んで、倒れることでしか浄霊をやれなかったら、出てくるのは、みんな倒れて出てきます。そういうことなのです。分かりますか。

倒れて行なう浄霊は最低の浄霊です。浄霊を始めて、クライアントが倒れたり、倒してしまうような浄霊はもう駄目です。地面をのたうち回る浄霊は1番最低で、誰でもできる浄霊です。人を倒したら駄目です。そういう浄霊をやっていたら、霊はそういう形で出てきます。これが霊の世界なのです。

霊の方が新しい処理形態に合わせて出てくるようになる

今度は、皆さんが1時間以内で処理する霊しか処理しないという形になります。そうしたら、その形に合わせて霊は出る以外浄霊をしてくれないとなってくると、皆さんが1人だけで呼び出す場合には、当然、霊が出にくいというのはかなりあります。

1人の波動だけでは出にくい場合がある。その人のできる最高の状態で、つまり多人数で、20人なら20人で霊を呼び出したら、霊はやはり出やすくなります。20人の力を寄せ集めて出て来やすい霊が出ることになります。

ただし、その浄霊師のキャパシティのギリギリが出ますから、霊1つの処理だけでは結果は出にくい。2つ、3つしなければいけない可能性が当然出てきます。そういう形になるということです。

つまり、あなた方が浄霊形態を変えてしまうわけです、それが浄霊の世界では可能なのです。やり方を変えたら、その形で霊はその形に合わせて出てきます。

ただし、浄霊師のレベルのないうちから霊に合わさせてしまう形を取ると、結果は出ないということになる。分かりますね。だから、レベルが上がった時、時間を短縮して一気に浄霊していくことはできますけど、レベルの上がらない時にやったら、弱いものだけを片づけて、いくつやっても結果は出ないということになってしまいます。

レベルがない時は、何時間も掛けて、1つの霊を処理していって、結果を出す。これが、レベルの低い時の原則です。だから、繰り返し、繰り返し行なっていって、結果を出す。そういうことです。

また、1時間フレーズで上がった霊の状態と、時間を掛けて上がった霊の状態は、全く状態が違うことを知っておいてください。

動物霊のワンエッチ（1時間）浄霊

―このフレーズでは人の霊を1時間で上げられるということですね。では動物霊の場合、オスとメスと眷属を払う時間をひっくるめて、1時間ですか? それともオス1時間、メス1時間ですか?

仮にオス30分、メス30分を合わせた1時間以内として行なうと、結果が出るためには処理数が増える可能性があるね。

ましてやレベルの低いのしか出ない可能性もある。やはりオス1時間、メス1時間を掛けたいところです。それでないと、結果を出すにはちょっと無理かもしれない。もちろん、オス30分、メス30分でも指定してしまったらできないこともない。

だからその人が結果をどれだけ出すかという問題があります。だから、自分の浄霊をどう設定するかということになる。

1ファミリーを1時間にするか、オス、メスそれぞれを1時間にするかが問題です。だから、設定を決めてしまわないといけない。途中で変えたら駄目です。

―最初に自分で決めたら、その形でズーッとやらないといけなくて、途中で意識を変えて、やり方を変えるというわけにはいかないのですか？

そうすると弱くなるね。それでもレベルは上がっていくから、だんだんと浄霊する時間が短くなる分にはいいけど、延ばすことはできない。

―時間を延長することができないのですか？

1時間以内に収まるというフレーズで出した霊なら、1時間を10分なり多少は短くしていくことはできる。しかし1時間を、2時間、3時間に延長することは絶対できない。

それが浄霊のレベルだからです。だから1時間以内の設定は決めておかないといけないことになる。

ワンエッチ（1時間）浄霊と従来の長時間掛ける浄霊との違い

―そうすると、いったん1時間以内に収まるフレーズ、すなわちワンエッチ浄霊を始めると、従来の10数時間掛けてやっていたやり方は、その中に織り込んでいくことはできないわけですね？

1時間以内で収まるというフレーズで出した霊に対して、従来のように何時間も掛けて浄霊する形に変更するということはできません。しかし、10数時間気を送っていた人でもこの1時間以内のフレーズを使うと、今後出てくる霊はそれに合わせて出ることになります。この場合、上がった時の霊の影は薄くなる。

今度の方法では霊が自分で合わせるという形になる。霊の方で、その形に合わせないとならないという状態になります。

だから、上がった状態は、以前皆さんが10数時間も気を送っていたのとでは状態が違います。5時間、10時間も気を送って上がった霊は、完全にそのままの状態で上がっているから、もうベスト状態で上がっています。身内のをやるのはそういう状態がいいですね。その代わり、今回の1時間で上げるような霊はやはり上がった状態が薄いです。それはそういう差があります。ただし、結果は出ます。この方法は結果重視ということです。これはやはり営業路線の方法なのですね。

だからこの1時間以内のフレーズでは人間霊は1体1時間以内で大丈夫だけど、動物霊のほうがちょっと弱くなる可能性があるから、数多くやらないといけないですが、1時間と設定してしまって、やっていけばそれでいいかもしれないですね。

最初は処理する数が増えると思いますが、やっていく中で処理する動物の数も減っていくでしょう。

また動物の方でも出方をだんだん学習させないといけないわけです。

とにかくオス、メス合わせて1時間となると眷属を払う時間をそこに含めることはできそうにないですね。

そうすると、オス、メスを合わせて1時間が、1時間10分あたりにいっても仕方がない。まずその辺で、だいたい1時間前後に照準を合わせて、1時間10分でも掛けてもいいということにしましょう。

それでやってみて、結果が出なければ、動物霊を補充していくような形で進めていく。動物霊の方が学習すれば、それでだんだん結果が出るようにはなるはずなのですよ。

第6章

我流の浄霊

霊が見えるということ

「見える」というレベル

霊が見える人がいるが、それではどの程度見えていれば浄霊の役に立つのだろうか。また見えることが役に立つ境界線はどの辺りだろうか。

霊が見えたり、見えなかったりする人は、あまりそれを使えるようにはなりません。そういう人たちは今日は見えるけど明日は見えない。さっきは見えたが今は見えないといった具合です。

霊を自分が見たい時に見えると言っている人間は、100人のうちの1人位しかいません。では、99人はどういう人かというと、いきなり見えたり、必要な時に見えなくてどうでもいい時に見える。こういう霊能者が多いのです。

それでは、霊能者にはどういう人が多いかというと、まず感じる人、その次にちらほら見える人です。

それでは感じる人は浄霊でそれを使えるかというと、浄霊の世界では用をなしません。見える人でもちらほら見える人は多少役に立ちます。しかし、いざ浄霊をやろうとする時、見えるかというと、普段はちらほら見えるが、さあ見ようという時に見えなければ使えません。それでもちらほら見える99％の人達は、自分1人でやる時には役に立ちます。浄霊の最初の導入の段階でも役に立ちます。

しかし、浄霊ができるようになった時に、その見える人達に問題が生じてきます。どういうことかというと見えることに頼ってしまう。そのことがまずいと言えます。

なぜなら、「見える」ということは非常にレベルがあるからです。

例えば、その1％の見える人にも大きな段階があります。1畳分の土地、6畳の場所、あるいは20畳分の土地でも、その場所にどれだけの過去の時代があったかということです。

霊能者は見ようとしたら、その時代を全部見えるはずです。ここにいるものも見えるはずです。そうやって考えると1つの場所にかなり多くの霊が現存していることになります。つまり、時代の移り変わりの分だけ霊が存在しているのです。

例えばその場所が元墓場だったらその墓場の人達が皆そこにいます。墓場の以前に家が建っていたらその家の住人がいます。それからずっと過去の持ち主がどんどん変わって、歴代そこに家が立っていたとしたら、家が変わった数だけ200年、300年、400年、500年の間に居たすべての人や物が出てきます。500年の間にどれだけの家がそこに建て変わったか。どれだけの人がそこで死んでいったか。1つの場所で死んでいった人、家を構えた人、働いていた人というのは、膨大な数がいます。

本当の霊能者は影響しているものを見る

霊能者は1体ここでその中の何を見るのかという問題に遭遇します。つまり、1つの場所だけで50も100も千もの霊と遭遇することがどこにでも十分に可能性としてあるのです。だから、霊能者は1つの場所を見ていろいろなことを言います。それはその辺りにあります。ただ浄霊に慣れた霊能者は違います。つまり影響しているものを見ていく習慣が少しずついてくるからです。だから、影響しているものを見る傾向が多少強くなります。

浄霊を経験していない霊能者というのは何が出るのか分かりません。

つまり、そういう状態に霊能者は置かれているということです。だから、浄霊の世界、あるいは運勢学、浄霊を手がけている人、手がけていない人で全く出る状態が違うということです。

だから、見えることがどのレベルにおいてどう役に立つのかと言えば、やはりいつでも見える霊能者は非常に有能な霊能者です。というのは、時々見えるというのは、見たい時に見えなくて、関係のない時に見える。そのレベルの人たちが世の中ではどこにいっても多いのです。そういう人たちは、即座にさあ浄霊しようといっても霊は見えない。霊を見える状態に置かれていません。だから、ひと口に見えると言ってもレベルは様々なのです。

多くの中から、クライアントにとって影響しているもの、1番強いものを見る場合が1番多いわけですが、霊にもそこに誇示して、自分を表明しようとして出てくる霊が1番多いわけです。

例えば、そこでいつも人が死ぬ時に、それに影響しているのは何だろうかという目的を持った場合に、目的物が出てきます。目的を持たずに見た場合には何が出るのか分かりません。1つの場所に関しても目的を持って見た場合は、その目的のものが出る場合が多いと言えます。

ただし、いつでもそうとは限りません。その場所で数多く人が死んでいるとしたら、死んだ人間が出てくる可能性だってあります。

1番強いものがいても、そこへ来た人間に最も現しやすいものが出る可能性だってあります。自分をその人に表明しやすい。そういう形で霊は出る場合もあります。そう考えると見えるということは千差万別です。これが浄霊の社会です。

霊の構造というのをまずは知らなければいけません。例えば、1つの場所に非常に数多くの霊がいます。だからといって、浄霊者というのは無差別に出るものを相手にしてはいけません。

やはり、我々は目的を持ってやらなければなりません。

そこで大きな役割を果たすのが浄霊のフレーズです。

例えば1つの場所に浄霊者が行った時に浄霊の経験のない人間は、さあそこに何がいるのかをただ見るだけだと思います。そして、出てきたものに対して、「これがいる」と言います。

一方、浄霊の経験者は、まずフレーズで例えば事故現場なら、その事故を起こした霊と特定して出します。ここが普通の霊能者と違います。

だから、ただちらほら霊が見える程度の霊能者が見ても処理できない、どうしようもないというのは、その辺にあるのです。

それでも、見えるだけの人間が事故を起した霊をうまく見つけられる場合も中にはあります。

交通事故を起こしている霊を呼んだ場合、〝あ、俺なんだ〟ということで気を利かして出て来る霊もあるからです。


だけど、それを処理できるかというとまた別問題です。交通事故を起こすような強い霊を浄霊の技術を持っていない人間に処理できるわけがないのです。だから、「〇〇がいる」で終わっているわけです。

霊がちらほら見える人達でも浄霊の導入にはその能力を十分使えますから、浄霊に活かせばいいと思います。ただし、それに頼りすぎてはだめですね。

いつでも見える人間は日本全国合わせても10人いるかなという位です。そうやって考えると見えるということは確かに素晴らしいかもしれませんけれども、現実には普通の人には関係のない世界です。どのレベルで霊を見える人かによって、当てになるかならないかということになります。

フレーズなくしては浄霊はできない

つまり、見える人は今何か見えたとしても、50や100も霊はいるのですから、その中の何が見えているか訳が分からないのです。我々が目的としているものを見ているかどうか分からない。そういうずれがあります。

だから、見える人はフレーズなくして浄霊をしても駄目です。浄霊を知らない人はフレーズなくやっているので、何が出てくるのか分からないからです。

霊能者というのはフレーズが命です。フレーズで持って、出てきたものをちゃんと見えるという形にすればいいのです。

ところが、フレーズで霊を呼んだ時、霊が1つ出るとは限らない。3つも4つも5つも出てきます。そういう場合が非常に多いものです。いくら限定しても出てきます。そこで見える霊能者は見える人の元で修行すれば、結構年月が掛かりますが、霊が1度にいくつも出て来ることがなく、目的をかなり絞り込んで出すことができるようになります。

見る能力の伸ばし方

見える能力を伸ばすか、伸ばさないかという問題があります。元々見える人間はどんどん見えるようになります。99％の人はちらほらだと言いました。ちらほらでも見える人間は研修会で修行したら次第にいつでも見えるようになってきます。

ここに透視法という霊を見る技術がありますが、この技術を使えるようになると見えるようになります。

あとは霊の見方をひと通り教わったり、霊の見える人間の傍にいることが見えるようになると昔から言われています。

全然見えない人間が隣りにいても見えるようにはなりません。見える素質のある人が、完全に見える人間の近くにいたらより見えるようになります。

だから、見えるレベルが高い人のそばに行けばより早いです。同じようなレベルだとほとんど変化はない。同じレベル、あるいは自分より下のレベルの人の近くにいても何も見えるようにならないです。

だから見える世界というのは、どの程度か結構歴然としているものです。でも99％の人はほとんどがどんぐりの背比べです。近寄ってもあまり見えるようにならない。時々ちらほら見えるという程度です。

それでは見えるレベルの高い人のそばに行けばどの位変わるかというと、本当によく見える人間の周りの50センチとか1メートル以内に入ると、少し見えている人間なら、すべてが見えてくるのです。その人に近づくともう見えてきます。だから、考え方として霊能者とはごまかしの利かない世界です。

本当によく見える人間というのは、いわゆる精神病患者の幻聴や幻覚で見える現象がそのまま分かります。そういう意味においては霊能者は役に立ちます。だから、精神病者の幻聴、幻覚はそのまま分かるはずです。なぜなら私が精神病患者の見えているものがすべて分かるからです。それができる霊能者はほとんどいません。

ただし、いつでも霊が見える人間だったら、私の所に来ていればどんな人でもそこまではいきます。そこまで行くと霊能者は現実に技術として霊能力が使えます。精神病の患者が見えるものが、他人に見えた時の患者の嬉しさはないですよ。そうすると、また浄霊もやり易くなります。そこまでいくと見えるということが浄霊に使えます。

霊視能力のない人間でも見えるようになるのか

では普通の人が見えるようになるかという問題です。

これは私にはまだよく分からないのですが、ただ過去には何人か見えるようになった人はいます。

例えば、学生時代に私と一緒にいた人は、突然見えるようになりました。

ある日、「俺最近見えるんだ。変なものが……。お前達には分からないだろう」と言っていました。私の大学時代の友人は、誰1人として私が見えるとは思っていないのです。だから、一緒にいた友達が突然見えるようになった時かなりびっくりしていました。だから可能なのですね。修行したわけでもなんでもない。ただ、私と一緒にいただけですよ。

前にも言ったように透視の伝授をずっと受け続けてほとんど何も見えない人がある日突然完全に見えるようになりました。それから、3ヵ月後に死んでしまいました。それで死んだわけではないですよ。ただ、寿命で死んだのですけど。そう考えると普通の人が見えるようになる可能性はあります。

過去を遡ると、見える修行には様々な修行があります。1番多いのは水晶です。水晶で修行するのが1番早いと言われています。その次に瞑想ですね。それから山籠り。山籠りの可能性はかなり高いと言えます。ただし、1年以上1人で籠っていたら大概見えるようになると言われています。私の知っている人は山へ入りましたね。全く見えない人でしたけど、完全に見えるようになりました。1年位経っていました。

だから、1番確実に見えるようになるのは山籠りでしょう。どうしてかと言ったら山に入ったら近くを見ないでいつでも遠くを見ているからです。遠くを見る目で見ると見えるようになるものです。

霊を見る目の機能は目の脇にあって正面にはない。だから、遠くを見る目の状態で見ると見えるようになります。つまり、真正面に見たら見えなくて、脇で見るから見えるのです。必死になって直視して、目の前を集中したら見えないのです。瞳孔の脇で見ると言われています。右端、左端に寄った所に見える地点があります。従って、山籠りで遠くを見る習慣をつけた時に見えます。

まず、1番見えるようになるには、山籠りです。その次は水晶玉、次に瞑想、最後に滝行、水行です。滝行、水行はいくらやっても見えるようにはならないものです。修行以外で見えるようになる近道は、見える人の傍にずっといるのが1番早いのです。だから、普通の人が見える可能性は高い。それでは何もしないで、普通にしていてある日突然見えるようになるか。これは百パーセントなりません。そういった修行をした場合には見えるようになります。

透視の技術の伝授というのは、額のアジナ・チャクラから入って脳幹の先端に行き、また脇の瞳孔に戻ってくるのです。

透視の伝授とは、アジナ・チャクラを働かせて、活性化されたチャクラからまっすぐ脳幹に向かいます。そして、両目に戻します。両目に戻した時に瞳孔の脇のその霊の見える所に返すのです。それを繰り返します。そうすると脇が段々活性化されて見えるようになるのです。

伝授というのは、あれはアジナ・チャクラと瞳孔の脇の霊が見える場所を活性化しているのです。それが霊を見る透視法の伝授なのです。だから、どんどん目の両側が活性化されていけば、見える素質のある人間は段々見えるようになっていきます。結構際限なく見えるようになります。１番作用するのはチャクラと目の脇ですから、その両方を活性化していきます。

精神病患者の見ているものは霊の世界

精神病患者の見ているものは、私が知っている限りでは、ほとんど精神病患者は霊を見ています。霊を見て言っています。ただ〝霊が見える〟とか、〝何か見える〟と言っていますけど、頭が完全におかしくなっていろんなことを言い出すのとはまた別です。そういうのは頭が狂ってめちゃくちゃなことを言っているから、これはまた別です。

普通、幻聴や幻覚が起きて「〇〇が見える」幻覚が始まったと言われているのは、そのまま霊の影響です。だけど、その幻覚を霊能者が見えないとしたら、それは霊能者の見えない領域なのです。

私の場合、患者が「これが見えるのです」と言った時には、同じものがほとんど存在していました。

つまり、精神病患者というのは、脳幹から目に行く線が狂うのです。精神性が狂って、精神病になって脳から脇に繋がるのです。脳が狂ってしまうから、瞳孔の脇が刺激されて見えるようになるのです。そうすると、よく見える人は最初から頭が狂っているかというとそうではありません。

ただ精神病患者は、1度見たものを何度も言う場合がある。まだレベルの行かない霊能者にとっては、現に目の前にいるものは見えるけれど、その話している以前に見たものまでは見えない場合がある。その場合には出て来ません。

精神病患者は、「これがいる」と昨日見たのがずっと頭に残っていて、それが出たと言います。

例えば自殺者が出たとずっと言い続ける。すると現に霊が今いなくても言い続けています。過去に見たものを今言っている場合、レベルがそこまでいかない霊能者にとっては、目の前にあるものしか見えないから、霊能者は「それは幻覚ですよ。ここにいないですよ」で終わってしまうのです。

ただし、レベルが高い人だったら、その話をしている時にもうすでに霊が出ています。再現するのではなくその話したことによって、もう全部出ています。だから、霊能者の中の1パーセントの人は全員話している時点でもうすべてその時の霊は出ているのです。

例えば、Aという人が実は1年前に「こういうものを見たんですよ。いや、それは怖かったわ」と言うと、その時本当に霊を見たのなら、その話をしている時に私の目の前に見えています。

10年前にこういう事がありました。「馬が槍を持って走ってきました」という話を聞いた時点で、もう私の目の前にその光景が出ています。50年前でも100年前でも、それは今話したらその場で出ています。これが霊能者の〝見える世界〟です。だから、いい加減な事をいってこういうものを見たというのは一切通用しません。見える霊能者は、その人が見た前後まで見えますから、詳しく見ています。これが霊の世界です。

夢は霊の世界のできごと

夢の世界でもそうですが、夢の話を聞いた場合に霊能者はその夢を見ることができます。その人以上に見た夢を見ることができます。その人が夢の様子を話している時に霊能者というのは、その夢を現実に見ています。

夢を話した時に、その人は勝手に話しているかもしれない。たとえそうであっても、話している本人より詳しく、霊能者はその夢を見ています。だから、その人よりも夢を詳しく説明することができます。その人と同じ位に見たのでは霊能者は駄目です。同じレベルの人では、その夢は見ることができません。その人よりも詳しくその人の夢を見ることができなければ駄目です。だから、一定のレベルにいった人は、どんな人でも夢の話をした時、霊能者はすべてその夢を見ることができます。再現して見ることができるのです。それが霊能者の世界です。

夢は霊の世界の出来事だから霊能者は、他人の夢を見ることができるのです。それがあまり社会に出ていないということは、そこまで見える霊能者があまりにも少なかったということです。夢を見ることができるのは、霊能者の世界では常識です。ただ、そういう霊の見える人者同志のレベルの常識ですから社会では通用していません。ほとんど今までいませんでした。だから、夢が霊の世界であるということを言う人がいなかったのです。

霊の移動

日本全国で行われている〝移動〟

今回は移動ということを教えます。何故、この移動ということを知識として知っておく必要があるかというと、今、この日本で行なわれている浄霊は、あまりにも移動が多すぎるからです。私は巷で行なわれている特定の浄霊方法に対して批判するつもりはない。個々でそれぞれ努力して、独自の浄霊を構えてやっているからです。

しかし、移動ということは、どういうことを招くかということだけは知っておく必要がある。なぜ移動というのがどうしてこれほど日本に多いのか。

今、日本で除霊を行なっている人にはあまりにも移動が多い。しかし、この移動というのは修行なくしてできる。そういう場合もあり得るということです。また、世の霊能者と呼ばれる人、霊が見える人が移動を行なっているケースが非常に多いのです。あるいは、霊が見えなくても霊感がある人、あるいは、霊性の修行をある程度経験した人も行なっています。

ともあれ、霊に関して携わっている人が容易に行なうことができる。これが霊の移動ということです。

霊の移動とは、例えば、ここにうつ病の人がいる。それに憑いていた関係の霊を移動するわけです。つまり、それは浄霊という手段で霊を綺麗にするのではない。その人の憑いている霊を別な場所に移動させるのです。これは霊が見えたらできるわけです。そして、その人から一応は霊は外れます。だから結果が出ます。うつ病が治るかもしれません。良くなるかもしれません。そして、この方法は非常に日本全国で多く行なわれている。

さぁ、これがいいかどうかという判定です。私は決してそれは好ましくはないという考えを持っている。

それはどうしてかと言えば、霊は移動するものではない。綺麗にする、浄化するものであっても、移動させるものではない。特に人間の場合はです。確かに動物霊はいいですよ。移動というより外してもいい。除霊してもいい。

ただし、移動と除霊とは違う。いいですね。移動と除霊とは全く違います。移動は依頼者

（クライアント）から離れた場所に移動するということです。問題はその移動場所ですね。また、移動した霊がどうなるかという問題です。

さらに、果たして憑いていた霊が1つであるかどうかという問題です。

1つの霊を移動させたらどういう現象を招くかというと、依頼者に憑いている霊を1つしか移動させない浄霊者は、自分でパッと見えたもの、あるいはそれは1番目立ったものをまずは移動させるでしょう。とすれば、結果が出ることは出るわけです。

すでに浄霊をしている皆さんは分かっていると思いますが、うつ病でも、病気でも、何の現象においても、霊の世界ではたった1つの霊の関与で成立するような事象は存在しない。そこにはいくつもの霊の存在があるわけです。その中の1つを取り除いたところでどうなるか。その場はよくなっても、再びまた戻って来るという問題がある。つまり、その時は一時的に症状はよくなっても、再びその人は元の状態に半年後、あるいは1年後になるということです。

依頼者の錯覚

ここで、依頼者の錯覚という現象が多く起きることになる。

依頼者の錯覚とは何か。依頼者もはっきり言えば、もうちょっと利口にならないといけないわけです。つまり、依頼者というのは、その場でよくなったら、あの浄霊師のところはよく効く。あそこはいいということを思ってしまうのです。

霊の世界はその時結果が出たからといって、喜んではいけない世界です。つまり、半年後に霊の返りがきたら、1年後にその返りがきたら、そんなのは何の役にも立たない。なぜなら、それは真の浄霊者のやり方でないからです。その場でよくなっても、半年間でまた元の木阿弥になる。これは私は間違ってもしてはいけない浄霊だという考えを持っている。

ところが、依頼者というのはその場でよくなったら、半年後に悪くなってももう訳が分からない。1ヶ月後、2ヶ月後にまだよかったら、それが半年経ち、1年経って再び霊が戻ってきても、それがまた同じ影響が戻ってきたという考えを持たないのが依頼者です。半年か1年経って忘れた頃に霊が戻ってきたら、また別の霊の影響だとか言ったりする。

また、浄霊者も悪いのですね。

そこで、また依頼者が来ると、〝あーこれはまた別の影響ですね〟なんてやってる。それは自分で以前取り除いたものが、半年後にまた返りがきただけの話なのです。それはそれでいいですが。そうやっていれば永久に商売は繁盛しますけど、そういうやり方はやはり間違っています。やはり、真の浄霊をしなくてはいけない。

つまり正規な形でやらずに移動しただけでは、その霊が元いた所に半年か1年経ったら、また何かがそこを埋めます。

いいですか。浄霊というのは人を上げる場合、綺麗にして上げた場合には、依頼者（クライアント）に何ら悪い影響は残らない。除霊でも浄霊でも全てそうです。

一方、移動だけというのは簡単でいいです。処理は数分で済みますからね。しかし動物を移動したらどうなるか。再び依頼者に憑く可能性があります。ひどい人はその場でよくなって、外へ1歩出た瞬間にまた憑いてしまう。依頼者はその場で元に戻ってしまいます。あるいは、しばらくしたらまた代わりのものが憑く。これではまた元の木阿弥です。人間を移動させてもまた戻ってきます。

移動の真実の姿

具体的に、移動はどうやって行なうのか。

通常1番原始的な方法は、依頼者が来て、その霊が見えたら、〝はい、どけてどけて。あっちへ行きなさい〟と言ってどかすだけです。

もうちょっと高度になりますと、その霊を全然別の場所に移動します。除霊というようなそんな遠くへ飛ばすことはできませんから、除霊とまでいかない。ただ、外してちょっと近くへ移動させるだけです。これは除霊者ではなく移動者と言うのですね。

移動者は自分の体にいっぱい霊を移して、外へ出てバタバタバタバタと払って外へ落とす。実際にこれを行なっている人が大勢いるのです。そしてまた依頼者のところへ戻って、憑いてるのをくっつけて、〝移動しなさい。こっちに移動しなさい〟と言って、自分の体に憑けてパタパタパタとまた外で払ってくる。いや、これは1番原始的ですけども、この原始的なことをやってる人が大勢いるのです。

―そんなふうに簡単に移せるのですか？

仮に、うつ病の人に影響してる霊に、「私のところへいらっしゃい」と言ったら、それは簡単に来ますよ。

―移動させた霊を別なところへ外すというのはできるのですか？

それを外すのが問題なのです。憑いたばっかりなら外れるのです。多少でもちょっと払いで切れたり、あるいは必死になって祈ったりすればです。いろんなやり方があります。来るところへくっつけておいて、それでバァーッと飛んで行ってトンと反転して離すとかね。般若心経はそんなに力を持っているわけではないですが、強い力じゃなくても憑いたばかりなら離れます。

ただ、いつもいつも離れるとは限りません。そのまま憑いてしまって、そのままの場合も多々あります。クライアントから動物を離して、浄霊師にそのまま憑いている場合もあります。人間霊を離しても、再びその霊を離した人のところに戻る場合も数あります。

そういう仕事をしていて年数が経つと、その人は雪だるまのように霊を憑けるようになります。そして、最後はお決まりの形となります。最後は浄霊師が苦しんで死んでいきます。

だから、昔から言うように、浄霊者はそのトップを見れば分かる。5年から10年やったら、もう身動き取れない状態になって、暗くどんよりして顔は真っ黒くなって、さ迷い歩くような状態になるとか言います。はつらつとしている浄霊者というのは殆んどいないですね。

移動で上げることもできる世界

さらにもっと怖いこともあります。私もちょっと見たのですが、霊を上へ上げると言いますね。移動で上げることもできるのですね。つまり、幽界まで移動で上げることもできるのです。霊感が強い人なら、〝あぁ、幽界まで上がった。もう大丈夫だ〟と思うでしょう。ところが、その間に気は送られてない。人間の霊をいくら幽界に上げても、動物の霊を幽界に上げても、気が送られなくて上に上げるとどうなるか。すぐに現実界へ落ちてくる。ただ、この方法は結構高度ですね。幽界へ上がりますから。ただし、上がった状態でも下がる。満足して上がった。上がるべくして幽界へ上がった状態じゃないからです。そうすると、その霊はしばらくしたらまた本人のところに戻ります。ただし、全てが本人に戻るとは限らない。移動させた浄霊者のところに、ドーンと降りる場合も数多くあります。これが浄霊の世界です。

除霊、浄霊の世界というのは、正規の方法で行なっていたら、浄霊者は何の影響も受けないところか、どんどんガードが強くなってはつらつとしていく世界です。ところが、我流でやった場合には、浄霊者はいつ被って、いつだんだん黒ずんだ顔になっていくか分からない。

被っていくと顔が黒ずんで赤くなっていくのです。

我流の除霊、浄霊は身を滅ぼす

我流でやっていくと顔が赤黒くなるのですね。まず、血管系に影響が出る人が多いからです。それで病院に行って検査しても別にどうこうないのです。ある程度進んでくると、傍でちょっと見ていても気味が悪いですよ。でも本人はあれで気付いてないというか、そんな顔なんだと思っているのですかね。そういう現象が現れます。

だから、移動というのは簡単にできます。日本のあちらこちらで移動を行なっている人がいます。それで食べてる人もかなり数多いということです。修行なくしてできる除霊ということです。

皆さんも苦労してますが、苦労していてもこれが正規で、1番いい方法であり、これ以外の方法はないのですね。

移動した場合には本人に被る。

浄霊者が間違ってもやってはいけないのは、自分に被るような浄霊は決してすべきではない。これが私の考えです。絶対に多少でも、塵1つとして自分に被ってはいけない。被っていけないどころか降りかかってもいけない。これが私の持論です。

その為には、やはり気を送って相手を満足させてあげる。これがやはり浄霊のセオリーであるということです。移動は簡単にできます。2、3ヶ月でできるからといって、決して、うらやましがらなくてもいいですよ。

特にもう1つ言っておきたいのは、皆さんは移動を間違えてやらないようにしてください。皆さんが移動を始めたら簡単です。ここで大体2、3年修行したら、どんな人でも全て移動はできます。いいですか。ただし、間違ってもやってはいけない。すぐに被ります。

簡単だからといって、今回だけだからとか、今緊急だからとか思って一旦やり始めると、今度はそれで被るようになりますからね。決して、それは知らない方がいい。

だから、私は移動も教えないし、封じ込めも教えない。それはその為にやる。封じ込めもそんなにレベルが高くなくてもできる。ここで3年から5年浄霊を学ぶと、すばらしい封じ込めができます。皆さんが今、封じ込めの技術を使ったらすばらしいものがあります。散々苦労して気を送り、上げたというものも一瞬のうちに閉じ込めることができます。だから使いたいとか、1回だけだからということがどうしても起きてしまう。

そうして止められなくなってしまう。そのため、私は移動も封じ込めも教えないわけです。

3時間も気を送っても上がらないなら、ちょっと壺に入れて、蓋閉めて終わりだったらどんなに楽かと思ってやりたくなるでしょう。

そのうち、入れ物のかめを持ってきて脇に置いといて、これを入れて蓋しておこうということになりますからね。そうなると怖いものがあります。

ともあれ、この封じ込めと移動はおそらく永遠になくなる可能性はあります。ただ、移動は見様見まねでできますから、自然に覚えてしまう人も数多いということです。

移動は自然にできるようになったとか、そんな人がいっぱいいます。見えさえすれば移動は多少できますから。ただ、封じ込めは技術がなければできません。封じ込めは今後おそらく姿を消すでしょう。私も教えるつもりがありません。

●●●どこで浄霊者は誤るか

浄霊者の誤り、これは元々どう我流に走るかということにある。つまり我流が入るということで浄霊者は間違う。では我流がいけない浄霊とは何かということです。

大体浄霊というのは、何か1つの方法を見つけ、1つの形をやる時に、素晴らしい霊能者の場合では霊と常に話をしながら行なう。これがベストです。だけどその霊が動物であるかもしれない。あるいは人間であるかもしれない。

最も良いのは神様と話をしながら行なうのが最もいい。神様と話をしながら行なうことができるという浄霊者というのはほとんど存在しない。というより皆無に等しい。その次の浄霊者は何かというと、やはり人の霊、動物の霊などを見ながら行なう。つまり、その辺は我流とは言わない。

我流の浄霊

もう1つ浄霊者に多いのは霊感で行なうやり方です。この方法がいいのは、霊感的な閃きで1つの方法と結びつき、1つの方法を行なっていく。つまり我流と、そうでないものも違いは霊的な存在なしで、自分の頭で考えた時を我流と言います。

この浄霊の世界では、自分の頭だけで考えて、こうした方がいいとするのが最も過ちを犯しやすいというより、失敗の元となる。最も多く足踏みして間違うのは我流である。

つまり、世間で最も大きい間違いを犯すのは、自分の頭だけを使って霊の存在なしに1つの方法を考え出してどんどんやっていく時である。

もう1つは浄霊を現実の事情に合わせた方法で持っていく。これが最も問題です。

浄霊というのは元々主体は霊である。そのことを忘れて現実社会で物事を行なおうとすると、必ず矛盾が生じる。ずれが生じる。しかも、この代償は大きい。もし浄霊を間違ったら病気は治らない。成功もない。浄霊はすべて成功しないことになる。

しかし、浄霊を間違って行なっていても（それがすべて間違っていれば分かりやすいのですが）、その行なっている状態の中の2割が間違っている。5割が間違っている。そういう浄霊が多いわけです。たとえその何割か間違っていても結果が一時的にせよ出るので浄霊者は間違っていることに気がつかない。

もっと具体的に言うと、例えば非常に言いにくい話ではあるのですけれども、テレビや雑誌などで、クライアントから依頼があった時に、あなたにはヘビが憑いているということで、ヘビ1匹追い出します。

ところが霊の世界ではヘビがたった1匹でその人間にくっついているということは存在しない。絶対に存在しない。動物霊ならまずオス、メス、眷属が必ずいます。それは皆さん方のように正規の除霊や浄霊を理解している人では考えられないことです。

仮に眷属、メスだけを取ったら、あとはオスだけが残ります。例えばオスだけを取っても、あるいはメスだけを取っても、大体半年から1年したらどういうわけかもうペアができてますね。動物霊は自分の相手を見つけるのは人間より早いのです。結構やり手です。もっとも数がいくらでもいますから、自分と相性合うのを見つけるのも早いのですよ。それで新たな1つの形を作ってしまう。

結局、動物1匹を取っても元の木阿弥で、その浄霊は成功しないことになります。

—動物霊には相性はあるのですか？

やはりありますね。同じ種族同士必ず集まります。人間のように間違わない。相手を間違えて、自分は滅茶苦茶苦労するという、そういうことは霊の世界ではあまりない。

—色の似ているのとか、例えば、うろこが似ているとかでくっつくのですか？

そうです。例えば、黄色いヘビに赤いヘビがくっついているというのはまずない。黄色は黄色なのですよ。ほとんどが同色系統で憑く。だから見分けが早いのです。

—似たものがいればくっつくのですか？

そうですね。だから彼らも同属意識を持っています。また、動物霊もやはり発祥の地という所がありますから、どこへ行けば同属がいるというのを知っていますから生まれ故郷に戻ります。

動物霊は必ずファミリーを形成している

動物霊が１匹だけということはありません。動物はみんな生まれ故郷があります。福島や四国などに発症の地があります。

あっちこっちあります。だからそういうようにして必ず自分のペアを見つけるわけです。ところが、ここで間違えるのは浄霊者はヘビ1匹を出す。ヘビ1匹を追い出したところでそのクライアントにはメスと眷属がまだ憑いているわけです。ところが、ここが浄霊のややこしいところで、それでも結果は出るのですね。だって親分をやっつければ結果が出るのです。都合のいいことに、大体オスかメスかのいずれかを処理すればいい。大体オスをやりますね。最近の情勢では霊の世界でも、結構メスの方が強い場合も多い。メスの処理だけをやっているところもありますね。ところが、私が1度見た浄霊では、オスの方が強いのにメスの方が犠牲になって出ているなんてのもありますよね。

動物霊でも結構あの辺でも夫婦愛なんていうのもあるのですよ。

ともかく動物霊の2本柱となるのは大体オス、メスですから、2本柱となっている1つを取れば、やはり勢力は衰えます。同じように影響を与え続けるということはできなくなります。それでいわゆる病気なり、あるいは願い事なりは叶っていきます。ただ100%叶うわけがない。そのまま影響力が弱くなってもその影響は続いていきます。そうするとその次は別な方向で影響が出るという可能性は高い。

例えば、この人には動物霊のオス、メス、眷属が揃っている1ファミリーの影響によって、頭痛があったとする。そこでオスがいなくなって頭痛が取れたとする。そうすると今度はメスがまたいい相手を連れて、一緒になって関与を始めるということが起きる。すると今度は腹痛になったりするなど、別な方面で出たりする。同じ頭痛で影響するとは限らない。

―それだと浄霊師の人が失敗だと気づかないですね
だからクライアントも浄霊師も失敗というのには気づかない。浄霊師は純粋に成功したと思っている。

無知で偏った先入観が浄霊師の身を滅ぼす

―頭痛はなくなったけれどもまた別のものが影響しているということですか？

そうです。別の物が影響したところなるわけです。だから、知らないというものには、罪はない。これが浄霊師の誤りだ。だから、そこで我流を変えるということが必要なのです。

つまり、そこで結果が出たから、その方法がいいんだとなってしまう。

果たしてこれがすべてであろうか。つまり、そう言う人たちは、本当は研究が必要なのです。

例えば、何で浄霊師がそんな間違いを犯すかというと、これは先入観があることが大きな原因の1つである。ヘビが影響していると思ったら、彼らにとってはその原因はどういう訳か、ヘビ1匹なのですよね。

―例えば、霊視ができて、ヘビが見えるとかそういう存在が要するに分かっていないということですか?

いや、見えていても先入観念が1匹だから、オス1匹か、メス1匹しか出ないわけです。全体像、全て見えることができるという霊視能力を持った人はほとんどいない。

第1に、彼らは霊の存在は人間に関わる存在だけだとしか思っていない。人間に関わる霊なんていうのは動物霊ではごく僅かです。政治とか地域とかそういうものとかに存在する動物の方がはるかに多い。地上だけではなく雲の上にも一杯います。人間に関わらない霊の存在すべてを見える人が初めてすべてを見ることができる。

そこまで見えない限り先入観でしか見ることができない。つまり、ヘビならヘビ1匹しか見ることができない。

霊能力というのは、レベルがあるということです。それはピンからキリまであります。だからすべてを見て判断をするのは通常の浄霊者にははっきり言って無理です。むしろそれよりも自分の霊感に頼っていく。そこから解決に及ぶべきです。そしたら少しでも間違いのない方向に浄霊者は行きます。だからそこで1番問題となるのは、その時天狗になってしまったら終わりです。

―自分の霊感というのがあるのですか？

自分の霊感から持っていくのです。その方がまだ正確です。ただほとんどの霊能者の9割が後は我流で走っている。

―例えば、我流で走った場合、未処理の霊を残すことによって、クライアント本人に影響が残るのでしょうが、その浄霊をする側にもかなり影響はあるものなのですか？

それはやり方によります。人間を払ったら、払った人のところに戻ります。

我流の浄霊は必ず霊からの見返りを受ける

―例えばオスだけバンと払ったとすると、このオスを払ってもメスの権力が残っていたらその返りはきますか?

来ますね。ただし、すべてが来るとは限らない。10あれば1つ残るとか、5あれば1つ残るとかです。

それともっと残りやすいのは、やはり浄霊者にくっつきやすい霊というのがあります。なんか居心地が悪いのは残らない。ところが10あったら1つくらい居心地がいいのがあります。そういうのはやはり残ります。

しかし、払ったらやはり腹が立ちますから、霊だって血の通った動物というのはおかしいけれど、面白くないでしょうから。払いはもう思いっきり殴って飛ばす行為と同じです。払いの失敗はやはりその人間に残ります。それが度重なっていくと、そのうちに真っ黒い顔になっていきます。

そのうち浄霊者は赤黒い顔になってきます。これがほとんど浄霊者が辿る経路です。

浄霊の世界では、〝行者の最後は哀れ〟という言葉はもう千年以上も前から言われ続けています。なぜなら、行者は最後は哀れに死ぬからです。

では、なぜその行者は哀れかというとその辺で残るからです。過ちを犯すからです。

そしてもう1つ有名な言葉があります。

〝師匠を見よ〟です。その師匠を見れば、その師匠が暗い顔をして今にも死にそうな顔をしている人がほとんど多いからです。これはもう100年とか200年前の新しい言葉です。師匠を見れば分かる。明るい師匠はいないというわけです。当然1番かぶりやすいですからです。自分の師匠を見ろという言葉が流行ってからトップはどうなったかというと、今の浄霊者の1番トップ辺りになると実際に何もやっていない。これは面白いですね。

―自分の霊感に頼るのはまだいいとおっしゃったのですけれども、そういう時自分の霊感とは具体的にどういうものなのか？

感覚で判断するわけですね。霊的に勘が働くわけです。

―それは自分の霊感なのか、それともなんかそういう先入観なのか。それとも何かの影響でそうなっているのですか？

その辺が区別できないようならもうちょっと未熟な状態ですね。これは霊感的に判断するというのができた上の話です。

それもできていないなら、後は我流で行くしかないということです。

だから、浄霊者の１番最初にスタートする人は少なくとも霊感がなかったらだめですね。あとはもう同じ形をやればいいですよ。

ともあれ、そういう形で師匠というのは大体暗い顔をしているわけです。以前は師匠は大体そう長生きしなかったのです。でも最近は結構長生きするのです。まともに普通に生きるのです。というのも自分ではやらない。そんな実体は皆さんもよくご存知と思います。どこへ行ってもみんな弟子が全てやってくれる。

霊からの障りを受けている人はどんどん暗くなる

やはり今までの経験からすると、だんだん暗くなっていく人を見るとやはり霊が憑いているなと思うわけです。師匠辺りになるとたいがい知っているのですよ。あの影響を受けて憑いてるのとか何の原因かということを分かっている。だけどどうしようもないし、今から道を変えることはできないからそのまま続けている。だから自分はやらなくていい方法は、大勢で分散することなのです。だから巷の浄霊をしている会の雰囲気というのは、その道場の雰囲気は当然みんな暗くなりますね。だから、暗いでしょう。どこに行っても陰気なのです。

私もこういうことを始める以前には、あっちこっちに行きました。皆さんが知っている名前のところばかりですが、そのようなところに行っては、〝ああ、こうなっています〟とか、〝こうなっています〟とか教えたりしてきました。

ただ、その中ですばらしい人は、〝私は見るだけです〟といっても〝あ、この人は霊的なことができる人〟だとパッと分かるような人もいましたね。だからみんな霊感は働くのです。だから霊的なことができる人というのがすぐ分かるということは、霊感が働くのですよね。ともあれ、浄霊をするのに趣味の会で学ぶような幸せな形の浄霊は世の中にはないのです、はっきり言って、巷ではどこかで影響を被る浄霊をみんなやっているのです。明るくないのです。暗いのです。

なぜここはそんなに明るいかというと、それは未処理の霊を残してないからです。

浄霊の有名なところは本当に暗いですね。

そういうことがあって、全うな浄霊の道を残しておかないといけないと思ってこの趣味の会を始めたのです。もし、私がここで残さなかったら、日本にまともな浄霊の形は残らないと思ったのですね。それから始まったのです。皆さんが暗くなるようだったらどうしようもない。しかし誰1人としてここには暗い人はいませんね。むしろ逆に明るくなる可能性の方が高い。

暗くなるというのは、霊の影響でみんな暗くなる。それでだんだん霊がかぶさってきて頭が重いから下向きになってくる。そのうち段々顔が赤黒くなり始めて、ボーッとかぶさってますという顔になってきます。

ただここのやり方でやっていれば、間違いありません。何1つ足元をすくわれることはありません。絶対に安心して大丈夫です。残すものがないのですから。

動物霊というのは残してはだめです。人間の霊も上げないといけない。ただまだ人間の霊の方がいいですよ。少しでも上げれば感謝するからです。

動物霊は残してはどうしようもないですよ。オスとメスの親分2匹がなくなってもまだ眷族が5匹残る。巻ではほとんどが1匹しか処理しないからメスと眷族か、あるいはオスと眷族が残る。動物霊は憑いている人間には恨みなんかないから、結局払った人間に憑くことになる。

それらが1つ、2つ浄霊師に重なって憑いていく。霊が憑くことに限界がないのである。

払い・浄霊も失敗した霊はそのときが来たら襲いかかる

いいですか。霊というのは、前にも言いましたが、針の1点に1億集まることもできる。だから、1人の人間に1組憑いたらもう憑かない。これはとんでもない誤りです。

1人の人間に1億だって2億だって3億だって霊は憑くことができるのです。これが霊の世界なのです。ましてや、100や200いっぱい憑きます。

でもそんな100や200なんて言わずに、払い飛ばしたのが、10も20も憑いていたらもうその人は霊でいっぱいになります。しかも災いをもたらした、いわゆる模範の悪いものが憑くのです。つまり、その霊とはすでに影響して災いや病気をもたらしたことのある実績や経験のあるものが憑くのですから、それはまだ何の実績のないようなレベルの低い霊が憑くのとは訳が違う。実績がある霊というのは少ないですよ。そんなに数多くいるわけではない。

ところが浄霊を我流でやっていった場合には、その数少ない実績の力のある悪霊が憑くことになる。また模範演技を見せたやり方を知っているのが憑くわけです。学習は十分しています。それが10、50、100と憑いてくるのです。

そういう時に人間が何らかの形で病気になったら最後には死に至る、あるいは、事業に失敗すると転がるようにどんどん失敗してきます。加速していきます。

これはどうしてかといったら1つの霊が憑いて影響を起していきます。その人間をやり込めたところにそこへまた別なのが憑くわけです。その人間を再びやり込めたらまた別のが憑く。

つまり、1つの行動を起こそうとしても、そのやり方を知らなかったら霊でも影響を起こせない。

そこで、例えばその人間を失敗させるやり方を見たら、それを見ていた別の霊が、〝あ、じゃ、私もやってみよう〟と同じようにやるのです。このようにして次から次へとその人間はやられることになる。

例えば、病気になった、〝ああ、辛い、ひどい状態になった〟とすると霊は時間がありませんから、それをぱっと見たとき〝ああ、こういうやり方でやるのか〟とそれを真似してやるわけです。

するとその病気がどんどん、どんどん加速して行くことになる。それを霊が拍車をかけていくということです。事の初めは霊だってそうするやり方が分からなければやれない。

ところが、我流で走っている人は失敗すると、そういうのを霊の目の前で繰り返し見せているわけです。最初のうちはまだいいのですが、時間が経ったらどんどん、どんどん霊からの影響が加速していくということです。

だから浄霊の世界は正規のちゃんとした形を覚えないとだめなのです。その判断は簡単で浄霊をしている人が暗いか明るいかなのです。我流でしているところは後はもうどんどん暗くなります。

浄霊を知っている人たちも、いろんな事をやらないで、最初霊感で始まってその1つの形を作り出してやっていれば、そうひどくは被らなかったところが多いのですが、それが時間が経ったらどういうわけか変わってしまったのですね。ともあれ浄霊とはそういう世界なのです。

●●● 我流の浄霊について

見えることは浄霊レベルが高いことではない

我流の浄霊というのは、どういうのを我流というかというと、世の中に浄霊者と呼ばれる人達が、〃霊が見える〃とか、〃霊を感じる〃というだけで浄霊を始めるのが我流で最も多いと言えます。

見えることと霊の処理することは全く違います。見えること、感じることは、相手に何が見えていて何がいるのか、何が影響しているのかということまでが分かる世界です。

見えることを処理できることと勘違いしている人がいますけれど、これは全く違うのです。霊の処理というのは、あくまで訓練を重ねた上で成立します。また、霊の処理というのは見える必要がありません。見えなくても霊を感じなくてもできます。

ただ初心者の時点で見える方がやり易い。感じる方がやり易いです。そういう意味においては見える、感じるというのは、初心者においては有利かもしれません。しかし、浄霊ができるようになったら、もうほとんどそれは関係なくなります。

ここで間違えてはいけないのは、霊がよく見えるからといって、よく感じるからといって、処理能力は決して上ではありません。見えることと感じることの処理能力は無関係です。処理能力はあくまでもレベルであって、決して見える人が見える程度のものを処理できるというものを表すものではありません。

浄霊の処理とは、訓練を繰り返して初めてできるものです。多少見える人や感じる人は、やり易いかもしれないが、しかしそれをレベルと勘違いしてはいけません。レベルというのは、あくまでも繰り返した訓練によってのみ初めて培われていくものであるのです。

払いの数、浄霊を手がけた数、ステージの数、こういう積み重ねの訓練、経験によって初めて培われていくものです。この世界ほどレベルの厳しい世界はないといってよいほど、はっきり明確にレベルが分かれます。だから、訓練の技術を1年やった人、2年、3年やった人はこの位ということが分かる世界です。大体半年ぐらいずつ1段階レベルが上がります。つまり、1年前の自分の浄霊のレベルと今のレベルははるかに上がっているのが分かる、そういう世界なのです。

我流で始める人たちが陥る落とし穴

見える、感じる人たちが我流の浄霊や払いをやり始めるとどうなるか。

見様見まねで九字を始める人がよくいます。そうするとまず、人間と動物の区別なく払うということを必ずやってしまいます。

そうすると、払った霊はどうなるかというと、払った人にかかってきます。その霊を払うためにきた依頼者に戻らずに、払った人にきます。

これが払った霊がすぐ自分に戻ってきたら、我流で払いを始めた人にも分かります。ところがすぐに戻って来ないのです。

つまり、我流で払いを始めたら、動物を払えるようになるまで約半年掛かります。人間を何とかやっと払えるようになるまで、やはり半年掛かります。つまり、1年位経って初めて人間とか動物が払えるようになります。すなわち依頼者から頼まれて我流で始めた人は、半年とか1年までは自分に障りは来ないのです。この期間があるから払う人間は落とし穴に入るわけです。

動物霊の払いの失敗はどうなるか

例えば動物を失敗した場合どうなるかということです。動物を払って失敗した。1回で飛ばなかったから、5回払えば飛ぶだろう。10回やれば飛ぶだろうと思って何回も払いを繰り返し続けるわけですね。これは絶対やってはいけない。1回飛ばすのに失敗したら二度とやってはいけないのです。最初弱い人が払った後に、強い人が払う。これは駄目でみんな同時にやらなければいけません。

1回失敗して2度、3度失敗したらどうなると思いますか?

払いとは、思いきり殴り飛ばすことと同じであるということは言いましたね。1回で殴り飛ばして湖まで飛んでいったらそれでいいのです。それができなくて、飛ばなかった時にそこに残るわけです。そこでもう1回拳骨で殴るわけですよ。飛ばなかったからといって5回も10回も繰り返し殴ったらどうなるか?

1回殴って失敗したら2回目はもっと飛びにくくなります。1回失敗したら霊もバカではないから、その人の要領を覚えて影響の受けない方向の隙間に逃げます。

払いは、1つの方向に向けて払うから成功して払えるのです。

払いというのは、四方八方全部同じ力で払うことはできません。１回失敗して、２回目にその方向にボンと払ったら、別の方が空いていれば先に逃げられています。そのまま殴られるのを待っているような霊なんて存在しないから、安全な所にパッと逃げてしまいます。１回で成功させるしかないのです。１度失敗したら、もうそれは浄霊して上げる以外にありません。気を送って楽にして、上に上げる。それしかないのです。これで成功します。

失敗するとどうなるのか。誰でも恐らく少しは失敗すると思います。少しの失敗では、払いのガードの中に入ることはできません。つまり、自分自身を守るガードがありますから、払いに失敗した霊がそのガードの中に入ってきてその人に影響を及ぼすということは、３個や４個の失敗ではありません。また、その人間と縁もゆかりもないわけですから、１、２ヶ月経つと自然にもうちょっと居心地のいい場所へ移動してしまいます。

ところが、数多くなるとどうなるか。これが20、30、40となって団体を作ってしまったら、その人の周りに１つの団体を作ることになります。そうするとそれは居場所ができてしまいます。その人の上に山のように団体を作り上げます。突然払いを始めた人は、払いや浄霊の失敗で最初憑いている霊の数は10や20です。それが半年経ち、１年、５年経つと山のようになります。数が千、2千、3千、5千と増えていきます。

それでは1人の人間に憑くことのできる動物霊は、あるいは憑依霊はどれだけ憑くことができるのか。人間に憑くことができる数は無限大です。

つまり、1人の人間に対して50でも100でも、1万でも2万でも憑くことができるのです。だから、2年経ち、3年経ちした後に失敗した霊が戻ってくると分かった時にはもはやすでに遅いのです。もうその世界から抜けることができないという状態で陥っている場合が多いのです。


払いを突然始めて職業とした場合、何の基礎もできていません。

霊障で発症する病気はほとんど決まっています。まず、血圧が上がる人が多い。血液に影響を受けます。霊的なものはすべて共通しています。そして、毎日頭痛がする。頭が重くなる。こういう現象がほとんど共通して出てきます。「行者の最期は哀れなり」と昔からあるように、何の基礎もない人が始めると、5年位で命を落とす場合があります。


さて、我流というのは巷でやっている人も我流ですが、研修生について言うと、あまり自分自身でこのやり方でやろうということに捉われないで下さい。あくまでも教えた形の基本に従ってやって下さい。

というのは、基本を変えると全く違った方向に行ってしまう可能性があるからです。浄霊の世界というのは、自分に置かれたレベルでそのやり方を考えるから、その考えた方法が最高に良い方法だとは限らないのです。だから、あくまでも基本を崩さない形でやり方を研究するのはいいけれども、基本を崩す形で考えてはいけません。そうするととんでもない失敗をすることがあります。

研究はもちろん必要ですが、根本的な基本を崩すという形になると様々な問題が出てきます。いつまで経ってもレベルが上がりにくい場合も出てきてしまいますから、基本は決して崩さないでやるということが大事です。

●●● 霊媒の技術①――突然治療ができるようになった

ある日突然治療ができるようになったという人も非常に多いわけです。ある日突然治療ができるようになった。ある日突然見えるようになった人も多いです。見えるようになった人はすでに話したように、霊媒とか浄霊とかそんなものを始めて見えるようになるようです。

海外における突然治療ができるようになった人

ある日突然治療ができるようになったという人種が非常に日本や世界に多くいます。そのトップの国から挙げると、日本、イギリス、アメリカ、東南アジアです。欧州はあまり入らないようですが、欧州にもそういう人がいることはいます。むしろ向こうは見える方が盛んなようですね。

突然治療ができるようになった。これは欧米の方では、憑いているものは大体死んだ人、医学生、そういうものが中心です、つまり、突然治療ができるようになるとそれは自分の力と思っていますが、これは単に何かが憑依して治療できるようになったにすぎない。

突然治療ができるようになった人は、ともあれ日本人以外はほとんどすべての場合人の霊が憑いております。死んだ人の霊が憑いて治療を行なっている。特にブラジルのフィリップはその代表とも言えます。

日本でも「錆びたナイフの奇跡」というタイトルで本が今だに発行されています。これは1人の医学生が突然亡くなったのですが、その医学生フィリップはそれでも医療をあきらめきれず、人に憑いて治療を行なうようになった。今で、4代目か5代目です。次から次へと代を重ねていきますね。

またイギリスの代表はハリー・エドワードで、この人は王室治療師として有名ですね。いわゆる治療師の代表格のように扱われて、しかも王室治療師として世界にその名を馳せた人間です。ハリー・エドワードの得意技は骨でしたね。彼は黒人の霊が憑いて治していました。様々な治療をしていました。ブラジルのフィリップの霊と同じです。人が憑いて治療している霊です。

ただここで彼らを知っておかないといけない特徴があります。治療に際しては、治る人、治らない人が数多くいたということです。治る人も数多くいた。治らない人も数多くいた。

そして、フィリップの霊の場合は、1代、2代、3代、4代、5代と続いているようですが、フィリップの霊の場合には選択がある程度あるようです。つまり、治る人と治らない人の選択です。だから3代目だかの時に教会に集まって治療するのですが、今日治療する人はこの人とこの人とこの人と選んでいって治療していましたね。選ばれた人は幸運だった。神に選ばれた人と言っていましたけどね。私から言わせたら治る人だけ選んでやっているのではないのかなあと思いますけど、どういう解釈が分かりません。

数多くの治療の実績を残した彼は、患者を選んで治療を行なっていた。その点ハリー・エドワードは治療院を持って、次から次へと治療をしていました。それでもすべての人が治るわけがないことは同じです。海外についてはこの辺にしておきましょう。

日本の事情

まず日本で突如できるようになった治療師の場合についてです。9割以上が動物が突如憑いたと思ってください。ある日突然できるようになった、あるいはふと誰かに手を当てたら病気が治ったことから治療を始めた。こういう人たちもある日突然と思ってください。そのような人の9割以上に、9割9分動物霊が憑いております。動物霊の力によって病気を治しております。その霊はやはりリュウがもっとも数多い。その次にヘビですね。ときどきタヌキもおります。

ただし、キツネの得意技は予言とか物見とかそういうものです。でも中にキツネも行ないます。その中で最も強い治療の実績を上げるのはやはりリュウじゃないでしょうかね。ただ動物の種類分けで力があるとは一概に言い切れません。中にはヘビでもヘビじゃなく、キツネでもものすごい治癒力を持っている人も中にはいます。治癒力を持ったキツネもいます。

しかし、外国も日本と同じように動物が憑いて治療した場合には、やはりそれは正規の形とは言い難い。

その動物が憑いて治療している場合、どうなっていくかというとやはり人格は動物に近くなるということもあります。その憑いている動物に似てきます。そして、すばらしい治療ができるようになればなるほど、憑依が密着になります。憑依が深くなります。そうすればフイリップのような運命が待っているとも言えます。

どういうことかと言えば、憑依があまり激しく密着して深い場合には、自分自身の方向舵を失う。自分自身のコントロール、守護が利かないためにどうしても安全の保障が崩れる。

ある日突然の災難にあったり、交通事故、転倒といった突然の事故が起こる。これは憑依現象の特徴とも言える。しかしすぐに起こるわけではない。何年か経たなければ起きない。またみんながみんな起きるとは限らない。起きない人も中にはいます。

動物霊が憑いてある日突然治療ができるようになった人の場合、最初はやはりすばらしく治ります。それからだんだん治りが悪くなります。

キャパシティの力で治す人

しかし、すべてがすべて動物とは限らない場合があります。8割から9割は動物霊ですが、では残り1割位は何があるかというところで、その1割を説明しておきます。

それは単なるキャパシティです。その人が持っているキャパシティ、いわゆる人間は誰でもプラスの力を持っている。何も憑いてない場合には、キャパシティの力によります。持っている力で持って相手を治す。

ただ欧米ではこの力がある人がかなり多くいます。物が憑いた、人が憑いただけじゃなくて、単なるキャパシティであるというのが非常に数多い。国によっては憑いた動物よりも、もう7、8割はキャパシテシィだけという国もあります。いわゆるバッテリーですね。その本人、その人間自身だけが持つ力というのです。

言い換えれば物が憑いて治す場合と、本人だけの力で治す場合があります。その割合は日本では1割位です。非常に少ない。ただ国によっては多いところもある。

日本ではそのほとんどが動物霊が憑いたケースです。アメリカも憑きますが、アメリカでは6割くらいはキャパシティの力だと思いますね。憑いたものの力で直すのは4割ぐらいですね。そんなにいないです。

しかし、この比率というのは単なる私の見てきた様子、単なる自分の判断にすぎません。そのぐらいじゃないかと思われます。もしこの本を読む人が、自分は突然治療ができるようになったと思うなら、それは動物か人間かキャパシティかあるいは、自分自身の力かの判断をされるといいと思います。

たいていの場合、突然治療ができるようになった人の場合は、それはほとんどは動物霊の力と思っていいのですが、それ以外では、キャパシティと人間霊の力があるということです。

つまり、動物霊、人間霊、キャパシティの3種類のいずれかです。

よく日本では神様が突然憑いて、治療ができるようになったとかよく聞くことがありますが、これはほとんどありえないと思ってください。第1に神様が突然降りてきて、あなたに治療能力を差し上げますなんて言われる神様はいません。

治療の神様というのは、通常3人の方が挙げられます。最も頻繁に話に出てくる神様、これは少名彦名之神ですが、これは医療の神様、薬草の神様、治療の神様のいろんな形で、人間の医療に携わる神様として太古から知られております。その他にあと2人の神様がいます。このお2人はあまり登場しません。そして厳密にはもう1人おられます。

少名彦名之神とあと兄弟の神様です。大体少名彦名之神が中心でやってます。道成義則大神がいますけど、これはあんまり登場しない。民間の中に登場しない。そして少名彦名之神の兄の神様、大広木正宗大神です。この3人だけが上の世界で指定されています。主な役目を担って、真面目にぐるぐる回ってやっているのが少名彦名之神だけですね。あとの2人はこの地上では働いてはいるけど、治療に関してでもそんなに大きく働いていない。役職の方向が違うからです。

だから皆さんが本当に頼んだりした時に小まめに動くそういう役割についているのが少名

彦名之神だと思ったほうがいい。他の神様に頼んだところで、聞いてくれるような神様ではないと思ってください。もう1人いますけれど、これは例外だからまるで話なんか聞かないから聞いてもしょうがないです。その人たちの上に存在する神様で、天邪鬼だし、相手にしてないから駄目ですね。あんまりこう役に立たない。

ともあれ、治療という上の存在の神様というのはそういう形になる。ただそれを指導できてやることのできるというのは、神様の世界では4人だけしかいない。でも4人目入れるとうるさいし、通常3人と言われている。いたところで何にもやらないから用をなさない。

そういう存在があるというだけの話ですね。ただ4人目の神様はいろんなことできるから、その中の1つもできる。その中の1つというだけの話ですから、これはあんまり意味なさない。

突然治療ができるようになった人は神様が憑いてできるようになったとか、いろんなことを言いたがります。結構面白い人がいますよ。

私の知っている人でも、「実は私は、2年前から木華咲耶姫が私に降りたんです」と言う人が多いのです。〝木華咲耶姫ね、はい、はい、はい〟と言う感じですが。その裏の方でキツネが笑っているわけですよ。

突然治療ができるようになった人が使う神様はいろいろありますよ。昔から1番ポピュラーで多いのが天照日大神ですね。竜宮乙姫、八大竜王大神も多い。中には、変なのもいますね。正一位キツネが私に憑いて治療してるのですと言う馬鹿な人もいます。でも正一位キツネが憑いていますというのは、大概キツネがある程度後ろに憑いていますね。

ああいうのはあれで間違いなくていいかもしれませんね。でも、世の中の人たちは突然治療ができるようになったら、どういうわけか自分の力を神様の力と言いたいという人があまりにも多い。どうした神様の力になるのか不思議でしょうがないですね。自分の信じている人が神様になってしまうのですね。その人がある日突然力を貸したんだというふうな思考回路を持っている。そういうふうに、ある日突然神様が力を貸したんだと思い込む人には大概動物が憑いています。

一方、キャパシティのある人は神様というところへ考えを持っていかないで、自分で突然できるようになったんだと考える。これはキャパシィティのある人にやっぱり多いですね。純粋なのがキャパシティのある人かもしれないですね。あれは宗教性がないからです。

この間来た人は自分のキャパシティを使う人でした。ただキャパシティはキャパシティです。自分のプラスの気を使い切ったら終わります。その後は必ず患者さんからのマイナスの気が自分にくっつき始めて、自分のキャパシティはマイナスとなっていきます。

ただキャパシティは最初のうちはものすごく治ります。重病な人はよく治ります。それから半年、1年、2年、3年と経って、4年ぐらい経ったら今度はゼロになります。4年くらい経つと大体どんなにキャパシティが大きい人でもプラスの気がゼロになりますね。それでもあんまり病人の数を見なかったら、6年、7年は持ちます。

自分のプラスの気がゼロになったら、今度は自分にマイナスをくっつけて治療するようになる。マイナスをくっつけるようになったらだんだん暗さが始まってきますね。そしてどんどんマイナスをくっつけて最後に自分が病気になって死んでしまう。

動物霊の力で治す人

では、動物の治療はどうか。この治療もキャパシティの方法とまた然りです。これも最初はよく治るのですね。非常に良く治る。動物だって自分を崇めてもらいたいし、大切にしてもらいたいから必死です。ともあれ最初は患者さんも来てくれないと困る、というところで必死になっていろいろやってくれます。ところが永遠にそんなことしてくれるわけありません。だんだん、だんだん治らなくなります。所詮はやっぱり動物の力ですから、マイナスをくっつけることが多くなります。結局、また、治療師は弱っていって駄目になる。憑けた動物がどういう治療をするかによっていろいろ影響の受け方が違います。

ではどういう方法が1番多いかということです。これはあんまり言いたくないことですけれども、やはり病気の患部の場所に手を置くという単純な方法が最も多い。

しかし、この方法で知っておかなければいけないのは、病気の患部に長時間力を全く加えないで、病気の患部に手を置くという治療法は人間は決してやってはならない治療法です。じっと手を置いて動かさないでいる方法は決してやってはいけない。

それなのに日本全国を見てみると、その治療法を使っている人が非常に多い。つまり人間は治そうとしたら、そういうところへ手を置くしか考えられないのですね。自分のキャパシティからプラスの気が出ているうちはまだいいのです。

ではこの方法はいつの時点でそれがマイナスに切り替わるかという問題になります。

動物が憑いても、やはりそれはキャパシティとほとんど同じようなルールを辿ると思ってください。最初のうちはよく治ります。今度は自然に逆になってきます。最後は結局相手の病気のマイナスの気を自分が被って、体を壊して死に至ります。

昔の人はよく知ってました。日本では、そのような治療をしていて、もし習いに行くのだったら、まずその大元の師匠を見よ。師匠を見ればすべてが分かると言いました。これは昔から日本で言われています。こういう治療を昔は神霊治療と言われました。

昔から霊治療、心霊とか霊治療の場合は、師匠を見よということです。そこがいい治療法だと師匠は元気だが、まともでない治療法はもう師匠がぐったりして、ほとんど死んだ状態になっている。だから師匠が元気ないところは行くなというわけです。

大体5年以上経ったら師匠は倒れているところがほとんどの場合多いのです。確かに私が知っているような人、師匠となっているような人たちはどっかみんな暗くてもう半病人の人が結構一杯いますね。昔から有名な大きな団体のトップの人たちを私もよく知ってましたが、みんな大変です。ともあれ、治療というものが突然できるようになった人たちはそういう危険性を持っており、最後には死に至ることを知っておいて下さい。

被害を被って苦しんでいる人たちの救済方法

ではそういう人たちにどういう手を差し伸べられるだろうか。救済の方法ですね。どういう手を差し伸べられるか。どういうふうにしたら、被ることを防げるか。最後は死んでしまうというそのルートを防げるのか。

治療数を制限しながらキャパシティを回復させる

まずはキャパシティで治療をする人の救済方法です。

この人たちは、手を患部にかざしながら治療をする人たちのようにその方法を自ら悟ったというより長年掛けて、その人たちが修得してきたと言った方がいいかもしれません。

ともあれ、最初に患者さんがよく治ったとしたら自分のパワーを見定めます。そして毎日20人、30人とやっては駄目です。1週間に何人と決めて治療をするのです。週のうち少なくとも半分、朝から夕方までやるとしたら3日間です。後の3日間は回復に使ってください。そうすれば倒れることはありません。キャパシティの人たちは3日間働いたら3日間を回復に費やしてください。それでなければ駄目です。

キャパシティの弱い人は2日間働いて5日間を回復に使ってください。アルバイトで行なうと思う人は、つまりその人のキャパシティ、パワーは週に2日だからそれ以上はやらないで下さい。でも週に3日位でその倍を休めば何とか体も維持していく。自分のパワーを回復していくことができる可能性があります。

大木のパワーをもらう

それでも不安に思うかもしれない。もしかしたら回復できないかもしれません。そして自分に被っているかもしれない。憑いているかもしれない。当然被ります。憑きます。

それをどう回復するか。それを週3日やって、残り週3日で回復する。あるいはまた、1週間に1回は木のパワーでチリ、アカを取ってください。自然の太い樹木に手を当てて自分に付いたチリ、アカを取ってください。週に1回それをやって3日休むということを守れば、キャパシティの人たちも永遠にその力を保持することが可能です。

キャパシティの人たちもこのやり方をすれば、自分自身の平均なキャパシティの力を知って生きることができます。ただし、あまり難病ばかり続けてそのパワーを使いすぎてはいけません。難病をするには限界があります。数多く難病ばかりの人を治療することは止めて、難病と軽い病気の人を見てください。

やはり難病になればなるほどパワーを大きく使うということを知っておいてください。軽い病気だったら使うパワーは少ない。

ともあれキャパシティの人たちに付いたものを取る方法は大木です。木です。ちなみに最もパワー、チリ、アカを吸い取ってくれるのは、松の木です。そして木が太くなればなるほど吸い取ってくれます。

ただ昔から言われております。木に魂が宿る基準というのがあります。木に魂が宿る基準は両手で抱え込める以上の太さがある木です。つまり両手で抱えて、ひと回り回る太さのある木以上にならないと魂は宿らないと言われています。

これは古人が言われている言葉ですが、そのような木なら自分に付いたチリ、アカを払い吸い取ってくれる。あるいはそのパワーを純粋にしてくれる木はやはり両手を抱えるほどの太さがあるものが好ましい。太ければ太いほど力が強いと解釈してもいいでしょう。

ただし、軽い木は駄目です。それと枯れかかっている木も駄目です。つまり、勢いのいい木を選んでください。基準は勢いのいい木です。明日にも枯れそうな木を選ばないでください。木が枯れます。木が枯れたのでは仕方がない。木だって1週間に1度だったら、また回復します。木だって辛いのです。マイナスを受けますからね。でも、週に1回来る分には、木は回復してくれます。毎日手を当てに来たらその木は枯れてしまう可能性はかなり高い。現にどこかに枯らしてしまった人がいます。

ともあれ、キャパシティの人たちはそういう形でやっていれば、今の治療を続けることが可能です。

このやり方は動物霊が憑いた人たちも同じです。ただし、動物霊が憑いた人たちは同じように3日とか4日定めて、同じ形を取れば大丈夫ですけれども、動物霊の影響を段々受けるようになっていきます。そして気を付けないと、霊媒体質になっていく可能性があります。そういう悪影響もやはりあります。あまり動物霊が憑いた人たちのことをどういうふうにしたらいいかということを書いても仕方ありません。

何故かというと動物霊が憑いて治療ができる人たちは他人の話に耳を貸さないからです。聞く耳を持っていない。まだキャパシティの人たちの方が聞く耳を持っています。どちらにしろ、天狗になった人たちにいくら何の話をしても無駄です。

治療する人間は飽くまでも最後まで謙虚さを失わないということが重要です。人の話を聞く姿勢が重要です。しかし、今は力を持った人たちが、いわゆる動物が憑いた力を持った人たちが、その動物霊を外しても生きられるかというと、外してしまったら、治療の力は失われてしまいます。最もその動物霊を外す人もいないのですけれども。ずっと永遠に死ぬまで憑いていくということになります。死ぬまでというより、死んでからも憑いています。

しかし、そうやって生きるのも幸せな人生の１つかもしれない。本人にとってはです。ともあれ、欲ばらないことです。動物霊が憑いている人たちも、確かにキャパシティの人たちもそうです。無理をしないことです。そして、どっちもそうですけれど、あまり重症患者を見過ぎないことです。パワーを使いすぎないことです。この辺が１つの大きな見極めとなります。

この見極めができず、来た人たちすべてを治療するということをやってると、やがては身を滅ぼします。重症患者を入れてもいいが、あまり数をしない。あるいはあまりひどい場合は避けて下さい。そうしたら、何とか生きながら得ることもできるかもしれません。やはり、そういう人たち、動物霊が憑いた人たちもキャパシティの人たちも被ります。そうしたら自然の大木でしか救われる道がないかもしれません。

大地からパワーを回復させる

大木以外にもう1つ方法があります。ただあまり最近ではしませんが、地面に両手をつけるという方法もあります。これは地面に気を送ることがもしできればの話です。大木以外にないかと言われたらこの方法があるわけです。ただ大木ほど強くありません。ただ方向性が違います。人間に付いたチリ、アカというものは大木の方が取れます。地面はすべてのチリ、アカ、そして動物霊でもなんでも吸い取ることができる。これが地面の力です。

この地面の場合は、気を地面に降り注ぐというやり方ができないと取れません。全身の汚れ、汚れた気を一度に地面に吐き出す気持ちでやると、慣れてくると全て地面に送り出すことができます。この地面の方法が使えるようになるとすばらしいです。家の周りにちょっと地面を出して、そこから送り込めばいいんですから。

そうやって考えれば地面と大木の2種類の方法があります。言っておきますが、コンクリートは駄目です。いくらやっても駄目です。土でなくては駄目。土の地面です。

ともあれ、突然治療ができるようになった人たち、地面と大木を愛好してください。そうすれば新たな道が開ける可能性があります。その地面と大木をうまく使い分ければ被ったものを取って成功の人生を歩くことができるかもしれません。そこに活路があると思ってください。そして早く突然治療ができるようになった人たちは地面と大木という活路に早く気づいてください。最初は地面は特に難しい。大木はわりと早く使えます。だんだんと使えるようになって、自分に付いたチリ、アカや治療で付いたチリ、アカを取るようにしてください。海辺の砂浜でもいいですね。

―具体的にチリ・アカを取るために、どういうふうにするのですか?

地面の場合は、胡坐に座って両手を広げて全身からバーと気を出すのです。この時目をつぶるのです。絶対に目を開いてしまうと、意識が全部いかない。必ず目をつぶって手に意識を一杯集中して、サーと気を送り込む。それがないといつまで経ってもできない。するとチリ、アカが流れていきます。これを裸足でやってもだめです。

目をつぶって
手に意識を
集中してサーと
気を送り込む
地面

手でこうやってバーッと気を出すから、一度にマイナスの気が出るのです。ただ裸足で地面を歩いたらやはり気は出ます。だから土人とかああいう人たちが健康なのはその辺にあるかもしれない。地面から離れた生活というのは健康から少しかけ離れてます。皆さんもチリが付いてどうしようもないと思ったら、地面に気を送る方法は今後必要かもしれませんね。

—ではもう1つの大木はどうするのですか？

ぴたっと大木に抱きかかえるようにくっついてバーッと気を出します。

●●● 霊媒の技術②―突然浄霊ができるようになった

突然浄霊ができるようになったり、あるいは霊が見えるようになったり、感じたりするようになった時、霊能者は今どういう運命を辿るかという命題です。

いわゆる普通の人が突然浄霊ができるようになった時、その人が辿る可能な道、そしてその道しるべと最後にどうなるかという結末をちょっと2重になるかもしれないけれども、そういうセクションでまとめたいと思います。

いわゆる方向性をちょっと違った目から見てみようじゃないかという訳です。

例えば今ここである人が、突然霊能者になったとする。

さあその方向性がどういうものか。まず聞こえるか、見えるか、感じるか。聞こえる、見える、感じるというのが今の霊能者です。その中で、聞こえるというのは、通常の幻聴でどうしようもない人もいますけれども、見えるだけという人が大体多いですね。そして何といっても感じるだけを霊能者というべきかどうかこの辺が定かでないわけです。

ただ、今回これを言うことによって、この本を見ることによって、目立つ人間が出るのがいいかどうかは分からない。しかし、どの辺から可能になるかというのは、ある程度ここに明記する必要があるかもしれない。

感じる、見える、聞こえることは浄霊に役立つのか

まず霊能者は感じる、見える、聞こえるに分かれます。感じるが最も多く、その次がちょっと見える。見えるや聞こえるのが自由自在というのが極めて少ないということです。そして、こういう感覚が浄霊とか移動というものに使えるかというと、感じる程度の人間ならほとんどが可能である。しかしその感じる程度がどのくらいかというと、言うなればどんな人間でもできるのです。感じれば、浄霊とか移動がやり易いというだけの話です。

では浄霊の上達が早いか遅いかといえば最初のスタートは早い。しかし、その後はそんなに早いわけでもない。大体何も感じない人と同じです。むしろ何も感じなくても努力している人の方が勝つでしょう。その辺は同じです。

まず感じる方についても、どの程度から、即戦力になるかというと、霊の存在が来たとき

にすぐ分かる。この辺の感じ方をする人、この辺が1つの基準となる。人か動物かは分からないけれども、霊がきた時すぐ分かる段階の人です。

もう1つの基準は、人によっては気分が悪くなる、頭痛がするという感じ方をする人。いわゆる会った人、あるいは神社、その辺の変化が明確な人、そういうところで明確な人は霊を扱うことができる可能性が高い。どういう形でやるか知りません。でも単に感じるだけでは自分で霊を移動して何かやるということはできません。ただ感じるだけの人が霊の修行をやったり、霊を扱ったりする時には、ある程度浄霊の上達は早いです。

その次の段階です。見える人たちはやり方によっては即座に霊を扱うことができます。しかし、それで何ができるかというと、ほとんど8割、9割の人が移動です。そしてこの移動は最後に自分に返ります。

移動を続けると必ず霊からの障りを受けることになる

職業として毎日行なった場合は、どういう形で移動するか。何をどう移動するかによって変わりますが、最後は自分に霊の障りが来る可能性が高い。自分に来るということは、最後に死に至る可能性もあるということです。

ただそれが聞こえて、見える段階になると、もうちょっと霊能力が高くなりますから、かなり防ぐことはできる。つまり来るものが分かるからです。しかし、危険はやはり同じと思ってください。

ところが、どういうわけか、見えるだけの人が移動を始めてすぐ商売を営業にする。つまりこれを仕事にしている人が日本ではかなり多くなってきました。しかし、単に見るだけで、人のことを言っている分にはまだいいのです。

〝あなたにはこれが憑いています〟というのはいわゆる「物見」ですね。通称物見といわれる人ならまだいい。ただし、物見でもその物見に霊を残していく相談者がかなりあるということを知っておいてください。また、それを商売にしていた場合には、物見も霊からの障りを受けてそのうち倒れる場合もあります。

また見える人が浄霊を行なった時に、ほとんどは移動です。ただこの移動ですが、この移動がどこに移動するか。他の場所に移動する。その人本人以外に移動するという方法がほとんどです。ただどこへ移動させないといけないと分かっている人はあまりいません。

中には分かっている人がいて、上に上げないといけないと思い、上に移動させるという考えを持っています。

これが動物の場合でも人の場合でも上へ移動させることができるのです。そして良い所へ一瞬いきます。上に移動するのですから。それではこれで浄霊ができたのではないかと皆さんは思うかもしれません。

ここで忘れてはいけないのは、移動は霊を満足して上に移動したことにはなりません。情けを掛けられて移動したわけじゃない。だから必ず落ちるのです。いいですね、必ず落ちます。ただし、一瞬でも明るい世界へ上げられました。素晴らしい世界にいきました。だから相談者は一時的に良くなります。ならない場合もありますけれどね。それでもかなり良くなります。それを何回か繰り返すやり方もあります。でもどういうわけか、同じ霊を何回も繰り返す人いない。1回やって終わりなのですね。どういうわけか。

突然、移動や浄霊ができるようになった人への救済方法

ここで移動ができる人にひと言言っておきたい。

もし移動で徹して我流でやるとしたら、同じ霊を5回上げなさい。5回以上同じところに上げなさい。そうすれば霊も仕方がなくて成功する可能性が出てきます。そして強い霊は10回上げると思ってください。

つまり、5回から10回の間で増減してください。5回から10回の間それを判断してやると、落ちない形ができるかもしれません。それをまるで駄目とは言いません。そういう方法もあります。5回から10回繰り返しやるという1つの方法を提示したい。だから中途半端に、―中途半端と言うのは失礼ですが―、突然霊能者になった人が移動などする場合は、1つの霊を5回から10回を繰り返して上げれば、その浄霊は成功する可能性があります。ただし、正規に修行してない限り、危険は常につきまといます。

我流の除霊、浄霊は想像もできないところで危険に陥る

ではどういう危険かというと、想像もできない強い霊というのが、やはり1年に1回とか2回は必ず登場します。これは浄霊の世界の常識です。

その時自分の意のままに移動できるかどうか、これを考えなければいけません。

〝これは強い霊だ、自分は手に負えない霊だ〟と思ったらどうするか。素直にあきらめて止めることです。これは私には手に負えませんという正直な心が必要です。

昔、浄霊を修行してきた人は、素直にそれを言ってきました。今でも筋道を立てて修行している人は、手に負えない霊は、〝これは私の手に負えません〟ということを正直に言います。ところが突然除霊や浄霊ができるようになった人は天狗になってしまって、それをやらない人が多い。


世の中にすべての霊を処理できる人なんて、存在しないと昔から言われております。いいですか、すべての霊を処理できる人なんか存在しないのです。裏を返せば強い霊も弱い霊もいっぱいいるということなのです。だから世の中で移動を行なっている人、言うなれば正規で修行をしたことのない人はほとんど移動と思ってください。

突然移動ができるようになった人は今のやり方をすれば、5年、10年、20年、30年と命を長らえて、普通の命を全うすることも考えられます。

ただし、それは今言ったことを守らなければ、やはり霊にやられて、どんどん暗くなっていって命を落とすことも考えられます。

今日本は移動の霊能者があまりにも多い。テレビで浄霊してる人はほとんど移動です。我流でやってる人はすべてが移動、突然できるようになった人すべてが移動です。

最近のちょっと変わった傾向は、パソコンを見て判断している人がいる。浄霊の世界はすべてパソコンには存在、登場しません。パソコンで知識の得る場ではないのです、浄霊の世界には全く登場しません。浄霊ができる人もやっている人も登場しません。浄霊の世界はそういう世界です。

どういうわけか、日本人はパソコンに浄霊の関係者の人間が出ている。だからパソコンに出ている浄霊の世界を信じている人があまりにも数多いのですが、正規の浄霊をしている人たちも突然できるようになった人たちもそのほとんどはパソコンには出ていません。ですから、テレビなんかで出ている、突然できるようになった霊能者たちは非常に危険な道を歩んでいると判断してください。

とにかく、以前説明した、いわゆる霊媒の技術で霊を上に上げれば大丈夫です。上に上げることができれば、例えば何か物を食べさせて上げる技術ができればその方法も大丈夫です。

情けを掛ける浄霊の重要なポイント

ここでもう1つ教えましょう。もし霊能者が見えて聞こえる霊能者だったら、霊に話を聞いてあげてください。そして相手を満足させるという方法も、情を掛ける方法の1つです。相手（霊）に情けを掛ける浄霊のポイントの1番最も重要なことは地上にいるあなたがた人間の意思で聞いてはいけないということです。

主人公は登場した人物（人間霊）、登場した動物霊、登場した物霊です。そこを間違ってはいけない。浄霊に浄霊師が意思を入れてはいけない。あくまでも主人公は相手に持っていく。どういう形で相手に持っていくかというと、情けをかける。相手を満足させる。そういう形で相手を主人公にする。それを行なって暗い所から明るいところへ持っていく。そうすることによって浄化する。人間霊でも、どんな動物でも暗い世界にいます。霊を明るいところに持っていくことによって浄化する。そして、次元を超えることによって霊は成仏する。もしこれが病気に関して浄霊で治そうとするなら、特にその辺を気を付けなければいけない。病気を治す手段の1つして浄霊を選ぶとしたら、霊に充分な情けを掛けて上げなくてはいけない。

移動はしばらくするとまた戻ります。1回だけの移動は駄目です。1回だけの移動は必ず戻ります。上に移動しても、遠い池に移動してもどこに移動しても同じです。

そういう形で突然できた霊能者はもし我流をやるとしたら、今言った形の我流を行なえば命を永長えることができる。これを言いたいのです。そして、その人なりの浄霊の世界を築くことが可能です。ただし、いつでも危険が付きまとうことだけは忘れないで、手に負えない強い霊と闘ったりすることは止めた方がいいです。これが突然の霊能者、そして突然の感じる人たちが始めた浄霊、治療すべてに関して言えることです。

影響を受けたと感じたら九字を３０００回払う

特に浄霊の世界は、霊媒を突然やる人が最近増えてきました。昔霊媒を突然やる人はほとんどいませんでした。ところがどういう訳か最近は突然霊媒をできるようになってやる人がかなり多い。ともあれ、そういうことに気を付けて行なってください。そうすれば突然できた霊媒の技術も突然の移動の浄霊も、我流の浄霊でも、そのポイントさえ押さえれば、何とか営業をしながら自分の体も守れます。

今言ったことを守っていないと、次第に暗くなってきます。

自分が影響を受けているという判断の基準は、だんだん自分が暗くなっていく、周りの目から見たら暗い人間になっていると思ったら、すでにあなたは影響を受けていると思ってください。

では実際に被ってしまったらどうするか。繰り返し九字の練習をする以外にないかもしれません。だから突然なった霊能者でも誰でも最低限の知識として、九字だけは切れるようにしていただきたい。

九字の切れない霊能者ではあまりにお粗末です。最低九字が切れたら、もし誤って被っても、暗くなった時、暗くなって困ったと思ったら、3000回の九字を切ってください。3000回の次は5000回です。3000回あるいは5000回の九字を切る。基準は3000回です。そしたら取り戻せます。

ただし、1回1回は慎重に切る。いい加減な1回ではいけない。1回1回が生きた1回として3000回行なう。半分死んでいるとしたら5000回やってください。そしたらあなた自身が影響を受けた暗い世界から、自分自身を脱出させることできるでしょう。

しかし、我流でできるようになった霊能者でも、どこか正規に浄霊をやっているところにでも月に1回か半年に1回は何かに関連付けて行くのが最も好ましいですね。

第1に、我流でできるようになった人は、やはり我流でしかない。でも我流の人は人の所へ行くのを嫌がります。しかし、半年に1回とか他の所へ行って、自分がどうなっているか。霊の障りから切り抜けるにはどうしたらいいか知識を得ることも必要です。

今我流で突然できるようになった人たちは、ただがむしゃらに行なって、ただ何がなんだか分からないうちにどうにかなってしまっている。そういう人たちがあまりにも多い。頼るのはただ本のみ。こういう人たちがあまりにも多いということです。

それでは、九字（払いだけを行なう人たち）だけをやっている人たちはどうか。相手に対して病気やその他の問題解決のために九字だけを切って行なう人の場合でも、相手なくして自分に対して九字を切るのが３０００回、５０００回必要であるということです。つまり九字だけを行なっている人も普通の浄霊を行なっている人も解決方法は同じです。

昔から影響を受けた場合には、３０００回九字を切ると言われています。だから昔の人は、その九字やそういうのをやっている人は、自分自身で滝に打たれながら、憑いたものを払っているのですね。滝に打たれながら払うと切れやすいので動物霊は飛びやすいのですね。きれいになりやすいということです。

—今出てきた九字というのは、自分十字のことですか?

それができる人は自分十字の方がいいね。

九字は我々の自分十字より弱い。自分十字の方が強い。自分十字は払う方向性が自分の方に向かいますが、九字は外へ出るだけです。しかし、考え方によっては、自分の所へ向かって切れば、パッと中からきれいにいってしまいますが、九字だと外へ向かうので、自分の周辺の回りにあるのは切れることは切れるのですね。

3000回という回数は普通の九字の基準ですね。自分十字ならその回数は難しい。自分十字だったら3分の1くらいでいいでしょう。

—3000回というのは何日くらいの間に行なえばいいのですか?

1ヶ月以内です。できれば1週間が理想です。1ヶ月過ぎたらその回数は消失することになります。だから基準は1週間です。

しかし、これで何か憑いて困ったと思ったら、1週間で3000回やればいいということです。その8割~9割はその3000回で飛ぶということです。

除霊、浄霊の世界では少なくとも九字印を身に付けないといけない

―例えば我流でやる人間というのは最低でも九字というのは必要ということですか？

そうです。最低でも九字がないと駄目だね。九字印だけは持っていないとどうしようもない。第1、浄霊をやっていて九字の切り方も知らない人なんて浄霊の世界ではもう論外でしょう。こういう世界では九字印が必要です。

―九字の切れている、切れていないというのは当然ありますよね。自分で切ったつもりでも、切れているだろうと思いながら切っているのですけれども、どうなのでしょう。

まず、九字の基準は空気です。パッと自分で切ったとき、どれだけ空気が変わっているかで判断します。1番最初は、空気の変化も分からないものですよ。

まずみんなで切って空気が変わった時、〝空気が変わりましたか？〟と言えば、教えてくれます。もうここにいる人たちは、大体もう九字印が切れたのかどうかということは分かりますからね。続けていると次第に、〝あ、これ切れている〟とか、〝あ、これ切れていない〟とかというのが分かってくるようになってきます。

みんなで払い終わった瞬間が必ず切れているのですよね。その時空気が変わってる。だから最初のうちは払った瞬間を常に見るようにすればいいのですよ。

移動で上げることはできても、必ず再び現実界へ落ちてくる

―突然浄霊できるようになった人のことですが、上に移動できる人もいると言われましたが、どうやってできるようになるのですか?

こういう所に見に来た人とか、あるいは本で読んで、〝ああ、上へ移動するのか〟、〝お花畑へ移動するんだ〟ということでお花畑目指してポンと上げてしまう。ただし、ある程度力がないとやれないね。

―それはやはり意識ですか?

意識で移動できます。ただし、相当に力がある人だけです。

―では何もこういう所で学ばなくても、そういう意識だけで上げることができるのですか?

移動と上げることは全然違う。移動はあくまでも移動であって、我々の上げる方法のように情けを掛けて正規の形で上がったわけじゃないから上に移動したからといっても1回上がった分にはならない。

—だけど移動で上に上げることはできるのですか。

できますね。だからすぐ落ちます。死んだ人の霊は、今いる位置を移動しただけであって、明るい世界を見ただけにすぎない。だからびっくりしてしばらくいるのですよ。でも、また現実界へ落ちてしまいます。変わってないから。ここで勉強している人たちはそのようなことはありませんが、霊能者の中には気がつかないうち無意識に移動をやっている可能性があります。

移動をしていても、その人に勢いのあるうちは、ある程度の数が憑いてもその人間は変わらないです。50や100の霊が憑いても変わらない。問題はもっともっと憑いた時です。憑いたのは容易には取れません。問題はその人間に清潔感がなくなってきます。なぜなら動物が憑いているのですから、清潔感がなくなります。暗くなるとか清潔感がなくなるとかに表われてきます。

動物臭くなったりという現象が出てきます。だから昔から、こういう浄霊の世界で渡り歩く９割の人の心はあんまりまともでない人が多いと言われてます。

―100くらい憑いてもあんまり変わらないとおっしゃったですが、どの位の単位がバンと憑いたら分るようになるのですか？

やはり50から100位は大丈夫ですけど、憑くものによるのですよ。強い霊が憑いたら50くらいでも変わってくるでしょう。

例えば、１歩運が悪ければ、ものすごい強い霊を１回で変わる場合もある。例えば、ものすごいひどい霊症の人が来てもうどうしようもない、もう代々祟っているようなのが来て、それを外して自分に憑けてしまったら、もう１回で勝負は決まりますよ。その翌日からその人の人生は暗いですよ。私はそういう人を結構何人も見ています。

もうその辺は運ですね。通常は50回から100回位は大丈夫です。１歩間違って、もう巨大なのが自分のところへ移動したら終わりですよね。

―いわゆる物見を職業にしている方というのも残る危険があるというお話だったのですが、

常に見ている人は結構残っているのですか？

ただ、ほとんどバリアを張っていますから、どういうやり方をしているかによります。残るのが嫌だからクライアントが帰った後、九字を切っている人なんかは残らないです。

―よく見えたりとか感じたりすることを生業として語るのはどうなのですか？

そういう人は危ないですね。見えること自体もう憑く可能性ありますから。だから、1回見るだけで200万円というあの有名なＡ・Ｇさんは、見るだけで技術は何も持っていなかったので、死んでしまった。

物見は怖いです。九字を持たない物見は危ないですよ。九字を切れなくても、完全に最後まで見れる物見はいいですよ。でも、いつでも必要な時に見える物見はどれだけいるかということですよね。ただ、水晶を使えば、ちょっと見える人も中にはいます。あれは面白いですよ。水晶を使うと扇のように出るのですよ。中に出ないですよ。中をのぞいている人は滑稽です。

―霊的なことを指導したりするカウンセラーはどうですか。

あれは物見と同じ原理ですね。相談に乗ってあげて自分が憑けてしまいますね。

それで治すのですね。


―移動させる力を持っているというのはどういうものですか?その力の強さとは何ですか。

やはり移動だから、自分の持っている霊力になるよね。そして、それを繰り返し修行したら、その霊力はどんどん、どんどん強くなるけど、突然できるようになった人はそれまでで限界だよね。元々自分にあるものだけで終わりです。

だからそういうことをやりそうな人とかそういうのに走る人とかというのは、もうそれが自分にできるんだと思って走るからそれは駄目ですね。学ぼうという考え方がありません。

なぜ趣味の会の浄霊は安全か？

日本ほど長くて深い除霊と浄霊の歴史があるところは世界には存在しない

この趣味の会で行なわれている浄霊は、なぜクライアントも依頼者にも、浄霊者にも全く影響を受けないで行なうことができるかということを説明したいと思います。なぜ受けないのか？　これは非常に重要なことなのです。というのは、まず通常巷で行なわれている浄霊でどういうことが危惧されるかという問題です。

浄霊の歴史は500年、千年とも2千年とも言われております。日本でも世界でも浄霊の世界での最大の問題は何かということです。それは霊が見えるから、見えないからというような次元の問題ではない。浄霊を霊が見える人がやるから、見えない人がやるからという次元の問題ではないのです。

それ以前に霊というものを把握していないところにある。

ある霊能者と浄霊のことを話した時に、〝我々は浄霊の世界には関わらない〟という表現をしました。

　東南アジア方面も霊に対して盛んな国です。その霊能者の話では、〝霊の世界には関わるな〟と言う。つまり、霊の世界は恐いから避けて通る。何が起こるか分からない。そういう意味合いを持っているわけです。世界では本当に霊についてのことが分かっている人たちは、浄霊に対して逃げようとする姿勢があまりにも多い。日本においても然りです。


　日本においては浄霊はどうなのか。日本ほど、世界と比べて浄霊と取り組んだ国はありません。日本のように長い浄霊の歴史を持つ国は恐らく他に存在しない。日本の浄霊の歴史は長い。霊と取り組んだ歴史は世界に比べて内容も歴史もまるで比較にならないほど、日本というのは発達している。それほど日本では、浄霊の歴史が深く長く入りこんでいるわけです。そのような長い浄霊の歴史は欧米にはほとんど存在しない。聖地の浄霊というのも存在しない。そして修行という言葉も、浄霊に対する修行もほとんど存在しない。

　ところが日本は存在する。浄霊の歴史、そして除霊の歴史、そしてそれに対する日本の技術というものがある。と言うよりむしろ、世界に誇れる除霊、浄霊の技術を持っているのは日本だけなのです。日本だけが素晴らしい浄霊、除霊の技術を持っていると言っても過言ではないくらい、浄霊、除霊に対しては日本では発達している。そしてそれが払いであり、通常の浄霊の技術なのです。

封じ込めというといういわば究極の技術もやはり日本に存在する。この封じ込めという究極の技術は、欧米ではどこにも存在しない。そんなに浄霊レベルが高くなっても、封じ込めというのは可能である。それが封じ込めの技術です。そして日本の歴史で数多くの病から人々を救ってきた。その実績のある技術がこの封じ込めである。

封じ込めというのはやはり、浄霊、除霊の中の素晴らしい技術の1つです。

この除霊、浄霊の技術にもう1つ付きまとうものがある。

それは、古来から伝えられるように、「修行者の最後は哀れなり」という言葉がある。その言葉の通り、〝浄霊者は最後には霊に倒される〟ということが昔から伝えられている。

数多くの人を救う修行者、浄霊者は、数多くの人を救う代わりに自分が最後に倒れる。どれほど多くの行者がその犠牲になってきたことだろう。そこから生まれたのが「行者の最後は哀れなり」という言葉が生まれたのです。

趣味の会の誕生

そして今、日本で初めて、世界で初めて、依頼者も浄霊者も全く影響の受けない浄霊が誕生したのです。いいですか。これがこの趣味の会の浄霊の世界です。

これは浄霊の世界を知っている人間が聞いたら、卒倒するほどびっくりすることなのです。有り得ないと思うことなのです。しかし、それができたのです。依頼者に影響がなく、浄霊者も影響のない浄霊の技術、それがここで教える浄霊の技術なのです。

だからここで浄霊を習っている人間には全く影響ありません。もし浄霊をやっている人間が多くいたら、すぐに分かると思います。巷で浄霊をする場所、除霊をする場所、どこも暗いのです。そして人間もだんだん暗くなっていく。これが通常の浄霊の世界です。すべてが暗い中で行なわれる。どんどん暗くなっていく。それは霊の影響を受けるからです。ここ趣味の会では暗くなっていきません。

また、通常トップの人はだいたい5年から10年経つとだんだん追い込まれて、暗くなって、最後は死んでしまいます。ところがここはすべてが明るいまま行ないます。ちょっと能天気すぎる人もいますが。しかし浄霊の世界で、能天気でやっていくなんてちょっと考えられない。それでもやれるのです。

ここ趣味の会の行者は明るい。明るい浄霊の世界というのは今までの浄霊の歴史で存在したことがない。明るい浄霊の世界があるなんて、もう奇想天外です。

どれほど奇想天外なのか。それは浄霊の世界を歩いている人なら嫌でも知っていることです。その怖さを知っている。浄霊の怖さを知っているのですね。浄霊の怖さを知っているからこそ浄霊に手を出さない人があまりにも多いのです。だからおそらく浄霊を教えているところがあっても、浄霊の怖さを知っている人は恐らく実際には手を出さないでしょう。ここ趣味の会は違うのです。浄霊と怖さは関係ない。安全に、何の影響もなく、浄霊を行なうことができる。それがここ趣味の会の浄霊なのです。


なぜ趣味の会では安全なのか―払う対象は動物霊だけ

そこで、皆さんの浄霊はどう安全なのかということです。それをこれからちょっと説明していきましょう。

まず第1に除霊の世界です。すなわち、払いの世界です。人間も動物も区別なく払う。これが元々間違ってます。動物は払ってもいい。しかし人間は払ってはいけない。まずここの区別をつけなければいけない。これも除霊の今まで間違っていたことの1つです。動物は払います。

払いの失敗

次の問題は除霊で失敗することである。なぜ失敗するか。

まず力です。すなわち払いのレベルです。最初の初心者が払うとまず3メートル、5メートルしか飛べません。家の周りにしか飛ばない。自分の部屋の周りにしか飛ばない。それでは払い飛ばしたところで、払った動物霊の影響を受けてしまう。

しかし、練習を繰り返すと、だんだん飛距離が伸びていきます。飛ぶ距離が伸びていくのです。50メートル、100メートルとだんだん飛ぶようになって、影響のない距離まで飛ぶようになります。ただし、いい加減な払いではだめです。一定レベルを超えた払いに行かないといけない。飛ぶようになったら1つの方向性を定める。これが重要なのです。除霊の時に方向を定める。

では今までの除霊はどうやっていたのか。方向がないのです。ただ払うのです。方向があるのとなしでは影響がまるで違う。こちら側へ飛びなさいと言って払う。飛ぶ道を空けて、方向を定めて払う。

霊というのは距離がありません。距離はないから、ここまで行ってと言っても、それは関係ない話です。方向を教えるのです。この方向へ飛びなさいと方向を教えれば、そちらへ飛ぶ。これを繰り返し繰り返していくと、早い時期にその方向へ飛ぶようになります。また方向を定めた方が、払いのレベルは上がりやすい。

ただし、レベルが上がれば動物霊は、別に方向を定めなくても、影響のないところへ飛ばすことができます。

問題は、レベルが上がるまで自分にくっつけないことですね。飛ばない時期があまり長すぎる。レベルが上がるまでの時間が長すぎると、これはその影響を払いをする人はもろに受けてしまう。あるいはクライアントがその影響をもろに受けてしまう。そういうことになる。一定の方向に定めて払いをした場合、霊は飛びやすい。そして影響を受けにくくなります。受けにくい状態を作ります。だから除霊においても皆さんの行なう除霊は影響は受けない。払う対象は動物霊だけです。

浄霊の失敗―限定印の重要性

では浄霊はどうなのか。この浄霊がもっとも問題なのです。限定を切ってトンネルを作ってあげる。これが1つの形態です。

まず限定を切って1つの大きな霊の館を作ります。そしてその中に浄霊する霊を呼ぶ。そうすると呼び出された霊は、そこから大きな移動をしない。定められた位置に入ります。定められた位置に入るために他に影響を及ぼさない。これが限定印の大きな意味でもある。決められたものしか入れないという、限定の本来の持つ意味がそこにあるわけです。この2つの大きな意味が限定にはある。だから決められたものを入れるだけの限定ではなくて、限定されたものしか入れないから、また出られない。霊の影響が出ない世界をそこの限定の中に作るという意味もあるのです。

浄霊トンネルはなぜ必要か

そして上に上げます。上に上げた時、浄霊トンネルをつけて、いわゆる通り道をつけて上に上げます。霊に方向を定めるわけです。そこの中を通って、霊は上に上がって行く。いわゆる安全圏内で上がるわけです。だから、その柱の中から霊はそう簡単に出ることはできないし、出ようとしない。そうするとその霊は、柱の中をまっすぐ上って行くことになる。これは次元の壁なのです。高さではありません。次元の壁をどんどん上って行く。そして幽界に達して影響のない状態になる。つまりトンネルがここで大きな役目を果たすわけです。

では浄霊トンネルがなかったらどうなるかということです。

そうなると、今度は上がる途中で上がって行かなかったりする。皆さんが気を送っている間に浄霊者に憑くこともあるのです。依頼者のところに戻る場合もある。影響はどんどん大きくなってしまいます。

また、成功すればいいけれど、失敗した場合にはまた依頼者のところへ戻るか、あるいは浄霊者のところへ戻ります。

この浄霊者のところへ戻るのが悲劇なのです。依頼者は自分のものが戻ってくるだけですから、また元の木阿弥でいいのですけれども、浄霊者のところに憑いた場合、そんな霊が何体も来てどんどん残っていったら、浄霊者にはどんどん、どんどん雪だるま式に霊が憑いていくことになる。

つまり浄霊トンネルの意味はここにある。浄霊トンネルの技術がある浄霊者はそんな上げ方はしない。これは1つの大きな宣言でもある。

霊はそのトンネルを越えることはできないのです。だから趣味の会で浄霊をしている人に影響は全くないのです。ここでの浄霊の失敗は上がらないだけです。霊がトンネルに入って上がらなかったら元に戻る。ただし、気を送った分だけは、楽になっていきます。だから元いた位置（次元）が下がることはない。浄霊をすると、必ず上がる。だから霊に怨まれたりすることはない。絶ずやった分だけは良くなっているから、たとえ上がらなくても、霊にとっては素晴らしい位置に行ったことになる。少しでも上がれば、それは素晴らしいわけです。5センチでも10センチでも上がったことによって霊はそれだけ楽になります。また、その区域内でやるために、依頼者にも浄霊者にも影響は全くありません。浄霊とはこういう世界なのです。

このように、依頼者や浄霊者は全く影響を受けない世界で行ないます。これがこの趣味の会の浄霊です。だから安心して覚えて下さい。

通常の浄霊は、方向もなければ境界線もない。何度もやって成功すればいいけれど、失敗したり、扱っているうちに問題を残したままになります。また霊1つだけでは片付きません。

例えばヘビ１つにしても、オス、メス、眷属が必ずいます。動物霊はだいたいオス、メス、眷属というようにファミリーを形成しています。オスだけやる浄霊はメスと眷族が残ります。メスだけやっても、オスと眷族が残ります。残したらそれはどこに行くか。やはり依頼者と浄霊者のところに行きます。どちらかに行きます。そうなってきたらどんどん暗い世界に入っていきます。

正規な浄霊で影響受けない浄霊は明るいです。どんどん暗くなったりしない。能天気でもできる。そしてその能天気は永遠に変わらない。素晴らしいことなのですよ。

能天気がどんどん暗くなるのが従来の浄霊者の世界です。能天気は能天気のままいくことができる世界、これがこの趣味の会で教える浄霊なのです。素晴らしいじゃないですか。浄霊とは素晴らしい世界なのです。

従来の浄霊の世界では考えられなかった。

従来の浄霊の世界は、身を犠牲にして多くの人を救う。これが従来の浄霊の世界です。だから浄霊者は身を犠牲にして多くの人を救うという思想を持たない人は浄霊がやれなかったのです。身を犠牲にして多くの人を救うというボランティア精神のある人は素晴らしい。ただ見えない世界でやたら面白くてやるという人もいますけどね。面白さがあってやるという人も中にはいます。

ここ趣味の会の浄霊の世界というのは、霊を呼び出す時には限定された限定印という枠の中で行なう。霊を上がる時も定められた方向の中を上がって行く。つまり、2重にも3重にも依頼者と浄霊者は保護されている。依頼者と浄霊者が厳重に保護された中で、浄霊を行なっている。それがここの浄霊です。それが本来の浄霊の姿なのです。依頼者も浄霊者も保護されて行なう。巷はそうじゃありません。いつどこでどう憑くか分からない。そういう状態で浄霊が行なわれている。その点では、ここでは全く影響を受けることなく浄霊を安心して学ぶことができます。

世間では、移動ということを霊能者はよくやっております。霊能者は霊が見えるから、その人間に憑いているものの移動ということはやります。しかし、これは大変恐い世界ということです。

―巷で動物霊にはオス、メス、眷属という概念がなくて、1回だけ払ったりしていますが、そういう場合は必ずメスなり、オスなり何かが残っているわけですね？

ほとんどの浄霊のところは、オスの処理をするだけです。そのうちにまた半年とか1年経つと、また新たなファミリーを形成します。


―それはまた払った人間に影響を与えるわけですね？

払った人間か、浄霊者か依頼者にです。どちらかは分かりません。その時の霊の怒り方次第です。だから、そういう払いをやっていけばだんだん暗くなる。


―巷では払いはよく聞きますが、ここでやっているような浄霊のようなことをしているところはあるのですか？

あります。1番多いのは、霊を人の体に移してそれを上げるという状態でやります。上がったか、上がらないか、処理されたか、されてないかという状態は全世界共通で同じです。


―そういうところはいくつありますか？

そんなに数はありませんね。まあ日本でも数箇所でしょう。ただ訪れている人は大勢いますから、よく知っている人は皆知っています。日本では宗教に入っている場合が多いですね。浄霊を本当に理解して行なっている素晴らしいところというのは、上がることを基準にしている。ところが、巷で突然浄霊ができたような人は、上がるという概念も下げるという概念も知りません。はっきり言って「上げる」ということを知らないのは浄霊師としては失格とみなされます。

—上げるということが知らないようなところでは、霊処理は払いとか除霊ということになりますか？

払いですね。ただそれはオス1匹を飛ばすというだけです。メスと眷属はそのまま残ります。ただオス1匹外してもやはり外した分だけ治まります。しかも1番大黒柱だけ飛ばしますから、結果は出ますよ。それは必ず何らかの結果は出ます。

ただ、それだけでは完全ではない。ここの浄霊、除霊はやはりいずれはパーフェクトを目指したい。全く浄霊者も除霊者も依頼者も何の影響もない。これを前提に置きます。何の影響もない、どちらも何の影響もないという状態の元で行なう。これがここの浄霊です。だから決して怖くないし、暗くない。

―浄霊トンネルで霊を上げる時、霊にとっては動ける範囲が制限されるわけだから、嫌だとかそういうことはないのでしょうか？

そういうことはない。上がる時にはその道を通って上がるわけだから、必ずその位置から上に行きます。それで気分よくなって、それが終わった時点ではもう開放されるのです。それが下へ落ちたら恨みますけどね。このやろうということになります。絶対自分の位置（次元）が上に上がっていれば、そのために浄霊者を怨むということはない。

―浄霊と除霊というのは同じ意味ですか？

本来除霊というのは、その位置から飛ばして、位置を変えるのが除霊です。一方、浄霊というのは霊をきれいにして上げることを浄霊というのです。霊を外すことを浄霊というふうに言って、除霊を浄霊というふうに使っているところが日本にいっぱいあるから、ややこしいのです。

除霊と浄霊は本来全く意味が違うのですが、浄霊もやはり霊を取り除くから、除霊だというところもある。特に除霊しかできないところでは除霊を浄霊と言っている場合もあります。でも本来は違います。除霊は除霊です。

―除霊と払いは同じですか？

除霊と払いは同じです。除霊と浄霊は全く違います。移動もやはり除霊の種類ですね。決して移動は浄霊ではない。日本の場合は移動している人があまりにも多いですが。

●•● スピリチュアルヒーリングについて

スピリチュアルヒーリングという言葉があります。スピリチュアルとはいわゆる日本語に訳せば心霊治療とかそういう意味もあります。

スピリチュアルヒーリング、魂の治療とかいろんな解釈がありますが、いわゆる治療とか病気を治したりいろいろする中で、やはり最も必要とするのはプラセボ効果ではないか。いわゆるそれらの世界でプラセボという言葉は使われない。使われないけれども、やはり何でもプラセボが必要な世界、いわゆるすべてにおいてプラセボを必要としている世界ではないかと思うわけです。

つまりどういうことかと言うと、何にもやらなくてそのままいった場合と、いわゆる浄霊を行なっていった場合の差というものを必要とする領域がやはりその世界に多々あるということなのですね。

何にもやらないというより、むしろ同じこと、同じ形態を取ってどうなるかということです。それが元々のプラセボという言葉の意味である。

いわゆる物理的な世界で言えば、基本となるスタンダードのカーブがある。それに対して浄霊の効果のカーブがそこに勝負するということになるわけです。つまり、いわゆる浄霊の世界だけはそのカーブをなかなか証明できないし、証明することが難しいとされている。

しかしもしそれを可能にするもの、プラセボ効果を出すことができたら、プラセボと比較対照できる結果を出せたら、そこに科学的な証明は成立するかもしれない。そうなってくるとプラセボをいかに作るか。プラセボをいかに研究するかという問題となる。

いわゆるプラセボの曲線と浄霊の曲線のディファレンス、いわゆる有意差といってもいいですが、この差をどうして出すかはなかなか難しいものがある。

これがもし証明できたら、浄霊の世界はもう1歩前に進む。

なぜ浄霊の世界が表に出ないかというと、科学的な証明が困難を極めることにある。これがなぜ困難だというと、目に見えない世界であるがために、証明が非常に難しい。困難を極めるところがあった。そしてそこに霊の介在がある。しかしもしこれにプラセボ効果が加わるとどうなるかということである。

プラセボとは何か

正確に言うと、プラセボというのは元々は偽薬という意味です。

通常、医療界で偽薬と本物の薬の関係、例えば風邪薬を飲ませる時に、昔煎じ薬といいましたが、今も使っている国が一杯あるようです。戦地で風邪を引いても、風邪薬がなくなった時に、これが風邪薬だといって渡す。実際には単なるメリケン粉であったりする。ところがこれが治るのですね。ただやはり本物との薬の差がある。

ところがこれがどういうことかと言うと、10人に本物の薬を渡した時に、8人治ったとしますね。ではプラセボでメリケン粉を渡した人は何人治るかというと、これはゼロではないのです。ややこしいことに10人中2、3人位治るのです。

実際の薬では2人位治らないのですね。そうすると薬で8人治って、偽せ薬の単なるメリケン粉で2人治ったとする。そうすると、何の薬でもないのに治ったということは、この場合それなりのプラセボ効果があったということです。偽せ薬でも、いわゆる偽せ薬の効果のことをプラセボ効果と言います。プラセボ効果で人が治るということです。

浄霊の世界とプラセボ効果

なぜ私がこれを言いたいのか。

浄霊の世界でもごく一般に大きなプラセボ効果が見られるからです。

大きな祭壇を設けて、それらしいことをやった時、依頼者の自分のためにここまでやってくれたという認識が感動を呼んで、収まるということです。あるいはそれらの行為で何らかの変化があったと自分で思い込んでしまう。そして厄介なことにこの世界はそういう感動を呼ぶことによって、精神状態が切り替わってしまい、いわゆる医療界で言うようなバーンアウトのような現象がそこで起きてしまう。

このバーンアウトというのは、いわゆる燃え尽きるという意味ですが、体質改善したり、思想が変わったりするとバーンアウトという現象が起きて病気が治る。極めてまれですが、そういう現象が起きる。宗教に入ったことによって病気が治ったというような例は、ほとんどがそのバーンアウトの現象に過ぎない。いわゆる精神的状態が変わったために病気が治る。

これと同じ現象が浄霊界の現実には数多く起きている。むしろ医療界でいうところのバーンアウトの現象が浄霊界では非常に数多く起きているということです。しかもその確率が高い。

バーンアウトでも何でも治ればいいという考えはあります。しかし知っておかなければいけないのは、いわゆるバーンアウトなどのプラセボの効果で浄霊が成就するには限界があるということです。いいですか。あくまでも限界があるということです。

ではプラセボ効果で治るのはどの辺が限界かというと、やはり三角形の浄霊ピラミッドの中ではプラセボ効果はレベルが低いからその底辺に値する。

つまりどういうことかというと、下の図の三角形の底辺に存在するものはレベルは低いけれども、小さなものが数多くある。

一方、ピラミッドの上に位置するものはやはり非常にレベルが高い。これらは容易に収めることができないが、数少ない。ところが面倒なことに関与度の高いものの半分近くはより底辺にいるので、その辺まではプラセボ効果でも簡単に収まる可能な領域なのである。

だから、病院の治療などのプラセボで治る領域よりもはるかに浄霊の場合は効果が高いということです。浄霊の世界ではこのように

この辺まではプラセボ効果でも収めることのできる領域である

かなり大きな数字でプラセボ効果があるということです。

つまり、浄霊の世界ではプラセボ効果によって物事が成就する。病気がそういう方法で治るのは見捨てられない数字だということです。だから、祭壇を設けて盛大にやった場合には、それによってやってもらったという思い込みの世界が大きなプラセボとして力を発揮する。浄霊の世界は現実には何も動いていなくても、何にもやっていなくても、何にもできない人でもそのプラセボ効果によって、その人の願いはある程度叶ったり病気が治ったりする世界、これが浄霊の世界であるということです。

―浄霊で何もしなくてもそういう効果が現れるということですか？

やったことによってプラセボ効果が生まれる。だから大仰さに何かをやって祭壇を設けて盛大に激しくやったら、やってもらったという感覚が１つのバーンアウトの現象を呼ぶ。

―例えば、クライアントがその気になったら病気なら治るということですか？

その通りである。その気になったら、治る場合がかなりある。

例えば、Aさんがあの女性にずっと通いつめている。しかしなかなかうまくいかない。そこで浄霊をお願いする。浄霊師はものすごい祭壇を設けて、それなりのことをにぎやかにやった。

〝さあ、これでやってもらった。絶対にあの子はもう僕のところへ来るはずだ〟。そういう自信満々でいくと、これが成功するのですね。いわゆるこういうプラセボ効果が浄霊の世界では結構存在するということです。

―要するに浄霊の力で1割、2割くらいの処理したもので、結果として5割、6割成功するということですか？

その通りです。つまり本人自身が結構超えてくれる場合があるということです。いわゆるこの世界によるプラセボ効果は非常に大きいものがある。医療よりもはるかに大きい領域を占めているということなのです。そしてそれを盛大にやったらそれだけ効果があるわけです。

例えば、それにプラスアルファがくっついてしまう。どういうプラスアルファがくっつくかというと、正規の浄霊ができなくて移動という浄霊やっている所は日本で非常にもう数が多い。私の勝手な判断だともう5割以上ほとんどが移動である。これは正規の浄霊ではないのに浄霊と言う形がある。つまり移動である。

移動とは正規の浄霊ではない

移動とは何かというと、ここにいる人間に1つの霊が憑いていたとする。これを山に移動させるのはよい。道路に捨てるのもよい。ところが、どこかにポンと飛ばしたりすると、飛ばした人に憑いてしまう場合もある。

ともあれ、移動は憑いた人間から一時的に離すということですが、これを移動というのであって正規の浄霊ではないのですが、そういう浄霊をしているところが日本では非常に数多いということです。

突然できるようになった霊能者のほとんど9割以上が移動を行なっている。浄霊というのはそれなりの修行を積まなければやはり駄目です。正規に積まなければできないものです。

浄霊というのは見えたら誰でも浄霊ができるという考えが間違っている。普通の人は知らないから、霊が見える人は浄霊ができるという考えを持っている。浄霊は浄霊、見えるのとは全く別問題です。浄霊というのは霊を処理することを浄霊といいます。

霊の処理の方法を学ぶのが浄霊です。見えたからといって霊が処理できるわけではありません。この辺を間違えてしまっている。

ここからそちらへ移動しただけでは、クライアントはどうなるか。その人はその時は当然楽になります。非常に楽になります。祭壇の所でやったプラセボ効果とプラスアルファです。このクライアントは治ったと喜んでいます。ところが、移動したものが移動しても治ったわけではありません。ただ、移動しただけです。完全に取ったならいいけれども、中に取った状態で終わる場合もあるのです。本人はそこから超えてしまって治る場合もある。その確率は10人のうち2割位です。だから結構移動でも治る確率は高いのです。移動が全く効果がないというわけではありません。

上手な人では2割、3割くらいはうまくいきます。移動しただけでも結構浄霊の効果があります。後の8割は駄目ですが。

ただし、後の8割の人には移動で一時的に外したものが再び戻ってくるのです。その時期は半年後、1年後ぐらいです。

そうなると人間はどういう判断をしますか。またおかしくなったからあの霊能者のところへ行こうと思うのですよ。そして再び行くことになる。

霊能者はまた移動します。こういう所が非常に多い。ただそのままその辺で収まる霊ならそれでいい。それを繰り返していたら浄霊師は最後にはひどい状態になる。それが原因で死んでしまう場合もあるし、病気になる場合もある。いろいろ悲惨な状態になっていくのです。

移動をやり続ければ続けるほど霊からの障りを受けるようになる

—それはクライアントですか?

霊能者がまず駄目になります。やはりだんだん時間が経てば、クライアントもよくない。また移動させたものが、すべて別なところへ行ってくれるかどうかという問題もあります。

例えば、ある浄霊師が霊を移動したとする。5つくらい霊を全て飛ばしたとする。それを1日に何10体もやってたら、飛ばし損ないの霊がその辺にいくつか残っているわけです。どういうわけか巷の人たちの動物処理というのは、ヘビなら1匹だけを追い出すわけです。動物というのはオス、メス、眷属と必ずファミリーを形成しているのです。なのにどういうわけか巷の人たちはオス1匹だけしかやらない。憑いているのはヘビ1匹だと思っている。1匹だけいるなら、苦労はないのですが。動物だって、オス、メスがいるのです。夫婦になりたいし、眷属だって子供だっているのです。1族を形成するのは当たり前なのです。

ところが、中途半端に見えたり中途半端に浄霊をやっていると、片一方だけ取る。さあ、それで未処理のものが全くなければいいが、当然残る場合もある。

俺は上手だという人が、仮にものすごい上手だとしても、それでもやはり何10匹と払っていたら1匹や2匹残ります。動物霊が1匹や2匹残ります。1日1匹、30日経ったら30匹です。2か月経てば60匹と未処理のものがその浄霊師の周りに残っていくわけです。

それが1年経ったら、2年経ったらどうなるかといったら、だんだん、だんだん重くなるのですね。どういうわけか浄霊師は猫背になっていくのですね。重くなるからです。そしてだんだん顔色が変わってくる。

何に1番その影響が来るかといったら、顔色がまず変わる。あれはどういうわけか、血管にくるのですね。赤くなったり、黒くなったりする。だから黒いような顔になったり、血管が浮き出たり、変に赤くなったりしたら、それは霊障だと思った方がいい。裏を返せばそういう浄霊をやっている所には行かないことですね。だんだん暗くなってきて、みんな陽気でいられないのですよ。浄霊をやっている所が陽気でなくなっていくわけです。

ともあれ、プラセボによって治る世界が浄霊界にはかなりあって、しかも1割とか2割とかそういう数字になる。2割いけば最大ですよ。1割とか2割とかそういう大きい数字を示している。何もやらなくても、その祭壇と賑やかな効果だけで治るという特殊な世界であるということを知っておかなければいけない。だから浄霊の世界とはそういうとんでもない世界と言えばとんでもない世界です。

しかし毎日移動のようなことをやってたら大変なことになる。とは言っても、すぐには繁盛しないから、あんまり依頼の数が来なければ、5年、10年命が延びるかもしれない。だからその浄霊師が倒れるのは処理した数に比例しますから。

レベルが必要とする霊処理はプラセボでは治らない

浄霊というのは、1割、2割治ったらプラセボではないかもしれない。

浄霊の世界はプラセボで営業できる世界。だからそういうレベルの低いような次元で営業している分では食べていけるし、どうこうない。

しかし、上の方のレベルへいったらそうはいきません。上の方のレベルの霊を扱うには確実に処理ができる人ではないといけない。やはり重大な問題を抱えている人の問題はやはり正規の浄霊の勉学をした人でなければできない。そこではプラセボがあるに越したことはないが、それをあまり考える必要はない。むしろ考えてはいけない。

ピラミッドの上の方に位置するレベルの高いものがきたら、一体どう処理するのかという問題があります。中にはもう考えられないような強いものがたまにいます。

どんなに必死になって処理できないようなのが、年に1回とか2回我々がやっていても出ますね。1回とか2回位出るのです。もうまるで手に負えなくて、皆がこうやってやったところで横向いて相手にしないようなとんでもない強いのが出るのです。霊処理をやっていると1年間に大体1体とか2体とか出るのですね。そういうのに出くわすと、大体その師匠やその周りの人がやられてしまうのです。そういう現象も起こる。

ではここ趣味の会でも起こっているかというと、実際に長い経験のある人は年に1回くらいありますかね。年に1個か2個ぐらいあります。それは当然です。

霊の世界にもとんでもなく強い奴だっているはずです。だから霊の世界は怖いし、甘くはない。

その点趣味の会の皆さんが教わっている霊の技術はどういうものか。そのとんでもない霊の奴でも習った浄霊の方法でずっと気長にやっていけば処理できるのです。それが皆さんが習った世界、正規の浄霊の方向です。他の所ではその強い霊に潰されます。他の所、つまり移動しかやっていないところではもろにその影響を直撃してしまいます。

皆さんはいくらやっても害は被らないやり方をしてますから、強い霊が出ても時間が掛かるだけです。でもどういうわけか、そんなものすごい強いのは滅多に出てこないからいいですけれどね。ともあれ、プラセボに頼るのはよくないということですね。

―基本的にそういう効果を期待しない方がいいということですね。

そういうことです。期待しないでやはり技術を覚えるということです。そして、現実の浄霊者はこういう状態で行なわれているというのを知っておいてください。

浄霊のプロになる③

浄霊は修行しなければ習得できないのか

浄霊は特殊技術です。だからこそ、この技術における付加価値というのはものすごく高いのです。その分、その技術を習得することは大変である。

そろそろ皆さん方は1体の霊処理をするために何時間も気を送るという大変さを嫌というほど経験したと思います。けれど、こういうのを1度は通らないと駄目なのです。それをなるべく楽しく通るためには、今ここで趣味の会で教えているやり方以外、私は存在しないと思っている。もちろん、従来の旧態依然のやり方で、私は水をかぶったり、山籠もりしたりしたいという人は、それでも可能です。

ところが、今そんなことをしたりすると、山の中で、〃おっ、死んでしまっているじゃない〃ということになる。修行は、ただ修行するだけじゃなくて、修行経験やレベルも必要である。

断食について

例えば、断食修行をやったことがない人が、突然、正規の断食をやったら、3日目から4日目にどうなるかといったら、3日から4日で、自分の持病が出てきます。病気が出てくる。弱いところが出てくる。

そして4〜5日ぐらい経ったその明くる日辺りで倒れてしまう。その次、熱を出すとかいろんな現象が起こるわけです。だから一般人が断食をやったら、体に毒が回ってその前に死んでしまいますよ。断食を頻繁にやっている人間、そういう修行をやった人間から言わせたら、突然、普通の人が断食などすると、体を壊して終わりです。

だから、断食についていろいろなことを書いたのがありますが、あれはやったことがない人が書いているのだなと思います。それは断食道場だけで、懇切丁寧に体を診てもらいながら断食やった人の話です。本来の断食なんて、そんな甘い世界ではない。

正規の断食のやり方があります。だから普通一般の人が突然やっても駄目です。体を壊して終わりですから。正規の断食をやったところで、だいたいもう早い人で3日、だいたい4〜5日で体がバテてしまう。ところが、いきなり全くの初心者がそういうのをやって、そのあと動けるか、動けないかとかの騒ぎになる。

正規の断食では、ただ断食をやるだけじゃなくて、だいたい、普通瞑想したり、本を読んだりいろいろなことをやっています。

慣れている人は、別になんということもなく、断食をしながら普通の生活を続けられる。どうこうなく続けられます。ところが、初めて行く人なんていうのは、もう〝腹減った〟だけで、伸びている。〝動いたら腹が減る〟なんて、バカなことを言っています。だから、ああいう修行にも、やはり慣れがあるのです。行ってみないと分からないですけどね。

しかし、そんなことをもうやる必要はないと私は思っています。だいたい、10日ぐらい経ったら、もう歩く気力がなくなるような人が多いです。あまりすることがないから、私なんかが「散歩に行こう」と話したら、「ええーっ!?」と驚かれます。慣れている人は、何をするかということになると、もう2〜3日目か、3〜4日目辺りから、水をかぶり始めている。水行と両方一緒にやるのがいいわけです。

そういう修行とか、行《ぎょう》というのはやはりレベルがあるのです。やはり慣れていないような人がやるべきじゃない。

昔、山籠りして、死んでしまった人は多くいたのです。

研修生の前世で1人いました。その人の前世を見たら、山で落ちて死んでいた。そういう人もいるくらいですから、結構昔は、修行する人が多くいたのです。

ともあれ修行というのはレベルがあるのです。ただ、今はそんな修行をしなくてもいいのです。ここ趣味の会でやっているのが修行の代わりなのですから。

営業のためのトークと真実のトーク

気功治療でがん患者がやってきたとする。

「あなたは必ず治りますよ」ということは言えない。ケース・バイ・ケースだから言ってはいけない。治った例があることは言ってもいい。しかし、「必ず治る」ということは、絶対言ってはいけない。なぜなら必ず治せるかどうかという問題があります。

それは病院の医師でも同じです。それと同じように、やはり浄霊の仕事を引き受ける場合でも同じです。こういうことを断言してはいけない。

例えば、「あなたに必ず自分の理想とする女を見つけます」とは言ってはいけない。しかし浄霊をして、女性と出会える状態、あるいは、もういつでも女性を捕まえる状態を作りましたということは言えますね。あとは自分の努力です。

でも、現実にどうかという問題があるわけです。

例えば浄霊を全部やって、準備万端に環境は整った。さあ、そこで女性が登場する。普段は通り過ぎてしまうけど、その依頼人（クライアント）は、その女性に近づいていった。そういう現象が起きる。普段なら、そのまま通り過ぎてしまうけど、そこに自分の意志が沸いてくると、つまり理想の女性を捕まえたいという思いがあれば、女性に積極的に近づくという行動が起きる。ところが、ボーッとしていて、「今日の晩ご飯は、カレーを食べたい」なんて考えていると、そのまま通り過ぎてしまうこともあるわけです。だから、決定的に言うことはできない。


ところが浄霊の世界でも決定的に言ってよいことも中にはあります。どういうことかといったら、精神的に追い詰められている状況の場合です。例えば、がんになった時、そのクライアントを精神的に追い詰めている霊がいっぱいいます。

追い詰められた気持ちというのは、死を目前にした患者にはもう非常に強い。これがいわゆる他人に、自分以外の人に理解してもらえないところなのです。これが1番重要なところです。いいですね。絶らず死を目前にした人なら、追い詰められた気持ち、死に直面して、自暴自棄になる気持ちがある。これは、絶対に浄霊者というのは忘れてはいけない。そして、その時の患者の気持ちを理解しなければいけません。

私の研究室の人間が、ある日、病院に入りました。1カ月経っても、2カ月経っても、出てこなかった。

「どういうこと?」とみんなが気になっていた。その病気は大腸ガンだったわけです。あと3カ月持たないでしょうという話だった。初めは本人も知らなかったらしいが、2カ月も入院したら、さすがにもう本人にも分かりますね。もう自分は駄目なんだ。帰してもらえない。検査入院といって、入院して以来2カ月そのままなら、どんなバカな人でも、〝ああ、自分はガンなんだ。もうこのまま死ぬかもしれない〟と、ほとんどの人が予期します。

彼ははっきり言って、狂ってしまった。自暴自棄になった。病院の中にあるものを投げつけたりなんかいろいろしました。見舞いに来た人にも、当たったりしていました。

つまり、そういうものを、いわゆる自暴自棄になる気持ち、この最も苦しいところを浄霊は助けることができる。いいですか。これはクライアントにはっきりと言っていい時なのです。

死期に近づいた人の、死を目前にした人の、自暴自棄になった人の心を追い詰められた心を楽にすることができますと。これはもう浄霊の領域です。死を目前にした時、霊の影響というのは、もう100％ピークに達します。そしてそれがちょっと行き過ぎてしまうと、自殺してしまいます。だから、死を目前にした患者の自殺というのは、数多いのです。これを救うのは浄霊以外にない。そして、この苦しみから抜けさせることができる。これは浄霊です。

つまり、そういう面においては確実に浄霊効果を言い切っていい。そして、その追い詰められた気持ちを浄霊では確実に治すことができる。ところが「がんは治る」というのは決して言い切ってはいけない。

このように、確実に治すことができると言い切ることができる言葉と、言い切れない言葉、この両方を確実に使いこなせるようにしないといけません。これが浄霊の仕事をするためのトークです。

我流の浄霊の怖さ

浄霊は特殊技術です。日本のどれだけの人ができるか。おそらく浄霊をこういう形で、完全にできるようになる人は、今、ここの趣味の会にいる皆さん方以外には存在しないと思ってください。

他の人は、どういう意味で存在しないか。

浄霊といえどもレベルがあります。巻ではヘビ1匹追い出して終わり、タヌキ1匹追い出して終わりです。確かに、オス、メス、眷属がいるのを、オス1匹出したら、離れます。一時的に移動します。そうしたらクライアントは楽になり、一時的には治ります。浄霊は確かに成功するのです。

ただし、未処理のまだ残っているものはその人に再び憑く可能性があります。移動させて離れた霊がそのまま離れてしまって終わる場合もあるし、また別なオスが残っている霊と一緒になって今度は別な病気にさせたり、別な症状を呈したりすることが起きる。

正規の浄霊を学ぶ大切さ

いくらやっても、自分たちに全く害がなく、返るところがなくて、そして相手も返るところがない。そういう形の浄霊はおそらく、今習っている皆さん以外には存在しないと思います。

巻で浄霊をやっている人はどうなるか。３年後、５年後に決まるといいますね。なぜ３年、５年後に決まるかといったら、我流の浄霊を常にやり続け、３年経ったら、暗く沈んだ顔になって、そのうち血管が浮き出ると、黒い顔になって、青黒くなって、５年後には、もう自分は地獄のどん底にいるような顔をしています。みんな暗い顔をしています。例外なく、我流の浄霊をやっている人は暗いです。明るい浄霊者なんて聞いたことがない。

ここ趣味の会にいる人たちは３年経っても、５年経っても変わらないのです。顔色１つ変わらない。こういう浄霊というのは、今、日本にも世界にも存在しない。

以前外国から来た人間で、オーストラリアからも浄霊をやっている人たち何人か見学にきました。もう皆さん、軒並み例外なく暗かった。たった１人の例外もない。動物の１ファミリーのオスだけを、あるいはメスだけを払ったら、あとどうなるのか。たまたまそれが憑かなくても、５回目、10回目に、１匹は戻ってきますよ。残して置くのですから。いつでも残した状態で浄霊を終わるのです。残された方だって不安が残ります。そういう浄霊をやってはいけない。

そこで私は、これが本当の正規の浄霊であるというのをやっていきたいのです。霊からの影響を受けて、どうにかなるような浄霊は、もうそろそろこの辺でThe endにすべきです。

確かに、たとえ自分は倒れても、それだけ救われる人がいるという考え方もあると思えば、また別ですけど。やっていいことをするのだったら、自分も救われて、自分にも影響ゼロにしないとやはり嫌でしょう。

質疑応答

─加持祈祷は影響を受けますか?

加持祈祷は1つ1つ霊を呼びますから、呼んだ霊が何1つ憑かないということは言い切れない。

祈祷家は必ず霊を呼んでいますから、やはり、憑く可能性はある。ただ浄霊ほどいちいち呼んで処理しているところまでいかないから、憑く可能性はかなり低いです。

ただし、その可能性は普通に生活している人と比べるとはるかに高くなる。だから、だんだん霊媒に近くなっていったり、顔が暗くなっていったりします。ただ、いちいち呼ばないで、前で一応、トントン、トントンと霊を入れて、「ああ、入った。ではさようなら」という形だけなら、これは関係ないですね。だから、自分が影響を全く受けない人は、言い方を変えれば、いい加減な祈祷家とも言える。

―よく霊能者は、霊と闘うということを言いますが。

そういう人は影響を受けますね。霊と闘う人は駄目ですね。正しい処理を知らないから闘うことになるのです。処理を知っていれば、闘う必要はないのですけど、処理を知らないと、霊と闘って追い出す以外にないのです。私から言わせたら、最も原始的な方法ですけどね。

―霊と闘う人は、霊に対してすごい怒濤というか、言葉でやったりしている。

そうなのですよ。霊だって、恨みとかそういうものがあるでしょう。それに対して、もう必死になって闘うわけです。

そして説得します。そして情けを掛けるわけです。説得と情けと闘い。その連続です。だから説得・情け・闘いを何時間も掛けると、霊が満足して去っていきます。

それで離れる霊もありますが、上に上がる霊はごくわずかです。10人中9人は移動するだけ。ただ移動しても、これがまた元へ戻るとは限らない。

移動したままになっている場合もかなり多いのです。

かなり移動していったん離れたら、結構そのまま離れていますよ。ただし、そういう人たちは動物霊にしても、オス1つだけしか認識がない。ここでは動物霊はオス、メス、眷属がいるということを知っていますが。

―でも、そういう人たちは、人だと思ってやることがありますよね。

人の霊の処理ができる人は処理する対象は人の霊だけなのです。動物をやる人はその対象は動物霊だけなのです。その人たちにとっても両方の存在があるというのを考えていない。というより、むしろ人と動物を処理する技術を持っていないから、持っている技術で解決する以外ない。

人の霊だと思って解決する以外ないというのは、世界の浄霊者の現実です。ここ趣味の会では全部を解決するということがどれだけすごいことをやっているかというのは認識がないですけどね。かえって、ないほうがいい。「あっ、こんな簡単でいいのだな」で終わってしまいますから。

ところが、霊の世界というのは、正規にあるものをすべてきれいにしないといけない世界です。

浄霊の世界では「5年経ったら顔を見ろ」と言いますけど、5年経った皆さんの顔をお互い見てください。何の影響もないから、沈んでいないでしょう。地獄をはいずり回っている顔をしていないでしょう。逆に太っていますから。だから3年経った顔を見よ、5年経った顔を見よというのは、これは浄霊者の常識なのです。影響を受けている人は生きていない顔をしています。

そして、行者の最期は哀れなりという形になるわけです。だから浄霊は習い始めて、3年、5年経った時に分かるのです。

もっと厳格なことを言うと、陰では、「10年生きている師匠はいない」と言います。寂しいですね。大概どんどん死んでしまうからです。

師匠になるとどうなるかというと、霊を他の人の体に移すことをします。査神はやりますが、自分の中に霊を入れることはやらない。他の人に移しているのですね。そしてどんどん、どんどん被っていきますね。それでも10年というのを、15年ぐらいは生きられますけどね。

みんな暗い顔になっていっていき、だいたい苦しい最期を迎えますね。だから、みんな暗いのですよ。本当に暗い顔をしている。もう「暗い」の一語に尽きるね。すると、そのうちに顔が赤黒くなってくるのですよ。

なんか変に黒くなってきて、血管が浮き出きます。赤黒くなってくるのです。それが現れてきたら、もう危ないですね。それでいて浄霊の結果は、皆さんの5分の1、10分の1ですよ。皆さん方の5年経った人の5分の1ぐらいの結果しか出ていません。

躁うつ病の治療の浄霊では、やればやっただけ、どんどん、どんどん結果が出ます。ところが本人とか家族はその認識がない。悪いところばっかり目について、それ以前を振り返るということはしない。そういった面があります。そのために記録しておいて、「これは、こう治ったのでしょう」という確認をいちいち説明する必要があるのは治療と同じです。

「こういうところが、よくなったでしょう」と言うと、「ああ、そうですね」と家族は初めて気づくのです。

悪いことなんかみんな忘れて、治ったところは表に出ないで、悪いところばっかりが表に出るのですね。躁うつ病はそういう意味ではわりと難しい。

あの辺はもうどうしようもない。人間の本性ですから。悪いことや苦しいことは忘れる。だから悪いことが治っても、忘れてしまうのです。ちょっとガッカリですけどね。だから、いくら治っても、「なんにも治ってない」と言われます。

でもこれは人間の本性で仕方ないことなのです。だからその変化を記録しなかったあなた方が悪いということです。

記録しておいて、「ここは、こう治ったでしょう」と教えて、初めて患者は自覚する。「ああ、そうなんだ」と認識させてあげるのです。相手はバカなわけじゃないのです。だから、その辺をよく把握してやればいいでしょう。

第7章

浄霊アラカルト

●●● 世界と日本の浄霊の相違・質疑応答

アメリカの実情はどうなっているかというと、アメリカ、イギリスを始め世界のどこの国にも動物霊の認識は存在しない。

私が行ってみて浄霊らしきものをやるところは、あっちこっちにいっぱいあります。それから、物質移動というのもあります。

ただし、動物の存在というのは眼中にない。もともとないから、その認識できないのではないかと思います。なんやかんや言ってもその方面では日本はやはり進んではいます。

―動物霊がいても、関与はないということですか？

いや、理解されていないということです。充分に関与はしてます。

動物霊の存在が分かっていないのです。だけど、そういうのも成り立つのです。

では世界はどうなっているかというと、まず、関与は死んだ人間と先祖。そういうのしか考えがない。特に死んだ人間に関しての考え方が強い。

—それでも、見える人がいるわけですよね？

いますね。見える人はいっぱいいるけれども、ところが、どういうわけか、動物が関与して云々というふうには考えないらしい。

—動物を関与としては見えない。いるのは見えても？

いるのは見えてもね。だから、それが大きく関与しているとしても、それを処理するということは考えていないと思いますね。そういう考え方自体がないのじゃないですか。処理することと自体考えがない。中国あたりでは昔から神様みたいに思っているところがある。

リュウなんかはいいことをするようにしか考えない。だから、見えないわけじゃないです。だから、リュウの存在でも、神様のようにしか思っていない。その辺で動物を処理するという考え方はない。アメリカ辺りを見ても、霊を離したら病気が治るとか、そういうような考え方がありますね。だから、それに対していろんな方法が取られています。でもそういう意味では、霊の存在を死んだ人間が災いしているとか、そういうような形で考えます。

しかし、霊そのものの存在を考える中に、動物霊の存在は存在しない。

―その原因は宗教の影響ですか？

そういうことより、むしろ最初からないという考え方ですね。その根本は、やはり天地や大自然にいるようなヘビが人間を災いするという考えはあまりないわけです。避けて通れば、別にそんなところへ行かなくてもいいわけです。その考えは結構根強いものがある。人間は善人も悪人もいる。だから、死んだ後に障るとしたら、やはり人間だという考えに基づくのでしょうね。もともと動物霊の影響というのはあまり考えない。自然のものとしか考えないですね。だから、あの辺がちょっとびっくりしてしまいます。

その点、日本にはある程度動物霊の影響という考え方が元々あった。

―日本独自なのですか？

日本独自というより、日本の方が進んでいたと考える方がいいですよね。だから、影響するのはしているわけです。

ところが、リュウにはいい方向に影響するという考え方があった。ただ、永久に影響するかどうかは問題です。ただ、今の時代に、霊の世界というのはだんだん変遷しています。変わっていきます。それを人間社会で理解しようとすると、なかなか無理があります。

仮に皆さん方が霊の世界を理解しようとしても絶対できないものです。少しでも近づくとしたら、いわゆる方向性はあっても時間と距離がないというのはどういうことかということをもう少し深く理解できるといい。それと人間社会が舞台であるということを、つまりこの地上の生活は演劇をやっているに過ぎないという考え方をさらに理解できると霊の世界が少し見えるようになってくるでしょう。

政治的に関与する動物とか人とかいうのは、これはまた別問題になります。政治問題とかそういうのに関与するものは、人間個人には関与しません。政治は政治でこれはまた別ですね。やはり、その地域社会、地域性の中の生きている動物、その中の人間というのがあります。そういう形が大きな動きを把握します。そういう人は個人には憑かない。

それを具体的に言うと、例えば、福島に来たら福島独特の雰囲気があります。これが政治に関与する霊の存在です。また、山形に行けば山形独特の雰囲気がある。東京に行くと東京独特の雰囲気がある。それは1つの霊の存在です。

ところが、そういう存在というのを霊能者がそういうことを理解している人は過去にも現在でもおそらくいないと思います。また、理解する必要もないでしょうね。

ただ、過去でも現在でもそうですけども、霊の存在というのは、やはり自分に禍いする。これは人間に禍いするものとしか対処としてはなかった。自分に禍いするもの、人間に禍いするものとしか見ていないから、戦争とか、地域社会に関与する存在という考え方で見る人はないですね。

だから、地域社会に関与する存在はあまり考える必要はないですね。地域社会に関与する存在を考えても、はっきり言って太刀打ちできないですよね。普通のレベルでは無理です。向こうもこちらを相手にしてないし、こっちが向ったところでどうしようもないですからね。

そこには政治対政治家さんの流れがあります。省かれたり、別な人間が大統領に立ったり、そういうことが入れ替り立ち替り起きている。そこを支配する霊の存在、人間の霊の関係の存在、あるいは、神様の存在とかいろいろなものがありますからそんな簡単なわけにいかないですね。だから、動物霊がそんな幅を利かすようなわけにはいかない。言うなら、霊の世界にはこれも人間社会と同じような複雑な社会がそのままあるのですね。

皆さん方が担う浄霊を通して見る世界は、むしろ浄霊のほんの1部だと思った方がいい。これが霊の世界の全てだと思ったら誤りです。それはごく人間に関連しているだけのセクションだということです。だから、殆んど今までの浄霊者というのは自分たちが見える世界が霊の世界だと考えていた。

例えば、目の前でうろうろとしているものが関与している。そんな世界にぐらいにしか考えていない。霊の世界はそんなものではないのです。ちゃんとした政治もあれば、トップもいれば、みんなあるのです。

上の世界の政治形態は、この地上よりはるかにしっかりしたものが作られている。だから、今あるこの社会の政治機構は、それに類したもの全部がそのままあると思った方がいい。それより、もっとしっかりしたものがある。そういうのがある。その中の仕方がないような人間とか、ややこしい人間が現実界の人間にちょっかいを出してると、そんなふうに考えた方が正解です。ともあれ、あまりそんな政治とか地域社会とかに関する霊の存在のような大きいことを考える必要がないですね。

浄霊というセクションで考えたらいいと思いますね。ただ、そういう上の世界を分かっている人が今までいなかったのかというと幾人もいました。ただ、そんな人は結局何もしゃべらずに、そういう様子を見ながら生活をして、そのまま死んでいきますね。真実を知っているそういう人たちは誰1人としてしゃべらない。話しても仕方がないからです。話をしても分からない人間に話すようばかなことをそういう人たちはしない。

会って見て、それが分かる人間にはそのまま普通に話をする。その内容がずれるなんてことはないですよ。現実界の宗教みたいに、〝神様がこっちに1人、そっちに5人いるから合わせて10人だね。だから多神教だ〟なんてそんなややこしいことはなにもない。もう全部話は同じです。初めて会ってもずれがない。そういう世界なのです。ただ、そういう人達は殆んど普通には口外しない。

霊をあまり感じない人、霊を強く感じる人、それは人によってみんな違います。ガードを壊していけば、霊に敏感になります。

霊に鈍感な人は強く感じるようになる必要があるか。その辺も問題です。結論的に言って、ガードを持っていて、あまり感じない方が浄霊には楽です。霊媒体質になっても仕方がないですからね。

ただ、それにあんまりこだわって、霊を見えるようになりたいなんて思っていると、ガードを壊す可能性があります。そういうことはしない方がいいですね。

また見えるようになりたいからと言って、そのためにガードを壊すということだけでは見えるようにならないですね。ただ、見えるようになりたから、〝じゃ、俺はそうしてやるぞ〟と言って動物霊を呼びます。はっきり言って、動物霊1匹憑いたら誰でも見えるようになります。それはほんの10分間で可能です。

現に和歌山ではそれをやっている人がいます。今はもうあまりにも悪評のために止めてしまいましたが、1回50万円ほど掛かりますが、ほんの10分間で動物霊が憑きました。

霊に弱いガードというのは、なんか感じやすいか、あるいは感じにくいかの問題だけでなく、霊の影響を受けやすい状態になるので、病気になる可能性はある。つまり、それが病気の引き金になる可能性はあります。

だから、それがその人にとって、越えるべき運命だと思った方がいいですね。越えられなかったら負けて病気になるし、超えられたら、今度は同じぐらいの障害がきても平気で乗り越えてしまう。病気にもならなければなんともならない。そういうふうに人間は1歩1歩進歩していくと考えた方がいい。その状態を越えられずに負けた時点で病気になる。負けた時点でおかしくなる。

越えるための1つの手段として、この気功治療なり浄霊なりに出会った人は幸運ですね。もう出会ったこと自体チャンスだろうと思いますね。大体、越えられなくて病気になってしまったり、霊の影響を受けてどうしようもなくなったところで、あなた方浄霊師に出会った人は、そこで越えられるようになるのですから。それもすばらしいチャンスがその人に訪れたと思うしかないですね。だって、そんな人はひと握りもいないのですね。ごくわずかなのですよ。皆さん方に出会って救われる人はね。これが基礎となって、この技術がそのまま日本に残っていくでしょう。

―ピラミッドについてお伺いしたいのですけど、フレーズで、動物霊、先祖霊、自縛の動物霊、自縛の人の霊が出てきますけど、動物霊のピラミッド、人の場合のピラミッドというのがあるのですか？

ピラミッドは1つですから、それを動物霊で崩そうが、人間の霊で崩そうが同じなのです。混在してあるのではない。1つと考えるのですよ。だから、それを何の手段で崩すかということになる。だから、1つのピラミッドに対してハンマーで崩すか、あるいは手でかじって崩すか、何らかで崩す。それを崩す手段がその浄霊の手段だというわけなのです。1つのピラミッドがあって、それを崩す手段として、皆さんが動物を使ったり、人間を使ったりするというふうに考えた方がいい。

―道具になるハンマーが動物霊だったりということですか？

そういうこと。そういうふうに考えた方が浄霊はぴったりですね。だけど、実際やるには、ピラミッドの中に何が存在するかという形でやりますけどもね。1番上のものをやれたら1番いいですね。

―フレーズで霊を呼び出す時に、霊がどうやって認識するかということを知りたいのですが、例えば呼ぶ人が、私が、患者さんの症状をよくしようとかじゃなくて、訳の分かんない単語で言ったりしたらどうですか？

そういうのは駄目です。霊は意識ですから、自分が分からなくてやった場合には、分からない意識でしかない。例えば、あなたのことを間違えてAさんと言いますよね。では、Aさんのところへ行くかといったら、行かないのですよね。Aさんがあなたになるのです。意識はあなたをAさんと思っている。私がこう言っていたら、もはや名前は関係ない。意識がそこへ向っていたらその人はあなたになる。それが霊です。意識が言葉なのです。だから、それを間違えても、意識があなたへ行ったらAさんはあなたになる。

〝あ、この人ね〟といくわけです。

Aさんはそっちにいる人で、言い間違えていても、霊がそっちにいるAさんへ行くかというと、それはあり得ない。意識があなただからあなたへ行くのです。

―霊には名前を教えることないのですね？

必要ない。だから、例えば、福島市の置賜町に住むAさんと言った場合に、山形のAさんのところには行かない。ここに10人いたとしても、ここへ来ているAさんが分かれば、あなたが知ってるAさんはここへ来てるから、〝あ、あの人だ〟と思うわけですよ。あの人だと思った意識はそこへ行くのですよ。だから、霊を呼ぶとき町名と名前だけでいいと言うでしょう。町名と名前で、その人の意識はもう十分です。番地なんかいらない。生年月日もいらないのです。

—相手のことを本人が分かっていて浄霊する場合は、もう名前だけでもいいわけですか？
何々市の誰々でいいのです。ただ、それは生年月日を言った方がもっと確定的に言いやすいという場合は、生年月日を言えばいいですけども、現実には、何々市の誰々で十分行くのです。だから、意識の向かった方向、例え間違ってもその通りです。だから、今言ったように、間違った解釈をして自分が分からなくてボーとして言っていたら、ボーとした奴に行くのです。向こうだってそんなの訳分からないですよ。

—では会ったことのない人の場合、誰の知り合いとか、誰の奥さんとかでも可能ですか？
それでも呼び出せますね。意識がちゃんとあればの話です。意識の形が作られれば必ず出ます。

―私が知らない、会ったこともない人も意識で大丈夫なのですか？

必要ないですね。だから、意識の形が全てなのです。そうでなかったら、この世界はもう全然駄目です。

―どこに住む誰々というのは分かるのではなくて、写真の中のこの人というのはどうですか？

写真でもこの人と分かれば、それも意識が持って行ける。例えば、ここの研修会に来ているAさんでも、意識はAさんで出てくるでしょう。

―２００３年何月何日何時何分というのは、２００３年なんて入れなくてもいいのですか？

何日のその時に意識が向かうことができればそれでいい。

例えば、ここで、あのおもしろくないBと言えばBがドンと来るのですよ。分かりますか。それでもできるのです。その感情でも、自分のおもしろくない意識がそこに向かっている。

あるいは、例えば、〝あ、ちょっとかわいい子がいたなあ〟と思って、ここで見たかわいい子だけでも、意識がそこに向っただけで来る。名前はいらない。これが意識という世界。いわゆる、これが霊の世界の常ですね。

―浄霊ができる人のところには、余計に霊が集まって来るということはあるのですか？

特別にそういうことはないですね。ただ、処理をしてもらうのを見ていて、例えば、あなたがこの人の関係する霊を処理していたとする。ところが同じくらい影響している霊がもう1個いた。先に浄霊してもらった霊だけはいい思いして、後の方はいい思いをしていない。

そうすると、後の霊からしてみたら、先に浄霊をしてもらった霊がクライアントにした同じやり方をして突っつけば、また、クライアントはあなた（浄霊師）のところに浄霊依頼に行くだろうと考える。大体、あなたのところに直接行って突っついたところで何も分かってもらえないから、自分をやってもらうためには先の霊がしたのと同じことをして、自分のクライアントを突っつけばいいわけだね。自分で可能性がないようなところへ行くわけがない。だから、あなたのとこへ行くなんてことは絶対にあり得ない。

例えば頭痛がした。あなたが頭痛に関与するものやってくれた。そしてきれいになった。

それを見ていた霊は〝そうか、あいつはそういう方法でいい思い（浄霊をしてもらう）をしたのだったら、同じ頭痛を引き起こせばいいじゃないか〟と言うことで、ポーンとやって来て、また、あなたがやってくれるだろうという期待をするわけです。

―つまり、症状は同じということですか？

そういうことです。霊はそういう真似をよくします。

―それは人でも同じですか？

同じです。それはどの霊もできます。

―それでは、それを手掛けたことによって、もう際限なく霊が出て来るということですか？

そういうことはないですね。というのは、全ての霊が真似ができるとは眠らない。動物でもです。ただ、新たに起こすのは難しい。新たに何でも作り上げるのは難しいでしょう。ところが、一旦頭痛を起こしたメカニズムを霊は見てますね。そうすると、その真似をするのはやさしい。でも、頭痛を起すだけの同じ力がなくてはできない。そのやり方は分かりますよ。ただ、何か組み上げて作ったら、〝じゃ、俺もやってみよう〟と思ってやりますね。でも全く同じ状態でやれる人はそんなにいないでしょう。

霊によっては近い状態にはやれる。でもちょっと失敗することもある。下手な人では駄目なのです。

―そうすると、その霊はずっと相手してもらえないでしょう?

それだけ影響がないのだから構わない。

つまり、そういうことなのです。同じくらいの力がある人(霊)は自分をやってもらうため、先の人のパターンと同じくらいのことはできるのです。だから、逆に、浄霊したのにまだ変化がないとしたら、同じようなものがまだいるというふうに解釈してもいい。そこで、それをまたやるとしたら、それを見ていた別の霊が真似しようとする。だけど、それだけの力をその霊が同じように持っているかという問題がありますね。すると、そこまでできないから、この間、ワーッと頭が痛かった。でもなんか半分ぐらいに痛みが減った。おそらく皆さんはすでに浄霊をやっていてこのような経験をしていると思います。半分ぐらいになったけどまだあるなという状態です。これが真似ですね。

―最初に頭痛のフレーズで浄霊して、もう完全に浄霊が終わったと思っていても、患者さんがもしまだ頭痛があると言った時にまだいるということですか?

当然頭痛のフレーズで呼び出すと、まだ頭痛に関するのが出てきます。

―同じフレーズでやると同じ霊が出てくるのですか?

違うものが出てきます。何回同じフレーズでやっても違う霊が出て来ます。だから、同じフレーズをやれば、それと同じ形でやろうとするのがいっぱいいるわけです。しかし、その時は半分ぐらいしか真似ができない。いわゆる、芸がまだ半分ということです。

―幻聴に関与するのが先祖霊が6体、自縛霊が4体いるとすると、最初にそういう数字が出ているということは、どちらの霊も同じような強さなのですか?

1つの霊だけで幻聴を起こすとは限らない。相乗でやる場合も結構数が多い。

―霊同士が連絡しているということですか?

連絡はしてない。お互いに影響を与え合う場合もあるし、1つの霊だけで影響を与える場合もある。ただ、ここで忘れてはいけないのは、2つの霊が作用していたとしても、あともう1つがドンと来てそうすることもできる。いくらでも同じことができるのです。動物もできる。

お互い協力していなくても、お互い時間がない世界にいるのですからそれが可能なのです。この詳細はもうちょっと時間のない世界のことが分からないといけない。

例えば、ここにいる動物2つがAさんに作用して頭痛を引き起こしたとする。それでそれらを処理した。すると次にまた別の動物霊やまた別な人の霊が来る。

では、これはどう作用するか。やっぱり同じような痛みを起こす。だけど、前にいる人は処理されて、この後ろの人が真似をしたとする。どこまで痛みを起させるかというと、これはまた違うのですね。先の人と同じような形にはいかない。

処理する時は人の霊が違うから、また形が変わる。おそらく大体弱くなる。ところが、逆に強くなる場合だってある。〝俺の方がもっと上手に作る人だよ〟という場合もある。そういう場合はもっと芸が細かくなる。

―がんで痛みがどんどん、どんどん強くなっていくというのは?

それを見て逆に進歩する。霊も進歩するのです。勉強するのです。学習してしまうのです。この人をこうやって痛めた。〝何やってんだ。もうちょっと悪いとこを突っつけばいいじゃないか〟という学習も霊はします。

―では、そのとき浄霊をやった方がいいわけですね？

やれば終わりです。真似はちょっとしかできないのもいるし、半分しかできないものもいる。逆に、それ以上上手にやるものもいるということを忘れてはいけない。でも、それをやってしまったらもう終わりです。

―これで根治して終わりですか？

ただし、例えば、人間が最も弱くなる時、すなわち末期を向えるような時、どこからでも霊は攻められるでしょう。そうなってくると、どんな霊でもいろんな霊がワッと寄ります。人間が弱いとどんな霊でもやれるからです。

―弱っている時というのは、死を向える時以外にもあるのですか？

いや、風邪で弱ったところでたがしれてますよ。本人はグタッとしてるけども、実際には一時的に、精神的に弱ったところでそんなに霊が寄るものではない。

―本質的な生命力が弱っているという場合は？

苦しみの状況であれ、精神的なものであれ、そういうことですね。本来、末期になって苦しんで死ぬ時、あれほどの苦しさは本来はない。殆んどあれは霊の影響でなる。もの凄い苦しみというのは、大体霊の影響なのですね。実際の苦しさ、痛みというのはほんの3分の1から4分の1ぐらいであると思う。だから、それら全部取ってきれいにしたら、そんなに人は苦しまないのです。

―末期の人に関しては、一応精神的に追い込んでいる浄霊もやって、ガードを作ったらどうなのでしょう？

それは一考ですけども、霊の強さにそれが追いつくかどうかだね。本質的に弱くなっていると、やはりそれを越えてますからね。

●●● 車の浄霊（タヌキの霊）

新車は気をつける

車の払いについてです。新車なら大丈夫と思っている人がわりといます。ところが新車なのに、人が憑いている場合も意外と多い。というのは、どうしてかというと、車というのは今すべて工場生産される。つまりそこには人間の手が入らないで、ほとんど機械操作で造られる。ということは人の念など何も憑いていない純真無垢でゼロに近い状態で車は新しく生産される。これは裏を返せば憑きやすいということです。

最も気を付けないといけないのはカッコイイ車で、新車で長らく飾ってある展示車。それが欲しくて、欲しくて仕方がなくてそれを見に、何日も通う人間というのがどこにもいるのですよ。かっこいい真っ赤なフェアレディZを見て、若者がズーッと通ったりとか、ホンダのスポーツ車なんか見に、毎日通うわけです。だから、気を付けないといけないのは展示車です。まずその展示車には何か憑いていると思っていた方がいい。だから皆さんは、展示車をあまり買わない方がいい。展示車でもそういう場合がある。展示車に通う人の魂が入るというか、意識が求める、「欲しい、欲しい、欲しい」でベッタリ生霊がくっついている。それで憑いてしまう場合があるのです。

それともう1つ新車でよくあることなのですが、いったん納入します。ところが、使わないで戻ってくる。あるいは、ちょっと使って終わりというような車。いわゆる本来だったら、新古車という名前がついていますね。ところが新古車でも新車で扱ってしまう場合が多い。ディーラーの手にかかると、新古車は、ほとんどが新車になってしまう。実際は新古車ですけども、新古車としないで、新車で納入してしまう。儲けはめちゃくちゃ多いです。そうすると、前の持ち主が当然、そこに憑いていることになる。普通で、何の問題もない持ち主ならいいのですが、だいたいそういう形で戻ってくる持ち主というのは、だいたい問題がある場合が多い。

そういう1つの例を言うと、あれはセルシオでした。それは事故ばっかり起こす車でした。「どうしてだろう?」と思ったら、寝たおじいさんが憑いていた。セルシオが欲しくて、欲しくて、仕方がなくて、やっと買った。ところが当人は病気がちで、とうとう最後まで1回も乗らずに戻してしまった。だから、そのおじいさんがその車にビッタリくっついていたわけです。どういうわけか、その車は事故ばっかり起こすわけです。

これは死霊の話です。

何度も、何度も事故を起こすので、そのおじいさんを結局浄霊して、車をきれいにしたら、その事故はなくなった。たったその人1体の処理で終わりました。

車というのは、こういうものなのです。

このケースはたった1体で終わりました。そこでこういう問題は1体で終わるかということです。だいたいそういう場合の浄霊では以前のその車の持ち主という形にして指定するので、その持ち主1体で終わる確率は高い。

例えば幽霊が出る。いつでも女の幽霊がある男性に囁きかけるとする。その女性はその男性に騙され続けて、恨み続けて最後に死んでしまった。そして、その死んだ女性がいつでも話しかける。そういう例では「話しかけている人」というように特定するから、これは1体で片づく可能性が高い。

いいですか、浄霊というのは、そういうふうに特定が容易にできた場合には、比較的早く処理できる。だから、先の車の例とか、ホテルの1室に出る幽霊というような場合の浄霊は意外と早い。

それと形があるから、処理しやすい。

〝さあ、この浄霊であの幽霊は消えましたか？〟「いや、まだ出てきます」。そこでまた浄霊を行なって、

〝まだあの幽霊は出ますか〟。「いやもう出ません」。

〝ああ、もう誰も出ませんか。それじゃあ、もう大丈夫でしょう〟という結論が出せる。車の事故はちょっとそういうようにはいかないですが。

〝ああ、またぶつかった〟。〝ああ、今度はぶつからなくなった〟。そうやって何度もぶつかって死んでしまうと悲劇ですからね。

そういうふうに考えますと、浄霊は1回やって終わるとか、もう目安があるというのは非常にやり易い。ともかく新車でも霊が憑いている場合がかなりあるということです。

中古車はたくさん憑いている?

では中古車はどうか。中古車はいっぱい憑いているか。中古車は意外とそうでもない。結構「車が来た、嬉しい」ということで喜んで乗っていますね。だいたい車が来た時、誰だって喜びます。喜んで乗っている。そして十分に乗って、楽しんだ。いい思いで終わります。だから憑きようがないじゃないですか。

「新車だ、わぁ、嬉しいな」と楽しみながら乗った。今度、新しいタイプの車が出た。「じゃあ、今度はそっちに乗り替えよう」ということで乗り替えるでしょう。

これではその車に思いが残らないのですよ。ただし、事故を起こした場合、その事故の念が残ります。だから中古車が悪い云々といっても、そんなに影響するものではないのです。

ただ、新車でも中古車でも、やはり霊的なチリ・アカは多少はあります。

だからいったん浄霊して上に上げて、きれいにしたらいいでしょう。車はやっぱり上げるべきです。自分たちで使うとしたら、皆さんはそういう処理ができるんだから、いったんきれいにするために上げてやるのが1番いい。物霊で上げるのです。結構重いですけどね。

ただ、こういうのもありました。新古車を買った人がいました。その車を買った本人は非常に喜んでいて、私に見にきてくださいというものだから、見に行ったのです。すると、その新古車の後ろの座席に、女性がお腹を押さえて倒れていた。
「ものすごく安く買ったのですよ」。
〃そりゃ、安いでしょうよ。幽霊つきです〃。

それはほとんど新車に近い状態にもかかわらず、その車は本当に安く売りだされたのです。実はその車はいわくつきだったということです。この車は急病人を運んだのだが、車の中でその急病人は死んでしまい、そのまま病院に入った車だったのです。

元の所有者は、後ろで人が死んでしまったから、縁起が悪いから、売りたくて仕方がない。「いくらでもいいから、売ってちょうだい」ということで売りに出した。だから新しい車というのは何かあるのですよ。特に新しくてバカ安いのは気を付けないといけません。

そうしたら、それが事もあろうに、普通の病院の奥さんの車だった。

開業医の病院にある女性が駆け込んで来た。それで見かねてか、その奥さんが「うちでは駄目だから」というところで、奥さんがその女性を後ろに乗せて、大きい病院に連れていったら、その途中で死んでしまった。その奥さんはその車は縁起が悪いということで、その車を売りに出したということです。そういうことがありました。その女性は、まだそのまま後ろの座席で「痛い、痛い」と言いながら座っていましたね。そして座っていたのが倒れて、いつの間にか横になっていましてね。そして車の中ですっかり安心しきっていた様子でした。だからそこまでは意識があったのでしょう。

—もし、運んだのが死体だったら大丈夫ですか？

逆に死んでいたら、意識がないから大丈夫ですね。「お願いします、お願いします」と言って乗り込んできて、横になって、そのまま死んでしまう。これが1番最悪なケースですね。

動物を引いてしまった場合、恨まれる？

—ネコが車の中で死んだ場合は、どうなのですか？

憑く可能性はありますね。だけどネコとかイヌはあんまり執着しないよ。

―やっぱり人ですか？

人間はやっぱり死んだらそのままの状態でいるから、そこから離れないのですよ。

―よくイヌやネコを撥ねるじゃないですか。車を運転していてパーンって、撥ねちゃって、殺しちゃったとかいう場合はどうなのですか？

状況が問題です。

例えば僕もワンちゃんを撥ねたことがあります。堤防をズーッと走っていったら、突然ボンと音がして、そのワンちゃんをボーンと撥ねて、ポーンと堤防の下へ落っこちてしまった。どういう事情で、そのネコやイヌが死んだか。問題はそれです。例えば、僕の前に飛び出したワンちゃんは、突然、ボーンと飛び出してきて、こっちの車を見る間もなく、ボンと撥ねられた。だからあのワンちゃんは、撥ねられたことも知らないと思いますよ。

突然、ドーンとぶつかって堤防の下にボンと落ちてしまった。だからその状況下だったら憑きようがないでしょう。

つまり、そのとき相手に何の認識もないからです。認識はゼロです。自分が飛び出したことすら、おそらく分かっていないと思う。イヌにとっては突然、衝撃が走っただけなのです。イヌというのはこっちを見ないですね。突然目の前に来て、そのままボーンで終わり。「ああっ、ワン公が突然出てきた」と思った瞬間に、イヌだってびっくりして、こっちを見るかと思ったら、見なかったね。横を向いたまま、ボンと当たって終わりでした。

イヌというのは突然飛び出してきた時にはやっぱり前を向いていますから、横からぶつかるなんて思っていないわけですよ。

もう1回同じようなことがありました。オスのきれいなヤマキジでした。サーッと車で走っていったら、突然、キジがスーッと出てきて、ボーンと当たっちゃった。

〝あっ、キジだぁー!〟。それで脳震盪を起こして、ピクピクッ、ピクピクッとやっていましたが、数分後突然、バーッと逃げていった。

とにかくこういう状況では別になんにも恨まれない。恨まれる理由がない。

では恨まれるケースは何なのか。憑くケースは何なのかということです。

ある日、車で走っていた人がいます。実際、これは私のところへ相談に来たケースです。橋の上にさしかかったとき、ネコが上からずっと流れてきた。そして何かにしがみついていて、ネコがそのままズーッと流れてきた。昔からよくある光景ですね。その人は車の中からそのネコを見て、〝ああ、ネコが流れてらぁ。かわいそうに〟と思ったその瞬間から、憑いたのです。その人はその瞬間からおかしくなっちゃったわけです。

これが最も多いケースです。覚えておいてください。だから、例えばこの人がネコだとする。その前に捨てられたとする。死ぬ寸前、餓死寸前でウロウロ歩いていたとする。そのとき、そのネコを〝かわいそうに〟と思ったら駄目です。〝どじだね〟と言って通り過ぎるのだよ。そうしたら憑かない。

つまり、〝ああ、かわいそう〟と思っている意識が通じたら、ネコは〝なんだ、そうだったら、おまえが救ってくれ。おまえ、救ってくれるのか〟というところで、しがみつくわけです。別に体で捕まっていかなくても、〝かわいそうに〟と言ったら、〝おお、おまえが救ってくれるのか。ありがとよ〟ということで、しがみつきます。心がしがみつく。いいですか。動物は心がしがみつくことを忘れてはいけない。

それと、ここで重要なことを教えてあげましょう。動物は、〃かわいそうに〃と言ったら、心がしがみついてしまうのです。

鉄砲で撃たれた動物霊の恨み

また同じように猟師の人にも憑いてしまう。キツネやタヌキをドンと撃ちますね。撃たれた動物の心が恨むのですよ。動物でもすぐには死なない。ドーンと撃たれても、ほとんど即死に近い状態でも、わずかな間は生きています。そうすると〃ちきしょう、あいつが撃ったのか。あいつが俺を殺した〃と思うわけです。

そういう認識があります。その時、その撃たれた動物は、〃俺は、あいつに何をしたんだ〃と思います。これはみんな動物が共通して言うことです。

「俺が、おまえに何をしたんだ。俺は、おまえに殺される恨みはない」。キツネやタヌキは、みんなそう言います。

確かに撃たれたタヌキからしてみたら、キツネからしてみたら、〃なんで、おまえに殺されるんだ〃と思いません？　何の恨みもないのですから。そして、その時点より憑きます。

だから猟師は昔から言います。「猟師は畳みの上で死ねない」とか、「いい死に方は猟師はできない」。これはもう昔から言われております。つまり動物霊が憑くからです。

ある男性がいました。彼は猟師をしていた。厳密に言うと、猟師というより、趣味でやっている人で、もう何匹もタヌキとかキツネを撃ったことのある人でした。1番最初その人を見た時、ヤクザが来たのかなと思った。ところが話し口調は普通なのです。なのに目つきがめちゃくちゃ悪い。ところが普通の人なのですよ。動物霊の恨みの憑依がめちゃくちゃいたのです。

とにかくその人間の周りには動物霊だらけ。そしてやはり共通の言葉を言います。

「俺が、おまえに何をした?」と。

―キツネ、タヌキ以外に、よくシカとかクマとかありますよね。

全部そうですけどね。

―鳥はどうなのですか?

鳥は、あんまりそういうことを言わない。

そして「俺が、おまえに何をしたんだ?」と1番多く言うのはタヌキです。タヌキの次はキツネです。

とにかく1番憑きやすいのはタヌキです。ドンと撃たれたタヌキが出てきたことある。「俺は、なんであいつに撃たれるんだ。なんで俺の体が食べられるんだ。俺は何にもしていない。俺の体を返してくれ」ということを言ったタヌキがいたのです。分かりますか。そういうことをタヌキは言うのです。怖いですよ。

—死ぬ前じゃなくて、死んだのを見て同情した場合はどうですか?

魂がまだそこにいたら、可能性はあります。だから、動物が死んだり、虫の息の時なんて、放っておくのが1番です。

そのとき同情するのが1番悪い。だから〝かわいそう〟と思うのが1番悪いのです。

「それだったら、おまえがなんとかしてくれ」。「かわいそうだと思うのなら、おまえのところへ行ってもいいか」ということで、行く場所を与えてくれたその人のところへ行く。同情することで自分のところに来てもいいよという、行く場所を与えてくれたことになるからです。「じゃあ私、行きましょう」。「ごめんあそばせ」というところで行きますね。

―例えば、イノシシとか、シシ鍋とかあるじゃないですか。いわゆる撃ち殺して、お鍋にして食べるじゃないですか。それは、お肉を食べるから憑くのではない？

憑くのは殺した人です。

その鍋を食べても、殺した人だけに憑くのです。

―ブタもそうですかね。

あの辺は通常行かないと思いますよ。もともとが人に食べられるためのものですから。それが宿命ですから。ウシもそうですね。もう宿命ですから。だけど野山を走っている動物はそんな宿命はないじゃないですか。彼らは自由気ままに、天地を、大自然を謳歌しているじゃないですか。自分たちの人生がある。

一方、牛や豚たちの人生は、豚肉と、ロースカツが彼らの人生だということです。それが宿命だということです。

だから野生に住む動物は、天地、大自然の彼らの運命があるのですよ。それを遮断されるのですよ。ロースカツになる豚は、ロースカツの宿命ですよ。なんだかんだ言ったところで、ロースカツにされるために飼育されているということです。

—天然ものを食べなきゃいいですね？

天然ものを食べる頃にはいい。殺さなきゃいいのだよ。

—だから、野生のものを殺すことがいけないですね

だから、殺すところに問題があるのだよ。

—野では生のブタなら、殺すのはまずいですね。

そういうことになりますね。

—魚はどうですか？

魚は全く関係ないというより、魚の宿命は人間に食べられることが最高の幸せなのです。

—釣りとかをしても大丈夫ですか？

それは嬉しいのです。魚の宿命の道行は、人間に食べられるのが最高。自然死した方が駄目なのです。もともとがそうなっている。だから魚を食べるということは、皆さんは善行を施している。


—魚を幸せにしてあげているんだ。

そうです。だから大いに魚を食べて、共に喜び合うべきなのです。人間も食べて喜ぶ、魚も食べられて喜ぶ。


—食べられて喜ぶのですか？

これが魚の喜び。だから野菜と魚。それがなかったら、タンパク源がないじゃないですか。人類というのは、だいたい魚を捕るようになっているのです。


—ヘビを食べるところもありますが？

あれは憑く可能性がありますね。

●•● 言霊と印

言霊《ことだま》とは

初めての人はちょっと難しいかもしれませんが、言霊と印のことについての話です。

「言霊《ことだま》」というのは、日本語の「あいうえお」から始まって50音の全てに神宿ると言われております。

言霊、言葉の魂。つまり「あ」から始まって全ての言葉には魂が宿っているのですね。だから、言葉を繋げた場合、あるいは言葉そのものには意識が入る。魂が入るのです。だから、その言葉で魂の存在と意識の存在を明確に表したものが、いわゆる祝詞とか、あるいは真言となっているわけです。祝詞はまだまだ浅いものがありますが、真言、あるいはマントラとなると、その宿りは強烈になる。祝詞より遥かに超えたものがある。

つまり、真言、すなわち、外国語で言えばマントラですが、それは「魂宿る」じゃなくてそこに神も宿ることになり、あるいは神も呼ぶこともできる。技術をそこに宿らせることもできる。これが真言の世界なわけです。

だから、真言の世界というのは受けた人間は人に話すこともできない。話してはならない世界。それはそこに1つの人格に似たものがあるからです。簡単に人にその真言を話してはいけない。それはそこに宿るものがあるからです。真言までいくとそこに真言の力というものが存在してくる。それは払う力、あるいは治療の力、あらゆる形で真言の世界というのは広がっていく。

火伏せの術

真言の力を明確に表すもの、例えば、火伏せの術。これも1つの真言の力です。火伏せの術というのは、愛知県の火祭りに行われるごとく、熱湯をかけても火傷しない。そして火伏せの術の代表は、地面に真っ赤に焼けた炭火を焚いて、その上を歩いても火傷しない。これが火伏せの術。今では修験道も行なったりしています。

この火伏せの術では塩を手や足に巻いたり、冷たくして必死に渡る。そういうことをやってる人がいますけども、それは本当ではありません。私の知ってる人も火伏せの術は、30センチ位、真っ赤に焼けた中を進みます。1歩足を踏み入れたら大火傷をする。そこを普通の人に渡らせます。これが本当の火伏せの術です。

火伏せの術にもレベルがあるのです。レベルの低い人の火伏せの術は、数秒以内にかけ足のごとく渡って行かなければいけません。これはちょっと情けない話です。足を冷やしてかけ足で渡る火伏せの術。でも最近はそういうのが多いですけどもね。

これを昔の火伏せの修行をした人が見たら、もう涙の出る話ですけれども、現実は今、火伏せの術はその辺その程度です。だから、本当にあれは火伏せかということですが、それでもやはりかけ足で渡っても渡れるんだから一応火伏せの術でしょう。昔は歩いてゆっくり渡ったのです。

真っ赤に燃えたぎる中を渡る。これが火伏せの術。

そして、このレベルの決め手が真言なのです。それだけの力を持つ、そのように真言というのは魂が宿るものなのです。

だから真言の力には、言葉の力には、魂宿る力には、すばらしいものがある。

それを宿らせる人間のレベルがどこにあるかというところで、その力が決まってしまう。

かけ足で火の上を渡るか、歩いてゆっくり渡ることができるかの違いがそこにあるのです。

つまり、その真言に魂を宿らせるだけの力が、その人間にどれだけあるかということが決定的な力となって表れる。これがいわゆる言霊の世界、真言の世界なのです。

印の世界

次に「印の世界」。これもやはり言霊と同じです。ただ言霊の世界と印の世界はちょっと方向性が違う。

「印」すなわち、文字であり言葉でもある。ただし、共通はやはり魂宿るものは同じ共通です。手を組んだ文字に魂が宿る。組んだ手文字に魂が宿る。そして、それを扱う者のレベルによってその力は歴然とした差が表れる。これが印の世界です。

5年、10年、20年修行した人間には、遥かに高レベルな印を結ぶことができる。印とは魂宿る力の世界、これが印です。そして魂宿る力を操るのは印を組む人間なのです。人間の手が結ぶ印、そこには印の世界が自ずと開かれる。その力がその方向性で持って、結果として表れる。

その結果とは何か。払いだったら払いの力、浄霊だったら浄霊の力、あらゆる印の組んだその形に全て力は表れる。

いい加減に組んでは印が壊れるのはその辺にある。だから、印を遊び半分で組んだら、1

回でも大きなマイナスにつながるということを前に何度も言ったことがあると思います。

印というのは、決して遊んではいけない。間違っても印で遊んではいけないというのは、印そのものに魂が宿り、生命が宿るからです。魂宿る、あるいは生命宿るところにいい加減に組んだら、その宿りはやはりいい加減となり、後々にまで響く。だから、決して印で遊んだり、ふざけたりしてはいけないというのはそこにある。そこに宿ろうとした魂は、何処にいけばいいか分からなくなる。

では、印を結ぶことによって、どういう形でレベルが上がるのかというのは最も知りたいところです。印を組んでどうしたらレベルが上がるか。この宿る魂は、どういう形でレベルが上がっていくのか。どういう経路を辿っていくのか。

どのように印を身に付けるのか

まず、「払いの印」を1つの例に取りましょう。九字の印に意識を込めて何回も何回も形通り行ないます。どんな事情であれ、正規な形で印を組んだらそれは文字ですから、すなわち言霊だから、絶対そこには魂が多かれ少なかれ、低かれ高かれ宿っている筈です。理論からしてもその筈です。印を組んでいるのですから。言霊は必ずそこにある筈です。

だから、言霊を1回結んだら、1回の言霊はそこにある。繰り返していけば、その言霊は次第に力を増すのは当然です。自力で繰り返し、繰り返していけば、10年も経てばその言霊の力は強くなる。精神集中していけばその力は強くなる。

そのために滝行を行なう。水行を行なう。あるいは、断食を行なう。苦行を行なう。それによって、そこに込める魂の力は強くなる。その言霊は力を増し、払いができる。いわゆる、これが一般に行なわれている払いの世界である。

だから、伝授なくしても払いは成功する。というよりできるのです。つまり、それが昔から行なわれている修行といわれるものです。

1つだけを集中的に修行すれば、すばらしい力がどんな人間にも付きます。それをより強くするには、あらゆる修行を行なっていけば、その言霊、いわゆる印はどんどん強くなります。それが今までの修行形態でした。だから、それだけやっていればできるようになるのです。払いだけやっていれば払いは強くなる。浄霊だけやっていれば浄霊だけは強くなる。

ただし、すぐに2つの技術を身に付けるのは難しい。3つ、4つ、5つというと10年掛かる。あるいは10年というと30年、40年となる。仮に20年掛からないとすばらしい力が身に付かないなら、人間はそういくつも技術を身に付けるわけにいかない。あらゆるもの、いろいろ組み合わしたものをひと通り身に付けるとなると、大体3歳頃から始めないといけない。それでも、一生を掛けてどれだけ身に付けることができるかということになる。

ところが逆に、修行した人間から伝授で与えてもらうとこれは早い。これは丁度、卓球でもサッカーでもスポーツ選手でも、自分で必死になって勉強して、自分で必死になって練習したところで、上がったレベルなんか高が知れています。自分勝手に卓球をやったところでは所詮は遊びです。ろくなところには行かない。大会出場なんてほど遠い。

ところが、これがプロのテニスプレイヤー、あるいはベテランの卓球のアジア大会に優勝したとか、オリンピックに出場した人間に教えてもらったら、もの凄く早い。

大体オリンピックに出場した人間に卓球を1年間教えてもらうとする。1人で必死になって10年間やっても、1年間で教えてもらった人間より強くはなれないでしょう。そのぐらいの差があります。これは、スポーツをやっていた人間なら、この例えはもう身に染みて分かっている筈です。スポーツという世界はそういうものなのです。とにかくベテランに教えてもらったら早い。いくら1人で必死になって、普通の人とお互いに卓球やったところで、遊びにしか過ぎない。プロの訓練というのはそのぐらいの差があるのです。

それはこの言霊の印の世界にも言えます。伝授という形態によって、正しい印を伝えることができる人がいれば、それは最も早い。広範囲でいろんな技術を身に付けることができます。

ただ1つだけを身に付けようとするのなら、別に伝授がなくても、誰でもどんな技術でも1つは大体この世界で身に付けることができます。そのやり方は今言った通りです。

その1つを毎日訓練して、繰り返し繰り返し訓練して、それプラス精神修行を重ねれば、その技術は身に付きます。滝行でやって精神集中して、印を組む。滝行をして水行をして印を組むところに、やはり大きく霊は宿ります。魂が宿ります。そのレベルの上がり方は大きい。そのために、昔からそういう人達は印を組んだのです。逆に3歳辺りからそういうのを修行したりしたのです。

とは言っても、それができる人から受け継いだら1番早い。それを実践しているのがここ趣味の会ですね。それで皆さんは早いのです。印というのはそういう世界です。言霊の宿る。これが印です。そして、言霊が宿っているだけだったら、これは祝詞になります。

印は祝詞プラス力が加わります。印というのは力が加わります。だから、その力を強くするために、あるいは、払いの力を強くするために修行があるのです。訓練があって繰り返しがあるのです。

これが「言霊と印の世界」ということです。ちょっと初めての人は分かりにくいかもしれませんが、組んだだけで、その人の周りの雰囲気が変わります。パッと組んだだけで変わるのです。本人自身も分かるのです。形を作っただけで雰囲気が変わるのです。そこに言霊が宿るからです。

質疑応答

―50音についてですが、それぞれに神様が宿りますよね。それは「あ」の神様というなら「あ」の神様ということでその役割はやっぱり決まっているのでしょうか?

「あ」の神様というのがあって「ん」で終わる。「あ」から始まって「ん」に終わる。つまり、言葉の神様というのは「あ」から「ん」までいます。神社に、あの口を開けた狛犬がいますね。1頭は口をパカッと開けてますが、あれは「あ」を表してます。そして、もう1頭はつぶっています。あれは「ん」を表してる。つまり「あ」から「ん」、50音の神様は、これを象徴して「あ」「ん」ということを言っているのです。

―「あうんの呼吸」と言いますが、「うん」じゃないのですね。「あ」、「ん」なのですね？

「あ」、「ん」なのです。それであの狛犬ですが、あれは「あ」と「ん」を表わす。言葉の神様を全部を象徴して、最初と最後を神社の玄関に飾ったのがあの狛犬なのです。そして、言葉の神様が全部集まると、これが「す」という文字になる。

―「す」ですか。中心の「す」ですか？

中心の「す」という文字になります。

―「するめ」という言葉がありますね？

あれは、「す」は言葉の神様が全部集まって、「る」は展開して、「め」が出発する、という意味を表します。だから「するめ」というのは、言葉の神様が全部集まって、それが展開して、出発する。そこから「するめ」という言葉が縁起が良くて「するめ」を使うのです。

―全てですか？

いや、言葉の神様は、全部集めると「す」になるのです。それが展開して、そしてスタートする。出発するというところから「するめ」という言葉が縁起いいとして、神道に「するめ」が使われる所以はそこにあるのです。だから「するめ」というのはそういう意味合いがあって、昔から使われていたのです。

ちなみに供える時にはするめの頭は右ですよ。足は左です。

神道は全て左足から前進します。決して右足から出てはいけない。下がる時も左足から下がる。１歩下がると言うことを教えます。仏教は全て右です。これは常識です。右から出てはいけない。

―私が基準にして右に頭がくるということですね。

そうですね。頭がきますね。

―50音の神様が集まると「す」になるのでしょうか？

そういうことです。

―それでは、「す」という文字が当然並べると真ん中に来るのですけど、その中に「す」という神様は中心という意味でですか？

そういうわけじゃない。ただ集まってと言うこと。

―集まって「す」になるのですか？

針の1点に神様というのは集まることもできるわけですよね。そういう意味で集まった場合に50音は「す」という文字を形成すると言われている。

―全てという語源の「す」なのですか？

それはあんまり関係ないです。今の話の「す」の話は、古神道では常識ですから。別に真新しいことでも何でもありません。新しいことでも何でもありません。古代、何千年も前から知られている言葉、内容です。

お札（どろぼうよけ）

通常、昔からお札とか、魔よけとかいろんなものがあります。実際に、お札、魔よけというのは、心の安定、安寧、そういう目的とする場合が多い。現実にそれが叶うかどうかというよりも、結果を求めていない場合が多い。現に1年に1回、お札を取りに行って、神社とか仏閣に取りに行きます。

御札の有効期限

そこで、神社や仏閣のお札というのを基本的に知っておく必要があります。まずは有効期限についてです。通常、神社、仏閣の有効期限というのはだいたい1年です。それを捨てられなくて、あるいは捨てる方法が分からなくて、3年、5年、10年、中には20年近く前のお札がそのまんま置いてあるという家がかなり多い。

実際、お札の有効期限というのは、古来の作り方では、だいたい1年が有効期限で作られている場合が多い。特に古神道、神道系統は、だいたい1年です。だから神社からもらったお札というのは、だいたい有効期限は1年と思ってください。それ以上長く置いたお札は処分すべきなのです。

お札の処分の仕方

ところがここで困ったことに、なんで5年、10年、20年もそのまま置かれているかというと、問題は処分の方法にある。どういうふうに処分していいのか、分からない人が多いのです。

お札を家庭の生ゴミと一緒に捨てたら、バチが当たるという考え方を持っている人が多い。現実に、自分がお世話になったお札、あるいはその心の安定を求めたお札をゴミと一緒に捨てるというのは、結構これは人間として精神的に勇気がいるものなのですね。

だからそれをどういうふうに処分していいか分からないから、結局、そのお札は積もり積もって、5年、10年、20年と溜まっていくことになる。有効期限すらほとんど知らない。神様だっていったん渡して、「永久に守れ」なんて言われたら、嫌になってきますからね。

そこで今回は、ちょっと浄霊とは外れますけれども、そのお札はどう処分すべきか、この処分方法を教えておきます。

東の方向に埋める

通常は焼却処分です。これはその家のというよりむしろ、土地相から東の方向で燃して、土に埋める。これは、土に返すということから、これが正規の方法です。東の方向の土に埋める。これが家相の本によると、日が沈む方向だから西に沈めるという、他の考え方もあります。実際は土に埋める場合は、お札の場合は東がいい。絶対に埋めてはならないのは南の方向です。これは凶相運に変わる可能性がある。お札の処分は、南の方向ではいけない。

では、よりいい方法のお札の処分方法があるかというと、東の方向に木があったら、なるべく木の根本に近い方がいい。

それはお札が灰になって、また木の役に立つという、古来から伝わる1つの言い伝えに近いものがあるからです。だから木の根本に灰を植えると言われている。

お札の灰を木の根本に埋めるというのは、これは古来から、神道では使われていることなのです。だから、お札は最後まで役に立つというようなところから由来していると思います。ところが非常に面倒なことに、現在ではマンション住まいの人が、「東の方向に土を掘って埋める」というのは不可能に近い。マンション住まいじゃなくても、みんなコンクリートで、どこにも土なんか見当たらないというのが現実の家です。

川流し

ここで登場するのが川と海です。埋める以外に2つの方法があります。1つ目は〝川流し〟、あるいは〝水流し〟という言葉で使われております。川流しというのは、お札を最後に川に流すわけです。しかし現在では、資源ゴミとか、そういう問題がありまして、いろいろ問題があるのですが、一応正規な方法として、皆さんにお教えします。

川流し、つまり必ず水のある川で流す。乾いた川は駄目ですよ。できれば水のたっぷりある川で流す。お札だけだったら、紙とか木ですからそのうち風化してしまうから、その辺は勘弁してもらうということにしたいですね。とにかく大きいゴミを捨てて増やすというものじゃありません。大きい川に流してそれを処分する。これが川流し、あるいは水流しという正規の方法です。

その時にやり方があります。川流し、水流しでお札を流すときに、次のフレーズを言わなくてはならない。

お札はそれだけの役目を果たしたんだから、「お役目、ご苦労さまでした」というフレーズを、あるいは「お役目、ありがとうございました」でもいい。必ずそういう言葉を1つ添えます。これは1つの正規な形として、そのまま古来からあります。またこれは祝詞に近いものと思ってください。これは単なるフレーズというより、祝詞に近いものと思ってください。それはお札に対するお礼であるということです。水流しだけはそれが付きまといます。水のある川に流すのです。

海流し

次に2つ目の方法です。川のない海辺の人の方法です。これは私は今まであまり教えなかったのです。というのは、海辺はちょっと難しいところがある。海流しでもいいのです。水流しですから。そして満ち潮の時に流してはいけない。引き潮の時に流します。あるいは引き潮でなくても、潮流がある場所は、潮流に流してもよい。だから川流しでも、海の流しでもそうですが、流れに流さなくてはいけない。通常は引き潮に流すというのが本来の方法です。

でも、なかなか引き潮に流すのは難しいものがあります。引き潮の止まる30分前、1時間前なんていいますと、あんまり水が流れていないからです。できるだけ最中に流すのがいいわけです。ともあれ昔から言われている言葉というのは、〝引き潮に流す〟ということです。満ち潮に流したら、寄ってきてしまうからでしょうね。やはりあまりいいことではないですね。引き潮に沿って流す。ただ、昔の書物にこういうのもありました。満ち潮から終わった時点で流すのです。終わった時点で、すぐに引き潮に切り替わりますね。切り替わった時に、流すということをやっていた人もいます。これはもうかなりうるさい人でしょうね。原理を考えれば、そういうことです。なるべく引き潮が始まった早い時間に流す方がいいわけです。

―川流し、水流しというのは、燃やす必要はないのですか。

燃やすことができない人がやります。今の生活で燃やすことのできる人なんて、どれだけいるかというのが現代ですよ。おそらくほとんどいないでしょう。

ただ、こういう質問が出たことがあります。これは、以前、家相とか、易相とかの人たち、そういう関係の人が集まっていたときです。

現代風は、焼却用のバケツみたいなのを作って東の方向で燃して、その灰を東の方向の、土のある野山に捨ててもいいんじゃないかということです。

つまり家の東の方向にバケツを持っていって、火でワッと燃やして灰になったら、その灰を、東の方向の土のあるところに埋めれば、それでもいいじゃないかということです。

結論的には、それでもいいだろうということにはなりました。しかし、それは原理的には合ってない。なぜなら、これができたのは、もうはるか1000年も2000年も前の昔ですから。東の方向に土地がないとか、土がないという時代ではなかったわけですよ。だから現代のこういう形が、ちょっと当てはまらないのですね。ただ唯一、水流し、川流しというのは、昔からありましたから、東に埋めるか、川に流すかという方法が取られるわけです。ただ現代流で、東に桶を置いて、バケツを置いて燃やして、東の方向に走っていって、土のあるところを掘って埋めてもいいということです。やりたい人があったら、やってみてください。

—昔、その燃やす器は、白い陶器みたいなもので燃やすとかいう話はなかったですかね。

器なんかどれでもいいでしょう。だいたいバケツそのものだって今はプラスチックでしょう。プラスチックのバケツは燃やせないよ。

—焼却の時間とか、そういうものはありますか?

確かにありますね。やはりあれは午後になっています。午前というのは、幸せが昇る時間です。幸せは運勢学からいって、幸せは家に入る場合には太陽とともに昇る。太陽とともに東から昇ります。そして鬼門方向から出る。これは1つの運勢学です。太陽の昇る方向から幸せは光を放って上がり、鬼門方向から出ていく。だから鬼門方向に汚れたものがあるとよくないというのは、その辺に理論がある。

だから、そういうふうに考えますと、当然、焼却は午前中ではよくない。午後にやるべきということになります。そういう形で行ないます。

そして、焼却したものを埋めるというのは、土に返すという意味があることを忘れないでください。これがだいたい処分方法です。だから、結構うるさいものがあるのです。ただこれは、一応知っておいた方が便利ですね。じゃないと、もう10年、20年もお札が溜っているというバカなことになります。

―川に流したままでいいのですか?

それでいい。川流しは、そのまま流して意味がありますから、そのままでいいのです。ただ海流しも、川流しも、当然、「お役目、ご苦労さま」と言います。

焼却は必要ありません。ただ、今言っているのは、古来からのやり方です。もう古来からの神道のやり方です。ただ、お寺さんなんかでは焼却という方法しかありません。お寺さんは、みんなそのようにやっています。お札を入れる箱があってその中に入れて、最後に穴を掘ってバーッとみんな入れて、ボッと火を付けて燃やしますね。

それを最後に穴を掘って埋めるのです。皆さんの仲間が1人、神社のお札集めをして、焼却というアルバイトをなんか1年ぐらい前から始めたようですけどね。そういう人も中にはいます。

ともあれ、お札というのは、そういう形で処分します。このお札の処分というのは、意外と一般に知れ渡っていない。だから処分するのに困ってしまって、その結果、10年、20年と、そのままお札が溜ってしまうのですね。

だから気の利いたところでは、神社が、「去年のお札はいただいていきます」と回りますけどね。新しいのを置いて、古いお札を神社に持って帰る。そこまでやってくれるところはいいのですけど、自分で勝手に伊勢神宮に行ってもらってきたなんていうと、もうそのまま捨てられなくて、どんどんとお札は溜っていきます。氏神様のお札なんていうのは1年経ったら、来年の分を持ってきますけどね。

お札の心の安定としての役割

さて、お札は、交通安全のお札とか、家内安全とかなんかいろいろあります。お札は神様に奉納して、皆さんに売るというのが通常のやり方です。しかし、本来は奉納して、魂入れして売る。これが本当です。実際には奉納して上げて終わりですね、今はもうそこまでやらない。だいたい魂入れなんか知っている人はいないですから、結局奉納して終わりです。もっと極端に言いますと、大きい神社ではもう奉納もしないで、パッとできたら、印刷屋から直接販売なんていう所も今はかなり数多くあるそうです。

だから、印刷屋からすぐに販売となると、なんか本末転倒しているのではないかなと思うのですけど、そういう事情はちょっと分かりません。どこの神社がどうやっているか。でも実際に、印刷屋から直に販売がかなり多いようです。しかし、そこまでいくとよくないですね。名前が入っているだけのお札とかいうものは効果は奏しません。やはりいったん上げるというのが重要なことになります。

それで今では形だけの、ほとんど心の安定や平和をよりどころとするお札になっています。

ではひと昔前はどうであったか。

ひと昔前というのは、心の安定でお札というのは作らなかった。実際に効果があるものしか存在しなかったし、効果があるものしか作らなかった。ほとんどそれは祝詞という真言に近いものであった。お札によって、例えばこういう事象を避けるにはこの神様のお札、そういう災難を避けるには、あの神様のお札というところで決まっていた。だから、どこの神社へ行っても、どこでもみんなお札があった。

では神様ならそれだけの力がみんなあるかというと、これはそういうわけじゃないのですね。あれは神社のお札として、そのまま存在するのです。効果を期待してはいけない。心の安定としての役割を果たしている。

現存する泥棒よけのお札

では今なお現存するお札にはどういうものがあるかというと、まず本当にあるのは、泥棒よけですね。これは非常に効果がある。１年間効果が持続します。この泥棒よけのお札を私も作ったことがあります。あれは1つの神様の名前が書かれてあるのです。その名前を書かれたお札を和紙で包んでいくのです。最後にどういうわけかご飯粒で留める。和糊《わのり》で留めると言われております。ご飯粒1粒をそうやって留めていました。私たちの時は米粒を1粒取って、あるいは半粒取って留めるのですね。ただ、あれはよくくっつくんだそうですね。あれで止まるのです。普通の糊じゃなくて、ご飯粒なのです。ともあれ、これは昔からのやり方ですね。

ではその効能はどうかと言えば、例えば、昔からある神道の泥棒よけは未だかつて破られていないそうです。そのお札を貼って、泥棒に入られた家は、今だかつていないのです。一方、未遂は数限りなくあるのです。

つまり、未遂で終わっているのです。また、実際の泥棒の話もあるのです。やはりそのお札がある家にはなんか入る気がしないのだそうです。

どうしてかというと、家の人がもう何人も目撃しているのですが、泥棒もまずびっくりするのはまず泥棒が足を踏み入れる。鴨居の下に足を踏み入れた途端、その鴨居から動かないのだそうです。

「そんなバカな」と思うけれども、それより奥へは入れないのだそうです。そのぐらい効果がある。これは昔から何度も言われていることです。

よしんば入ったとしても、足が動かない。それは本当に動かないのか、踏み入れた途端に、〝やっぱり止めよう〟と思って引いているのか、その辺が分かりません。そこまでは入るけど、それから先は進めない。

ここまでは、みんな見るのだそうです、家の人も何度か見た記録があるのです。もう何人もそういう泥棒を見ているわけです。そして最後は何もせずに帰るのだそうです。

そういうふうに、非常に効果はあります。あの神様も、かなり激しい気性を持った神様です。やはり最高のお札は泥棒よけでしょうね。あとは火災、いわゆる火事です。それだけですね。でもその1番中心はやはり昔からある泥棒よけです。

マントラ

イエス・キリストのマントラ

マントラというのは、日本のマントラと国際的なマントラ、主にヨーロッパのマントラがあります。アメリカには、あんまりマントラはありません。主にヨーロッパにおけるマントラと日本の２つに分けられる。

またフィリピンからスマトラ、東南アジア系にかけて、インドとかは、いわゆるサンスクリット語のマントラが非常に多いわけです。

なぜマントラが、東南アジア系に多いのかというと、インドでは釈迦が出ましたし、いろいろ聖人が出ていますね。また、あっちの界隈にキリストのマントラが多い理由は、これは世には知られていないことですが、キリストがあの界隈で修行したことによります。

キリストは特にフィリピン辺りのあの界隈へ行って修行したようです。あの辺りから、フィリピン全土をウロウロ歩いて修行したらしい。そしてマントラを降ろしていったそうである。たぶん、その前に日本に来て、しばらくしてからフィリピンに行った。それからその周辺を回り、どういうわけか日本でマントラを降ろさないで、フィリピンでマントラを降ろした。そして、また向こうへ帰った。

だから、それらは今でもイエス・キリストのマントラといわれている。

イエス・キリストは日本で修行していろいろ回ったり、世界中を回ったのですよね。フィリピンにも回ったりしました。その時フィリピンでいろいろマントラを降ろしていった。そのためにフィリピンにいろんなキリストのマントラが10ぐらいあります。

ただ、日本のマントラは強さが違う。日本のマントラは誰が唱えても同じように効く。そんな絶対的な力を持っているのが日本のマントラです。だからやはり和製というのはすごいですよ。

国際的なものとどう違うかというと、国際的なマントラは一定レベルにいかないと通用しない。

一定レベルとは何かというと、霊性の修行をした人間でなければ通用しないことである。それともう1つに方向性がある。たった1つだけを頑張れば、それはなんとか身に付けることができる。
それはどういうことかというと、例えば「さあ、今から、このマントラをものにしよう」と思って、3カ月、あるいは半年間やっても、物にはならない。ところが瞑想のマントラを、「私は瞑想を習得するんだ」と言って、昔から瞑想をズーッと趣味でやっていたとする。そこにマントラを導入して瞑想をやる。そうすると、そのマントラは、その瞑想にだけは何とか使えるようになる。

瞑想のマントラ・治療のマントラ

マントラには瞑想のマントラや治療のマントラなどいろいろある。2つ3つもマントラを全部使いこなせるようになりたいと思ってもマントラの数だけの霊性が必要になるので、結局は全部使えないようになる。

—つまり、1つを突き詰めて終わりですか？
その通り。例えば、ここにいる人が瞑想のマントラをやりたいとする。それで、その瞑想をズーッとやり続けてこの瞑想をなんとか自分のものにしたいとする。しかし対象とするその選択肢は1つだけである。そういうふうにやった場合にはうまくいく。2つ以上の選択肢をものにしたいとなると、それだけの霊性がその人にあるかという問題になってくる。はっきり言って、これはそういう次元の問題になってくるのです。

では、どこまでいったら2つ以上のマントラがものになるかというと、いわゆる世界共通の「聖人」といわれる人たちです。日本にはあまりないですけど、外国に行くと、聖人という言葉は、ひっきりなしに使われる。つまり、「修行者は聖人にならなきゃ」ということなのです。いわゆる聖人の域にある程度達するくらいの人たちでないと、完全にマントラを使えない。

だから山籠りもしたこともない、水行もしたことがない、聖人に関連するような断食まがいとか、聖人につながるような修行もなんにもしていなくて、精神世界がまるで分からない人がやってもできるわけがない。そういうことなのです。逆に「聖人だからこそできる」というような形、そういうものがマントラとして見なされる。

ところが日本というのは横着なのです。聖人でなくても、普通の人で、そういったことに何の関係ないような人。誰でも唱えればできるというのが日本のマントラです。だからそのマントラを手に入れるには3、000万円とか、5、000万円とかの世界になるわけで、あっちこっちでそれが横行したりしたのです。

—和製のものは、真言とか言うのですか。

真言と同じですよ。真言をサンスクリット語でいうとマントラと言うのですよ。だいたい真言というのは、みんなサンスクリット語なのです。

1つを極めようとする分にはいい。だから通常、瞑想のマントラにはまるという人がほとんどだから、瞑想のマントラだけをする分には全然どうこうない。自分の瞑想をどんどん極めていってやる。そういうスタンスです。だから、こっちが終わったらそっちのマントラ、そっちが終わったらあっちのマントラといったことはできないのです。

—瞑想のマントラは2つありますよね。それを同時にするのは駄目なのですか?

あれはどちらも同じようなものだから、大丈夫でしょう。ただ、瞑想のマントラと治療のマントラの両立は無理だね。

なぜ今治療のマントラの効果がなくなったのか

―治療のマントラというのは病気のエネルギーを出すわけでしょう？

今ではあれはそんなに治らないね。

昔の時点ではあのマントラは効いた。まだ病気のエネルギーが弱かったからね。今では、この治療のマントラでは現代の病気には太刀打ちできない。あの当時はあれで十分だったでしょう。２０００年も前では。

今では病気のエネルギーがちょっと高いから、とてもあの治療のマントラでは無理だね。でも多少は治る。だから、現在社会と交流のないような、未開発の原始的な地域の病気で、病気のエネルギーがまだ少ないような場合には効くでしょう。通常はちょっと無理ですね。

だから、マントラをやりたければここにありますよ。学んでいる人も数多くいますよ。ただ、それがいいかどうかは別問題です。今渡しているのはイエス・キリストのマントラだけですね。日本の真言は渡していません。

過去にいくつもあったマントラがいろいろややこしい問題から、完全にこの世の中から消えてしまったのもある。だから、１歩間違うとそういうことになるから、下手に日本のマントラは渡せないのですよ。

マントラを決して口外してはいけない

マントラは1つの掟があるのですね。掟と言ったらおっかないですが、いわゆる礼儀作法があります。それを犯されたら、誰だって嫌ですよ。とにかくマントラは口に出してはいけない。マントラの内容を夫婦と言えども決して人に口外してはいけないのです。

また聞いてもいけない。やはり、個人の世界のものですからね。そういう世界があるのです。

それを単なる見栄のために、みんなにしゃべってしまい、尊いマントラを1つ完全に壊してしまった人がいました。それ以後そのマントラの効力は一切消えてしまった。

これは1種の冒瀆になるのですよ。限られた人だけが渡されるのがマントラだから、「あんたも教えてやる、あんたも教えてやる」ということになると、もう完全に神への冒瀆になってしまう。だからいくら唱えても、もう効かなくなってしまう。

マントラを壊したその人間はみんなに恨まれているけど、自分が壊したことに気づいていないというのもいますから。

それにマントラを唱えるときは、わざわざその神様が来られるわけです。それをデタラメのマントラをペラペラ、ペラペラと他人にしゃべっているのを何回か見ると、バカバカしくなって、もう来なくなっちゃう。それだけの話ですよ。それで尊いマントラが1つ壊れた。あれが使えたら、今でも大変なものがある。あれはすごいマントラですが、壊れてしまったのです。そういうことがあるから、マントラは下手な扱いはできないわけですよ。

マントラはその人の世界の中で脈打ち生き始めるもの

マントラはそれぞれが同じ言葉をもらうのです。しかしその言葉は、その人のマントラの言葉であって、同じ言葉でも、隣の人の言葉じゃない。その人だけの世界のものです。そして、その人の中で脈打ち、生き始める。マントラというのは自分1人の世界のものとなる。それをオモチャにして使った時に、それは途絶える。壊れてしまう。これは何でも同じですね。

やはり日本のマントラはそれなりにすごい力があります。

だからキリストのマントラを修得するのだったら、それ1つを覚えておいて、それを毎日、繰り返せばいいわけです。別に毎日じゃなくても構わない。そうすると、それは使えるようになります。

ただ、治療のマントラを学んでも、今はAST気功の方が、ずっとはるかにその効力は強い。だから治療のマントラを学んでいる人は1人もいない。

だから習うなら瞑想のマントラは確かにいいですね。

あれはトランスに入る。それを一生懸命やってトランスがなかなかうまくいかなかったら、それは自分が悪いことになる。

―マントラの言葉はどうしてサンスクリット語なのですか。どうして日本語じゃないのですか？

日本のマントラの言葉は全部日本語です。世界のマントラがすべてサンスクリット語です。同じ真言が、英語と日本語とあって、英語の真言でやったらあまり効果がなく、日本語の方が効果があった。

やはり真言を成り立たせるのは、サンスクリット語と日本語なのでしょう。日本語は訳が分かるけど、なんでサンスクリット語なのかは分からない。

ただサンスクリット語は、訳が分からないけど、1つ1つに確かに言霊が宿るような感じはありますね。おそらく日本語とサンスクリット語しか言霊が宿れないのじゃないかなと思いますね。言霊が宿らなかったら真言にならないから。そういうところにあると思いますね。

—よく大日如来とかナントカって、横に真言を書いて、ナントカナントカと唱えるのも真言ですか?

あれは真言ではないですよ。本当の真言とは違います。

本当の真言は口伝される

同じようなところでは、お経を100万回唱えたら、あなたには菩薩が来ますとかという世界ですね。

真言というのはそういうものじゃない。もっと地道な世界です。

もともとの本当の真言というのは、昔から言われていますが、山の頂上で渡すのがお決まりになっています。山をズーッと登っていくでしょう。普通の山です。その頂上で渡して、その山頂から、その下の麓まで降りる間にマントラを覚えないといけないわけです。

全部口伝です。だいたい山頂で3回伝えられる。それを必死になって覚えるのです。あとはもう転んでも忘れてはならないから、傷だらけになって麓に辿り着くのです。

足をかすろうが、体のどこかを切って血を出そうが、かすり傷を出そうが、もうそんなこと構っていられない。真言を渡されたのですから。傷だらけになって麓に辿り着く。これがだいたいお決まりのコースだった。

―そんなにマントラは長いものですか？

結構長いみたいね。もう覚えることに必死になっているから、足元まで注意が及ばない。歩みがめちゃくちゃになってしまうのですよ。ある山の頂でマントラを持ったら、それを必死になって下へ降りて行くまでに、だいたい全て暗記する。だいたい口伝が多い。だから、とんでもないところで、真言が一致するようなこともあるのですよね。

例えば、真言を渡されたっていう人がいる。一方、私の真言がこうある。それをどこでもらったのか。もう何百年、何千年と続いているものですからその経緯は分からない。そこでそのマントラを言ってみたら同じだったとか、そういうことがあるのです。過去にはそういうこともありました。

だから真言というのは、変わっていないのですよ。普通口伝したり、何かしたら、変わってしまうでしょう。真言は変わったら意味をなさないし、効力がなくなるから、全くひと言、ひと言、いっ句が変わらない。これが真言の世界です。私の家に伝わる水術は、火傷の真言で、その水に真言を唱えると、それはもう薬に変わってしまいます。その水を掛けたら、もう火傷は治りますからね。すごいものがあります。

あれは昔から伝わるもので、ものすごい火傷でもなんでも大丈夫ですよ。

インドのサイババ

マントラや修行の世界に身を投じた人というと、インドで有名なサイババもそうでした。サイババはインドで修行をしています。

生前彼が私の家に来た時に、〝あなたは何のために、ここ、地上へ出てきたのか?〟という問いをしたら、

「私は神の存在を地球の人に知らせるという使命を持って出てきました」と言っていました

ね。

そして、「その使命を果たしたと思います」と宣言して去っていった。だから「神、ここにあり」というような使命を持ってこの世に出た人というのは今でも結構大勢いますよ。

つまり無神論者が多くなった時代に、そういう人がポッと出て、「神、ここにあり」というのをやらないと、人間の心が信仰を失うわけですよ。それはやはり人間にとって1番怖い。神様にとっても1番怖いから、ときどきそういう聖人を出して、「神、ここにあり」というのをやって、「ああ、素晴らしい」ということになる。そして死んだら、またこっちへ出る、あっちへ出るということをやるわけです。

だから神の存在を知らせるための人間は過去もいっぱいいました。

大きく言えば、イエス・キリストだって、その中の1つの使命ですからね。最後に使命を持ったのは、サイババと、フィリピンに出たトニー・アグパオアですか。あれが最後かな。トニーも神の存在を知らせるためにフィリピンに出てきた人間です。

心霊手術のスペシャリストのトニー

トニーは心霊手術で有名な人です。最後に世界を回りました。

「神の存在を世界に知らせるためには、私自身が回らなければいけない」ということで、世界を回った。「神、ここにあり」ということを叫びながら世界を回って、死んだのですね。51、52歳で死にましたね。現代でそれをやるというのは1番難しいですよ。

インドみたいな歴史のある国で、「いわゆる聖人というのは、こういう形だ」というのができている国でするのはわりと楽なのですけどね。それはインドだけでしか通用しない。

それはまだいいですけど、トニーのように世界を回って、世界に「神、ここにあり」とやるのは難しい。だからトニーが初めで最後だったでしょうね、あれだけの「神、ここにあり」という存在を最後に知らせたのはね。それで終わった。それでもサイババもよくやりましたよ。

私の家へ来ても、「相手にされないかな」というような顔をしていたけど。それでも、「ああ、私はするだけのことをしたから」と言っていました。あれは釈迦の系列の霊統です。

用語集

あ

上げる
浄霊において幽界線や霊界線と呼ばれる基準線上に霊を上げて、浄化する技術をいう。

荒禊ぎ（あらみそぎ）
地上の霊のチリ・アカを落とす。

家・土地の払い
その家や土地に生活したことで生じた霊的なチリやアカを払う技術。

生霊（いきりょう）
人の霊の1種。現在生きている人の霊体をいう。金銭関係や男女関係のもつれが原因となり、相手に強い恨みを持ったために憑いた霊。片思いのような強い執着がある場合でも、その相手に生霊として憑く。

いたこ
青森県恐山で霊媒の役目をする人。

位置の確認
「霊座の型」の項へ

一魂七魄
人の構造は一魂七魄よりなる。魂は奇魂（くしみたま）と言う。七魄は、肉体、幽体、霊体、本体、荒魂（あらみたま）、和魂（にぎたま）、幸魂（さちみたま）からなる。

移動
人に憑いている霊を、別の場所へ移動させること。

印（いん）
古くから伝わる手の指を使った技術。代表は「九字印」で、九の文字を手の指で結ぶ。指を使った形態によって気の力を出す技術である。

陰陽（いんやん）
体の構成は、すべて陰と陽の状態でバランスを取っているといわれている。人体の電気的バランス、気のバランスなどがある。人体の陰と陽の気のバランスを整える技術を、通称「陰陽」と呼んでいる。

恨みの霊

先祖霊や自縛霊などの人の霊の中で、特に恨みなど強いマイナスの感情に縛られている霊をいう。

運命

この世のしがらみで作られたものである。日常的な要因の中で変えることができるもの。

ＡＳＴ気功

エイエスティ気功という。これは病気の患部のマイナスの気を取り除くことによって、その患部を活性化して、病気の改善、治癒を計る。ガンや狭心症、難病など多くの治療実績をもつ医療気功の１種。

遠隔、遠隔治療

遠く離れた場所から、病気の人、あるいは、霊の影響を受けている人の霊体を呼び出して治療すること。

お伺い　自分の霊体を呼び出して、あらゆる事情をその霊に聞くこと。

オーラ　生まれ持った星気体（アストラル体）のこと。今の肉体的、精神的状態を色や形で表現している。

オーリング　通常、「オーリング検査」の略称。手の指を利用して体の悪い部分を検査する技術。精度は非常に高く、正確であるが、使用法をよく熟知しないと判断を間違えてしまう。

お札の魂入れ　お札、石仏、人形、その他の偶像にアストラル体を装着させる技術。

か

返し印　特に動物霊を払うときに用いる払い。

帰り印　呼び出した霊、もしくは一時的に憑いた霊を元の場所に戻す印。

カゴメ十字・カゴメ印

動物霊を払う技術で、特に強い動物霊を払う場合に用いる。払いの技術の中でカゴメ印が1番強い。その次に強いのがカゴメ十字印である。

刀印

霊的なチリやアカを払うだけでなく、動物霊を払うときにも用いる。突き印と払いのレベルは同等である。

かぶる

病気の治療をしているときに、多く使われる表現である。すなわち、治療しているときに、患者のマイナスの気を受けてしまうことをいう。

体を持つ

霊は大別して2種類が存在し、体を持ったことのある霊と、体を持ったことのない霊とに分けられる。これは人の霊も動物霊も同様である。例えば人の霊の場合、90歳の老人が死亡すると、その霊は霊体となり、この世界での肉体はなくなる。このような霊を、体を持ったことのある霊という。動物でいうならば、稲荷神社のキツネは、ほとんどが動物となって地上で生活したことがない。このような霊を、体を持ったことのない霊という。一方で、女性がえりまきにしているキツネは、殺されて霊体となって浮遊している。このような場合のキツネを、体を持ったことのある霊という。

関与する　「霊の関与」の項へ

基準線　「幽界線」の項へ

九星気学（きゅうせいきがく）　易の種類で最も歴史が古い。世界で最も権威があり、易者の九割以上の人が九星気学を学んでいる。

行者　水行や山ごもりなどの修行を行う人。

九字印　すべての払いの中で、最も基礎となる払い。

クライアント
浄霊を依頼した人。

結界
人間の周りに一定の区域を定めること。すなわち、人間の周りにとばり、あるいは幕を作り、その幕によって悪霊、物霊などすべての霊は入ることができなくなる。その幕を結界と呼ぶ。人間の周りだけではなく、一定の土地などの区域に幕を作ることもある。

眷属（けんぞく）
動物霊のファミリーである。オス、メス以外の、子供や仲間等の1族をいい、通常3〜5匹で形成している。

限定印
指定した霊だけを呼び出すために限定された空間を作る印。

偶像崇拝
像自体をあがめる場合と、像を通してその背後にあるものをあがめる場合とがある。

高級霊
特に人の霊に対していうプラスの霊のことで、影響度が高い霊をいう。

業（ごう）
カルマともいう。精神的、肉体的性質として元々生まれつき持っているもの。この中には浄霊で解決できるものもある。

古神道
現在、行われている神社を中心とした作法、行事を神道という。それより古い時代の、神武天皇以前の神道のことを古神道という。

五色（ごしき）の動物霊（五色のヘビ・五色のリュウ）
：5色、すなわち白色、赤色、黄色、青色、黒色の動物霊が、5ファミリー集まって形成された動物霊の1群で、ヘビとリュウ以外存在しない。

御神策（ごしんさく）
神様が直接関与して人間に与えた言葉。

魂魄（こんぱく）　たましいとはく。

さ

査神（さにわ）　数千年にわたる伝統技術というべきもので、本来の意味は、どの「神様」かを見分けるものである。しかし、広義にはどの種類の霊かを見分ける技術で、人の霊か動物霊か、神様かを判断する。または判断する立場の人を指す場合もある。

査神師　霊媒師に霊を降ろして、色々話を聞きだす。

障りを起こす　「霊の障り」の項へ

三界渡し　「霊界の上げ方」の項

支度印（したくいん）　いろいろな印を切るとき、最初は切りにくいために、まず支度印を切って印を切る準備をする。すなわち、すべての印を切る前に行う印で、印を切るための用意の印。

指導霊　いろいろな目的に対して指導する役目を担う霊。例えば、仕事や魂の成長などを指導する。

初期微動　浄霊する霊を幽界へ上げる準備ができたときに起こる最初の兆候。

自己浄霊　浄霊する霊を痛みや苦しみ、あるいは、恨みなどの強い執着心から解放させ、楽な気持ちにさせる技術。

自己浄霊の気　浄霊をするときに用いる気をいう。すなわち、幽界へ上げるために、自己浄霊の気を霊に送る。

自修団　法華経と先祖供養を結び付けて展開してきたが、神道・キリスト教の影響も見られる宗教団体。

次元が上がる　仏教では、死んだ人（霊）が成仏することを意味し、浄霊の世界では、霊が明るくなって霊界に上がること。

自縛霊　土地や家に執着して留まっている霊。人の霊だけでなく、動物霊も存在する。

自分十字印　自分の周りに付着している霊的なチリやアカを払ったり、「払いのガード」と呼ばれる幕を人体に作るために用いる払い。

死霊　人間が死んだ後、その霊が霊体になったものをいう。反意語は生霊。

趣味の会　趣味の会とは、著者が主催する除霊・浄霊の勉強会である。日本全国各地で月に数回開催されている。この勉強会は除霊・浄霊を正規に順序立てて学びたい人のためにある。自分勝手の我流で除霊・浄霊を始めたり、見よう見真似で、あるいは本を見て行ったりした場合には、除霊・浄霊は、決してできる世界ではない。そんなイイカゲンな形で除霊・浄霊を始めると霊の影響を自分が受けることになる。これを通称「かぶる」ということばで表現されている。そのために、苦しんでいる人が日本全国に数多くいる。そのような災いを一切なく正式な形で教える教習所である。

宿命

仕事など人生の大きい流れの中で参加しなければいけないもの、あるいはまた、生を受けて死ぬまでに体験しなければいけないもの。

修験道（修験摩訶の会）

昭和57年に吉沢妙岳が起こした団体。真言密教を基にしている。

守護霊
人間を守る役目を担う霊。１人の人間に対して守護霊は１体である。

浄霊ピラミッド
１つの事象に対して関与している霊の集団であり、最も影響力のある霊を頂点として、ピラミッド型に配置されたもの。例えば、商売繁盛を邪魔している霊が集まった浄霊ピラミッドや、金運に関与している霊などが集まった浄霊ピラミッドなどがある。

処理
浄霊の世界で処理という場合には「霊の処理」をいう。すなわち、霊を幽界へ上げる処理を「浄霊」といい、動物霊を払いの印で場所を指定して移動させる処理を「払い」という。

真言
ことだまにかなった言葉。

除霊
別名「払い」のことをいう。霊を払いにより移動させること。

心療内科系疾患
病院で診察を受ける際に、精神科へ行くほど悪くない精神状態で、具体的には躁うつ病、自閉症などがある。

浄霊
人に憑いてマイナスの影響を与えている霊や物体を処理し、その人が2度と同じ霊の影響を受けないように、幽界へと霊を導くこと。

浄霊ドーム（トンネル）
浄霊ドームのことを、別名トンネルともいう。浄霊で霊が幽界へ上がるための道しるべとなるもの。

ステージ
浄霊者が浄霊するときに持つ「場」をいう。浄霊する霊の場を持っていなければ、その霊を呼び出すことも幽界へ上げることもできない。物霊のステージは物霊の場を、イヌ・ネコの動物霊のステージはイヌ・ネコの動物霊の場を、先祖霊のステージは先祖霊の場を意味する。そして、物霊を浄霊するには物霊のステージを、イヌ、ネコの動物霊を浄霊するにはイヌ、ネコの動物霊のステージが必要となる。

このように、浄霊者は浄霊するためにあらゆる種類の霊のステージを持っていなければ、完全な浄霊技術を持っているといえない。また1つや2つのステージしか持たない浄霊者は、クライアントの病気の障りや運勢に悪影響している霊の浄霊を、自分の持っている数少ないステージで処理しなければならなくなるので、浄霊の効果が限定されてしまい、真の解決には至らない。

ステップ1・2・3　現在趣味の会で行われている、浄霊レベルに応じて行う浄霊方法。

ステップ1　初心者のための浄霊方法で、呼び出した霊をすべて浄霊する。

ステップ2　浄霊と払いを組み合わせた中級者向けの浄霊方法。

ステップ3　上級者向けの方法で、お伺いを利用して浄霊と払いを行う。

スミソニアンのブルー

呪いのダイヤモンドとして世界に知られているブルーダイヤ。このダイヤモンドを個人所有した者は、死に至るといわれている。

宣言

ことばによって霊の動きを制限すること。

前世

人間は何回も輪廻転生して、この世に出てくる。現界に生まれ変わる以前に生まれたときの霊体をいう。

全筋が落ちる

階段から落ちたときや、精神的ショックを受けたとき、全身の体の力が落ちてしまう状態をいう。このような状態が長く続けば、体を維持する力、すなわち手足の筋肉だけでなく、内臓の筋肉も含めたあらゆる機能が弱くなり、すべての体のバランスがくずれるために病気になりやすくなる。

先祖霊

その家の先祖の霊、あるいは、その人の先祖の霊のことを先祖霊という。先祖霊は４代前の先祖霊、５代前の先祖霊というように表現する。

た

他人十字印
相手の周りに付着している霊的なチリやアカを払ったり、相手の払いのガードを作る時に用いる払い。

魂入れ（たましいいれ）
霊の気を物品の中に入れること。

治療の気
病気で痛みや苦しみの中で死んだ場合に、霊体となってもそのまま患部の痛みや苦しみを持ち続けている。このため、霊を幽界へ上げるとき、特に「治療の気」と呼ばれる気を霊体に送ることで、痛みから解放させるために用いる気。例えば、胃の病気で死んだ場合には、呼び出した霊体の胃の辺りに向かって治療の気を送る。

突き印
霊的なチリやアカを払ったり、動物霊を払うときに用いる払い。

憑く
「霊が憑く」の項へ

ツチノコ
妖怪の1種で、ヌエと同じ種族である。キノコ状の形をしている。レベルの低い霊能者には見えない。

低級霊
人の霊で影響度の低い霊に対していう。

天然ガード
霊的な影響から人体を守るための、元々人が産まれながらにして持っているガード。

導師
霊の導入に携わる人。

同通現象
霊が人に憑く理由は、自分と同じような想いや感情を持っている相手だと波長が合いやすく、そばにいても居心地がよいからである。これを同通現象という。そして自分の想い（念）を、憑いた相手に送り続けることになる。

例えば、恨みの霊が、すぐに人を憎んだり恨んだりする人に同通して憑く。その結果、恨みの念により、憑いた相手にマイナスの影響を与え続けることになる。

同通する

「同通現象」へ

飛ばす

動物霊を払いの技術で飛ばすことをいう。払いで、動物霊をバットでボールを打つが如くに霊を飛ばすことになる。

動物霊

動物の霊のこと。例えばタヌキ、キツネ、リュウ、ヘビ、イヌ、ネコなどがある。

動物霊一つ
動物霊1ファミリーを意味し、通常オス、メス、眷属3～5匹で構成している。動物霊を処理するときの1単位となる。

な

7つの魄（はく）
魄とは人体を形成している色々な機構をいう。7つの魄は、肉体、幽体、霊体、本体、荒体（あらみたま）、和体（にぎみたま）、幸魄（さちみたま）をいう。

人間霊、人の霊
人間の霊をいう。例えば先祖霊、自縛霊などを指す。

日本の浄霊史
古来より日本では浄霊が行なわれてきた。その浄霊の歴史。

ヌエ
妖怪の1種といわれている。レベルの低い霊能者には見えない。風呂敷を被せて中心で吊った形をしている。すなわち富士山の形をした怪物である。

子の刻落し（ねのこくおとし）
家を建てるときに行う魔除。子の刻、すなわち午前0時に始めることから子の刻落としといわれる。

念がこもる
強い想いが物などの中に入ること。

は

魄（はく）
人体を形成している色々な諸機構を言う。

八方浄霊・八方払い（はちほうじょうれい・はちほうはらい）
方位で区切って、家・土地を浄化するときに行なう払いと浄霊をいう。家・土地に憑いている霊的なチリやアカを払うことと、その場所に留まっている霊を浄霊する場合の2種類がある。また、人の方位に定まった霊を浄霊することもいう。

払い
約2千年にわたる日本の伝統技術で、人間に影響している動物霊を「払い」と呼ばれる印の技術を使って、遠方にはじき飛ばすこと。あるいは別の場所に取り除くこと、移動させること。

払いのガード

霊的な影響から人体を守るもので、人体の1番内側にあるオーラの外側に、自分十字印や病気印で作り上げるガード。

払いの失敗

動物霊を払いで完全に指定した場所へ、払いきれなかった状態をいう。

払いの成功

動物霊を払いで完全に指定した場所へ飛ばすこと。

払いで飛ばない

動物霊を払いで完全に指定した場所へ飛ばすことができない場合、すなわち、払いで完全に処理できないことをいう。これは浄霊師の払いの技術レベルが低い場合や、影響力が非常に強い動物霊の場合などで起きる。

払いをかわす

動物霊が払いから逃れること。

憑依（ひょうい）　動物霊や死霊が人に乗移ること。

憑依する　「霊が憑く」と同意語。

憑依霊（ひょういれい）　広義では、その人の周りに憑いて影響を与えているすべての霊、すなわち、先祖霊、自縛霊、生霊、動物霊などの霊を包括した表現。狭義では、その人の周りに憑いて影響を与えているすべての霊のうち、先祖霊、自縛霊、生霊以外の霊を指し、一時的に憑いた霊も含まれる。

病気印　人体の周りの霊的なチリやアカを払ったり、払いのガードを作るための払いの技術。

病気のピラミッド　病気に影響を与えている霊の集団。

封じ込め　人間に災いしている霊、憑依している霊を「つぼ」のような容器の中に封じ込める技術で、医療がなかった時代に悪霊を封じ込めることによって病気を治したりした。

物霊

物に宿っている霊をいう。生前の持主にとって、非常に愛着があった物や執着していた物、例えば刀、石、指輪、箪笥などに宿る。

フレーズ

浄霊したい霊を呼び出すためのことば。または、霊を特定するときに用いることば。

分霊

「霊の分割」の項へ

戸次（べつき）

＝戸次貞夫。大日本敬神崇祖自修団を起こした人。法華経に神道、キリスト教を加えた教えを展開する。

方位払い（ほういばらい）　「八方払い」の項へ

ま

マントラ　特定のことばを唱えることによって目的を達成することができる、あるいは特定の力を持つことができる。このようなことばをマントラという。

元霊　「霊の分割」の項へ

水子　生まれる前に亡くなった子供の霊。

や

幽界　浄霊には、２つの処理段階がある。第１段階が幽界処理で、第２段階が霊界処理である。宗教でいわれる幽界、霊界とは意味が異なる。第

1段階は霊を幽界へ上げることをいい、第2段階の処理を目指して、浄霊者は訓練を重ねる。

幽界線　「境界線」とも呼ばれ、霊が幽界へ上がったかどうか、もしくは、霊界へ上がったかどうかの浄霊の基準となる線。それぞれの基準線は、「幽界線」、あるいは「霊界線」という。

幽界へ上げる　霊が再び現界に影響を及ぼさないように安全圏、すなわち幽界へ導くこと。

幽界への上げ方　霊を幽界へ上げるために用いる技術。

幽界の境界線　「幽界線」の項へ

幽界と霊界の中間線　幽界と霊界の中間の段階。この中間線より上の次元へ霊を導くことができれば、２度と霊は現界へ落ちることはない。

幽体離脱　魂、いわゆる精神が肉体から離れること。

呼び印　浄霊する霊を限定印の中に呼び出すときに用いる印。

呼び込み現象　浄霊する霊とは全く関係のない霊を呼び込んでしまうこと。

ら

立正佼成会（立正佼成）　昭和13年に長沼政が霊友会から脱退して結成した団体。

輪廻転生（りんねてんしょう）　何度も生まれ変わることをいう。

霊

人間、あるいは、動物などの目に見えない体、あるいは物体。

霊界への上げ方

「三界渡し」とも呼ばれ、人の霊を上げるとき、現界から幽界へ、幽界から霊界へと三界をまたぎ、より高い段階（次元）へと上げるための技術。

霊界線

霊が霊界へ上がったかどうかの基準となる線。

霊が落ちる

浄霊した霊が幽界から再び現界へ落ちて、クライアントに戻ってくること。

霊が憑依する

霊が人に乗移って留まっている状態。その霊に憑依された人は通常の生活の中で、常にその霊の影響を受けていることになる。

霊が憑く

「霊が憑依する」と同意語。

霊座の型　「位置の確認」とも呼ばれ、浄霊した霊が幽界へ上がったかどうかを確認する技術。

霊視　霊を見る目のこと。普通一般の人には霊が見えない。霊が見える人のことを霊能者といい、霊を見る目を霊視という。

霊処理　払いや浄霊により霊の影響力を外すこと。

霊体　霊に理性の方向性を持った表現形態。

霊的なチリやアカ　生活することで生じて、人体の周りや、家や土地に付着する霊的なチリやアカ。

霊動現象　動物霊の波動により、勝手に手が動いたりするような現象。

霊能者

霊の見える人、存在を感じる人、声を聞こえる人を総称して霊能者という。霊能者には下から上まで段階がある。わずかに見える人から完全に見える人まで差が大きい。ほとんどの人がわずかにしか見えない霊能者で、全体の99パーセントを占める。完全に見える人は、日本には5人もいないのではないかといわれている。

霊の返り

払いや浄霊で完全に処理できなかった霊からの影響を再び受けること。

霊の関与

「霊の障り」と同意語。

霊の障り

霊が人に憑くことで、その人の特定の運勢にマイナスの影響を与えること。例えば、病気になるとか、商売運が下がるなど。

霊の種類

霊は人間霊、動物霊、物霊の3種類に分けられる。

霊の特定

浄霊する目的に合った霊をことばによって指定すること。

霊の波動

霊が送る念、あるいは霊の影響をいう。

霊の分割

いくつにでも同時に分割できる霊の性質。その性質を持つ代表例が、家・土地に住み憑いている自縛霊である。家・土地に憑いている霊を「元霊」といい、元霊から分割して住人に憑いた霊を「分霊」という。

霊媒

浄霊の際に霊を体にやどすこと。

霊媒師

霊に体を貸す役目の人。

霊媒体質

霊的な影響から、人体を守るためのガードやオーラが弱くなり、常に霊的な影響を受けやすくなっている状態をいう。

霊友会　大正19年に久保角太郎が起こした団体。教義は法華経を基にしている。

霊を上げる　霊を浄霊すること。

霊を超える　憑いた霊からのマイナスの影響力を受けなくなった状態。

レフレシア　東南アジアの森林に咲く、世界最大の花といわれる。その直径は1メートル以上で、最大3メートルといわれている。

連鎖法　AST気功で用いる技法の一つで、患部のマイナスの気に働きかける治療の気と同時に、その病気の本質に影響している霊に対して気を送り治療するもの。

瞑想資料
趣味の会次第

瞑想の注意事項

- 瞑想は気功治療の潜在能力を高め、意識訓練にもつながる。
- 瞑想は指導者なくして決して１人で行ってはいけない。
- １人１人の間隔を２メートル以上空ける。（ただし、人数が多ければ1メートルでもよい。）
- 人数が多ければ、多いほど共鳴効果を得ることができる。
- 瞑想は有であり、決して無になってはいけない。

基本瞑想

①静かに目をつぶり、座る。

●瞑想を行うときの基本の呼吸は、
自然にスーと息を吸い、ゆっくりと息を吐いていきます。
息を吐く長さは、最初は１５秒ぐらい、
慣れてくれば、３０秒、
最終的には、６０秒を目指します。

②額のアジナチャクラの一点を意識する。

③指三本をアジナチャクラに当てて離す。

④指を当てた意識のまま静かに座りつづける。

⑤途中で意識が薄れてくれば、もう一度指三本を
額のアジナチャクラに当てて、意識を持続させる。

⑥慣れてくれば、指を当てなくてもできるようになる。

ファイブタイムズ
（Five times ）

雑念を払う瞑想法の一つで、全身の力を抜くことを習得する方法です。

○静かに額のアジナチャクラに意識をおきます。
○３０秒間くらいかけて、肩から、腕、体、足へと
　全身の力を抜いていきます。
○これを５回繰り返します。

○徐々に肩の力が抜けてくるのを感じていきます。
○肩の力がもうこれ以上抜けないと感じたとしても、
　さらにそこからもう一度肩から全身へと力を抜いて
　いきます。

○最後に丹田に少しだけ力が残った状態になれば成功
　です。その状態で丹田呼吸を行います。

感音瞑想

●音の瞑想です。
周囲の音にだけ意識を持ちます。例えば、山に入ったとき、小川の音に耳に耳を澄ませます。そして、小川の水の中に入り込みます。山の風の音を聴いたとき、その風の中に入り込みます。海の音、波の音を聴いた時、波の中に入り込みます。そして自分と自然は一体化します。自然の音から自然の心に入り込む感音瞑想はストレス解消のためには最高のものです。

ノーム瞑想

●音の瞑想で霊性を啓くために瞑想です。
メトロノームの音を繰返し聴きながら霊性を上げていきます。

コチッコチッというメトロノームの音が、次第にバラバラとなり、それが頭の中に一杯広がります。

今度は脈打って生きた音に聞えてくれば成功です。

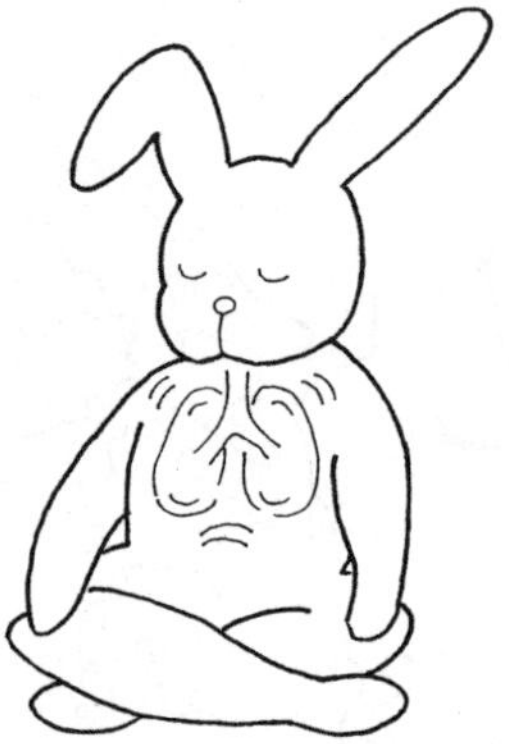

呼吸瞑想

●呼吸瞑想は自分の呼吸に意識をもっていきます。
ただし、苦しくなったら止めます。

心臓瞑想 ㊟

●心臓の音に意識を向けて瞑想します。
心臓の音が掴みにくい人は心臓に手を当てて、
一度聞いてから心臓瞑想に入ってください。
ただし、上級になれば、心臓を３分～５分止め
ることも可能ですが、非常に危険を伴いますので、
決して見よう見真似で行わないでください。

体温瞑想

●体温を上げていく瞑想です。
最初は①足首から下の温度を４０度に上げます。
次に②手首を、そして③全身を４０度を目安に
体温を上げます。
全身を４０度まで上がれば、体温瞑想は成功です。
こうなれば、火傷を負うこともなく５０度の湯に
入れます。

趣味の会

い：払い練習（1～11）

① 全員で各３回（音頭は責任者）
② 一人ずつ１回

《払い練習》

1 九字
2 自分十字
3 返し印
4 刀印
5 突き印
6 カゴメ十字
7 カゴメ印
8 病気印
9 家、土地の払い
10 方位払い
11 限定印

ろ：家・土地の払い練習

① 頭の上まで
② 部屋全体
③ 部屋全体

は：円陣の払い練習①

（対象は研修生）

① 自分十字→全員で各２回
② 病気印→３回
③ その他の払い→１回
④ 自分十字→全員で各２回

1) 刀印
2) 突き印
3) カゴメ十字
4) カゴメ印

ほ：九字３回

に：払い系の伝授

へ：円陣の払い練習②

（対象はぬいぐるみ）

① 返し印→１周
② その他の払い→２周

1) カゴメ十字
2) カゴメ印
3) 刀印
4) 突き印

と：お伺いの練習

①自分の霊体を呼び練習
②自分の霊体を返して練習

《ステージ》

1 物霊
2 イヌ・ネコ
3 タヌキ
4 キツネ
5 ヘビ
6 リュウ
7 その他の動物霊
8 先祖霊（３代～６代）
9 水子霊
10 自縛霊
11 憑依霊
12 生霊
13 守護霊
14 前世
15 五色のヘビ
16 五色のリュウ
17 先祖霊７代以上

ち：浄霊の練習 → り：浄霊系の伝授

ぬ：ステージの伝授

る：イベント

を：自分十字３回

第2部　秘伝書

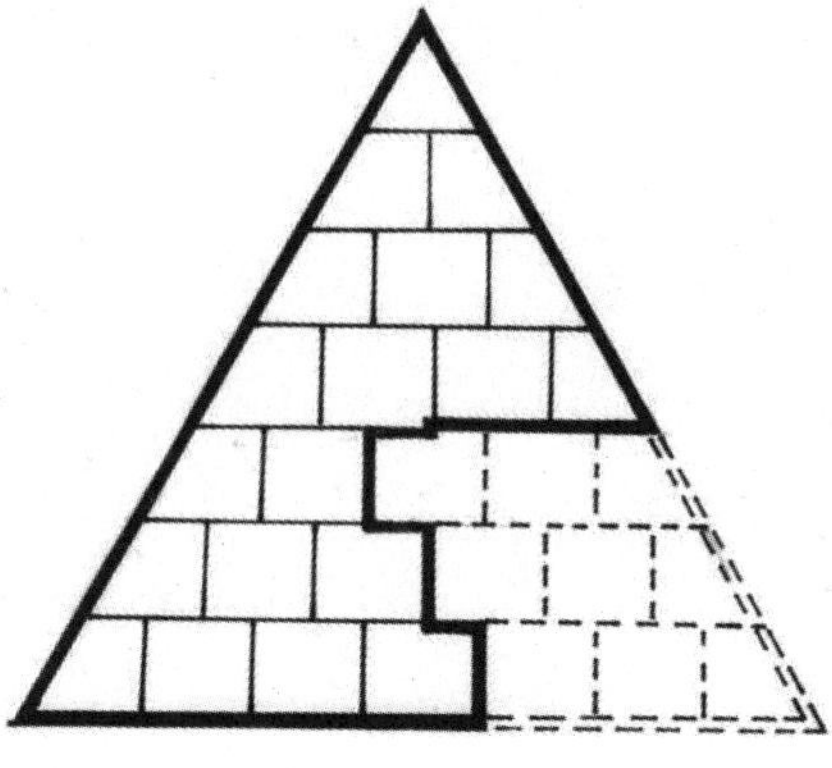

本木松明（もとき　しょうめい）

秘伝書〔実技の章〕

趣味の会

所属＿＿＿＿＿＿　Ｎｏ．＿＿＿＿＿＿＿＿

浄霊師＿＿＿＿＿＿（　　　　　　　）

譲渡日２０＿＿＿年＿＿月＿＿日

趣味の会!!

趣味の会とは浄霊の勉学の場である。

宗教でもなければ信仰でもない。

浄霊の技術のみを学び実行する。

悩める人を救い、病める人を治し、

人の希望をかなえる。

そんな浄霊の勉学をする。

＿＿＿＿＿＿＿＿

い）有体浄霊表

―参照 第1章 8《エイト》浄霊システムズ―

	浄霊種類	浄霊方法
1	基本浄霊システム	1つの霊を呼び出し、直接本体に気を送り、幽界へ上げる最も基本の形の浄霊
2	セット浄霊システム	底上げの浄霊
3	三宝浄霊システム	三宝を使った浄霊
4	ワンエッチ浄霊システム	1時間で治まることができる霊の浄霊
5	同定浄霊システム	霊の種類を指定して呼び出す浄霊
6	多人数浄霊システム	多人数で3人サイズの霊を指定して呼び出す浄霊
7	仕上げの浄霊システム	補填と補充
8	遠大浄霊システム	浄霊と器の形成を繰り返すことで成功を目指す浄霊

ろ）浄霊基準表

一参照　第８章 浄霊の仕上げの形　その２一

１）霊を呼び出すサイズの１人分としてみなされるための基準:（スタート時点）

①初めの 2 年間は趣味の会参加を月 1 回、3 年目以降は月 2 回以上を少なくとも 1 年間参加した人、 ②趣味の会参加を月 1 回丸 4 年経過した人（5 年目の人） ③趣味の会参加回数が 48 回以上であれば、3 年目からの人

２）浄霊レベルを見極める判断表–結果の出る浄霊レベル一

①趣味の会参加を月 3 回丸 3 年以上 ②趣味の会参加を月 2 回丸 4 年以上 ③趣味の会参加を月 1 回丸 5 年以上

は）時間基準表（浄霊にかける時間）ー参照第8章　浄霊の仕上げの形その2

サイズ（人）	人の霊・物霊（時間）	動物霊（時間）	満足度（%）
3人	1時間	1.5時間 （オス45分・メス45分）	スタート時点が50%以上＊
4人	1時間	1.5時間 （オス45分・メス45分）	3人サイズを基準とすると50%より下がる
5人	1時間	1.5時間 （オス45分・メス45分）	4人サイズよりさらに下がる
6人	1.5時間	2時間 （オス60分・メス60分）	スタート時点が50%以上＊
7人	1.5時間	2時間 （オス60分・メス60分）	6人サイズを基準とすると50%より下がる
8人	1.5時間	2時間 （オス60分・メス60分）	7人サイズよりさらに下がる
9人	1.5時間	2時間 （オス60分・メス60分）	8人サイズよりさらに下がる
10人以上	充分に時間をかける	充分に時間をかける	

注釈）**この時間基準表が使える条件は、ろ）浄霊基準表に準じていること。**
営業ベースはこの基準時間でよいが、**個人ベースは30分〜1時間をさらに加えてもよい。**

＊満足度（%）について（詳細は、時間基準表についてーその考え方を参照）

満足度とは、規定の浄霊時間で上げた場合の霊の満足度（%）を表す。

例えば、3人サイズの人間霊を1時間で上げる場合、霊の満足度はスタート時点で50%以上あると考える。

スタート時点とは、浄霊基準表に準じた資格を習得した時点である。人の霊でいうと、3人サイズが1時間、6人サイズが1.5時間という浄霊時間が、スタート時点での1つの基準時間となる。この表を使えば、4人サイズと5人サイズの場合は、3人サイズより霊のキャパシテイが大きいにも関わらず、浄霊時間は3人サイズと同じなので、当然霊の満足度は3人サイズより下がる。同様に7人サイズから9人サイズまでの霊も6人サイズの霊と同じ浄霊時間で上げるために、霊の満足度はサイズが上がるにつれて下がることになる。そこで**霊の満足度を補うために補填という形で浄霊を行なう。通常補填は1体から2体程度の処理でよい。**ただし、経験年数、伝授の数、研修会参加回数が増えるにつれて、霊の満足度は高くなっていくので、補填の数はベテランほど少なくてよい。

に）サイズ基準表（呼び出しに必要な人数）

サイズ（人）	①自縛霊（人・動物）／生霊		②動物霊	
	分霊（サイズ）	元霊（サイズ）	オス（サイズ）	メス（サイズ）
1	1	1	1	1
2	2	1	2	1
3	3	1	3	1
4	4	2	4	1
5	5	3	5	2
6	6	4	6	2
7	7	4	7	3
8	8	4	8	3
9	9	4	9	3
10 以上	10	5	10	4

注釈）①自縛霊（人・動物）・生霊の場合（条件として元霊と分霊が同サイズの場合）：
この表は分霊（もしくは元霊）から先に呼び出し完全に処理した後、元霊（もしくは分霊）を呼び出すときに必要な人数を示している。この表は元霊、分霊のどちらを先に呼び出し上げても、分霊と元霊の関係を入れ替えて考えることができる。
例：元霊４人サイズを先に上げた場合、分霊は２人で呼び出すことができる。

なお、**自縛の動物霊（分霊、元霊）の眷属の扱いは、サイズダウンする前の元のサイズのものとして払う**。

例：仮に４人サイズの自縛の動物霊の処理の場合、まず元霊（あるいは分霊）を４人で呼び出し、オス、メスを処理して、眷属を４人で払う。次に動物霊の分霊（あるいは元霊）は２人で呼び出すことができるが、分霊の眷属は４人サイズ

のものとして払わなければいけない。

②動物霊の場合

オスを完全に処理した場合、メスを呼び出すときに必要な人数を示す。

また、①の自縛霊や生霊の場合も②の動物霊の場合も、あくまでも**この表は呼び出し人数が減ることを示しているにすぎず、浄霊時間が減るということではない**。

例えば、7人サイズの自縛の元霊を処理した後に、その分霊は4人で呼び出せるが、分霊にかかる浄霊時間は初めの7人サイズの時間である。同様に眷属の払いにしても、先に述べた通り、7人サイズの分霊を処理した後、元霊は4人で呼び出せるが、元霊の眷属の払いは元のサイズの7人で払わなければいけない。

このサイズ基準表は多少のずれはあるが、**絶対の安全圏の数値**として出したものである。これより少なくても、多くても多少のずれは当然事情に応じてあるわけで、一線を引けるものではない。

というのは、人によっても、出たものによっても違う。そこで出した絶対安全圏がこの表である。

こういう微妙な一定ラインを引くのは非常に難しいものがある。しかし、出たもの、そしてやる人、そういうことを考慮して安全圏の線を引くとこの表になる。

浄霊というのは、月に 2,3 回参加していないと身に付いていかない技術である。3〜4 年間の研修会参加回数で浄霊のレベルの差が出てくる可能性がある。

個人のレベルによって、補填と補充をどのくらい行なえばよいのかなどを考慮する必要がある。

ほ）補填の霊処理の目安表

一参照　第６章８《エイト》浄霊システムズー詳細（２）―仕上げ浄霊システムー補填と補充１

１００％のキャパシティを壊すことを目指す場合

この表はあくまでも、浄霊基準表に準じた資格を取得した時点（スタート時点）の人が、１つの霊の持つキャパシティ１００％を完全に壊す場合の目安です。ですから、ベテランが常にこれだけの補填が必要であるということではありません。

結果が出ない場合や、これぞと思うポイントの霊が出たが、その霊処理がうまくいったかどうかの自信がない場合、あるいはもう少しその霊処理の結果を求める場合に、この補填の霊処理の表を目安にして行なって下さい。

呼び出した霊のサイズ	補填の処理の目安
３人	２人サイズを１体（3人サイズでも可能）
４人	２人サイズを１体（3人サイズでも可能）
５人	３人サイズを１体
６人	a）３人サイズを１体 b）２人サイズを２体
７人	a）４人サイズを１体（レベルが上がった時に有効。現段階(2009.1.1)では無効） b）２人サイズを３体 c）３人サイズを１体と２人サイズを１体
８人	a）４人サイズを１体（レベルが上がった時に有効。現段階(2009.1.1)では無効） b）２人サイズを３体 c）３人サイズを１体と２人サイズを１体
９人	a）５人サイズを１体（レベルが上がった時に有効。現段階(2009.1.1)では無効） b）３人サイズを１体と２人サイズを２体 c）３人サイズを２体
１０人	a）５人サイズを１体（レベルが上がった時に有効。現段階(2009.1.1)では無効） b）３人サイズを１体と２人サイズを２体 c）３人サイズを２体

補足：　現時点(2009.1.1)では４人サイズ以上の霊を指定して呼び出すことができないために、補填で呼び出すサイズの霊は通常３人サイズまでとする。

なぜなら３人サイズの霊はたいていの場合必ず存在するが、４人サイズ以上の霊は存在しない場合もあるからです。よって７人サイズ以上の補填では、b）かc）のいずれかで行なうことになる。

例：頭痛に関与している７人サイズの憑依のリュウ１つが出たとする。この７人

サイズのリュウの補填には、7人サイズのリュウ本体の浄霊に加えて、上の表から、b）の2人サイズのリュウ3体か、c）の3人サイズのリュウ1体と2人サイズを1体のどちらかに決めて、サイズを指定して呼び出し処理をすることになる。仮にb)の2人サイズをリュウ3体の補填をする場合は、フレーズは
《私の頭痛に関与している2人サイズのリュウ1つ》となる。
表によれば、このフレーズで3体の補填が必要ということになっているが、必ず1体ずつ処理をして、結果を確認して2体目、3体目を処理するかを決めます。仮に1体目の処理で結果が出れば、そこで終了とします。

また、表では2人サイズと書かれているところを、3人サイズの霊を呼び出しても構わない。その場合は、本体の霊のキャパシティの不足分に見合う霊が出るか、あるいは、そのピラミッドの不足分を消化するキャパシティ分の霊が出ることになる。

へ）自縛霊（生霊）の分霊のサイズ縮小表
ー１つの元霊に複数の分霊がある場合

（分霊が複数ある場合）

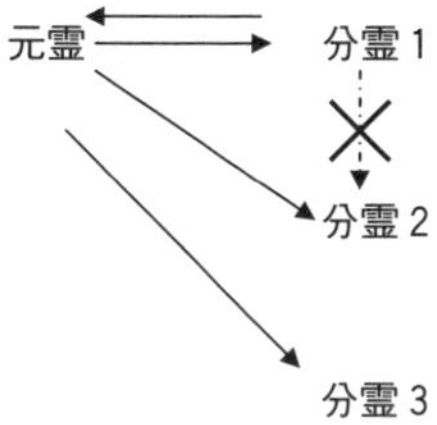

（通常の形）

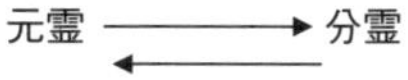

分霊１だけの処理で元霊を呼び出し処理できる

例えば、自縛霊が、夫婦に、あるいは兄弟、姉妹に分霊している場合があります。通常見られる自縛霊の形は元霊と分霊の１つがある右の図の形です。

分霊が複数に分霊して見られる場合、この通常の形が複数あると考えます（左の図）。つまり、元霊と分霊１、元霊と分霊２、元霊と分霊３という関係が独立して存在するということです。

ですから、左の図の元霊を呼び出すために、分霊１から３までを先にすべてを処理する必要はありません。分霊１を処理すれば、元霊を呼び出すことができるわけです。分霊１と元霊の処理が終れば、１つの関係が片付くことになります。

次に元霊と分霊２、元霊と分霊３という関係を個々に処理していくということになります。この場合はすでに元霊を処理しているので、あとは分霊２と分霊３の処理を続けて行なうことが可能となります。

仮に分霊１を処理すれば元霊は初めのサイズより小さいサイズ（サイズ基準表を参照）で、**呼び出して処理することができます。元霊が処理できれば、残りの分霊2～４まではサイズ基準表で縮小したサイズで、順次呼び出すことができるわけです。元霊を処理しない前に、サイズダウンした複数の分霊を順次呼び出すことはできません。**

例えば、５人サイズの自縛の動物霊が、父親、母親、長男の３人にそれぞれ憑いていたとします。手順としては、まず１番に元霊の５人サイズを処理すれば、家族３人の分霊はサイズ基準表に従って、全て３人サイズとして順次呼び出すことができます。あるいは父親の分霊５人サイズを一番に処理すれば、次は元霊を３人サイズとして呼び出すことができます。元霊の処理が終れば、次は母親、長男と順次３人サイズとして呼び出すことができます。

ただし、父親に憑いている分霊５人サイズを先に処理した後、元霊を処理する前に、先に母親を３人サイズとして呼び出すことはできません。あくまでも１つの分霊と元霊の関係においてのみ呼び出すサイズが縮小できるということです。

複数の分霊の処理の順序について

また、**分霊の処理の順**は、通常は家族全員についているなら家長から、兄弟姉妹なら一番上の年長から行ないます。やはり家長や兄弟、姉妹の年長というのは霊的な影響の勢いが強いと考えるからです。ただし、もちろん例外もありますので、ケースごとの考慮が必要です。

分霊の数が複数ある場合の呼び出しサイズ縮小について

仮に分霊が家族全員についているような複数ある場合の処理についてです。**元霊と一番勢いのある分霊１（通常家長）を完全に処理すれば**、残りの分霊を呼び出すサイズが小さくなります。その下がり方の具体例については次ページの図で示す通りです。

繰り返しますが、分霊１の処理だけでは残りの分霊のサイズは次に示すように縮小して呼び出すことはできません。元霊を処理して初めて、先に述べた元霊と分霊２、元霊と分霊３という関係が成り立つために、次の方法で呼び出すことができるようになるわけです。

次に示す複数の分霊の縮小関係の図は、８０から９０％以上のほぼ完璧な処理を目指す場合の基準で、安全を見越した場合のサイズです。

ケースによっては残りの分霊のサイズがどのくらい縮小するのかわからなくて、実際よりも小さくして呼び出した場合でも、成功率が多少減るだけのことですから、その分、補填や補充で補えば大丈夫です。あまりにも神経質になりすぎないことです。

1つの元霊に復数の分霊がある時の呼び出しに必要な人数（例1）

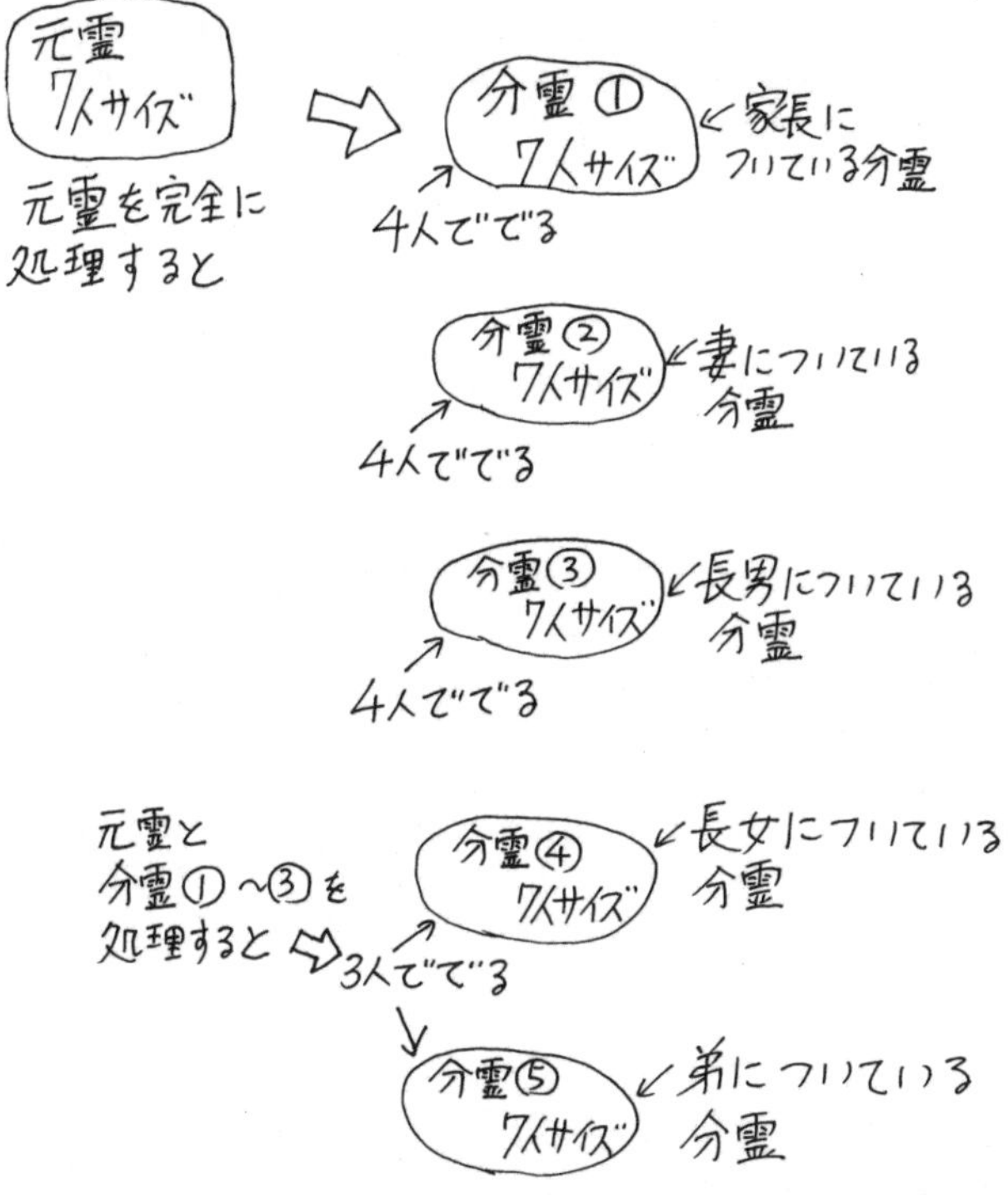

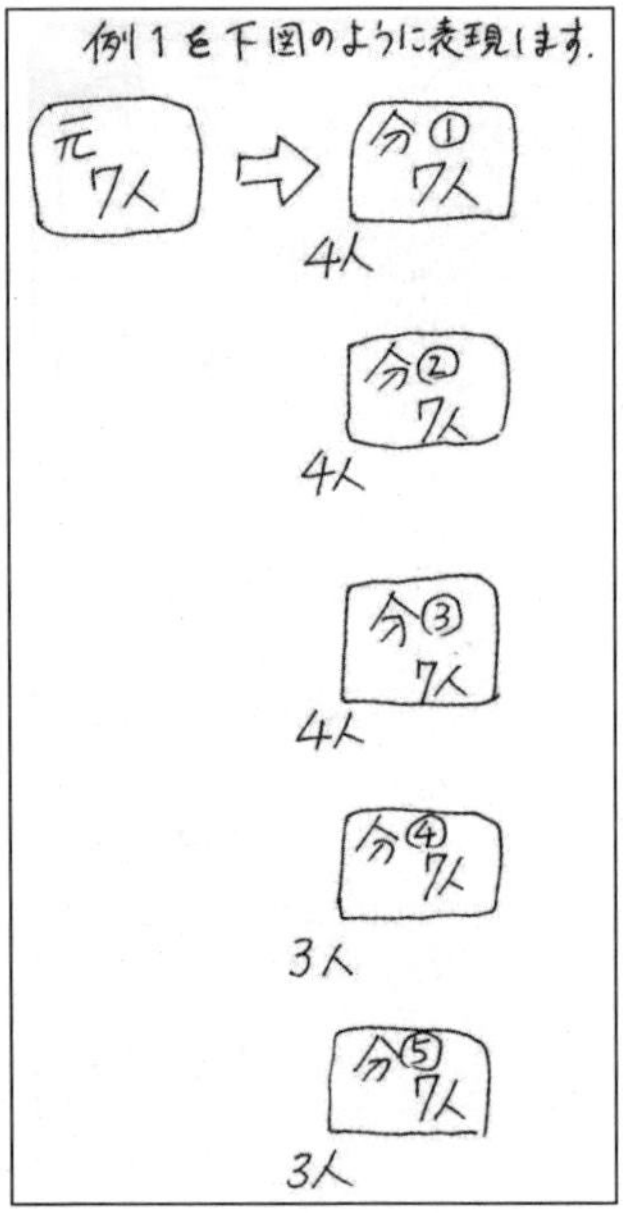
例1を下図のように表現します.
元 7人
今① 7人
4人
今② 7人
4人
今③ 7人
4人
今④ 7人
3人
今⑤ 7人
3人

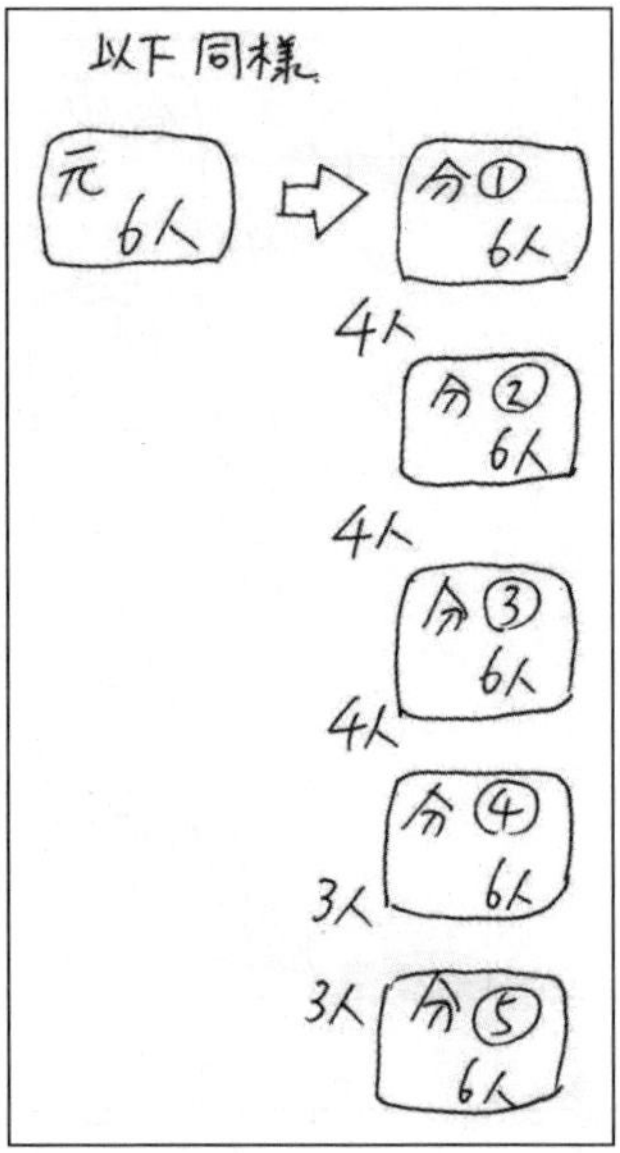
以下同様.
元 6人
今① 6人
4人
今② 6人
4人
今③ 6人
4人
今④ 6人
3人
3人
今⑤ 6人

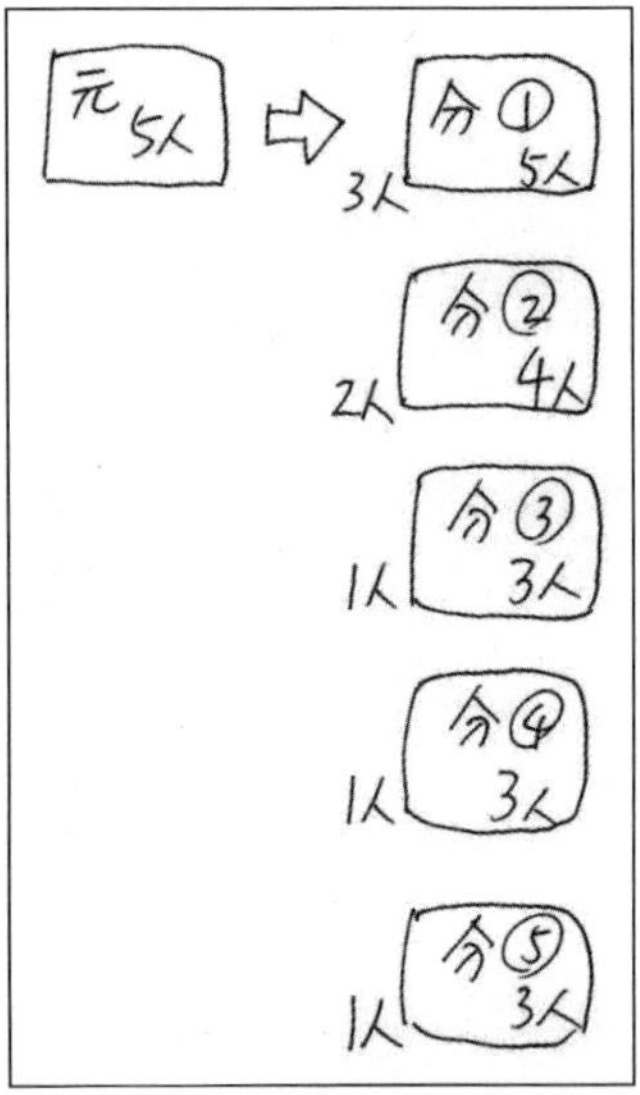
元 5人
今① 5人
3人
今② 4人
2人
今③ 3人
1人
今④ 3人
1人
今⑤ 3人
1人

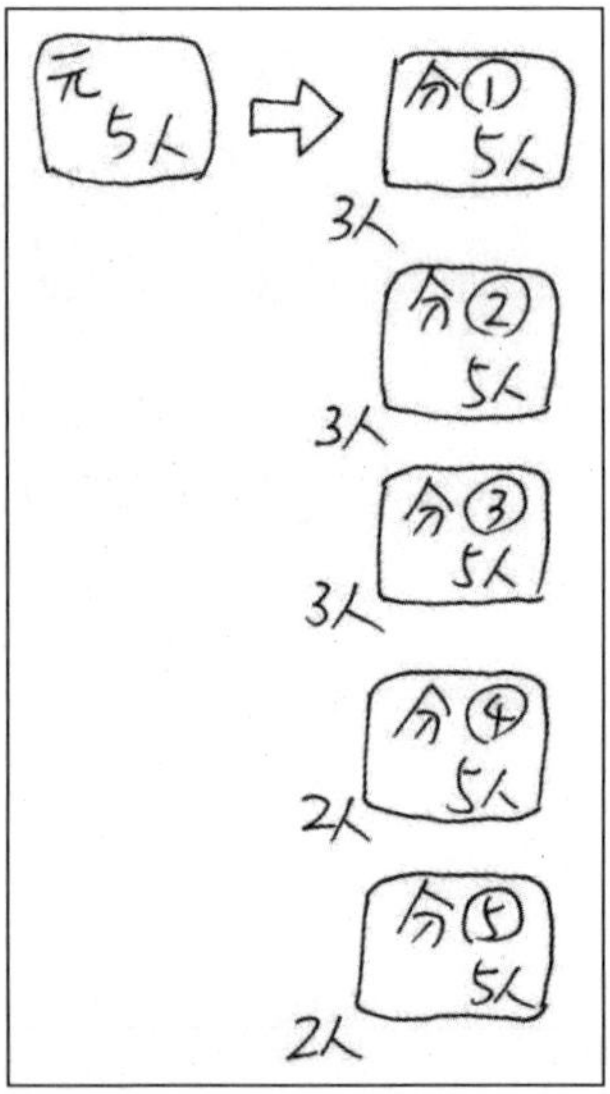
元 5人
今① 5人
3人
今② 5人
3人
今③ 5人
3人
今④ 5人
2人
今⑤ 5人
2人

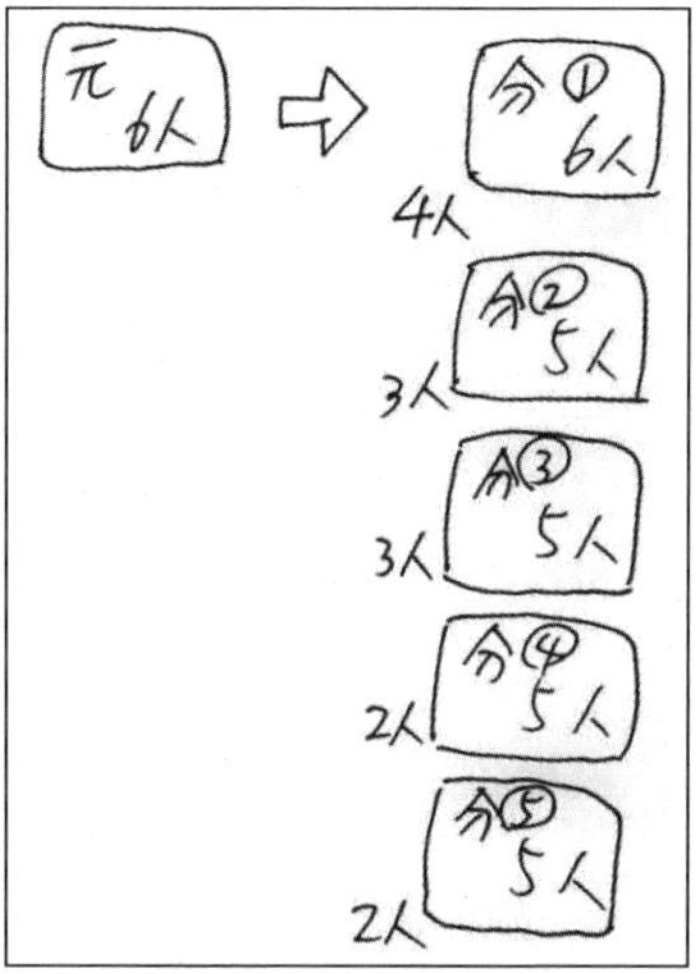
元 6人
分① 6人
4人
分② 5人
3人
分③ 5人
3人
分④ 5人
2人
分⑤ 5人
2人

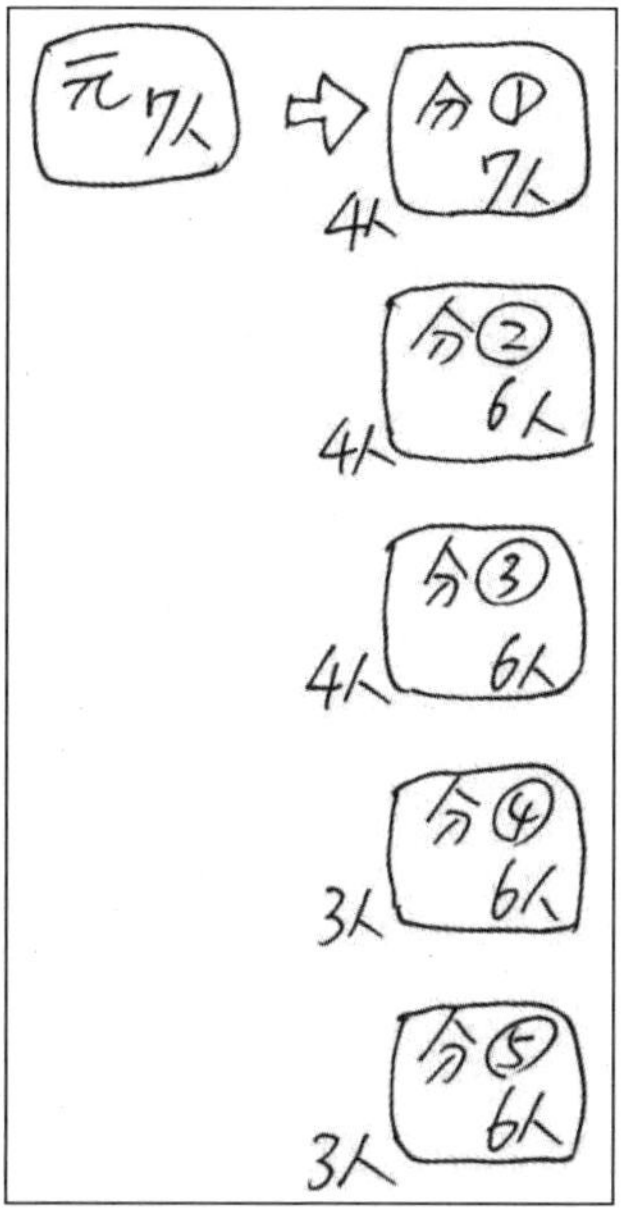
元 7人
分① 7人
4人
分② 6人
4人
分③ 6人
4人
分④ 6人
3人
分⑤ 6人
3人

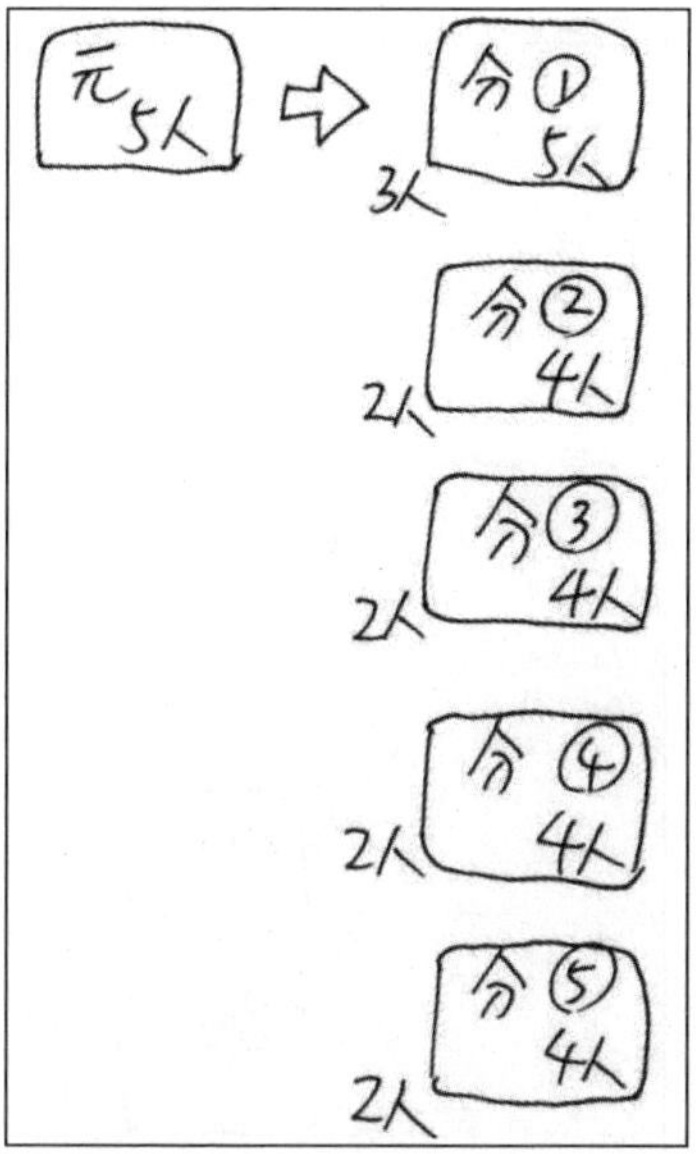
元 5人
分① 5人
3人
分② 4人
2人
分③ 4人
2人
分④ 4人
2人
分⑤ 4人
2人

と）サイズ基準表と時間基準表の訂正について

オリジナルの基準表は何を基準としているか

本来オリジナルの基準表（秘伝書に収められている表）は浄霊の仕事を効率よく行なうために示された基準です。従って、オリジナルの基準表通りのサイズと時間で完全に浄霊をこなせるためには、浄霊の仕事で成功を収めるだけのレベルが必要となります。ですからそのレベルに達していない場合にはその基準表に見合うレベルを補うだけの補填、補充の浄霊が必要となります。つまり、**現時点では秘伝書のオリジナル基準表を使うには、補填、補充の浄霊の併用が必要不可欠になります**。

浄霊暦10年以上の方の場合

ではここで浄霊暦10年以上の研修生が、秘伝書に書かれている①の秘伝書のオリジナル基準表（p 4）でそのまま行なう場合と、今回訂正された②の改訂版の基準表（p 6）を使って行なう場合、①と②のどちらが早くオリジナルの基準表を補填や補充なしに完全に使いこなせるようになるかというと、結論から先に言いますと、どちらのやり方でも大差はありません。早い人で2年、遅い人で4，5年、平均で3年が掛かります。

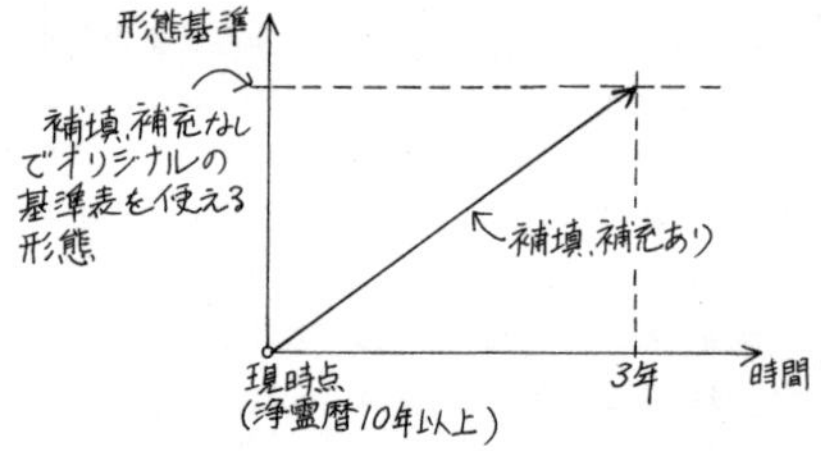

ただし、私はパーフェクトな浄霊をしたいと思う人はもちろん②の改正版の基準表を用いる方が呼び出せる霊のキャパシティは①のオリジナル基準表より当然大きくなります。②の改定版の表では呼び出す霊のキャパシテイ8割、最大で9割のを呼び出せることができます。

一方、仕事をたくさん受けているので改定表を使うのでは効率が悪いという方が①のオリジナル表を使えば呼び出せる霊のキャパシティは6割以上となります。

このように①のオリジナル表で呼び出せば、②の改定版の基準表に比べて、呼び出せる霊のキャパシティは1,2割減りますが、結果は充分とは言わないまでも結果は出ます。

また、結果の出方が悪いと思う場合でも、補填、補充をしっかりこなせば、結果は出ることになり、どちらの表を使っても結果の出方にも大差がないということです。

浄霊結果を出す3つの方法

このように浄霊の結果を出すためには3つの方法があることを知ってください。

1. 営業用の浄霊、
2. パーフェクト浄霊、
3. 世間、巷での浄霊、

の3つです。

言うまでもなく、1.営業用の浄霊とは、①のオリジナル基準表と補填、補充を併用した方法で、2.パーフェクト浄霊は②の改定版の基準表を使った浄霊です。

営業で浄霊を行なっている人は、まずは1の営業用の浄霊、すなわち①のオリジナル基準表と補填、補充を併用する。

仮に結果の出方が芳しくない場合、そこで2のパーフェクト浄霊、すなわち②の改訂版の基準表を用いた浄霊をするというようなやり方で、むしろ余裕を残して浄霊を進めていくのがよいでしょう。

もちろん、個人や家族に関しては2のパーフェクト浄霊を取り入れるなど、それは個人が自由に選択して構いません。

浄霊暦10年未満の方の場合

では、浄霊暦10年に満たない人が①のオリジナル基準表だけを使う場合と②の改定版の基準表だけを使う場合では①のオリジナルの基準表を使いこなせる形態（すなわち補填、補充なしで）ができる状態になるには差が出るのでしょうか？

残念ながら大きく差が出ることが分かりました。図を見ていただくと分かるように②の改定版の基準表を使って行なうと、オリジナルの表を完全に使いこなせるようになるにはおよそ5年が掛かります。

一方、補填、補充を併用しながら①のオリジナル基準表で行なった場合、オリジナルの表を完全に使いこなせるようになるにはおよそ8年掛かることが分かりました。つまり、その差は3年です。

ですから、浄霊暦10年未満の人が早くオリジナルの表を完全に使いこなせるようになる（補填、補充の併用をしなくてもよい形態基準に到達する）ためには現時点では改定表を使う方がよいことが分ります。

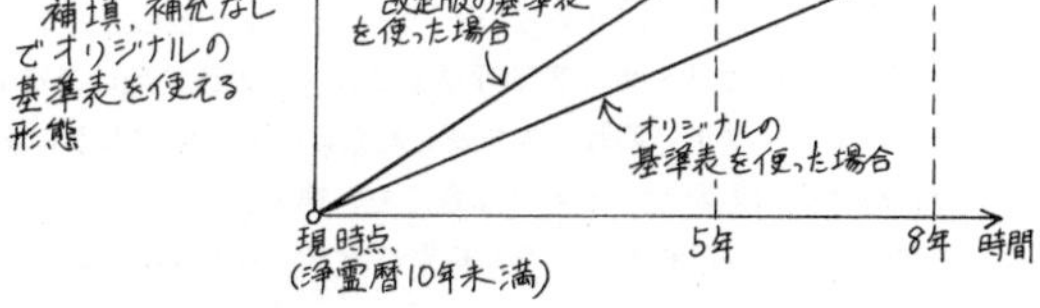

ではどうして、10年未満の人ではこのような差が出るのでしょうか？

なぜなら、浄霊暦が浅い人ほど、つまり浄霊の仕事の経験が少ない人ほど、仕事として成功するためのボーダーラインを持っていません。自分自身のことや家族の浄霊などを多く手がけていても、その結果はその人だけの成功にしか関わらないからです。つまり、①のオリジナルの基準表を使いこなせる形態基準に到達するには、仕事として、どれだけ成功したかという実践におけるレベルが大きな差として表れるわけです。だから、浄霊暦 10年以上の人は成功するためのボーダーラインをすでに持っているので、①のオリジナル基準表だけを使ってその表を使いこなせる形態基準に早く到達することができるわけです。

冒頭で説明しましたように、この①のオリジナル基準表は仕事を効率よくこなすために出てきたものですから、やはり経験の浅い初心者が①のオリジナル基準表を使いこなせるようになるのは時間が掛かることになります。

浄霊レベルは何で決まるのか

では浄霊のレベルはどのように決まるかというと、

1つは浄霊した総合時間、
2つ目は浄霊数、
3つ目は自分の持っているレベル

で決まることになります。

もちろん今まで行なった浄霊の絶対数とそれに掛けた総合時間が重要ですが、それ以上に大切なのは

1つの問題に対して成功した件数、
あるいは
1つの浄霊を完遂させた件数

で決まると言われます。つまり、どれだけ浄霊を成功させたかということです。

浄霊を仕事として数多くこなしている方は、結果が出るまで、数多くのフレーズで、数多くの霊処理を行ないます。そこには充分に補填や補充の霊が呼び出されて処理されていることになります。そういうことから、10 年選手で、仕事を数多く手がけている方はどちらの表を使おうと、結果の出方やレベルの上がり方に差はないというのはこの辺りに理由があるわけです。

①秘伝書のオリジナル基準表

a）時間基準表（浄霊にかける時間）

サイズ（人）	人の霊・物霊（時間）	動物霊（時間）	満足度（%）
3人	**1時間**	**1.5時間 （オス45分・メス45分）**	**スタート時点が50%以上＊**
4人	1時間	1.5時間 （オス45分・メス45分）	3人サイズを基準とすると50%より下がる
5人	1時間	1.5時間 （オス45分・メス45分）	4人サイズよりさらに下がる
6人	**1.5時間**	**2時間 （オス60分・メス60分）**	**スタート時点が50%以上＊**
7人	1.5時間	2時間 （オス60分・メス60分）	6人サイズを基準とすると50%より下がる
8人	1.5時間	2時間 （オス60分・メス60分）	7人サイズよりさらに下がる
9人	1.5時間	2時間 （オス60分・メス60分）	8人サイズよりさらに下がる
10人以上	充分に時間をかける	充分に時間をかける	

注釈）**この時間基準表が使える条件は、浄霊基準表に準じていること。**
営業ベースはこの基準時間でよいが、**個人ベースは30分～1時間をさらに加えてもよい。**

＊浄霊基準表とは

霊を呼び出すサイズの1人分としてみなされるための基準:
（スタート時点）

① 初めの2年間は趣味の会参加を月1回、3年目以降は月2回以上を少なくとも1年間参加した人、
② 趣味の会参加を月1回丸4年経過した人（5年目の人）
③ 趣味の会参加回数が48回以上であれば、3年目からの人

b）サイズ基準表（呼び出しに必要な人数）

サイズ(人)	①自縛霊(人・動物)/生霊		②動物霊	
	分霊(サイズ)	元霊(サイズ)	オス(サイズ)	メス(サイズ)
1	1	1	1	1
2	2	1	2	1
3	3	1	3	1
4	4	2	4	1
5	5	3	5	2
6	6	4	6	2
7	7	4	7	3
8	8	4	8	3
9	9	4	9	3
10 以上	10	5	10	4

注釈）この時間基準表が使える条件は、浄霊基準表に準じていること。

②改訂版の基準表

ａ）’ 時間基準表の改訂版　（訂正箇所は（太字）＊のところ）

サイズ（人）	人の霊・物霊（時間）	動物霊（時間）
３人	１時間	1.5 時間 （オス 45 分・メス 45 分）
４人	**（1.5 時間）＊**	1.5 時間 （オス 45 分・メス 45 分）
５人	**（1.5 時間）＊**	1.5 時間 （オス 45 分・メス 45 分）
６人	**（2 時間）＊**	2 時間 （オス 60 分・メス 60 分）
７人	**（2 時間）＊**	2 時間 （オス 60 分・メス 60 分）
８人	**（2.5 時間）＊**	**（2.5 時間）＊** （オス 75 分・メス 75 分）
９人	**（2.5 時間）＊**	**（2.5 時間）＊** （オス 75 分・メス 75 分）
１０人以上	充分に時間をかける	充分に時間をかける

補足：現時点（Ｈ２１．１０月２５日）において、補填、補充なしで行なう場合の基準である。

b）’ サイズ基準表の改訂版（訂正箇所は太字○のところ）

サイズ（人）	①自縛霊（人・動物）／生霊		②動物霊	
	分霊（サイズ）	元霊（サイズ）	オス（サイズ）	メス（サイズ）
1	1	1	1	1
2	2	1	2	1
3	3	1	3	1
4	4	2	4	**②**
5	5	3	5	**③**
6	6	**④～⑤**	6	**④～⑤**
7	7	**⑤**	7	**⑤**
8	8	**⑤**	8	**⑤**
9	9	**⑥**	9	**⑥**
10 以上	10	**⑦**	10	**⑦**

巻末資料

趣味の会　格言集

理解できたほど、

レベルが上がった人ほど、

結果は出ます。

理解できる程度と

レベルが上がった程度と

結果の出る程度は、

三者同じと見ても

いいかもしれません。

２００８年７月１日

趣味の会　格言集

もし、今の社会に成功するならば、

決して止まってはならない。

常に変化し、

常に進歩し、

その前進が少なくても、多くても、

その人の変化は、

人により異なるから。

重要なことは止まってはならない

ことである。

2008. 11. 19

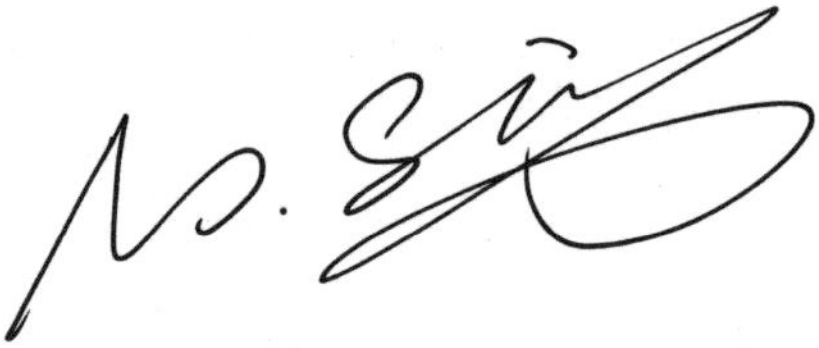

趣味の会　格言集

その人間が

浄霊をした時、

希望しているものが

どれだけ叶うか

ということは、

希望という時点で

ある程度

用意されている場合も

数多い。

2007年9月19日

序章　人間性が上がることで浄霊の成功率は上がる

2008. 7.1

浄霊をすればするほど、人間そのもののレベルは上がっていきます。

浄霊とは、次から次へとすることによって１つの自分自身の人間性のレベルが上がる技術だと思ってください。

より自分自身のいわゆる汚れの魄《はく》を取り去った自分の状態に１歩ずつ近づく。

ただ浄霊の考え方として、人間というのは地上に降りて来たとき、地上で憑いたときの魄《はく》と前世の魄《はく》の両方を持っている。前世と地上の両方の魄《はく》をどれだけ今世で取れるかというのが、その人の運命であり、その人の人生の課題である。

一番取りにくいのは前世の魄《はく》。しかしそれは形を持って憑いてますから、今世の魄《はく》も前世の魄《はく》も浄霊をどんどんしていくことで、どんどんきれいになっていきます。取れていきます。どんな状態でも取れます。どこまで自分のために努力してきれいにするかはあなた方次第です。

浄霊は１つや２つの方法で処理できるほど浅い学問ではない。より深いもので、やり方を箇条書きにしてやっていけばいい。どれを選ぶかはあなた次第です。

本文を理解するための基本概念

1) **浄霊ピラミッドとは（最終章—追記参照）：**

フレーズによって作られる霊の集団。 例えば、それぞれの運勢を大きな範囲で見てみると、金運の関与する霊のピラミッド、人生運に関与する霊のピラミッド、健康運に関与する霊のピラミッドなどがある。

さらに、これらのピラミッドの構成要素は、人生の目的や生きざまや、あるいは職種などでもさらに細かく分かれることになります。

例えば、金運のピラミッドと一言でいっても、自営業の人やサラリーマンの人が望む目的も対象も違います。自営業なら、目標の売り上げ額に達成するには、例えば、お客が週に80名以上来ることや売上額が○○万円以上になることなどのさまざまな方向の浄霊ピラミッドを考える必要があります。

一方、サラリーマンなら、月収を上げるためには出世することや臨時収入が入ることなどを考慮した浄霊ピラミッドが対象となります。このように目的やその大きさに応じて、フレーズの数や種類が決まり、それによって様々な金運に関わる浄霊ピラミッドが形成されていることになります。

2) **キャパシティとは（最終章—追記参照）：**

1つの浄霊ピラミッドが持つ容量を意味する。浄霊ピラミッドを完全に壊すことができれば、その浄霊の目的が達成することができる。

本文では、“浄霊ピラミッドを壊す（崩す）”の同意語として『1つのフレーズが持つキャパシティを消化する』とも表現している。

3) **サイズとは：**

霊を呼び出すときに必要な人数を表す。

浄霊のサイズの概念は2人サイズ、3人サイズ、5人サイズとサイズの数が増すほど浄霊時間がかかる。しかし、成功率は上がる傾向がある。

4) **フレーズとは：**

> フレーズとは浄霊目的に沿った霊を言葉の力で限定するためのもの。的確に目的を表す表現が最もよいフレーズとなる。

5) **浄霊ピラミッドの崩し方の基本概念(最終章—追記参照)：**

> 浄霊ピラミッドは、フレーズの持つキャパシテイの大きさやフレーズの数や種類などすべてが相互に関連して組み合わさってできているものです。

ここに、あるフレーズで作られた霊の集団、つまり１つの浄霊ピラミッドがあるとします。このピラミッドの霊の構成からどのようにそれを壊していくかを予測することができます。

例えば、その浄霊ピラミッドの中にはそのピラミッドのキャパシティを大きく占めるほどの大きな影響力を持つ１つの霊がいるとします。この場合、その霊１つを完全に処理することで、その浄霊ピラミッドは壊れやすくなります。

反対に、１つ１つの霊が占めるキャパシティがピラミッドの中でそれほど大きくなければ、このピラミッドを壊すにはいくつもの霊処理が必要となります。

1つの大きな霊を処理するとほとんど壊れてしまう浄霊ピラミッド

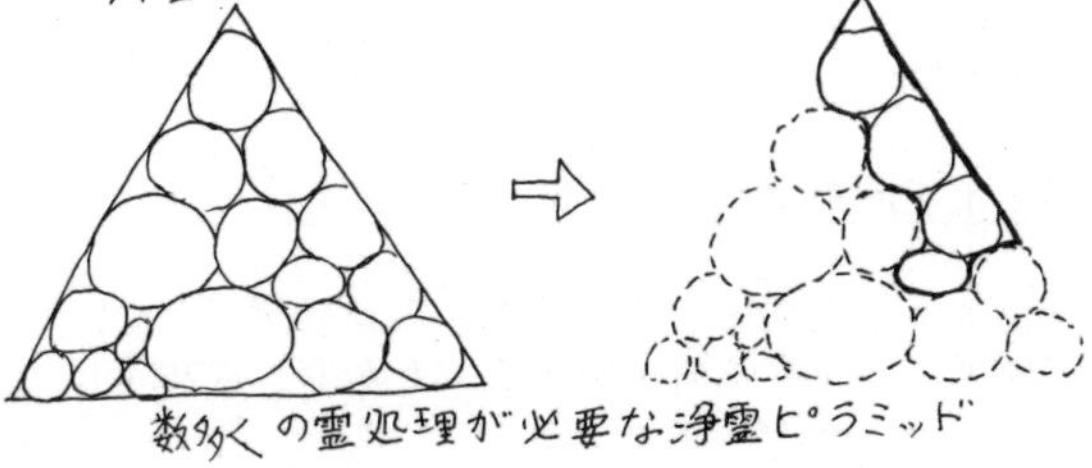

数多くの霊処理が必要な浄霊ピラミッド

本来浄霊ピラミッドはさまざまフレーズよって作られる複数の浄霊ピラミッドと重なりあってできています。

そこで、本来のピラミッドと重なり合っているさまざまなピラミッドの構成部分を崩していくことで本来のピラミッドを壊していくことになります。

浄霊ピラミッドを効率よく壊していくための具体的な方法が、第１章でご紹介する８《エイト》浄霊システムズです。それらの浄霊システムを組み合わせて、浄霊ピラミッドを壊していくわけです。

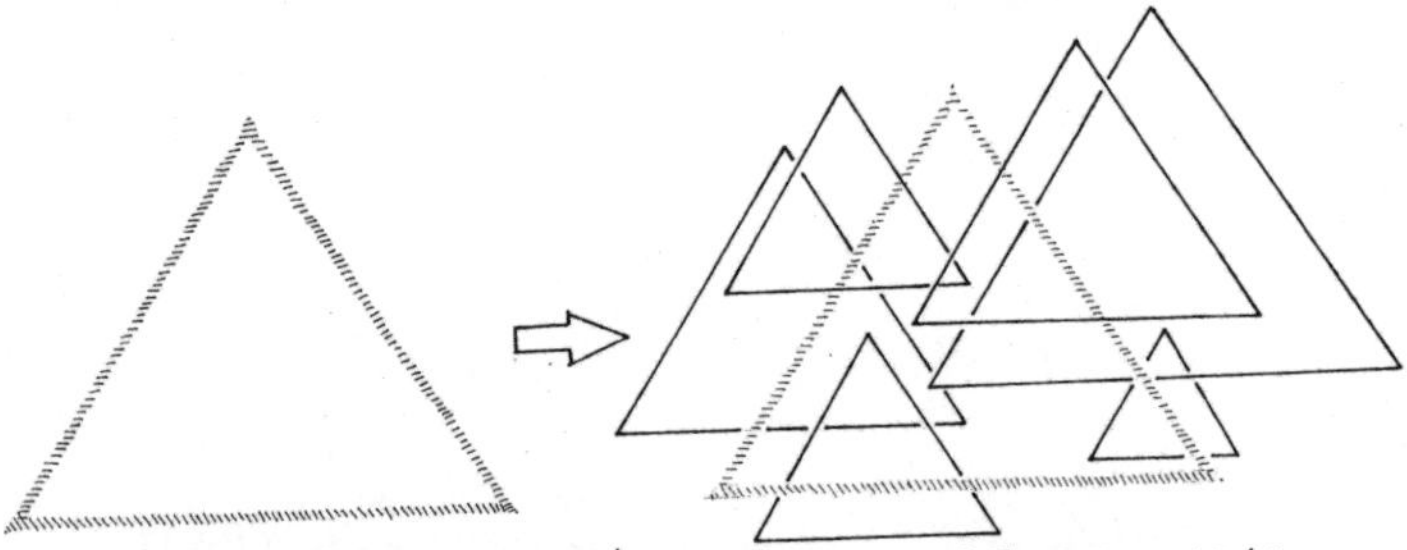

大きな浄霊ピラミッドの中には幾つもの浄霊ピラミッドが
存在する．そして重なり合っている。

6)霊の方向性とは：

霊が存在する方向。その方向はフレーズで限定することができる。

例えば、方位払いを行なう場合なら、"南東の方向にいる霊"と指定すると、南東の方向に存在する霊すべてを意味する。あるいは "金運に関与するヘビ"と指定すると、金運のピラミッドの中で、ヘビが存在する方向からヘビを指定することになる。

霊の世界には時間と距離がなく、方向だけ存在する。この基本を理解していないと浄霊はできない。

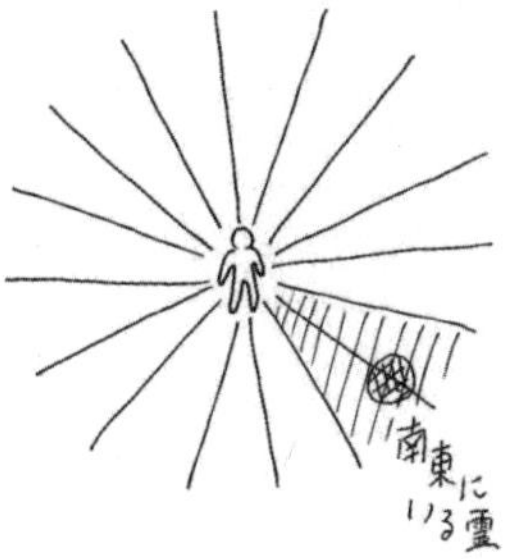

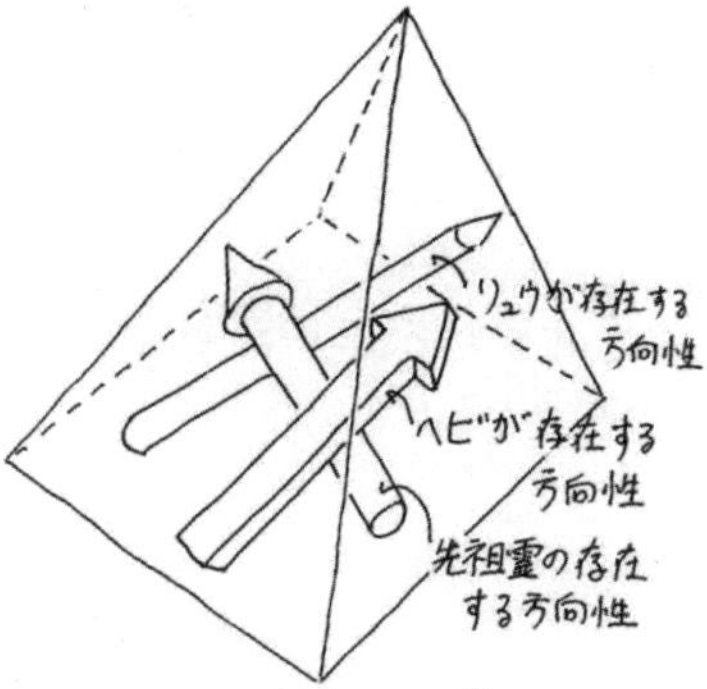

金運のピラミッド

7)消化するとは：

浄霊ピラミッドが持つキャパシティを浄霊をすることで少しずつ削り取って減らしていくこと。

第１章　８《エイト》浄霊システムズ(8種類の浄霊の方法)

趣味の会で行なわれる浄霊には大きく分けて８種類の方法があります。基本浄霊をもとに、他の浄霊システムを組み合わせ、浄霊目的にあった効率よい浄霊を目指します。

本章では、現在趣味の会で行なわれているさまざまな浄霊方法の紹介します。それぞれの浄霊レベル、浄霊スタイルや浄霊内容に合わせて、選択あるいは、自由に組み合わせて行なうとよいでしょう。

1）基本浄霊システム

浄霊の最も基本の形で、限定印の中に呼び出した霊に“自己浄霊”と呼ばれる気を送り、幽界へ上げる方法。

＊ 初心者が一番初めに行なう浄霊。

【方法】
フレーズ《私の健康運が上がることに最も関与している霊１つ》

① 霊を呼び出す。
⇩
② 自己浄霊の気を送る。
⇩
③ 幽界へ霊を上げる。

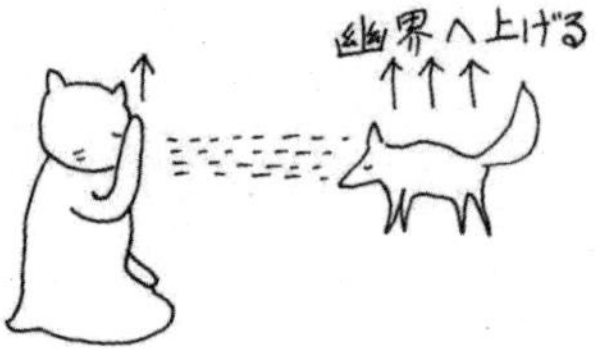

2）セット浄霊システム

浄霊ピラミッド底辺にいるキャパシティの小さな霊を数多くする浄霊。浄霊ピラミッドの焦点となる霊を呼び出しやすくするために下処理の目的で行なう浄霊。底上げの浄霊とも言われる。
従って、浄霊の最初に行なう場合が多い。

＊初心者がレベルを上げるために満遍なくいろいろな種類の霊を呼び出せるようになるための練習にも使う。
＊浄霊ピラミッドの大きさに応じて、1セット単位でセット浄霊を繰り返す。

セット浄霊で呼び出す霊は、次のい)～へ)の6種類を1セットとする。

い) 憑依の人
ろ) 憑依の動物霊
は) 自縛の人の霊（分霊、元霊）
に) 自縛の動物霊（分霊、元霊）
ほ) マイナスの先祖霊
へ) 協力の先祖霊

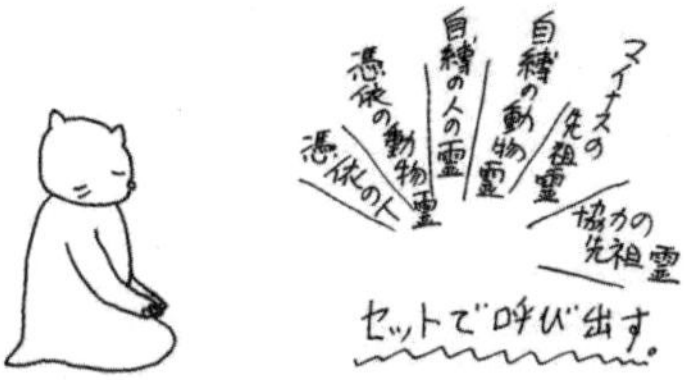

【方法】
フレーズ《私の健康運が上がることに最も関与している憑依の霊1つ》

① 霊を呼び出す。

⇩

② 自己浄霊の気を送る。

⇩

③ 幽界へ霊を上げる。
い)～へ)までの霊を順次
呼び出し同様に浄霊を行なう。

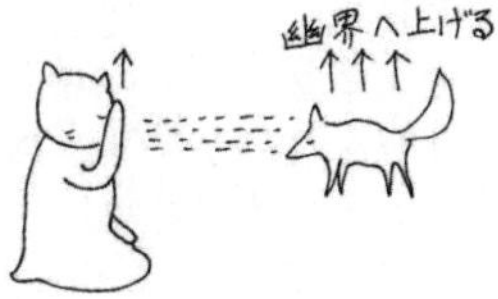

3）三宝浄霊システム

霊の大切にしている3つの宝を先に上げることで、本体（霊）の浄霊時間を短縮して上げる浄霊。

→詳細は第2章
＊ 浄霊暦3年目からの人が対象。

【方法】

フレーズ《私の健康運が上がることに最も関与している霊1つ》

① 霊を呼び出す。

② 霊が選んだ3つの大切なものを1つずつ呼び出し、気を送り幽界へ上げる。霊の宝は3つまでを限度とする。

③ 最後は本体に気を送り、幽界へ上げる。
動物霊の場合、オスの宝を順次3つ幽界へ上げた後、オス本体を幽界へ上げる。次にメスの宝を3つ順次上げた後に、メス本体を上げる。

4）ワンエッチ(1時間)浄霊システム

1時間で収まることができる霊の浄霊　→詳細は第2章

＊ 浄霊暦3年目の人が次の段階へ行くためのステップで、三宝浄霊やセット浄霊と組み合わせて行なう。
＊ 緊急時のときに1人で対応できる浄霊として利用できる。

【方法】
フレーズ《私の健康運が上がることに最も関与している**1時間で治まることができる霊**1つ》

① 霊を呼び出す。

⇩

② 霊が大切にしている宝1つに気を送り幽界へ上げる。
順次3つの宝まで同様に行なう(三宝浄霊を組み入れる)。

⇩

③ 最後に本体に気を送り、幽界へ上げる。

注釈)
・三宝浄霊を組み合わせることで、①〜③までの浄霊時間を計1時間で収めることが可能となる。
・多人数でも呼び出しても、あとで1人で呼び出し処理できる。
・ワンエッチ浄霊で出た動物霊は、呼び出した本人の限界のものが出ているので、1人で眷属を払うときはカゴメ印で行なう。

5）同定浄霊システム

浄霊ピラミッドを効率よく壊すために呼び出す霊の種類を初めから同定して行なう浄霊。

→詳細は第2章

＊１人立ちするための初心者の練習方法でもある。

一口メモ

同定浄霊とは同じ種類の霊をあらかじめ指定して呼び出し、その指定した種類の霊を数多く浄霊すること。これにより、その浄霊ピラミッドの中に占める、指定した種類の霊の集団が持っているキャパシティを効率よく消化できる。

【方法】

フレーズ《月収 150 万以上になることを最も大きく邪魔しているヘビ１つ》

① 仮にヘビと指定して呼び出す。指定する霊は浄霊師が決める。

⇩

② 霊が選んだ３つの大切なものを１つずつ呼び出し、気を送り幽界へ上げる。
動物霊の場合、オス、メスそれぞれの宝を３つずつ上げる。

⇩

③ 最後は本体に気を送り、幽界へ上げる。

注釈)

・どの霊を同定するかは今までの経験から当たりをつけてみる。
・どの霊を同定してよいのか分からない場合は動物霊（リュウ、ヘビ、キツネ、タヌキのいずれか）と人の霊（先祖、自縛、憑依のいずれか）の両方を組み合わせて浄霊を行なうことでその傾向を調べる。
・1つの浄霊ピラミッドにおいて、同定した1種類の霊を完全に壊す処理数の目安は1人サイズでおよそ30体。

6）多人数浄霊システム

多人数で限定印を切り、3人サイズの霊を呼び出す浄霊。

→詳細は第2章

＊仕事を受けたとき、1人でこつこつと効率よく行なう方法。

フレーズ例：10人で3人サイズの霊を呼び出す。

《○○に関与している3人サイズの自縛のリュウ1つ(人の霊でも可)》
《○○に関与している3人サイズの憑依のヘビ1つ（人の霊でも可)》
《○○に関与している3人サイズの協力の先祖霊1人》

注釈)

・3人サイズの霊を規定する理由は、3人サイズが効率よく処理できるサイズであるということ。また、5人サイズだと存在しない場合もあるが、3人サイズなら、どんなフレーズでも必ず霊は存在するからである。
・呼び出す人数が多ければ多いほど、非常に効果の高いものが出てくる。
・初心者の場合、3人サイズの霊処理が大変な場合、1人サイズ、あるいは2人サイズと規定して行なうとよい。
たとえ1人サイズや2人サイズの小さな霊でも、多人数で霊を呼び出すと、1人で霊を出すよりも、非常に効率のよい霊が出る。

7）仕上げ浄霊システム（補填と補充）

> より大きな浄霊の成功を目指すために、確実に1つのフレーズの持つキャパシティを消化する、あるいは浄霊ピラミッドを壊していく方法。すなわち補填と補充の浄霊。

→詳細は第6章、第10章へ
＊仕事として成功するための実践方法。

8）遠大浄霊システム

> 大きな目的や遠大な目的を達成するために、人間霊領域と動物霊領域の代表霊をずっと追いながら大きなキャパシティを崩していく難易度の高い浄霊。

→詳細は第11章

＊キャパシティの大きさは20人サイズから30人サイズのものまでと、50人から最大で100人サイズのキャパシィを崩すことが可能。つまり、不可能と思われる目的を成功させることができる。

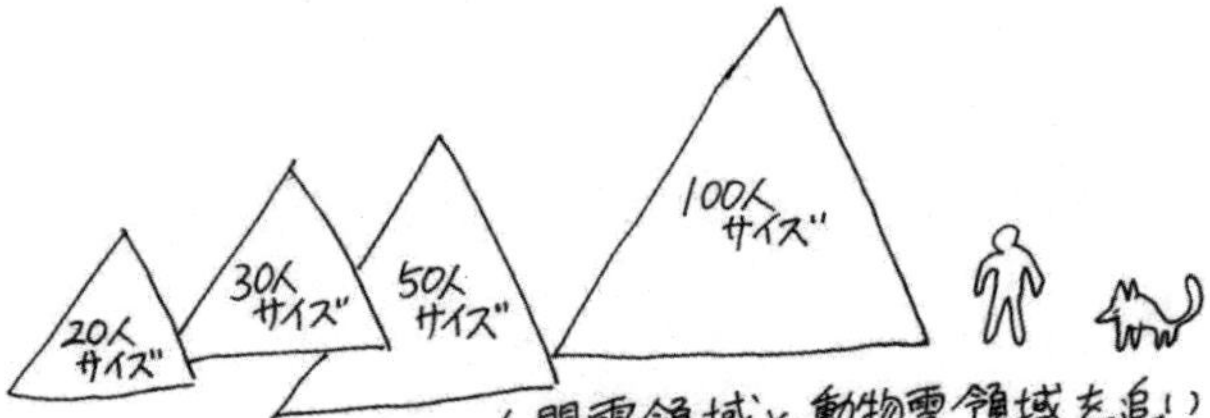

解説１：どのように各種の浄霊方法を組み合わせて使うのか

①最も基本の形	………基本浄霊
②下処理目的	………基本浄霊＋セット浄霊
③時間短縮目的	……… a)基本浄霊＋ワンエッチ浄霊 b)基本浄霊＋三宝浄霊 c) 基本浄霊＋ワンエッチ浄霊＋三宝浄霊
④緊急時対策	………基本浄霊＋ワンエッチ浄霊＋三宝浄霊
⑤結果を出す目的	………基本浄霊＋三宝浄霊＋多人数浄霊（同定浄霊）＋仕上げの浄霊(補填と補充)
⑥遠大な目的	………遠大浄霊

質疑応答： 2004. 3.15

Ｑ１： 動物霊、先祖霊、自縛の動物霊、自縛の人の霊などいろいろ霊の種類がありますが、動物霊のピラミッド、人の場合のピラミッドというのがあるのですか？

Ａｎｓ：ピラミッドは１つですから、それを動物霊で崩そうが、人間の霊で崩そうが同じです。

Ｑ２： それらは混在してピラミッドを作っているのですか？

Ａｎｓ：混在してではない。１つと考えるのです。それを何の手段で崩すかということになる。だから、１つのピラミッドに対してハンマーで崩すのか。あるいは手でかじって崩すのか。動物霊や人間霊が中にいるのではない。それを崩す手段がその浄霊の手段だということです。1つのピラミッドがあって、それを崩す手段として、みなさんが動物を使ったり、人間を使ったりするというふうに考えた方がいい。

Ｑ３： 道具になるハンマーが動物霊だったりということですか？

Ａｎｓ：そういうふうに考えた方が浄霊はぴったりですね。だけど、実際するには、ピラミッドの中に何が存在するかという形でどうしても行ないますけどもね。一番上のものをできたら一番いいですね。

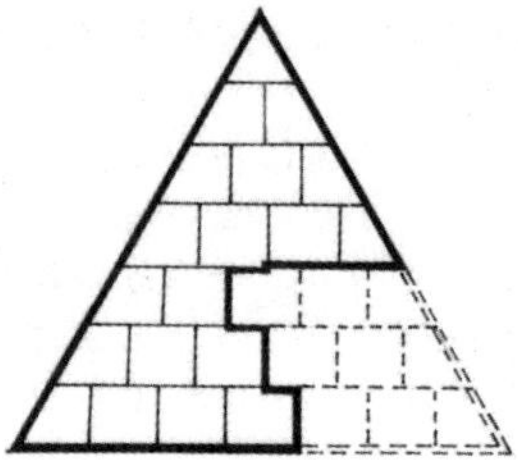

第２章　8《エイト》浄霊システムズ—詳細(1)

2－1　三宝浄霊システム

2003. 9.4

三宝浄霊とは、霊の大切にしている３つの宝を１つずつ上げることで本体の霊を上げやすくするという浄霊方法。

三宝浄霊とは、霊が大切にしている３つの宝を上げることで本体の霊の浄霊時間を短縮して上げやすくするという浄霊方法です。ではどうしてそれが可能なのでしょうか。

そもそも霊を早く上げるには、どうしたらいいか。霊に対して何が上に上がりやすい状態にさせるかといったら、やはりこれは1000年、2000年といった浄霊の歴史からみても分かるように、情けをかけること。これが最高の手段であることは、昔も今も変わらない。霊に対して情けをかける。これが最も上に上がりやすくさせるという状態です。

情けをかける—食べ物を食べさせる

昔から、情けをかける方法として、いろんな方法が取られてきました。この数千年という長い歴史の中で、どういう情けをかけてきたかというと、一番使われていた方法は、物をあげる、食べさせるという方法です。つまり霊、いわゆる故人が生前、好きだったものを食べさせる。これが最も大きな情けのかけ方というわけです。

その代表的な食べ物というのは、お酒、まんじゅう、そして白いご飯で、これらは１種の３点セットのようなものでした。

さて、この食べさせるということ、それがすなわち情けに働きかける。これによって、霊を上げる速度が５倍にも、10倍にも、20倍にも早くなるのです。

しかし、霊に物を食べさせるというのは、最大の欠点もある。いくら霊に食べさせるといっても、その霊媒師が物を食べる量には限度があります。10人分、20人分の霊の好物を食べ続けるわけにはいかない。だから一度に数多くの浄霊を行なうという場合には、霊に物を食べさせるという方法にはやはり限界があります。

情けをかける一宝物シリーズ

そこで新しい方法が、趣味の会に登場したのです。通称“宝物シリーズ”と言われます。

故人の宝物、つまり故人が大切にしていたものを使って、宝物でもって、情けに働きかけるという方法です。

しかもこの宝物シリーズには限界がない。何回でも、何体でも浄霊ができるという利点があります。

この宝物シリーズは、いわゆるものを食べさせるという情けを、今度はその人の霊が生きていたとき、『大切にしていたもの』というところに対して情けをかける。情けに働きかけるということにおいては、食べものも宝物もまったく同じです。ただ、方法が違うわけです。『大切なもの』というところに働きかけるのです。

では具体的にどうするかというと、その大切なものを霊に３つ選ばせます。その３つの宝物１つずつに充分に気を送り、それぞれ幽界へ上げていくのです。生前大切にしてきたものが上へ上がるということが、本体(霊)を上へ引っ張り上げる力となり、本体は幽界に上がりやすくなるということです。

このように霊を早く上げるには、情けに絡ませなければ意味がありません。呼び出した霊に十二分に気を送る。これは最も大きな情けです。そして、本人の持っている宝物を出させるということも大きな情けとなるのです。

３つの宝を上げるもう１つの意味 2008. 9.2

これら３つの宝を先に上げるという形は、霊に対してきれいなすばらしい明るい世界を見せる一種の見せしめでもあります。

生前自分の大切にしていた３つの宝が幽界へ上がると、その上がったきれいな宝を見て、“アー自分はこんなに汚れているんだ”ということを霊は改めて思い知ることにもなります。

だから、霊の方も“早く自分もこのようにきれいになりたい”と思い、呼ばれると、速やかに前に出て早く幽界へ上がることができるのです。

浄霊システムからこの形態を考えてみると、霊が幽界へ上がったきれいな宝を見て自分の汚れを認識するところ、すなわち自分が見ている場所はどこかというと、実は幽界です。このとき3宝が上がるのと同時に霊本体も幽界へ上がっているのです。
ただし、ここで間違っていけないことは、この霊は浄霊をされて幽界へ上がったわけではありません。これは『移動』という形で上がっているにすぎません。

後で述べるように、移動は浄霊ではありません。趣味の会の技術を身に付けた人なら、簡単に移動という形で霊を上げることができるようになりますが、これは決して行なってはいけない方法です。
ですから、3 つの宝を上げた後、今度は霊本体を限定印に呼び出し、充分に気を送り、幽界へ上げるという本来の浄霊の形を取ることになります。もし、このとき気を送ることをおろそかにしたなら、結局は移動に終るということになり、その浄霊は失敗となります。

2－2 ワンエッチ(1時間)浄霊システム

2007. 1/2008. 6

浄霊時間を1時間に制限して行なう浄霊方法。緊急時などで早急の対応を迫られた時に、ピンポイントの霊処理で一時的に事態を治めることができる。

従来の浄霊の形は長時間かかるもので、とても忍耐が必要でした。そのため短時間でより早く結果を出そうということから端を発したものがこのワンエッチ浄霊です。すなわちワンエッチとは1時間という意味です。

通常、時間制限をつけないで呼び出した場合、その霊が持って出たキャパシティをすべて消化するまで浄霊を行ないます。そのために霊の難易度によってかかる浄霊時間は長くなります。
一方、ワンエッチ浄霊とは初めから1時間という時間制限をつけることで、出てきた霊のキャパシティを限定した処理で収めることになります。ですから、今の問題解決のためのピンポイントに相当するキャパシティの消化となるわけです。

浄霊の成功から考えると、呼び出した霊のキャパシティ丸ごとすべてを消化する方が、当然大きな結果を期待できますが、とりあえず、結果を早く求めたいという場合には、ワンエッチ浄霊は1時間という時間制約の中でピンポイントの処理ができる効率的な浄霊です。

ワンエッチ浄霊には必ず補填を組み合わせる

そもそもワンエッチ浄霊とは、1 人で呼び出しても、多人数でも呼び出しても、あとで1人で呼び出し処理することができるというメリットがあります。

もちろん多人数で呼び出す方がより効果的で、正確な方向にある(浄霊目的の焦点にあった)ものを呼び出すことができます。

イベントで、ワンエッチ浄霊で霊を呼び出したときに、3 人サイズや2 人サイズの霊が出てくることがあります。この場合もワンエッチ浄霊で呼び出した限りは、いくらサイズが大きくとも、後で1人で出すことができます。

ただし、この場合2人サイズ以上のものを後で1人で呼び出すとなると、その霊が本来持って出た50〜60%のキャパシティ分しか消化できないことになります。うまくいって60、70%のキャパシティ分に止まります。

そこで、その霊の残りのキャパシティ分を全て消化するために、第 6 章で説明する補填が必要となるのです。

つまり、ワンエッチ浄霊で大きな結果を出していくには、1 つの霊につき補填を1〜2体する必要があります。

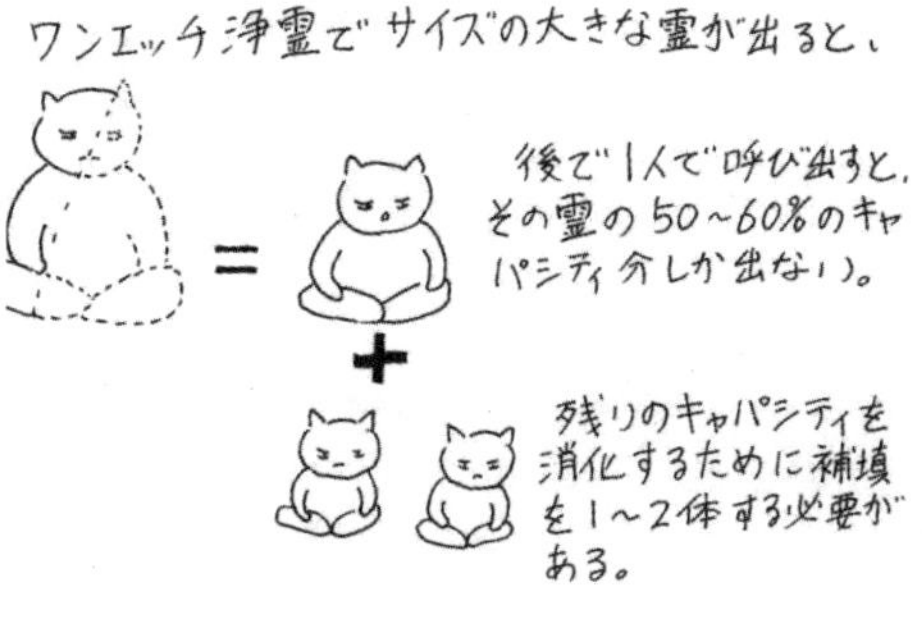
ワンエッチ浄霊でサイズの大きな霊が出ると、
後で1人で呼び出すと、その霊の50~60%のキャパシティ分しか出ない。
残りのキャパシティを消化するために補填を1~2体する必要がある。

緊急時の対応にワンエッチ浄霊を行なう

ところがすぐに結果を早く求めるという場合に、この特徴を利用することができます。
例えば、緊急時の場合で1人で何とか対応しなければいけない時、ワンエッチ浄霊を行ないます。

ワンエッチ浄霊の特徴は、今起きている問題解決をするための、かつ自分のやりやすい方向性（得意とする方向性）の、効果の出る霊を呼び出すことができるということです。そのため緊急時に、ダイレクトにそのピンポイントとなる霊を呼び出すことができるというメリットがあります。

ただし、そのとき出た霊は1時間と制限された分のキャパシティしか消化されないので、必ず後で、その残りのキャパシティ分の霊処理が必要となります。

仮に残りのキャパシティを処理しないで放置しておくと、そのキャパシテイ（霊の影響量）が次第に大きくなり、問題や症状がひどくなる場合があるからです。

《緊急時の時の浄霊方法の１例》

緊急時に１人で対応しなければならない場合、ワンエッチ浄霊で一時的な応急処置をする。その後、必ず１時間の制限やサイズの規定をつけずに、残りのキャパシティ分の霊処理を行なうこと。

①緊急時が起きた時

《5月6日午後3時ごろ激しい胃痛が起きたことに最も大きく関与している１時間以内に収まることができる憑依のリュウ１つ》

②緊急時の処理の後、残りのキャパシティ分を消化するために

《5月6日午後3時ごろ激しい胃痛が起きたことに最も大きく関与している憑依のリュウ１つ》

2－3 同定浄霊システムとフレーズ

同定浄霊システムとは、浄霊ピラミッドの中に占める同じ種類の霊のみを徹底して繰り返し浄霊することで、そのピラミッドからその種類の霊の影響力を外す浄霊である。
この浄霊のポイントは、浄霊ピラミッドの中に数多く存在して、影響を与えている霊の種類を見つけること。

どのように霊を同定するかーその考え方

例えば、お腹の症状に関与する浄霊でヘビの霊ばかりが出てきたとします。それらを処理した後、別の浄霊、例えば人生運の浄霊をするつもりで霊を呼び出したら、今度もまたヘビの霊が続けて出てくる。あるいは同じ種類の霊が、それが何であっても続けて出てくるとする。

この事象は何を意味するかというと、お腹の症状が人生運に大きく影響しており、人生運のピラミッドとお腹の症状のピラミッドが重なりあっている部分が大きいということである。そのため人生運というフレーズからお腹の症状に関与しているヘビが出てきたのである。

このように同じ種類の霊が続けて出てくる場合、そのピラミッドの中には同じ種類の霊がたくさんいることが分かる。

この例では、お腹の症状に関与する浄霊ピラミッドには“ヘビ”が関与する１つの方向性があるということです。

そこで、お腹の症状の浄霊ピラミッドからヘビを指定して呼び出し浄霊をする。ヘビの浄霊を繰り返し行なうことで、そのピラミッドの中からヘビが関与している方向性を抜く。これによってピラミッドを壊していく。これが同定浄霊システムである。

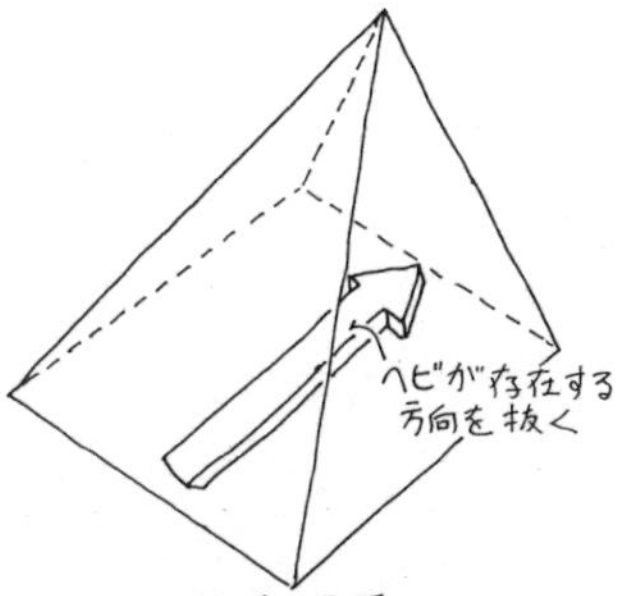

ヘビの同定浄霊

補足：ヘビが関与している方向性を抜くとは

霊の世界には時間も距離もないので、霊の存在は方向だけで表わすことになる。例えば、南の方位に存在する霊、北の方位に存在する霊などである。しかし実際には 3 次元で考える東西南北というよりも、その意識の方向性と考える方が近い表現となる。

例えば、お腹の症状に関与しているピラミッドの中には、ヘビが関与する意識の方向性や、リュウが関与する意識の方向性などがある。そこで、ある霊が存在する意識の方向性を 1 つ指定すると、その方向に存在する同じ種類の霊を繰り返し浄霊することができる。

同定浄霊とは、浄霊ピラミッドに存在する霊の中から、ある種類の霊を特定して、その種類の霊を繰り返し浄霊をすることである。これにより、浄霊ピラミッドの中にいるその種類の霊のキャパシティをまとめて外すことができる。つまり、その１つの方向性が抜けることになる。

先の例なら、お腹の症状に影響を多く与えているヘビだけを徹底的に呼び出して繰り返し浄霊をする。これによりそのピラミッドに占めている数多くのヘビの影響力を外すことになり、当然浄霊ピラミッドは壊れやすくなる。

具体的には、

《私のお腹の症状に関与しているヘビ１つ》

というフレーズで徹底的にヘビばかりを同定して処理していきます。通常、１人で出して処理する場合、１種類の霊の同定は約 30 体が目安です。

それが終われば、次はバランスよくいろいろな別の霊の処理、すなわち通常のやり方で、さらにお腹の症状の浄霊を続けていきます。この場合は、

《お腹の症状に最も大きく関与している霊》

でヘビ以外の霊を呼び出したり、先祖霊などの協力などの霊をすればよいでしょう。

一口メモ

もちろん、このお腹の症状に関与している浄霊ピラミッドにはヘビばかりで構成されているわけではありません。人間霊や他の種類の動物霊も混在しています。

先にヘビの同定浄霊によってそのピラミッドからヘビが関与している方向を抜きました。そこで今度は、それ以外の他の種類の霊を浄霊することで、そのピラミッドをさらに壊しやすくしていくわけです。

通常のやり方、すなわち呼び出す霊を指定しない方法の欠点は、レベルが低ければ、今まさに関与しているものを呼び出せるとは限らないことです。

この例の場合なら、ヘビを出したいのだが、ヘビが出るとは限らない。だから、あえて

ヘビを指定することで、ヘビの処理を最優先させることができる

というのがこの同定浄霊の有利となるところです。

例えば、人生運のマイナスに影響しているのがヘビだとしても、《人生運に関与している霊》というフレーズを使えば、ヘビ以外の別の霊が出てしまうことがある。

しかし今の問題解決のためには、ヘビを処理するほうが効果的な場合には、ヘビを同定して処理する方がよいということである。

金運を上げたい場合、一般的に金運に関与しているのはヘビが多いので、《金運に関与しているヘビ》という同定を使って浄霊する方法も１つの手である。とは言え、傾向として、金運に関与しているものにリュウがたくさん出てくるなら、リュウを同定する方がむろん当たりが出やすいと言えます。

ちなみにお腹の症状にはヘビ、血液系の病気ならヘビ、金運やお金に関してはヘビといった傾向がある。

そのフレーズから多く出てくる霊（動物霊や人の霊、自縛霊など）を定めて、それを最優先して処理すると、結果が早く出やすい。

通常同定する動物霊

通常、趣味の会では、動物霊はヘビや、リュウで勝負することが多く、また出てきやすいので浄霊の対象となりやすい。そのため同定する動物霊が分からない場合は、リュウ、ヘビで行なえばよいが、必ずしもそうとは限らないこともある。

例えば、ヘビ５体、リュウ５体を処理した中で、タヌキが突然１体出てきたとする。このような場合、タヌキ（あるいはキツネ、イヌ、ネコ）はそのような状況で出てくることは珍しいので、タヌキを同定してやってみるのも１つの手である。このように何を同定するか、同定の仕方が大切である。

同定は経験と研究が最も大切な世界となる。

解説２：趣味の会でヘビ、リュウを浄霊の対象とする理由

ヘビやリュウが持つキャパシティが大きいので、それらを処理した方が結果が出やすいからである。

一方、巷の浄霊師では、いろいろな霊の種類のステージを持っていないので、リュウやヘビを呼び出すことができない。そのためにキャパシティの少ない水子やイヌ、ネコが浄霊の対象となる。

たとえ同定した霊が間違っていても

あるピラミッドを壊すにはイヌの同定が最も効果的だと考えて処理をしたとする。ところが実際に効果的な同定はネコだったとする。この場合そのイヌの処理は無駄だったかというとそうではない。

イヌの同定をやり抜くことで、イヌが関与している方向性のキャパシティは崩れることになるからである。同定が多少ずれていてもキャパシティが壊れることには相違はない。もちろん本来のネコでそのキャパシテイを壊す方よりは、効果が少し弱いかもしれない。

〔1人でできる同定を利用した浄霊ピラミッドの壊し方の1例〕

① セット浄霊

1～2セット

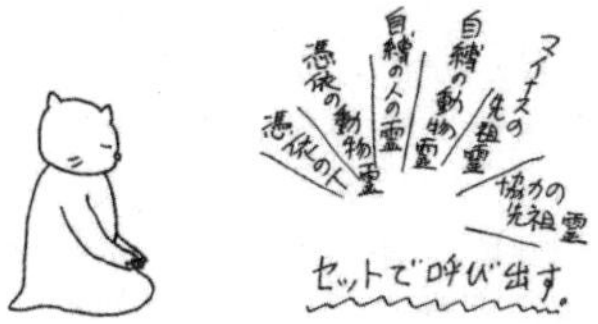

② 同定浄霊

一番影響している霊1種類を同定する。1人で出す場合、呼び出す霊は約30体くらいが目安。ヘビを同定するなら、ヘビを約30体を処理する。

ある程度の人数で呼び出す場合は、10から20体。1人で呼び出した動物霊の場合、眷属はカゴメ印で払う。

③ 通常の浄霊

バランスよくいろいろな霊を処理する(呼び出す霊を指定しない。)

物霊の同定

いろいろな霊処理をたくさんしてきたが、まだ結果が出ないとき、浄霊が進まないとき、物霊の同定の浄霊を行なうと効果的なことがある。

霊がもたらす症状の一般的な傾向〔同定の浄霊の目安〕

1）典型的な例

症状	同定する霊
神経・痛み	リュウ
突発性の痛み	リュウ
潰瘍性の大腸炎の痛み	ヘビ
太ることに関与	ヘビ、タヌキ
眠い	キツネ、タヌキ(弱い)
争いごと、ケンカ	リュウ
色事	ヘビ
お金	ヘビ
風邪	ヘビ
喉、咳の症状	リュウ
気持ち悪さ	ヘビ
お腹の症状	ヘビ
ケンカ、だまし合い、いやらしさ	キツネ

2）およその傾向が見られる例

症状	同定する霊
不眠	全般
居眠り	キツネ
無呼吸／眠りすぎ	キツネ
便秘	先祖霊
下痢	自縛霊
胃の症状	全般
炎症（骨・関節系/内臓系）	ヘビ（骨、関節系）全般（内臓系）
かゆみ（アトピー）	ヘビ
太らないことに関与	全般
不安神経症／うつ／　不安感	全般
マイナス思考	全般
自閉・引きこもり	全般
不妊	先祖霊
災難・事故	リュウ
大酒飲み	先祖霊・自縛霊

浪費	全般
いじめられる側	リュウ
体の冷え	ヘビ
ボケ	全般
めまい	ヘビ
耳鳴り	全般
頑固	リュウ
来客の邪魔	リュウ
売り上げ全般	ヘビ
人材	自縛霊
よい商品、よい物が手に入らない	リュウ
広告が当たらない	リュウ
広告が下手	先祖霊
接客が下手	自縛霊
ロコミが下手	自縛の人

2－4 多人数浄霊について

2008.. 2.20

多人数で呼び出す霊は、同じサイズの霊を少ない人数で呼び出す場合に比べて、多くのファクター（構成要素）を持つ力のある霊を呼び出すことができる。

同じ3人サイズの霊を呼び出すにも、多人数で呼び出す浄霊効果とは

3人で3人サイズの霊を出すのと10人で3人サイズの霊を出すのとではまるで結果の出方は違う。同じ労力で大きい結果が出るのは、10人で3人サイズの霊を出す方である。つまり、多くの人数で小さいサイズの霊を出す方がより効果的となる。

なぜなら方向性が一致しないからです。つまり、同じ 3 人サイズのものでも、多人数で出した方が、持っているファクター（構成要素）も違いますし、持っているファクターの数も多いことになる。多人数で出した場合は、そのフレーズに対するファクターの数が最も多くなる。すなわち、効果が高いことになる。

例えば、浄霊の考え方として、ここにみかんがあるとする。このみかんの 1 房の成分の力を持って地上に出てきた人間は、みかんの成分を 2、3 房多くもって出てきた人間と比べても見た目は同じ。しかし、その成分はまるで違っている。

浄霊という技術を通して人の生と死を考える時、人は地上に生まれ出てくるとき、小さい成分で出てくると、やはりそのキャパシティ(容量)は小さいので大して そんなに仕事をしなくてもいい。

一方で、2つ、3つ、5つとより多くの房をもって出てきた人間はキャパシティがとても大きいので、地上生活が終わるまでにその分だけ多くの仕事をしなければいけないところがある。そういうところから判断して、地上に降りてくることになる。

同じ3人サイズでも大きな力を持った霊が出る

これを浄霊に置き換えてみると、ここに3人サイズのAの霊とA'の霊がいるとする。Aは1房分のファクターを持っていた。A' は3房分のファクターであった。同じ3人サイズで、見た目が同じでも、このように成分は違うことになる。こういう現象が浄霊の世界にはあるのです。見た目は同じでも、複数の房をもっている霊を1つ処理すると、1房しか持たない霊の2つ分の処理ができる場合もある。

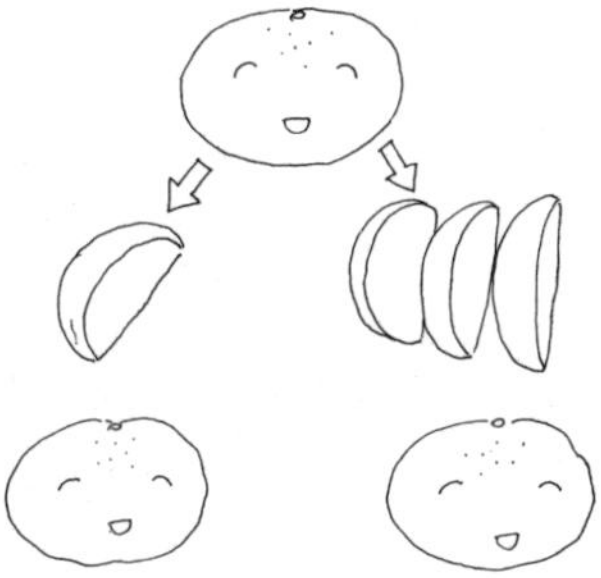

人が地上に生まれる時、1房もって出てきても
3房もって出てきても見た目は同じ。

人数が多いほどその時に呼び出せる霊はファクターを多く持つ霊が出るが、3人で出すと、霊が持つファクターは小さくなり、3人の力で出るものしか出ない。

むしろ2つ、3つの房を持っている人間(霊)を3人で出そうとしても、相手にしてくれない。『俺はお呼びではない』というところで横を向いて終わってしまうかもしれない。

一方で、同じ3人サイズの霊を出すのを3人で呼び出すのと10人で呼び出すのとでは、10人で呼び出す方が非常に大きな力が集まることになる。だから霊にしても『じゃあ出てあげましょうか』ということになる。

しかしその霊の力は同じ３人サイズである。ただし、ファクターの数は多いということである。こういうことが浄霊の世界にはあるので、人数を多くして障りの霊を出す方がよいことになる。

一口メモ

実際の浄霊ではこのファクターの違いが、浄霊効果の差として現れることになる。

多人数で呼び出す場合、同じ３人サイズの霊にしても、より浄霊目的の焦点に沿った霊で、かつその浄霊目的を包括するより深いところまで影響を与える力を持つ霊を呼び出すことができる。

いうなれば、労力を少なくして効果をより上げることができる。

霊との相性

多人数浄霊を行なうもう１つの理由に、『霊との相性』というとても重要な問題があります。

３人で呼び出す場合、浄霊師と相性の合わない霊は出ません。その点10人いたら、浄霊師の誰かと必ず相性の合う霊がいるはずだから、出やすくなります。特に人間霊の場合には気に食わない人がいたら出ない傾向がある。

そしてこれは動物霊でも同じことが言える。相性の合わない動物霊は出ません。リュウでもヘビでも１匹ずつ性格が違うのです。

第３章 浄霊の仕上げの形　その１

2008. 1. 23

霊が私たちの送る"情けの浄霊"に合わせて上がるような形。それが本来の浄霊の仕上げの形である。

その形を完成するために、ろ）の浄霊基準表の条件を満たした人は、まず３人サイズの霊を１時間で幽界へ上げるパターンを作ることを目指していく。１時間パターンの浄霊である。

ただし、その浄霊パターンとは単に気を送る時間を短くして、手が上がればよいという習慣を作るものでは決してない。

それはあらゆる霊に対して情けを充分にかけて充分な訓練がなされた後、すなわち、すべきことをした結果の形でなければいけない。

浄霊の形を作る

霊を呼び出して幽界へ上げるという浄霊の形がある。今、皆さんの浄霊は霊に合わしている。それとは逆に皆さんが作った浄霊の形に霊が合わすようになって、その中で、収まるように霊に合わさせるのが本来の浄霊の仕上げの形である。

霊が合わすというのは、3人ものを１時間で上まで上げてしまうというパターンを作るということです。

そのパターンとは３人もの、４人ものを自分たちが手で察知して、あるいはなんらかの形で察知して、あるいは上がったところが分かって、あらゆる霊に対してするべきことをする形である。

また、浄霊するべき時間についても同じである。情けをどれだけかけるのか。３人もの、４人もの、５人ものにどれだけ情けをかけるのか、あるいは、サイズダウンをどのように、どれだけするのかという形を定める。

まず皆さんが30分から１時間の気を送って、手を上げたら必ず上がるという形が定まって、パターンができてしまったら、最初は上がったかどうかを確認して、こちらから霊の状態を観察する。

その形が全部できたら、その形に霊がそれに合わせて上がるようになる。

だから、上がったか、上がってないかは、皆さんの方が霊に対してそれだけのことをしなければいけない。
3人ものに対して、4人ものに対して、サイズダウンにどれだけ時間をかけて、それがピターッと定まる。

自分のレベルで1時間で確実に霊が充分に上がるという形が定まったときに仕上げの形ができるのである。

今度は霊が浄霊の形に合わすようになる

そうなると今度は皆さんが霊に合わすのではなく、霊が私たちの送る情けの浄霊に合わせて上がるような形になる。

だから、最終的には霊が皆さんのかける情けに合わせて上がるようになる。それがこの浄霊の仕上げの形である。

自分たちで確認して全部できるようになる。これが仕上げの形です。

この浄霊は私たちが霊に合わせるのではなく、霊が私たちに合わせて上がって浄霊されるものです。

ただし、10人もの、13人もの、15人ものなど手に負えないものがどうしてもある。それに対するピラミッドの消却方法も合わせて、だんだん理解していかないといけない。

今度は大きいものの消却方法のパターンの段階に入るかもしれない。それができるようになったら、今度はより大きな結果を出すことができるようになるかもしれない。

近いうちに10人ものを消却できるようになるということである。ぱっと先端を見て先がこうなるのだという、そろそろ先が見えたほうがいいでしょう。

最初はただがむしゃらに必死にやっていったらいい。

趣味の会はそろそろ10年になります。やはり10年ですから、10年経ったら1つの仕上げの形となる。そろそろ、自分たちの形のどこが仕上げかというところを見えてもいいかもしれない。
“こういうのが仕上げですよ”、“自分たちでできる仕上げが将来できるのですよ”、ということです。繰り返すことで自分たちの形ができてくる。

仕上げの形の礎となるもの

この段階に入る場合、その基準となるものが伝授の量と経験の量である。最も中心となるのは何年浄霊の気が回り続けているかである。

伝授された気が何年身体に回り続けているのか。それに伝授プラス経験である。つまり、年数、伝授、そして経験となる。

身体に何年気が留まっていたか、留まった量がどのくらいかは、伝授の量であって、経験である。一番考えなくてはいけないのが気の留まっている年数である。浄霊の気を1回、2回の伝授を受けたといっても、そういいきれないところがある。仮に1回しか受けていなくとも、その年数が5年経っていれば、1回受けた気が5年間留まっているので、その留まっているということ自体がもう非常に強いので、5年回り続けて自分の気となっているということです。これを忘れてはいけません。

伝授の量、経験の量、テクニックというのはどんどん上へ上がりますが、何年間、その気がその身体に留まり続けたかが一番重要となります。そしてどんどん、どんどんとレベルを上げ続けていく。これが重要なのです。だから、そこを勘違いしてはいけない。ただ、留まっていることを考えないで、何回伝授を受けたか、どのくらい浄霊をしたかばかりを考えていますが、一番は気が留まり、どのくらい流れ続けているかが問題です。そこが欠けているのです。

浄霊のレベルには終点がありません。永遠に上がり続けます。

浄霊時間を定めていくときの注意点

例えば、現在、浄霊暦6年半の人は、1時間から2時間の間で、自分の浄霊の方向性を定める。もうそろそろ自分の方向性を持っていいということです。

浄霊暦5年以上だったら、それはもうそろそろ自分の浄霊する時間帯というのを作っていかないといけない。そして最後は霊が、皆さんの決めた時間に合わさないといけないのです。

ここで絶対間違ってはいけないことは、皆さんがするべきことを充分にしないで霊に合わさせようとするのは絶対に無理だということです。これは絶対にやってはいけません。すべきことを充分にやってから霊に合わさせるという形の浄霊を作らないといけない。

ここに1つの基準があります。それは、ろ）の浄霊基準表で定める条件です。霊を呼び出すサイズの1人分としてみなされる基準を満たされていない人が、1時間で浄霊を終わりにするというのは、向こう（霊）が満足するわけはないから、こういう無茶をやってはいけない。

やたらと浄霊時間を短くしてはいけません。

浄霊時間が短くても霊は上がる

仮に気を送る時間を短くしても、霊は必ず上がります。どうして上がるかというと、移動で上がる。

スーと上がっていってポンと上がる。こんな形は昨日始めた人にでもできます。霊感が多少あれば、スーと上げて、ポンと上がる。

ただし、これは正規に上がったと言えませんが、結果は出ます。これが浄霊の怖いところです。

これは移動した状態で、一時的に離れるということです。一時的に離れるということは病気でもなんでも、一時的に結果が出るということです。しかしこれはあくまでも一時的な結果です。

ところが、浄霊師の約9割がこの一時的な結果で、浄霊ができたと喜んで鼓舞しているのが現実です。これは一時的な浄霊で一時的な結果にしか過ぎないということを絶対に忘れてはいけません。

皆さんが、時間を短くして、上げようとしたら、いくらでも移動はできます。ただし、結果が伴わない、単なる移動だということを絶対に忘れてはいけないということです。

結果を伴わない移動は正しい浄霊ではない

移動という形は浄霊ではありません。結果を伴わないものだということです。

この趣味の会の技術を使って早く上げようと思って、ポンと上げてしまっていたら、それは移動になっている可能性があります。だから、すべきことを充分に行なって、つまり、“情け”を充分にかけて上げなくてはいけないという意味がこの辺にある。

すべきことを充分に行なうというのは、自分たちがどの辺のレベルにいっているかということです。自分たちがそのレベルにいっていないのに、ポンと上げていたら、それは移動以外にありえない。

霊は十二分に情けをかけたとき初めて、上に上がる。もはや相手は悔いることはないから、それなりの結果が始めてそこに生じるわけです。

充分な情けをかけずに上げたら、それは浄霊でなくて、単なる移動にすぎず、これでは結果は出ません。本当の結果は出ない。しかし一時的な結果は出ます。霊は一時的にでも離れるのですから。でもそれは本当の結果ではない。しばらくすると、それはまたそれはもとに戻ります。あるいは別の形で返ります。

だから、移動は決してしてはならない浄霊です。移動は必ずそのとき一時的な結果を出すという怖い習性があるために日本全国、世界中にはびこってしまった。

ここで、移動というとんでもない浄霊の間違いを気づかないといけない。
浄霊というものは半年、1年でできるものではありません。できたとしたら、それは移動以外にありません。この辺を明確にして人々に伝えなくてはいけません。
自己浄霊の気を一旦渡されたら、それは一生回り続けています。ただ、レベルは一生上げ続けていかなくてはいけないものです。伝授される度に、また一周、また一周と増えて太くなって、濃くなっていきます。そして、浄霊を繰り返すことによって手から気を出して、またそのレベルが上がっていく。そして処理する力が上がっていくのです。そういうことをよく理解しなくてはいけません。

質疑応答

Ｑ１:現在４人サイズのものを１時間半で処理しているのですが、自分の形に持っていくには、どのように進めていったらいいのですか？

Ａｎｓ：霊に左右されるようではだめです。4人ものの処理が１時間半というのは長い。１体１時間で終わらないとだめである。あとの30分はむしろ向こうに左右されていると思った方がいい。あるいは、浄霊暦が浅いなら、自分のレベルが低くて向こうに左右されて１時間半なのかもしれない。

その基準は浄霊を10年やっていて、４人サイズの浄霊が１時間30分かかるのはありえないので、それはやはり霊に左右されていると思った方がよい。霊はいくらでも気を受けたいのだから。

とは言え、今１時間30分かかっている人が今日から１時間で済ますというのは無理がある。

自分のレベルが上がるのと同時に時間を短くしていって、自分が１時間と決めたら、１つの霊は１時間として止める。４人サイズを１時間以上というのはありえない。止めたところで、自分のパターンが決まったら、霊に自分の形に合わせてしまう。3人ものや5人ものまでは１時間でよいでしょう。

なお、上記の時間で浄霊ができるのは、巻末資料の、ろ）浄霊基準表でスタート時点に経った研修生からです。

その資格を満たした研修生は、は）の基準時間表の時間で浄霊を行なうように進めていってください。

Ｑ２：今はオス１時間、メス１時間が上げているのですが、ある程度いくと5人サイズまでなら、オスもメスももう少し早く上がるようになっていくのか。

Ａｎｓ：そのようになっていくと思います。

特に動物霊なんかは少しでも受けようと思うから上がらない。動物霊は人間霊より理性が少ないのです。人間霊の方が理性を持っています。

少しでも気を受けようと思うのは動物霊の方が強い。私たちと融合してくれるのは動物霊より人間霊の方です。人間霊は歩みよってくれる。

Ｑ３：月３回研修会参加で丸３年（4年目）から、１つの浄霊の形に入るといわれました。その時点で１つの霊は何時間ぐらいかかるのか？

Ａｎｓ：月３回趣味の会参加で丸３年だと、結果が出せる浄霊ができるという段階に入ります。

しかし、人によってはまだ定まった形ができていないと思います。ただ、定まるのは5年以降だと思います。

月１回参加でも丸５年以上で、ある程度の定まった形が出てくると思います。月３回参加で丸３年の人はどの霊も処理できるが、かかる時間はどれもばらばらだと思います。だから、努力すればできるが、自分主体の浄霊は３年ではまだまだ無理だということです。

自分主体で完全に霊に合わさせることができるのは10年です。浄霊時間がある程度定まった形になるのが5年からです。ただし、研修会に何回も参加していると、レベルは上がりますし、安定が早いということです。

Ｑ４：趣味の会の技術で霊に情けをかけるというのはどういうことか？

Ａｎｓ：情けをかけるというのは、メンタル的なことではなく、自己浄霊の気を送るということです。それで相手（霊）は楽になっていく。早い話が、霊の次元が上がるのです。上に上がるということを簡単に言えば、霊の次元がだんだんと上がっていって、霊が楽な状態になったときに、霊は上に上がることができる。

情けを充分にかければ、もはや上がる状態になるから、さっと霊は上に上がることができるのです。だから、充分に情けをかけて、霊の次元を上げなくてはいけないということです。

霊に情けをかけるということは、前に出ている霊に対して、情けをかけるという意識を持つということではなく、情けをかけるという意志が自己浄霊の気を出すのです。

情け、情け、情けと思ってやっていられないから手から気を出して送るわけです。情け、情け、情けと思ってやっている人はいないですよ。

Q5：１体の霊にどのくらいの時間をかけてやったらいいかというその基準を把握するにはどうしたらよいか？

Ａｎｓ：その基準というのは、大体すべての霊が上がるようになったら、大体自分はどのくらいで、３人もの、４人もの、５人ものに対して上げることができるのかという１つのアウトラインが出てくることになります。その時、その人の基準が、その時点で定まる基準となります。その基準は１体１時間前後として浄霊をしていけば、自分の浄霊の形が決まることになる。すると今度は、霊の方でそれに合わせて出てくるようになる。

仮にこの時間でいけるだろうと思い、浄霊の時間を短くして上げてみる。もし上がりが悪かったら、それはまだ浄霊時間を短くしてはいけないということです。

霊がきれいに上がるようになったら、それが自分の持っている時間です。3人ものが処理できる時間の目安を持てるようになったらいいのです。とにかく３人ものを１時間で上げる目標を持てばよいでしょう。

Ｑ６：浄霊暦６年が過ぎようとしていますが、２時間以上気を送っても上がらない場合があるのですが？

Ａｎｓ：時間をかけすぎても、上がらない場合、相手が『もっと、もっと』と思っているだけです。そこで上げたら上がるわけです。単に相手が引き伸ばしているだけですから。

ただし、あまのじゃくな人間霊がいて、『私、もっとやってもらうわ』と言ってのさばる場合もある。そうなったら、上がってない場合もある。そのような状況は霊に悪い癖をつけたということ。

１つの霊処理は浄霊を６年もしているなら、２時間が限界。それ以上はしたらいけない。しかし、悪い癖をつけて、２時間気を送っても上がらない場合、そこで、いったん切ってしまう。

その場合、２時間を過ぎたら、いったん上がるということで上げてしまう。自分の最大限は２時間でそれ以上はもうやらないという形にしてしまえば大丈夫です。それでも手が上がらない場合は浄霊を止めて、次の日にやることです。

すでにこのようなケースの場合、何人ものみんな甘い汁を吸っているから、私ももう少し甘い汁を吸おうと思って霊が寄ってくる。みんな見ているわけです。こっちでは１時間なのに、あっちでは２時間も気を送ってもらえるということです。

だから、霊を甘えさせてはいけないのです。情けをかけないといけないが、必要以上の情けをかける必要はありません。

第４章　浄霊とは単に幽界へ霊を上げるということではない！

４－１　情けとは何か

2008．6.3

> 浄霊は、呼び出される霊が想定する“情け”が満たされて初めて成功するものである。
> “情け”とは気を送る時間、浄霊師のレベル、霊のサイズに応じた扱い方などをすべてが加味されたものである。

浄霊とは何か。

それは情けをかけて霊を幽界へ上げることである。

単に幽界へ上げることが浄霊ではありません。幽界に上げることだけが目的であるなら幽界に移動させればいいのです。
しかし、移動は移動であって、浄霊ではありません。大切なことは情けをかけて幽界へ上げることです。情けをかけるのとかけないとの違いは大きいのです。
ではこの情けをかけるとは一体何でしょうか？

先日こんな失敗例がありました。ある初心者が先祖霊を３回浄霊しましたが、幽界へ完全に上げることができませんでした。

そのとき浄霊された先祖霊が次のように述べました。

「(その浄霊師は)単に上げることばかりに必死で、自分（先祖霊）に対して誠意を尽くそうとしてくれなかった。まあ、初心者だから、そこまでを期待することはできませんが。そういう余裕がなかったのでしょうね」。

霊が想定する量（情けの量）

> 呼び出された霊は、まずこの浄霊によってどのくらいの情けをかけてもらえるかという量を想定します。

この想定する量は浄霊師に呼び出されて気を送ってもらうことで満足できる量とも言えます。

霊が満足できる量は
①気を送ってもらう時間、
②浄霊師のレベル
③霊のサイズ
などで決まるものです。そしてこの 3 つの要因がすべて満たされることが『情け』なのです。

①の時間とは充分に気を送ってもらえたかどうか。つまり、霊が『暗い心』を解決して明るい心に変わるまでの間、充分に気を送ってもらえたのかどうか。

②のレベルとは、浄霊師には霊のサイズを呼び出すだけの力があるかどうか、霊を明るい心に変えるだけの気の濃度があるかどうか、幽界へ上げる力があるかどうかなどです。

③のサイズとは、浄霊サイズに応じた霊処理が完全になされていたかどうか。つまり、サイズに必要な人数で霊を呼び出したかどうか、サイズに応じた充分な気の量を送ったかどうかなどです。

浄霊とは、この 3 つの要因が満たされて初めて霊を幽界へ上げることができるのであり、単に霊を幽界へ上げればいいということではありません。

言い換えると、霊は浄霊師のレベルや気の送った時間、霊のサイズに応じて上に上がるのであって、この 3 つのいずれかが不十分であれば、満足することができないので、浄霊の結果は出ない。すなわちその浄霊は成功しないことになります。

霊１体が持つキャパシティについて

『キャパシティ』という言葉は『浄霊ピラミッドの容量』を示すものです。

通常、“浄霊ピラミッドがどのくらい壊れたか”とか、“何%のキャパシティがなくなった”とかといった表現で使われますが、これからは**キャパシティの消化**という表現方法を覚えてください。

さて、結果を出す浄霊をするには、その浄霊ピラミッド全体のキャパシティだけでなく、ピラミッドの構成単位である霊１体が持つキャパシティをどれだけ消化できるかということも重要な要因になります。

ところが、霊１体の持つ100%のキャパシティ分をそのまま丸ごと呼び出すというのは技術的にそう容易なことではありません。

４人サイズや５人サイズといったようにサイズが大きくなれば、当然難しくなります。ベテランならほぼ100%のキャパシテイを呼び出せますが、**通常はそれより低くなります。**

巻末資料の、ろ）浄霊基準表の条件を満たす、霊を呼び出す１人分としてみなされるスタート時点〔以下、ろ）浄霊基準表の条件を満たすスタート時点〕の人で、70%です。

まして、例えば、４人サイズといっても、4.0人サイズから4.9 サイズまでの幅があり、一緒に出すときのメンバーに初心者が混じれば、呼び出せる霊が持つキャパシティ分の%がさらに下がることになります。

浄霊の成功率について

> また、霊が想定する量は浄霊師によって違います。仮に同じ霊をレベルの違う浄霊師が浄霊したとすると、たとえ気を送る時間が同じであっても、浄霊師のレベルによって幽界へ上がった状態は全く違うことになります。

単に幽界へ上げるだけなら、その浄霊は幽界へ上げた時点で終わりですが、だからといってその浄霊が成功したということでは決してありません。

霊はその浄霊師がどのような浄霊を日頃しているかを見ています。その様子を見て霊は出てくることになります。

浄霊師が 100%の満足いく浄霊をしてくれると思うからこそ、霊（浄霊師が呼び出せる最大のキャパシティを持つ霊）も出てくるのであって、浄霊師が日頃から40%とか50%くらいの浄霊処理に甘んじているなら、霊の方でもいい加減な形で（キャパシティの少ない霊になる。例えば、50%とか 40%とかのキャパシティしか持たない

霊で）出てくることになります。

　ましてや、気を送る時間が短ければ、それでも霊は幽界には上がりますが、霊は決して満足している状態ではありませんので、移動という形になってしまいます。もしくは線中止まりという結果になります。

これを簡単な模式図で説明すると、

浄霊の成功率(%)＝呼び出された霊のキャパシティ(%)×霊の満足度(%)

となります。
　例えば、結果の出ない浄霊の成功率を見てみると、
60%（呼び出された霊のキャパシティ）×70%（満足度）＝42%
となり、この場合の浄霊は4割の成功率となります。

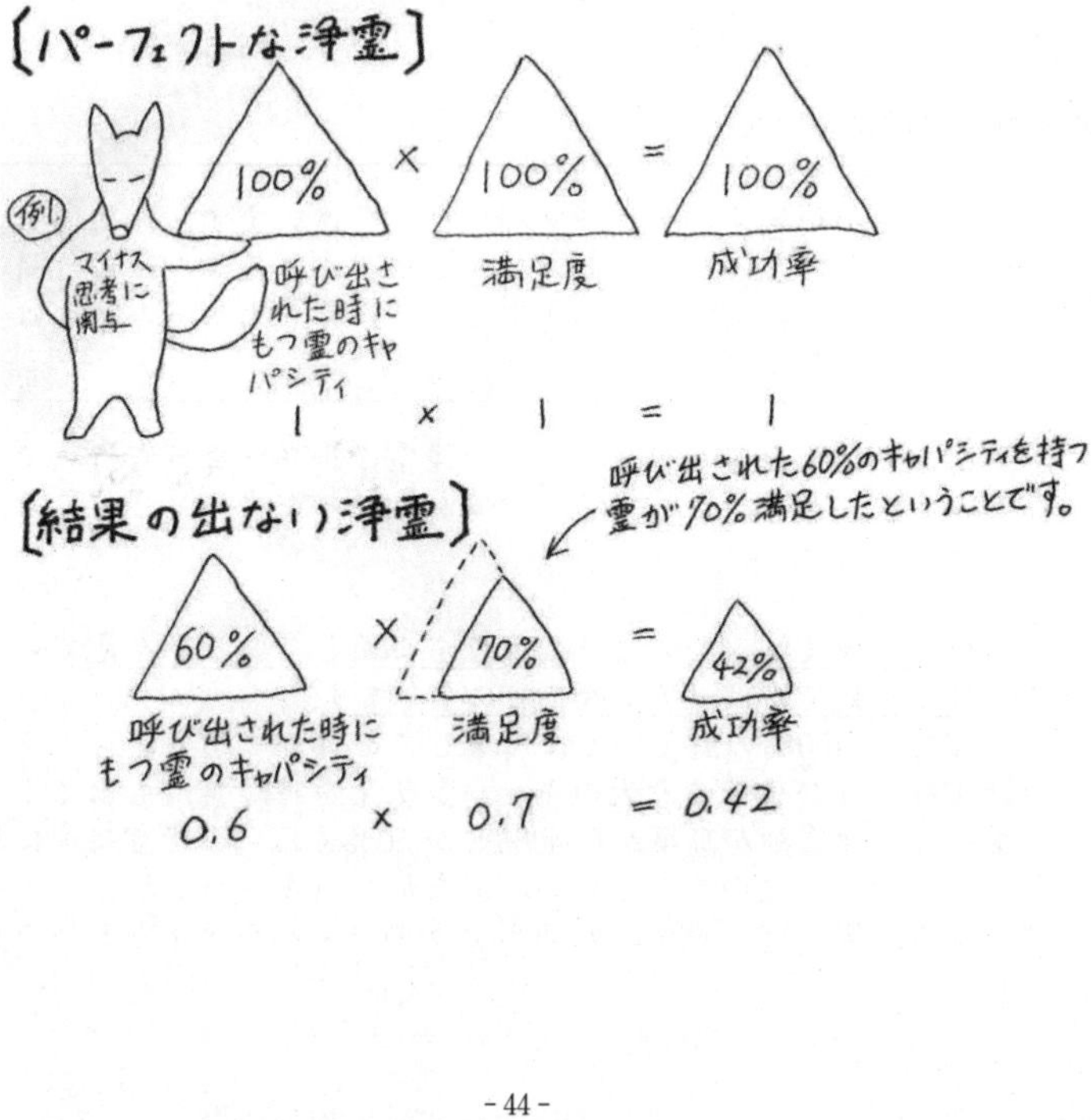

解説３：レベルに応じた浄霊の成功率

例えば、結果の出ない浄霊について考えて見ます。

浄霊の初心者が、霊を呼び出したとします。この場合、初心者ではその霊の持つキャパシティを丸ごと呼び出す力はないので、呼び出せたキャパシテイは仮に60%だったとします。

次にその霊に気を送り、幽界へ上げていくわけですが、気を送る時間が短い上に、さっさと手を上げてしまったとすると、初めに霊が想定した情けの量の70%しか霊は満足できなかったとします。

よってこの場合の浄霊の成功率は 0.6×0.7＝0.42。つまり、成功率は42%となるわけです。


巻末資料の、ろ）浄霊基準表の条件を満たすスタート時点に立ったばかり人の場合で、呼び出したときに霊が持つキャパシティは平均70%で、この値は霊のサイズが４人もの、５人ものと上がっていってもあまり変化せず、またそれ以下になることもありません。

これがベテランなら、呼び出した霊が持つキャパシティはほぼ100%近くいきますので、浄霊の成功率に影響するのは霊の満足度だけになります。つまり、レベルが上がれば、呼び出した霊が持つキャパシティを考慮しなくても済むわけです。


以上のことから、１つの浄霊の成功率はどのくらいかを浄霊経験年数からおよそ予測がつくことになります。結局、結果を出すには、霊の満足度を如何に100%近づけるかであり、その満足度を補うために、第６章で述べる補填、補充の浄霊がどのくらい必要かという話につながっていくわけです。

4－2　上げるということについて

2008. 6.12

霊は浄霊師の都合で5分でも20分でも上がるが、手が上がったからといって、この浄霊が成功したのではない。それは霊が満足した形で幽界へ上がったわけでは決してない。充分な時間をかけ、霊が満足して初めて、浄霊は成功するのである。霊の満足度が低ければ、数多くの浄霊をしなければ結果は出ない。

レベル×時間＝満足度（明るい世界に入る）

100％の成功率を達成するために１番のポイントとなるのが満足度です。

「レベル×時間」、これがイコール「満足度」です。これを常に忘れないでいただきたい。

霊の満足度＝レベル×時間

これが意味することはレベルが低かったら時間を多くしなければいけないということです。つまり霊の満足度を一定の100％に満たすには、レベルが低かったら時間が長くなり、レベルが高かったら時間が短くなるということです。しかしこれで、どれだけ浄霊が成功するかということが問題となります。

ここで、１つの浄霊を形として表すと、１つの浄霊が持つキャパシテイを成功率100％とすることができる。成功率100％とは、１つの目的が達成されることである。

では霊が幽界へ上がったら成功率 100％いくかというと、そういう話ではない。この辺を誤解しないでいただきたい。

つまり、浄霊が成功したと思っても、実際には成功率が 50％、あるいは、80％しかいっていない
こともあるということです。

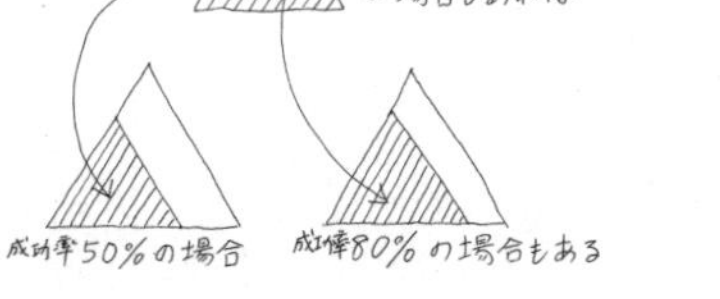
手が上がっても成功率100%
の場合もあれば

例えば、まだ浄霊暦が2年、3年だとすると、レベルが低い分、気を送る時間を2時間、3時間、4時間かけてずっと送ります。

時間をかけることで、相手は満足する。だから問題は浄霊が終わったとき「霊はどういう状態に置かれているか」ということです。

心だけの世界とは

霊は満足したところで明るい世界に入る。この時、霊は満足して嬉しいという状態にあります。

つまり、これが浄霊で言われる「心だけの世界」なのです。


「心だけの世界」を示す基準は何か。皆さんは体を持っているから理解できにくいかもしれません。

もし断食を経験した人がいたら分かります。断食して3日から5日目あたりにくると、体の機能が一応停止した状態になります。お腹に物がなくなります。そうすると頭がスキッとした状態になります。こんな状態が人間にあるのかという状態で変わります。

つまり、「体」がどれだけ「心」ということに対して邪魔しているかということが断食した状態で出てくるのです。


霊には体がありません。ではどうなるかというと、“明るい”か“暗い”とか“良い”か“悪い”かという状態が一番大きな主流をなします。「心だけの世界」に入ってしまうわけです。

ですから体がなくなって「心だけの世界」になる。そうするとそれは「思いだけの世界」となります。

体がなくて「思いだけの世界」ということは、やはり「嬉しい」、「悲しい」、「楽しい」、「明るい」、「暗い」という思いしかないわけです。あとは自分の思いでそうなる。

霊の世界では話さなくても相手の思いが伝わる

ついでに言いますと、「人間は、死んでから何に一番戸惑うか」というと、正直に思った通りのままに生きている人はいいですが、思ったことと違った生き方をしていると、思ったことが相手に分かってしまうということです。話している時と同様に思っただけで相手に伝わってしまうのである。

これが一番苦労するそうです。だから神社でお願いする時、あるいはお墓参りの時は、言葉に出さなくても心で話しかければよいわけです。

例えば、2人と話しているとします。今、この現実界ならどちらも相手の気持ちは分からないし、「この馬鹿」と思っていても相手には通じないわけです。

ところが死んでしまって、同じように話したとすると、「あぁ、この人、地上にいた馬鹿だったわ」と思うと、そのまま「馬鹿だった」と思った言葉が伝わってしまう。お互いに思った言葉がそのまま伝わるのです。そこが一番死んでから戸惑うところらしい。それで49日か何日かしてから自分の醜を外して幽界へいって、それからすぐその戸惑いが始まる。それからだんだん慣れてきてその操作を覚える。この辺が大体死んだ人間の一番辿るところだと思いますね。

情けをかけて暗いところから明るい世界へ霊を導くのが浄霊

だからその時に私が言いたいのは、心が明るければ位置的によいところにいるのです。暗ければ暗い地獄のようなところにいることになる。これを皆さんが暗いところから明るいところへ送り込むのです。これを世間では「成仏」すると言っています。

霊は「気」をどれだけ受けるかによって、暗いところから明るいところへ導かれるわけです。その基準線が、いわゆる“上がった”とか“幽界線”です。

幽界線が1つの基準になります。つまり“幽界線に上がったかどうか”ということです。だから充分に時間をかけて“上げる”のですが、あくまでも“情け”をかけることによって相手に分からせてあげる。つまり“情け”をかけたことによって相手を明るくしてあげるということ。これが浄霊の技術なのです。

霊は浄霊師の都合でいつでも上がる

ここで問題となるのは、本来ならば 1 時間気を送るところを止めて 30 分にしてしまう。そして 2 時間送らなければ霊が満足できないところを、1 時間しか気を送れる時間がないからといって、浄霊時間を 1 時間に短縮してしまう。こちらの都合で短縮したのでは浄霊は成功しない。

どうしても浄霊暦 1、2 年、2、3 年の人は時間を短縮して終わってしまう。

“あ、上がったじゃないか”というところで、もうそれで止めてしまう場合が多く見られる。

ここで言いたいのは、霊は 1 時間でも上がるのです。5 分でも上がるのです。1 時間でも 5 分でも上がるのですが、あくまでも「レベル×時間が満足度」なのです。

もしレベルの低い浄霊師の気の送る時間が短かったとすると、その時、霊の満足度の数値は物凄く低くなります。

つまり、自分のレベルで出てきた霊をどれだけ満足させることができるかというのは、個人差があるということです。

時間の短い浄霊の成功率は 20%、30%、50%、80%となり、決して 100%にならない。浄霊は必要な時間をかけて初めて 100%の成功があるのです。

浄霊師のレベルに応じて霊は出てくる

例えば A さんが霊を出すとする。A さんは浄霊の経験が 1 年しかない。浄霊暦わずか 1 年の人が霊を呼び出すと大きいサイズのものは出ません。

一方、B さんの浄霊暦は 10 年とする。この人が出せば、大きいサイズのものが出ます。

つまり浄霊師のレベルによって、その浄霊に満足する霊が出る。あるいは満足できる霊が出るという状態になります。

浄霊を学習した年数に応じて霊の方が選択しているということを知っておいてください。いいですか。霊の方がある程度選択している。だから、例えば年数が低い人が呼び出す霊の満足度はおそらく低いでしょう。

そうすると満足度が少ない分、**浄霊の目的を完遂するには浄霊を数多くやって成功率100%を埋め**なければならない。こういう1つの必然的な形ができるわけです。

年数が長い人は浄霊の成功率が高いのでその浄霊の目的を達成するには4分の1で終わるとします。

ところが年数の少ない人はわずかしか満足させることができないから、目的を達成するには浄霊を数多くやらなければいけないということになる。

仮にレベルの低い人に、レベルの高い人が呼び出す霊と同じ霊が出てきたとする。この霊の浄霊時間は本来ならば10時間必要かもしれないとする。

ところがレベルの低い人が、これを2時間で上げてしまったとき、霊はやはり2時間で上がるかもしれない。

この浄霊は2/10の時間、つまり、20%分だけの満足度となる。つまり、私が言いたいことは浄霊師のレベルに応じて霊は出てくるということです。

ではどこで霊は判断するか。今まであなた方が行なってきた浄霊の記録というのは、1秒かかからない間に、霊というのは一瞬にして見ることができます。

つまり、あなた方は今までの人生をそのまま自分の体と共にくっつけて歩いているのです。だから霊があなたを見た時に、生れ落ちて現在ここに至るまで、1日1秒たりとも喋ったことを一言ももらさずに、全て一瞬にして見えるのです。

それが霊の世界なのです。時間のない世界から見た時には、そういう現象がこの場で起こる。つまり一瞬にして見える。

ということは今まで手がけた浄霊について、その方向だけを見れば一瞬にして全部見えるわけです。

そうするとその人に対してどの霊が出なければならないかという判断が、霊側に選択権が出てしまう。その人がするということで霊

が判断するということです。その辺を知っておいてください。
そしてこの形が、すなわち霊の満足度が常に100%あれば、ずっと幽界まで上げることによって、この浄霊は成功します。

気を送る時間を浄霊師の都合で変更する弊害

うまくいった時、そのときの霊の表現方法があります。あなた方に『幽界へ上がった』ということを表現するような形で(実際はあなた方が上げたわけですが)、霊の方も伝えてくるわけです。
つまり、これが「霊の満足度＝レベル×時間」になるわけです。

ところが、最近多くの人に見られるのですが、上げる時間が少しでも短くて済むならその方がいいというところがあります。そこでいつもなら2時間程度かかるところを、やはり今回は1時間にしようと1時間で上げてしまった。ところが霊を上げるということだけは、浄霊師の方が正確になってきたから、「手が上がったから霊は上がった」と思うわけです。

ところが手が上がったからといってかならずしもその浄霊は成功したのではありません。

にもかかわらず、この浄霊はうまくいったと勘違いしていることに浄霊師は気がつかない。大丈夫だというところで、1時間で終わるわけです。それでは、この浄霊の成功率は50%で半分となる。

これをよく考えてください。出てきた霊はこの浄霊師なら2時間気を送ってくれると想定することによって、あるいは100%成功することを前提として、それができる状態で霊は出てきています。
にもかかわらず、それをこちらの都合で気を送る時間を1時間、あるいは通常の半分にしてしまったら、そのときの達成率は50%になるわけです。そういう形で霊は出てきているということを考慮に入れていないのです。

つまり、自分勝手に「今日はこれでいいだろう」とするやり方は間違っているということです。もしそのように短い時間で済ませるのだったら、自分の行なう浄霊を常に1時間で止めるという浄霊時間の設定にしなくてはいけない。

仮に浄霊師が「今日は1時間しかかけられない」と言ったらどうなるか。本来出てくるサイズの霊より、もう少し低いサイズの霊が出てくることになる。

つまり、一度に成功率100％にいくまでの霊が出てこなくても、その何割分かは出てきますよ、ということです。


だから、考え方によっては「私は続けて4時間、5時間気を送り続けることは無理だから、1時間ずつで処理していきたい。いつでも1時間の浄霊にしていきたい」という考えでもって浄霊をする人は、そういうやり方で行なっても充分な浄霊ができるということです。

しかし、それを途中で変更するなということです。途中でやり方を変更したら、それは50％しか達成しない。

ところが、現在皆さんを見ていると、途中で変更している人が随分いますから、こういうことをしてはいけないわけです。もしするなら最初からそれを設定しなさい。1時間ものをいくつもやることによって目的は達成できます。


ともかく途中で変更したら達成できません。しかもそれで終わってしまったら、目的の達成率は10％、あるいは20％になってしまう。これでは結果が表面に出てこない可能性だってある。そういう結果を生んでしまうということです。


最近時間が30分短くなった、1時間短くなったと喜んでいる人がたくさんいますが、これはそういう意味においてはよくないということです。あくまでも相手の霊は、あなたを見た時に自分(霊)は1時間気を送ってもらえると判断して出てくる。そういうことを考えているということです。

だから、目的を達成させるためには自分はどういう形で浄霊をするかなど総合的に考えていかなければいけないことをよく考えてください。これは何も2時間、3時間、5時間、10時間気を送り続けなさいということではありません。

質疑応答

Ｑ１：気を送る時間が２時間という話が出てきましたが、それはある程度決められた数字と考えてよろしいのですか？

Ａｎｓ：それはあなた方の決めた数字です。例えば、自分の忍耐の時間、気を送り続けられる時間は自分で決めればいいのです。

ただ、浄霊を初めて最初の1、2年は自分のレベルを上げなければいけないから時間をかけた方がよい。大きいものを処理した方がよいということです。

ある程度レベルを上げていって、例えば、現在浄霊暦が5年ぐらいとか、あるいは3年、4年以上の人なら、だんだん自分にあった浄霊の設定を考えていって、自分の忍耐が続く時間というものを設定してもよいと思う。2 年以内はちょっと無理です。レベルを上げることが大切ですから。

例えば、一度に100%のキャパシティ分を処理できるほど長時間気を送り続ける忍耐があるという人はよいですよ。しかし、「自分はそんな長時間気を送るのは無理だ。小さいキャパシティの霊処理、つまり短い時間で処理できる霊をたくさん処理する方が楽だ」と言う人も中には一杯います。

そういう人は大きい霊を分割して行なえばよいということです。大きい霊の 100%のキャパシティを分割して浄霊をしていけばいいのです。

当然分割すれば、分割した霊 1 体分の浄霊の成功率は低くなります。しかし、その代わりに小さいサイズに分割した霊を全て処理すれば、結果は大きい霊を丸ごと浄霊する成功率と同じ、つまり大きい霊が持つ 100%のキャパシティを消化した場合の成功率と同じになるはずです。**→次ページの解説４の分割について参照**

それからもう１つ重要なこと言います。

例えば､途中で勝手に浄霊の設定を変えたため､キャパシティ 50%の霊しか出なかったとします。これを補正することができます。

つまり、**同じフレーズで同じ形でやったら補填ができます。**

同じ方向性でも少しフレーズを変えてやった場合には補充ができます。

補填や補充を利用すると完全に 100%のキャパシティを消化することができます。**→補填と補充については第４章へ**

ただ、今言ったこの根本的な原理を考えた上で浄霊をしなければ、「ただ短くする」、「やったけどうまくいってる」といっても、果たしてそれで 100%満たしているかどうかということを考えなきゃいけない。ただこの辺をよく考慮しておかないといけないのですが、現状ではこの基本がちょっと芯から外れているケースを見かける。

こういう内容をよく知った上で「浄霊の方法」､「時間と出る状態」､そして「霊側の権利」と言ったらおかしいですが､「霊の側の権利はどういう状態であるか」ということをよく知っておいてください。霊側の方でも出る権利はあるのですから、あなた方をよく見て出てきます。

だから私が「この霊だ」と指定してもやはりあなた方を見て出ているわけです。結構、浄霊師の限界に近いものまでを呼び出せてはいますが､「霊の満足度＝レベル×時間」がどういう状態かというのを常に向こうだって見ているということです。

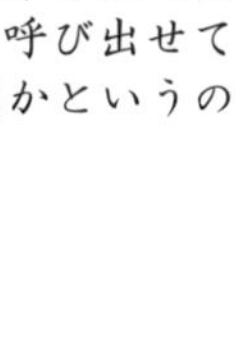

解説4：キャパシティの消化方法の応用―分割について(1)

実際の浄霊でこの分割はよく見かける形態です。仮にレベルのある人なら6人サイズのヘビ1つで済む浄霊を、レベルの低い人が同じ浄霊を行なう場合には、よりサイズの小さい霊が数多く出てきて、同じ量のキャパシティを消化するということで解決するわけです。

あるいは、大きいサイズの霊がいるのだが、呼び出すことができない場合、サイズの小さな霊処理を数多くすることで、その大きなサイズの霊のキャパシテイを消化するという形を取ることができます。どちらにしても分割という考えが元になっています。

さらなる詳細については**第6章の解説5：キャパシティの消化方法の応用―分割について(2)を参照へ**

次のような現象は分割の原理から生じている
1人サイズなら12体
6人サイズ

① 日頃の浄霊では1人で出せない大きなサイズを1人～3人サイズの浄霊を数多くすることで大きなキャパシテイを消化する。
② ベテランが1体で済むところを初心者では数多くすることで同じキャパシティを消化する。

Ｑ２：つまり、上がったということだけでは霊は満足したとは言えないということですか？

Ａｎｓ：その通りです。霊はどんな状態でも上がります。ただ、それは50%処理したか、20%処理したかという問題です。ただ暗いところからある程度明るいところへ出ますから、その点では上がったと言える。

だから私が「上がった」と言っているのは、その霊の満足度、その霊の状態を言っているのです。幽界の線が全て均一で、誰がやっても同じその線の上へ霊がいくということではない。

> その霊の持つ霊界線というのが全部あるのです。上がったというのはその霊の持つ幽界線の上に上がったということです。つまり、その霊の持つ幽界線とあの霊の持つ幽界線は違うわけです。それぞれ霊の持つ幽界線というのは、生きている方の基準ではなくて、向こう側の、霊側の基準だということです。
>
> もっと厳密に言うなら、出てきたその霊の幽界線です。

だからその辺を考慮すると、いろいろ改良したり変えたりする場合でも、常にこれを忘れてはいけないのです。

極端に言えば、小さな霊、ほんの5%程度のキャパシテイのものしか持たないものばかり繰り返して浄霊しているとします。そこに、例えば物凄い巨大な大きなキャパシテイを持つ霊が出てきたとする。大きい霊が出てきたなら、それなりの霊処理の扱い方をしなければいけないにも関わらず、いつもと同じように小さいサイズの霊処理の扱い方をしてしまう。

つまり、小さい霊の処理と同じように気を送って、“もうこれで上がるだろう”と、“もうこれでよいだろう”と、“これで終わり”という形にしてしまう。

それでもともかく霊は上がるという状態になります。そういう状態にはなりますが、巨大な霊は満足していない。霊の満足度はわずか10%程度になってしまう。

その場合、「私は上がっていないですね(満足していないですけどね)」と言うけれど、それでも霊自体は上がりますから、その結果、上がるという現象が起きるのです。

だから、妙に途中で浄霊時間を変更しないで、あくまでも、今言ったこの辺のシステムというものを考慮に入れた上で研究してください。

最近、妙に浄霊時間を短くする人が多いようです。短くしたい気持ちも分かりますが、もし短くするのだったら最初から１時間という設定でする。途中から変更してはいけないということを知っておいてください。

Ｑ３：満足度がどの程度かお伺いで分かるのですか？

Ａｎｓ：それは出ないですね。

それが問題なのです。100%成功しても 30%しても 20%してもその数字は出ません。だから、「上がったのは上がった」と、私も言います。

Ｑ４：ではたとえ上がってもその人が途中で短くしたいと思えば、本来時間をかければ成功率 100%になるはずなのに、20%の時点でも霊は上がってしまうということですか？

Ａｎｓ：そういうことです。

そうするとそれは上がったように判断してしまいます　しかし、その浄霊の成功率は 20%です。

Ｑ５：なんかやたらとね、浄霊の数が多くて結果が出ない人というのはそういうことですか？

Ａｎｓ：そういうことです。だから、私が見た時に上がっているのは上がってますから、上がっていると言います。その辺をよく考えてほしいわけです。ただ、浄霊の結果が最近やたら出ない人はこのシステムをもう１回考えて見直したほうがよいということです。

結果が出ないのは、この辺の何れかに引っかかっている場合が殆どだということです。

Ｑ６：サイズが凄く大きいので、物凄く時間がかかるはずなのに、ものすごく速く、サイズダウンしていき、どんどん上げてしまう人がいるのですが、そのような人はそういう状態になっていると考えたほうがよいのですか？
：３体も上げれば成功するものを、症状が消えるものも消えない。だからもう１組やらないと結果が出てこないという状況になってしまう原因は？

Ａｎｓ：どちらのケースも同じ問題を抱えているわけです。手は上がるけども霊は満足していないということです。

出てくる方も、たとえ1時間レベルで出てきても、あなた方が2時間かけても駄目だということもあります。それはあなた方がかなりの時間をかけて浄霊をしてくれるという想定のもとで霊が出てくるからです。大きいものはそうです。それをあなた方が、より大きい霊を、自分はいつもこのぐらいの大きいものが出て欲しいと望んだら、やはりそれなりの大きい霊が出ます。意思が分かりますから。

しかし、いつも大きいものを1個で大きな結果を出したいと思ったら、それだけの時間をかけなくてはいけない。それなのに短い時間で終わってしまったら、100%霊を満足させることは不可能です。つまり、目的の浄霊は成功していない。でも手だけは上がったということです。


「あーやっぱり自分はもっと大きい変化を出したい。自分の限界のところまで変化を出したい」と思い、いつもは1時間かけるところを2時間かけてやって、それで大体そのままうまくいくというのは、霊が上がる状態にまで充分に時間をかけたことで、相手(霊)が満足したわけです。

ところが「あなた、諦めてここで上がってしまえ」ということになったら、もう相手(霊)だって諦めます。

それで上がってしまうことには間違いないですが、結果は出ないことになります。

Ｑ７：満足度の時間というのはそれぞれ共通の時間ですけれども、浄霊レベルはいろんな条件が関係すると思いますが、具体的にはどのような条件があるのですか？

Ａｎｓ：まず、レベルを上げるには「経験年数」、「経験回数」、そして「伝授の回数」の３つが必要です。つまり、経験と伝授と年数です。

いくら年数が経っていても浄霊経験がなく、さらに伝授の数も少ないとなったら、これは駄目です。ところが年数の持つ力というものがあります。

どんな仕事でも何年続けていたというのは、結構年数で数えてもいいものです。だから「伝授」、「年数」、「経験」の３つは非常に相まっているものである。

浄霊の気を身に付けて自分の本質的なものが左右するのは、最初の１年だけです。半年とか１年です。

浄霊の気というのは、最も気が休まる、早い話が癒し系の気です。最も綺麗になりやすい気がきますから、本来自分の持ってる気がある程度基礎になって、それに加えられるというだけに過ぎません。問題はあくまでも経験と伝授の回数とか、その形の浄霊の気だけです。だからその人が本来持っている気が本質的には私はあるからとか、ないからとかというのは殆ど関係ありません。

大体１年で、本来自分の持っている気よりも、伝授で身に付ける気がはるかに上回ってしまいます。中には１年ぐらい経っても自分の気が強いままの人もあります。長い人で２年続く人も極めてまれにあります。でも、やはり２年過ぎても自分の気をまだ維持しているというのは、未だ見たことがありません。だから、「伝授」、「年数」、「経験」の３つでレベル上がっていきます。

いくら経験をたくさん積んでも、半年間に浄霊を100体、200体処理したところで、極端にレベルが上がるものではない。そこで微妙に年数が関連していくということです。

Ｑ８：例えば、先生に聞く場合、私がいない場合には別の人に尋ねてもらうと、尋ねた人のレベルが出るのですか？

Ａｎｓ：いや、違いますよ。
あなたがする場合は、あなたのレベル。浄霊をする人のレベルでいきます。

Ｑ９：では最初まだ誰がやるか分からないけど、まず私が代表で聞いた場合、私のレベルのサイズが出てくるのですか？

Ａｎｓ：そういう場合も多いです。
レベルの低い人がそれを受けた場合、途中で条件が変わってしまうわけですね。
そうすると、途中で条件が違うから、結果が出ないことになる。だから、上がることばかりを考えていけないということです。

Q10：以前、時間をむやみにかけ過ぎると霊のほうが、もっともっと気を送ってもらおうとして上がらないようになるから、むやみに時間をかけない方がよいという話があったのですが。

Ａｎｓ：確かにあります。人間霊よりも動物霊の方にそのような傾向が見られやすい。
１時間ぐらいで終われるものを２時間かけたら、今度は「あそこはもう満足してもそれ以上やってくれる」というところで行き過ぎるのです。ところが現状は行き過ぎるところか足りなさすぎるのです。だから、行き過ぎることを考えるよりも、むしろ足りないことを考えた方が今はよいだろうということです。

Q11：どこまでやったら、その浄霊で霊が本当に満足できて上がったかということを判断できるのですか？

Ａｎｓ：やはりそれは結果が出たところで判断するしかありません。
例えば、「お金持ちになりたい、お金持ちになりたい」と言っても、その人に人格がついてなかったら、いくら浄霊をしてもお金持ちになかなかなれないという場合もある。
一番問題なのは、お金を持てるという人格が形成されてなくて、

ただ「お金だけ入れ、お金だけ入れ」というところで準備がないところにお金は入らない。

まず、準備からかかる。1つのそういう、いわゆる浄霊成功のシステムがあります。そのシステムをだんだん年数の浅い人は先輩から聞いたり、今までの経験から判断してそのシステムを学習していくことです。

もし、ある1つの方法でそれが成功しなかったら、
「その周辺すべてからその目的に向かって攻めなさい」、
「そのような方法を取ったらどうですか」、
と言いたいのです。

1つだけのやり方で成功させようという考えを持っている人があまりにも多い。それでは結果が非常に出にくいことになる。だから、今まで述べてきたことをよく考慮に入れて浄霊を行なってほしいのです。

Q12：タイマーをかけて宝1個を何分と時間設定して、別の人があと2つの宝を上げるとする。合計宝を3個上げたからもう出るという設定でやると霊が出てくるのですが？

Ａｎｓ：そういう設定を決めて最初から全部やったら、それに応じたものは出てくる。

Q13：例えば私はそういうこと（Q12の質問）をしないから、私のレベルで先生に見てもらった霊を、タイマーでやっている人が代わりにすると、条件設定が変わるということですね？

Ａｎｓ：その通りです。条件設定が変わることになるためにその状態が変わることになります。

Q14：つまり、それは結果が出ない浄霊になるのですか？

Ａｎｓ：そういう可能性はあります。

Q15：あのタイマーというのは、決まりじゃないから手の感覚とかを使ってやってくれと言うのですが、タイマーを使って三宝を15分で上げれば、本体は1人で出るようになるのですか？

Ａｎｓ：だから、そういう形でやればその形のシステムで出てきます。ただ、霊は出て来るけれども、最初にはそういう設定なしで途中からそのようなやり方に変更するのはよくありません。

Q16：霊によってそれぞれ強さが違うにもかかわらず、全て同じようにタイマーで設定してやる人がいるのですが、それはどうなのですか？

Ａｎｓ：タイマーで浄霊時間を設定してする人はタイマーを使う人に初めから最後まで見てもらってタイマーでやればよいのです。ともかくタイマーで１つの浄霊を始めたら、その１つの浄霊が終るまでタイマーで浄霊することです。そうすれば問題ない。とにかく途中変更はまずいです。絶対によくない。

ただ、途中変更でも浄霊はできますけど、それこそ何％成功したかという世界に今度入り込むことになるわけです。

だから、そのように途中変更などをしたのなら、あと補填をしたり、いろいろな形でそのピラミッドを完成させる。

そういう意味では、ただそのようなやり方をしてもその浄霊を成功することはできるのです。そして結果が出なかったら、それに近いフレーズを使って補充するのです。その考えでいけばその浄霊の補正はできるわけです。

数を多くする方がよいのか、時間をじっくりかけて上げる方がよいのか、それはあなた方のやりやすい方法でやれば、それはそれで良いと思います。どちらにしても、それはそれで悪いという方法ではない。ただ、あくまでもこのシステムを理解した上で、浄霊を考える必要があるわけです。

途中でやり方を変更するとか、気を送るのが１時間でもう飽きたからといって、もうこの辺でさっさと上げてしまって、これで終わりにしようとするのはよくないということです。

コーヒーブレイク
（趣味の会）

情けをかけるとはどういうことか

2008．3.19

浄霊の一番大切なポイントは霊に情けをかけるということです。

趣味の会では、呼び出した霊に対して、30分、1時間、1時間半、と自己浄霊の氣を送り続けることが“情け”になります。

氣を送り続けることで、霊にすばらしい経験をさせることや、暗い過去を忘れさせることができるわけです。

死んだときの心の状態、これを“**心の色**”といいますが、苦しみながら死んでいった場合、あるいは恨みながら死んでいった場合、その人の心の色は真っ暗です。死んでからもなお苦しいままの状態が続いています(詳細は、「徐霊と浄霊　日本の様々な浄霊」を参照)。

しかし情けをかけることで、その苦しい心の状態を解決させることができるのです。言い換えれば、霊に心の暗さを解決させる時間を与えるために、氣を送る時間が必要となります。

ところが、浄霊でややこしいのは、その時間(情け)を充分にかけないでも、霊を簡単に幽界に上げることができるので、浄霊結果が出ることです。

いくら結果が出ても、この場合は、霊が正しく浄霊された形ではありません。霊にしてみても決して満足して上に上がったわけではないからです。ですから、霊は一時的には幽界に上がったとしても、すぐにまた落ちてきます。霊はまただんだんと苦しくなっていきます。

そして霊はクライアントに再び戻るだけでなく、「クライアントからどけっ」といってどかした浄霊師をも恨むことになります。そこで、浄霊師は仕方がないので、食べものなどを霊に与えることで、その状態(霊の苦しみや恨み)を少しでも解消させようとしてきたのです。

このように、一時的にクライアントから霊を離すという方法は、“**移動**”といい、巷で数多く行なわれています。残念ながら、巷で行なっている人たちには幽界へ上げるという概念すら知らずに行なっている人が多く見られます。

ちなみにこの移動は、クライアントからちょっと霊を横にずらす(外す)程度のものから、一時的に上に上げることができる人まで中にはいます。

たとえ一時的であれ、クライアントから霊を離すことになるので、クライアントの問題が改善されることになるのです（一時的な結果が出るということです）。

趣味の会では、少なくとも 1 時間は氣を送り続け、上へ上げる形を取っていますので、霊に感謝こそされても恨まれるということは決してありません。

ですから、3人ものを1時間で上げるという1つの基準を基に霊に情けをかけるということを充分に行なってください。

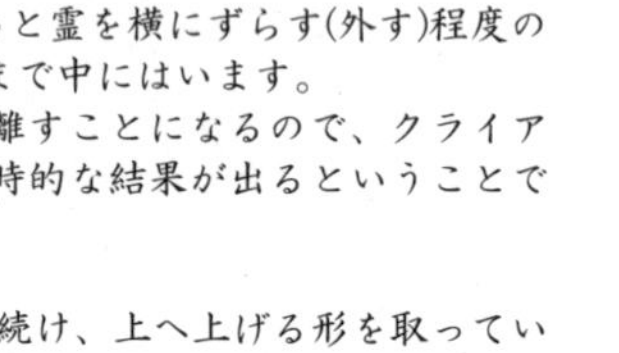
情をかける時間の
基準は3人サイズで
1時間

第５章　憑依のメカニズム〔浄霊の憑依の概念〕

2008．6.18

憑依とは、互いに共有する時間を通して霊が別の世界を学習することによって起きる。

人は 360°という世界を持って生きている

Ａという人間、Ｂという人間、Ｃという人間がいるとすると、人にはそれぞれ
360°の世界があるということを知っておいてください。

Ａの世界、Ｂの世界があるわけです。それを霊的に考えたとき、Ａの世界、Ｂの世界というのはどういう世界かという問題です。

今ここに 360°の世界があるわけです。これが霊の世界。どういうことかというと、霊の世界は、距離も時間もない。方向だけある世界。しかも立体の世界です。まずはこれを徹底的に頭の中に入れておかなければいけない。

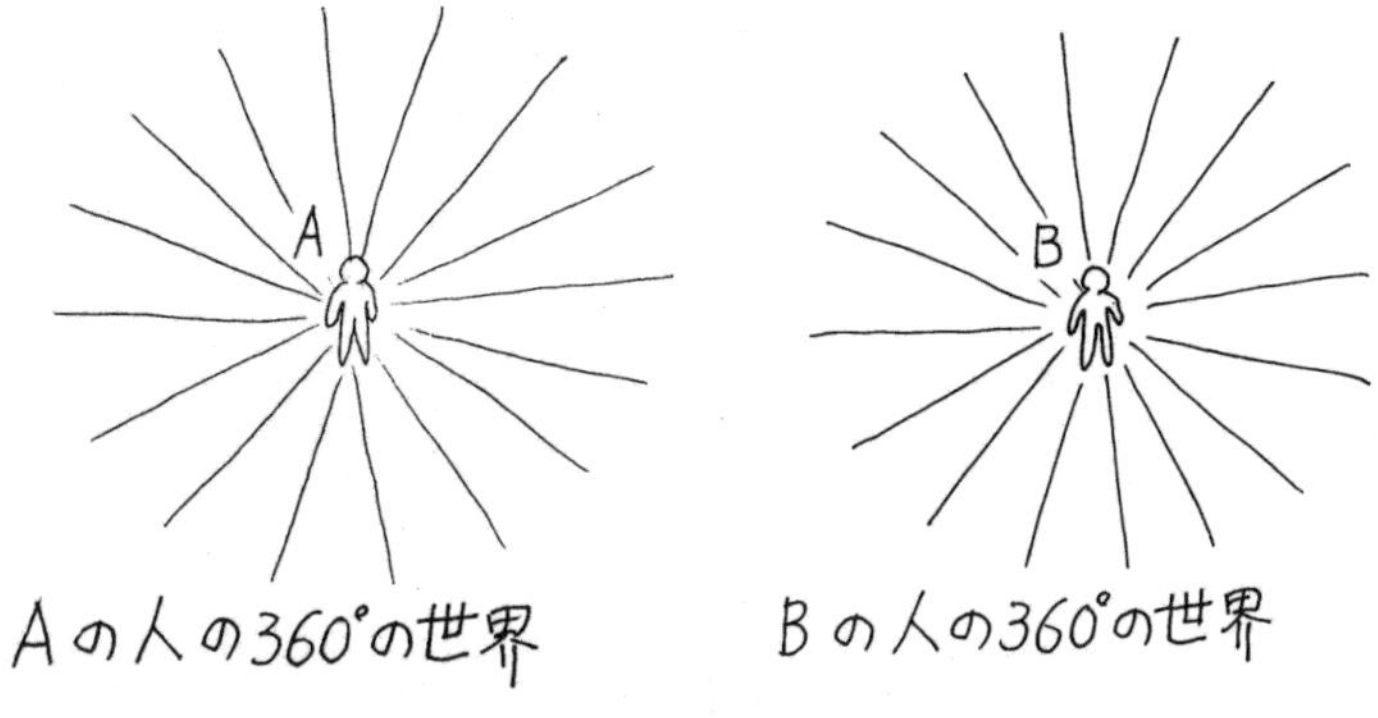

ここにはBの世界があるが、そこにはやはり同じような別の360°の世界がある。つまり、Aの人の360° の世界もあれば、Bの人の360°の世界もあるということです。そして人はこの360° の方角を持って常に歩き生活していることになる。

例えば、Aがここからあそこまで行くとしたら、Aの360° の世界はそのままずっと移動していく。A は常に自分の世界を保って歩いているわけです。

Aがある日突然、Bに近づいておかしくなった、あるいは神社に行っておかしくなった、あるいは毎回お墓で遊んでいた。さあ、そのときにAの世界はどうなるのか。

憑依は共有する時間の学習結果

ここからが憑依のメカニズムです。今このBがお墓だとします。AがBの方向へ行くことで、Aの360° の範囲は、図のようにBの範囲内まで入り込むわけです。さあここで、A と B の世界はオーバーラップします。

当然、2人の世界が共有する時間、あるいは共有の瞬間は確かに弱い。具体的に言うと、ちょっと1回 B のお墓に行っただけでは、お墓にいる自縛霊がAに憑くわけはない。

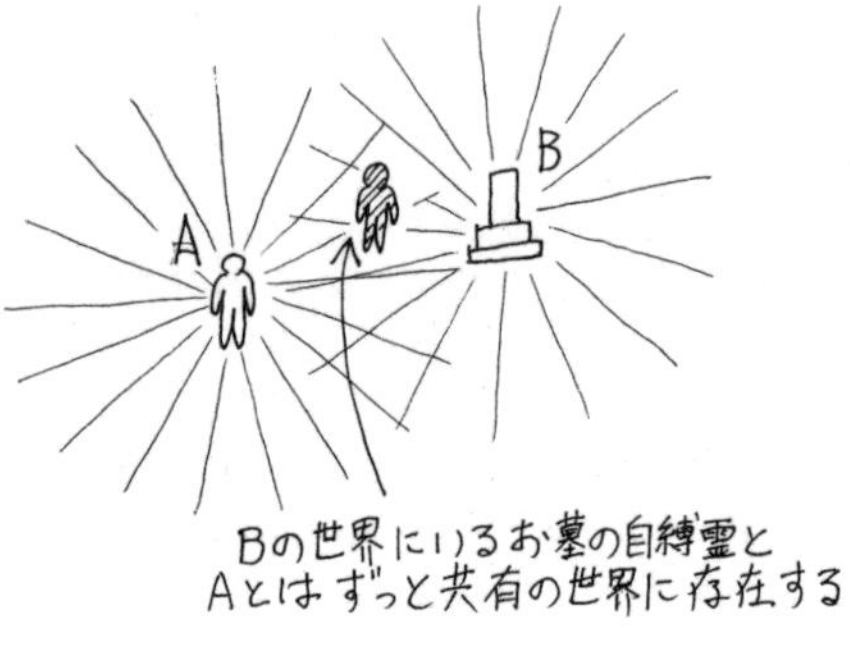
B
A
Bの世界にいるお墓の自縛霊と
Aとはずっと共有の世界に存在する

ところが、霊の世界はいくら時間のない世界と言っても、A が B の世界と何回も何回も共有したらどうなるか。

つまり、B の世界にいるお墓の自縛霊と A はずっと共有の世界に

存在することになる。それを何回も何回も繰り返す。

何回も何回も繰り返すということはどういうことかというと、そこになんらかの学習が入るということです。分かりますか。これは両方の接点で学習をすることになる。

では一体何を学習するのか。今までこの世界しか知らなかった。こちらの世界に入って共有して学習する。あーこちらの世界はこんなだった。こっちの居心地はこんなだった。

共有の時間のときに学習する。この共有の時間の学習が1回、2回、3回、5回となったときに、時間のない世界であっても、彼らはBの世界にいても、共有が重なることによってAの世界に入る。これが憑依のメカニズムです。

それは神社で学習したか、あるいはどこで学習したかは分かりません。だから神社で遊んだ子は霊的になり、お墓で遊んだ子はいろんなものが憑いている。そしてお墓の上に建った家のその子供は一杯いろんな影響を受ける。それはこのような原理によって、霊が憑依していろいろ憑いているということである。

だから常にあなた方は 360° の世界をもって歩いていることを忘れてはいけません。共有が何回かそこに重なると、そこで学習が起こる。霊にとって学習が起こるわけです。この学習が憑依の学習であるということを知っておいてください。

憑依を防ぐ手段とは

ではこれを防ぐにはどうしたらいいか。

人間はだてにガードを持っているわけではありません。ここで、ガードの重要性が出てくるわけです。

『入り込ませないよ』という形でガードは霊を防ぐ。霊が入り込もうにも入り込めない。しかし、入り込めないけれども、共有を何回も繰り返すことによって、霊がガードを超えて入り込む学習が起こる。分かりますか。霊はそういう意味でも学習をする。

この学習によって憑依という現象は成り立っている。どれだけ、学習の時間が必要か。それがイコールその人のガードの強さになる。これが憑依のメカニズムとなります。

ガードの性格について

ここで少しガードについて述べてみたいと思います。ガードにもそれぞれの性格というのがあります。この人にとっては鬼門、その人にとってはどんなにひどいところでも大丈夫。自分はお墓にいっても大丈夫。

その代わり、某神社に行ったら大変なことになる。もう記憶も何もかもなくなったりして、某神社に行くことで自分が壊れてしまうということになるという人もいる。

> ガードの耐性、つまり自分の強さは人それぞれに全部違います。それが自分の個性につながるわけです。つまり、ガードというのは満遍なく強いはずですが、ある方向に限り、より強いというものもある。つまり、ガードは次の図のように不定形です。

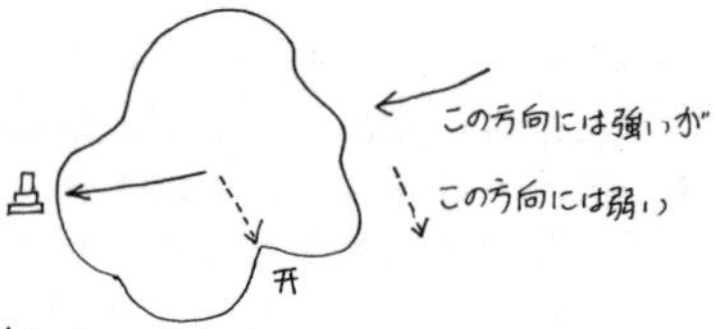

ガードは不定形

例えば、お墓に対するガードはその方向に対しはそれだけの強さがある。一方、神社に対する方向は弱い。でもその中には“入れないよ”。そういう形の強さです。

でもその中で“秀でたものもあるよ”ということです。逆にここは“引っ込んでいるものもあるよ”とか“弱いものもあるよ”というところもある。すべてが同じように強いとか同じようにないというものではなく、必ず全部１つの強さを持っているということです。

どうして恨みの霊が上がりにくいか

さて、話は元に戻りますが、恨みの生霊についてはどうかということです。

仮に恨みの霊が10度の角度の中にいるとします。離れようにも、恨みが強いために執着しています。執着というものがそこに起こるわ

けです。

そうすると、この霊がものすごく恨みを持っていた場合、この角度は無限に広がります。大阪に行っても、京都に行ってもその角度はそのまま行きます。つまり、この角度はどこからでも作用します。

しかしあまりにも360°からの距離が遠いとか、共有の時間が短かい場合、学習は起こりにくい。先ほど述べたように学習するには回数を重ねていかなくてはいけません。

学習の積み重ねの意味

さあ、この場合、学習の回数とは何を意味するのか。会うことに代わるものが何かないと“恨み”として憑かないのではないか。つまり、これが恨みの回数です。何度も恨んだ場合には、このコンタクトを何度もする、この学習と全く同じメカニズムがここに“恨み”に起こるわけです。

つまり、どんなに距離が離れようとも、距離のない世界ではないものも同じです。恨みを繰り返すことによって、回数を繰り返すことによって、学習して相手に入り込む。これが憑依のメカニズムです。こういう原理で憑いているということを知っておいてください。

憑依のメカニズムを知った上で、浄霊をすれば、それ１つでも解釈が早い。そして処理も早くできる。こういう憑依のメカニズムが存在する。だから常にＡも、Ｂもどんな人間にも360°の世界を持って歩いているということを知っておいてください。それがあらゆるもとです。

しかし、これは悪いことばかりではないですよ。すばらしい人にあったり、いろいろな体験をした場合には、これで学習をするのです。すばらしい世界を共有することで良い学習をするのです。その反対は悪い学習もする。だから、良いも悪いもある。悪い場合は憑依。いい場合にはその人の進歩につながるということです。

質疑応答

Q1：生霊の処理の場合、二度と会わない場合でも、何回も相手(生霊)が思い出したら、再び憑くことになるのですか？

Ans：例えば、AさんがBさんにひどい目に合わしたとする。

Bさんがそのときことを思い出す回数が1年に100回、200回あるとすれば、その重なりあったところには100回、200回とAさんに対するBさんの思いが存在する。

ところが、人間というのはそれに対して、Aさんはある程度耐性ができているわけです。Bさんの恨みの思いに対するAさんのガードが強いから、AさんはBさんの思いを超えてしまうことができるのです。

さて、1年経ってBさんの恨みの思いを浄霊で処理したとする。ところが、2年後、3年後に、再び何回くらいBさんはAさんへの恨みを思い出すかということはその人によって違う。

再びBさんがAさんを恨みの思いによってだめにしてしまうだけの強さが、まだBさんに残っているかという問題です。つまり、人間には、200回も300回も恨む続けることができるかというと、それは不可能に近い。

浄霊をした後、BさんがAさんを思い出して、『Aはあんなひどい人間だ、どうしょうもない人だ』と恨んでも1年にせいぜい30回、どんなにひどくても50回くらいです。

すでにAさんはBさんの100回、200回もの恨みの思いの中でずっといたわけです。

そうすると、Aさんはどうなるのか。その恨みに対する耐性ができている。当然それに対して反発するわけです。すでに100回、200回の恨みに耐えてきたので、50回分くらいのBさんの恨みに対しては充分反発するだけのガードの力を備えています。そこで、浄霊した後では、Bさんが30回程度恨んでも大丈夫というわけです。

ただし、ガードが弱い人にはきます。霊媒体質の人はだめです。ガードが弱い人に30回、50回の恨みの思いがきたら、もう耐えられない。だから同じ生霊の浄霊を再びしなければいけません。

だから何回も生霊が来るということはガードが弱いということと、

耐性がないということです。普通は９割９分の人は１回浄霊をしたらそれで終わりです。しかし、中に霊媒体質の人とかには再び来ます。

神社や仏閣でも１回でも行ったら気分が悪くなるのもがこの原理です。あるいはそれだけでなくて、自分のガードがこの神社の性格に合わないということもあります。

Ｑ２：360°という世界は自分を中心としてどちらが南なのですか？

Ａｎｓ：霊の世界では東西南北の世界はない。この 360°というのは仮に現実界で表現するために用いた表現です。あえて言うなら、360°の世界とは自分を中心として天体がプラネタニウムのように回っているようなものです。

10°、20°というような角度は、すべて意識の方向性の違いでできるものと考えた方が理解しやすいでしょう。そして平面ではなく立体の 360°です。

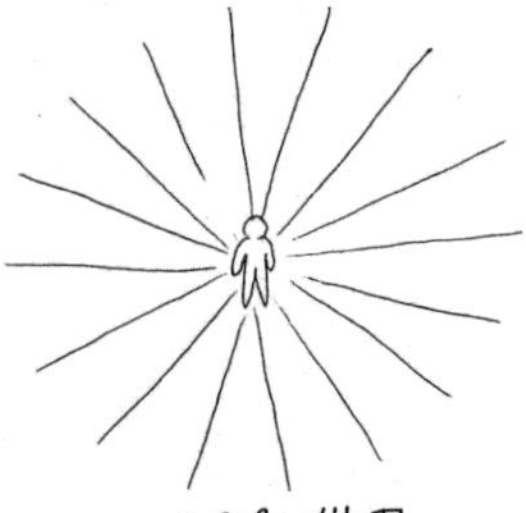

第6章 8《エイト》浄霊システムズ一詳細(2)

2008.7.1

6 仕上げ浄霊システム—補填と補充1

浄霊の成功率を上げるための2つの浄霊方法—補填と補充についての理論と実際の方法について述べる。

補填とは、1つのフレーズが持つキャパシティ100%を完全に消化するための方法であり、そのフレーズだけの効果が補填される。

補充とは、1つの命題によって作られるピラミッドを壊すための方法である。その効果は、対象とするピラミッドだけでなく、それに近いピラミッドの1部にまで波及するプラスαの効果を期待することができるものである。


浄霊を本当に理解している人はどれだけ情けをかけたかで結果に差が現れるということを知っている。

きちんと情けをかけてやっていれば、その浄霊は100%成功するが、手を上げることだけに頼っていたのでは、その浄霊は2%、3%しかできていない。あるいは浄霊の成功はほとんどゼロ近くになる。にもかかわらず手は上がる。

つまり、わずか3%、5%の浄霊しかできていなくても、それでも浄霊は浄霊なので、手が上がる。その代わり手が上がっても5%しかできていないので、結果は何も出ないことになる。まあ、5%なら多少なりともできたことはできたわけですが。


手が上がれば、浄霊が成功したと思うのは考え違いしているということです。できるなら浄霊は100%成功しなければいけない。

100%できたと思っても、それに自信がなかったら、もしかして、それが50%や70%しかできていないと思ったら、同じフレーズ、あるいはそれに近いフレーズで、もう1度その浄霊をやりなさい。

100%できたという自信がない人は、補填なり、補充をしなさい。

実際の浄霊で成功率 100%に達しない理由

実際の浄霊において成功率 100%を目指すには、どのようにすればよいのでしょうか？

仮に 5 月 10 日の浄霊のイベントで、
《私の腸の症状に関与している霊》というフレーズで 6 体の霊を呼び出したとします。

6 体中の 2 番目に、8 人サイズでお腹を抱えて死んだ先祖の女性が出たとします。この先祖霊は明らかに今のクライアントの症状に対して当たりの霊です。そこでなんとしてもこの先祖霊の浄霊を成功させたい。

まず通常通り、この先祖霊を処理します。ところがなんとなくすっきりしない。なにかしらあまり大きな変化が見られないといった場合、この浄霊の成功率は 100%に到達していないと分かります。

考えられる原因としては、呼び出したときの霊のキャパシティが 100%より少なかったか、あるいは先祖霊の満足度が低かったために、成功率が下がってしまったということが言えます。

補足：浄霊の成功率とは(第 4 章参照)

浄霊の成功率は次のように表すことができる。

成功率(100%)＝呼び出された霊のキャパシティ(100%)×霊の満足度(100%)

サイズの大きい浄霊の場合、呼び出しに必要な人数で限定を切ったとしても(先の例の場合は 8 人必要)、霊が持つ 100%のキャパシティを丸ごと出すのはベテラン域に達しないと難しい。

そのため、呼び出された霊のキャパシティは 100%より少なくなる。そこに気を送る時間が短いとか、幽界へ上げる力が弱いなどの問題が加わると、霊の満足度が減るので、この浄霊の成功率はさらに下がることになる。

補填―霊1体の100%のキャパシティを消化するテクニック

そこで、再度、《私の腸の症状に関与しているお腹を抱えて死んだ先祖の女性》というフレーズで新たな先祖の女性を出します。

このときのフレーズは5月10日と全く同じフレーズですが、5月10日という日付は入れません。このケースの場合は、お腹を抱えて死んだという状況がわかっているので、それを付け加えます。もし先祖の女性しかわからない場合は、《腸の症状に関与している先祖の女性》とします。

そして変化を見ます。もし1体でだめなら、引き続き、2体目も同じように繰り返します。

このようにして同じフレーズの、同じ種類の霊の浄霊を数体繰り返すことで、
《5月10日に出たお腹を抱えた先祖の女性》の浄霊で消化できなかった未処理のキャパシティ分を消化するのです。これにより、浄霊の成功率が100%近くまでいくことになります。

この方法はあくまでも5月10日に出たお腹を抱えた先祖の女性1体の浄霊を完全に成功させるための方法です。これが霊1つが持つキャパシティを完全に消化するための「補填」という形です。

このように**補填とは**、浄霊効果が見られないような場合に、全く同じフレーズ(ただし、呼び出した日付を入れない。)の浄霊を数体行なうことで、そのフレーズが持つ（あるいは霊1つの、あるいはそのフレーズで形成される浄霊ピラミッドの）未処理のキャパシティを可能な限り100%消化していく方法です。

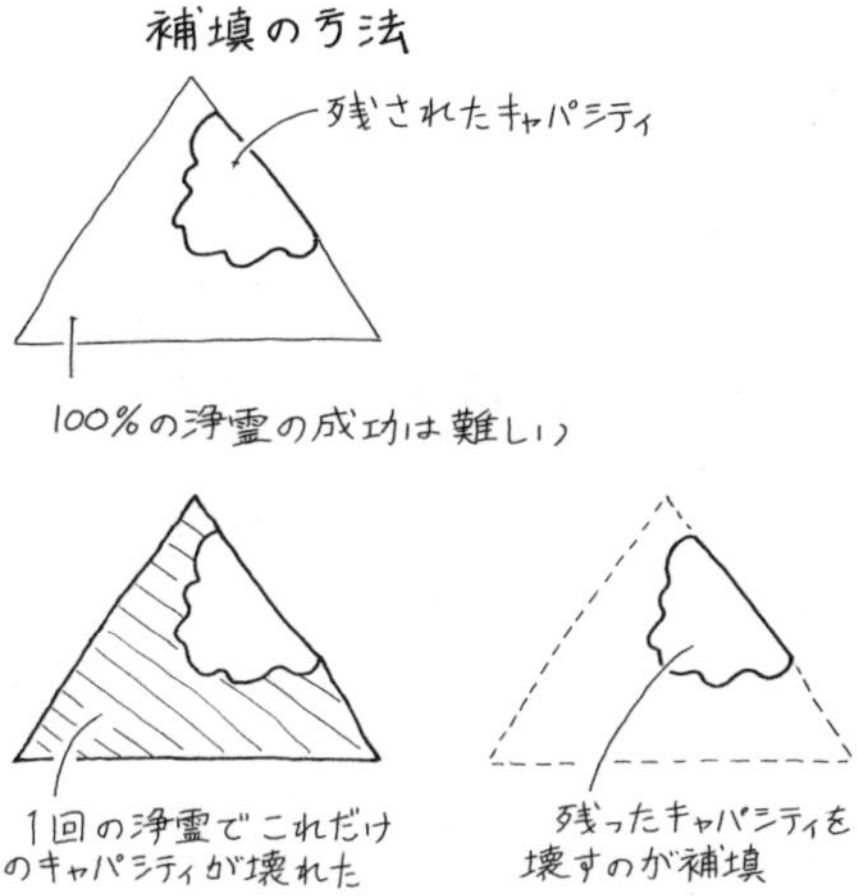
補填の方法
残されたキャパシティ
100%の浄霊の成功は難しい
1回の浄霊でこれだけ
のキャパシティが壊れた
残ったキャパシティを
壊すのが補填

補充

一方補充とは、１つの物事を成就させるために浄霊ピラミッドを壊す方法です。

最初のフレーズと近いフレーズ、似ているけどちょっと違う、ちょっと方向性を変えたフレーズを組み合わせて浄霊することで、浄霊ピラミッドを壊していきます。同じピラミッドの中にあるだろうもの、あるいはそれと重なるピラミッドの中にあるだろうもの、あるいは近いピラミッドの中にあるだろうものを浄霊することで、もとのピラミッドを崩していくわけです。

例えば、少し方向性の違うフレーズを追求していくことで、本来のピラミッドが崩れるということです。補充をどんどん続けていくことで、その隣にあるピラミッドの性質や、その隣のものまで効果が波及されて出てくることになります。

補填と補充を混同してはいけません。補填は全くそのフレーズだけの効果が補填されるものです。

補充の方法

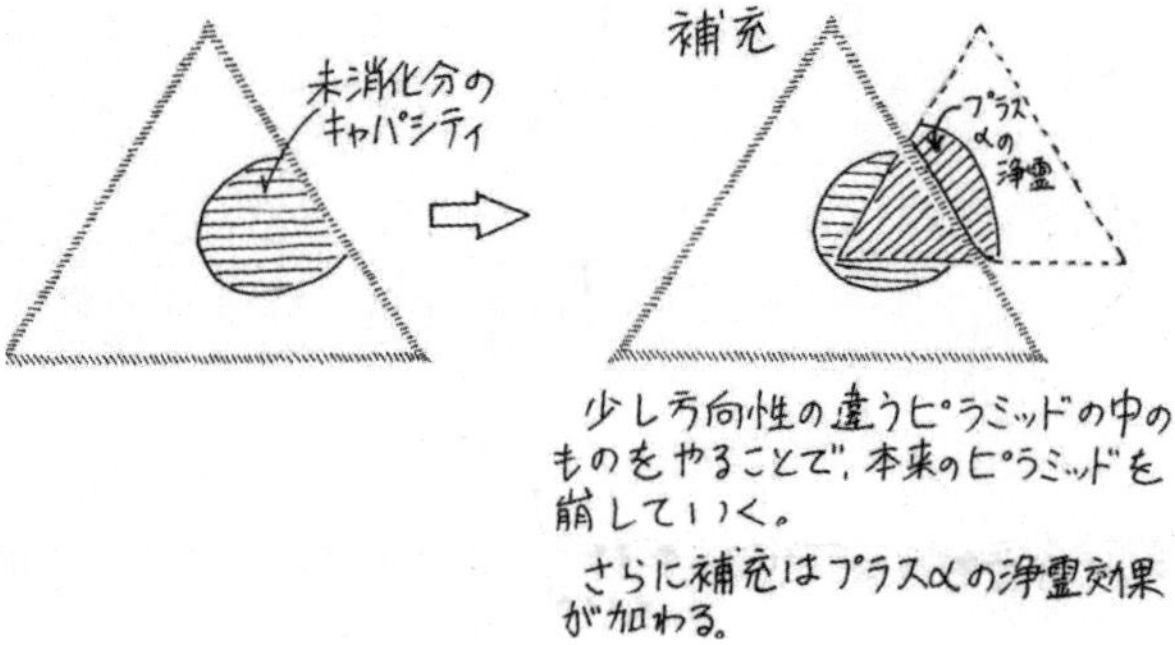
補充
未消化分のキャパシティ
プラスαの浄霊
少し方向性の違うピラミッドの中のものをやることで、本来のピラミッドを崩していく。
さらに補充はプラスαの浄霊効果が加わる。

補填の実際の方法
1サイズの大きい霊のキャパシティを完全に消化する場合

先の例の8人サイズのお腹を抱えて死んだ先祖の女性のように、

6人、7人サイズや8人サイズ以上の大きいサイズの霊が出た時、その霊の100%のキャパシティを消化するために補填を利用します。

そのぐらい大きいサイズの霊処理は、浄霊師のレベルや気を送る時間などの要因で、100%の浄霊の成功を目指すのは難しいことが多くあります。成功率60%、70%いけばよいところかもしれません。

ところが、このようにサイズの大きい霊の場合、そのフレーズの中に占めるその霊自身が持つキャパシティの割合はとても大きいわけです。

大きいサイズの霊のキャパシティを完全に消化すれば、そのフレーズで形成される浄霊ピラミッドは壊滅的なダメージを受けることになり、結果はかなり出るものと予想されます。そのため、補填を利用してその霊1つのキャパシィを完全に壊すことを目指すのです。

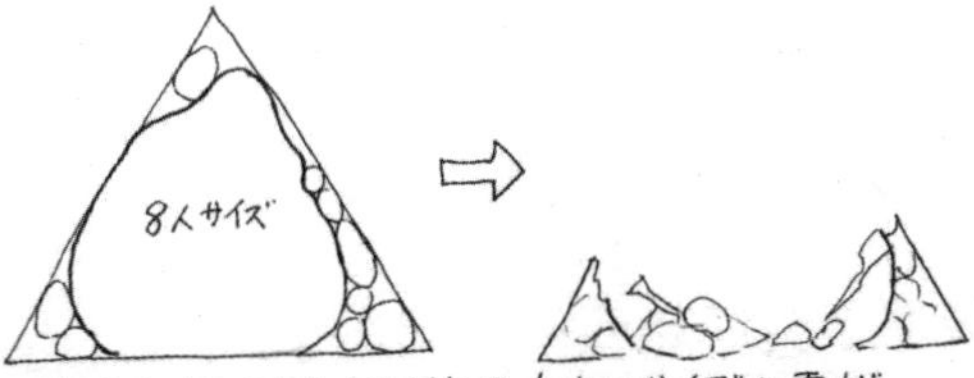

7人サイズや8人サイズ以上の大きいサイズの霊が出たとき、その霊1つのキャパシティを完全に壊すことを目指す

【例題1】：3月5日に出た私のマイナス思考に関与する憑依のキツネ(8人サイズ)

例題1を補填するときのフレーズ：
《私のマイナス思考に関与する憑依のキツネ1つ》

＊補填の方法

①最初に出た同じ種類の霊を呼び出す。この場合、3月5日の日付も、8人サイズも付け加えない。

②呼び出す人数は何人でも構わない。もちろん人数が多いほうがよい。

③仮に3月5日に出た霊が“憑依の精神錯乱症の女性”まで分かっている場合、1つ目の補填のときのフレーズは、3月5日の霊と同じ“憑依の精神錯乱症の女性”とする。
ただし、2つ目からの補填は“憑依の女性”とする。

あるいは、3月5日に出た霊が“憑依の糸のような細いヘビ”なら、1つ目の補填のフレーズは“憑依の糸のような細いヘビ”とする。2つ目からは“憑依のヘビ”になる。

④補填は通常2､3体程度になる。仮にそれ以上行なっても呼び込みにはならない。
　また、補填は1体ずつ処理してその都度結果を見ながら、補填を続けるかを確認する。同時に2つも3つも出してはいけない。

＊注意を要する霊の補填

●**恨みの霊や生霊を補填するときは“恨みの人の霊”、あるいは“生霊”と指定してはいけない。**呼び込みになる可能性があるので、どちらの場合も必ず《憑依の人の霊》とする。

通常の浄霊と同様に補填の場合でも決して恨みの霊や生霊を初めから指定して霊を呼び出してはいけません。

●また、**妖怪の補填の場合も、“妖怪”と指定して呼び出してはいけません。**妖怪領域をむやみに刺激することになるので、補填する場合には、《リュウやヘビなどの動物霊》で補填する。

2 浄霊ピラミッドの未消化の部分を補填する場合

この方法が効果的な場合は、3人サイズ、4人サイズなど比較的処理しやすいサイズのいろいろな種類の霊が数多く出る場合です。

そんなに大きなサイズのものが出ない場合は、何も出てきた霊の 1 つ 1 つのキャパシティを完全に消化することにこだわる必要はありません。

この場合はその浄霊ピラミッドの未消化の部分を処理するためにいくつかの霊を補填することになります。

仮に動物霊なら、リュウやヘビなどのより大きなキャパシティを消化できる霊を指定して補填するのがよいでしょう。これにより、効率よく霊を呼び出し、そのピラミッドの未消化のキャパシティ分を処理していくことができるわけです。

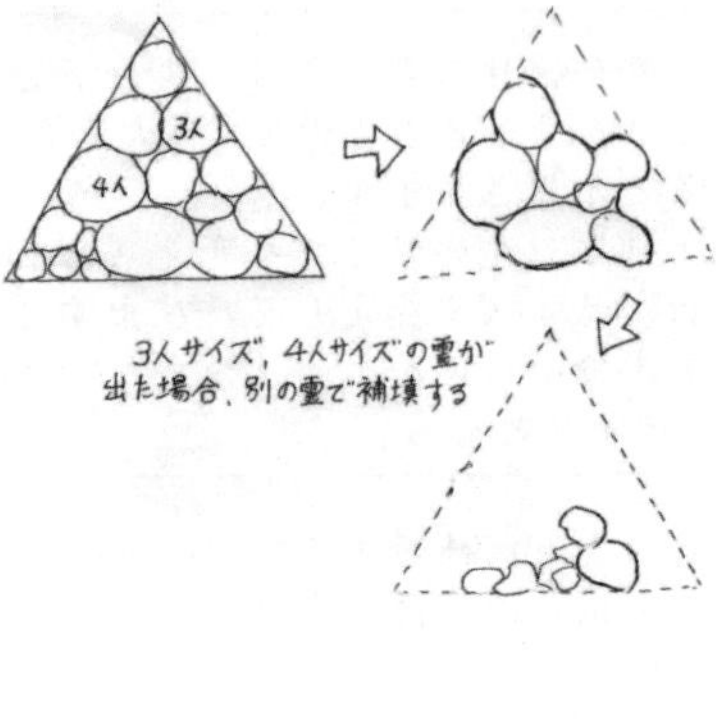
3人
4人
3人サイズ，4人サイズの霊が
出た場合、別の霊で補填する

霊の種類をあらかじめ指定せずに行なうことも可能です。仮に最初に出た霊が動物霊の場合でも、霊の種類を指定せずに補填を行なうと、人の霊が出る可能性もあります。

指定しない場合の利点は、レベルがあればそのピラミッドの補填に最も妥当なものを呼び出すことができることです。

つまり、あらかじめ霊を指定せずに補填をする場合は、レベルがあれば1つの霊処理でピラミッドの未消化のキャパシテイを処理できる可能性が高くなります。

ただし、1人で補填をする場合には、出たものが見えないから出すものを初めから指定してする方がやりやすいでしょう。

【例題2】:

3月5日に出た私のマイナス思考に関与する憑依のキツネ(4人サイズ)

例題2を補填するときのフレーズ1:

《私のマイナス思考に関与する憑依のヘビ1つ》

あるいは、霊を指定しない場合は、

例題2を補填するときのフレーズ2:

《私のマイナス思考に最も強く関与する霊1つ》

補填におけるサイズの指定と霊処理数の目安

補填で呼び出せる霊は、サイズを指定しなかったら、おそらく1人サイズや2人サイズのものです。大体2つ、3つの補填をすることで結果が出ると予想されます。

また、補填は元のサイズを変えることはできない。元のサイズ以下であれば、サイズを指定して呼び出すことも可能です。その時は元のサイズの半分くらいがよい。つまり、元のサイズが4人サイズであれば、2人サイズとなる。

ではどのように補填する処理の目安を立てるかというと、例えば、6人サイズの恨みの男性の霊処理で考えてみます。

この場合の補填は6人サイズの半分である3人サイズの霊処理1つ

を行なうことで、この6人サイズの恨みの男性のキャパシティのほぼ100%を消化することができます。

ただし、2人サイズで呼び出すなら、霊処理2体が必要です。

各サイズに応じた補填の処理数の目安は、巻末資料の、**ほ）補填の霊処理の目安表**を参照してください。


この目安表はあくまでも1つの霊のキャパシティを100%消化するための目安です。だからといって常に霊1つのキャパシティ100%を消化することを目指す必要はありません。70、80%でも、かなりの結果を期待するこができます。

また、100%に満たない分を補充で補うという形でさらに効果を上げることを期待することもできます。

【例題3】：
8月1日に出た私の頭痛に関与している憑依の恨みの男性（6人サイズ）

例題3を呼び出す霊のサイズを指定して補填するフレーズ：
《私の頭痛に関与している3人サイズの憑依の男性》

補充の実際の方法

補充はどのようなときに用いるとよいかというと、補填をしたがまだ結果が充分に出ない場合や、その浄霊ピラミッドがとても大きい場合、補填だけではそのキャパシテイを消化することができない場合に効果的です。


また、補填を一切しないで補充、補充の繰り返しはすばらしい浄霊です。

ベテラン浄霊師は補充の繰り返しが多いでしょう。補充の繰り返しの中に補填を加えるのも一法です。

補充の方法は浄霊ピラミッドの中のいくつか似たようなフレーズを2つ、3つ浄霊することで、もとの浄霊ピラミッドを壊します。あるいは、別の浄霊ピラミッドと重なりあうフレーズ、あるいは似たような方向性のフレーズでいくつか浄霊をすることでその対象となるもとの浄霊ピラミッドを壊していきます。

このように補充のよい点は目的プラスαの浄霊ができることです。つまり、目的のフレーズの浄霊とそのフレーズに関わるプラスαの浄霊もできるということです。

次の例題4のフレーズで浄霊を仮に10体処理したとします。しかし、まだ、マイナス思考の傾向は治まらない。このような場合、例題4と似たようなフレーズで補充する。このときに呼び出す霊の種類は、補填のときと同様に考えます。

【例題4】: 5月10日に出た私のマイナス思考に関与するヘビ(5人サイズ)

例題4を補充するフレーズ1—同じ種類の霊を指定する。:
《知らず知らずにマイナス思考で物事を考えてしまうことに関与する3人サイズのヘビ1つ》

例題4を補充するフレーズ2—別の種類の霊を呼び出す。:
《どうせ私にはできないといつも投げやりになることに関与する3人サイズの先祖霊1人》

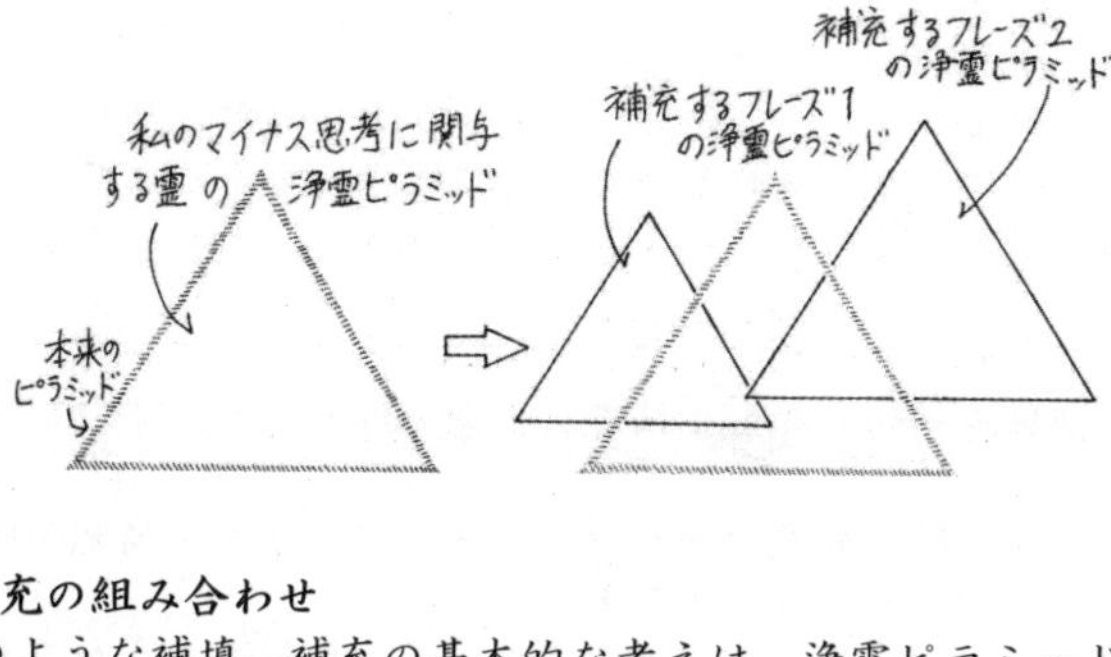

補填と補充の組み合わせ

このような補填、補充の基本的な考えは、浄霊ピラミッドのキャパシティを少しずつ削り取って、結果を出すということです。

言い換えれば、補填、補充を使えば、1つのフレーズ(あるいは浄霊ピラミッド)が持つキャパシティを完全に消化することが可能となります。

補充をさらに進めていくことで、もとの浄霊ピラミッドだけでなく、それと重なり合っている少し方向性の異なるピラミッドのキャパシティも１つ１つ削り取っていくことができる。その結果、もとの浄霊ピラミッドにプラスαを効果的に壊すことができる。これにより結果が出る浄霊に繋がっていくことになります。

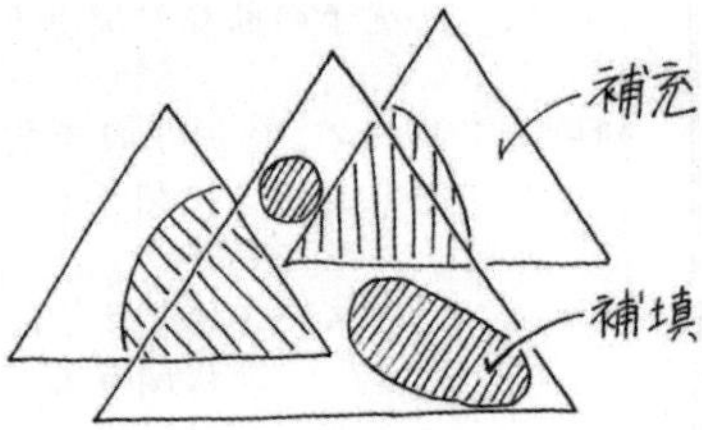

まとめ

同じ霊が続いて呼び出され出現してくる場合、あるいはサイズの大きい霊が出たら、同じ霊の種類の補填をする。霊の種類はばらばらで3，４人ものサイズの霊ばかり出るなら、主流の霊を変えても何をしても構わない。

不安だったら、１つの霊処理だけで終わらずに、2つ、3つ補填する。それにより、初めに出た元の霊のキャパシティを完全に補填することになる。補填の数がオーバーしても構わない。

完全に霊処理がうまくいったという自信がない人、あるいは大きいサイズの浄霊で100%成功したという自信がない人、あるいは結果がまるで出ていないと悩んでいる人は、積極的に補填、補充、あるいはそれらの組み合わせをするとよいでしょう。

解説5：補塡と補充の実例

浄霊の1例を通して、補塡と補充の具体例を考えてみましょう。

【例題1】補塡のみでキャパシティを消化する

フレーズ：《3月4日に出た、3月1日午前10時から突然始まった○○花子の頭痛に関与している7人サイズの憑依のリュウ1つ》

補塡1フレーズ：《3月1日午前10時から突然始まった○○花子の頭痛に関与している3人サイズの憑依のリュウ1つ》

補塡2フレーズ：《3月1日午前10時から突然始まった○○花子の頭痛に関与している2人サイズの憑依のリュウ1つ》

7人サイズの憑依のリュウの処理の後、まだスッキリと痛みが取れない場合、まず補塡を行なってみる。呼び出す霊のサイズと数は、**巻末資料の、ほ）補塡の霊処理の目安表を参照する**。

補塡を1つする度ごとに、その結果を確認して、頭痛が改善されれば、そこで終了となる。

補塡で2体のリュウを処理しても、まだ頭痛が改善されていなかったら、次の①～④のいずれかを選択する。

①もう一度同じ憑依のリュウで行なう、②リュウとは別の霊で補塡を行なう、③補充を考える、④気を送る時間は短すぎないかなど何かやり方に問題はないかなどを確認する。

7人サイズの憑依のリュウの浄霊 → 結果を確認 → 補塡1を行なう →

結果を確認 → 補塡2を行なう → 結果を確認 → ①～④のいずれかを選択

頭痛が改善されたことを確認した時点で浄霊は終了となる。

解説５：補填と補充の実例の続き(2)

【例題２】補填と補充でキャパシティを消化する。

仮に４月１日のイベントで次のフレーズで６体の霊が出たとする。
フレーズ：《○○花子の定期的に起きる頭痛に関与している霊》
①５人サイズの自縛の女性、
②２人サイズの自縛の女性
③５人サイズの先祖の女性、
④５人サイズの憑依のリュウ
⑤３人サイズの憑依のリュウ、
⑥２人サイズの自縛のヘビ

補填１フレーズ：
《○○花子の定期的に起きる頭痛に関与している３（あるいは2）人サイズの自縛の女性、あるいは3(あるいは2)人サイズの先祖の女性》
補填２フレーズ：
《○○花子の定期的に起きる頭痛に関与している3(あるいは2)人サイズの憑依のリュウ》

補充１フレーズ：
《○○花子が疲れると頭痛が起きることに関与している３人サイズの自縛の人の霊、あるいは3(あるいは2)人サイズの先祖霊》
補充２フレーズ：
《○○花子が便秘になると頭痛が起きることに関与している３人サイズの憑依のリュウ、あるいは3(あるいは2)人サイズの自縛のヘビ》

解説５：補填と補充の実例の続き(3)

まず４月１日に出た霊６体をすべて浄霊する。その結果、定期的に起こる頭痛の回数は減ったが、それでも頭痛はまだ起きるという場合、補填１と補填２を結果を見ながら行なう。

サイズ、処理の数などは巻末資料の、ほ）補填の霊処理の目安表を参考にするとよい。霊の種類は霊の出方から当たりをつけて考える。


４月１日に出た霊６体と２体の補填によって定期的に起こる頭痛はかなり改善される。しかしまだ疲れたり、便秘になったりすると頭痛が出る。このような場合、補充１や補充２の浄霊を行なってみる。場合によっては補填３を行なってもよい。

［４月１日に出た霊処理］→［結果の確認］→［補填１を行なう］→［補填２を行なう］

→［結果の確認］→［補充１を行なう］→［補充２を行なう］→［結果の確認］

頭痛が改善された時点で終了となる。

質疑応答

Ｑ１：補填する霊の種類をどのように指定するのか？

Ａｎｓ：例えば８人サイズくらいのキツネが出たなら、やはりキツネと補填すべきである。

なぜなら８人もののキツネを形成するまでに、かなり大きいキツネのピラミッドがあると解釈してもよいからです。つまり、それ以外にも同じキツネが一杯いると考えたらよい。

だから８人ものくらいのサイズになったらキツネはキツネで補填するのがよい。

ところが、３人もの、４人ものくらいのものが続けて出てくるなら、そのピラミッドを効率よく壊していける妥当なものがもっと他に一杯いるはずです。つまり、それはキツネではなくて、リュウやヘビなどで補填しても構わないということです。

しかし８人ものくらい大きいサイズになったら、同じ種類の霊の大きいピラミッドが作られているはずなので、同じ攻め方、つまり、同

じ霊を対象とした方がよい。

　例えば、ずっとヘビが出てきて、さあ、これで補填しようとしたときにキツネをするのは的を得ていない。やはりずっとそれが続いているなら、それはヘビをやるべきである。

　あるいは、自分でやったものがずっとヘビばかり出てきたのに、そこで、タヌキに変えるような主流を変えることはナンセンス。それでは補填にならない。

　それだけヘビのピラミッドが大きいから、どんどん出てきている、あるいは、同じピラミッドの中から出ているわけです。そのことをよく考えて、どういう状態で霊が出ているのかを常に考えなくていけない。そういう場合には同じ霊の補填でやらなければいけない。

　ただ、3人もの、4人ものでいろいろな形が出てきているとして、リュウが出た、ヘビが出た、キツネが出た、あるいはぜんぜん関係のない水子だった。そういう場合にはもう他のものを指定しても構わないし、あるいは指定しなくて行なってもいい。その辺を考えてすべきである。

Q２：補填をやり過ぎても呼び込みにはならないのか？

Ａｎｓ：フレーズが決まっている場合には呼び込みにはならない。フレーズがあるということは確固たる形ができているから、呼び込みにはならない。もしそれでどうしても出る場合には、１人ものが出る可能性がある。1人ものなら、星の数ほどいるから、もう全然関係ない。だから絶対これは呼び込みのやり方にはならない。

Q３：同定と補填との違いは何か

Ａｎｓ：例えば、「腸の症状に関与している霊」の浄霊ピラミッドを考えるとします。
　同定浄霊とは、このピラミッドから仮に腸の症状に関与している先祖霊を指定して呼び出し、浄霊を繰り返す。徹底的に先祖霊ばかりを浄霊することでこの浄霊ピラミッドの中に占める先祖霊が持つキャパ

シティを消化してしまうという1つの方法です。
すなわち、このピラミッドの中に占めている先祖霊という意識の1つの方向が壊れることになる。同様にして、ヘビの方向やリュウの方向など浄霊ピラミッドにある主な霊4つ、5つの方向を壊したら、大概そのピラミッドの破壊が完遂できるということである。

同定浄霊はあくまでも「腸の症状に関与している霊」で形成される浄霊ピラミッドを先祖霊という1つの方向性で壊していくものです。
同定浄霊は1つのピラミッドを仮に先祖霊で壊すときに、その方向性に存在する霊処理の1つの形だということです。

一方、補填とどう違うのかというと、浄霊の形は同じだが、補填は、1つの浄霊ピラミッドの消化できなかったキャパシティ分を完全に処理する方法ですが、あえていうならこれもまた広い意味で同定のやり方と同じと言える。

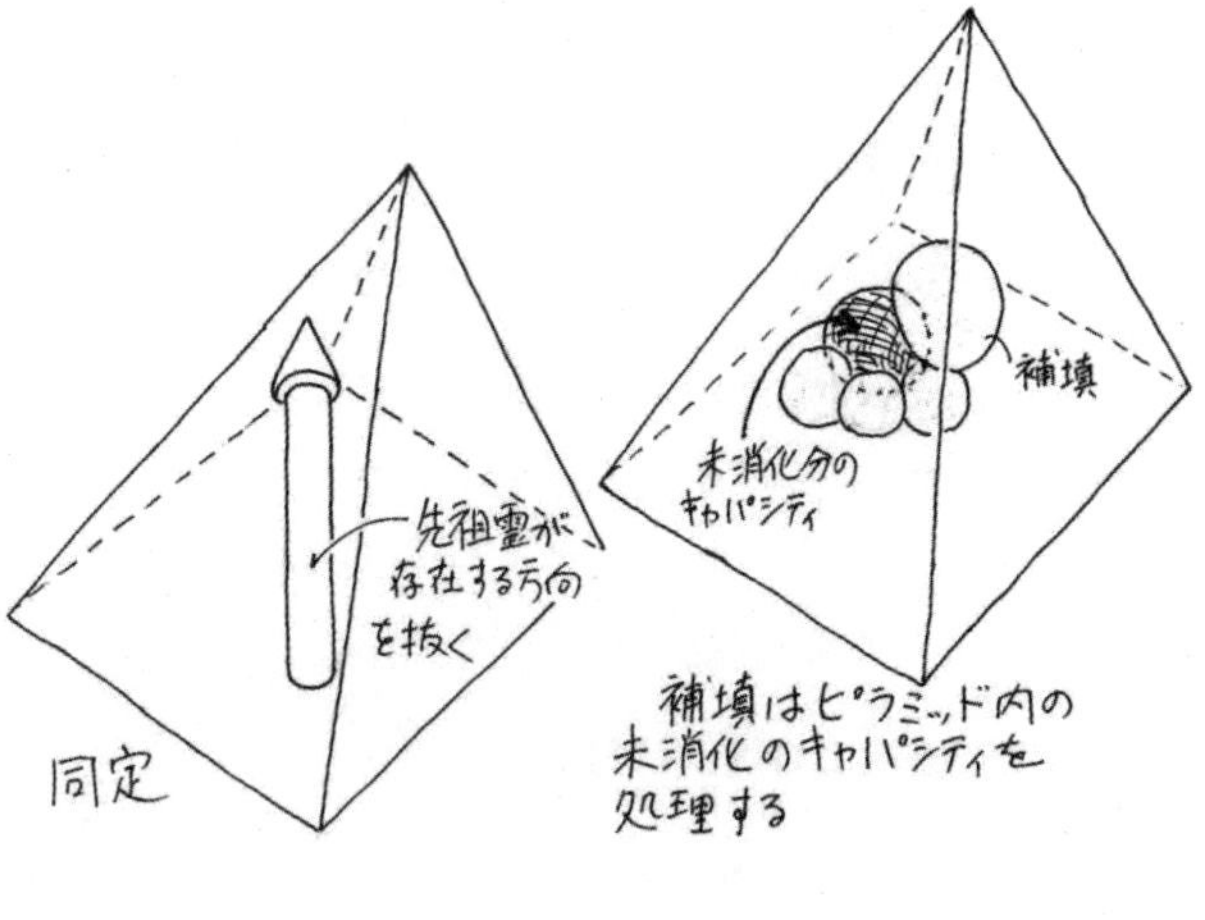

補足：同定浄霊（第２章参照）とは

同定浄霊とは､1つのピラミッドに存在するいろいろな種類の霊のうち１種類を指定して、その種類の霊だけを繰り返し浄霊をすることです。

その結果、ピラミッドから指定した種類の霊をすべて外せば(実際にはその霊がゼロになることはありません。その霊からくる影響力が限りなく弱くなる、あるいはその影響力から容易に超えられる状態になるということです。)、当然そのピラミッドの全体的な影響力は弱くなるということです。

もう少し具体的に言うと、仮に“お腹の症状に関与している霊”の中から、“先祖霊”を指定したとします。同定浄霊では先祖霊の浄霊を繰り返すことで、“お腹の症状に関与している先祖霊”が存在する方向のキャパシティを完全に消化していくことになります。

一方、補填は１つのフレーズ（浄霊ピラミッド）の持つキャパシティを完全に消化する方法です。この場合“お腹の症状に関与している霊”というフレーズの持つキャパシティを完全に消化させていくために補填を用いるわけですが、補填で浄霊する霊の種類は、同定のように１種類だけに限定しているものではありません。より影響力のある霊、効果的な霊を選択して行ないます。

Ｑ４：すでに同定でキツネの処理をかなりした後に、８人もののような大きなサイズのキツネが出た場合、それを処理すればそのピラミッドは完全に消えるようなことになるのですか？

Ａｎｓ：すでに1人サイズや2人サイズのキツネを出して、10体も20体もそればかりをずっとやり続けていたら、仮に８人サイズのキツネがいたとしても、そのときにはこの影響力は超えているので、もはや8人サイズのキツネが出ることはない｡ピラミッドを壊すにはそういうやり方だってある。

１つのフレーズがあってそれを完全に時間をかけても構わない。1人もの、2人ものだけで処理し続けていく方法がこのやり方である。

→第４章の解説４“分割の考え”参照

初心者がある１つのフレーズだけ、例えば、この病気の治癒とか健康運とかを絶対成功させたいと思うのなら、成功する方法は同定と同じで、その１つの方向に存在するキツネならキツネをやり抜く。それでやるとしたら、リュウ、ヘビ、キツネ、タヌキの 4 種類の方向を完全に処理すれば１人サイズのものだって、その浄霊を完遂できる。

仮に１つのピラミッドに占める１種類の霊が存在する方向を１人で抜くとすると、およそ 30 体くらいの処理が必要なので、4 種類の動物霊の存在する方向を抜くとなると、およそ合計 120 体ぐらいとなる。

あとは、先祖霊、自縛の人の霊(分霊と元霊)、憑依の人の処理をしなければいけないから、およそ合計は動物霊を合わせて 240 体になる。つまり、約 240 体ほどの処理をすれば、目的の浄霊ピラミッドが壊れるということになる。しかし、これでは程遠い話になって商売にならないなという話にはなる。

それでも初心者が自分で結果を出そうとして、この方法で１つずつやろうとすれば、実力はつきますよ。初心者の 3 人ものは、だいたい年数を重ねている人たちの１人もの、2 人ものになりますから、そういうものをずっと１人でやるという形になるわけです。

でも自分のたった１つの目的を完遂したい人たちは初心者の中に一杯いるわけですよ。それはそれでいいと思う。どこかでだんだん良くなっていくと思う。

大体今の時代に奇跡を期待するのは浄霊しかない。世間でいう奇跡ですよ。それには１つのフレーズで数をこなすということです。自分１人でこつこつとする。そうすると、自分の１つの目的は完遂することができる。この方法は初心者が入門してから完全に１人でできる方向です。半年から１年たったら理論的には結果が出るわけです。

初心者が練習用に行なうセット浄霊の意味は、レベルを上げるための要素が入っているということです。初心者は基本的にはレベルを上げないといけないので、セット浄霊を行なうことは大切なことです。

だからといって１つのフレーズに対して１種類の霊が存在する方向だけを徹底して抜いていくというこの方法ではレベルが上がらないかというとそうではない。レベルは絶対に上がります。仮に 1 年間毎日ずっとやり続けたら、かなり上がります。

一口メモ

仮に、お腹の症状に関与している浄霊ピラミッドの中から先祖霊が出たとします。だからといって、そのピラミッドには先祖霊だけしか影響していないわけではありません。人の霊なら、憑依霊、自縛の人の霊もいます。動物霊なら、リュウ、ヘビ、キツネ、タヌキなどがその主なものです。

そこで、それらの霊を1種類ずつ同定してその浄霊ピラミッドから、種類別に霊が存在している方向を抜いていけば、限りなく“お腹の症状に関与している”浄霊ピラミッドは破壊されていくということになります。

つまり、主な動物霊4種類と主な人間霊3種類を1種類ずつ同定浄霊していくことで、浄霊ピラミッドの破壊を完遂できるというわけです。

Q5：20人サイズの亀が出て、それが終わった時に先生は「もっと速い道があったじゃないか」とボソッと言われたのを覚えてるんですが。それはこうもっと小分けにしてやった方が速いという話だったのですか？

Ans：20人サイズだと、もうそれ自体をやるとすると、物凄く時間がかかるにも関わらず、一体何%の成功率かという問題になってしまう。

はっきり言って20人サイズの成功率は、20人みんなで必死に頑張ったところで、せいぜい5割だと思うのですよ。

もうそんなことするのだったら、小さく小分けにして、もう同じ方向性でやった方がそれは利口だろうと思う。むしろ逆に速く終わる。丸ごと全部やるのはまず難しいでしょう。

10人サイズを超えたら、小分けの方が良いかもしれないという考えはあります。僕もそういう考えを持っているし、皆さんも長時間の時間をかけるのは嫌だという考えがあるから、10人を超えるサイズの霊が最近あまり出ないのです。限界が8人とか10人で、最大がその辺になります。

公式

1人で霊処理をする場合

サイズ×2の処理が必要

例. 6人サイズの恨みの男性を1人で処理する時

6×2=12　12体分の処理が必要

解説6：キャパシティの消化方法の応用—分割について(2)

第4章で述べたように、

成功率(100%)＝呼び出された霊のキャパシティ(100%)×霊の満足度(100%)

からこの問題を考えてみます。

20人サイズくらいの大きいサイズの霊になると、たとえ呼び出すことができても、呼び出されたときに霊が持つキャパシティや霊の満足度の%はかなり低くなることが予想される。その結果、当然成功率は下がることになります。

そこで、20人サイズの本体そのものを浄霊しなくても、その霊が持つ同等のキャパシティを消化できれば、浄霊効果としては同じはずである。つまり、20人サイズ分のキャパシティを一度に消化するのではなく、少しずつ消化していく方法を取ればよいことになる。

これが分割の方法といわれるもので、最も効率のよい3人サイズくらいのものを数多く浄霊していくことで、20人分のキャパシティを崩すということです。

その目安は1人サイズで崩していくなら、20人サイズの2倍の霊の40体、2人サイズで行なうなら、40体の1/2の20体分が目安である。

この分割は浄霊経験5年以上の人なら行なってもよいが、経験のない人が行なうと呼び込みの原因になるので注意する。

解説6：キャパシティの消化方法の応用—分割について(2)の続き

さて、なぜそれが可能かというと、第2章のワンエッチ浄霊と同じ原理である。

ワンエッチ浄霊では、多人数で呼び出しても、あとで1人で呼び出すことができる。だからといって、ワンエッチ浄霊では1人サイズのものが出ると限定されているわけではありません。

イベントなどで見かけるように、フレーズによっては3人サイズのものが出ることもあります。仮にワンエッチ浄霊で3人サイズのものが出た場合、ワンエッチ浄霊に限り、3人サイズのものをあとで1人で呼びだしても構いませんが、その霊の持つキャパシティは当然1人で呼び出せる最大のサイズ分です。

本来は3人サイズなのですから、呼び出された霊が持つキャパシテイは当然減ることになります（もちろん、3人で呼び出せば、その本体の霊が持つ丸ごとのキャパシテイが出てきます。)。

そのためにワンエッチ浄霊で、大きな効果を出すには、1人で呼び出せなかった分のキャパシティ(未消化のキャパシテイ)を消化するために、あとで同じフレーズの浄霊を数体する必要があるわけです（補填の考え)。

分割もこれと同じ理論で、2人や3人で呼び出すことができるキャパシティ分を少しずつ消化していくという主旨で、20人サイズのキャパシティ分を削り取っていくということです。

ただし、分割ばかり行なっていると、通常処理できる大きなサイズ、7人や8人サイズなどの霊を呼び出すことができなくなりますので注意してください。

Ｑ６：例えば私が先生にサイズを聞いて、私のレベルでこう見てもらうとする。そうすると、まだ経験のない人がそのサイズのものを自分で呼び出してやる時に、同じ時間で上がるのですか？もし上がったとすれば、結果の出ない浄霊で終わってしまうことになりますか？

Ａｎｓ：経験の浅い人が、レベルのある人のサイズの霊の浄霊時間と同じで上げることは絶対にできません。たとえ、手が上がったとしても、つまりそれで何%の浄霊ができたかっていうことになる。

レベルが高い人のサイズのものをレベルの低い人が引き受けてやる場合というのは、そこを注意しなければいけないわけです。

そして実際、私が見た時でも10%でも上がったものは上がってますから「上がってます」と言います。ところがその人は、この浄霊に対してやったのは10%しかしていない。10%で終わってしまっている。これなら成功するわけはありません。それでは結果は絶対に出ないですね。問題はここです。成功するために、目的を達成するために100%あるものを10%で終わったり30%で終わったら、それは成功しない。そこで、もし自分に自信がない時どうするか。これが10%、20%になった時はこの形の**亜流**をするのです。

これをもう１回しないといけない。人生運の浄霊をしたら、次は自分の仕事に対する人生運とかというように、フレーズを少し変えた形にする。攻め方はこっち側から攻めたり、あっち側から攻めたりする。これが亜流の方向です。

例えば、神経質に関する浄霊をする場合でも、何がどういう関係で神経質なのかを考える。ある場面で異常なほど強く神経質になった。ではその１つの場面の神経質に対してもあちらこちらから攻めまくる。あらゆる方向から神経質に関与しているものを攻めまくる。すると、神経質のピラミッドはもう否応なく全部が満たされます。つまり、これが１つの目的を達成する方法です。

自分に自信がなかったら、**亜流の言葉、亜流の方向性**を考えなさい。そしてこれを完全にしなさい。だから、目的を成功させるためのピラミッドができていたかどうか、それを常に考えなさいということです。だから、今言ったこの中の何処かに失敗リスクがあると成功しないということです。

第7章　先の見えない浄霊から先の見える浄霊に切り替える

2008．7.16

いうまでもなく、浄霊の成功を握る1つの要《かなめ》は、フレーズである。

目的達成するためには、単に自分の目的をフレーズに載せるだけでいいのではない。目的達成するためにはどうしたらよいのかを考えて、それに沿ったフレーズを、3つも4つも幾つも考える。そして実現可能にするにはこれで余すところがないというフレーズを作るのである。

実現可能なフレーズができたら、それに補填と補充を組み合わせ、その目標に対する浄霊を進めていく。

結果が出なかったら、補填を1つする。2つする。あるいは補充を考える。これでそのピラミッドは壊れるのか考える。浄霊をして、結果を見て次の浄霊を考える。このように次に目安を立てながら浄霊を進めていくのである。

7−1 先の見える浄霊を目指す

目的達成までの目安を立てる

浄霊の目的に対する目安はどこか。これによってどのくらい霊を出したらよいのか。

目的を持ったら目安を立てることをしなさい。アウトラインを立てたら、もっと身近に浄霊ができるようになる。


今、皆さん方は目安を立てた浄霊をしていない。フレーズは考えているが、目安を立てていない。フレーズを考えたら、目安を立てる。そうすると、もっと浄霊が身近になってどの辺で終わるか分かるかもしれない。その目安が間違っていても、アウトラインが掴めるでしょう。

立てた目安がだめでも、またその次と目安を再び立てればいいということです。フレーズを考えて次は新たな目安で行なえば、大体成就する。

今までピラミッドということが分かっていても、それを自分自身の目標達成の目安ということまで頭に入れていないわけです。だか

ら今度は目標達成までの目安まで持っていけば、うまくいくのではないか。
たとえその目標達成が近づいていってだめになっても、それはそれでいいのです。またその次の目標を立てて進めていって、まただめになってもその次に進めば、目安を立てることができるわけで、浄霊はもっと身近になるはずです。そういうことに気をつけてやればいい。

フレーズと補填、補充でアウトラインを掴む

目標を立てるには、まず1つのフレーズとその目安を上手に立てることです。そしてフレーズを作り、浄霊をして、自信がなかったら補填をする。それでピラミッドを崩せないと思ったら、別のピラミッドを考えて、補充のフレーズを3つ、4つ考える。

これで目安となっているか、1つのピラミッドができているかなどのアウトラインを掴むわけです。このピラミッドに対しては、そのフレーズでいいかどうか、そのコンセプトをやり始めにすべて考えるのです。
フレーズを3つ、4つくらい考えて、これで大体いくと考えたら、そのフレーズで4つ、5つの浄霊をやってみるわけです。結果が出なかったら、1つでも補填して、そして補充をする。まだうまくいかなかったら、再び考えてコンセプトを変えるのです。そのように行なっていけば、成功率を上げやすくなる。目的が掴めるようになる。

今までの浄霊は先の見えないようなところがあり、そのまま行なっている人が数多くいたが、これで先の見えない浄霊から、先の見える浄霊に変わることになる。

先の見えない浄霊から先の見える浄霊にここで切り替えなければいけない。先の見えない浄霊というのはやはり行なっていても、困難な壁がある。ここで思い切って切り替える必要がある。

ここで先の見える浄霊に切り替えましょう。それにはピラミッドを考えて、コンセプトを考えて、補填と補充で攻めていったら先の見える浄霊に変わるのです。

7－2 目的達成のためのフレーズ

2008. 7.16

例題フレーズ1

《ＡＳＴ気功治療の患者さんと料理教室の生徒さんが集まる家を購入できることに最も大きく関与している霊》

例題フレーズから考えられる問題と改善方法について

> 目的達成のためには、実現可能なフレーズで追ったほうがいい。実現しそうでないフレーズで追ったら、目的がだんだん遠のいてしまう。
> 実現可能なフレーズとは、目的に対する浄霊が成功するために最も適切なフレーズであるということです。つまり、このフレーズなら目的達成できるだろうかということを一番に考えるのです。

先の例題フレーズ1では、AST 気功の患者さんと、料理教室の生徒さんを集めたいということをそのままフレーズに乗せている。このような傾向がどこにでも見られるが、実現可能なフレーズとは、目的をそのままフレーズに乗せるものではない。あるいは、思ったことをそのままフレーズにするのではなくて、それを完成するには“このフレーズを”という形を持ってこなくてはいけない。

目的をそのままフレーズに載せるというのもフレーズだから、1つぐらいはそれで構わない。しかし、浄霊が成功するには、あるいは目的を達成するには、このフレーズでいいかどうかという考え方をもうちょっと組み入れる必要がある。

つまり、目的を達成するためのフレーズはこれで成立するかという考え方を持っていないことに問題がある。

目的達成のためのフレーズという考え方をまず持って、それにはこれがいいという方向性を考える。そして自分がこうしたいというフレーズをその中に入れる。そういう風に持っていかないと、いつまでも、こうしたい、こうしたい、こうしたいと連呼していても、必ず連呼しきれないところや、届かないところに、巣食われるものがあります。そして目的達成できないものがそこに存在することになる。

あくまでも目的達成するには、これとそれとあれで成り立つという形態を考慮に入れるのです。ただがむしゃらにこうしたいだけをフレーズで追ってはいけない。必ずその目的を達成するための 3 つなり、5つなりのフレーズを考えて、これでその目的を達成するには充分なフレーズだ、余すところがないという形を作りなさい。

余すところがあるフレーズではだめです。これから先は余すところがないフレーズを作るのです。

フレーズによる攻め方

人数を増やすなら、人数を増やすというフレーズで構わない。いろいろな補充をしなければいけない。段階的に追っていく。現実的に考える。さもないと今のフレーズで必死に追及していても夢物語になるだけです。つまり、今のフレーズが目的であり、それに付随してフレーズを作れということです。

先の例題フレーズ１を見てみると、このフレーズの主な目的は、気功治療ができる部屋と料理教室を開くことができるほどの調理場付きのスペースのある家を購入したいということです。

まず一番気になるのは、気功治療を行なう部屋の大きさと料理教室を開くための部屋の大きさである。また調理場はどのくらいの規模にするのか、自宅と兼用にした家にするのか、それとも別々に考えるのかなど具体的に考えてみる。

次にだいたいの家の概要が決まれば、家を建てるための資金はどのくらい必要になるのか、そのためにどのくらい収入を増やす必要があるのかなどの目標額を立てる。そして家の資金を調達するための金運の浄霊を考えてみるわけである。その方法は具体的な収入額で追求するとか、あるいは、気功治療の患者人数や料理教室の生徒さんの人数を増やすとかで自分に合った金運の浄霊で追及していくわけである。

仮に5000万円の家の購入を目標にするなら、
【5000万円の家を買うことを邪魔している霊】

として、家の購入希望額で追求してもよい。
あるいは、5000 万円の家を買う資金を作るために、今より料理教室の生徒さんやクリニックの患者さんの人数を増やすことで追っていってもよい。

【料理教室の生徒さんが月に30名以上に増えることに関与する霊】
【気功クリニックに週35名以上の患者さんが来ることに関与す霊】

というフレーズが考えられる。そういうので固めてしまうわけです。

ちょっと手厳しいことを言いますと、冒頭の例題フレーズ１だけなら、
『ボロ屋でもいいのですかね』と協力する側の霊もちょっと考えてしまうことになる。
つまり、例題フレーズ１からではその一言がぴったり当てはまるわけです。【ＡＳＴ気功クリニックの患者さんと料理教室の生徒さんが集まる家を購入できることに関与している霊】というフレーズだけで追っていったら、患者さんが集まるだけでいいのなら、ボロ屋でもどんな家でもいいということに終わってしまうことになります。

実際のところ、この例題フレーズ１だけで追ってしまうとボロ屋でいいということになってしまう。それでは成功しません。この浄霊の目的はボロ屋の成功を目指すことになってしまう。単にボロ屋と言ったのではない。そのフレーズで攻めていったらボロ屋を作るのに、あるいはボロ屋を買うのに成功、という形になってしまうということです。その辺の攻め方をフレーズで考える必要があるということです。

第８章 **浄霊の仕上げの形 その２**

2008. 7.16

浄霊暦５年目にもなると、自分の浄霊の形というものも定めていくことができるようになる。浄霊時間も霊に合わせるのではなく、浄霊師の気を送る時間に霊が合わせるようにもっていくことができる。すなわち、浄霊を営業ベースに乗せてやっていける基礎を身に付けた段階に入るのである。

時間基準表に準じた浄霊を始めることで得られる、効率と成功率を上げていく方法とは何かを考える。

８－１浄霊の仕上げの形

霊の方から浄霊時間の型に合わせる

通常、浄霊暦 5 年目の人（巻末資料の、ろ）の浄霊基準表の条件を満たしている人）の浄霊は、３人サイズのものを１時間で上げるという焦点に定めるのが目安となる。この場合、一番問題となるのは浄霊ができているかどうかである。

浄霊ができるかというのは、何時間、何分で相手（霊）を浄霊できる（浄霊の成功）ラインというものまでにもっていけるかどうかです。それが 10 分、20 分では相手を浄霊の成功ライン(明るいところ)まで持っていくことができない。つまり、ここに１時間という１つのボーダーラインがある。

非常に浄霊レベルが高いところに達すると、かける浄霊時間は 30 分でもいいでしょう。

通常浄霊暦４年目の人、５年目の人、10 年の人たちが１時間を浄霊時間の基準ラインとして霊を上げてみて、それが完全にできてない（結果が出ていない）とすると、そのときの成功率はたいてい 30%、50%、70%止まりです。

しかし、浄霊時間の基準ラインを１時間のボーダーラインに決めて（ただし、巻末資料の、ろ）**浄霊基準表の条件を満たしていることが条件**）、それをずっと行なっていると、浄霊を１時間でできるようになる。

それが長年に渡ってくると、今度はその場（浄霊の場）に出るためには、霊の方が１時間で上がらなくてはいけないように、霊が出るようになる。

向こう側、つまり霊の方から選んでそうなってきたら、その人の浄霊は安定する。そのときの基準時間は３人サイズが１時間ということです。

一口メモ

浄霊暦５年にもなると、そろそろ自分の浄霊の形を決めて浄霊ができる段階に入ってきます（第３章参照）。

浄霊の基準時間を決めて、霊がそれに合わせて上がっていくようにする。定めた基準時間で上がるようにしていく形が仕上げの形である。

ただし、それは決して単に浄霊の時間を短くすればよいというものではない。霊に送る充分な情けの浄霊（気を送ること）をして初めてそれが可能となる。言い換えれば、浄霊暦５年になるとそれが可能な段階に入るということである。

基準時間と補填と補充で成功率を上げる

それが７人サイズぐらいの大きいサイズになると、１時間半、あるいは２時間で収め、あとは補填と補充で何体かするという形を作る。つまり、3人サイズで１時間の形を作り、それからあとは6人サイズ、7人サイズになっても１時間半でまとめていかないと営業ラインには乗っていかない。

言い方を変えれば、3人サイズを１時間で、6, ７人サイズを１時間半で、9人サイズくらいになっても１時間半から2時間、できたら1時間半で収めて、その不足分の成功率を上げるには補填と補充でやっていく方が効率がよいのである。これは効率の問題である。

8人、9人サイズが出たからといって必死に長時間気を送っていたらもはや大変である。補填と補充を活かす以外しかない。浄霊レベルが上がるにつれて、補填、補充はしなくても浄霊が成功するようになる。

今からもうその形でやるべきです。そしてその型を作らないといけない。

補足：補填と補充は営業ベースで行なえる浄霊方法

仕上げの形の段階に入る人は浄霊の基準時間（巻末資料の、**は）時間基準表**）をもとにして浄霊をすることができる。

それを可能にするのは、補填と補充という浄霊方法を組み入れるからである。この 2 つの方法で浄霊の基準時間で消化できないキャパシティ分を消化することができる。

従来の浄霊は、霊が満足するまで（霊が幽界へ上がるまで）気を長時間送り続けて成功させるという形でした。

一方、浄霊の基準時間で浄霊を行なうとすると、当然従来の浄霊と比べて、浄霊する時間は短くなる。つまり、その分、霊の満足度は少なくなるので、この浄霊だけで終れば、その成功率は従来の浄霊より下がることになる。

基準時間で行なう浄霊で消化できるキャパシティは、従来より減るからである。しかし、ここに、補填や補充を組み入れると、基準時間で消化できなかったキャパシティ分が消化される。

浄霊を営業ベースに載せて行なうためには、従来のように長時間かける浄霊では、効率よく浄霊が進まない。

しかし、浄霊の基準時間に沿って浄霊を行ない、補填や補充を取り入れて消化できなかった分のキャパシティ分を解決していけば、従来の浄霊方法よりも時間的には短時間で済むことになり、この浄霊で消化できるキャパシテイも増えることになる。→第 10 章参照

動物霊の処理時間

動物霊はこれとは別に考える。3人サイズはオス、メスを合わせて、1時間半で抑えるべきです。つまり、オス45分、メス45分です。

もし基準を定めるとしたら、動物霊に対してはオス、メスそれぞれ45分、人間霊に対しては1時間が基準ではないか。このあたりで浄霊を収めるという形にした方がいい。

そうでないと、いつまでも、永遠と限りなく、浄霊を続ける人が出てしまう。基準時間線を明示していないから永遠と気を送り続けることになるのである。だから、8時間もの長い間気を送り続けて、いつの間にか他の霊が受けているなんてことがあちこちに出てしまう。浄霊を30分で終わるには非常に危険領域に入るが、45分から1時間なら危険領域から間逃れる。

浄霊の基準時間（巻末資料の、は）時間基準表を参照）

サイズ	人間霊に気を送る時間	動物霊に気を送る時間
3人	1時間	1時間半（オスとメスを合わせて）
4～5人	1時間	1時間半（オスとメスを合わせて）
6～9人	1時間半	2時間　（オスとメスを合わせて）
10人	充分に時間をかける	充分に時間をかける

ただし、この基準時間は、月1回趣味の会参加が丸4年以上（5年目の人）の条件を満たしている研修生が対象である（資料の、ろ）浄霊基準表を参照）。

また、**この表は営業ベースを元にしているものです**。個人ベース用としては、この基準時間に30分～1時間追加してもよい。

10サイズの浄霊の考え方

10人以上はもうめったに出ることはないので、この場合、別時間で充分に気をかける方がいい。1つの霊に対してその時間以上充分にかけるというように考える。あとは成功していない、結果が出ていないと考えたら、補填、補充をするという具合に考えた方が営業

サイドに持っていける。

おそらく９人サイズは１時間半で処理するのは難しいかもしれない。6割、7割のキャパシティが出ている可能性はあるが、それをすべて消化するには何時間やっても時間の制限が効かない。


時間の制限をするために、１時間半で止めて、あとは補填と補充をもってそれを補正するという考えでいかないといけない。だから9人サイズになったら補填と補充を必ず考える。そうでないと営業サイドは成り立たない。

９人サイズになったら必ず補充と補填を加える。6，７，８人サイズは１時間半で収めて、補填と補充をしたほうがいいと思ったら実行すべきである。

8－2 時間基準表について一その考え方

2008．8.5

時間基準表*について

> 浄霊ピラミッドを崩していく場合、1体の霊処理に3時間かけて行ない、仮にその浄霊の成功率が80％までいったとする。
> ところがこの浄霊時間を1時間に制限すると、当然霊の満足度は下がり、成功率は下がる。
> もしこの場合の成功率が50％だったとすると、成功率を100％に上げるためには、残り50％分を精神的免疫で超えるか、あとは補填、補充で処理をするかのどちらかを選択する形になるが、後者の形でいいと思う。

なぜなら浄霊年数が積み重なるほど、レベルが上がるほど、初めは成功率50％にしか届かないものが、6割、7割、8割と成功率が上がっていくからです。それと同時にまた、補填、補充で行なう霊処理も少なくて済むようになる。

ではその基準をどこに置くかというと浄霊結果であり、結果によって判断するのです。その辺りで浄霊の処理数を決めていけば結果は出るようになります。

これが浄霊時間を制限することによって成功率を高めるための基本の形です。

時間基準表（巻末資料の、は）時間基準表、以下時間基準表*）では、3人サイズ（人の霊の場合）を1時間で行なうというのが1つの基準であり、**その時の霊の満足度は最低でも5割以上**はある。

この5割という数値は浄霊基準表に定める資格（霊を呼び出すときに1人分とみなされる人：**巻末資料の、ろ）浄霊基準表参照**）を得た人のスタート時点である。

言い換えると、ここまでのレベルに達していないと、1人前とは言えない。浄霊をして霊の満足度が5割以上に達していない限り、相手（霊）は出ても無理だと思うのですね。

霊の満足度、補填と補充の割合と浄霊レベルとの関係

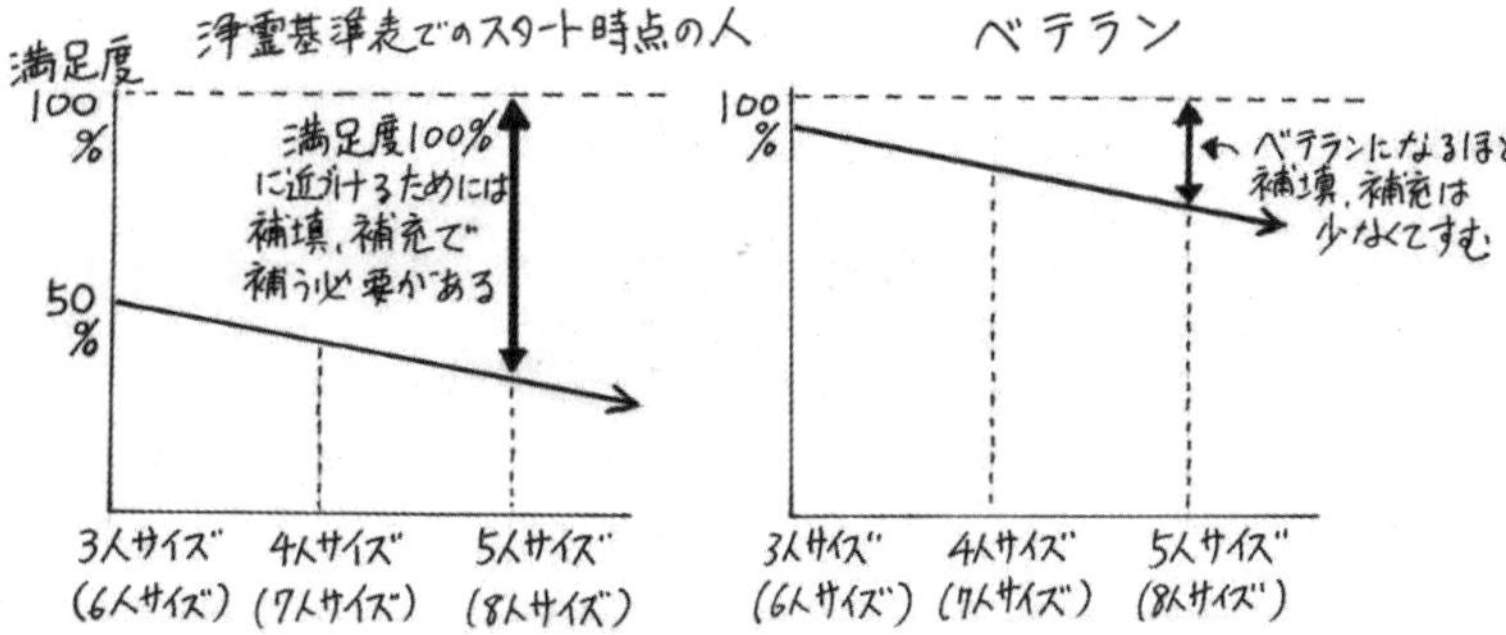

時間基準表では、呼び出す霊のサイズが4人サイズ、5人サイズと上がっても、浄霊時間が同じ 1 時間と設定されています。この条件下では、霊のサイズが上がるにつれて霊の満足度は当然下がっていきます。そうすると、逆転現象が現れて、補填、補充を数多く行なわないといけない現象が出てくる。

6 **人サイズ**くらいになると人の霊1体の処理が1時間半というもう1つ別の基準が示されます。その時の**霊の満足度も5割以上**です。3人サイズのときと同様に、あとは呼び出す霊のサイズが7人サイズ、8人サイズと上がるにつれて、霊の満足度は下がっていく。それを補填と補充でどこまで解消していくか、それと同時に結果と照らし合わせて、補填と補充の浄霊数を決めていくわけです。

ただし、当然年数とレベルが上がるにつれて、補填と補充をしなくて済むようになっていきます。その基準が結果であり、結果だけで判断するということです。

10 **人サイズ以上**になると、時間を制限することなく、充分に時間をかけるという方向で行なうのがよいでしょう。

浄霊時間を制限する理由

このように浄霊時間を定める意義は、浄霊にかける時間を一定で止めてしまうことで、その不足分は補填、補充で補正しながら、浄霊レベルを上げていくということです。ともあれ、こういう形を作っていかないと浄霊が続かない上に、営業という体制ができないのです。

3人サイズぐらいだと、補填や補充はサイズの大きい霊より少なくても済みます。しかし、よりサイズの大きい霊では、補填や補充で不足分を解消していくことが必須です。レベルと年数が上がるにつれて、だんだんと補填や補充の数を少なくして、バランスのいい自分自身の浄霊を作り出していくのです。

そういう努力の形態がここから生まれることになる。ここをスタートとして、その努力の形態がここから始まっていくということです。

呼び出す霊のキャパシティ

浄霊の成功率は呼び出したときの霊のキャパシティ×霊の満足度でした（第4章参照）。

ではこの時間基準表*に準じて行なう浄霊では、呼び出したときの霊のキャパシティはどのくらいかというと、出てくる霊が持つキャパシティは、浄霊基準表に定める資格（霊を呼び出すときに1人分とみなされる人）のある人なら、浄霊師のレベルに応じて70～100%が出ているとみなしてよい。

100%は最高にうまくいったときであり、常に100%のキャパシティが出ているとは限らない。一方、浄霊基準表で定める資格を得た人なら、70%以下はありえないと考えてよいでしょう。

一口メモ

実際の浄霊で、呼び出したときの霊のキャパシティが少ないかどうかを考える必要があるのは、浄霊基準表で定める資格を得たばかりの人とそれ以前の浄霊暦が短い人であり、それより浄霊暦の長い人（レベルのある人）ならこのときのキャパシティについては通常は考慮しなくてよい。

もちろん呼び出しに必要な人数で霊を呼び出さないといったことなどすれば、いくら浄霊暦が長い人であれ、レベルのある人であれ、呼び出したときの霊のキャパシティは当然減るので気をつけること。

呼び出したときに霊が持つキャパシティの不足分と、次に説明する霊の満足度の不足分を補う方法が補填と補充である。→第10章参照へ

時間をかけるほど霊の満足度は上がるのか？（その浄霊は成功するのか？）

浄霊を成功させるためには霊の満足度は重要な要素となります。第4章では、霊に対して情けの浄霊をするということがいかに大切かということを述べてきました。それには充分に気を送り、霊を満足させることが浄霊の成功へとつながるわけです。

では、この霊の満足度というものは、浄霊時間を長くかければかけるほど、上がるのかという問題がでてきます。

答えは一概にそうとは限らないということです。つまり、補填や補充を行なわないと、浄霊結果が出ない場合もあるということです。

霊の満足度というのは、時間をかければ上がるとは限らない。そういうケースが結構見られるので、１時間で区切るという浄霊の形が出たのはこの辺にある。

ただ、浄霊時間１時間というのは１つの時間のボーダーラインです。それ以上長くかけても成功する場合もあるが、うまくいかない場合もあるということです。そこで不足分は補填、補充をすればよいということである。

浄霊時間と霊の満足度の変移

> 浄霊を始めてから1時間から1時間半までは、7割まで霊の満足度は比例して上がっていきます。ところがそれから後は時間とは比例しない。

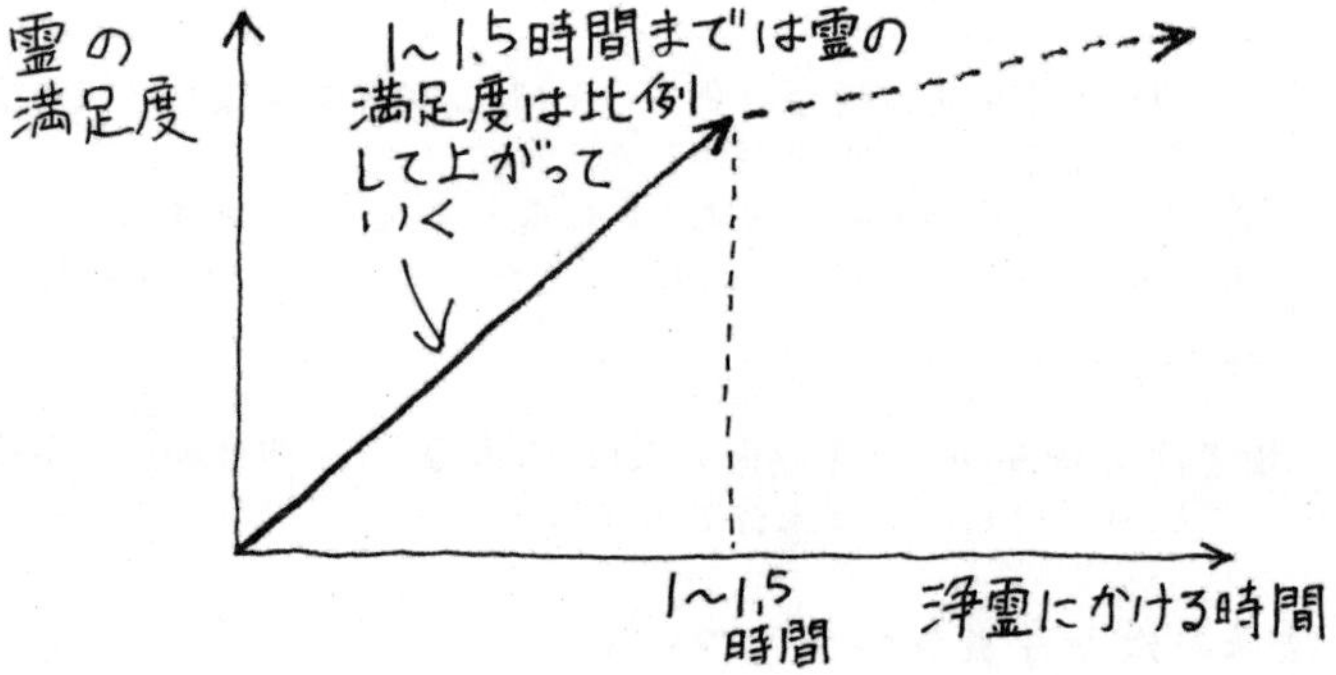

どういうことかというと、相手（霊）はいくら気を受けても満足しない。そういう霊も一杯いるということです。それは相手によりけりです。もちろん長時間かければ、確実に霊は上がります。

例えば5時間かけた浄霊と、1時間かけた浄霊との霊の満足度を比較すると、5時間かけた方の満足度は、1時間の場合の4割ないしは5割増しぐらいの差にしかならないということです。

> ここで皆さんが誤解しているのは、2時間かけたら倍、5時間かけたら、4倍、5倍と満足度が上がるのではと考えているところにある。これは違います。そうはうまくはいきません。

ともあれ、浄霊を初めてから、1時間までは順調に満足度はずっと上がっていきますが、それから後は時間と比例して上がるというわけではありません。

8－3 浄霊基準表について

サイズ基準表(巻末資料の、に) サイズ基準表) でいう1人サイズとは、以下の条件を満たした研修生で、霊を呼び出す1人分としてみなされることができる基準です。

霊を呼び出すサイズの1人分としてみなされる浄霊基準:
－スタート時点のレベル－

① 初めの2年間は趣味の会を月1回、3年目以降は月2回以上を少なくとも1年間参加した人
② 趣味の会参加を月1回丸4年経過した人 (5年目の人)
③ 趣味の会参加回数が48回以上であれば、3年目からの人

備考)月1回参加の2年以内の人は0.5人分、月1回参加の2年以上の人は0.65～0.7人分として扱われる。

8－4 結果の出る浄霊レベルについて

浄霊レベルとは何か

浄霊レベルとは何かというと、払い、限定印、自己浄霊などの技術力、浄霊経験、そして浄霊を成功させるための霊を呼び出すことができるフレーズの力などです。

すべての浄霊結果について言えることですが、浄霊をした後に、問題が改善するどころか、反対に一時的に悪化してしまうことがあります。特に病気治療のような浄霊では症状がさらに表面化するといった場合があります。どうしてこのような現象が起こるかというと、これが浄霊師のレベルの差ということです。

つまり、浄霊をして良い結果が出る場合は、上記の浄霊レベルがクライアントの浄霊案件に対して充分に対応できるほど高かったということです。

一方、浄霊をしてクライアントの症状が一時的にひどくなる場合は、浄霊師がクライアントの浄霊案件を短期間では対応できないほど大変な内容のものであったということです。

また、浄霊経験の浅い人が、例えば症状のひどい状態に対して、あるいは救急車で運ばれるというような重篤な状態に対して病気治療の浄霊をするのは危険な場合があります。
浄霊レベルが低い場合、今まさにその患者さんを追いつめようとしている災いの霊を満足させるだけの情けをかけることができず、ちょっとつつくだけの形の浄霊になってしまうからです。これではかえって災いの霊を逆撫ですることになってしまい、よくなるどころかかえって症状を悪化させてしまうことにもなりかねません。
一方、浄霊レベルのある人なら、その災いの霊に対して充分に情けをかけて幽界へ上げる力があるので、気功治療や場合によって病院治療よりも早く重篤な状態から患者さんを脱することができるというわけです。

浄霊はすればするほど、浄霊効果が上がり、必ず良くなっていきます。ですから、浄霊した結果、一時的に悪化するような現象が現れても、その方向性の浄霊をやりきれば、必ず改善されます。

１人で行なうのが難しい場合は仲間と行なったり、レベルのある浄霊師に任せて、とにかく結果が出るまでやり抜くことです。一時的に結果が悪化したため、怖くなり、途中でその浄霊を放棄することはさらに問題の解決を難しくします。

このように、特に病気治療の浄霊に関して言えば、病気の難易度によって高い浄霊レベルが要求されることになります。そこで難病や重い症状の浄霊はレベルの高い人が行ない、軽い症状の浄霊は、レベルの低い人が積極的にトライすることで、自分のレベルに合った治療効果を確実に出すことができるのです。

では自分の浄霊レベルはどのくらいのレベルかという目安を知りたい方のために1つの判断基準を示したいと思います。

浄霊レベルを見極める判断表―結果の出る浄霊レベル：

①趣味の会の参加を月3回丸3年以上
②趣味の会の参加を月2回丸4年以上
③趣味の会の参加を月1回丸5年以上

ここでいう仕事で結果の出る浄霊レベルとは、例えば、病気治療などで難易度が要求される高い浄霊レベルを持つ領域に入る条件を示したものです。

この判断表は浄霊基準表と同様に、浄霊経験などの諸事情により一線を引けるものではなく、あくまでも1つの目安である。

第9章 もう1つの浄霊の考え方

浄霊を成功させるために忘れてはいけない浄霊の考え方がある。
依頼者自身の浄霊という方向性、事情のある浄霊、そして、現行犯逮捕の浄霊である。これらの考え方は、通常の浄霊の定石通りでは結果が出ないという場合に欠かせない重要なものである。これらの引き出しを持っているかどうかで浄霊者としてのレベルが問われるところである。

9－1 新しい方向性について

2008. 7.20

依頼者自身の浄霊という方向性

浄霊のもう１つの「新しい方向性、依頼者の浄霊」ということについて少し話したいと思います。

新しい方向性とは何か。もう１つの「新しい解決」と思ってください。ここで浄霊に新しい解決の方法を１つ提供しようと思います。

この解決の方法による浄霊は依頼された浄霊の30%を占めている。つまり約3分の1という非常に大きな数字です。

30%も占める１つの大きな方向性とは何か。

それは、いわゆる浄霊対象となる当事者以外の人間から解決する方法、つまり、依頼を持ってきた人間（クライアント）を、それを運んできた人間を、その人を浄霊せよということです。

例えば子供のことで本当に苦労していて、親が子供の浄霊依頼を持ってきたとします。我々は必死になってその子供を浄霊します。解決しようと思います。

ところがその解決の糸口が見つからない、あるいはうまくいかなかった時、新たな方向性の提供がここにあるわけです。

この子供を連れて来た親、つまり、「依頼者の浄霊」という方向です。この依頼者とは、父であるかもしれない。母であるかもしれない。あるいは親戚であるかもしれない、友人であるかもしれない。しかし、それが友人であっても、両親であっても、知人であっても、会社の人であっても、依頼者に問題がある場合が 30%だということです。だから、問題解決の１つのピラミッドがここにもう１つ存在するということです。

特に行き詰った時、あるいは、これは依頼者の方の浄霊もやらなければいけないのではないかというような時に、どういう判断をどこでするかという問題です。

子供の相談のときは親をみる

まず子供に問題があって、その子供の相談に親が来た時、どちらの親が来るか。両方揃って来ることはまずありません。母が来るか父が来るかのどちらかです。その時、その来た人の浄霊をするのです。これが依頼された浄霊の３分の１ということです。

つまり、持ってきた人間が、とんでもない一番重要な問題の鍵を握っている場合も少なくないということです。逆にそちらから解決して簡単に片付くという場合も数多い。

本来、浄霊の基本というのは、やはり浄霊対象となる当事者の、いわゆる依頼の案件について解決するものです。しかし、本件が行き詰った時や、浄霊の依頼者が当事者とその件で長年関わり合っている場合、あるいは、何らかの形で第三者が当事者と関わり合っている場合、依頼者を見るのです。

依頼者が関わり合っているということは、もはや、そこに霊的な存在があるというふうに考えた方が良い。だから、依頼者に問題がある場合がかなり数多いということです。つまり、もう１つの方向性とは本件以外にそれに関わる依頼者の浄霊ということです。

例えば、娘がうつ病で、何とかならないかという依頼がきたとします。そこでうつ病に関与するものをいろいろやります。しかし、その時母親が依頼に来たら、その娘のうつ病に関与する母親のフレーズを作ってやらなくてはいけない。これで、思わぬ所から解決案

が出てくる場合も多い。

なぜなら、母親が、自分の娘のうつ病とは関係あるなしに拘わらず、その娘がうつ病になって以来、ずっと小さい時から一緒に取り組んできたなら、これは当然母親を浄霊しなくてはいけないからです。そこに、解決が何らかの形であることは明確です。

浄霊の新たな段階に入ってきた

このように珍しいケースではあるけれども、ややもすると、浄霊対象となる本人達をやるよりも依頼者を浄霊した方が解決のつく場合も少なくないということも知っておいてください。


依頼者の浄霊をすることで、逆に成功したという場合も少なくない。だから、30%という大きな数字はその辺を示している。

昔から、浄霊の世界で、「持ってきた人間に問題がある」という言葉はよく言われていることです。

これを最初から言わないで、今ここで出してきたのは、皆さんがこの辺で解決できるような状態になってきたからといってよいでしょう。

というのは当事者より、浄霊依頼を持ってきた人間まで浄霊するということは、問題解決というよりも余計問題がややこしくなってしまうと考えたからです。


しかし、もうそろそろここで新たな1つの段階に入ってもいいと思います。というのも、AST と浄霊とをうまく融合しながらうまく営業しているという方が増えてきています。

そこで出てくるのは、やはり解決できない問題にぶつかる。その時、どういう方向性があるか。新たな1つの方向性があるとしたなら、それは大きな力となる。新たな解決の力となります。あくまでも、依頼者に関わる状態を浄霊するのです。いつからその当事者に関わったかを調べて、その時代から遡ってやります。


逆にこういう方向がある。本人は殆どやらなくても、依頼者だけで片付く場合があるということを知っておいてください。依頼を持ってきた人間だけの浄霊をして、その当事者をしないという解決もあり得るということです。もちろん、これは珍しいケースになります。

しかし、そのぐらい、“持ってきた依頼者に問題がある”ということを認識しておいてください。つまり、依頼者そのものに問題があるということです。これは今さら言うことではなくて、浄霊の世界では半分常識になっております。

当事者に関わる関連の者から浄霊するという新たな方向性

ともあれ、今述べたことを知っておいてください。もう、長年浄霊をやっていた人にとっては“依頼者に問題がある”というのは半分常識です。そこで、依頼者から片付ける。依頼者から活路を拓く。そして、依頼者から問題を解決していく。これからみなさんは、この方向を新たに打ち出していただきたい。

さしあたり、今は解決できないときや、結果ができないことにぶつかったときは依頼者から当たってください。もちろん、依頼者がなくて本人だけの場合は、これはどうしようもない話ですが。

ただし、依頼者がなくて本人だけの場合でも、それに関わる人間も、やはり解決する糸口にはなります。

この１つの方向性は、依頼者だけではありません。一番大きい関わりを持つのは依頼者です。しかし、ほんの5%、あるいは10%は、その兄弟、会社の人、その人間と深く関わっている人を浄霊することによって解決する。これも、この方向性の中に入ります。

問題のある人と最も親しくしている、あるいは関わり合っている人は誰か。その関わり合っている人を浄霊するのです。関連している人を浄霊する。これが新しい方向です。

今はまだ関連した人を浄霊するというのはあまり行なわれていません。それは依頼者と同じというより、やはり依頼者の浄霊の方が30%です。関連している人の浄霊は、せいぜい5%か10%程度の低いものです。

しかし、深く関わり合ってるとしたら、そちらから行なう方が早い場合もある。もちろん、それらの関連者は依頼者ほどの深い意味合いは持ってはいません。あくまでも、関連付けて浄霊する対象となる人は、当事者と関わり合った人で、依頼者はそういう存在ではないということを知っておいていください。解決するほどの関わり合いを依頼者は持っているということを知っておいてください。

問題は依頼者にある

依頼者からの解決は浄霊の 1 つの大きな方向性であるということです。

依頼者が相談をしに来るということは、その人がそれだけの思いをかけているからです。思いをかけているということは、そこに霊の存在があると解釈してください。だから、大きな問題があるのです。これは問題解決のための方向性という非常に大きなものがありますから、これから先は、そういう目で依頼者を見ていただきたい。

ただし、依頼者のない場合も半分ぐらいありますから、依頼者のない場合は、最も親しくしている人間にちょっと目をつける以外にない。依頼者に問題がある場合は 30%で、親しい人間は 10%ぐらいです。間違っても 5%です。つまり、5%から 10%に関わりを持っているのが当事者と親しい人です。依頼者は 30%で、しかも、解決できる方向を持っているということです。

そして、他の存在がなくても解決する場合もある。つまり、本人は全くやらなくて依頼者だけで解決する場合も多々あるということを知っておいてください。

ところが、皆さんは今までそういう浄霊、そういう解決の仕方をやっていない。

これからはそういう解決の仕方も学んでいっていただきたい。それには、解決しなかった時、依頼者を徹底的に当たるという方向でこれから当たってください。そうすれば解決する。

仮に、依頼者がいなかったら、依頼者に当たる人間が誰かいないかというような探し方でもかまわない。そうすると、どうしても親しい人間を当たらなくてはいけない。

これを霊的に言うと、依頼者や周りの人間に当事者が関わっているということは、そこに霊的な関わりがあるからそういう事態を招いたんだということです。だからその霊的な関わりを解決すればその問題は解決するということです。

分かりましたか。

だから、浄霊が行き詰った時、成功しなかった時は、これから依頼者や親しい人という形で、手をそちらの方へ伸ばす。そちらの方の浄霊を伸ばしていってください。ただ無制限にやるのではなく、

そっちの方向性もちょっとやってみるというふうにしてください。そうすると、解決して成功する可能性はかなり高まります。これが「問題は依頼者にある」ということです。

9－2 事情の浄霊

2008．9.2

団体で出てきた霊の集団や事情を持って出てきた霊に対する扱い方

> 霊を呼び出したときに、ヘビ、リュウ、人間霊など単体で出てきたときは見ている方もラクである。見える人なら誰が見てもそれは同じだからである。
> では何が大変かというと、事情を持った霊が出る、ある景色をもって霊が出る、団体で霊が出るなど1つの形がそこに入り込むというのはそれなりにエネルギーがいる。

事情、例えば、材木が倒れてという事情が起きてこうなった、5人、10人という団体が出てきた、あるいはそれなりの団体勢力が出てきたときに、浄霊師はその事情の中に入り込むわけですよ。

少なくともそれだけでもって、入り込むだけの事情があるということだから、浄霊師はそれを受け止めて頑張るしかない。

このような場合にはそれを絶対になおざりにしてはいけない。そのような霊の出方は必ず大きく患者の問題に関与しているのは間違いないのだから。

そういう形が出てきたら、やはりその浄霊は心してやらなければいけない。

その点、タヌキ、リュウ、ヘビが出てきた。パッと出てきた通りにやっていれば、ラクなのですね。

浄霊で一番難しいのはこういう事情のあったときに、その事情をどう読めるかが問題なのです。別に事情がなければ誰でも出たものをやればラクですよ。事情はそれだけの力が必要だということを知っておいてください。

だから事情に対しての扱いはそれなりに考えた方がいい、絶対やらなければいけないし、それなりの結果は期待できるものとある程度思った方がいい。事情があって出てきたものは結果が出ないということはまずはありえない。だからもっと事情にあるものに対して慎重にというとおかしいけれど、ある程度徹底するといった方向性をもった方がいい。普通に出たというだけではなくてね。

事情の浄霊は大きな効果を期待できる

だからどういう理由からあれは出たのかということを考えれば、一目瞭然に分かる。でもそれは見えなくては分からないね。

例えば、どっかから流れ着いて、やっとここに来て何かを訴えながら死んでいったとかね。なんらかの事情を持ってくる。あるいは暴動とか、米騒動とか、そういうのは団体でしょう。あるいは5人くらいがそれに関与しているのだから、5人が入り込んでいるのだから、それはそれなりの事情だと思わなければいけない。

だから、単体と事情といったらまるで違うわけです。事情は1種のそれなりのウエイトを置くべきである。

事情が起きて、団体が出てきた場合、何の効果もなかったというのはほとんど有り得ない。どこかに必ず効果が出ているはず。というよりもむ、むしろ大きく変化する場合がほとんどということです。

もう一度繰り返しますが、事情が出てきたものは、早い話が他のものより丁寧にやる。他のものよりもそれは絶対に丁寧にやらなければ、いい結果が出ない。いい結果を出すためには補填でも、補充でも、その出た事情に対して、丁寧に完全にこなすことが必要である。

“アー苦労したから”とか、“あまりにも大変だから”とか、“5人もいるのだからもうこの辺でいいでしょう”とかというのが一番よくない。

逆にそういうケースの場合には通常以上に丁寧にしなくてはいけない。その方がむしろ結果が出る。

“もう疲れた、この辺でいいでしょう”というのは単独でやればいい。単独の場合は、“もうこの辺でいいだろう”といったいろいろな感情もあるでしょうから。

しかし、団体で出てきたもの、事情をもって出てきたものに対しては大切にして徹底してやらなければいけないということです。

9－3　現行犯を捕まえる！　2008.10.7

その事象の日時、状態をできるだけ詳しくフレーズに載せる

災難にあったとき、急に体調が悪くなったなど通常でない事象が起きたとき、それを起した霊を呼び出して浄霊する方法があります。

> この浄霊の最大の利点は、その事象を起した主犯を呼び出しやすいということです。通常の浄霊ではなかなか出にくい難しい霊でも、その事象が起きた日時や場所、病気ならその症状から霊を呼び出す範囲を明確に限定するので、出て来ざるをえないからです。

なんといっても現行犯の代表は幽霊かもしれません。
フレーズとしては、
《11月3日の夜10時頃にAホテルの4階の6号室の洗面所に出た女の幽霊》
となります。

通常、現行犯の浄霊はもっと身近に行なうことができるものがたくさんあります。
例えば、
《10月5日夕方の5時ごろ、エノキ町の交差点で、自動車とぶつかったことに最も関与している霊1つ》
《10月3日朝10時ごろ狭心症の発作を起した霊1つ》
などです。

サイズは指定せずに、少なくとも6人以上で呼び出す。

この場合、出てくる霊のサイズは8～9割が6人サイズ程度のものと考えてよいでしょう。つまり、このような事象の場合に、3人サイズくらいの小さなものが出てくることはまずありえないからです。

ですから、呼び出すときは、霊のサイズを指定しないほうがよい。

6人で呼び出せば、最大6人サイズまでの霊は出る計算になります。

一方、6人以下で呼び出すと、現行犯が6人サイズ以内であれば犯人を捕らえることできますが、6人以上の犯人では逃してしてしまうことになります。

そこで現行犯の霊を呼び出すときには、少なくとも 6 人以上の浄霊師で呼び出します。**可能ならば、8 人から、できれば 10 人も集まって呼び出せば、最も焦点の合った現行犯(霊)を出す**ことができるでしょう。

浄霊のベストは絶対に人数です。人数さえ多ければ、同じ 5 人サイズのものでも、すばらしいものが出る。
例えば、現行犯を呼び出すときに 5 人で呼び出すのと、15 人で呼び出すのとでは出てくる霊に天地の差があります。
3 倍の比率でよりすばらしいものが出ると考えたらよいでしょう。

人数の多い形で呼び出す方がはるかによいわけです。第一その方が、補填や補充が最小限で済むと言うことを忘れてはいけません。また、より的確にその焦点を突いた霊を呼び出すことができるからです。人数を甘く見てはいけません。
ただし、いくら多人数で呼び出すのがよいといっても、通常の浄霊では 5 人サイズ、6 人サイズのものがいない可能性があります。そこで呼び込みを防ぐために 5 人サイズ、6 人サイズといったサイズを指定して呼び出すことは避けます。

しかし、現行犯の霊や、今すぐに結果を出したいという事情が生じたときに、10 人くらい集まってサイズを指定せずに呼び出すと、5 人サイズ、6 人サイズのものが出る可能性があります。

なぜ 3 人サイズの浄霊は効率がよいのか

3 人サイズを指定して呼び出すのは、3 人サイズの霊はどんな浄霊にも存在するということと、浄霊を仕事としてやっていくには、数(霊処理の数)をこなす必要があるからです。

仕事では時間内でどれだけそのピラミッドを消化していけるかが決めてとなります。そのためにも、3 人サイズで攻めていくほうがいい。

また人によっては長時間に渡り、手を振る忍耐がないという人も多くいます。そういう意味から１時間で処理できる３人サイズの霊をどんどんこなしていくのがよいからです。

思いの言葉

> 皆さんは口に出す言葉と心の中で思うことは別々と考えていますが、霊の世界では言った言葉と思っている言葉は同じです。

話す言葉が、５人サイズ、６人サイズと言っていても、心の中で、10人で５人サイズを出す､６人サイズを出すと思っているのと言葉として同じなのです。

話す言葉には言った言葉と潜在的な言葉の２つあります。これを『思いの言葉』と言います。

思いの言葉は、言葉に出して言わないで、心の中で思っている言葉とそれを潜在的に入る言葉の２種類があるのです。この潜在的な言葉というのはそれまでの歴史と経験がそこにものをいうということです。

> この潜在的な言葉、思った言葉と言うのは、それを口に出して言った言葉と同じくらいの効力がそのままある。
> 浄霊の基本は言った言葉と思った言葉が同じということです。

現在生身の体を持った人間は言った言葉と思った言葉を別々に考えているところに問題がある。霊の世界ではそれらは全く同じである。

３人サイズと思いながら６人サイズをやったら、どちらを優先するか。どちらか思いの強いほうが優先される。おそらく思いの強い方に行くでしょう。

言葉に出していってもそこに思いがなかったら、それは通用しません。浄霊の限度、それは生身の体を持った人間のずれであり、思いの言葉と言った言葉を別々に考えて、思いの言葉は言葉になっていないという考えを持っていることです。しかし、霊の世界ではそうではありません。

質問コーナー

Ｑ１：浄霊の時の気の送り方は影響するのですか？

Ａ：それは関係ありません。
速く振ろうが遅く振ろうがテンポは同じです。速く振っても、そんなボンボンボンボン出ませんから。ゆっくりやればドボッと出ます。速くても遅くても同じだなと思って見ています。

Ｑ２：実際の手を振る送り方はどれがいいのですか?

Ａ：殆ど前に振る。これは意思によって関係するといいます。つまり、前にいる霊に対して気を送ろうとする意思によって、気は手からまっすぐ前に出ることになります。

Ｑ３：振り方の強さや形というのは？

Ａ：あまり関係ありません。意思です。意思の方向がそこに向かっているかどうか、それが最も大きく作用します。

Q4：以前、扇風機のように手を振り回しているときもあったのですが？

Ａ：ある程度基本的には、前へ向かっての振り方でないと、それはちょっとまずいですね。

Q5：気を送りながら、みんなで喋ったりなんかすると、やっぱり送る気の量は少なくなってしまいますか？

Ａ：気功での治療の気というのは意識の状態で変わります。治療の気が50%でするならそれが意識の量です。
　一方、浄霊では気功ほど意識の差がそこまで激しくはないですね。話しながら気を送っていると、やはり気の量は１割、２割は減少しますが、気功治療ほど大きい差は出ないですね。
　はっきり言ってAST気功での意識の作用は大きいです。意識がどれだけ患部に向かっているかで、患部が治るか治らないかが大きく作用します。浄霊はそこまで作用しません。

テレビなどに夢中になっていたら、やはり気の量は1割、2割は減りますが、そんな程度です。テレビを見ていても、大体それでも気は出ています。

というのはどうしてなのか。治療の場合はあなた方に全て委任されてます。しかし、浄霊の場合、気を欲しいのは相手(霊)です。

だから、相手は磁石じゃないですけど、**受けようという気があって、こちらも送ろうという気**が両方とも合って、「受けよう」、「送ろう」というので、ある程度気が出て、その流れもそのままずーっといきます。そういう点では大丈夫です。だから、その辺の違いがやはりASTの治療と、浄霊の気の送り方の違いです。

Q6：送る側の性格が関係しますか？

A：送る人の性格は関係ないですね。自分のためにしてくれると霊はそれだけで満足している。そのために気を送ってくれて、自分は楽になる。それだけです。短かろうが長かろうが関係ありません。

Q7：送っている時に、暗い顔をして暗いところでやってたら、霊は上がりにくいですか？

A：大体明るい世界に持っていこうというのに、暗いところでやるのはね、ちょっとあんまり感心したことではないですけどね。

ただ、そういう場合には霊はどういう反応をするかというと、自分（霊）は明るいところへ行けると喜び勇んで前に出てきたら、浄霊師が暗いので自分もそういう状態に陥ることは間違いありません。そういうのは何人か見ております。

Q8：何人かでこうわいわいわいと笑いながら手を振っている場合は？

A：そしたら、やはり上がりやすいですね。
相手(霊)も受けやすい、上がりやすいという人間的な感情はそこに生まれます。やはり渋い顔してみんなやっていたら、「はい、ちゃんと送ってくれ」と、しゃちほこばってきますから。そういう現象はど

うしてもあります。未来像は、明るい世界に行こうとしているのに、部屋を暗くしていたら、あんまりこれは好ましいことじゃないですね。

Q9：メールをしながら、浄霊をするのはどうなのですか？

A：メールを打ちながらだったら、まだいいですけど。しょっちゅう長時間かけるわけじゃないですからね。最初から最後までムッとしてやっていたら、それは問題ですけれども、ちょっとやそっとでは、どうこうないですよ。大体ご飯食べながら、手を振っていても全然問題はありませんから。

Q10：霊を出す場所ですけど、できればじゅうたんとか畳とか、暗い地面に接している場所に出すのがよいのですか？

A：あんまり関係ないですね。同じように出ます。

Q11：浄霊師が椅子に座っている場合、霊は椅子の同じ高さぐらいに出るのですか？

A：いや、床に出ます。ただ、そこに座布団置いて「そこに座れ」と言うのは、これはあまり良い気分しないですね。強制することになるから。

霊に対してあまり強制権をこちらで持つというのは、あまりよいとは言えないですね。だから、ここでも何かそういうことをあんまりしないでしょう。ある程度の自由が効くという形がよいと思いますね。

第10章 8《エイト》浄霊システムズ一詳細(3)

2008. 9.2

成功率100%とは、1つの命題によって定義される浄霊ピラミッドが持つキャパシティ100%を完全に消化することである。

しかし、3次元の世界ではフレーズによってそのキャパシテイ100%を定義するには限界がある。

そこで浄霊ピラミッドのキャパシティ100%を完遂するには、補填と補充が欠かせない。補填と補充をどのように取り入れ、100%の消化を目指すのか、その理論と実践について説明する。

10－1 仕上げ浄霊システム一補填と補充2

フレーズが持てるキャパシティの限界—3次元の限界

補充、補填なしで、浄霊ピラミッドのキャパシティ100%をこなすことはありえない。必ず10%残すことになる。

ただし、それを別の方向から補充の形でフレーズを変えてやれば、100%までいくことはありえるだろう。

つまり、5時間、6時間という長い時間気を送っても、100%を完遂できない。補填、補充なしでいくら頑張ってもキャパシティ90%の壁を越えることはできないのである。


浄霊では残りの10%の中にkey　Pointの霊がいる場合が中にはある。あるいは、その10%が1つの逃げ込み場所になる場合があるということを忘れないでほしい。


ではその90%の壁を越えるにはどうするかという問題がある。補填、補充をする浄霊なら、残り10%の中にも霊は逃げ切れない。もし逃げ切ったら、一種の法律違反という形になってしまい、それを実行する動物霊や人間霊は存在しない。

言い換えれば、残り10%まで完全に消化するには補填、補充しかない。キャパシティ100%を完全に壊すために行なう補填、補充はフレーズがずれない限り、残り10%を残さずに正確にそのピラミッドを壊すことができるのである。

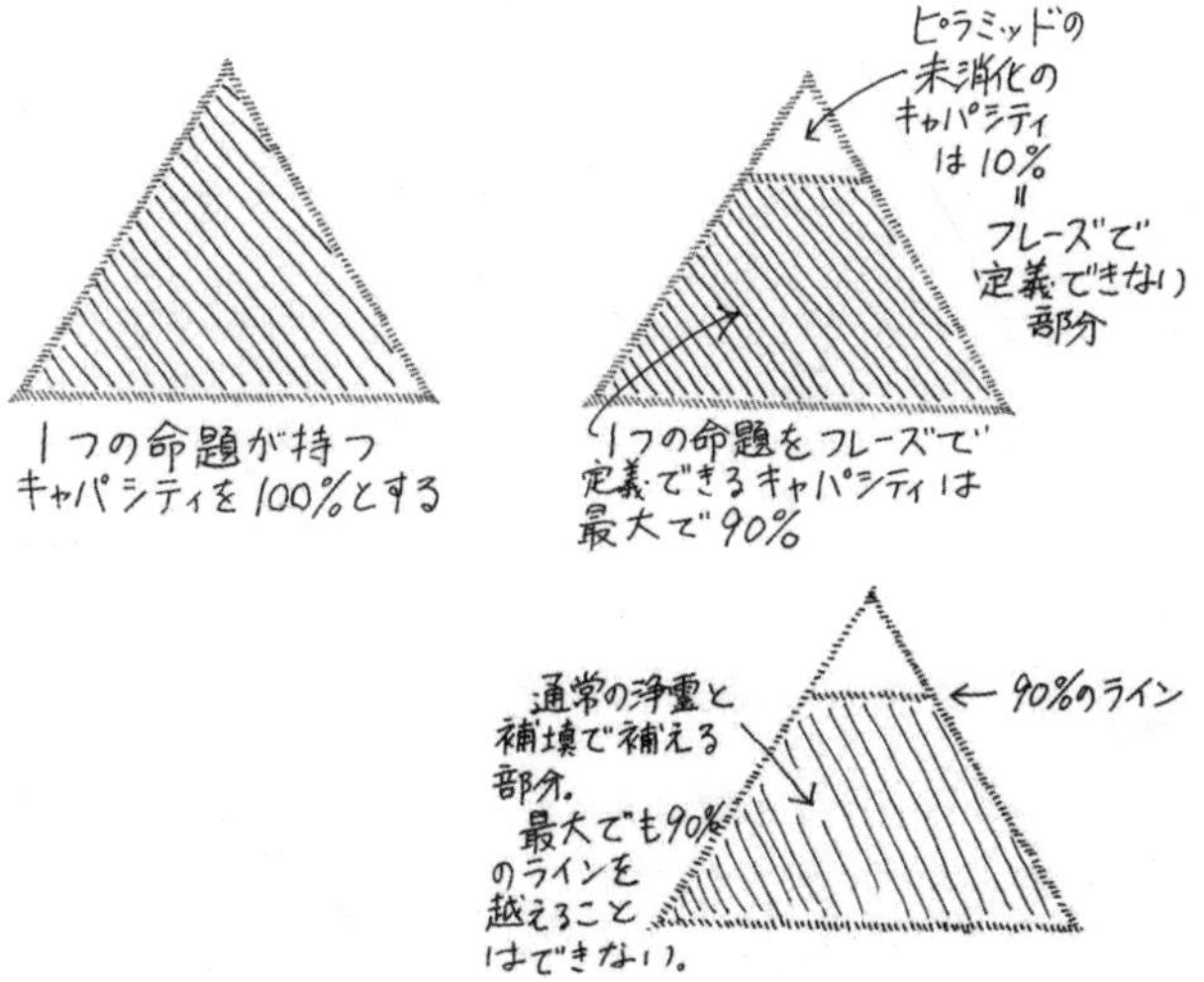
1つの命題が持つ
キャパシティを100%とする
ピラミッドの
未消化の
キャパシティ
は10%
=
フレーズで
定義できない
部分
1つの命題をフレーズで
定義できるキャパシティは
最大で90%
通常の浄霊と
補填で補える
部分。
最大でも90%
のラインを
越えること
はできない。
← 90%のライン

仮に同じ目的に向かって、その穴場を見つけて、その残り10%の中に、key Point となる霊が逃げたとする。今度は別の方向からそれを追っていったとき、再びその霊が逃げていくのは難しい。だから補填、補充がいいということになる。

もう少し言うと、複数の軸でやると霊は逃げられなくなるということである。

というのは、1つのフレーズだと、フレーズに穴場ができる。

“そうは言っているけれど、お前のフレーズはこうじゃないか”とか、“だから俺には関係ない”などと言って理屈をつけて霊は逃げる。

残り10%の中に逃げ込む理屈付けがそこに生まれるわけである。

“このフレーズでは自分は該当しないのだから、俺はそこにいったのだ”と言うのは霊の世界では強い。こういう理由があったから、そこに逃げたという理屈が存在し、それが勝ってしまうのである。

ところが、これを2つのフレーズで攻めるとすると、その穴場がなくなる。

つまり、全く別な方向で浄霊を進めると、今度はその理由付けで霊は逃げることができなくなる。もう一度同じように理屈をつけて逃げるなら別だが、そのようなことはもはやできない。

このように、2つ、あるいは複数で別な方向から進めていくようなことをすると、霊はもはや逃げられなくなるから、結局逃げられない。その結果、ピラミッドのキャパシティの消化を100%完遂できることになる。

裏を返せば、もともとどうして9割までしかいかないかというと、フレーズが悪いということも一理ある。しかし100%のキャパシティを持つ完璧なフレーズを作ること自体、確かに人間には無理かもしれない。もともとフレーズが持つことができる最大のキャパシティは90%なのである。

補足：浄霊ピラミッドにはフレーズでは定義できないキャパシティが存在する

霊の満足度が100%であれば、その浄霊は成功する。そこで霊が満足するまで気を送るという情けの浄霊を行なってきた。

ところが仮に1つ、1つの霊の浄霊が確実に成功したとしても、フレーズで定義される浄霊ピラミッドのキャパシティの消化は最大で90%である。つまり、どんなに個々の霊の浄霊が成功しても、そのピラミッドの100%のキャパシティを消化することはできない。

なぜなら、フレーズだけでは100%のキャパシティを定義することができないからである。

そこで浄霊ピラミッドの未消化分のキャパシティをどうするかというと、補填と補充の利用である。すなわち補填と補充をうまく組み入れることで、浄霊ピラミッドのキャパシティ100%の消化を完遂することが可能となる。

補填と補充で100%のキャパシティを消化する

では、フレーズで補えない不足分の10%を残さずに、100%のキャパシティを消化するには、補填と補充をどのように使えばよいのかということである。

ここでもう一度補填と補充の定義を考える。

> **補填とは、そのフレーズの持つ最大のキャパシティ90%やりきるときに使うものであって、補充は、フレーズで補えない残りのキャパシティ10%を完全になくすために使うものでもある。**

実際に今皆さんがフレーズの持つ最大のキャパシティ90%を消化しているかというと、完全に90%の消化はできていない。50%であったり、80%であったりするから、まずはそれを補填で90%の消化を確実にする。そして残り10%を補充でもっていく。だから両方するのがもっともよいわけである。

ただし、中には90%を消化している場合もかなりあるので、補填をしなくても補充だけでいい場合も多い。

つまり、補填を使って最高までいっても90%のキャパシティしかこなせない。それを100%いけたらいいですよ。しかし、皆さんの浄霊を見ていると、どんなに頑張っても、補填をしても、フレーズの持つ最大のキャパシティの90%ぐらいが限界である。すなわちこれが3次元の限界だということです。

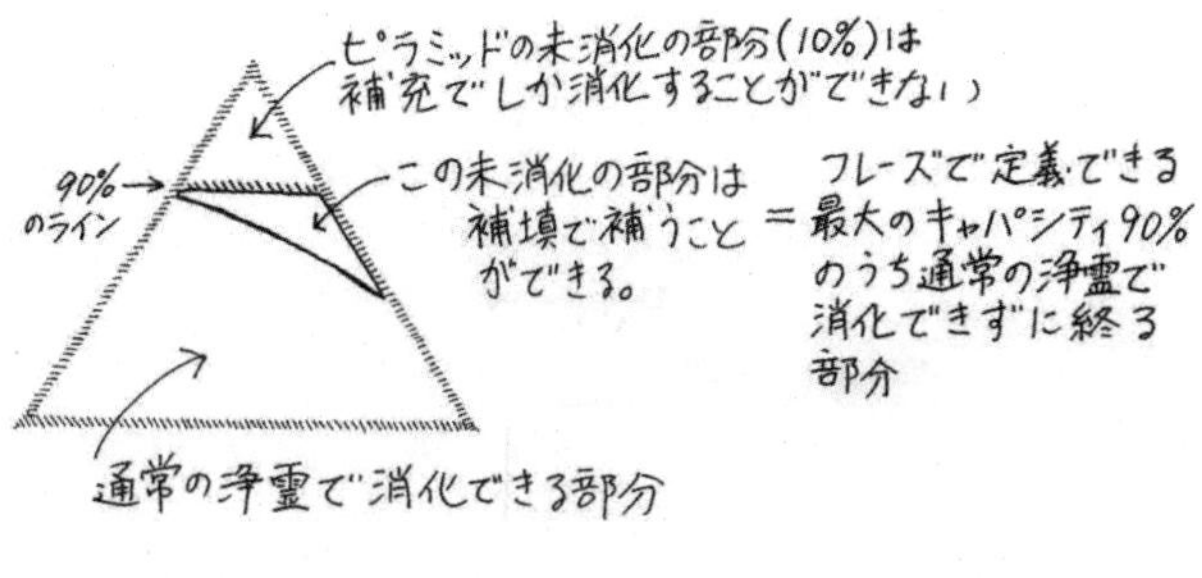

ピラミッドの未消化の部分(10%)は補充でしか消化することができない
90%のライン
この未消化の部分は補填で補うことができる。
= フレーズで定義できる最大のキャパシティ90%のうち通常の浄霊で消化できずに終る部分
通常の浄霊で消化できる部分

つまり、フレーズの限界はどんなに上手に作っても90%なのです。フレーズで定義されるキャパシティの消化は平均で75%です。ベテラン

は80から90%まではいく。
そうすると、補填、補充の両方で補って100%に持っていくしかないですね。
75%しか消化できていない場合は、まず補填をやって、とりあえずフレーズの持つ最大のキャパシティの90%まで消化できるようにする。
90%までもっていったときに、浄霊ピラミッドの残りの未消化10%を補充で補う。そうすると、完全にターゲットをつぶすことができるということである。

一口メモ
補填を利用することで、浄霊ピラミッドのキャパシティの90%まで消化することができる。残り10%は補充でしか消化できない部分である。

長時間をかければ、補填、補充をしなくても済む？
ではここで問題となるのは、個々の霊にたくさん時間をかけた浄霊をしていれば、補填、補充はしなくてもよいのかという問題が出てくる。

目一杯時間をかけて頑張れば、少なくとも補填の量はフレーズの持つキャパシティの10%前後で済む可能性がある。つまり、フレーズに対する個々の霊に対して5時間、6時間、8時間と頑張れば、補填をしなくてもいい(p130の図参照)。

5時間、6時間、8時間と時間をかけると、補填で補うキャパシティの%（フレーズで定義されるキャパシティ中の未消化分（p130の図参照））は限りなく減る。つまり、1つの浄霊に対して長時間かければ、補填は必要ない。それだけで、1つの浄霊はよいことになる。

もともとフレーズの持つキャパシティの75%、80%までは個々の霊に対して4時間、8時間かけることで解決はできます。長時間かけると補填で補正する分を合わせて、フレーズで定義できるキャパシティの最大の90%まで消化することができる。だから長時間かけると90%ぐらいまではいけなくはない。
ただし、それには8時間くらいかかる霊もいる。それでも、まあ5時間かけると、かなりのところまで消化できる。

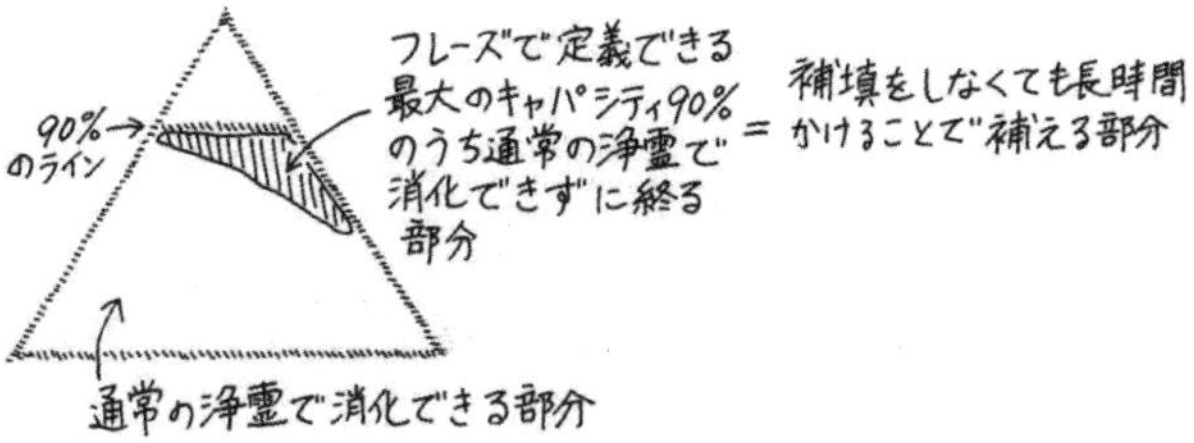

本来浄霊にかける時間の2倍から、3倍、4倍と時間をかければ、補填で消化できる最大の90%分までは何とかこなすことになる。フレーズの持つキャパシティの%を照らすその数字にまではいく。つまり、補填の部分と時間をかける部分は同じ意味合いを持ちうることになる。

あるフレーズに対して突き詰めていくと、その対象となる霊を1つ1つ追い込むということになる。それらの霊に3時間、4時間、5時間と気を送ることで（個々の霊の満足度は上がり成功率は上がるので）、浄霊ピラミッドのキャパシティの消化の量は総体的に合わせると限りなく多くなる。ただし、消化できる最大の量が90%までということである。

補足：時間基準表で行なう浄霊+補填＝長時間かける従来の浄霊

長時間気を送る浄霊をすれば､1つ1つの霊の成功率は高くなるので、浄霊ピラミッドのキャパシティの消化は最大でも90%までいくことは可能である。

すなわち時間基準表で行なう浄霊＋補填で消化できるキャパシティと、長時間かける浄霊で消化できるキャパシティは最大で同等の90%である。

ただし、効率の点から言えば、長時間かける浄霊の方がはるかに効率が悪い。

フレーズの持つキャパシティが少ない場合

さて、ここでもう1つの問題が出てくることになる。

仮に、もともとのフレーズが 75%のキャパシティしか持たない場合、結果はどうなるのか？

この場合、フレーズに対する個々の霊にどんなに時間をかけても、キャパシティの消化は最大でもそのフレーズが持つ75%のキャパシティを超えることはできない。


フレーズの持つキャパシティ 75%とは、本来浄霊ピラミッドが持つ100%のキャパシティの中で、フレーズで定義されたキャパシティが75%ということである。この場合、個々の霊にたとえ 4 時間、5 時間と長時間かけて浄霊が成功したとしても、浄霊ピラミッドのキャパシテイの消化は最大で 75%まではいくが、それ以上には絶対にいかないということである。

補足：補充なしでは浄霊ピラミッドの 100%のキャパシティの消化は不可能

フレーズが本来の浄霊の目的とずれていたり、要点を得ていないものなら、フレーズで定義されるキャパシティは少なくなる。そこにいくら時間をかけて浄霊をしても、補填をしても、定義されるキャパシティがもともと少ないので、消化の量もそのキャパシティを越えることはない。フレーズで定義されたキャパシティが仮に 75%ならば、その消化は最大でも 75%までとなり、それ以上増えることはない。ただし、次に述べる補充を組み入れれば、消化は 100%までいくことは可能となる。

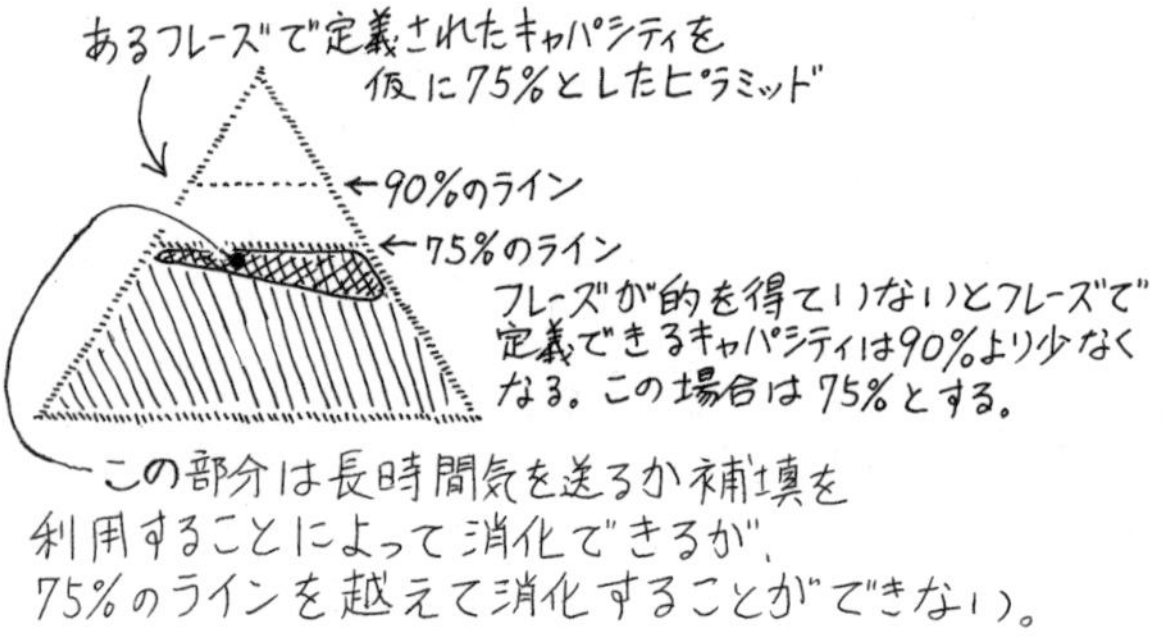
あるフレーズで定義されたキャパシティを
仮に75%としたピラミッド
←90%のライン
←75%のライン
フレーズが的を得ていないとフレーズで
定義できるキャパシティは90%より少なく
なる。この場合は75%とする。
この部分は長時間気を送るか補填を
利用することによって消化できるが、
75%のラインを越えて消化することができない。

キャパシティの未消化分を補填、補充で補正することの意味

さあ、そこで補填、補充をするとどうなるかということである。

【例題A】:仮に、あるフレーズで定義されたキャパシティが75%で、これは5人サイズの先祖霊1体の処理で満たされるとする。

初めに5人サイズの先祖霊1体の処理をする。その後、その浄霊で消化できなかった未消化分のキャパシティを補填で補う。例えば、3人サイズの先祖霊を1体処理する。この時点でそのフレーズが持つキャパシティ75%まで完全に消化できたとする。

しかし、まだ結果は充分だとは言い難い。なぜなら、その浄霊ピラミッドのキャパシティの消化はまだ100%完遂できていないからである。このピラミッドには、100−75 の 25%のキャパシティが未消化として残っている。

> 次に行なうことは、フレーズで定義できなかった浄霊ピラミッドのキャパシティを消化することである。その未消化分を補うには補充でなければ可能とならない。

仮に今この未消化分の25%を3人サイズの先祖霊2体を補充で満たすとする。つまり、補充で3人サイズの先祖霊2体を追加することにより、この浄霊ピラミッドが持つ 100%のキャパシティの消化が完遂されることになる。

【例題Ａ】　フレーズで定義されたキャパシティが75％のピラミッドを100％消化する方法。この75％のキャパシティは５人サイズの先祖霊１人で満たされるものとする。

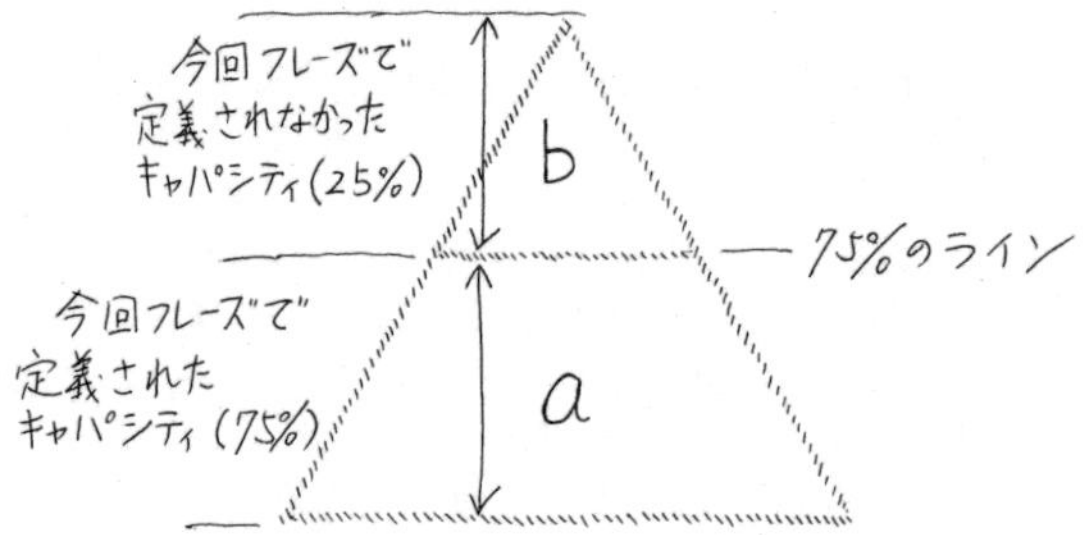

a＝先祖霊1体＋補填1体＝75%
b＝補充2体＝25%

a(75%)＋b(25%)＝100%

一口メモ

フレーズで定義できなかった、ピラミッドが持つキャパシティの未消化分25％を補填、補充で消化する１例

① フレーズで定義された
キャパシティ 75％の消化　＝　５人サイズの先祖霊＋補填１体

②フレーズで定義できなかった
ピラミッドの未消化分
25（100－75）％の消化　＝補充２体

このピラミッドのキャパシティを100％消化するための浄霊は次のようになる。

浄霊ピラミッドのキャパシティ ＝（５人サイズの先祖霊＋補填１）＋補充２
100％の消化　　75％の消化　　25％の消化

補填、補充を使った浄霊と使わない浄霊でのキャパシテイの消化と浄霊時間の比較

さて、この全行程でかかった浄霊時間(この場合の時間とは巻末資料の時間基準表に準じている)を考えてみると、最初の本体の霊に1時間、あとは補填の霊1体に1時間、補充の霊2体に2時間を合わせて合計4時間かかる。

つまり、4時間で、その命題で作られる浄霊ピラミッドのキャパシティの消化を100%までいってしまうことになる。

一方、それに対して、補填、補充なしで、本命の5人サイズの先祖霊1人だけを4時間、5時間かけて浄霊を行なった場合はどうなるか。

こちらは本体1つの霊に4、5時間かけて、フレーズ本来の持つキャパシティをうまく消化しても最大で75%で止まってしまう。

補填、補充を取り入れた方では4時間で100%いく。そういう数字の違いが差に表れるわけである。

時間をかけることと補填の意味が同じということになると、もし補充をやらずに補填だけでやった場合は、仮にそのフレーズの最大のキャパシティが75%である限り、いくら補填をやっても最大でも75%にしかいかないということである。

フレーズが75%しか満たさないものであれば、時間をかけようか、補填をしようが、そこまでしかいかない。

補足：補填、補充を組み入れた浄霊のキャパシティの消化と
浄霊時間—補填、補充を組み入れない浄霊との比較—

仮にあるフレーズで定義されたキャパシティ75%を5人サイズの先祖霊1体で消化できるとする。

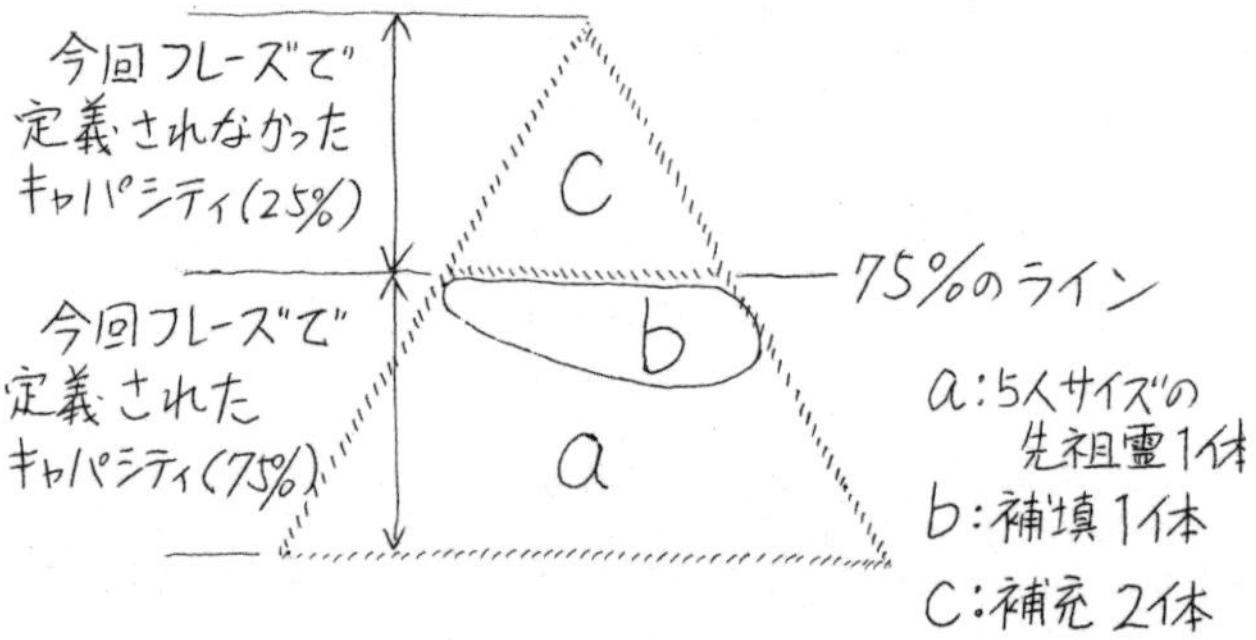

1. 時間基準表に準じた浄霊で補填、補充を組み入れた浄霊

a:5人サイズの先祖霊1体 —— 1時間
b:先祖霊の補填1体 —— 1時間
c:未消化部分の補充2体 —— 2時間

$a+b+c=$ 4時間

◎合計4時間で100%のキャパシティを消化できる。

2. 補填、補充なしで長時間気を送る浄霊

a:5人サイズの先祖霊1体 —— 5時間以上

◎この浄霊で消化できるキャパシティは最大で75%まで。cは未消化のまま。

補足：補填、補充を組み入れた浄霊のキャパシティの消化と浄霊時間―補填、補充を組み入れない浄霊との比較―

仮にあるフレーズで定義されたキャパシティ 75％を、5 人サイズの先祖霊 1 体で消化できるとする。この浄霊に対して次の 2 通りが考えられる。

① 時間基準表に準じた浄霊で補填、補充を組み入れた浄霊

	〔浄霊時間〕	〔キャパシティの消化〕
＊5 人サイズの先祖霊（a）	1 時間	a と b を合わせて 75％
＊補填 1 体〔3 人サイズの先祖霊〕（b）	1 時間	
＊補充 2 体〔3 人サイズの先祖霊 2 体〕（c）	2 時間	残りの 25％

この浄霊で消化できるキャパシティは最大で 100％となる。浄霊時間はすべてを合わせて 4 時間

②補填、補充なしで時間をかけて行なう浄霊の場合
5 人サイズの先祖霊の浄霊時間 4，5 時間以上かけて消化できるキャパシティは最大で 75％である。c は未消化のままで終ることになる。b は長時間気を送ることで消化される

もう一度まとめると、補填というのは、浄霊後そのフレーズが持つ消化できなかったキャパシティを埋めるためのものである。

仮に浄霊でフレーズの持つキャパシティ 90％中 70％しか消化できなかったなら、90―70 の残りの 20％を埋めるために補填が必要となる。
一方で、補充はそういう意味のものではない。

1 つの命題で定義される浄霊ピラミッドのキャパシティ 100％に満たない不足分を補うのが補充である。

仮にフレーズで定義されるキャパシティが 90％なら 100―90 の 10％が、浄霊ピラミッドが持つキャパシティ 100％に対しての未消化分である。その未消化の 10％を消化して、浄霊ピラミッドのキャパシティを 100％完遂するのが、補充である。この辺を理解していないと、何にもならない。

一言で言えば、呼び出した個々の霊の浄霊が 100％成功しても、フレー

ズで定義されたキャパシティを全て消化した浄霊の成功率は最大でも90%しかいかないということです。補填はそのフレーズが持っている最大限の能力を引き出すことまでしかいかない。

そしてその浄霊ピラミッドのキャパシティ 100%を完遂させるには補充をしないと達成できないということになる。

補填で消化できる限界はフレーズの持つ最大のキャパシティ

フレーズの力というのは、フレーズの大原則というものがある。

その意味合いプラス言葉の力、すなわち言霊《ことだま》である。言霊とその持つ力そのもので、そのキャパシティが決定してしまう。

つまり、言葉の意味する内容がすべてである ということになる。

意味合いを必死になって考えるのはいいけれども、どんなに頑張ってもフレーズで定義されるキャパシティの限界は90%である。しかし、フレーズを考慮して75%、80%とまでフレーズで定義できるキャパシティを引き出して、あとは補填や補充をすれば、浄霊ピラミッドのキャパシティは全部消化することができることになる。

このように補填、補充の意味合いを両方理解していないとだめである。補填だけではフレーズの限界のキャパシティ 90%までしかいけない。補填による補正は、そのフレーズの持つ最大のキャパシティで終わりなのです。

そして、それは大体どんなにいっても、フレーズの9割しかいかない。ベテランは80～90%の間にほとんどきている。それを研究すればだいたい皆さんはかなり消化できている。初心者では70%とか75%とか、一歩、間違えれば、50%になっている。

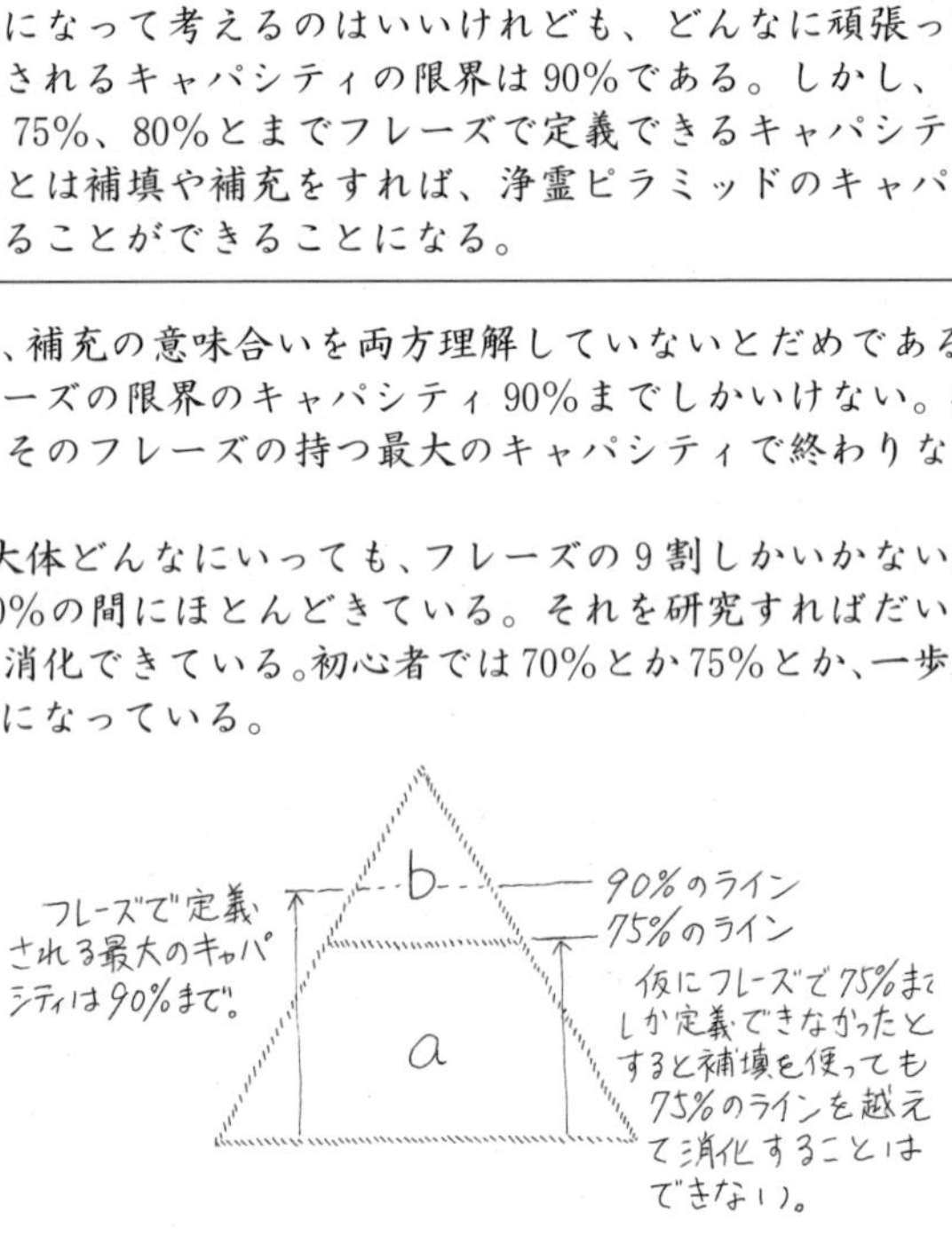
b
a
90%のライン
75%のライン
フレーズで定義される最大のキャパシティは90%まで。
仮にフレーズで75%までしか定義できなかったとすると補填を使っても75%のラインを越えて消化することはできない。

補充で消化できる最大のキャパシティ

補填で消化できるキャパシティの限界は90%です。では次に補充で消化できるフレーズのキャパシティは一体どのくらいかという問題がある。

【例題B】: 例えば、90%のキャパシティを持つフレーズを作り、ベテラン浄霊師が85%まで消化したとする。次にベテラン浄霊師は補填をせずに補充のみを行なったとする。

ここでその内訳を見てみると、補填でカバーできる最大のキャパシティは90%なので、この場合の不足分90−85の5%分がまだ未消化として残っている。

また、浄霊ピラミッドが持つ100%のキャパシティの中でフレーズで定義できない不足分は100−90の10%であり、これは補充でしか消化することができない。

例題Bにおいて、浄霊ピラミッドのキャパシティ100%を完全に消化するには、10+5の15%の未処理分が残っているということになる。つまり、ベテラン浄霊師は未処理の15%を補充で補った形になる。

この場合、逃げ道のところ(未消化のキャパシティ)にポイントの大きい霊がいると考えられる。しかし、その霊はまず逃げられないから補充でほとんどそれを消化できることになる。

つまり、補填だけでは絶対ピラミッドのキャパシティの消化は90%以上はいかないけれども、補填なしでも、補充をやれば、補填をしなくても全部埋められる可能性がある。先のベテラン浄霊師の行なった浄霊は成功したということになる。

一口メモ

例題Ｂの条件から次のことが分かる。

①浄霊ピラミッドが持つキャパシティ 100%
②フレーズによって定義されたキャパシティ 90%
③実際の浄霊で消化したキャパシティ 85%
④フレーズが持つキャパシティのうち、実際の浄霊で消化されなかった分は
②－③の５%
⑤浄霊ピラミッドのキャパシティ 100%のうちフレーズで定義されない未消化分は①－②の 10%

ベテラン浄霊師の補う未消化分の合計は④＋⑤の 15%となる。これを補充という形で補うことになる。

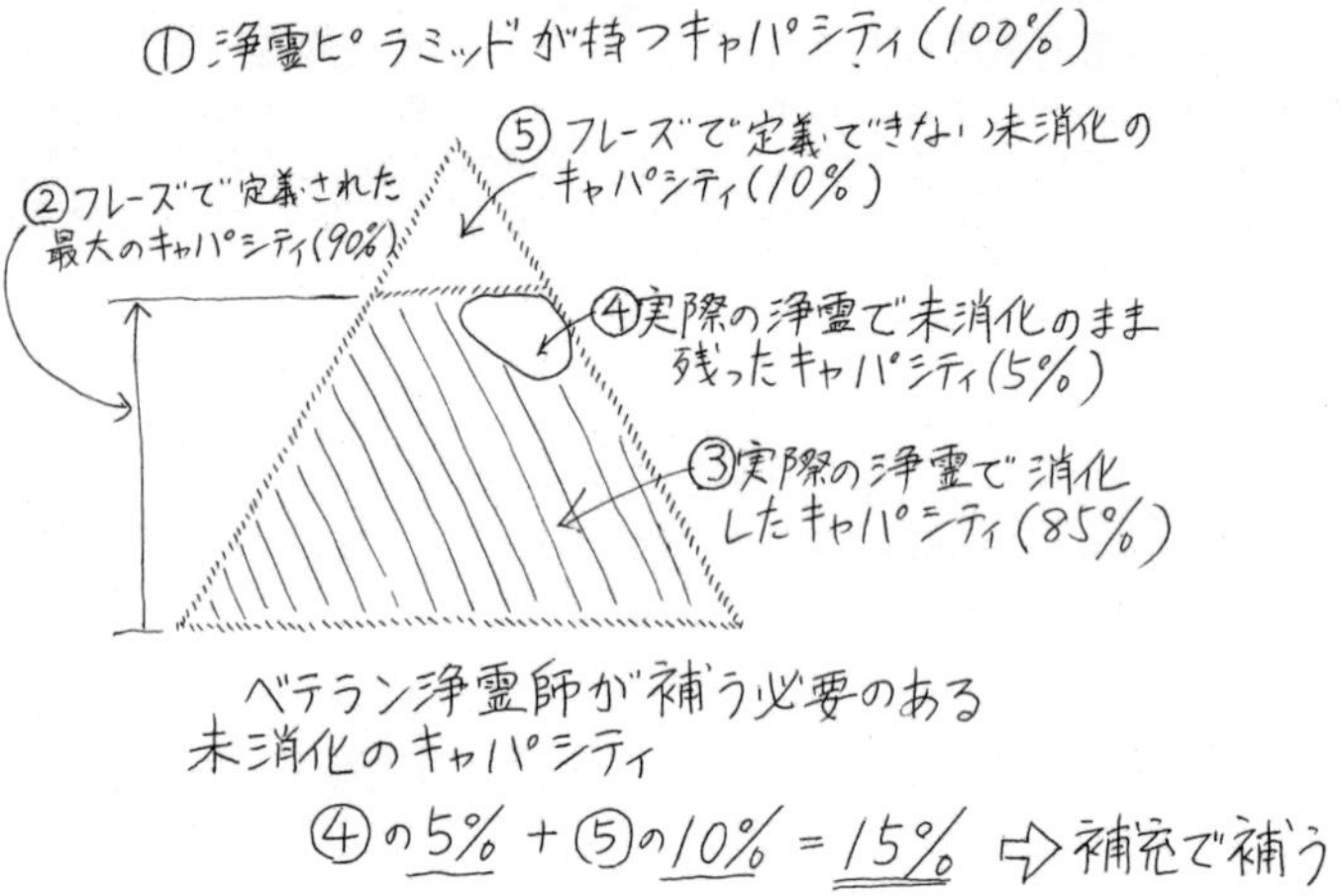

もちろん、あまりにも幅のある未熟なフレーズでは補填をやらなければ抜け穴ができる。

とは言え、ターゲットを正しくと追い詰める形のフレーズを作ったら、あくまでもその言葉の範囲を出ることはできない。

これが霊の世界の大原則です。

その言葉の範囲の中に入ったその霊は絶対逃げられない。これは霊の世界の原則だから、それを正しくしていればいいわけです。


ところが、これが80%しか持たないキャパシティの場合に60%しか消化ができていないとか、50%しか消化していないなら、いくら補充をやってもそれでは100%の処理はできない。フレーズで定義できるキャパシティの中の20%、30%ものの不足分を補填ではなく、補充のみで消化するというのは無理というものである。

本来、**補充で補填を補える限界は15%までである。**
ですから**補充で未消化のキャパシティをこなせる最大の量は**、補填の代わりに補える不足分15%と本来フレーズで定義されない不足分の10%を合わせて、**25%となる**。つまり、1つの命題で定義される浄霊ピラミッドの持つ100%のキャパシティの中で、補填をも含めた25%分を補充で補えるということである。

補足：補充で最大どのくらいのキャパシティを消化できるのか？

①浄霊ピラミッドが持つキャパシティ 100%
②フレーズによって定義される最大のキャパシティ 90%
③実際の浄霊で消化したキャパシティ A%
④フレーズで定義される最大のキャパシティ 90%のうち実際の浄霊で消化されなかった分は②－③の B %
⑤浄霊ピラミッドのキャパシティ 100%のうちフレーズで定義されない未消化分はＣの①－②の 10%

実際の浄霊で消化されなかった部分を補填ではなく、補充のみでカバーする場合、最大は④の B%である。実際の浄霊では最大でＢは 15%までである。

ピラミッドが持つキャパシティ 100%の中で、フレーズで定義されない分はＣの 10%である。これは補充でしか消化できない分である。
ピラミッド全体として消化されないキャパシティを補充のみで消化する場合、
最大で 15%＋10%の 25%まで可能になる。

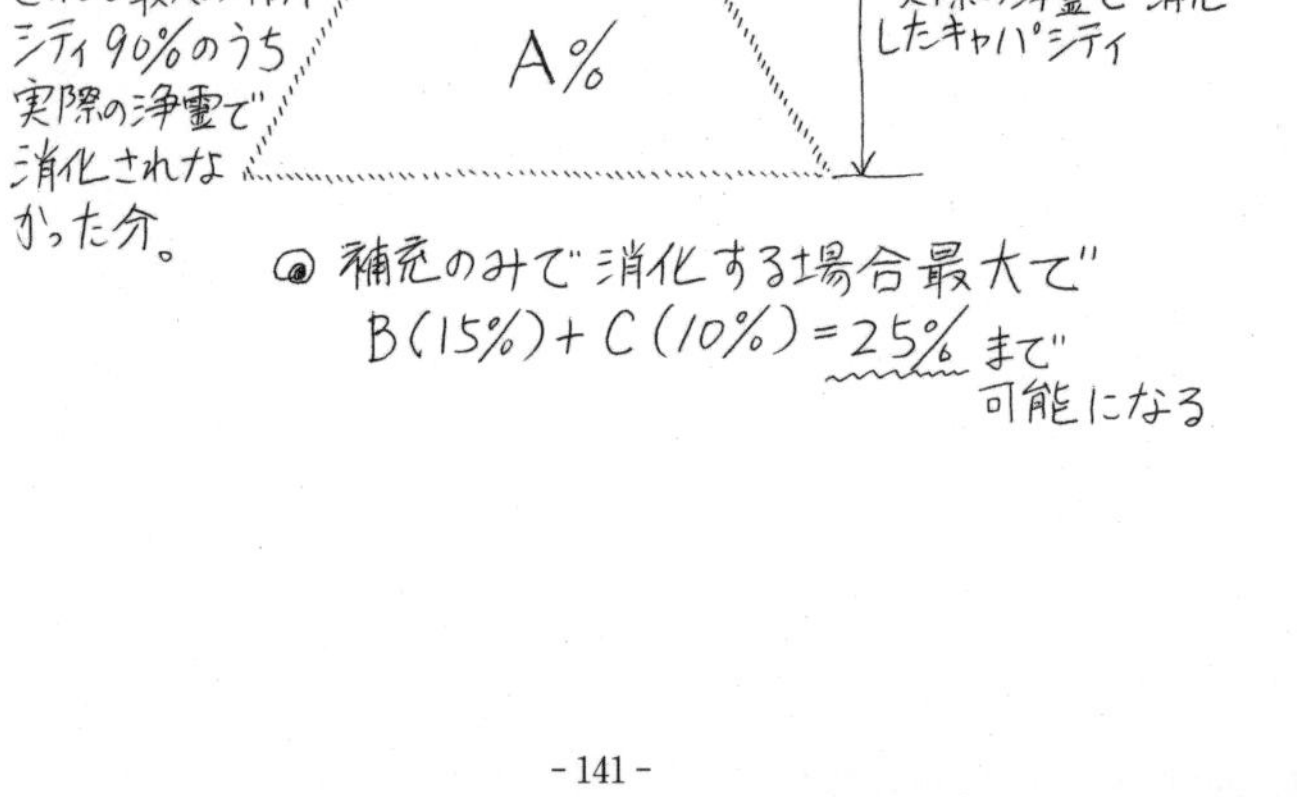
フレーズで定義できる最大のキャパシティのライン
90%
C%
B%
A%
フレーズで定義される最大のキャパシティ90%のうち実際の浄霊で消化されなかった分。
フレーズで定義されない未消化のキャパシティ 10%
最大でも15%
実際の浄霊で消化したキャパシティ
◎補充のみで消化する場合最大で B(15%)＋C(10%)＝25%まで可能になる

しかし現実の話、実際に補填を使って、キャパシティ 80%、90%消化できる人は全く大丈夫なわけです。

フレーズで定義されたキャパシティの 75%しか消化できない人でも、補填の代わりに補充で補えるのが15%ですから、たいがいほとんど補充で済ませることができます。でも実際に補填をやって補充をやった方が時間は短くて済む。両方やった方が時間は短くて済むし、完全な浄霊という形になる。

> 言うなれば、どんな浄霊でも１つ補填をやっておく。例えば、簡単な１人サイズ、２人サイズを出してそれを補填として、あとは補充をやれば完遂する。

ベテランになれば、補填は１人サイズの１つでもいいのではないか。ピラミッドを崩すには別に深く考えなくても、時間をかけなくても、自分たちはベテランだから、１人サイズをちょっと出してそれを補填にしてしまえば簡単に済むのではないか。その差が5%とか、10%とか少ないから簡単でいい。むしろ、補充にウエイトを置いた方がいいと思う。

100%のキャパシティの崩し方

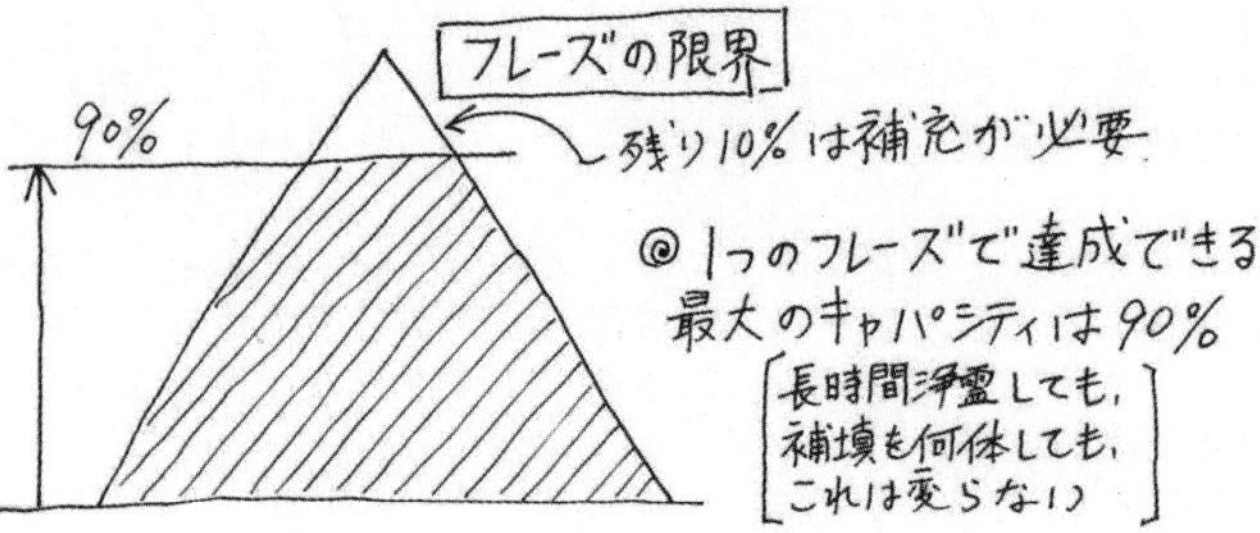
フレーズの限界
90%
残り10%は補充が必要
◎1つのフレーズで達成できる最大のキャパシティは90%
[長時間浄霊しても、補填を何体しても、これは変らない]

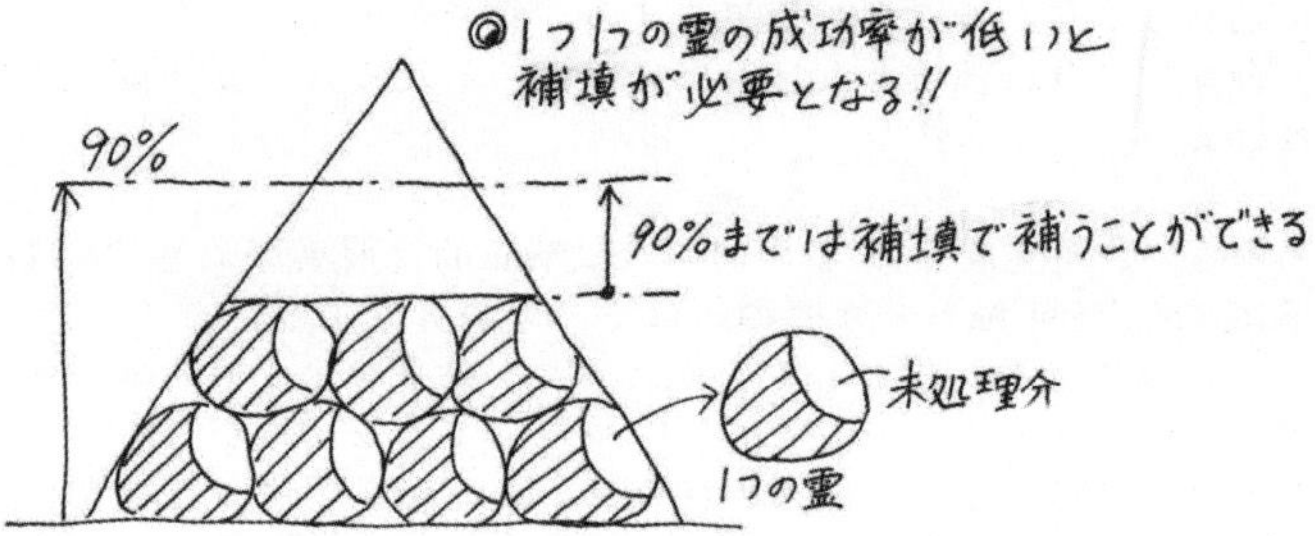
◎1つ1つの霊の成功率が低いと補填が必要となる!!
90%
90%までは補填で補うことができる
未処理分
1つの霊

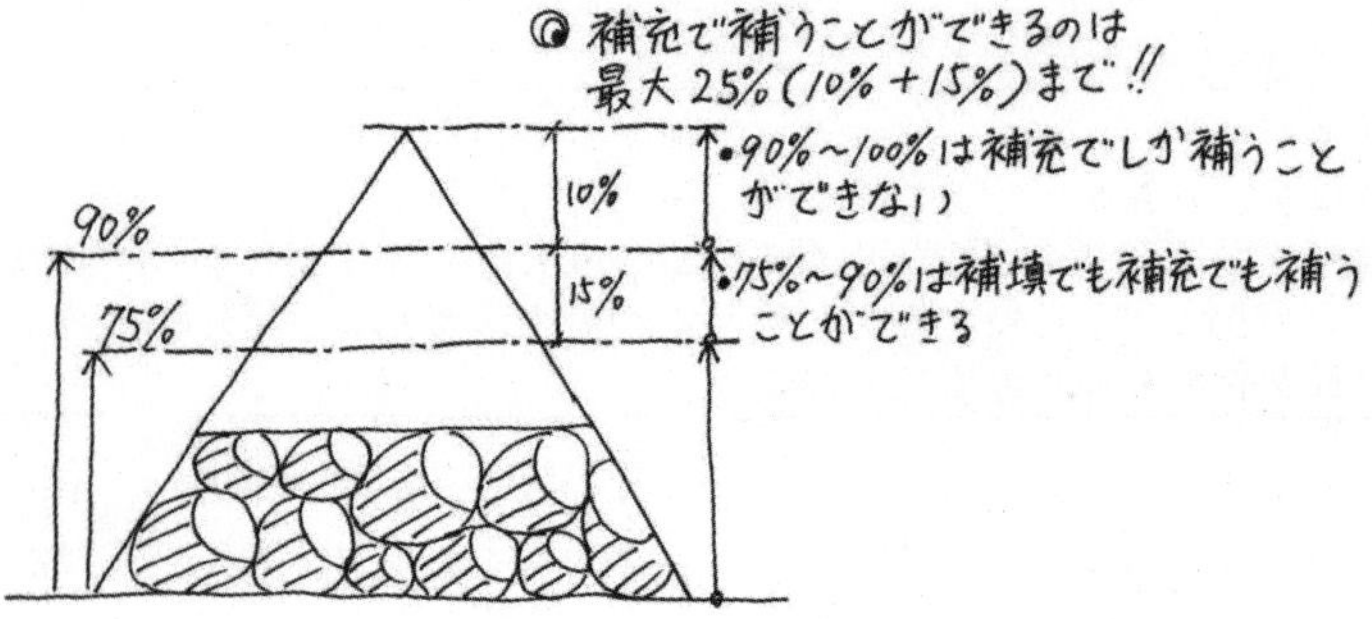
◎補充で補うことができるのは最大25%(10%+15%)まで!!
10%
15%
90%
75%
•90%~100%は補充でしか補うことができない
•75%~90%は補填でも補充でも補うことができる

10－2 仕上げ浄霊システム－補填と補充3

2008．9.17

月1回研修会の参加で丸8年（9年目から）経てば、営業ベース*は気楽にこなせるようになる。5年過ぎたばかりの人でも、巻末資料の、**ほ）補填の霊処理の目安表**を取り入れてやると、いい結果が出る場合が結構ある。

5年目の人でも、その表を使ってやってもいいが、結果を出すためには補填、補充をたくさん取り入れた営業ベースが必要である。具体的には、レベルが低い人、あるいは、5年過ぎてすぐの人は目安表の2倍の補填をする必要がある。

丸8年経ったら、補填をなくてもほとんど大丈夫である。ちょっと気になるところを補填していけばいい。丸8年の人は浄霊をやってみて、結果が思わしくなかったら、補填をする。結果が出なかったら、補填をする。自分でこれは補填しなければいけないと思ったら、補填をする形を取ればよい。

まとめると、浄霊暦5〜8年の間の人は矯正的な補填が必要で、目安表を基準にする。5年経ってすぐの人はその表の倍をする。

丸8年以降は結果が思わしくないときと、結果が出ないときにその表を参考に補填、補充をする。ただ、8年経ってもレベルがついていかない人が中には結構いるから、その場合は、この表を参考にして使う。

つまり、この、ほ）補填の霊処理の目安表は1つの基準スタイルということです。この表に基づいて、補填、補充をすれば結果は出るわけです。

結果が出ないときに、どう補填、補充をするか。例えば、そのときの基準線がこの表なのである。

問題は5年であろうとも、8年であろうとも、浄霊を行なって結果が出ないときにどう対処するかという1つの方法として、ほ）補填の霊処理の目安表があると考えてください。

営業ラインで結果が出ないでは済まされない。受けた仕事で結果を出すためには、なんらかの基準線のボーダーラインが引かれていなければ困る。その基準線としてこれがあるということです。

だから、5年くらい経ってもレベルがまだ低い、あるいは、レベルの

問題だけでなく、浄霊依頼に対して結果が出にくいというケースも絶対あるわけですよ。

1つの問題に対して結果が出ない場合には、8年目の人でも、10年目の人でも補填や補充を倍でも何倍でもすればいいじゃないですか。そういうことです。

みんながみんな同じように判で押したように、丸8年以降の人が全部結果を出すかというとそんなことはない。

浄霊の世界には、これはとんでもなく難しいケースだとか、結果が出ないケースなど絶対にある。どうしても結果の出ない場合が生じたときには、その表を基準にして、結果を出すように補填や補充をそのやり方に沿って行ないなさいということです。だからレベルだけの問題ではないということです。それを心がけていれば大丈夫です。

補足：営業ベース*とは

この秘伝でいう営業ベースとは、は）時間基準表（浄霊にかける時間）に沿って気楽に仕事の浄霊をこなせる人で、浄霊暦9年目以降の人が対象となる。
当然、浄霊を営業としている人の方法でもある。

第11章 8《エイト》浄霊システムズー詳細(4)

遠大浄霊とは、通常の浄霊で不可能と思える目的を成就させる浄霊である。遠大浄霊には2つの目的がある。

1つ目は、歳月をかけて、通常では扱えないほど大きい目的を達成するためと、2つ目は、歳月をかけて永遠に飛躍し続ける、伸ばし続ける、増やし続けるというためのものである。

また、この遠大浄霊が通常の浄霊と違うのは、遠大な目的を達成することのできる自分になるために、自身の器《うつわ》を作っていくという要素が含まれている。よって、その器ができるための期間が必要であり、短期間で結果を求める浄霊には向かないという欠点もある。

遠大浄霊システム1

2008. 9. 2

20人サイズ、30人サイズ以上の大きいキャパシティを壊す浄霊方法

遠大浄霊システムは、いわゆる想定崩しというか、霊がいると想定して崩していく。ある1つの目的のキャパシティを想定し、その想定の中にあらゆる事象を入れる。つまり、1つの形を入れたキャパシティを崩していき、その目的を達成するという1つの方法である。


この目的達成の為に想定したキャパシティのピラミッドを何で崩していくかといえば、人間霊と動物霊の両方の処理が入らなければいけない。そのときどういう種類の人間霊を入れて、どういう種類の動物霊を入れるかが1つのポイントとなる。

浄霊としては、この方法はかなり難しい。どこがどう難しいかと言えば、人間霊と動物霊の種類の指定ができるかということである。

仮に動物霊だけでキャパシティを崩すとなると、人間霊の領域というのが片手落ちになるから、絶対に両方必要です。

この遠大浄霊システムとは、人間霊領域と動物霊領域の代表を壊すような１つのやり方です。おそらくこの方法は、動物霊領域を壊していきながら、同時に人間霊領域も壊していく。同じ 1 つの束を壊していくものです。

同じ束を使ってどんどん壊していって、最後に大きなキャパシティを壊すという１つのこういうやり方があるということです。

そしてその代表を動物霊の何を使うか、人間霊の何を使うかは 1 つのポイントになる。その組み合わせは膨大になるから、遠大浄霊で指定する動物霊、人間霊をどの霊にするかの見極めが難しいでしょうね。これを発見できると大成功となる。
それには人間霊領域と動物霊領域が必要なのです。普通に霊を出すという通常の方法では50人キャパシティを壊すことは無理だから、やはりこれは人間霊領域と動物霊領域の両方の領域の崩し方という形になる。

この遠大浄霊の場合は同じヘビでも本当に全く同じような顔のヘビが出てくる。

だから、代表の顔が同じなのでしょうね。キャパシティを崩していくにつれて、大ボスと同じ顔を持つサイズの小さいものが出てくるようになる。出てくる霊のサイズだけが変わっていくのですね。

その代表制はどういう形で霊が取っているのか分からない。本当にそういう大ボスがいるかも分からない。しかし形はみんな同じだから、例えば、人間界領域の代表が先祖女性なら、初めに指定したその女性と同じ顔を持つ先祖の女性が次から次へと出てくることになる。だからと言って、一番最初に特定した代表の女性の霊が本当に強いとは限らない。

おそらくどの種類の霊を同定するのが簡単ではない。できたら最高だが、どうやってそれを発見するかということになる。その問題が一番大きい。

この遠大浄霊システムは今までのこの浄霊の形式とは全然違うも

のです。ただ、今までの浄霊のやり方でできるということである。

また、今やっている内容のものとは全然違うのだということを憶えておいてください。そして代表霊を発見するのが至難の業。全く同じ形で、同じ顔で、同じ波動が来るということです。


このシステムが20人サイズ、30人サイズ以上の大きいキャパシティを崩す方法です。

この浄霊は実際にあるキャパシティを崩していくこともできますが、実際にあるのか、ないのか分からないものでも、初めに想定した形で、そのキャパシティを壊して目的を達成することもできるということです。そういう２つのやり方ができるということです。

質疑応答
Ｑ１：想定するということは真実とずれた浄霊にならないか？

Ａｎｓ：真実とずれるというよりも、その中に想定してしまったら、その中に入れ込むというやり方もできる。ただ、これを実行するのは難しい。これは難易度が高い浄霊と言える。想定して行なうのは勘違いをして終わりという可能性が高い。

まだ現実にある場合の方がまだ崩せる。想定した浄霊は本当難しい領域になるだろう。想定で呼び込みを起す可能性があることもある。その辺がありうるので、想定は難しいし、そう簡単にはいかない。

しかし現実にある場合は呼び込みにならない。確かに想定になったら呼び込みになるでしょう。だから上手にそれを同定できればいいという話になる。想定による50人サイズ、100人サイズのキャパシティを崩すのが難しいというのはその辺にある。実際にある20人、30人サイズのキャパシティを崩す方がまだやれる。しかし、想定で攻めたらいいでしょうね。

想定のやり方でうまくいったら、成功率はかなり高い。想定したものでも実際にあったものでも、どちらでも到達はできる。
ただ、結果的に言えることは想定のキャパシティを崩すのは難しいが、実際にあるキャパシティを崩す方がやりやすい。
しかし、"これは実際のキャパシティだ"、"あるいは想定のキャパシティだ"というその境界を定かにできない可能性があるので、それを想像するしかない。でもうまくいけば、到達度は高いし、成功度はかなり高い。

Q2:続けて同じ動物霊や人間霊が出ているという実際の実績があった場合、実際のキャパシティがあると考えてもいいのか?

Ans:そういう場合は実際のキャパシティがあったと考えてもいい。年単位で続けて、同じ動物霊や人の霊が出てくるなら、実際にあったキャパシティと考えてよい。想定してするのはいいのですが、何を想定するのかは難しい。間違ったのをすると外れとなるからこれは高度技術が必要な浄霊となる。

Q3:50人サイズのキャパシティを動物霊だけでも崩すことはできるか?

Ans:それぐらいの大きいキャパシティになると人間霊と動物霊で壊さないと無理でしょうね。
動物霊だけで50人のキャパシティを壊すのは無理がある。人間霊の持つ領域と動物霊の持つ領域が存在するから、人間霊と動物霊の組み合わせでないと50人キャパシティを崩すのは無理でしょう。

遠大浄霊システム２

2008. 9. 3

遠大浄霊システムとは大きな目的や遠大な目的を達成するための浄霊です。例えば、研修会の発展とかは最適です。大きな目的には大きなピラミッドがある。それをどう崩すかということである。

20サイズ、30サイズのキャパシティを持つピラミッド、あるいは大きいので50サイズから100人サイズまである。

まずは、その遠大目的にあった動物界と人間界の両方の霊を定めるわけです。問題は定める霊が目的に合った霊であるということが大切である。

定める霊が浄霊目的と外れるとどうなるか。

その対象となるピラミッドが20サイズ、30サイズの大きさくらいに縮小されるならいいが、外れて15人サイズや10人サイズ程度のピラミッドになったりすると、もうそれは普通の浄霊と同じになってしまうことにある。

ともかく遠大浄霊とは同じ人間霊と動物霊を追っかけていって、20人サイズ、30サイズのピラミッドを崩すという1つの方法である。

多少定める霊が間違っていても、10人以上のピラミッドを処理できる可能性もある。しかし、慣れないとどれだけ成功するかわからない。

遠大の目的や大きな目的を達成するためにはいわゆるトライ&トライを繰り返す。トライ&トライをして失敗しても、それはそれでプラスになる。この遠大浄霊とはそういう1つの浄霊の技法である。

当たりの霊であるとか、当たりではないというのを判断する

具体的にどうしてその代表霊を決めるのか。同定の表を参考にしてその霊の当りを付けるわけです。

これは当たりの霊であるとか、当たりではないという判断は、その段階で出るべきサイズの霊が出なくなってしまうことから分かります。

遠大、あるいは大きな目的だと 5 人サイズを呼び出すことができる。だから、この遠大浄霊は5人サイズから始まることになります。

まずこの浄霊は 5 人サイズ、4 人サイズ、3 人サイズ、2 人サイズというようにサイズを指定してその代表霊を追っていくことになる。ただし、ここで問題となるのは、どのように5人サイズ、4人サイズ、3 人サイズというように順次サイズを下げて霊を追っていくかである。

例えば、実際には 3 人サイズをやっているのに、それには気がつかないで 4 人サイズとして必死に気を送っているとする。しかしあまりにも早く幽界へ上がってしまうというのは、これはもう 3 人サイズではなく、2 人サイズである。

浄霊の難易度がなければ、これは 4 人サイズではなく、3 人サイズだという判断が必要になる。それが分からないとだめである。

ともかく、この遠大浄霊の特徴は5人サイズから始まるわけです。20 サイズ、30 人サイズのキャパシティを壊すのだから、当然 5 人サイズのものは必ずいるはずです。サイズの大きさは最大で 100 人サイズまであります。

50 人サイズから 100 人サイズのキャパシティの壊し方

具体的な方法は、5人サイズを毎月 3 体ずつ連続 3 ヶ月間浄霊する。次に 4 人サイズを毎月 3 体ずつ連続 3 ヶ月間浄霊する。以下同様にして、3 人サイズ、もう一度 3 人サイズ、2 人サイズ、1 人サイズの代表霊を毎月 3 体ずつ、各サイズ連続 3 ヶ月間続けて、3，3、3 の数で追うということです。

しかし、これは相当に大きいサイズのもの、50 人から 100 人サイズのキャパシティを崩す場合です。

20人サイズから30人サイズの壊し方

このサイズでは、通常1ヶ月毎に5人サイズを3体、4人サイズを3体、3人サイズ3体、もう一度3人サイズを3体、2人サイズを3体、1人サイズを3体というように毎月3,3,3の数で浄霊を行なう。

これは20人、30人サイズのピラミッドを壊す場合である。この20人サイズ、30人サイズの遠大浄霊では病気治療でも何でもできる。

遠大浄霊には2つやり方があるわけです。
ものすごい大きい目的の場合は、それが最大の目的の場合、50 人サイズから100人サイズであり、それとは別に普通の20人サイズ、30人サイズというのがある。

指定した霊が外れていたなら何回でもやり直す

とにかく初めに指定した人間霊と動物霊の浄霊を 1 ヶ月間やってみることです。それでなんか違うなあと思えば、何回でも 1 からやり直すことができる。

ただし、やり直しても、その数字が表わすように、そういう目的には大概 3 つの真実の霊がその中に存在する。それで 3 という数字があるわけです。ただ、ここで言えることは、指定した代表霊が遠大目的と just fit するかが決めてとなる。

先ほども言ったように、指定した霊が外れていると毎月続けて出なくなる。途中で切れてしまう。つまり、遠大浄霊ではどのくらいの期間指定した霊が続けて出てくるかがポイントとなる。それが半年続くのか、1年続くのか、2年続くのか。途中で切れてしまったら、そのピラミッドは小さかったということになる。

指定した霊が外れていたら途中から違う霊が出てくる

途中で初めに指定した霊とは違う霊が出てくることがある。その理由はその霊が終ってしまうからである。ただ、指定した霊が外れていて当初掲げた遠大な目標に達しなくても、マイナスにはならない。その人の何かは取れているから、浄霊をやった分だけそれはすばらしいことになっている。

この浄霊方法を遠大浄霊システムと名づけます。

ただ、この浄霊をすることで得られるメリットは、目的とは関係ないところで、その人に良い効果が現れてくるということである。遠大な目的を追求しているけれども、予想しないところによい結果を生むことになる。

ただ、この方法で気をつけなければいけないところは、呼び込みである。最大の欠点は呼び込みをやってしまうことである。

遠大浄霊システムを使える資格

だから初心者には無理です。この浄霊方法は浄霊暦 5 **年以上経過した人間に初めて使えるものである。**

5 年以内の者は使ってはならない。研修会参加回数にかかわらず、丸 5 年以上である。そうでないと遠大浄霊は呼び込みになってしまって使えない。

勘違いしては困りますが、この浄霊によってすべての願望が叶うというものではないということです。

運命を変えることができるけれども、あくまでも宿命は変えることはできない。この線は真理の大道として崩されるものではない。浄霊はオールマイティではあるけれども、宿命に逆うことはできないからです。

ただし、この遠大浄霊システムを行なうことによって、運命線、宿命線を実感することができるかもしれない。

人間には個人の日常生活の運命線がある。
あらゆる運命線を通して、人間は成長を図る。
しかし、その中に変えてはならない宿命線が流れている。

3の倍数法で真実の霊を追う

6ヶ月攻略法とは、20人、30人とかのサイズを壊す場合で、6ヶ月間毎月3, 3, 3という数で浄霊を追うことである。合計処理数は18体となる。

一方、50人から100人サイズの場合、18ヶ月間で、毎月3体ずつ追うという形で、合計54体の霊処理になる。

ただし、ここで勘違いしてはいけないのは、真実の霊が18体、あるいは54体であるということ。つまり、目標とする真実の霊を毎月3体ずつ6ヶ月間、あるいは18ヶ月間処理し続けるという意味である。

問題はこの真実の霊を3体パッと分かるかということである。真実の霊が分ればその3体の処理だけで済むからである。

現実にはそんなに簡単に真実の霊を3体呼び出すことはできない。だから、最初から遠大浄霊はトライ&トライというのはその辺にある。

言い換えれば、18体、あるいは54体の霊処理をすれば終わりということではない。つまり、通常はこの真実の霊3体を探し出すために何体も浄霊を繰り返す必要があるということです。

そこで、真実の霊を3の倍数で探しだすのです。この辺がポイントである。それを探すのに3の倍数を使って行なうということである。すべて3の倍数でする。

これを『3の倍数法』と言ったらよいでしょう。

一口メモ

●20人サイズ～30サイズの遠大浄霊による真実の霊の処理

1ヶ月目：5人サイズを3体
2ヶ月目：4人サイズを3体
3ヶ月目：3人サイズを3体
4ヶ月目：3人サイズを3体
5ヶ月目：2人サイズを3体
6ヶ月目：1人サイズを3体

以上6ヶ月間で合計真実の霊18体の処理が必要となる。
ただし、真実の霊18体こなすには3の倍数法で何体も浄霊を繰り返す必要がある。

●50人サイズ～100人サイズの遠大浄霊による真実の霊の処理

1～3ヶ月目　：毎月5人サイズ3体を3ヶ月間
4～6ヶ月目　：毎月4人サイズ3体を3ヶ月間
7～9ヶ月目　：毎月3人サイズ3体を3ヶ月間
10～12ヶ月目：毎月3人サイズ3体を3ヶ月間
13～15ヶ月目：毎月2人サイズ3体を3ヶ月間
16～18ヶ月目：毎月1人サイズ3体を3ヶ月間

以上18ヶ月で合計真実の霊54体の処理が必要となる。
ただし、真実の霊54体こなすには3の倍数法で何体も浄霊を繰り返す必要がある。

9体やって真実は3体をこなす

これはそういう意味です。ただ闇雲に真実の霊3体見つけるために4体、5体やって見つけるのではなくて、3の倍数で見つけてくださいということです。
そうすると、この真実の数字が示すものに当たります。この3を4にしたり、5にしたり、7, 8にしていったら外れます。

この遠大浄霊は3の倍数が決めてです。この次は3、その次は3というように全部3で追っていけば、逆に真実の霊が発見しやすいかもしれない。

ただし、この3の倍数法はあらゆる意味において、霊が見えない

人間のために目的となる霊を最も発見しやすい方法となるものです。これから先1人で何かを発見する場合は3の倍数法を常に使ってください。

今、遠大浄霊は3の倍数法が鉄則です。1人でする場合、すべての浄霊において3の倍数法を頭に入れてください。だから随所に“ちょっと1つ出してみようか”、“2つ出してみようか”といったときに、“**3つを出してみる**”とよいということです。そうすると、その中に真実の霊が入るということです。

たとえそれが外れても1体の処理が真実の霊のキャパシティの30%としても、30%、30%、30%で3体やって真実の霊1つ分を崩せることになる。だから、最も目的が到達しやすい方法なのです。
3の倍数で1を崩していく。これが遠大浄霊システムの鍵となるものです。

遠大浄霊システム３

2008.9.17

トライ＆トライをして当たりの霊を見つける

通常の浄霊で金運をする場合は、今の収入の 2 倍までだが、遠大浄霊で金運をする場合、目標額は、今の収入の 5 倍までが可能となる。

金運の代表霊は、例えば、自縛霊のヘビ（あるいは憑依のヘビ）と協力の先祖霊で追っていく。

病気治療の遠大浄霊を行なう場合、例えば、潰瘍性大腸炎なら痛みに関する浄霊をする。

この遠大浄霊の代表霊は痛みに関する憑依(あるいは自縛)のヘビと自縛霊の人(あるいは憑依の人の霊)で追ってみるとよい。

同じ霊が続けて出なければ、一番大きい反応のあったフレーズで追ってみる。

> 遠大浄霊とは 5 つの材料、それはお金、人生の大きな目的、病気、あと 2 つを選んで、一番浄霊のキャパシティが大きそうなものを選ぶ。
> そして人間霊と動物霊の代表をそれぞれ１種類ずつ定めるのですが、その当たりが発見できない可能性がある。そこまで行き着かない可能性もある。
> しかし、当たりの霊のめぼしをつけて１つ、１つ潰していっても、霊の種類の数は知れているでしょう。

遠大浄霊というのは、このように１つ１つ外れの霊を潰して、当たりの霊（代表となる霊）を探していくものです。

大体普通は１つ１つトライ＆トライしてこなしていくものです。全部潰したところで霊は10種類もないのですから不可能な話ではありません。その中で１つこれといった感触を掴む。これが遠大浄霊システムです。

だから、目的をもって５体、10 体と処理していく。大概は５体ほど霊処理をしているうちに当たりの霊を掴むでしょう。5体やっているうちに掴めばいいし、だめだったら、10 体までする。浄霊しているうちに掴めます。間違ったら、別のところをやればいい。それで大体遠大浄霊は何とか成功します。

遠大浄霊と器《うつわ》

しかし、遠大浄霊を勘違いしてはいけないのは、すぐさま成功すると思わない方がよい。

遠大浄霊で、最も重要なのは

“**受ける器《うつわ》がありますか**”というフレーズである。

確かに受けとる器がなかったら、遠大浄霊の効果は落ちてこない。

受ける器がなかったら、そこに目標物は落ちてこない。つまり、あなたに器を用意して待っていていただきたいのです。落ちるだけの器を用意して待っていただきたいのです。落ちるだけの器をあなたが用意して待っていたら、遠大浄霊はあなたのところに成功して落ちてきます。

一番の問題は、目標設定をいろいろ考えてやるよりも、むしろ50%の人は器に問題があるという人が多い。

例えば、金運なら、収入が今の10倍、20倍、100倍と望んでも、それを受ける器がなかったら、いくら入れようとしても器がないものはあふれて入らないではないですか。

遠大浄霊は、目標達成よりも、自分の器を徹底的に成功させてから目標物を落としてください。これができなければ、遠大浄霊は成功しません。

遠大浄霊を考える際には、お金だ、人生だ、人数だなどといったことを考えるよりも、まず器から入るのが常道だと思ってもいいかも知れません。

器、これが遠大浄霊では最も大切なのです。遠大浄霊で最も失敗するのは器で失敗する。いくら浄霊をしても、浄霊で成功しても、器ができていないところに遠大浄霊の成功はありません。

病気の器とは

本来これは言っていいものかどうか分からないという領域があります。あなた方が徹底的にやっていくことによって、時間と治療に

よって、その人の精神状態、ある状態が変わっていくということです。つまり、浄霊によってその人は１つ１つステップを踏んで超えていくのです。越えない状態でやってはだめなのです。病気の持つ性格をその人が超えていく、それが器なのです。
だから遠大浄霊による病気治療はあせってはだめです。あせらないで、１つ１つ相手に超えさせていくと成功します。
遠大浄霊で、例えば病気治療をする場合、薄皮を剥ぐように、次から次へと 1 枚ずつ剥いでいきながら、よくなっていくという場合も少なくありません。

このように遠大浄霊で病気治療をするのは非常に難しいのです。難しいけれども、もし、そこに成功を見いだすならば、遠大浄霊を最初に手がけた時とその後 1 年経ったときの状態を比べれば、その人の性格はまるで変わっているでしょう。これが遠大浄霊による病気が治る器の形成かもしれません。

逆にそれを基準に考えてみれば、病気が治るか、治らないかも分かります。もっと言い換えれば、頑固な人は治りにくい、とも言えます。柔軟性のある人は超えやすい。頑固な人は治りにくい。
こういう例題を書けば、遠大浄霊もやりやすくなるし、目標も掴みやすくなる。

このことは通常の浄霊でも言えるかもしれません。ある程度性格が変わっていく。その状態を超えるのだから、性格も変わるのですね。薄皮を剥ぐように性格も超えていくのです。
今皆さん方がすでに行なっている浄霊の領域で治しているのはみんな薄皮を剥いでいるのです。ただ治療をやっている人が認識していないだけです。

遠大浄霊をする場合は、数をこなして 1 つの方向性の薄皮を剥ぐから成功するのです。そこが少し普通の浄霊とは違うところです。

遠大浄霊は１つの方向性だけの薄皮を剥ぐ。普通の治療も通常の浄霊も薄皮を剥ぐのは、病気のアトランダムな薄皮を剥いでいるということです。

遠大浄霊システム４—実践編

2008. 10.7

遠大浄霊を実践する

一番最初はイベントを利用して行なうのがベストです。

ただし、イベントを利用しないで個人で行なうこともできますが、その場合、初めから３人サイズで追っていけばよいでしょう。しかし、人間霊と動物霊の種類を何に特定するかという判断は難しいことになります。

フレーズ：遠大浄霊で、（フレーズの前に付け加える）・・・・・・
に関与している人間霊/動物霊１つ

例題：
遠大浄霊で、
私の婦人科系が真の健康体になることに最も大きく関与している人間霊１つ
私の婦人科系が真の健康体になることに最も大きく関与している動物霊１つ

このケースの場合、出てきた霊は次の通りである。

①5人サイズの先祖男性
②5人サイズの先祖女性
③5人サイズの先祖女性
→ 先祖霊３体

④4人サイズの憑依のリュウ
⑤5人サイズの憑依のリュウ
⑥5人サイズの憑依のリュウ
→ 動物霊のリュウ３体

その詳細と補足

１）フレーズの冒頭に「遠大浄霊で」をつける。

フレーズの冒頭に遠大浄霊を付け加えることで、通常の浄霊とは違う方向性の霊が出る。

２）人間界の霊と動物界の霊の種類を決定する。

そのために、人の霊を３つ、動物霊を３つ呼びだして、出る霊の傾向を見定める。最初に出てくる霊はかなりばらつく傾向があるが、

次第に落ち着いて、出る霊が、すなわち同じ種類で同じ顔の霊が出るように定まっていく。
最初から霊の種類が全部統一されているわけでなくて、途中から統一されていく。

今回の例題では、人間霊の方は男女に別れたが、すべて先祖霊である。動物霊は3つともタツノオトシゴのような顔をした色違いの憑依のリュウであった。これにより、この例題では遠大浄霊で呼び出す霊の種類が、人の霊は先祖霊、動物霊は憑依のリュウと特定された。

3）それ以降は3人サイズで追っていく。

基本では、5人サイズ、4人サイズ、3人サイズとサイズを変えて呼び出す霊を追っていくが、どの段階でサイズを変えていけばよいかなど正しく判断することができない。そのために、一度イベントで出した後は、3人サイズでずっと追っていくことになる。

そしてその3ヵ月後、あるいは半年後や1年後あたりにもう一度イベントを利用して同じフレーズで遠大浄霊を行なう。

イベントの場を借りて遠大浄霊の今の進行状況、つまり、現在の霊のサイズは何人サイズになっているか、呼び出す霊は一定して同じ種類の霊が続けて出ているかどうかなどを確認する。

遠大浄霊が成功していれば、最初に特定した霊と同じような顔や波動を持っている霊(人間霊も動物霊も同じ)で、サイズだけが小さくなっているはずである。うまくいっていないと、当初特定した霊が出ていないか、出てくる霊の種類はバラバラであったりする。
ただし、中には途中で特定した霊の種類を変更する方が、効率のよい場合もあるので、イベントで確認する。

遠大浄霊のほとんどが30人サイズのキャパシティを持つピラミッドから、平均サイズは50人サイズのキャパシティのピラミッドが対象となる。最大で100人サイズのキャパシテイを壊すことができる浄霊である。

誤解をしてはいけないのは、そのサイズの人数分の浄霊をすればそのキャパシティが壊れるというものではない。

つまり、50人サイズのキャパシティなら50体の浄霊をすればよいというものではない。

50人サイズのキャパシティなら、その中の2人サイズ分、3人サイズ分の一部分が浄霊をするたびに崩れていくということです。そしてこの浄霊を繰り返し、そのサイズのキャパシティを削っていく中で、人格が形成されていくというのが遠大浄霊です。

大きな目的を目指す場合も、この遠大浄霊をすればよい。

例えば、病気治療なら、少なくとも20年、30年患っていて、浄霊をずいぶんしたが、なかなか結果が出ないようなケースによい。そういうものでないと、遠大浄霊が壊れてしまう可能性がある。だから、あまり簡単なものを遠大にしてはだめである。

サイズを指定せずに、出てくる霊の傾向を見ればよい。お伺いで確実に何人サイズの霊が出てくるかが判る。あるいは初めからサイズを3人と指定してやればいい。

実際の遠大浄霊の流れ

①

イベントで、人間霊3つと動物霊3つを呼び出し、霊の種類を特定する。

⇩

②

2、30人サイズのキャパシティを壊す場合は、月に1～2回浄霊をする。大きな目的の50人サイズ以上のキャパシテイを壊す場合、最初は毎週1回、あるいはそれ以上でもよい。

どちらのサイズの遠大浄霊でも1度に呼び出す霊は、初回で特定した人間霊3つ、動物霊3つをすべて3人サイズで呼び出す。

⇩

③

3ヵ月後、半年、あるいは1年後に
イベントを利用して、初回で出した同じフレーズで人間霊3つ、動物霊3つを呼び出す。
この場合、初回で特定した霊の種類をフレーズにのせず、何の霊が呼び出されるかを確認する。
出た霊が初回と同じ霊で、サイズが小さくなっていれば遠大浄霊は成功のレールに乗っていると考えてよい。

4）1ヶ月間に行なう浄霊数について

1ヶ月に何回も浄霊してもよいが、あまり浄霊する期間が短いと、人格の変遷が追いつかないから、器の形成がより薄紙になってしまう可能性がある。ある程度の間隔を置かないと人格が追いついていかない。

遠大浄霊の目的は、どれだけ自分自身を変えることができるかというのが1つの間隔の目安となる。
大きい目的のサイズの大きい遠大浄霊なら、最初は間隔が短くてもよい。目的が小さい場合はある程度間隔を空けてもよい。

その目安はものすごく大きい目的の場合、50人サイズ以上なら週に1回、あるいはそれ以上多くてもよい。

今回の例題のように30人サイズぐらいの目的では、月に1回、多くても月に2回がよいでしょう。

また1回分として出す霊の数は動物霊3体、人間霊3体の合わせて6体がよい。

遠大浄霊がロングランになるという理由

遠大浄霊で最も重要なことは、この浄霊だけをすれば何でも叶うという考えは捨てることです。これだけをすれば、目的が叶うという考えではいけない。遠大浄霊をすることによってある程度自分を変える、あるいは備える自分を持つ。そういうような形が常につき

まとって、むしろ言うなれば、浄霊をした分だけ変わる。そしてまた浄霊を行なう。その行なった分だけまた変わる。というように順を追うのがこの遠大浄霊です。

浄霊ー成功、やった分だけちょっと変わった。成功した。またちょっと変わった。そういうのを繰り返していって成功に導いていくのが遠大浄霊である。

この遠大浄霊は短期勝負ではいけない。ロングランの勝負です。だから遠大浄霊がロングランという理由がその辺にある。

この場合、変わるというのは、人格や性格のことを指しています。例えば、お金なら、お金を持てる人間性とか、仕事なら、成功する人間性とかである。そこが重要なのです。

お金持ちになりたいといって、お金を持てる浄霊を１つした。それをした分だけお金を持てる。自分の性格がそういう性格に向いた。そしてまた1つ浄霊をした。またお金を持てる性格に１歩近づいた。

このようにあくまでも遠大浄霊とは、やったー変わったーやったー変わった。これを繰り返して成功の中に突入していくのです。

１度に行なう浄霊数は動物霊３体、人間霊３体です。

遠大浄霊は全く同じものが出揃ってずっと出るようになったら、それはほとんど成功すると見てもいいかも知れません。

ずっと続けても、出る霊が一定せずにばらついていると、それは成功にいっていないという可能性があるという見方もある。

成功のコースに乗ったときは、ずっと同じものが出続ける。成功のコースに乗ってない場合には、出てくる霊がばらばらに変わります。

用意のないところに成功はない

今皆さん方全員が用意なくして成功させようという考えで浄霊をやっています。

用意とは器。器は大きいとか、小さいとかという問題のものではない。目的に合わした器を作る。目的に合わせた人格。それが器。人格は確かに必要です。

しかし、このとき誤解をしてはいけないのは、人格というのはいわゆる人格者の人格ではない。お金を持てる人格というようなもの。

器とは大きさではなく、『質』と言う形がある。そしてそれを入れるような形、『器』がある。

《お金を持てる器を作ることに関与》
《お金を持てる人間性に欠けている人格に関与》

今、このフレーズで大ブレイクした人が何人か1人でほくそ笑んでいます。なぜその人たちが大成功したかというと、それだけの器を持っていながら、中に成功が落ちていなかったものですから、そのような人たちの器が今回の浄霊で満たされたからです。

遠大浄霊は器の形成に時間がかかるということです。
通常の浄霊では、1つの器を少しずつ作っていって、それができたところでポンと成功する。成功しないのは器ができていないのです。

だから、遠大浄霊の場合、少しずつ器を作っていくのです。
皆さんが人格、人格といっているから人格といいましたが、本来は『器』のことです。それを成功させる器を作っていくのです。

浄霊—器をちょっと作る。それは薄皮をペタッと塗るような感じ。浄霊—薄皮をペタッと塗る。そして薄皮ができたところで最後にポンと成功が入る。それがこの遠大浄霊の目的の成功です。
目的に対する人格形成ができないと遠大浄霊は成功しないということです。

質疑応答

Ｑ１：では遠大浄霊で薄皮を作りながら成功を目指すのと、通常の浄霊で器を直接作る浄霊をしながら成功を目指す場合ではどちらが効率よいのですか？

Ａｎｓ：遠大浄霊は、通常の浄霊とではまるで方向性が違います。
まず浄霊には短期決戦で成功するものと成功するには長期戦が必要のものがあります。
長期戦なら年収5000万円でも１億でもいけるかも知れません。しかし、短期だと今ある器で入るもの、あるいは今ある器から、短期間でさらに形成できる器の上限が決まっている。だから成功しない

人は器ができていないと言える。これは病気でも何でも言えることです。病気を超える器の用意ができた人は浄霊をすればポンと治ってしまう。

残念ながらこのことがわかっていないから、“私成功したわ”、“私失敗した”、などといってますが、原因はここにあるわけです。

Ｑ２：金運の線と器とは別のものですか？

Ａｎｓ：いわゆる金運の線とは、今の人格とか器の上限のことです。人格を変えたり、器を大きくすれば、もっとその上限は上がることになる。そのために一度に高い望みを持つのはだめということです。

Ｑ３：では、その金運の線だけの器を今持っているということですか？

Ａｎｓ：大概ほとんどの人はその器にまでいかないのです。その器に入るだけのお金をもっていない。そのためには、器を大きくして上限を上げるのです。

遠大浄霊でも通常の浄霊でも実際には器をちゃんと上限を上げることは同じです。

ただ遠大浄霊の場合は、器を少しずつ少しずつ作っていくところに冥利があるのです。

短期に行なう場合には、できる器に限界がある。そういうことです。だから、健康だって、その器が成功しないから治らない場合がある。器ができないと、人格が変わらないと、浄霊は成功しない。むしろその方向性が欠けているということです。

Ｑ４：今まで年収がずっと5000万円だった人が、まったく別の仕事に転職したとする。ところが、以前のような年収が入ってこなくなった。今までずっと年収は5000万円で安定していた人なら、それだけの金運の器があるのではないかと考えられるのですが、それではなぜ仕事を変えたら収入が下がったのですか？

Ａｎｓ：仕事の種類が変わると人格、つまり、器が変わるという可能性がある。仕事の種類を変えると、器も変えていかなくてはいけない。金運だけでなく仕事の種類から入る器というものが別にある。

Ｑ５：それは１つの組織体、会社から入る場合と個人経営の場合とでは別ということですか？

Ａｎｓ：そういう意味もあるし、むしろその方が浄霊は簡単にいくかもしれない。しかし、自分自身に持っている器、そっちの方向性から影響される器などいろいろあるわけです。でも実際に必要なのは、今就いている仕事の方向性で器を形成するのです。だから、簡単に人格だけという問題ではない。仕事を変えれば、その目的に合った器が必要になります。そしてその目的に合った器というものが次第にできてくるようになります。

Ｑ６：仕事を変えてから収入が減っているなら、その新しい職業の器を作ることが重要ですか？

Ａｎｓ：そういうことです。まるで自分と合わないことをやっていたら、その人間はその器がないことになる。その器を完全に使いこなせるには3年、5年、10年という付き合いがかかるわけです。

　転職したとき、以前の職で得た収入と同じ分だけの収入が入ってこない人がいる。それは以前の器が、今の新しい職業の器とまた違うからお金が入らないということです。

Ｑ７：では金運の器はなく、職業の器でやった方がいいのですか？

Ａｎｓ：職業の器というのは、その人の金運のための器を作るファクター（構成要素）の中に入るものです。そのファクターがいくつあるかという問題となる。そして、それをもって形成する。ところが、職業が変わった場合、以前の収入のファクターを抜いて、新しいファクターがそこに入るわけです。そしたらその分だけ弱くなりますから、その器が未完成となります。器そのものの構成要素には、その方向性、質、大きさなどの３つがあり、そのものがちゃんとしていれば成功しやすい。だから、性格だけではない。１つの形態化したいろいろなものがある、次から次へとやっていくことで形成されていくということです。

遠大浄霊の欠点

2008．10.8

この遠大浄霊には１つ欠点があります。

> 短期決戦で結果を出すには通常の浄霊の方がいい。なぜなら遠大浄霊は、結果が出るまでに長引く可能性があるからです。
>
> この遠大浄霊は、浄霊—器形成期—浄霊-器形成気を繰り返すので、結果が出るまで時間を必要とすることです。
>
> そのため短期決戦で終わることができる浄霊を遠大浄霊にすることで、結果が出るのを長引かせてしまうことになりかねない。その辺を判断する必要があるわけです。

つまり、浄霊—器形成期—浄霊—器形成期—浄霊を繰り返していく間に器が少しずつ形成されるので、長期目的は達成できるが、短期で目的達成できるものを長期化させてしてしまう恐れがある。これが遠大浄霊の欠点である。

そのためよく考えてやらないと短期決戦で可能なものまで、あるいは短期で叶うものまでを長期化させてしまう。

病気でも性格を治さないと治らないものもあるから、結果を出すためには結局長期になる場合が多い。病気治療を遠大浄霊で行なうのもいい。しかし、だからといって病気を長期で治すという長期の形になってしまうから、果たして全ての病気治療を遠大浄霊にしてもいいものかということになる。

長期で治すのは徹底的に決まったものをするべきであり、例題(遠大浄霊システム４－実践編)の婦人科系のものを健康体にするという目的は、短期でも決戦できたかもしれない。それが長期になるのかは今のところ分からない。だから、遠大浄霊には欠点もあるわけです。

もっと極端に言うと、数回で決定できる、あるいは成功するようなことを１年もかかるという可能性があるわけです。

目的に応じて、遠大浄霊をすべきか、通常の浄霊をすべきかを判断しないといけません。

だからこそ、遠大浄霊の欠点を知らないといけません。ただ、通

常の浄霊よりも確実かも知れません。


浄霊の成功と失敗は、結構器にかかるかもしれない。

通常の浄霊でもそうですが、今浄霊をしている全員に欠けていることは器に対する考え方が足りないということです。

結果ばかりあせって求め、器ということを頭に入れてない。器について何も考えずに浄霊の成功ばかりを考えて成功、成功とやっていますが、遠大浄霊だけでなく、通常の浄霊でも、常に器と浄霊の2つを考えながら進めていったら、浄霊の成功率は今の倍は上がるかもしれません。

最終章　浄霊の失敗と成功について

ー成功を受け取る器《うつわ》になるー

2008．10.22

浄霊の成功には、1.フレーズ、2.補填、3.補充、4.器の 4 つを常に考慮して、実行すべきである。

器の浄霊を成功させるには、器を形成する浄霊だけでなく、成功を受け取る器に自分が変わる浄霊も必要である。

器の浄霊を考える

浄霊があまり進まない、うまくいかないとしたら、フレーズばかりこだわるのではなくて、それを対象とする器はどこにあるかを考えた方がよい。


第１にフレーズを徹底して考えて浄霊をする。それで成功率が悪ければ、器を考える。まず、その器を考える前に、浄霊が 100%できているかどうかを見る。いわゆる補填、補充をするのである。

フレーズに沿って浄霊を行ない、補填、補充で補う。それでも結果が出ない。その原因がなんだろうかという段階に来たとき、最後に向かうのが、器をどうするのかということに向かわなければいけない。


フレーズ、補填、補充と進み、器の浄霊が成功すると、80%以上は目的は叶うはずである。ほとんど 100%は成功するだろう。とは言え、100%というのは難しいから、少なくとも 80%は大体目的に到達する。

だからフレーズ、補填、補充だけにかかわらず、最後の器というものをもう少し考慮に入れるといい。

具体的にどうすればいいのか？

例えば、病気を治すための器は何か。それは性格かも知れない。お金に対する器には、お金を持てる性格の方向性というものを考える。

今度は目的に対する器は何かということを考えてみると、目的が成功する可能性が高くなる。

そのフレーズの浄霊を成功させるためには、(浄霊を成功させるための)フレーズを考え、補填、補充をする。それでも成功しなかったら、その器を考えるのである。

しかし器というのはもともと本人が持っている器で充分な場合もありうる。(器の浄霊をしなくても)目的とする器をすでに持っている確率は30〜40%である。

浄霊目的達成のために、フレーズを考え、補填や補充を行ない、そこまですることによってできる器の確立は50%である。だから50%までは、一連の浄霊をこなすと、その目的達成するための器を身に付けたと理解してもいいかもしれない。

そこで変わらないとしたら、本来持っている器がなかったのかもしれないので、この50%を超えるために器の浄霊をする必要がある。器の浄霊が成功したら、今度は目的が叶うだろう。

しかし、ここで1つ難関がある。仮に器の浄霊が成功しても、その人がその器になれるかどうかという問題がある。

とは言え、器の浄霊が成功したら、たぶんその器の浄霊で成功した通りに、その人間はその器に近づくであろう。

この秘伝に関しては、フレーズ、補填、補充、器の4つを考慮する。この4つを完成させてこそ秘伝である。

遠大浄霊の2つの目的

では、この4つの要素を考えて行なう通常の浄霊に対して、遠大浄霊とはどのように違うのか。

遠大浄霊というのは基本的には通常の浄霊で成功しないものに対して、あるいは浄霊の方向性で叶わないものに対して行なうものが遠大浄霊である。

では、なぜ通常の浄霊で目的が叶わないかといったら、程遠いから、あるいは距離がありすぎるからである。

遠大浄霊をかけるというのは、もともとの浄霊に対して遠大な浄霊ということである。

つまり、遠大浄霊は、通常の浄霊で及ばない力を遠大浄霊が与えると考えた方がよい。

だから、浄霊で簡単に叶うものを遠大浄霊にかけたら、逆に期間を延ばすだけになる。通常の浄霊で不可能と判断した時にこそ、遠大浄霊という別な浄霊という形で遠大浄霊をかけてやるのである。

遠大浄霊は２年､５年といった歳月をかけて大きな目的を成功させる浄霊であるが、単に大きな目的を達成するだけではなくて、もう１つの目的がある。

もう１つの目的とは、５年、10 年かけて永遠に飛躍し続ける、伸ばし続ける、増やし続けるというような形を行なう遠大浄霊である。


だから遠大浄霊には、１つは歳月をかけて大きな成功を収めるという目的と、２つ目は、伸ばし続ける、永遠に飛躍し続けるという目的があるのです。そしてそれがなかなか難しいような命題を目的とする浄霊だということです。

遠大浄霊はいつの段階で行なうのか

そこで目的達成に向けてだんだん伸びるとしたら、だんだん伸びる器も当然必要となる。そのだんだん伸びる方も目的達成の器もまずはそのままでいいのです。

目的達成に向けて頑張り、徐々にその成果が伸びてくるとしたら、器も徐々に伸びていく必要があるということです。


例えば、売り上げを追求する人、普通商売を営んでいる人は売り上げをどんどん伸ばしていかなくてはいけない。どんどん伸ばしていくとしたら、その売り上げを受け取る器もどんどん大きくしていく必要がある。

しかし、売り上げをさらに伸ばすとしたら、通常の浄霊でする以上の売り上げの成果をそこに出さなくてはいけない。

通常の浄霊をすべてやって何もかもみんなやって、さあその次にかけるのが遠大浄霊です。

だから売り上げの遠大浄霊をする前に、売り上げに関することをまずは全部やってしまうのです。


売り上げに関することは全部やった。

さあ、その次が遠大浄霊です。こうなるわけです。順序を間違えてはいけません。

最初から遠大浄霊をかけて全部やると、そこに通常の浄霊で片付くものは邪魔になります。そして伸びきらないとこがある。

充分にやった後それから遠大浄霊を始めることはすばらしいでしょう。これが遠大浄霊のやり方です。ここがまだ遠大浄霊に対して今 1 つ理解ができていないところです。

遠大浄霊のフレーズとしては、
1 つ目は目的達成、
2 つ目は売り上げとかお金をだんだん増やす、あるいはどんどん貯めるというような目的を持ったものがよいでしょう。

遠大浄霊の大体の目的はこの 2 つでしょう。目的達成か、どんどん伸ばすかのいずれかです。

具体的にはだんだん売り上げが伸びていく、だんだんお金を貯めていく、だんだん人数を増やす、お客さんをどんどん増やす、販売数をどんどん増やすなどの商売に関すること全部です。

浄霊は器の浄霊を行ない、それを全て終了して、もうこれ以上やれないというところまでいって初めて、今度は遠大浄霊が登場するのです。ですから、通常の浄霊を全部済ませて、もうやり尽くしたというところまでやらないで、すぐに遠大浄霊に頼るのは間違いです。

するだけのことを済ませた後に来るのが遠大浄霊です。するだけのことをやって、それでなおかつ結果が出ないような場合に遠大浄霊の登場だということです。

最初から何もやらないうちに遠大浄霊というのは、どこで通常の浄霊だけで成功したのか分からないじゃないですか。

金運の遠大浄霊の目標ライン

金運における遠大浄霊の場合、最初の設定目標額は現収入の 5 倍まで可能です。これが一番最大のラインです。それ以上増やしてもそんなに伸びないでしょう。それをやって完成したら、またその目標が上

がるということになる。それから5倍、それからまた伸びていくわけですよ。成功して終わったときにはまた5倍伸びる。このようにして永遠に伸びていくことになります。

遠大浄霊におけるフレーズは、(通常の浄霊で用いるような)、“5倍伸びる器を作ることに関与する”というようなフレーズですることではない。皆さんが考えている浄霊と遠大浄霊とは少し方向性が違うわけです。

今全国にいるすべての浄霊師(趣味の会以外の方もすべて含めて)たちの失敗の原因は器である。

治療をしたり、なんらかのアクションを起すだけで相手の器をある程度変えてしまうような性格を持っている人になんらかの形で接すると、その人と接した相手の器の変革が激しく起こる。そのとき、その人と接した人の必要とする方向性の器が自然にできる場合もある。

しかし、普通の人には、そんなことは不可能です。器を、器、器と考えて作って築いていかなくてはいけない。

昔、某大学に勤めていたある女性の精神状態が少しおかしくなったため、1年ほどその女性の頭の治療したことがあります。それで彼女は完全に治ってしまった。しかもものすごく明るい性格に変わったのです。あれが典型的な器の浄霊の成功例です。つまり、その女性の器がすっかり変わってしまったのである。

その女性の病気を治すための霊を上げなくても、その女性の性格が全く変わってしまったため、完全に病気は治ってしまったわけです。

通常精神疾患というのは、この例のようには簡単に治らない。しかし、1年で完全に治ったのは、器と治療の両方ができたからです。

日本全国にいる浄霊師や我々趣味の会の者たちは皆、よいフレーズを考えるとか、病気に障りを起している霊を上げれば、それで浄霊は成功するという考えを持っている。しかし、もう少し“器”ということを考えれば、“もっと浄霊の成功率は上がる”ことを知るべきである。

成功するには器の浄霊が必要

成功には器の浄霊を考える。ただし、常にそのように行ないなさい

ということではない。
　器、それにはやはりキャパシティがあるのです。そのキャパシティを例えば、何か１つの目的がある時、その目的達成するための器が全くないかどうかはまだ未定であるということです。

　あきらかに今の自分に器のない目的の浄霊をする場合には、器の浄霊をしなければいけない。だいたい器のあるものが、半分〜半分以上ある。浄霊をすること自体、すでに大体器のあるものをする場合が多い。反対に器のないものをする場合、その器のないためにその目的の浄霊が成功しない場合が多い。
　つまり、今成功しているのは、大体器がある場合と考えてもいいわけです。それが成功しないというのはおそらくその原因は器にあるというふうに考えてすると、その成功率は上がるということです。実際はその器があると仮定してやり始める。ところが本当にうまくいかないと思ったら、その器がないかもしれないというところで、今度はその器の方向の浄霊をする。

　このように必ず浄霊するものや浄霊の目的には必ず器がいる。それはだいたい陽陰の関係である。陽陰の関係だから、必ずプラスマイナスが絶対にある。本来自分に陽陰をちゃんと併せ持っていれば、その器を考えなくても普通はできる。

　浄霊が成功するための器を持っている確率はと言えば、50〜60%だろう。残り40%は器がない場合が多い。つまり、浄霊依頼内容に対しても、そのクライアント(あるいは患者さん)に50〜60%の器があるわけです。残り40%は器がないので、うまくいかないという場合は、クライアントがその40%の中に含まれる可能性がある。

　例えば、ずっと持病で苦しんでいつまでたっても治らないという場合は、器がないのは当たり前のことである。そういう解釈をすればよいわけである。

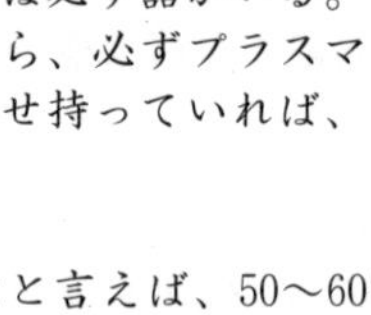

器の浄霊のフレーズ

器と人格は別である。人格と器を一緒にするという間違いを多くの皆さんはしているが、人格と器は全く関係ない。

器には、趣味の器、金持ちの器、仕事の器、職業のような器などがあります。つまり、“目的達成するための器”という言い方がぴったりです。器はその心の持ち方であり、人間性とも言えます。この次に言い表すことができる表現は“人格”ですが、通常いわゆる人格者と言われるような意味合いの人格ということではない。非常にあくどいことをするような人でもお金持ちの人なら、お金持ちの器を持っているのだということです。

さて、病気治療の器のフレーズを考えてみます。
胃が悪い人は、神経質なタイプの人が多いので、
《神経質でない性格の器を作ることに関与》

がんになる人は昔から頑固な人が多いと言われています。そこで
《頑固でない性格の器を作ることに関与》

このように、病気にはその病気になる傾向の性格がありますので、それぞれの病気になる性格を考えてフレーズにのせます。ただし、どのような性格か分からない場合もありますので、下記のような表現でフレーズを作ることができます。

がん性性格
胃病性性格
消化器系性格
難病性の性格

こういうわけ方で器の浄霊を行なう。アバウトなわけ方になってもそれは焦点にいきますよ。病気の１つ１つの性格を調べるのは大変ですからね。その系統の性格、性質という形でやっていってもいい。
人格者にならなければいけないというのは誤解です。くれぐれもそのような考えを持たないようにすることが必要です。

人格は関係ない。自分の性格の欠点です。特に性格で最も問題なのは、自分にない性格は誰でも自分で気がついてないというところです。自分にある性格は自分で気がつく。欠点も気づく。だけど、全くない自分の性格、本当に欠けている性格というのは、案外ほとんど自分では分かっていないと理解してください。

だから器の解釈に失敗してしまうから、確かに胃の場合は神経質の浄霊をすればいい。がんの場合は頑固をすればいい。

がんの場合はすぐに頑固と出てくるが、それはあまりにも有名だからです。では膠原病のときにどんな性格をすればいいのですかいうことになる。

膠原病は、膠原病の系統の性格の器、膠原病の系列の性格の器、あるいは膠原病系の性格の器で充分です。膠原病系の性格でない器を作る。だから膠原病系の器を治していく。性格の器を治していく。膠原病系の病気にならない器を作ることに関与しているものをやる。

だから、基本的にどういう考えをするのかというと、がんなら頑固の性格を治す。そして病気を治す。それを基本にして考えていけばあとは楽になります。

金運なら、
《月収151万円以上を持てる性格の器を作ることに関与》
また《お金を持てる器》でもいいわけです。

病気の場合なら、
《○○病系の性格でない器を作ることに関与》
《○○病系の性格を治す器を作ることに関与》

どちらのフレーズも可能です。そこはそこだけで詰めてください。
《膠原病系でない性格の器を作ることに関与》
《膠原病系の性格を治す器を作ることに関与》
《膠原病系と反対の性格の器を作ることに関与》

そういう形でそこはいくつも器で攻めるべきです。

器を1つのことで片付けようとは思わない。器を1つで片付ける。そういう甘いものではないのです。そこが間違っている。器は器のピラミッドを崩すという考えを持ってください。器というのはそんなに簡単に1つの言葉で片付けられるものではありません。

“ハイ、成功しました”。

そんな簡単だったら、誰でも大金持ちになります。どんなことでも成功します。

だから器の前に来る修飾語は幾つもあるということ。器のピラミッドを崩すという観念を決して忘れてはいけません。器のピラミッドはこのようにいろいろやってください。

器の浄霊に関しても、補填や補充をするような複数の軸で攻めることを考えないといけません。


つまり、器というのはそれだけのものがあるということです。50～60%の確率で浄霊目的に応じた器をたいてい持っている。残り 40%というのは成功するための器がないということ。成功しないもの、うまくいかないもの、大変なものがあればその器を持っていないと言うことです。

ただし、いくら器の浄霊をしてもうまくいかないこともあります。浄霊は宿命線を越えることはできないからです。


どんなになっても宿命線は変えられません。これはそういう次元の問題ではありません。どんな事情があっても、その人の宿命線の中の一環であればいくらやってもそれは変化しません。

自分を変えるために器(人間性)の浄霊をする

器の浄霊とは、こういう器やそういう器の浄霊をいろいろ行なえば、器を作る浄霊が終るということではない。

自分を変えるために器の浄霊（その器になるための浄霊）をしていくことで、器の浄霊が成功する。だから器の浄霊をする場合にはいろんな器をする(器を作る浄霊をする)けれども、それを持てる器になるためには自分を変えなければいけない。

浄霊でもって自分を変えるために器(その器になるための浄霊)をする。つまり、器の浄霊と自分を変えるための浄霊をする。それを間違えたらいけない。

自分をその器に変えるために浄霊をするのである。

いろんなピラミッドを浄霊していくけれども、最終的にはこの器というのは、自分を変えるために行なうのが器の浄霊である。

自分を変えて病気を治せる器の自分になる。お金を持てる器の自分になる。そういうことを言っている。その器をすれば最初の目的の浄霊が成功するということではない。自分を変えるために、その持てる器を作るために浄霊を行なうのである。


お金持ちになるための浄霊をする場合、最初にお金持ちになるための器を作ったら、お金持ちができるのではなくて、今度はそこでガラッと目的が変わる。

お金を持てる器（人間性）を作るための浄霊が必要となる。お金を持てる性格に変わるために器(お金を持てる人間性になるため)の浄霊をする。つまり、お金持ちになるために、○○になる器という（目的達成の）フレーズだけをしていたのではお金持ちにはなれない。自分を変えるための浄霊、これが器(目的達成できる人間性)を作る。だから初期の目的がフレーズの中にあるとは限らない。


まとめると、例えば、いろいろな金運の浄霊をした。変わらない。そこでお金を持てる器とお金持ちになるための浄霊をする。

その時にこそ器の(器を作る)浄霊だけではない。自分を変えるための浄霊が必要なのである。

質疑応答

Q１：最初から遠大浄霊と併用して、同じ目的の通常の浄霊を同時に行なっていくことはできますか？

Ａｎｓ：それは難しい。それでは、いつ通常の浄霊をやり尽したか、いつ遠大浄霊に入っていいかという判断がわからない。

露払い*をやって、それからできるものをやって、3回、5回、10回と繰り返して大きいものがでなかったら、そこで次に遠大浄霊にかかってもいいでしょう。大きいものが出るようならば、まだ通常の浄霊で片付く領域があるという解釈をしてください。

ある目的の浄霊を開始した直後は大きいサイズのものが出てきたが、次第にそれも減り、最後には 2 人サイズ程度のものばかりが出てくるようになったとする。

ところが結果があまり芳しくないような場合に、そしてもう１つは浄霊のバイオリズムがそんなにないとしたら、それはもう遠大浄霊に入ってもいい時期と判断してよい。

露払い*：いわゆる下草払いといわれるもので、キャパシティは小さいが数多く処理することで、次の段階の浄霊へと進める準備をするための浄霊。底上げ的な目的を持った浄霊。

Ｑ２：遠大浄霊を始めた。その間に同じ方向性の普通の浄霊をする必要はないのか？

Ａｎｓ：それは全然構わない。むしろ、それをカバーする意味で行なうなら、それはすばらしい。遠大浄霊をカバーして、やっていくという目的の浄霊はすばらしい。より目的が叶っていくということです。遠大浄霊をどんどんやっていく途中で、いろいろ現れる場合も数多いから、当然遠大浄霊だけでなく、通常の浄霊をやっていくのは当然でしょう。遠大浄霊をしたから、他の浄霊を全てしなくてもよいということではない。

例えば、商売繁盛の遠大浄霊なら、性格の器やお客が増える器など考えるとよいでしょう。

器の浄霊は、目的とする器を１つとそれに付随する器をやっていけばよい。

浄霊の集合の原理にあって、ピラミッドはだいたいみんな重なりあっている。

近いものをやっていくと、そのピラミッドは、集合の原理から全く関係ないと思われるようなところから、その器を補正していくという状態も生まれる。

最終章－追記　キャパシティの定義と２つの消化方法について

―補填と補充の効果的な活用―

2008. 11.4

１つの命題に対して、あるいは１つの命題があったときに、キャパシティというものができる。いわゆるその命題に対して完遂できた場合、命題から完遂までの浄霊ピラミッドをキャパシティという。

キャパシティの定義

早い話が浄霊で完遂しうる、いわゆる浄霊で消化しうる量、これをキャパシティと言う。

キャパシティとはその命題を浄霊で消化できる量である。

一言で言うと、キャパシティは浄霊ピラミッドの大きさを表す。つまり、浄霊ピラミッドは１つのキャパシティを消化するために形成されたものである。

１つの命題が決まったときに、その命題に対するキャパシティが１つ１つ必ず存在する。それをどういう浄霊で消化していくのか？

ある命題に対して１つの浄霊でぴたっといってしまったら、そんな簡単なことはない。

しかし人間の構造、すなわちその命題の構造はそんな簡単なわけにはいかない。幾つも重なりあって潜む命題があるから、結局そのキャパシティを消化するためにいろんな方向のピラミッドを壊していくということになる。

浄霊ピラミッドの構造

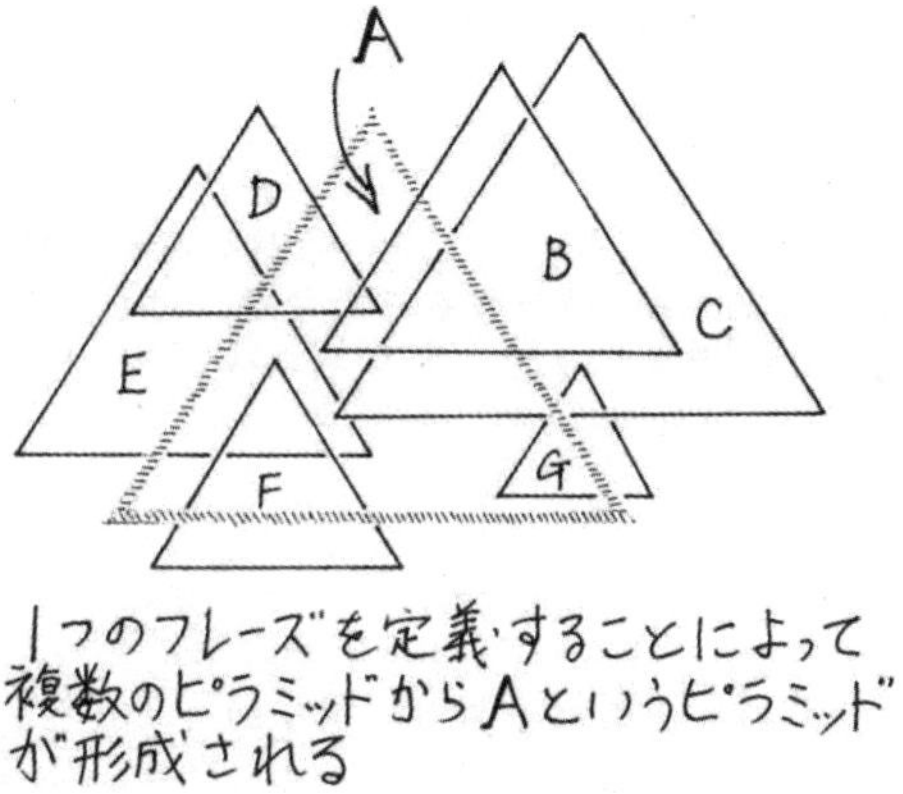
A
D
B
C
E
F
G
1つのフレーズを定義することによって
複数のピラミッドからAというピラミッド
が形成される

幾つも重なり合っている命題の中から浄霊目的となるピラミッドができる。仮にAというピラミッドがあるとする。Aのピラミッドは、Bのピラミッドとも、Cのピラミッドとも重なり合っている。他にもいろんな方向や大きさのピラミッドがあって、Aのピラミッドには他のピラミッドのいろんな要素を取り入れて、Aというピラミッドになっている。いわゆるこれが1つのピラミッドの構造である。

1つ1つ独立したピラミッドがポンとあるような構造なら話は簡単だが、ピラミッドはそういう構造をしていない。

1つのピラミッドは、いろんなピラミッドと絡みあった形で、1つの命題に対する浄霊ピラミッドを形成しているわけである。

そこで、1つの命題に対して、できあがったピラミッドをどのようにして壊すかということが問題となる。

1つの命題が定まったときにAのピラミッドができる。これを壊すすためにはAと重なりあったBの部分、Cの部分、そしてDの部分も並行して壊していかなければいけない。それによってAのピラミッドは崩れていくということである。つまり、浄霊は単純に1個のピラミッドを壊すというものではない。

浄霊ピラミッドのレギュラーの崩し方

1つのフレーズに対して1個のピラミッドがあるというものはない。

仮に1つのフレーズでできるピラミッドをAとする。

下の図では熱が出たことに関与するピラミッドがAである。熱のピラミッドにはBの咳のピラミッドも、Cの風邪のピラミッドも、Dの喉の痛みのピラミッドも関連している。これら3つのピラミッドが重なり合っていて、あるいはそれらはもともとあってピラミッドAができている。つまり、熱が出たのである。

さて熱が出たというフレーズで浄霊を終えてみると、Aと重なり合っているBやCやDのピラミッドの要素の分も浄霊したことになる。

つまり、出た熱は風邪から来た熱かもしれない。あるいは咳に由来している熱かもしれない。またこれは喉の痛みから来た熱かもしれないというわけである。

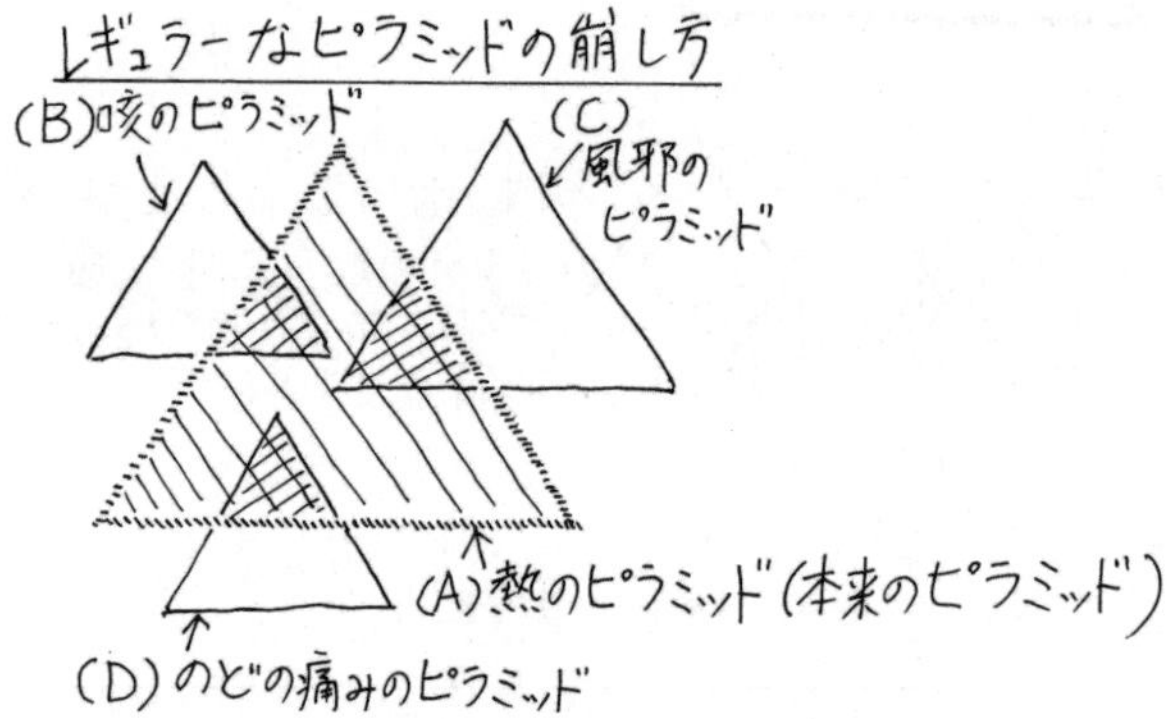

仮に潰瘍性大腸炎という大きな病気の浄霊をする。そこには下痢や出血や痛みといったいろいろな要素(症状)がある。つまり、潰瘍性大腸炎というピラミッドの中には必ずいろいろな(要素)症状のピラミッドが重なり合った形で構成されているのである

とは言え、本来のピラミッドと重なり合っている別のピラミッドは、本来のピラミッドの中には完全に含有されるということはめったにない。だから、AをすればAだけの部分が片付いて、Bをすれば、Bだけの部分が片付くということである。Aの中にBのピラミッドが完全に

含有されることはない。
今述べてきたのが、浄霊ピラミッドの通常のレギュラーの崩し方である。

補填と補充によるピラミッドの崩し方

ではこれとは別に補填と補充では、浄霊ピラミッドをどのように崩していくのか？

補填
何度も何度もピラミッドの
中だけに焦点をあてて
集中的に攻める

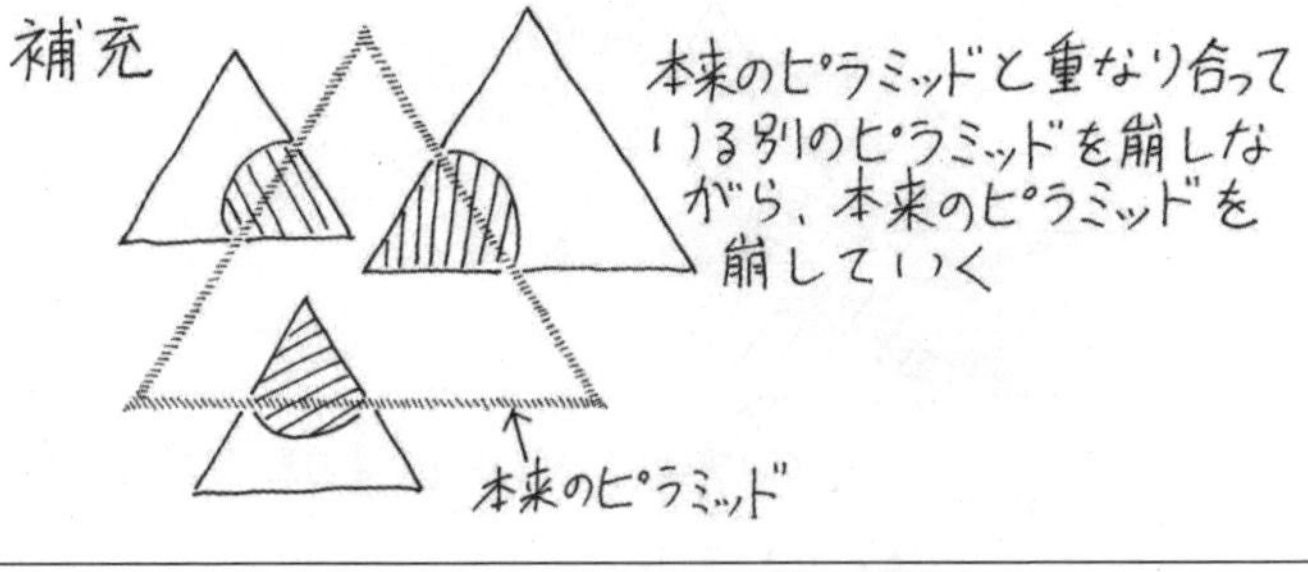
補充
本来のピラミッドと重なり合って
いる別のピラミッドを崩しな
がら、本来のピラミッドを
崩していく
本来のピラミッド

補填の意味はこのピラミッドの枠組みの中で何回も浄霊を繰り返して、その浄霊ピラミッドだけを集中的に崩していく。
つまり何層も何層も繰り返していくことによって、そのピラミッドの中に入った部分だけを焦点に当てて、集中的に攻めるということです。

補充のやり方は、本来のピラミッドと重なりあっている別のピラミッドも壊しながら、本来のピラミッドを崩していくというやり方である。

補填のように、他の要素を無視して、本来のピラミッドの中だけを徹底的に攻めて、その中だけを崩すというやり方がある。

一方、補充では、本来のピラミッドに重なり合っている別のピラミッドとプラスアルファー分も壊しながら、本来のピラミッドを崩すというやり方もある。どちらでも構わない。

どちらの形を使っても、本来のピラミッドに対する浄霊を繰り返していくことで、このピラミッドは根底から崩れていくという形になる。だから何回もこれを繰り返していくことで本来のピラミッドを崩すということである。

最終章—追記２　**憑依のメカニズム（２）**

霊の関与はいつ、どのように始まり、どのようにやってくるのか？

2009. 1.6

人には360°の立体世界がある。

人は生まれてから死ぬまでに、経験するあらゆる全ての事象がその人に360°の世界を常に形成し続ける。それらの世界はその人に何層にも重なり合い、その人の性格や生き様を決定させる。すなわち、360°の世界のプラスの霊、マイナスの霊の存在が、死を迎えるまでその人間を成長させ続けていくことになる。全ては陽陰の法則から成り立っているのである。

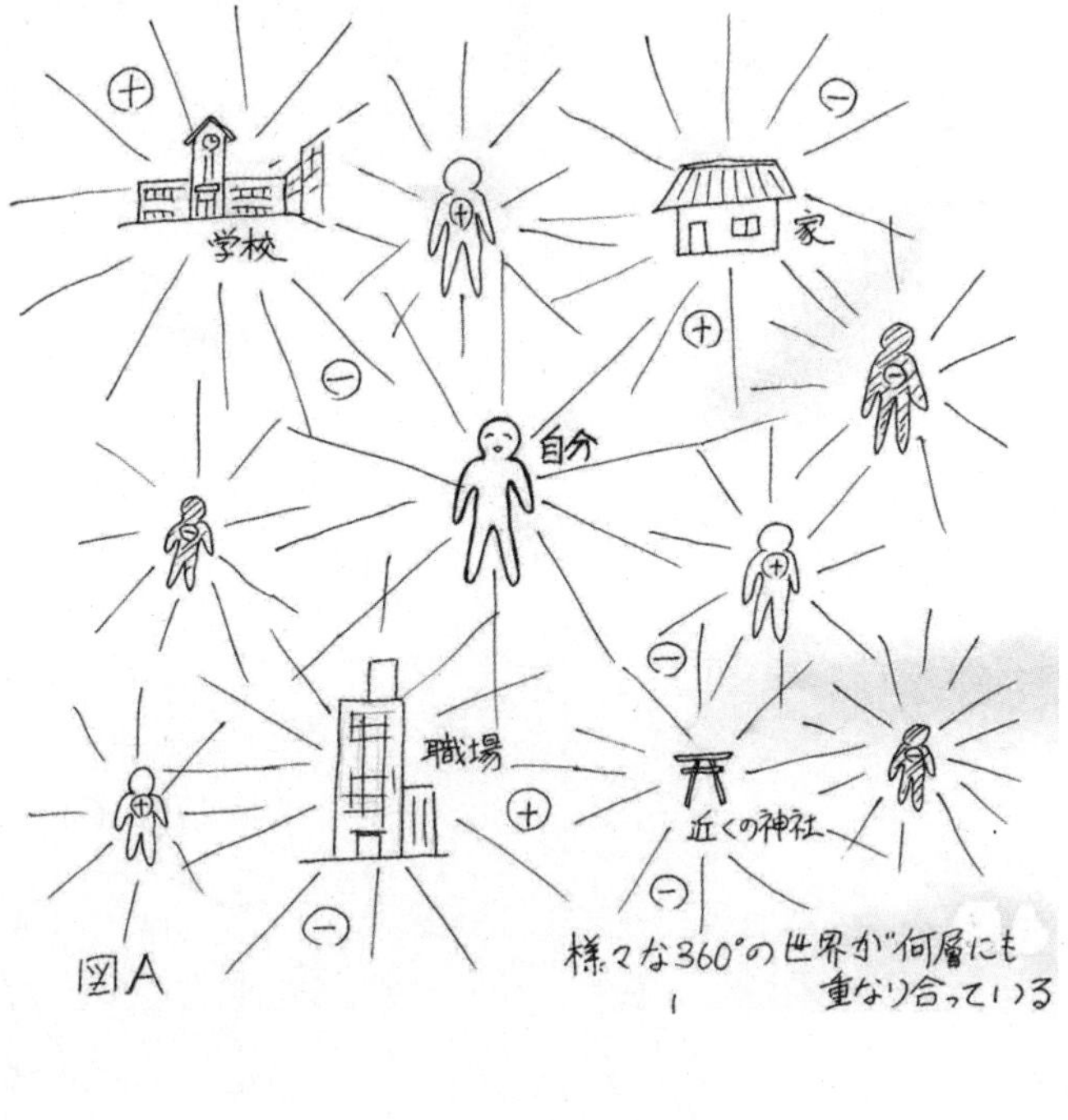

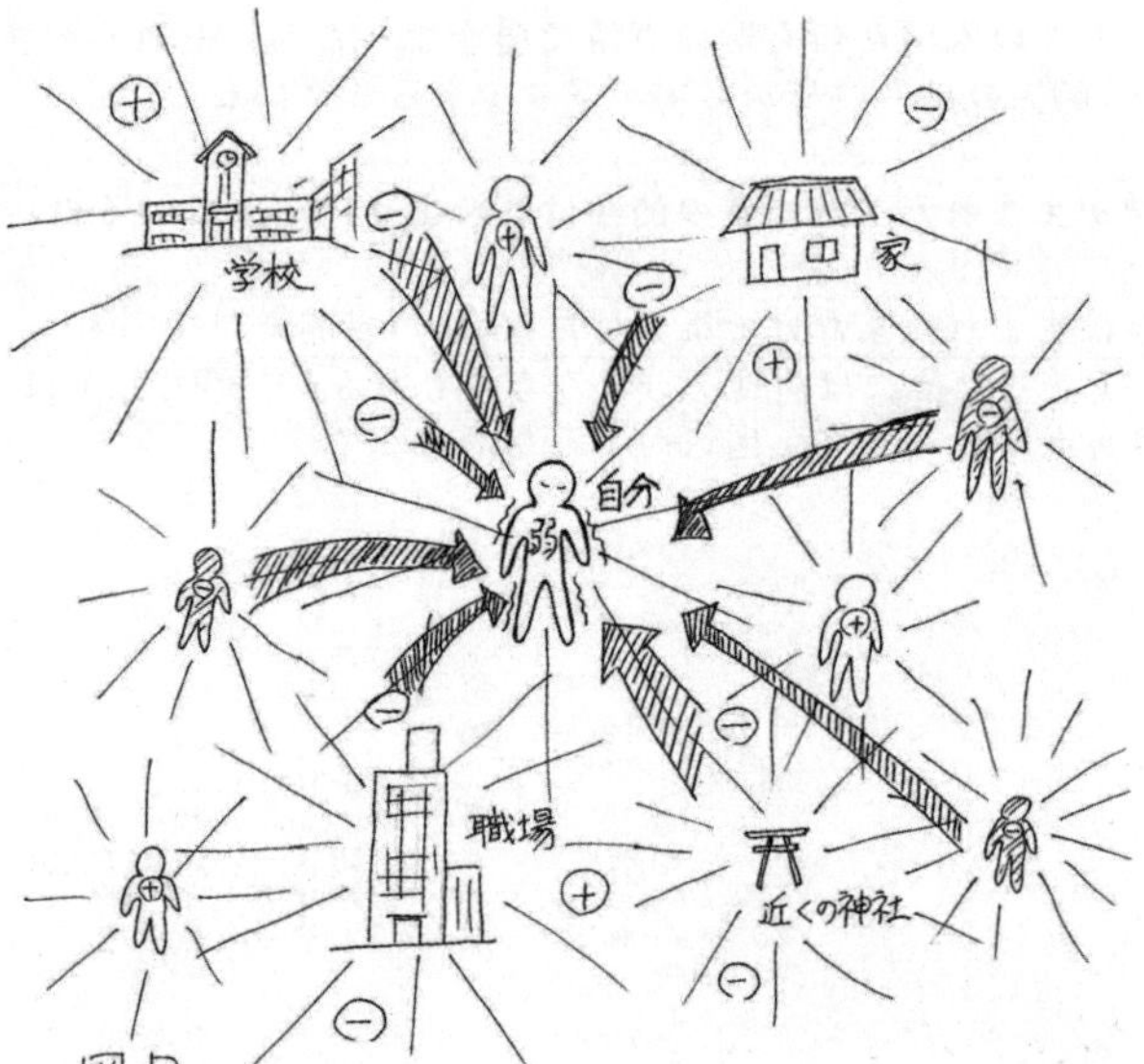

図B

人間は病気になって弱くなったり、会社が倒産して弱くなったりすると、そこに関与するものが図Bのように360°の方向からその人に関連するものが寄ってくる。

Q１：図Aにいる霊はいつからここにいるのか？
始まりはいつで、どのくらい寄って来るのか？

> 住んだ家があるとしたら、その家の中で自分の360°の世界がそのときは築かれていて、その人間に関連する霊が存在することになる。
>
> 会社に行ったら、会社の中で自分の360°の世界が作られ、学校に行ったら、学校で自分の360°の世界が作られる。
> このように何らかの形で作られるさまざまな360°の世界がその人間に何層にも重なり合うわけである。

そしてその人間が何らかの事情で弱くなったら、それらの重なりあった360° の世界の層から霊が寄って来ることになる。

Ｑ２：人間が生まれたときの霊の関与はどのようになっているのか？

始まりは生まれた家だけで築かれた360° の世界だけである。

ただし、その他には前世から来るものもあるが、形としては360° という方向ではなくて、図Ｃのような形となる。

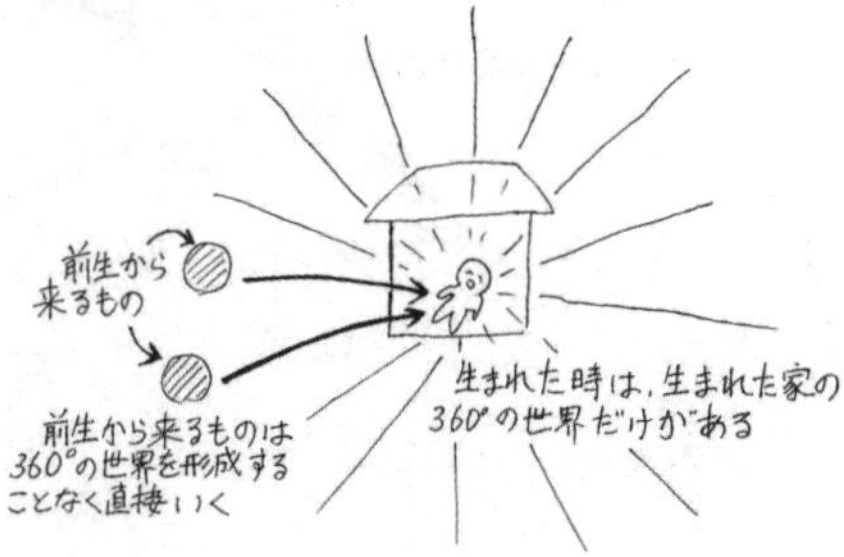
前生から
来るもの
前生から来るものは
360°の世界を形成する
ことなく直接いく
生まれた時は，生まれた家の
360°の世界だけがある

図C

Ｑ３：図Ａではその360° の世界にいる霊はその人に関連している霊だが、その霊はすでにこの時点で関与しているのか？いつ関与する形になるのか？あるいは、フレーズで霊に対して宣言したときに関与が始まるのか？

それらの霊はまだそこに存在しているという形であり、はっきり関与した形ではない。

関与というのはその人間と波動が合うとか、関与できる状態が『できた』とき関与が起こる。その人にその状態が『できない』かぎり関与は出てこない。

例えば、ある人に変な癖が出てきたとする。自分の360° の世界の中から１つだけ変な癖に関与できるものがいるなら、それだけが関与できることになる。

Ｑ４：ではその人が無意識でも関与は始まるのか？

その通りである。ただし、それが協力の霊になるのか、マイナスの霊になるのかそれはわからない。でもプラスの霊だったら、この霊はその人間に協力するし、マイナスの霊だったらその霊を超えるために本人が力を使うし、努力もする。だからここに陽陰に法則が成り立つわけである。

つまり、こっちの霊はプラスの霊として必死になってその人間に協力している。あるいはあっちの霊はその人間に対してマイナスを与えることで協力している(本人を強くしている)とも言える。

ところがこのプラスの霊が仮にうまくいかなくなったとしても、マイナスの霊も同じようにこけるということはないので、結局はマイナスの霊が強くなりすぎて、プラスの霊をだめにする可能性はある。

プラスの霊はそのままずっとこけていても、あるいはこけることはないけれども力が小さくなりすぎてしまったら、その人間に対してほとんど影響を及ぼさないくらいまで小さくなってしまう。そしてマイナスの霊の方だけ大きくなったりする。

その人間にとってはプラスの霊をプラスにして大きく超えていくのも、マイナスの霊を超えて大きくなっていくのも、困難を乗り越える１つの形を作るためである。その１つの形成過程では両方重要である。

マイナスの霊だけの進化はないし、プラスの霊だけの進化はない。

必ず進歩する場合には、この進歩というものに対してプラスの霊とマイナスの霊の存在がある。

マイナスの霊が大きくなっていく状態がどんどん進んでいったら、病気になるということである。

その人が病気になってしまったり、プラスの霊が弱くなったとすると、マイナスに関与するものが大きくなる。プラスの霊のように当然それは大きくなるでしょう。だから逆に浄霊で病気に関与しているマイナスの霊を取ってしまったら、病気は治っていくことになる。

あくまでも進歩の過程で起こるプラス、マイナスのバランスが崩

れた時に病気になるということである。

Q５：今までと違う何かがが出てきたとしたら、そこには何らかの関与が起こるのか？

何か事象があるとそれに関与するプラスの霊、マイナスの霊の存在がある。そういうふうに常に陽陰が関与する。

すなわち、両方同時に関与することになる。プラスだけ、マイナスだけの関与というものはない。人間は常に陽陰が存在することになる。

Q６：その人間の性格とかいろんな事象で築かれた360°の世界にいる霊は常にその人間の周りにいるのか？、それがずっと関与していて、時と場合により、突然その存在が強くなったり、弱くなったりするのか？

その通りである。ただね、マイナスの霊が非常に強くて大きい人、マイナスの霊が小さい人というのはいるね。マイナスの霊がやたらと大きい人はその人が壊れる可能性は高い。その人がそれを超えることは難しいからである。

Q７：360°の世界にいる霊は生まれたときから決まっているのか？それともいつも変動していると考えたらいいのか？霊の関与量も大きくなったり、小さくなったりするのか？

自分の回りに作られる大きい360°の世界というと、住んだ家、学校、職場が主である。さらに細かくいうと、例えば、１回神社に行くとか、あるいは、１回人と会うというささいなことだけでも、その人に一時的で薄いけれども360°の世界ができるわけですよ。

ただこれは瞬時に消えてしまう。

しかしこれだって人間の進歩という場合を見た場合には、その360°の世界は１回人に合う程度の薄いものだから、その人にとっては超えやすいわけです。1回だけの経験だから関与は少ないわけです。こういう歴史を繰り返すことによって、今度はこういうのを幾つも超えたことによって、その人の人格なり、技術なりができていく。

これが陽陰の世界である。

Ｑ８：では一度でも経験した360°の世界はいつまでも存在していることになるのか？

> いつまでも存在する。先ほど瞬時に消えると言ったが、経験した限りはその360°の世界はいつまでもある。それを超えているか、いないかだけである。

消えるといったのは、超えているだけで、今は影響していないということである。その人の周辺にはその人が超えている存在がそのまま残っている。だから全部それらを超えてしまえばいいのである。

ところが、病気になってしまうと、普段だったらいつでも超えられるマイナスの霊がもっと強力になってしまう。
そういうときに超えていなかったものや、以前は超えていて影響していなかったものが寄って来る可能性があるということになる。あちらこちらからどっと霊が来るというのでは決してない。

結局、人間は膨大な数の360°の世界を持っているという現象が起きることになる。このように霊的存在というのは一辺に憑くという事情ではない。

Ｑ９：具体的に風邪を引きやすいというのはどういうメカニズムになっているのか？

風邪を引いたとする。するとこの360°の世界のどこかに存在している霊がやってくる。もともとその人の360°の世界で関連していたものが、風邪を引いた瞬間に風邪という方向からやってくる（影響し始める）。
ところがそれを繰り返すと、そのパターンができあがってしまう。何回も風邪を引くと、風邪を引きやすいという体質ができあがってくる。つまり、風邪のパターンができあがる。

そこで我々の浄霊の登場です。この引きやすくなってしまったところを、すなわちできあがったパターンを浄霊で壊してしまったら、

また元に戻る。そうするとまたずっと丈夫になる。人生というのはこれの繰り返しである。

Q１０：つまり、そういう360° という局面を一杯持っているということか？

何層にも何層にもその360° という局面が重なり合っており、毎日毎日それが増えていく。 人に会う度に、経験する度に増えていく。それらの局面が薄いか濃いかだけである。 だからそれが人生である。生まれ育った環境や地域などが影響するのである。

人生は360° の繰り返しである。その時の関与が薄ければ、この360° という世界は薄いわけです。だからすぐに消えるわけ（超えるわけ）。消えてもそれを超えるか、超えないかという問題が常に付きまとうことになる。

しかしある日、突然あの辺当たりにいるとんでもないような人に会ったとする。出会ったその人の印象が強くて悪い人だとすると、ぱっとこの360° の世界では影響が大きいぞということになる。
一方、あの辺で笑っている人がものすごく良い人だとすると、逆に今度はこの360° にはいいのがあるわけ。
だから正邪の混在する出会い、これが人生である。常に人生というのは360° がずっと付きまとうことになる。その辺でしょうね。

確かにいつ憑依されて、いつ影響を受けたのかという考えは浄霊の助けにはなるでしょう。
1回で1つの360° が憑くから、2回目になったときには、(2回目はまた同じ360° かも知れないけれども)、また憑いてくるから1回目よりも2回目は360° の世界は濃くなるわけですよね。

だから、善人にたくさん会っていけば、善人の360° が強くなるし、悪人に何度も会っていけば悪人の色が強くなる。それが『環境』なのです。
その人の環境によって憑いているものは皆違う。その辺です。た

だ育った環境の360°、親の環境の360°、地域の360°、学校や職場の360°など、全部その人に重なりあっているわけですよ。

それが強い360°もあれば、弱い360°もあって、その人がどのくらいそこにいたかということによって、それらがいかに固定する(関与する)かという問題がでてくるわけです。

そしてそれを超えられるかという問題が次に出てくることになります。


マイナスの霊を超えられない360°の世界はその人の病気となって現れたり、うつ病となって現れたり、あるいは何らかの病気となる。全部超えてしまったら、すでに健康体ということになる。

ただその人の置かれた立場によって健康体は定まるわけです。そして性格もどんどん変わっていく。

性格が変わるというのは、どんどん周りの影響によりその人の360°が変わるということである。これが人生です。


全部超えるというのはなかなか難しい。だけど、全部を超えられなくても、1つだけマイナスの霊の筆頭となるようなものを長く浄霊をすれば、病気から解放されることになる。マイナスの霊を全部取ってしまったら、いい霊ばかりが残る。

例えば、若いときはそれを超える力は大きいからずっとたやすく超えられる。年を取れば、だんだん自分自身のエネルギーが弱くなっていくから、超える力がなくなってきて、だんだん病気になったりする。

というのはその辺のエネルギーの問題もある。ずっと年を取る前に、あるいはある程度年齢が行く前に、そのマイナスを全部取り払ってあれば、老後が結構健康で過ごせることになるわけです。あるいはおかしくなって人生の方向を間違えるということはない。


だから、そういうつもりで、年をとる前に本当にきれいにしてしまっていれば、そのときはすでにマイナスのピラミッドは壊れているのだから、病気にはならない。すばらしい楽しい人生がそこにある。

浄霊をしている人間にはそのようなすばらしい人生が用意されてあるのです。

ただし、浄霊効果は目の前で常に目に見えているわけではないか

ら、5 年経ち、10 年経ち、20 年経たないと、それは分からないかもしれない。浄霊結果がすぐ目の前に見えるわけではないが、浄霊は楽しい人生が約束される。

Q１１：年取ってから何を超えられないのかというのはその時でないとわからないわけですね？老後によい人生を送るために今から浄霊するとすればどうすればよいのか？

だから、いかに自分自身を知るか。つまり自分の発見ということによる。マイナスの因子をどうやって発見するかも大きく作用するわけです。
浄霊をある程度やっていくと、自分にどういうマイナスの因子があるかを発見できるのです。そしてそのマイナス因子を取ってしまえば 5 年後、10 年後、20 年後には災いのない人生が待っているということです。

そして 5 年後、10 年後、あるいは年を取ったときにとんでもない病気、あるいはとんでもないような事件が出てきたときに、それはそこにマイナスがあったということになる。つまり、事件が起きて出てきたマイナスということになる。これが 1 つの浄霊に対する人生模様ですね。
だから結論的にいうとマイナスの事情が起こる前に、いかにマイナスの因子を見つけるか、あるいは見つけられるかということになる。

そしてもう 1 つの重大な障害は、自分で気がつかない性格は自分では見つけにくいというところにある。自分では全く分からない。

それ 1 つを除けば、あとはいろんな事例を追っていけばいいけれども、人間は時としてほとんどの人に自分では全く気がつかない性格をもっている場合がある。これが自分で分からないのである。

それを見つけるには他人の状態、周りの状態を見てそれを知るしかない。自分の周りには、そのような状態に見えているから、もしかして、自分にない性格があるかもしれないというところから自分を発見する。自分にないものを自分で発見することは難しいから周

りから自分を発見するしかない。
しかしそれを全部行なったら、パーフェクトになるかも知れないですね。一番の障害はやはり自分で気が付かないマイナスの性格の発見ができないことですね。

ただ、これは意外と攻撃の焦点になったり、あるいはマイナスのものの居心地のいい場所になるかもしれない。問題はその辺です。浄霊で一番難しいところは、自分自身の10年後、20年後に対する自分自身の発見です。最後はその辺に至る。

Q12：どの360°の世界に出会うかというところは浄霊で違ってくると思うが、それはすでに決められているのか？

決められていない。宿命の線は決められても、それをどのように歩いてその宿命線を辿るかは自分自身に選択の権利がある。

宿命線はあるけれども、非常に困難な道を歩いて宿命線を辿るか、あるいは楽に楽しく宿命線を歩くかは、これは自分自身に与えられた課題である。

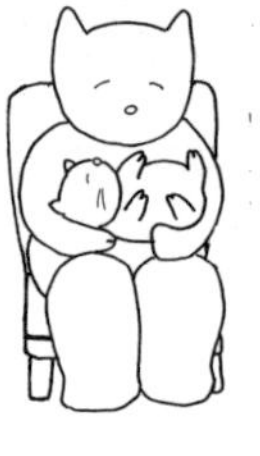

Ｑ１３：同じ宿命線でもそれだけ違いがあるのか？

どっちを渡ってくれてもいいのです。

宿命線を外れなければ、楽な道を渡ってくれようが、大変な道を渡ってくれようが、自分自身の本来の姿には関係ない。

だから、毎日苦労しながら渡ってくれるか、あるいは楽にずっと渡ってくれてこの浄霊で苦労してくれるか。総合的に考えてみれば、苦労しながら歩いても、浄霊で苦労しても同じです。この線の両隅を浄霊で全部やってしまっているわけですから。

結論から見れば同じなのですが、

どちらが楽かを言えば、それは浄霊の方が楽ですね。

それと浄霊をすると、今世のその人生だけでなくて、先にまで楽にすることができる。次に輪廻する分まで、ある程度整理することができる。そして自分を境にして前後できることになるから、そうすると自分自身の歩き方が全く輝いてきますね。そういうところで、浄霊すると全く違う。

あとは完全に整理できますね。その次には何もないから全部いい人生になります。

ただ、これはいいといってもその人なりのいいですからね。その人の一番いいというところです。周りは関係ない。

いいとはその人にとってのサイコーのところです。つまりその人だけの価値観となるわけです。

あとがき

あくまでも秘伝書を読めば、結果は出せるという内容が十分に織り込んである。

今までのように、“さあ、困ったときにどうしようか”、“結果が出なかったときにどうしようか”、というその時に

秘伝書を見よ。

そういう形でこの秘伝は作られているということです。

困った時に、行き詰った時に、結果が出なかった時に、秘伝書をもう一度検討して、“じゃ、ここをやってみようか”、“そこをこうしてみようか”という形で虎の巻のように使いなさい。

大体、この秘伝書を読めば全部解決できるようになっていて、内容そのものがもれているということではない。ただこれは、あくまでも浄霊を中心にしてここをこうやるならどうやったらいいかと考える手段である。

早い話、浄霊というのは、結果と照らしあわせて、何かをやる。その結果を見る。次にこれをやって結果を見る。また次にこれをやって結果を見る。

例えば、補填の動物1体をやって結果を見る。そして、2体をやって結果を見る。あるいは人間霊をやって結果を見る。

これが本来の浄霊の姿である。

この浄霊の姿を遂行するときにその基盤となる形、それができればいい。それができるような状態に秘伝書はなっている。それがちょっと欠けていてこれができない。行き詰っていてできないという状態はないはずだ。行き詰るところが出たら、よくよく述べた話を参照しながらいろいろ考える。今まで述べてきた話の中に必ず解決方法を言っているはずです。

もし理解していないところがあるなら、分からないところがあるなら、この秘伝書を何回でも繰り返して読みなさい。

2008.9.17 日

═══ 目次 ═══

巻末資料

本文中の補足

本文中の解説

霊とは、生霊の恨み以外は、単に憑いているだけで、決して相手をどうにかしようという気はありません。

存在して憑いていること自体がその人間のマイナスになっているということにすぎない。ただし、これは恨みの霊を除いてはです。その辺が、今行なっている浄霊の失敗の所以となっていることに気が付かないでいるのです。

一方、我々の趣味の会の浄霊では、そのようなことはすでに当たり前のこととして理解して浄霊を行なっています。だから、誰１人として霊から影響を受けることもなく、死ぬ人もなければ、全く何の問題もありません。

トラブルを抱えながら浄霊を行なっている人たちから見れば、
誰１人暗くならない、
誰１人死ぬことはない、
誰１人苦しむことはない、
という３つがそろった浄霊を見たら、驚天動地してしまう。そんな浄霊があるのかと思うわけです。

今、苦しみながら、暗くなりながら浄霊をしている人たちにとっても、この趣味の会の技術が浄霊のバイブルとなり、今の方法が是正されて、死ぬ人がなくなることを希望して止まない。

2008．8.20

はじめに　浄霊の真実の姿

巷の浄霊の世界では知られていることですが、浄霊を行なうとかぶる。“行者の末路は哀れなり”という暗黙の了解があります。

古来より浄霊の世界を極めんとする者たちは、浄霊の世界とはそのような世界なのだと信じ、それに抗うことなく、最後まで先達たちの通りし道を歩んでいったのでしょう。

浄霊の世界に携わるすべての人たちがそのように悲惨な死を迎えているのだろうか。

否、決して浄霊の世界とはそのような悲惨な暗い世界ではありません。

浄霊とは、情けです。決して霊との戦いの場ではありません。浄霊は運命も未来も変えていくことができる、すばらしく、明るい希望に満ちた世界なのです。

ではどうしてそのような誤解が巷ではびこってしまったのか？

その原因には２つの要因が考えられます。

① 時間と距離のない霊の世界を理解していないこと。
② 動物霊はたった１匹の単体ではなく、オス、メス、眷属がいることを知らないこと。

霊の影響をかぶるような浄霊を行なっている人たちは、時間と距離のない世界を理解していないために霊の性質や霊の出方が解らない。

また、動物霊にはオス、メスそして眷属がいるにも関わらず、その中のオスだけ、あるいはメスの１体だけしか処理しない。あるいは、未処理のものを残しているからその影響を受けて、最後にはかぶってしまうことになる。

さらに浄霊をやり始めたばかりの人たちは、“霊というのは悪さをする存在である”と思っている。霊そのものが“人間をいじめてやろうと思っている”と考えている。これは全くの無知である。

趣味の会報へ伝達

実技の章

趣味の会

秘伝書

〔実技の章〕

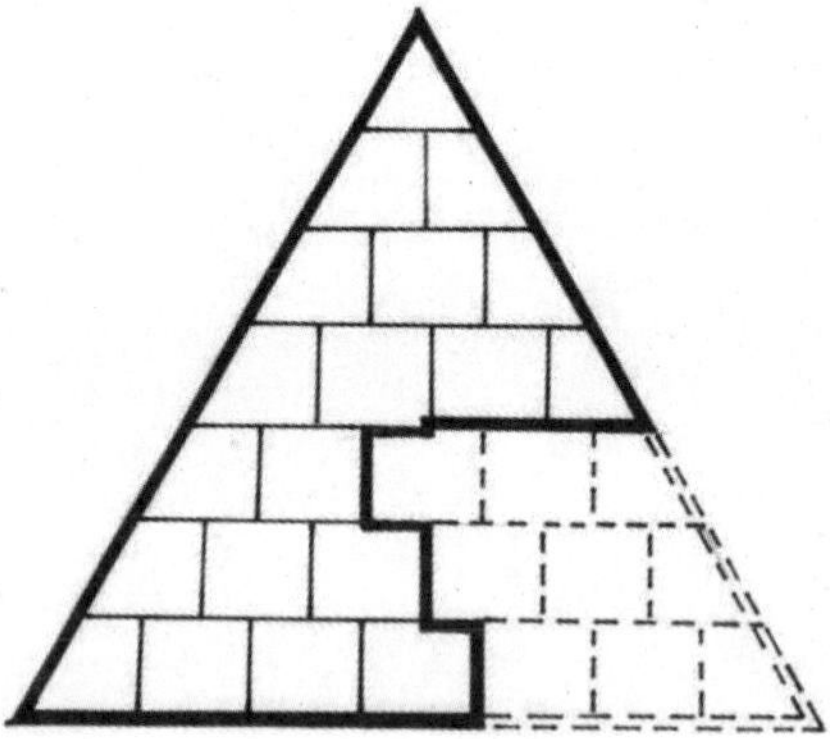

2009年3月1日

「結び」

今、浄霊の技術は、ここに完成した。
浄霊師が〝かぶる〟ような影響を受けることのない
完成した技術である。
浄霊師はこの3冊の指導書によって学んで頂きたい。
いずれの浄霊の方法であっても
3冊の本を参考にすれば
浄霊は成功するでしょう。

しかし我々は忘れてはならない。
今、世の中にこの状態をつくりあげたのは
浄霊師の努力だけではない。
浄霊の存在を認め、過去数百年、
数千年の歴史を通じて
浄霊のすばらしさを伝えていった数多くの浄霊師の
〝おかげ〟のあることを。

4．除霊と浄霊　天の章 上

—入門から開業まで—　　本木 松明　**定価5, 250円**

何も知らないあなたに除霊と浄霊の技術を教えます。人生の悩み、病気の悩み、あなたの願いの全てを除霊と浄霊で誰にでも解決できます！　**—あなたの願いを除霊と浄霊で叶える—**

5．除霊と浄霊　人の章 中

—病気治療と人生の成功と人格革新—

本木 松明　**定価5, 250円**

なぜ人は病気になるのか、どうしたら運勢を上げることができるのか？　人生で成功をおさめたい！自己変革を遂げたい！仕事で成功したい！金運を上げたい！すばらしい伴侶に巡り会いたい！あなたの人生に充実した毎日を……

6．除霊と浄霊　地の章 下

—奥伝とその技術—　　本木 松明　**定価5, 250円**

除霊と浄霊のさらなる深い理論と技術の全てを体系した一冊。2000年受け継がれてきた珠玉の技術を今全てを解き明かす。除霊と浄霊を極めんとする方にぜひ読んでいただきたい指南書です。

7．生命のあかし　　陽置 結　**定価5, 250円**

久しくの代に忘れ去られた神の世界を順次多くの人のご尽力で説かれ来た。そして、ここに人の精神、心の根源を流れる生脈、命を…。

8．Truth Of Life　　陽置 結　**定価5, 250円**

生命のあかし書籍の英語版

著 者
本木　松明（もときしょうめい）

除霊と浄霊　地の章 下

2010年３月15日第１版第１刷発行

発　売　株式会社　星雲社
〒101－0012東京都文京区大塚3－21－10
電話03－3947－1021　FAX　03－3947－1617

発　行　ふじやま出版会
〒436－0004　静岡県掛川市八坂2387
電話0537－27－1875　FAX　0537－27－1870

組版・印刷・製本
吉原印刷株式会社

落丁・乱丁本はお取替えいたします。　ISBN 978-4-434-13427-2